Komisja Mieszana dla Górnego Śląska
Gemischte Kommission für Oberschlesien

Zbiór urzędowy

poglądów Prezydenta Komisji Mieszanej dla Górnego Śląska z dziedziny praw mniejszościowych wydanych na podstawie przepisów części III polsko-niemieckiej Konwencji Genewskiej z dnia 15 maja 1922

w czasie od 15 czerwca 1922 do 15 lipca 1937

Tom I

Nakładem i drukiem Drukarni Dziedzictwa w Cieszynie
1937

Amtliche Sammlung

der Stellungnahmen des Präsidenten der Gemischten Kommission für Oberschlesien auf dem Gebiete des Minderheitenrechtes auf Grund der Vorschriften des III. Teils des deutsch-polnischen Genfer Abkommens vom 15. Mai 1922

in der Zeit vom 15. Juni 1922 bis 15. Juli 1937

Band I

Berlin und Leipzig 1937
Walter de Gruyter & Co.
vormals G. J. Göschen'sche Verlagshandlung — J. Guttentag, Verlagsbuchhandlung — Georg Reimer — Karl J. Trübner — Veit & Comp.

Buchdruckerei „Dziedzictwo" in Cieszyn

Komisja Mieszana dla Górnego Śląska

Zbiór urzędowy

poglądów Prezydenta Komisji Mieszanej dla Górnego Śląska z dziedziny praw mniejszościowych wydanych na podstawie przepisów części III polsko-niemieckiej Konwencji Genewskiej z dnia 15 maja 1922 w czasie od 15 czerwca 1922 do 15 lipca 1937

Tom I

1937

Nakładem i drukiem Drukarni Dziedzictwa w Cieszynie

Gemischte Kommission für Oberschlesien

Amtliche Sammlung

der Stellungnahmen des Präsidenten der Gemischten Kommission für Oberschlesien auf dem Gebiete des Minderheitenrechtes auf Grund der Vorschriften des III. Teils des deutsch-polnischen Genfer Abkommens vom 15. Mai 1922 in der Zeit vom 15. Juni 1922 bis 15. Juli 1937

Band I

Berlin und Leipzig 1937

Walter de Gruyter & Co.

vormals G. J. Göschen'sche Verlagshandlung — J. Guttentag, Verlagsbuchhandlung — Georg Reimer — Karl J. Trübner — Veit & Comp.

Buchdruckerei „Dziedzictwo" in Cieszyn

Słowo wstępne

Niniejszy zbiór poglądów Prezydenta Komisji Mieszanej dla Górnego Śląska dotyczy ochrony mniejszości Górnego Śląska, tak jak ochronę tę uregulowano w części trzeciej Konwencji Genewskiej pomiędzy Polską a Niemcami z dnia 15 maja 1922. Poniższe uwagi i daty mają na celu objaśnić pokrótce naturę prawną i znaczenie poglądów w związku z genezą Konwencji Genewskiej i z całokształtem działalności Komisji Mieszanej i jej Prezydenta w dziedzinie prawa mniejszościowego.

Konwencja Genewska opiera się na decyzji Konferencji Ambasadorów z dnia 20 października 1921 w sprawie podziału Górnego Śląska. W piśmie, którym Briand przesłał tę decyzję Rządowi Polskiemu i Niemieckiemu, zaznaczone jest m. in.:

„Biorąc pod uwagę fakt, że różne grupy etniczne są geograficznie rozproszone, że jednak z drugiej strony są mocno ze sobą pomieszane, każdy podział tego terenu musiał doprowadzić do tego, że po obu stronach granicy pozostały dosyć znaczne mniejszości i że ważne dziedziny interesów zostały rozerwane.

Uwzględniając te okoliczności, powzięta decyzja zawiera zarządzenia mające na celu, aby w interesie ogółu zagwarantować ciągłość życia gospodarczego jak również ochronę mniejszości na Górnym Śląsku."

Wobec tego Konferencja Ambasadorów ustala ogólne wytyczne dla uregulowania sytuacji powstałej przez podział Górnego Śląska i nakłada na oba Państwa, tj. Polskę i Niemcy, obowiązek, aby przez opracowanie i zawarcie konwencji te podstawowe przepisy wykonały i wprowadziły w czyn. Po długich mozolnych rokowaniach umowa ta doszła do skutku dnia 15 maja 1922 i została potem przez obydwa Państwa ratyfikowana.

Ogólnym celem tej konwencji było, aby na przeciąg 15 lat stworzyć ustrój przejściowy, który by ludności górnośląskiej ułatwił przystosowanie całokształtu swego życia i stosunków do warunków powstałych wskutek nowej granicy. Tym tłumaczy się różnorodność materyj natury prawnej, kulturalnej, gospodarczej i społecznej, którymi obszerna ta umowa się zajmuje.

Podobnie jak w piśmie, którym przesłana została decyzja Konferencji Ambasadorów z dnia 20 października 1921, tak i we wstępie Konwencji Genewskiej podkreśla się jako główne wytyczne: Ciągłość życia gospodarczego na Górnym Śląsku i ochronę mniejszości. Tutaj zajmujemy się tylko ochroną mniejszości, która pośrednio dotyka co prawda najróżniejszych stosunków życiowych.

Polska już na podstawie traktatu z dnia 28 czerwca 1919 z głównymi mocarstwami sprzymierzonymi i stowarzyszonymi była zobowiązana zastosować na Górnym Śląsku Polskim ustanowione w tym dokumencie przepisy prawa mniejszościowego. Konferencja Ambasadorów nałożyła także na Niemcy obowiązek zastosowania na Górnym Śląsku Niemieckim na przeciąg lat 15 odpowiednich przepisów traktatu z dnia 28 czerwca 1919. Na podstawie tego obopólnego i równego obowiązku i przestrzegając przepisów zawartych w decyzji Konferencji Ambasadorów, uregulowano szczegółowo prawo mniejszości w części III Konwencji Genewskiej.

Pod względem materialno-prawnym należy zauważyć, że artykuły 65—71 są dosłownym powtórzeniem odpowiednich przepisów traktatu z dnia 28 czerwca 1919. W dostosowaniu do szczególnych warunków Górnego Śląska przepisy te są następnie w art. 73—146 bliżej określone i częściowo rozszerzone. Zobacz np. art. 74, 75, 78, 116, 131, 133. Omówienie poszczególnych przepisów i ich znaczenia w życiu praktycznym nie jest tu możliwe. Podkreśla się jedynie doniosłość

Deutschland, diese grundsätzlichen Vorschriften durch Ausarbeitung und Abschluß eines Abkommens auszuführen und in die Tat umzusetzen. Nach langen mühevollen Verhandlungen kam dieser Vertrag am 15. Mai 1922 zustande und wurde in der Folge von beiden Staaten ratifiziert.

Der allgemeine Zweck dieses Abkommens ging dahin, für die Dauer von 15 Jahren eine Übergangsordnung zu schaffen, durch welche die Anpassung des gesamten Lebens und Verkehrs der oberschlesischen Bevölkerung an die durch die neue Grenze bedingten Verhältnisse erleichtert werden sollte. Daraus erklärt sich ohne weiteres die Mannigfaltigkeit der Materien rechtlicher, kultureller, wirtschaftlicher und sozialer Natur, mit welchen sich der umfangreiche Vertrag befaßt.

Wie im Begleitschreiben zur Entscheidung der Botschafter-Konferenz vom 20. Oktober 1921, so werden auch in der Präambel des Genfer Abkommens als leitende Gesichtspunkte hervorgehoben: Die Kontinuität des Wirtschaftslebens in Oberschlesien und der Minderheitenschutz. Wir haben es hier nur mit dem Minderheitenschutz zu tun, welcher mittelbar allerdings die verschiedensten Lebensverhältnisse berührt.

Polen war schon auf Grund des Vertrages vom 28. Juni 1919 mit den alliierten und assozierten Hauptmächten verpflichtet, die in dieser Urkunde aufgestellten Vorschriften des Minderheitsrechts auf Polnisch-Oberschlesien anzuwenden. Die Botschafter-Konferenz auferlegte auch Deutschland die Verpflichtung, für die Dauer von 15 Jahren die entsprechenden Vorschriften des Vertrages vom 28. Juni 1919 auf Deutsch-Oberschlesien anzuwenden. Auf der Grundlage dieser beiderseitigen und gleichen Verpflichtung und unter Beobachtung der in der Entscheidung der Botschafter-Konferenz enthaltenen Bestimmungen wurde das Minderheitsrecht im III. Teil des Genfer Abkommens eingehend geordnet.

In materiell-rechtlicher Hinsicht ist zu bemerken, daß in den Art. 65—71 die entsprechenden Vorschriften des Vertrages vom 28. Juni 1919 wörtlich wiedergegeben sind. Diese Bestimmungen werden sodann in den Art. 73—146 in Anpassung an die besonderen Verhältnisse Oberschlesiens näher umschrieben und zum Teil erweitert. Siehe z. B. Art. 74, 75, 78, 116, 131, 133. Auf eine Erörterung der einzelnen Vorschriften und deren Auswirkung in der Praxis kann hier nicht eingetreten werden.

zasady równości wobec prawa wzgl. zakazu nierównego lub samowolnego traktowania (art. 75). Ta norma sprawiedliwości znalazła zastosowanie w różnych gałęziach administracji publicznej.

Co uregulowanie ochrony mniejszości przez Konwencję Genewską szczególnie znamionuje, to przepisy o postępowaniu zażaleniowym, artykuły 147—158. Zobacz także art. 585.

Decyzja Konferencji Ambasadorów wyznacza Radę Ligi Narodów, najwyższy polityczny urząd Ligi Narodów, jako instancję właściwą do osądzania zażaleń członków mniejszości. Tym samym wykluczono możliwość przelania na Komisję Mieszaną ostatecznej decyzji w sprawie zażaleń mniejszościowych. Stosownie do tego Konwencja Genewska przepisuje w pierwszym rzędzie, że we wszystkich przypadkach zażalenie mniejszościowe może być skierowane bezpośrednio do Rady Ligi Narodów (art. 147). Obok tego obydwa państwa, Polska i Niemcy, uznały w toku rokowań nad konwencją konieczność stworzenia lokalnej instancji pośredniej, do której zwrócić się mogą członkowie mniejszości i która rozpatruje skierowane do niej zażalenia, dążąc do sprawiedliwego rozwiązania kwestyj spornych przez właściwą władzę, aby w ten sposób o ile możności uniknąć odwołania się do Rady Ligi Narodów. Ta lokalna instancja międzynarodowa nie wydaje wyroku prawomocnego, lecz jest jedynie uprawniona do wyrażenia swego zapatrywania na dotyczną sprawę i przedstawienia wniosków w sprawie jej uregulowania, przy czym prawo żalącego się do odwołania się do Rady Ligi Narodów pozostaje nienaruszone. W tym sensie poruczono lokalną ochronę mniejszości na Górnym Śląsku Prezydentowi Komisji Mieszanej, który wykonywa swe funkcje w postępowaniu procesowym w myśl art. 149 i n. oraz w sumarycznym postępowaniu w myśl art. 585 Konwencji Genewskiej. (Zobacz uwagę.)

Ochrona mniejszości w postępowaniu w myśl art. 149 i n.

Art. 149 Konwencji Genewskiej brzmi:

Uwaga: Po rozwiązaniu Komisji Mieszanej akta Komisji Mieszanej zdeponowane będą w Sekretariacie Ligi Narodów w Genewie.

Nur die Wichtigkeit des Prinzips der Gleichheit vor dem Gesetze bezw. des Verbotes unterschiedlicher oder willkürlicher Behandlung (Art. 75) sei hervorgehoben. Diese Gerechtigkeitsnorm fand Anwendung auf die verschiedenen Zweige der öffentlichen Verwaltung.

Was der Regelung des Minderheitenschutzes durch das Genfer Abkommen den Stempel aufdrückt, sind die Bestimmungen über das Beschwerdeverfahren, Art. 147—158. Siehe auch Art. 585.

Die Entscheidung der Botschafter-Konferenz bestimmt den Völkerbundsrat, die höchste politische Behörde des Völkerbundes, als die zuständige Instanz zur Beurteilung der Beschwerden von Minderheitsangehörigen. Damit war die Möglichkeit ausgeschlossen, der Gemischten Kommission die endgültige Entscheidung über Minderheitsbeschwerden zu übertragen. Demgemäß schreibt das Genfer Abkommen in erster Linie vor, daß in allen Fällen die Minderheitsbeschwerde unmittelbar dem Völkerbundsrat unterbreitet werden kann (Art. 147). Daneben anerkannten die beiden Staaten Deutschland und Polen im Laufe der Vertragsverhandlungen die Notwendigkeit, eine lokale Zwischeninstanz zu schaffen, welche von den Minderheitsangehörigen angerufen werden kann und welche die an sie gelangenden Beschwerden im Bestreben prüft, eine gerechte Lösung der Streitfragen durch die zuständige Behörde herbeizuführen und dadurch die Anrufung des Völkerbundsrates nach Möglichkeit zu vermeiden. Diese lokale internationale Instanz fällt kein rechtskräftiges Urteil, sondern ist bloß befugt, ihre Auffassung über die betreffende Angelegenheit auszusprechen und Anträge für deren Regelung zu unterbreiten, wobei aber das Recht der Beschwerdeführer gewahrt ist, den Weiterzug an den Völkerbundsrat zu ergreifen. In diesem Sinne wurde der lokale Schutz der Minderheiten in Oberschlesien dem Präsidenten der Gemischten Kommission übertragen, welcher seine Funktionen im Prozeßverfahren gemäß Art. 149 ff. und im summarischen Verfahren gemäß Art. 585 des Genfer Abkommens ausübt. (Siehe Fußnote.)

Der Minderheitenschutz im Verfahren gemäß Art. 149 ff.:

Art. 149 des Genfer Abkommens lautet:

Fußnote: Die Akten der Gemischten Kommission werden nach deren Auflösung beim Völkerbundssekretariat in Genf deponiert werden.

„W przedmiocie wykładni i stosowania przepisów Części niniejszej przez władze administracyjne, które przy rozstrzyganiu spraw podlegają instrukcjom władz przełożonych, osoby należące do mniejszości będą mogły zgodnie z postanowieniami niżej podanymi wnosić podania do Urzędu Spraw Mniejszości swojego Państwa celem rozpatrzenia. Urząd ten zgodnie ze szczegółowymi postanowieniami niżej podanych artykułów prześle podania te do wiadomości Prezydenta Komisji Mieszanej dla wyrażenia poglądu. O ile wnoszący podania nie będą zadowoleni z załatwienia ich sprawy przez władze administracyjne, będą oni mogli odwołać się do Rady Ligi Narodów."

W myśl art. 148 Polska na Górnym Śląsku Polskim, a Niemcy na Górnym Śląsku Niemieckim powołują do życia Urząd Spraw Mniejszości w tym celu, aby zażaleniom członków mniejszości zapewnić równomierne i sprawiedliwe traktowanie przez władze administracyjne. Zażalenia z Górnego Śląska Polskiego kierować należy do Polskiego Urzędu Spraw Mniejszości w Katowicach, zażalenia z Górnego Śląska Niemieckiego do Niemieckiego Urzędu Spraw Mniejszości w Opolu. Urzędy Spraw Mniejszości są w pierwszym rzędzie organami pośredniczenia i porozumienia. W przypadkach, gdzie im się nie uda zadowolić petenta, przekazują zażalenie w myśl art. 149 i 152 Konwencji Genewskiej Prezydentowi Komisji Mieszanej i zastępują w dalszym postępowaniu właściwą władzę swego państwa.

Art. 153 Konwencji Genewskiej brzmi:

„1. Prezydent Komisji Mieszanej będzie mógł zebrać wszelkie informacje, jakie mu się wydadzą użyteczne i właściwe. Udzieli on wnoszącym podania jak również Urzędowi Spraw Mniejszości sposobności do przedstawienia uwag ustnie lub na piśmie.

2. Po rozpatrzeniu sprawy i udzieleniu członkom Komisji Mieszanej sposobności do wyrażenia ich zdania, Prezydent, stosując się przy tym mutatis mutandis do postanowień ust. 2 art. 158, zakomunikuje Urzędowi Spraw Mniejszości swój pogląd co do sposobu, w jaki sprawa mogłaby być załatwiona zgodnie z postanowieniami niniejszej Części.

»Die Angehörigen einer Minderheit sind berechtigt, Eingaben über die Anwendung und Auslegung der Bestimmungen dieses Teiles durch Verwaltungsbehörden, die den Weisungen ihrer vorgesetzten Behörde zu folgen haben, nach Maßgabe der folgenden Bestimmungen an das Minderheitsamt ihres Staates zur Prüfung zu richten. Das Minderheitsamt wird sie nach näherer Vorschrift der folgenden Artikel dem Präsidenten der Gemischten Kommission zur Stellungnahme vorlegen. Die Verfasser der Eingabe können den Völkerbundsrat anrufen, wenn die Erledigung ihrer Angelegenheit durch die Verwaltungsbehörden sie nicht befriedigt.«

Gemäß Art. 148 setzt Polen in Polnisch-Oberschlesien und Deutschland in Deutsch-Oberschlesien ein Minderheitsamt ein zum Zwecke, den Beschwerden der Minderheitsangehörigen eine gleichförmige und gerechte Behandlung durch die Verwaltungsbehörden zu sichern. Die Beschwerden aus Polnisch-Oberschlesien sind dem polnischen Minderheitsamt in Katowice, die Beschwerden aus Deutsch-Oberschlesien dem deutschen Minderheitsamt in Oppeln einzureichen. Die Minderheitsämter sind in erster Linie Organe der Vermittlung und Verständigung. Wo es ihnen nicht gelingt, den Petenten zu befriedigen, überweisen sie im Sinne der Art. 149 und 152 die Beschwerde dem Präsidenten der Gemischten Kommission und vertreten im weiteren Verfahren die zuständige Behörde ihres Staates.

Art. 153 des Genfer Abkommens lautet:

»1. Der Präsident der Gemischten Kommission kann sich alle Informationen verschaffen, die ihm nach Lage des Falles nützlich und zweckdienlich erscheinen. Er gibt dem Verfasser der Eingabe und dem Minderheitsamte Gelegenheit, sich schriftlich oder mündlich zur Sache zu äußern.

2. Nachdem er die Angelegenheit geprüft und den Mitgliedern der Gemischten Kommission Gelegenheit gegeben hat, ihre Meinung zur Sache zu äußern, teilt er seine Stellungnahme über die Art, wie die Angelegenheit gemäß den Bestimmungen dieses Teiles zu regeln ist, dem Minderheitsamte mit. Art. 158 Abs. 2 findet entsprechende Anwendung.

3. Pogląd ten wskazać może załatwienie ostateczne, tymczasowe lub częściowe. Prezydent będzie mógł również oświadczyć, że pogląd swój wyrazi dopiero po upływie pewnego terminu."

Postępowanie przed Prezydentem po przekazaniu zażalenia przez Urząd Spraw Mniejszości opiera się na art. 153—156 i jest bliżej unormowane w regulaminie postępowania (Dziennik Ustaw Rzeszy ex 1923, część II, str. 63 i Dziennik Ustaw R. P. ex 1923 nr 19, str. 213). W postępowaniu tym przyznano żalącemu się prawne stanowisko strony procesowej. Jego stroną przeciwną jest kierownik Urzędu Spraw Mniejszości jako zastępca właściwej władzy. We wszystkich przypadkach odbywa się wstępne postępowanie piśmienne i z reguły rozprawa ustna. Obydwie strony mogą wnieść o wszelkie środki dowodowe i przedstawić wszelkie wywody, jakie uważają za celowe. Prezydent może przeprowadzić dowody z urzędu. Zasadniczo nie jest on związany wnioskami stron. W szczególności osądza według swego uznania, w jakiej mierze i w jakiej formie zażalenie należy uwzględnić. To postępowanie zażaleniowe kończy się wyrażeniem poglądu (avis), w którym Prezydent formułuje swoje wnioski i w danym razie swe propozycje w myśl art. 153. Stosownie do proceduralnej rozbudowy postępowania poglądy te szczegółowo uzasadniono.

Podczas polsko-niemieckich rokowań w sprawie konwencji wyrażono zgodnie zapatrywanie, że obydwa Rządy powinny tylko wówczas nie przyjąć zalecone w poglądzie uregulowanie sprawy, jeżeli istnieją ku temu bardzo poważne powody. Jeżeli żalący się nie jest zadowolony ze sposobu załatwienia sprawy przez właściwą władzę administracyjną, może odwołać się do Rady Ligi Narodów. W tym przypadku Prezydent przesyła akta oddziałowi mniejszościowemu sekretariatu Rady Ligi Narodów. Przed wyrażeniem poglądu Prezydent winien w myśl art. 153 ustęp 2 dać pozostałym członkom Komisji Mieszanej sposobność do przedstawienia swego zdania. Ta współpraca doradcza ukształtowała się w ten sposób, że członkowie Komisji Mieszanej korzystali z prawa wglądu do wszystkich akt, że uczestniczyli w przeprowadzaniu dowodów (przesłuchach świadków, naocz-

3. Die Stellungnahme kann auf eine endgültige, vorläufige oder teilweise Lösung lauten. Der Präsident kann auch erklären, daß er erst nach Ablauf einer bestimmten Frist Stellung nehmen wird.«

Das Verfahren vor dem Präsidenten, nach Überweisung der Beschwerde durch das Minderheitsamt, beruht auf den Art. 153—156 und ist in der Verfahrensordnung näher geregelt (Reichsgesetzblatt ex 1923, Teil II, Seite 63, und Dziennik Ustaw R. P. ex 1923, Nr. 19, Seite 213). In diesem Verfahren ist dem Beschwerdeführer die rechtliche Stellung einer Prozeßpartei eingeräumt worden. Ihm steht als Vertreter der zuständigen Behörde der Vorsteher des Minderheitsamtes gegenüber. Es findet in allen Fällen ein schriftliches Vorverfahren und in der Regel eine mündliche Verhandlung statt. Beide Parteien können alle Beweismittel beantragen und alle Ausführungen anbringen, die sie für zweckmäßig erachten. Der Präsident ist berechtigt, von amtswegen Beweise zu erheben. An die Anträge der Parteien ist der Präsident grundsätzlich nicht gebunden. Er beurteilt insbesondere nach seinem Ermessen, in welchem Umfange und in welcher Form einer Beschwerde Folge zu geben ist. Dieses Beschwerdeverfahren findet seinen Abschluß in einer Stellungnahme (avis), in welcher der Präsident seine Schlußfolgerungen und gegebenfalls seine Vorschläge im Sinne des Art. 153 formuliert. Diese Stellungnahmen wurden entsprechend dem prozessualen Aufbau des Verfahrens mit eingehender Begründung versehen.

In den deutsch-polnischen Vertragsverhandlungen kam die Auffassung übereinstimmend zum Ausdruck, daß die beiden Regierungen die in einer Stellungnahme befürwortete Regelung nur aus schwerwiegenden Gründen ablehnen sollten. Wenn der Beschwerdeführer durch die Art und Weise, wie die zuständige Verwaltungsbehörde die Angelegenheit geregelt hat, nicht befriedigt ist, kann er den Völkerbundsrat anrufen. In diesem Falle übersendet der Präsident die Akten der Minderheitenabteilung des Völkerbundssekretariats. Bevor der Präsident eine Stellungnahme ausspricht, hat er gemäß Art. 153 Abs. 2 den übrigen Mitgliedern der Kommission Gelegenheit zu geben, ihre Meinung darzulegen. Diese beratende Mitwirkung hat sich so gestaltet, daß die Mitglieder der Kommission von allen Akten Einsicht nahmen, der Beweiserhebung (Zeugeneinvernahme, Augenschein) und der mündlichen Hauptverhandlung beiwohnten, niach) i w głównej rozprawie ustnej jak również w końcowych obradach. Prowadzenie procesu, decyzja co do kwestyj spornych i opracowanie poglądu należą wyłącznie do Prezydenta.

Jak już wspomniano, jest w pierwszym rzędzie zadaniem Urzędów Spraw Mniejszości doprowadzić możliwie do ugodowego załatwienia kwestyj spornych. Układające się strony, zawierając Konwencję Genewską, istotnie wychodziły z założenia, że Urzędy Spraw Mniejszości załatwią w normalnych warunkach zażalenia ostatecznie, tak że dla Prezydenta stosunkowo nieznaczna tylko liczba ważnych spraw pozostałaby była do załatwienia. Praktyka wykazała jednak, że w bardzo licznych przypadkach Urzędom Spraw Mniejszości nie udało się doprowadzić do porozumienia. Ogółem obydwa Urzędy Spraw Mniejszości przekazały Prezydentowi Komisji Mieszanej do rozpatrzenia 2283 zażaleń, które dotyczyły interesów znacznie większej ilości osób. Prezydent nie byłby w stanie załatwić tak wielkiej liczby zażaleń przez wydanie poglądu, jeśli się zważy, że ciążyły na nim jeszcze inne obowiązki urzędowe. Już z tego względu, szczególnie jednak powodowany życzeniem, aby kwestie sporne załatwić ugodowo, Prezydent podejmował na nowo interwencję pośredniczącą, która w tych przypadkach przed Urzędami Spraw Mniejszości nie dała rezultatu. Po wpłynięciu zażaleń przekazanych Prezydentowi Komisji Mieszanej przez Urzędy Spraw Mniejszości Prezydent starał się nawiązać rokowania ugodowe, aby o ile możności uniknąć wydania poglądu w myśl art. 153, o ile ugodowe załatwienie nie było z góry wykluczone. Przy tej pracy porozumiewawczej współdziałanie Urzędów Spraw Mniejszości i poparcie członków polskich i niemieckich Komisji miało zasadnicze znaczenie. Co prawda interwencję można było z reguły dopiero wtedy skutecznie podjąć, gdy stan faktyczny przez przeprowadzenie dowodu już był ustalony. Spór co do faktów, a nie spór prawny przysporzył w przeważnej ilości przypadków najwięcej pracy. Szczególnie przesłuchanie świadków zajęło bardzo wiele czasu. W ten sposób udało się w największej części przypadków załatwić spór prawny bez poglądu, bądź to przez uwzględnienie roszczenia żalącego się, bądź to przez zawarcie ugody, bądź też przez osiągnięcie takiego wyjaśnienia sprawy, które żaląsowie an der abschließenden Beratung teilnahmen. Die Prozeßführung, die Entscheidung über die Streitfragen und die Ausarbeitung der Stellungnahmen obliegen ausschließlich dem Präsidenten.

Wie schon erwähnt, ist es in erster Linie Aufgabe der Minderheitsämter, wenn möglich eine gütliche Regelung der Streitfragen herbeizuführen. Die Vertragsparteien gingen beim Abschluß des Genfer Abkommens in der Tat von der Annahme aus, daß die Minderheitsämter in der Regel die Beschwerden endgültig erledigen würden, sodaß der Präsident sich nur mit verhältnismäßig wenigen wichtigen Angelegenheiten zu befassen gehabt hätte. Es hat sich indes gezeigt, daß es den Minderheitsämtern in sehr zahlreichen Fällen nicht gelang, eine Verständigung herbeizuführen. Es sind im ganzen 2283 Beschwerden, die die Interessen einer bedeutend größeren Anzahl von Personen betrafen, von den beiden Minderheitsämtern dem Präsidenten der Gemischten Kommission zur Behandlung überwiesen worden. Es wäre dem Präsidenten unmöglich gewesen, neben seinen sonstigen Amtspflichten eine so große Anzahl von Beschwerden durch Erlaß von Stellungnahmen zu erledigen. Schon aus diesem Grunde, namentlich aber aus dem Wunsche heraus, die Streitfragen auf dem Wege der Versöhnung zu regeln, wurde die Vermittlungstätigkeit, die in diesen Fällen vor den Minderheitsämtern erfolglos geblieben war, wieder aufgenommen. Nach Eingang der durch die Minderheitsämter dem Präsidenten überwiesenen Beschwerden, war dieser bestrebt, gütliche Verhandlungen einzuleiten, um wenn möglich eine Stellungnahme im Sinne des Art. 153 zu vermeiden, sofern eine gütliche Erledigung nicht vornherein ausgeschlossen war. Bei dieser Arbeit der Verständigung war die Mitwirkung der Minderheitsämter und die Unterstützung der polnischen und deutschen Mitglieder der Kommission von wesentlicher Bedeutung. In der Regel konnte die Vermittlung allerdings erst dann mit Erfolg einsetzen, nachdem der Tatbestand durch Beweiserhebungen festgestellt war. Der Streit über die Tatsachen und nicht der Rechtsstreit an sich hat in den meisten Fällen die größte Arbeit verursacht. Namentlich nahm die Einvernahme der Zeugen sehr viel Zeit in Anspruch. Auf diese Weise ist es in den meisten Fällen gelungen, den Rechtsstreit ohne Stellungnahme zu erledigen, sei es daß dem Begehren der Beschwerde Folge gegeben wurde, sei es daß ein Vergleich zustande kam, sei es daß eine cego sie spowodowało do całkowitego wycofania zażalenia lub do wycofania go z zastrzeżeniem późniejszego dochodzenia swych praw. W innych przypadkach zażalenia wciągnięto w rejestr jako załatwione przez orzeczenie z krótkim uzasadnieniem, bądź to wskutek oczywistego braku wystarczających dowodów bądź też wskutek oczywistej niedostatecznej podstawy prawnej lub niewłaściwości Prezydenta.

Liczba zażaleń, które załatwiono tymi metodami, wynosi 1929. Poglądy w myśl art. 153 wydano tylko w 127 przypadkach.

Jeszcze w ciągu ostatniego półrocza Urzędy Spraw Mniejszości przekazały Prezydentowi Komisji Mieszanej liczne zażalenia. Z tego powodu, ale także z powodu stałego przeciążenia pracą oraz trudności w osiągnięciu ugodowego rozwiązania niektórych kwestyj, znacznej ilości zażaleń nie dało się załatwić. Zlikwidowanie tych zaległości po upływie Konwencji Genewskiej jest według specjalnego przepisu tej Konwencji wykluczone.

Ochrona mniejszości w postępowaniu z art. 585:

Przepis ten brzmi:

„1. Jeżeli Prezydent Komisji Mieszanej dowie się o faktach, okolicznościach lub stosunkach, które, według jego zdania, nie odpowiadają postanowieniom niniejszej Konwencji, może on na nie zwrócić uwagę przedstawiciela odnośnego państwa.

2. Przedstawiciel państwa winien o tym bezzwłocznie zawiadomić swój Rząd."

Przewidziane w art. 585 prawo nadzoru Prezydenta rozciąga się w myśl brzmienia tego artykułu na wszystkie przepisy Konwencji. Znalazło ono jednak głównie zastosowanie w dziedzinie ochrony mniejszości i stanowi w tej materii podstawę postępowania sumarycznego. W postępowaniu tym mogą członkowie mniejszości kierować zażalenia bezpośrednio do Prezydenta, który je rozpatruje w myśl wspomnianego przepisu. Według stałej praktyki zażalenie należy wnieść na piśmie, poza tym w postępowaniu tym nie obowiązuje żadna szczególna forma. Podanie takie Prezydent rozpatruje bez współ-

Abklärung erzielt werden konnte, welche den Beschwerdeführer bewog, die Beschwerde gänzlich oder unter Vorbehalt späterer Geltendmachung seiner Rechte fallen zu lassen. In anderen Fällen wurde die Beschwerde auf dem Wege der Verfügung mit kurzer Begründung abgeschrieben, sei es daß der Mangel genügender Beweise, die unzureichende rechtliche Grundlage oder die Unzuständigkeit des Präsidenten offenbar waren.

Die Zahl der Beschwerden, welche nach diesen Methoden ohne Stellungnahme erledigt wurden, beträgt 1929. Die Stellungnahme im Sinne des Art. 153 wurde nur in 127 Fällen ausgesprochen.

Noch im Laufe des letzten Halbjahres wurden dem Präsidenten zahlreiche Beschwerden durch die Minderheitsämter überwiesen. Aus dem Grunde, aber auch wegen ständiger Überlastung sowie wegen der Schwierigkeit in gewissen Fragen gütliche Lösungen zu erzielen, konnte eine ziemlich große Anzahl von Beschwerden nicht erledigt werden. Die Liquidierung dieser Pendenzen nach Ablauf der Genfer Konvention ist durch eine besondere Vorschrift dieses Vertrages ausgeschlossen.

Der Minderheitenschutz im Verfahren gemäß Art. 585:

Diese Bestimmung lautet:

»1. Erhält der Präsident der Gemischten Kommission Kenntnis von Tatsachen, Umständen oder Verhältnissen, die nach seiner Überzeugung mit den Bestimmungen dieses Abkommens nicht im Einklang sind, so steht es ihm frei, die Aufmerksamkeit des zuständigen Staatsvertreters darauf zu lenken.

2. Der Staatsvertreter ist verpflichtet, seiner Regierung unverzüglich von dieser Mitteilung Kenntnis zu geben.«

Das im Art. 585 vorgesehene Aufsichtsrecht des Präsidenten erstreckt sich dem Wortlaute nach auf alle Vorschriften des Abkommens. Es wurde indes hauptsächlich auf dem Gebiete des Minderheitenschutzes angewendet und bildet in dieser Materie die Grundlage des summarischen Verfahrens. In diesem Verfahren ist es den Minderheitsangehörigen gestattet, Beschwerden unmittelbar an den Präsidenten zu richten, die er im Sinne der erwähnten Vorschrift prüft. Gemäß ständiger Praxis muß die Beschwerde schriftlich eingereicht werden, im übrigen ist dieses Verfahren an keine besondere Form gebunden. Der Präsident behandelt udziału pozostałych członków Komisji w drodze wymiany pism lub w drodze konferencji z właściwym Przedstawicielem Państwa. To postępowanie sumaryczne jest przede wszystkim drogą do interwencji i porozumienia, służąc w ten sposób do odciążenia postępowania w myśl art. 149. Umożliwia ono w szczególności szybkie załatwienie spraw pilnych i zapobieżenie na czas sytuacjom sprzecznym z prawem. Z przeprowadzenia dowodu z reguły rezygnuje się. Jeżeli porozumienie jest niemożliwe, ponieważ fakty lub kwestie prawne pozostają sporne, postępowanie zamyka się i żalącemu się pozostawia się do woli albo zrezygnować z zażalenia albo wdrożyć postępowanie procesowe w myśl art. 149 i n. lub odwołać się do Rady Ligi Narodów. Postępowanie w myśl art. 585 stało się również skutecznym środkiem do zwalczania karygodnych czynów skierowanych przeciwko mniejszościom i członkom mniejszości. Ponieważ zagwarantowane mniejszościom w artykule 83 Konwencji Genewskiej bezpieczeństwo życia i wolności zagrożone było od czasu do czasu powtarzającymi się falami terroru oraz licznymi poszczególnymi aktami gróźb, czynnych znieważeń i uszkodzeń własności, Prezydent zawarł z właściwymi władzami obu układających się Państw celem skuteczniejszego zwalczenia tego zakłócenia spokoju porozumienie następującej treści: Wszystkie przestępstwa, które przypisać należy antagonizmowi narodowemu i na które Prezydent zwraca uwagę Przedstawicieli Państw, mają być przez prokuratury ścigane ex officio łącznie z tymi przypadkami, w których według przepisów krajowych procedur karnych poszkodowani skierowani być mogą na drogę t. zw. skargi prywatnej. Dzięki temu postępowaniu bardzo wiele wykroczeń, pomiędzy nimi takie, którymi dotknięta została wielka liczba osób, przekazano właściwym władzom karnym do osądzenia, co przyczyniło się w poważnej mierze do utrzymania bezpieczeństwa w myśl art. 83 Konwencji Genewskiej.

W myśl art. 585 załatwiono ogółem 1180 zażaleń.

Z powyższych wywodów i danych wynika, że poglądy w myśl art. 153 stanowią tylko mały wykrój ogólnej mej działalności w dziedzinie prawa mniejszościowego. Zadanie ochrony mniejszościowej die Eingabe ohne Mitwirkung der übrigen Mitglieder der Kommission auf Grund eines Schriftenwechsels oder einer mündlichen Aussprache mit dem zuständigen Staatsvertreter. Dieses summarische Verfahren ist vor allem ein Weg zur Vermittlung und Verständigung und dient somit zur Entlastung des Verfahrens gemäß Art. 149. Es ermöglicht insbesondere dringende Angelegenheiten rasch zu behandeln und drohenden rechtswidrigen Situationen rechtzeitig zu begegnen. Von der Erhebung von Beweisen wird in der Regel abgesehen. So oft eine Verständigung nicht möglich ist, weil die Tatsachen oder die Rechtsfragen streitig bleiben, wird das Verfahren geschlossen und dem Beschwerdeführer steht es frei, die Beschwerde fallen zu lassen, das prozessuale Verfahren gemäß Art. 149 ff. einzuleiten oder den Völkerbundsrat anzurufen. Das Verfahren gemäß Art. 585 gestaltete sich auch zu einem geeigneten Mittel zur Abwehr strafbarer Handlungen, die gegen die Minderheiten und Minderheitsangehörigen gerichtet waren. Da die im Art. 83 der Genfer Konvention den Minderheiten gewährleistete Sicherheit des Lebens und der Freiheit durch von Zeit zu Zeit sich wiederholende Terrorwellen und auch durch zahlreiche einzelne Bedrohungen, Mißhandlungen und Sachbeschädigungen gefährdet wurde, vereinbarte der Präsident zur wirksameren Bekämpfung dieser Friedensstörungen mit den zuständigen Behörden der beiden Vertragsstaaten eine Verständigung folgenden Inhalts: Alle Vergehen, die auf nationalen Antagonismus zurückzuführen sind und auf welche der Präsident die Aufmerksamkeit der Staatsvertreter lenkt, sollen von der Staatsanwaltschaft ex officio verfolgt werden, einschließlich derjenigen Fälle, in welchen nach den Vorschriften der nationalen Strafprozeßordnungen die Geschädigten auf den Weg der sogenannten Privatklage verwiesen werden können. Durch dieses Verfahren sind sehr viele Ausschreitungen, darunter solche, von welchen eine große Zahl von Personen betroffen waren, der Beurteilung der zuständigen Strafverfolgungsbehörden zugeführt worden, was zur Wahrung der Sicherheit gemäß Art. 83 des Genfer Abkommens erheblich beigetragen hat.

Im ganzen wurden 1180 Beschwerden gemäß Art. 585 behandelt.

Aus den vorstehenden Ausführungen und Angaben geht hervor, daß die Stellungnahmen im Sinne des Art. 153 nur einen kleinen Ausschnitt aus meiner gesamten Tätigkeit auf dem Gebiete des Minderheitsrechts rozwiązywano po największej części w drodze porozumienia. Tym się też tłumaczy, że wiele kwestyj — pomiędzy nimi kwestie o wielkim znaczeniu, które wskutek mej interwencji uregulować się dały ugodowo — nie stały się przedmiotem poglądów.

Współpraca ugodowa doznała poparcia przez to, że obydwa Rządy powiadamiane były dokładnie przez swych Przedstawicieli Państw i Zastępców w Komisji Mieszanej o moich zapatrywaniach i o całokształcie mej działalności w dziedzinie ochrony mniejszości.

Praca moje ułatwiona była również przez to, że mniejszość polska, niemiecka i żydowska, opierając się na art. 78 Konwencji Genewskiej, zorganizowały się w związki, które jako takie wzięły na się zadanie bronić praw mniejszościowych przed władzami krajowymi i przed instancjami międzynarodowymi. Związek Polaków w Opolu pilnował interesów mniejszości polskiej na Górnym Śląsku Niemieckim, zaś Niemiecki Związek Ludowy (Deutscher Volksbund) interesów mniejszości niemieckiej na Górnym Śląsku Polskim. Obydwie te korporacje mają formę prawną zapisanych stowarzyszeń prawa cywilnego. Pilnowanie interesów mniejszości żydowskiej na Górnym Śląsku Niemieckim należało do Związku Synagogalnego Gmin Żydowskich Prowincji Górnośląskiej (Synagogengemeindeverband der Provinz Oberschlesien), osoby prawnej prawa publicznego. Stali urzędnicy lub mandatariusze wymienionych związków zastępowali w największej liczbie przypadków zażalenia mniejszościowe w postępowaniu pisemnym i ustnym. Przez to mniejszości były w stałym kontakcie z moją praktyką, co było bardzo korzystnym nie tylko dla rozpatrywania kwestyj spornych w postępowaniu prawnym, lecz w szczególności także dla rokowań ugodowych. Ta organizacja zastępstwa prawnego na podstawie kolektywnej była tym bardziej pożądana, że ze względów łatwo zrozumiałych nie było do pomyślenia, aby jako zastępców żalących się dopuszczać tylko adwokatów. W nielicznych przypadkach, w których żalący się osobiście prowadzili swe zażalenia, wychodziła prawie zawsze na jaw ich nieumiejętność w spełnianiu tego zadania, przez co utrudnione było zadarstellen. Zum größten Teil wurde die Aufgabe des Minderheitenschutzes auf dem Wege der Verständigung gelöst. Daraus erklärt sich auch, daß viele Fragen — darunter solche großer Bedeutung, welche durch meine Vermittlung gütlich geregelt werden konnten — nicht Gegenstand von Stellungnahmen wurden.

Die Zusammenarbeit der Verständigung wurde dadurch gefördert, daß die beiden Regierungen durch ihre Staatsvertreter und durch ihre Vertreter in der Gemischten Kommission über meine Ansichten und meine gesamte Tätigkeit auf dem Gebiete des Minderheitenschutzes genau unterrichtet waren.

Meine Arbeit wurde auch dadurch erleichtert, daß die deutsche, die polnische und die jüdische Minderheit in Anlehnung an Art. 78 des Genfer Abkommens sich zu Verbänden organisierten und als solche die Aufgabe übernahmen, die Minderheitsrechte vor den nationalen Behörden und vor den internationalen Instanzen zu verteidigen. Der »Deutsche Volksbund« in Katowice betreute die deutsche Minderheit in Polnisch-Oberschlesien, der »Związek Polaków« in Oppeln die polnische Minderheit in Deutsch-Oberschlesien. Beide Körperschaften haben die Rechtsform eines eingetragenen Vereins des bürgerlichen Rechtes. Die Wahrung der Interessen der jüdischen Minderheit in Deutsch-Oberschlesien oblag dem »Synagogengemeindeverband der Provinz Oberschlesien«, einer juristischen Person des öffentlichen Rechts. Ständige Beamte oder Beauftragte der genannten Verbände vertraten in den weitaus meisten Fällen die Minderheitsbeschwerden im schriftlichen und im mündlichen Verfahren. Dadurch blieben die Minderheiten in steter Fühlung mit meiner Praxis, was nicht nur für die Behandlung der Streitfragen im Rechtsverfahren, sondern namentlich auch für die Vergleichsverhandlungen sehr vorteilhaft war. Diese Organisation der Rechtsvertretung auf kollektiver Grundlage war umsomehr zu begrüßen, als man aus naheliegenden Gründen nicht daran denken konnte, als Vertreter der Beschwerdeführer nur Rechtsanwälte zuzulassen. In den wenig zahlreichen Fällen, wo die Beschwerdeführer persönlich ihre Beschwerden vertraten, zeigte sich fast immer ihre Unfähigkeit, diese Aufgabe zu erfüllen, wodurch sowohl die Beurteilung der Streitsache in tatsächlicher und rechtlicher Hinsicht als auch deren gütliche Beilegung erschwert wurde.

równo osądzenie kwestii spornej pod względem faktycznym i prawnym jak i ugodowe jej załatwienie.

Co do spraw, które w oderwaniu od szczególnych ich okoliczności wydać się mogą drobnostką, nie można było zażalenia po prostu oddalić z uzasadnieniem, że rzekome naruszenie Konwencji Genewskiej jest niedość ważne, aby mi je przedłożyć do rozpatrzenia. Było istotnym celem Konwencji Genewskiej dopomóc każdemu członkowi mniejszości do jego prawa. Wobec tego prawo zażaleniowe przyznawano bez jakichkolwiek ograniczeń. Poza tym należy uwzględnić, że liczne sprawy, które z wyżyny rozważań międzynarodowych wydają się drobnostkami, dla danych osób lub ich rodzin mogą mieć znaczenie decydujące.

Przy osądzaniu kwestyj mniejszościowych, które bardzo często związane są z motywami i rozważaniami politycznymi Państw, mogłem się tylko kierować wytycznymi prawnymi i swym przekonaniem prawnym. To była jedyna dopuszczalna podstawa mej działalności. Że przy tym w niektórych przypadkach zapatrywanie moje odbiegało od zapatrywań dotycznych władz, nie może dla nikogo być niespodzianką.

W czasie całej mej działalności na Górnym Śląsku zawsze wskazywałem na to, jak bardzo leży w interesie ogółu, aby sprawy dotyczące mniejszości roztrząsano i załatwiano bezpośrednio pomiędzy władzami a członkami mniejszości, bez odwoływania się do instancyj międzynarodowych. Tymczasem duża liczba zażaleń wniesionych do lokalnej instancji międzynarodowej dowodzi, że ten zalecany przeze mnie system wymaga usilnego poparcia, aby się stać skutecznym. Jest moim szczerym życzeniem, aby po upływie Konwencji Genewskiej ten niezbędny, na wzajemnym zaufaniu oparty kontakt pomiędzy władzami a mniejszościami doznał rozszerzenia i pogłębienia w duchu pojednania i porozumienia.

Calonder

Katowice, dnia 1 lipca 1937.

Was die Angelegenheiten betrifft, welche, losgelöst von ihren besonderen Umständen, als geringfügig erscheinen mögen, war es nicht zulässig, eine Beschwerde ohne weiteres von der Hand zu weisen mit Begründung, daß die behauptete Verletzung des Genfer Abkommens nicht wichtig genug sei, um meiner Prüfung unterbreitet zu werden. Es war ein wesentliches Ziel des Genfer Abkommens, jedem Minderheitsangehörigen zu seinem Rechte zu verhelfen. Daher wurde das Beschwerderecht ohne irgendwelche Einschränkung gewährt. Sodann aber ist zu bedenken, daß viele Angelegenheiten, welche von der hohen Warte internationaler Betrachtung aus als Bagatellen erscheinen, für die betreffende Person und ihre Familie von tief einschneidender Bedeutung sein können.

Bei der Beurteilung der Minderheitsfragen, die sehr oft mit politischen Beweggründen und Erwägungen der Staaten zusammenhängen, konnte ich mich nur von rechtlichen Gesichtspunkten, von meiner Rechtsüberzeugung leiten lassen. Das war die einzig zulässige Grundlage meiner Tätigkeit. Daß dabei in manchen Fällen Meinungsverschiedenheiten zwischen meiner Auffassung und derjenigen der beteiligten Behörden zu Tage traten, kann nicht überraschen.

Während meiner ganzen Tätigkeit in Oberschlesien habe ich immer wieder darauf hingewiesen, wie sehr es im allgemeinen Interesse liegt, die Angelegenheiten betreffend die Minderheiten im direkten Verkehr zwischen den Behörden und den Minderheitsangehörigen zu erörtern und zu erledigen, ohne internationale Instanzen in Anspruch zu nehmen. Indes zeigt die große Zahl von Beschwerden, welche an die lokale internationale Instanz gelangten, daß dieses von mir befürwortete System, um wirksam zu werden, nachhaltiger Unterstützung bedarf. Es ist mein aufrichtiger Wunsch, daß nach Ablauf des Genfer Abkommens dieser unentbehrliche, auf gegenseitiges Vertrauen gegründete Kontakt zwischen den Behörden und den Minderheiten im Sinne der Versöhnung und der Verständigung sich erweitern und vertiefen möge.

Calonder

Katowice, den 1. Juli 1937.

Personalia

1. Funkcje Prezydenta Komisji Mieszanej pełnił przez cały czas trwania Komisji Mieszanej dr Feliks Calonder, były Prezydent Konfederacji Szwajcarskiej.

2. Członkowie Komisji Mieszanej dla Górnego Śląska:

a) polscy:

1. Konstanty Wolny, marszałek Sejmu Śląskiego, 1922—1927,

2. Stanisław Grabianowski, inżynier, 1922—1934,

3. Stefan Bratkowski, radca ministerialny w Ministerstwie Spraw Zagranicznych, 1927—1929,

4. Kajetan Morawski, podsekretarz stanu w Ministerstwie Spraw Zagranicznych, wiceminister Skarbu, 1929—1934,

5. Mieczysław Chmielewski, adwokat, 1934—1937,

b) niemieccy:

1. Hans von Moltke, ambasador, 1922—1924,

2. Dr Hans Lukaschek, nadprezydent, 1922—1927,

3. Hrabia Hans Praschma, członek Rady Państwa, 1924—1935,

4. Dr Paulus van Husen, radca Najwyższego Trybunału Administracyjnego, 1927—1934,

5. Hrabia Hans Josef Matuschka, nadradca, 1934—1937,

Personalia

1. Als Präsident der Gemischten Kommission fungierte während der ganzen Geltungsdauer der Gemischten Kommission Dr. Felix Calonder, ehemaliger schweizerischer Bundespräsident.

2. Mitglieder der Gemischten Kommission für Oberschlesien:

a) deutsche:

1. Hans von Moltke, Botschafter, 1922—1924,

2. Dr. Hans Lukaschek, Oberpräsident, 1922—1927,

3. Graf Hans Praschma, Mitglied des Reichsrates, 1924—1935,

4. Dr. Paulus van Husen, Oberverwaltungsgerichtsrat, 1927—1934,

5. Graf Hans Josef Matuschka, Oberregierungsrat, 1934—1937,

b) polnische:

1. Konstanty Wolny, Marschall des Schlesischen Sejms, 1922—1927,

2. Stanisław Grabianowski, Ingenieur, 1922—1934,

3. Stefan Bratkowski, Ministerialrat im Außenministerium, 1927—1929,

4. Kajetan Morawski, Unterstaatssekretär im Außenministerium, Vice-Minister der Finanzen, 1929—1934,

5. Mieczysław Chmielewski, Rechtsanwalt, 1934—1937,

6. Adam Stebłowski, radca ministerialny w Ministerstwie Spraw Zagranicznych, 1934—1937.

6. Gottfried Schwendy, wiceprezydent Rejencji, 1936—1937.

3. Przedstawiciele Państw przy Komisji Mieszanej:

a) polscy:

1. Bronisław Bouffałł, profesor uniwersytetu, 1922—1923,

2. Dr Zygmunt Przybylski, senator, 1923—1924,

3. Dr Aleksander Szczepański, konsul generalny, 1924—1929,

4. Kazimierz Sąchocki, członek Najwyższego Trybunału Administracyjnego, 1929—1933,

5. Leon Babiński, profesor uniwersytetu, 1933—1937.

b) niemieccy:

1. Karl Budding, prezydent Rejencji, 1922—1926,

2. Freiherr Werner von Grünau, konsul generalny, dyrektor w Ministerstwie Spraw Zagranicznych, 1926—1931,

3. Hrabia Raban Adelmann von Adelmannsfelden, poseł, 1931—1934,

4. Dr Wilhelm Nöldeke, konsul generalny, 1934—1937.

4. Urzędy Spraw Mniejszości:

a) kierownicy polscy:

1. Dr Jan Tokarz, prokurator generalny, 1922—1923,

b) kierownicy niemieccy:

1. Schmid, radca tajny, 1922—1924,

6. Gottfried Schwendy, Regierungs-Vice-Präsident, 1936—1937.

6. Adam Stebłowski, Ministerialrat im Außenministerium, 1934—1937.

3. Staatsvertreter bei der Gemischten Kommission:

a) deutsche:

1. Karl Budding, Regierungspräsident, 1922—1926,
2. Freiherr Werner von Grünau, Generalkonsul, Ministerialdirektor im Auswärtigen Amt, 1926—1931,
3. Graf Raban Adelmann von Adelmannsfelden, Gesandter, 1931—1934,
4. Dr. Wilhelm Nöldeke, Generalkonsul, 1934—1937.

b) polnische:

1. Bronisław Bouffałł, Universitätsprofessor, 1922—1923,
2. Dr. Zygmunt Przybylski, Senator, 1923—1924,
3. Dr. Alexander Szczepański, Generalkonsul, 1924—1929,
4. Kazimierz Sąchocki, Mitglied des Obersten Verwaltungsgerichtshofs, 1929—1933,
5. Leon Babiński, Universitätsprofessor, 1933—1937.

4. Minderheitsämter:

a) deutsche Leiter:

1. Schmid, Geheimer Regierungsrat, 1922—1924,

b) polnische Leiter:

1. Dr. Jan Tokarz, Generalstaatsanwalt, 1922—1923,

2. Wiktor Hinze, komisarz generalny, 1923—1933,

3. Dr Marek Korowicz, radca wojewódzki, 1933—1937.

2. Dr Gospos, dyrektor sądu okręgowego, 1924—1937.

5. Sekretariat:

a) sekretarze generalni:

1. Jean de Montenach, członek sekretariatu Ligi Narodów, 1922,

2. Dr Emil Schucany, adwokat, 1922—1924,

3. Albert Huber, adwokat, 1924—1937.

b) sekretarze:

1. Dr André Pozzy, adwokat, 1924—1925,

2. Dr Robert Vetterli, adwokat, 1926—1937.

3. Guido Schiller-Schildenfeld, radca, 1927—1933.

6. Szef kancelarii i tłumacz Komisji Mieszanej: Jan Danek, b. urzędnik ministerialny, 1922—1937.

2. Dr. Gospos, Landgerichtsdirektor, 1924—1937.

2. Viktor Hinze, Generalkommissar, 1923—1933,

3. Dr. Marek Korowicz, Wojewodschaftsrat, 1933—1937.

5. Sekretariat:

a) Generalsekretäre:

1. Jean de Montenach, Mitglied des Sekretariats des Völkerbundes, 1922,

2. Dr. Emil Schucany, Rechtsanwalt, 1922—1924,

3. Albert Huber, Rechtsanwalt, 1924—1937.

b) Sekretäre:

1. Dr. André Pozzy, Rechtsanwalt, 1924—1925,

2. Dr. Robert Vetterli, Rechtsanwalt, 1926—1937,

3. Guido Schiller-Schildenfeld, Regierungsrat, 1927—1933.

6. Kanzleichef und Dolmetsch der Gemischten Kommission: Johann Danek, Ministerialbeamter a. D., 1922—1937.

Poglądy — Stellungnahmen

1—60

Tom I — Band I

1

Pogląd

z dnia 1 maja 1923 w sprawie nr 1 P. Pogrzeby w Królewskiej Hucie (Górny Śląsk Polski), żalącego się, dotyczącej pobierania nauki przez jego syna Jana Pogrzebę w gimnazjum w Królewskiej Hucie.

I

1. Żalący się zgłosił z początkiem roku szkolnego 1922-23 (1 września 1922) swego syna Jana do klasy polskiej gimnazjum w Królewskiej Hucie. Twierdzi on, że zgłoszenie nastąpiło pod warunkiem, że każe syna przenieść do klasy niemieckiej, gdyby się przekonał, że nie podoła nauce w klasie polskiej. Natomiast dyrektor gimnazjum dr Piprek twierdzi, że warunku takiego nie postawiono.

Z końcem października 1922 małżonka żalącego się prosiła dyrektora gimnazjum ustnie, aby przeniósł jej syna do klasy niemieckiej, ponieważ w klasie polskiej nie robi postępów. Prośby tej nie uwzględniono.

W kilka dni później odbyła się pomiędzy dyrektorem gimnazjum a żalącym się konferencja, na którą żalący się, według przedstawienia przezeń sprawy, udał się w tym zamiarze, aby postarać się o przeniesienie syna do klasy niemieckiej. Żalący się twierdzi, że także na tej konferencji obstawał przy warunku, postawionym z początkiem roku szkolnego. Według przedstawienia zaś sprawy przez dyrektora Piprka żalący się zgodził się na tej konferencji na pozostawienie syna w klasie polskiej.

Dnia 3 listopada 1922 wystosował żalący się do dyrektora gimnazjum podanie o przeniesienie syna do klasy niemieckiej, ponieważ ten nie włada językiem polskim (akt 4). Dyrektor gimnazjum odpowiedział następnego dnia, że przeniesienia nie może uskutecznić i że nie zgodzi się na nie pod żadnym warunkiem (akt 5).

1

Stellungnahme

vom 1. Mai 1923 in der Sache Nr. 1 des P. Pogrzeba in Królewska-Huta (Polnisch-Oberschlesien), Beschwerdeführer, betreffend Unterricht seines Sohnes Johann Pogrzeba im Gymnasium Królewska-Huta.

I

1. Zu Anfang des Schuljahres 1922/23 (1. September 1922) meldete der Beschwerdeführer seinen Sohn Johann für die polnische Klasse des Gymnasiums Królewska-Huta an. Der Beschwerdeführer behauptet, daß die Anmeldung unter der Bedingung erfolgt sei, seinen Sohn in die deutsche Klasse überweisen zu lassen, wenn er sehe, daß er in der polnischen Klasse nicht weiter komme. Der Direktor des Gymnasiums, Dr. Piprek, hingegen erklärt, daß eine solche Bedingung nicht gestellt worden sei.

Ende Oktober 1922 ersuchte die Ehefrau des Beschwerdeführers den Direktor des Gymnasiums mündlich um Versetzung ihres Sohnes in die deutsche Klasse, weil er in der polnischen Klasse keine Fortschritte mache. Diesem Ersuchen wurde nicht Folge gegeben.

Einige Tage darauf fand zwischen dem Direktor des Gymnasiums und dem Beschwerdeführer eine Unterredung statt, zu welcher der Beschwerdeführer, nach seiner Darstellung, sich in der Absicht begeben hat, die Überweisung seines Sohnes in die deutsche Klasse durchzusetzen und in deren Verlauf er auch an der zu Anfang des Schuljahres gestellten Bedingung festgehalten haben will. Nach der Darstellung des Direktors hingegen hat sich der Beschwerdeführer anläßlich dieser Unterredung mit dem Verbleiben seines Sohnes in der polnischen Klasse einverstanden erklärt.

Am 3. November 1922 stellte der Beschwerdeführer an den Direktor des Gymnasiums das schriftliche Gesuch, seinen Sohn in die deutsche Klasse zu versetzen, weil er der polnischen Sprache nicht mächtig sei (act. 4). Der Direktor des Gymnasiums antwortete tags darauf, daß er die Versetzung nicht vornehmen könne und unter keinen Umständen zulassen werde (act. 5).

2. Dnia 8 listopada 1922 małżonka żalącego się wniosła na polecenie męża podanie do Prezydenta Komisji Mieszanej (akt 3), które Prezydent przekazał Urzędowi Spraw Mniejszości w Katowicach.

Urząd Spraw Mniejszości zajął w uwagach z dnia 21 grudnia (akt 1—2) stanowisko, że żalący się przez zgłoszenie syna do klasy polskiej oświadczył w myśl art. 131 Konwencji Genewskiej, że językiem dziecka jest język polski. Późniejsza zmiana tego oświadczenia jest niedopuszczalna, o ile nie zaszedł przypadek przymusu lub omyłki. Żalący się mógł wprawdzie później prosić o przyjęcie syna do klasy niemieckiej, wobec jego pierwotnego oświadczenia władza na podstawie art. 131 Konwencji Genewskiej nie była jednak zobowiązana uczynić zadość tej prośbie. Nie można uwzględnić warunku, nawet gdyby był postawiony, ponieważ Konwencja Genewska nie zna oświadczeń warunkowych.

3. Na rozprawie ustnej żalący się oświadczył, że w jego rodzinie mówi się tylko po niemiecku, ponieważ jego małżonka nie umie po polsku. Dziecko zgłosił w danym czasie do klasy niemieckiej, ponieważ nie zdawał sobie sprawy z nauki w klasach polskich i niemieckich. W szczególności był on z początkiem roku szkolnego na zgromadzeniu publicznym, na którym pewien ksiądz wywodził, że w klasach polskich dzieci uczą się po polsku i po niemiecku, w klasach zaś niemieckich tylko po niemiecku a po polsku wcale nie. Życzeniem jego było jednak, aby dziecko uczyło się obu języków; ponieważ zaś syn nie robił postępów w klasie polskiej a dyrektor gimnazjum odmówił przeniesienia go do klasy niemieckiej, przeto nie miał innego wyjścia, jak posłać syna do gimnazjum w Bytomiu, do którego i dziś jeszcze uczęszcza.

II

1. Zgłoszenie warunkowe jest dopuszczalne, jeżeli dany urzędnik przyjmie je do wiadomości bez sprzeciwu. Postawienie warunku przez żalącego się nie może być jednak uważane za udowodnione, ponieważ dyrektor Piprek kilkakrotnie i z całym naciskiem temu zaprzeczył. Jest możliwe, że żalący się miał na myśli taki warunek i że dał to nawet do zrozumienia. Nie można jednak przypuścić, aby warunek ten postawiono jasno i wyraźnie.

2. Prezydent nie może też jednak uważać za ustalone, że żalący się z okazji rozmowy z dyrektorem gimnazjum (w końcu października

2. Am 8. November 1922 richtete die Ehefrau des Beschwerdeführers in dessen Auftrage an den Präsidenten der Gemischten Kommission eine Eingabe (act. 3), die der Präsident dem Minderheitsamt in Katowice überwies.

Das Minderheitsamt stellte sich in seinen Bemerkungen vom 21. Dezember (act. 1/2) auf den Standpunkt, der Beschwerdeführer habe durch die Anmeldung in die polnische Klasse gemäß Art. 131 der Genfer Konvention erklärt, daß die Sprache seines Kindes die polnische sei. Eine spätere Abänderung dieser Erklärung sei — vorausgesetzt, daß kein Zwang oder Irrtum vorgelegen habe — nicht zulässig. Der Beschwerdeführer habe wohl später um Aufnahme seines Sohnes in die deutsche Klasse nachsuchen können; die Behörde sei aber angesichts der früheren Erklärung des Beschwerdeführers nicht verpflichtet gewesen, diesem Gesuch auf Grund des Art. 131 der Genfer Konvention Folge zu geben. Eine Bedingung könne, auch wenn sie gestellt worden wäre, nicht berücksichtigt werden, weil der Genfer Konvention bedingte Erklärungen unbekannt seien.

3. In der mündlichen Verhandlung hat der Beschwerdeführer erklärt, in seiner Familie werde nur deutsch gesprochen, weil seine Frau nicht polnisch könne. Er habe seinerzeit sein Kind für die deutsche Klasse angemeldet, weil er sich über den Unterricht in den polnischen und deutschen Klassen nicht im klaren gewesen sein. Insbesondere habe er vor Schulbeginn einer öffentlichen Versammlung beigewohnt, in der durch einen Geistlichen ausgeführt worden sei, in den polnischen Klassen lernten die Kinder Polnisch und Deutsch, in den deutschen Klassen hingegen nur Deutsch und kein Polnisch. Er habe aber gewollt, daß sein Kind beide Sprachen lerne; weil sein Sohn dann aber in der Folge in der polnischen Klasse nicht vorwärts gekommen sei und der Direktor des Gymnasiums die Versetzung in die deutsche Klasse abgelehnt habe, sei ihm nichts anderes übriggeblieben, als ihn in das Gymnasium in Beuthen zu schicken, das er heute noch besuche.

II

1. Eine bedingte Anmeldung ist zulässig, wenn der zuständige Beamte sie ohne Widerspruch entgegennimmt. Die vom Beschwerdeführer behauptete Bedingung kann jedoch nicht als erwiesen betrachtet werden, da sie von Direktor Piprek wiederholt und mit allem Nachdruck bestritten worden ist. Der Beschwerdeführer mag eine solche Bedingung im Sinne gehabt und vielleicht auch angedeutet haben. Daß sie aber klar und deutlich zum Ausdruck gekommen sei, kann nicht angenommen werden.

2. Der Präsident kann aber auch nicht als festgestellt betrachten, daß der Beschwerdeführer anläßlich seiner Besprechung mit dem Direktor

lub początkiem listopada 1922) zgodził się w sposób jasny i wyraźny na pozostawienie syna w klasie polskiej. Dyrektor, w którego dobrą wiarę się nie wątpi, zrozumiał w ten sposób życzenie żalącego się. W danych okolicznościach należy przypuścić, że żalący się podczas tej rozmowy nie wyraził się w formie jasnej i zdecydowanej. Przemawia za tym zarówno jego pismo, wystosowane do dyrektora dnia 3 listopada (akt 4), jak też jego zapodania w piśmie do Prezydenta Komisji Mieszanej z dnia 21 marca 1923 (akt 16, l. 3).

Nieporozumienie ze strony dyrektora gimnazjum nie jest również wykluczone, tym bardziej, że Prezydentowi wiadomo, że dyrektor prowadził w owym czasie podobne rozmowy z licznymi rodzicami, którzy żalili się przed nim, że dzieci ich bez względu na ich wolę przeniesiono z klasy niemieckiej do polskiej. Pod tym względem odsyła się do akt Pawła Gawlika, Wielkie Hajduki, dotyczących pobierania nauki przez syna jego Gerharda Gawlika w gimnazjum w Królewskiej Hucie (akt 17—23 i protokół str. 7—16).

3. Na podstawie zeznań żalącego się (akt 16 na końcu i protokół str. 10—12), który zasługuje na wiarę, Prezydent doszedł do przekonania, że żalący się istotnie nie zdawał sobie z początkiem roku szkolnego sprawy z nauki w szkołach mniejszościowych. Udowodnił on w sposób całkiem wiarogodny, że na podstawie wykładu na zgromadzeniu publicznym był zdania, że się w klasach niemieckich gimnazjum nie uczy wcale języka polskiego. Zeznaniu temu należy dać wiarę, tym bardziej, że Prezydentowi wiadomo, że ludność na Górnym Śląsku Polskim była często zdania, że w szkołach mniejszościowych z językiem wykładowym niemieckim nie będzie wprowadzona nauka języka polskiego.

Zapatrywanie to było jednak mylne. Dzieci obywateli polskich, które uczęszczają do szkół mniejszościowych, muszą się także nauczyć języka państwowego, jeżeli chcą robić w życiu postępy i jeżeli mają być dobrymi obywatelami polskimi; należy im zatem dać sposobność do tego przez wprowadzenie nauki języka polskiego w szkołach mniejszościowych.

Powodem tego, że i w tej kwestii panowała niejasność — co również usprawiedliwia omyłkę żalącego się — jest okoliczność, że des Gymnasiums (Ende Oktober oder Anfang November 1922) sich klar und deutlich mit dem Verbleiben seines Sohnes in der polnischen Klasse einverstanden erklärt habe. Der Direktor, dessen guter Glaube nicht angezweifelt werden soll, hat den Beschwerdeführer so verstanden. Es ist aber nach den Umständen anzunehmen, daß letzterer sich in dieser Besprechung nicht in klarer und bestimmter Form geäußert hat. Dafür spricht sowohl sein an den Direktor gerichtetes Schreiben vom 3. November (act. 4) als auch seine Angaben in seiner Zuschrift an den Präsidenten der Gemischten Kommission vom 21. März 1923 (act. 16 Ziffer 3).

Ein Mißverständnis ist auch seitens des Direktors des Gymnasiums um so weniger ausgeschlossen, als er, wie dem Präsidenten bekannt ist, in jener Zeit Besprechungen ähnlicher Art mit verschiedenen Eltern gehabt hat, die sich bei ihm darüber beschwerten, daß ihre Kinder ohne Rücksicht auf ihren Willen aus der deutschen in die polnische Klasse versetzt worden seien. Es wird diesbezüglich auf die Akten des Paul Gawlik, Wielkie Hajduki, betreffend Unterricht seines Sohnes Gerhard Gawlik im Gymnasium Królewska-Huta (act. 17—23 und Protokoll Seite 7—16) verwiesen.

3. Der Präsident ist jedoch auf Grund der Aussagen des Beschwerdeführers (act. 16 in fine und Protokoll S. 10—12), der ihm einen guten Eindruck gemacht hat, zu der Überzeugung gelangt, daß der Beschwerdeführer sich in der Tat zu Beginn des Schuljahres über den Unterricht in den Minderheitsschulen nicht im klaren gewesen sei. Der Beschwerdeführer hat durchaus glaubwürdig dargetan, er sei auf Grund eines in einer öffentlichen Versammlung gehörten Vortrages der Meinung gewesen, daß in den deutschen Klassen des Gymnasiums die polnische Sprache gar nicht gelehrt werde. Dieser Aussage ist um so mehr Glauben zu schenken, als, wie dem Präsidenten bekannt ist, in Polnisch-Oberschlesien die Auffassung vielfach vertreten worden ist, daß in den Minderheitsschulen mit deutscher Unterrichtssprache der polnische Sprachunterricht nicht eingeführt werde.

Diese Auffassung war indessen irrtümlich. Die Kinder polnischer Bürger, die die Minderheitsschule besuchen, müssen auch die Staatssprache erlernen, wenn sie im Leben vorwärts kommen und gute polnische Bürger werden sollen, und es muß ihnen hierzu durch Einführung des polnischen Sprachunterrichts in den Minderheitsschulen Gelegenheit gegeben werden.

Daß über diese Frage Unklarheit herrschte, liegt auch daran — und auch dies läßt den Irrtum des Beschwerdeführers entschuldbar erscheinen nie było rozporządzenia co do wyższych szkół mniejszościowych i ich planów nauki. Zresztą do dziś takiego rozporządzenia nie ma.

4. Wobec powyższych okoliczności nie można żalącego się zmusić, aby podtrzymał zgłoszenie syna do klasy polskiej, które uskutecznił z początkiem roku szkolnego 1922-23.

Jest wolą żalącego się — dał temu kilkakrotnie wyraz — aby jego syn uczęszczał do klasy niemieckiej gimnazjum w Król. Hucie. Tej jasno wypowiedzianej woli należy uczynić zadość. W ten sposób zakończy się również niezadowalający stan rzeczy, polegający na tym, że żalący się, który jest obywatelem polskim i mieszka w Polsce, musi posyłać syna do gimnazjum zagranicznego w Bytomiu.

Przy roztrząsaniu kwestii terminu, w którym syna żalącego się należy przyjąć do klasy niemieckiej gimnazjum w Królewskiej Hucie, trzeba uwzględnić, że żalący się spowodował sam, jakkolwiek przez dającą się usprawiedliwić omyłkę, niniejszy spór i że nie będzie dlań wielkiej ofiary, jeżeli do wakacji letnich pozostawi syna w gimnazjum w Bytomiu. W danych warunkach będzie stosowne, jeżeli się syna żalącego się przyjmie do klasy niemieckiej gimnazjum w Królewskiej Hucie dopiero z początkiem roku szkolnego 1923-24. Zgłoszenie należy już teraz uważać za ważne.

Wobec przedstawionych okoliczności nie potrzeba rozpatrywać kwestii, czy w ciągu roku szkolnego należy uwzględnić podania o przeniesienie dzieci z klasy polskiej do niemieckiej. Za potwierdzeniem tego pytania przemawiałaby okoliczność, że nie sprzeciwia się temu żaden przepis, oraz fakt, że w ciągu bieżącego roku szkolnego zachodziły kilkakrotnie przypadki przeniesień z klasy niemieckiej do polskiej.

III

Opierając się na powyższych faktach i rozważaniach Prezydent Komisji Mieszanej dla Górnego Śląska dochodzi do

poglądu:

Syn żalącego się Jan Pogrzeba winien być dopuszczony z początkiem roku szkolnego 1923-24 do klasy niemieckiej w gimnazjum w Królewskiej Hucie i uważany już teraz za zgłoszonego.

— daß hinsichtlich der höheren Minderheitsschulen und ihrer Lehrpläne keine Verordnung bestand und auch heute noch nicht besteht.

4. Unter den vorstehend erörteten Umständen kann der Beschwerdeführer bei der zu Beginn des Schuljahres 1922-23 erfolgten Anmeldung seines Sohnes in die polnische Klasse nicht behaftet werden.

Der Beschwerdeführer will, wie er wiederholt erklärt hat, daß sein Sohn die deutsche Klasse des Gymnasiums Królewska-Huta besucht. Diesem klar ausgesprochenen Willen ist Folge zu geben. Damit wird auch dem unbefriedigenden Zustand ein Ende gemacht, der darin besteht, daß der Beschwerdeführer, der polnischer Staatsbürger ist und in Polen wohnt, seinen Sohn in ein auswärtiges Gymnasium nach Beuthen schicken muß.

Bei der Frage, wann der Sohn des Beschwerdeführers in die deutsche Klasse des Gymnasiums Królewska-Huta aufzunehmen sei, ist indessen zu berücksichtigen, daß der Beschwerdeführer selbst, wenn auch in entschuldbarem Irrtum, den vorliegenden Streitfall veranlaßt hat und daß es für ihn kein namhaftes Opfer bedeutet, wenn er seinen Sohn bis zu den Sommerferien im Gymnasium Beuthen beläßt. Deshalb erscheint es den Umständen angemessen, daß der Sohn des Beschwerdeführers erst bei Beginn des Schuljahres 1923-24 in die deutsche Klasse des Gymnasiums Królewska-Huta aufgenommen werde. Er ist schon jetzt als gültig angemeldet zu betrachten.

Angesichts der dargestellten Umstände erscheint es nicht nötig, die Frage zu untersuchen, ob im Laufe eines Schuljahres Gesuchen um Versetzung aus der polnischen in die deutsche Klasse entsprochen werden müsse. Für die Bejahung dieser Frage würde der Umstand sprechen, daß keine Vorschrift einer solchen Versetzung entgegenzustehen scheint und daß während des laufenden Schuljahres mehrfach Versetzungen aus der deutschen in die polnische Klasse vorgekommen sind.

III

Gestützt auf vorstehende Tatsachen und Erwägungen gelangt der Präsident der Gemischten Kommission für Oberschlesien zur

Stellungnahme:

Es sei der Sohn des Beschwerdeführers Johann Pogrzeba auf Beginn des Schuljahres 1923-24 in die deutsche Klasse des Gymnasiums Królewska-Huta zuzulassen und als bereits angemeldet zu betrachten.

2

Pogląd

z dnia 1 maja 1923 w sprawie nr 6 Pawła Gawlika w Hajdukach Wielkich (Górny Śląsk Polski), żalącego się, dotyczącej pobierania nauki przez jego syna Gerharda Gawlika w gimnazjum w Królewskiej Hucie.

I

1. Nie jest zaprzeczone, że syn żalącego się, Gerhard, uczęszczał do Wielkanocy 1922 do klasy niemieckiej (seksty) gimnazjum w Królewskiej Hucie i że w listopadzie 1922 został przeniesiony do klasy polskiej. Przedstawienie sprawy co do okoliczności, wśród których nastąpiło przeniesienie, jest rozbieżne.

Żalący się twierdzi, że 4 listopada 1922 kazał mu dyrektor gimnazjum dr Piprek donieść za pośrednictwem syna, że ten ostatni od 6 listopada począwszy ma uczęszczać do klasy polskiej. Dnia 6 listopada nastąpiło też faktycznie przeniesienie do klasy polskiej. Żalący się udał się potem dnia 7 listopada do dyrektora Piprka, który mu nasamprzód oświadczył, że jego syn musi pozostać w klasie polskiej, ponieważ ma nazwisko polskie. W toku dalszej rozmowy dyrektor Piprek zgodził się jednak na pozostawienie chłopca w klasie niemieckiej, żalący się zaś wyraził gotowość pozwolenia synowi na branie udziału w popołudniowym kursie języka polskiego. Chłopak uczęszczał potem przez trzy dni znów do klasy niemieckiej, został jednak po tym terminie jeszcze raz przeniesiony do klasy polskiej. Gdy się zaś żalący chciał użalić przed dyrektorem gimnazjum, dyrektor nie przyjął go.

Dyrektor gimnazjum dr Piprek zaprzeczył całemu przedstawieniu sprawy przez żalącego się i oświadczył, że syn żalącego się został z kilkoma innymi uczniami przeniesiony dopiero dnia 13 listopada 1922. Żalący się zgodził się na przeniesienie i równocześnie na to, aby chłopak uczęszczał po południu na kurs języka polskiego. Przeniesienie nastąpiło dla braku miejsca. Nigdy nie przeniósł on bez zezwolenia ojca żadnego ucznia z klasy niemieckiej do polskiej.

2. Dnia 7 listopada 1922 żalący się wystosował podanie do Prezydenta Komisji Mieszanej (akt 3), które przekazane zostało Urzędowi Spraw Mniejszości.

2

Stellungnahme

vom 1. Mai 1923 in der Sache Nr. 6 des Paul Gawlick in Wielkie Hajduki (Polnisch-Oberschlesien), Beschwerdeführer, betreffend Unterricht seines Sohnes Gerhard Gawlick im Gymnasium Królewska-Huta.

I

1. Es ist nicht bestritten, daß der Sohn des Beschwerdeführers, Gerhard, seit Ostern 1922 eine deutsche Klasse (Sexta) des Gymnasiums Królewska-Huta besuchte und im November 1922 in die polnische Klasse versetzt wurde. Über die Umstände, unter denen die Versetzung erfolgte, gehen jedoch die Darstellungen auseinander.

Der Beschwerdeführer behauptet, der Direktor des Gymnasiums, Dr. Piprek, habe ihm am 4. November 1922 durch seinen Sohn mitteilen lassen, daß letzterer vom 6. November an die polnische Klasse zu besuchen habe. Am 6. November sei dann auch tatsächlich die Versetzung in die polnische Klasse erfolgt. Der Beschwerdeführer habe sich darauf am 7. November zu Direktor Piprek begeben. Dieser habe ihm zunächst erklärt, sein Sohn müsse in die polnische Klasse, weil er einen polnischen Namen trage. Im weiteren Verlaufe der Unterredung sei jedoch Direktor Piprek mit dem Verbleiben des Knaben in der deutschen Klasse einverstanden gewesen und der Beschwerdeführer habe sich bereit erklärt, seinen Sohn nachmittags an einem polnischen Sprachkurs teilnehmen zu lassen. Der Knabe habe darauf während 3 Tagen wieder die deutsche Klasse besucht, sei dann aber nochmals in die polnische Klasse versetzt worden. Als der Beschwerdeführer darauf beim Direktor des Gymnasiums sich habe beschweren wollen, habe ihn dieser nicht mehr angehört.

Der Direktor des Gymnasiums Dr. Piprek hat die ganze Darstellung des Beschwerdeführers bestritten und erklärt, dessen Sohn sei mit einigen anderen Schülern erst am 13. November 1922 versetzt worden. Der Beschwerdeführer habe der Versetzung zugestimmt und zugleich seine Einwilligung gegeben, daß sein Sohn nachmittags einen polnischen Sprachkurs besuche. Die Versetzung sei wegen Platzmangels erfolgt. Er habe nie einen Schüler ohne Einwilligung seines Vaters aus der deutschen in die polnische Klasse versetzt.

2. Am 7. November 1922 richtete der Beschwerdeführer eine Eingabe an den Präsidenten der Gemischten Kommission (act. 3), die dem Minderheitsamt überwiesen wurde.

Urząd Spraw Mniejszości zajął w uwagach z dnia 29 stycznia 1923 (akt 1—2) stanowisko alternatywne, że Konwencja Genewska została naruszona lub nie, zależnie od tego, czy przeniesienie nastąpiło za zezwoleniem lub bez zezwolenia żalącego się.

3. Na twierdzenie władzy szkolnej, że dyrektor Piprek bez zezwolenia ojca nie przeniósł nigdy żadnego ucznia z klasy niemieckiej do polskiej, żalący się wniósł do akt oświadczenie 3 uczniów, którzy zostali przymusowo „zabrani" przez dyrektora z klas niemieckich i posłani do klas polskich (akt 8), i wyraził gotowość wymienienia dalszych takich przypadków (akt 7).

Prezydent Komisji Mieszanej otrzymał w listopadzie 1922 zażalenia od 10 uprawnionych do wychowania, którzy żalili się na to, że dyrektor Piprek wbrew ich woli przeniósł dzieci ich z klas niemieckich do polskich. Zażalenia te Prezydent przekazał Urzędowi Spraw Mniejszości, który Prezydentowi doniósł, że żalących się zadowolono. Prezydent zwrócił się potem do Urzędu Spraw Mniejszości z zapytaniem, czy dani żalący się zadowoleni zostali przez to, że przeniesiono ich dzieci z powrotem do klas niemieckich (akt 24—25). Urząd Spraw Mniejszości odpowiedział, że stosownie do powiadomienia żalących się dzieci ich nie zostały przeniesione, lecz pozostawione w klasach niemieckich (akt 26).

Prezydent wezwał potem ośmiu żalących się do siebie celem informacyjnego przesłuchania ich. Zażalenia siedmiu uprawnionych do wychowania, którzy uczynili zadość wezwaniu (Fryderyk Kubetta, Emil Zieliński, Piotr Renz, Wiktor Grundschock, August Kasprusch, August Smolarczyk i Paweł Klossek), znajdują się w aktach (akt 17—23), a z zeznań ich spisano protokół (prot. str. 7—15).

Prezydent pozostawił Urzędowi Spraw Mniejszości do woli spowodować stawienie się dyrektora Piprka, aby się mógł wypowiedzieć do zeznań wymienionych uprawnionych do wychowania (akt. 26—28). Urząd Spraw Mniejszości jednak z tego nie skorzystał (akt. 29).

Według powyższych zażaleń i zeznań dyrektor Piprek wezwał w pierwszej połowie listopada 1922 siedmiu uczniów, którzy uczęszczali do klas niemieckich gimnazjum w Królewskiej Hucie, aby — bez względu na wolę uprawnionych do wychowania — przenieśli się do klas polskich. Wezwania przejścia z klas niemieckich do polskich

Das Minderheitsamt stellte sich in seinen Bemerkungen vom 29. Januar 1923 (act. 1—2) auf den alternativen Standpunkt, das Genfer Abkommen sei verletzt oder nicht, je nachdem die Versetzung mit oder ohne Zustimmung des Beschwerdeführers stattgefunden habe.

3. Auf die Behauptung der Schulbehörde, daß Direktor Piprek nie einen Schüler ohne Zustimmung eines Vaters aus der deutschen in die polnische Klasse versetzt habe, hat der Beschwerdeführer Erklärungen von 3 Schülern zu den Akten gebracht, die durch den Direktor zwangsweise aus den deutschen Klassen »herausgeholt« und in die polnischen Klassen gewiesen worden seien (act. 8) und sich bereit erklärt, weitere solche Fälle namhaft zu machen (act. 7).

Dem Präsidenten der Gemischten Kommission waren im November 1922 Beschwerden von 10 Erziehungsberechtigten zugekommen, die sich darüber beklagten, daß Direktor Piprek ihre Kinder gegen ihren Willen aus deutschen in polnische Klassen versetzt habe. Der Präsident hatte diese Beschwerden dem Minderheitsamt überwiesen, von dem sie ihm als durch Zufriedenstellung der Beschwerdeführer erledigt gemeldet worden waren. Der Präsident fragte darauf das Minderheitsamt an, ob die betreffenden Beschwerdeführer durch Rückversetzung ihrer Kinder in die deutschen Klassen zufriedengestellt worden seien (act. 24—25). Das Minderheitsamt antwortete, gemäß der den Beschwerdeführern übermittelten Verständigung seien deren Kinder nicht versetzt, sondern in den deutschen Klassen belassen worden (act. 26).

Der Präsident ersuchte hierauf 8 dieser Beschwerdeführer, zur informatorischen Einvernahme vor ihm zu erscheinen. Die Beschwerden der 7 Erziehungsberechtigten, die der Vorladung Folge leisteten (Friedrich Kubetta, Emil Zielinski, Peter Renz, Viktor Grundschock, August Kaspruſch, August Smolarczyk und Paul Klossek) befinden sich bei den Akten (act. 17—23) und deren Aussagen sind zu Protokoll genommen worden (Prot. S. 7—15).

Der Präsident stellte dem Minderheitsamt anheim, das Erscheinen des Direktors Piprek zu veranlassen, damit er sich zu den Aussagen der genannten Erziehungsberechtigten aussprechen könne (act. 26—28); das Minderheitsamt hat jedoch von der ihm anheimgestellten Vorladung des Direktors abgesehen (act. 29).

Nach diesen Beschwerden und Aussagen hat Direktor Piprek in der ersten Hälfte November 1922 7 Kinder, die deutsche Klassen des Gymnasiums Królewska-Huta besuchten, ohne Rücksicht auf den Willen der Erziehungsberechtigten in polnische Klassen gewiesen. Diese Aufforderung, aus deutschen in polnische Klassen zu gehen, ist in 2 Fällen (Grundschock zaszły w dwóch przypadkach (Grundschock i Kasprusch) tylko raz, w trzech przypadkach (Kubetta, Zieliński i Smolarczyk) 2—4 razy, w jednym przypadku (Renz) były powtarzane przez tydzień, a w przypadku Klosska przez 14 dni z rzędu. Pięciu żalących się (Kubetta, Renz, Kasprusch, Smolarczyk i Klossek) prosiło dyrektora Piprka osobiście, aby pozostawił ich dzieci w klasie niemieckiej. Prośby te dyrektor Piprek jednak odrzucił bądź to z uwagi na przynależność państwową petentów, bądź też z uwagi na ich język lub nazwiska. W niektórych przypadkach dyrektor Piprek groził żalącym się wydaleniem ich dzieci lub oświadczył im, że bez względu na wolę rodziców i Konwencję Genewską on decyduje o tym, do których klas dane dzieci mają uczęszczać (Kasprusch, Smolarczyk, Klossek). W trzech przypadkach (Grundschock, Kubetta i Smolarczyk) dzieci nie usłuchały wezwania dyrektora i pozostały po prostu w klasie niemieckiej. W dwóch przypadkach (Kasprusch i Klossek) dzieci po kilku dniach dopuszczono znów do klas niemieckich. Jeden z żalących się (Zieliński) uważał za stosowne zatrzymać syna przez jakie pięć tygodni w domu, a jeden uprawniony do wychowania (Renz) posłał syna do gimnazjum w Bytomiu.

4. Porzucając stanowisko alternatywne, Urząd Spraw Mniejszości wywodził na rozprawie ustnej, że przedstawienie sprawy przez dyrektora Piprka jest słuszne, wobec czego Konwencja Genewska nie jest naruszona.

Żalący się obstawał przy tym, że zgodził się wprawdzie na uczęszczanie syna na kurs języka polskiego, nie zgodził się jednak na przeniesienie go do klasy polskiej. Z uwagi na to, że dyrektor nie chciał pozostawić chłopca w klasie niemieckiej, posłał go do gimnazjum w Bytomiu, życzy sobie jednak nadal, aby uczęszczał do klasy niemieckiej gimnazjum w Królewskiej Hucie.

II

Na podstawie wyżej (I, 3) wymienionych zażaleń i zeznań siedmiu uprawnionych do wychowania nabył Prezydent przekonania, że dyrektor Piprek wszczął właśnie w czasie, gdy nastąpiło przeniesienie syna żalącego się, akcję zmierzającą do przeniesienia pewnej liczby uczniów z klas niemieckich do polskich bez względu na wolę rodziców. Postępowanie to było niezgodne z postanowieniem art. 131 ust. 1 Konwencji Genewskiej. Również w rozmowach z różnymi uprawnionymi do wychowania dyrektor Piprek widocznie nie przestrzegał zasady obiektywności, do czego władze szkolne są zobowiązane posta-

und Kasprusch) nur einmal, in 3 Fällen (Kubetta, Zielinski und Smolarczyk) 2—4 mal, in einem weiteren Fall (Renz) während einer Woche und im Fall Klossek 14 Tage lang täglich vorgekommen. Fünf Beschwerdeführer oder deren Ehefrauen (Kubetta, Renz, Kasprusch, Smolarczyk und Klossek) haben Direktor Piprek persönlich ersucht, ihre Kinder in der deutschen Klasse zu belassen und sind von ihm mit Rücksicht auf ihre Staatsangehörigkeit, Sprache oder Namen abgewiesen worden. In einzelnen Fällen hat Direktor Piprek den Beschwerdeführern mit Wegweisung ihrer Kinder gedroht oder ihnen erklärt, er habe ohne Rücksicht auf den Willen der Eltern und auf den Genfer Vertrag zu bestimmen, welche Klassen die Kinder zu besuchen hätten (Kasprusch, Smolarczyk, Klossek). In 3 Fällen (Grundschock, Kubetta und Smolarczyk) haben die Kinder der Aufforderung des Direktors keine Folge geleistet, sondern sind einfach in der deutschen Klasse sitzen geblieben. In 2 Fällen (Kasprusch und Klossek) sind die Kinder nach einigen Tagen wieder in die deutschen Klassen zugelassen worden. Ein Beschwerdeführer (Zielinski) sah sich veranlaßt, seinen Sohn etwa 5 Wochen lang daheim zu behalten und ein Erziehungsberechtigter (Renz) schickte seinen Sohn in das Gymnasium nach Beuthen.

4. In der mündlichen Verhandlung hat das Minderheitsamt unter Aufgabe des alternativen Standpunktes angenommen, die Darstellung des Direktors Piprek sei richtig und daher das Genfer Abkommen nicht verletzt.

Der Beschwerdeführer hat daran festgehalten, daß er wohl der Teilnahme seines Sohnes am polnischen Sprachkurs, nicht aber der Versetzung in die polnische Klasse zugestimmt habe. Er habe seinen Sohn angesichts der Weigerung des Direktors, ihn in der deutschen Klasse zu belassen, ins Gymnasium nach Beuthen geschickt, wünsche aber nach wie vor, daß er die deutsche Klasse des Gymnasiums Królewska-Huta besuche.

II

Auf Grund der oben (I, 3) erwähnten Beschwerden und Aussagen von 7 Erziehungsberechtigten hat der Präsident die Überzeugung gewonnen, daß Direktor Piprek eben in der Zeit, als die Versetzung des Sohnes des Beschwerdeführers erfolgte, eine Aktion unternommen hat, die darauf gerichtet war, eine Anzahl von Schülern ohne Rücksicht auf den Willen der Eltern aus den deutschen in polnische Klassen zu versetzen. Dieses Vorgehen verstieß gegen die Bestimmung des Art. 131 Abs. 1 der Genfer Konvention. Auch in seinen Unterredungen mit den verschiedenen Erziehungsberechtigten hat Direktor Piprek offenbar nicht die Unparteilichkeit nowieniem art. 131 ust. 2 Konwencji Genewskiej. W postanowieniu tym jest wprawdzie tylko mowa o cofnięciu wniosków, jednakże wobec systematycznego umieszczania tego postanowienia pomiędzy postanowieniami ogólnymi należy je rozumieć w tym sensie, że władze szkolne winny się w ogóle wstrzymywać od wszelkiego wywierania wpływu.

Słuszne jest wprawdzie, że wobec wzbraniania się dzieci i zażaleń rodziców dyrektor Piprek odstąpił w końcu w pięciu z wyżej wymienionych siedmiu przypadków od zamiaru przeniesienia. Ponieważ jednak przeniesienie syna żalącego się stanowi widocznie część wyżej wymienionej powszechnej akcji, w której dyrektor Piprek był stronniczy, przeto Prezydent nie może uważać za stwierdzone, że żalący się zgodził się na przeniesienie syna i że oświadczył to stanowczo i wyraźnie. Prezydent musi raczej przypuścić, że dyrektor się omylił, co mogło powstać przez to, że źle zrozumiał żalącego się, gdy ten chciał zgodzić się na kurs języka polskiego a nie na przeniesienie.

W postępowaniu przed Prezydentem dyrektor Piprek jako powód przeniesienia podał brak miejsca. Zarzutu tego nie można uwzględnić, tym bardziej, że nie został on w żaden sposób uzasadniony. Do tego dochodzi, że syn żalącego się uczęszczał już do danej klasy dłużej niż dwa miesiące.

Wobec takiego stanu rzeczy należy woli żalącego się, wypowiedzianej kilkakrotnie i z całą stanowczością, uczynić zadość i przyjąć jego syna do klasy niemieckiej gimnazjum w Królewskiej Hucie.

III

Opierając się na powyższych faktach i rozważaniach Prezydent Komisji Mieszanej dla Górnego Śląska dochodzi do

p o g l ą d u:

Syna żalącego się Gerharda Gawlika należy dopuścić do klasy niemieckiej gimnazjum w Królewskiej Hucie.

3

P o g l ą d

z dnia 1 maja 1923 w sprawie nr 7 Jana Wosnitzy w Wielkich Hajdukach (Górny Śląsk Polski), żalącego się, dotyczącej pogardliwego traktowania jego syna Wilhelma.

und Objektivität gewahrt, die den Schulbehörden in Art. 131 Abs. 2 der Genfer Konvention zur Pflicht gemacht ist. Diese Bestimmung spricht zwar nur vom Rückzug von Anträgen, sie ist aber angesichts ihrer systematischen Stellung unter den »Allgemeinen Bestimmungen« dahin auszulegen, daß die Schulbehörden sich überhaupt jeder Beeinflussung zu enthalten haben.

Es ist zwar richtig, daß Direktor Piprek in fünf von den obenerwähnten sieben Fällen der Weigerung der Kinder oder den Beschwerden der Eltern schließlich nachgegeben hat und von der Versetzung abgestanden ist. Da aber die Versetzung des Sohnes des Beschwerdeführers offensichtlich einen Teil der obenerwähnten, allgemeinen Aktion darstellt, in welcher Direktor Piprek befangen war, kann der Präsident nicht als festgestellt betrachten, daß der Beschwerdeführer mit dieser Versetzung einverstanden war und dies bestimmt und deutlich erklärt hat. Der Präsident muß vielmehr annehmen, daß dem Direktor ein Irrtum unterlaufen sei, der dadurch entstanden sein mag, daß er den Beschwerdeführer, als dieser dem polnischen Sprachkurs, nicht aber der Versetzung zustimmen wollte, mißverstanden hat.

Im Verfahren vor dem Präsidenten ist von Direktor Piprek als Grund der Versetzung Platzmangel angeführt worden. Dieser Einwand ist um so weniger zu hören, als er in keiner Weise begründet worden ist und der Sohn des Beschwerdeführers die betreffende Klasse während mehr als 2 Monaten besuchte.

Unter diesen Umständen ist dem wiederholt und mit aller Bestimmtheit erklärten Willen des Beschwerdeführers zu entsprechen und sein Sohn in die deutsche Klasse des Gymnasiums Królewska-Huta aufzunehmen.

III

Gestützt auf vorstehende Tatsachen und Erwägungen gelangt der Präsident der Gemischten Kommission für Oberschlesien zur

Stellungnahme:

Es sei der Sohn des Beschwerdeführers, Gerhard Gawlick, in die deutsche Klasse des Gymnasiums Królewska-Huta zuzulassen.

3

Stellungnahme

vom 1. Mai 1923 in der Sache Nr. 7 des Johann Wosnitza in Wielkie Hajduki (Polnisch-Oberschlesien), Beschwerdeführer, betreffend Verächtlichmachung seines Sohnes Wilhelm Wosnitza.

I

1. Syn żalącego się uczęszcza do szkoły VI w Wielkich Hajdukach. Z początkiem grudnia 1922, kiedy chłopak po upływie urlopu przyszedł znów do szkoły, przyszło do zajścia. Twierdzenia stron co do bliższych okoliczności zajścia są rozbieżne.

Żalący się twierdzi, że syn jego dopytywał się o swe miejsce w klasie, na co mu nauczyciel Walaszek miał odpowiedzieć: „Nie masz tu miejsca; jesteś orgeszem, idź do szkoły orgeszów".

Wydział Oświecenia Publicznego doniósł po przeprowadzonym dochodzeniu, że syn żalącego się zachowywał się krnąbrnie, tak, że należało go ukarać. Chłopak krzyczał, że nie da się karać i pójdzie do szkoły niemieckiej. Wówczas powiedział mu nauczyciel, „że się czuje orgeszem, to może iść do niemieckiej szkoły".

2. Dnia 4 grudnia 1922 wniósł żalący się, który zgłosił był wniosek o utworzenie szkoły mniejszościowej, do Prezydenta Komisji Mieszanej podanie (akt 3), które przekazane zostało Urzędowi Spraw Mniejszości.

Urząd Spraw Mniejszości zajął w uwagach z dnia 3 lutego 1923 (akt 1—2) stanowisko, że przedstawione zażalenie nie może być powodem wszczęcia akcji urzędowej, ponieważ ochrona mniejszości odnosić się może tylko do takich prawom zagrażających lub prawa naruszających czynności, przeciwko którym zarządzenia zaradcze są w ogóle możliwe. W niniejszym przypadku żalący się może wnieść wprawdzie skargę sądową o ukaranie nauczyciela, nie może jednak zwracać się do Urzędu Spraw Mniejszości, ponieważ zadowolenie petenta przez uchylenie słownej obrazy lub zniesienie jej następstw jest niemożliwe.

II

1. Prezydent wychodzi z założenia, że powodem wypowiedzenia inkryminowanych słów przez nauczyciela było krnąbrne zachowanie się syna żalącego się. Wypowiedzenie tych słów przez nauczyciela stało się zaś powodem niniejszego zażalenia.

2. Co do brzmienia słów nauczyciela twierdzenia nauczyciela i żalącego się zasadniczo się nie różnią. W inkryminowanych słowach wyrażono, że syn żalącego się jest „orgeszem" i jako taki należy do szkoły mniejszościowej.

I

1. Der Sohn des Beschwerdeführers besucht Schule VI in Wielkie Hajduki. Anfang Dezember 1922, als der Knabe nach Ablauf eines Urlaubes wieder in die Schule kam, ereignete sich folgender Vorfall, über dessen nähere Umstände die Darstellungen der Beteiligten auseinandergehen.

Der Beschwerdeführer behauptet, sein Sohn habe sich nach seinem Platz erkundigt und der Klassenlehrer Walaszek habe ihm geantwortet: „Du hast hier keinen Platz; du bist ein Orgesch; gehe in die Orgeschschule."

Der Unterrichtsausschuß hat nach durchgeführter Untersuchung mitgeteilt, der Sohn des Beschwerdeführers habe sich renitent betragen, so daß er habe bestraft werden müssen; er habe geschrien, er lasse sich nicht bestrafen und werde in die deutsche Schule gehen; darauf habe ihm der Klassenlehrer gesagt: „da er sich als Orgesch fühle, könne er auch in die deutsche Schule gehen".

2. Am 4. Dezember 1922 richtete der Beschwerdeführer, der einen Antrag auf Errichtung einer Minderheitsschule gestellt hatte, eine Eingabe an den Präsidenten der Gemischten Kommission (act. 3), die dem Minderheitsamt überwiesen wurde.

Das Minderheitsamt stellte sich in seinen Bemerkungen vom 3. Februar 1923 (act. 1—2) auf den Standpunkt, die vorliegende Beschwerde könne den Anlaß zu einer Amtshandlung nicht bilden, weil der Minderheitsschutz sich nur auf rechtsgefährdende oder rechtsverletzende Handlungen beziehen könne, deren Remedur überhaupt möglich sei. Im vorliegenden Falle könne der Beschwerdeführer wohl eine gerichtliche Klage auf Bestrafung des Lehrers erheben, aber an das Minderheitsamt könne er nicht gelangen, weil eine Zufriedenstellung durch Beseitigung der beleidigenden Äußerung oder Behebung ihrer Folgen nicht möglich sei.

II

1. Der Präsident geht davon aus, daß der Klassenlehrer durch das renitente Verhalten des Sohnes des Beschwerdeführers zu der Äußerung veranlaßt worden sei, die zur vorliegenden Beschwerde geführt hat.

2. Was den Wortlaut der Äußerung betrifft, so weichen die Darstellungen des Klassenlehrers und des Beschwerdeführers nicht wesentlich voneinander ab. In der Äußerung wurde der Auffassung Ausdruck gegeben, der Sohn des Beschwerdeführers sei ein »Orgesch« und gehöre als solcher in die Minderheitsschule.

Co do znaczenia słowa „orgesz" Urząd Spraw Mniejszości określa je jako obelgę równoznaczną z „brutalny człowiek" lub „bandyta". Według zapatrywania żalącego się słowo orgesz oznacza w kołach, w których bywa używane, „wszystko zło i wszelką podłość w osobie Niemca". Nie potrzeba badać, czy tak daleko idąca definicja żalącego się jest trafna, ponieważ także według znaczenia, jakie Urząd Spraw Mniejszości inkryminowanemu słowu przypisuje, uważać je należy za pogardliwe traktowanie zarówno danego ucznia, jak i szkoły mniejszościowej oraz osób, które zgłosiły wnioski o utworzenie takiej szkoły.

Wyrażenia nauczyciela, które są przedmiotem niniejszego zażalenia, naruszają zatem art. 75 ustęp 3 Konwencji Genewskiej.

Fakt, że nauczyciel zwraca się do ucznia z słowem obraźliwym, nie musi być jednak zawsze naruszeniem Konwencji Genewskiej. Wobec tego nie potrzeba w niniejszym przypadku badać kwestii, czy upominając ucznia wolno się w ogóle posługiwać słowami, które same przez się byłyby obrazą. Naruszenie art. 75, ustęp 3 Konwencji leży raczej w tym, że nauczyciel traktował pogardliwie syna żalącego się jako należącego do mniejszości, a z nim szkołę mniejszości i całą mniejszość.

3. Nie można podzielać zdania Urzędu Spraw Mniejszości, że dane wyrażenia nie mogą stanowić przedmiotu zażalenia do Urzędu Spraw Mniejszości, ponieważ raz wypowiedzianego słowa nie można więcej cofnąć.

Skoro art. 75, ustęp 3 Konwencji Genewskiej został naruszony, to władze nie mogą uchylić się od obowiązku, aby obrażonemu dać możliwą i odpowiednią satysfakcję. Jeżeli władze wzbraniają się to uczynić, to obrażony może wnieść zażalenie w myśl art. 149 i n. Konwencji Genewskiej.

W niniejszym przypadku chodzi żalącemu się o to, aby przełożona władza zwróciła w odpowiedni sposób uwagę nauczyciela na niestosowność jego postępowania. W danych okolicznościach żądanie to jest uzasadnione, wobec czego należy je uwzględnić.

Was die Bedeutung des Wortes „Orgesch" anbelangt, so wird es vom Minderheitsamt als ein „roher Geselle" oder „Bandit" bedeutendes Schimpfwort bezeichnet. Nach der Auffassung des Beschwerdeführers soll dieser Ausdruck in den Kreisen, in denen er gebraucht wird, »den Inbegriff alles Schlechten und Gemeinen in der Person des Deutschen verkörpern". Ob die weitergehende Definition des Beschwerdeführers richtig ist, braucht nicht untersucht zu werden, weil auch nach der Bedeutung, die das Minderheitsamt dem Ausdruck beimißt, dieser als eine Verächtlichmachung sowohl des betreffenden Schülers als auch der Minderheitsschule und der Personen aufgefaßt werden muß, die Anträge auf Errichtung einer Minderheitsschule gestellt haben.

Die den Gegenstand dieser Beschwerde bildende Äußerung des Klassenlehrers ist daher eine Zuwiderhandlung gegen Art. 75 Abs. 3 der Genfer Konvention.

In der Tatsache, daß ein Lehrer einen Schüler mit einem Ausdruck belegt, der beleidigend ist, braucht nicht immer ein Verstoß gegen die Genfer Konvention zu liegen. Es ist daher hier nicht zu untersuchen, ob im allgemeinen die Zurechtweisungen eines Schülers einen an sich verletzenden oder beleidigenden Ausdruck enthalten dürfen. Die Zuwiderhandlung gegen Art. 75 Abs. 3 der Konvention liegt vielmehr darin, daß der Lehrer den Sohn des Beschwerdeführers in seiner Eigenschaft als Angehöriger der Minderheit und mit ihm die Minderheitsschule und die ganze Minderheit verächtlich gemacht hat.

3. Der Auffassung des Minderheitsamtes, daß die vorliegende Äußerung nicht den Gegenstand einer Beschwerde an das Minderheitsamt bilden könne, weil es nicht möglich sei, die einmal gefallene Äußerung zu beseitigen, kann nicht beigepflichtet werden.

Wenn der Art. 75 Abs. 3 der Genfer Konvention verletzt worden ist, können sich die Behörden der Verpflichtung nicht entziehen, dem Verletzten eine Genugtuung zu geben, die möglich ist und als den Umständen angemessen erscheint. Weigern sich die Behörden, dies zu tun, so kann der Verletzte gemäß Art. 149 ff. der Genfer Konvention Beschwerde führen.

Im vorliegenden Falle ist es dem Beschwerdeführer darum zu tun, daß dem Lehrer „das Unpassende seiner Handlungsweise durch seine vorgesetzte Behörde in angemessener Weise zum Ausdruck gebracht werde". Dieses Begehren erscheint nach den Umständen als gerechtfertigt und es ist ihm daher zu entsprechen.

III

Opierając się na powyższych faktach i rozważaniach Prezydent Komisji Mieszanej dla Górnego Śląska dochodzi do

poglądu:

Przełożona władza winna zwrócić uwagę nauczyciela Walaszka w Wielkich Hajdukach, że słowa, które wypowiedział pod adresem syna żalącego się, „że się czuje orgeszem, to może iść do szkoły niemieckiej", stanowią w myśl powyższych rozważań (II 2) niedopuszczalne pogardliwe traktowanie stosownie do art. 75 ustęp 3 Konwencji Genewskiej.

4

Pogląd

z dnia 19 lipca 1923 w sprawie nr 2

1. pastora Reinholda w Rybniku,
2. Komitetu Rodzicielskiego w Rybniku,
3. Niemieckiego Towarzystwa Rodzicielskiego i Szkolnego w Rybniku, żalących się,

zastąpionych przez b. radcę sądu krajowego Warschauera w Katowicach, dotyczącej niemieckiej prywatnej wyższej szkoły żeńskiej i niemieckiej prywatnej wyższej szkoły męskiej w Rybniku (Górny Śląsk Polski).

I

1. Od lat istnieje w Rybniku niemiecka prywatna wyższa szkoła żeńska. Tę niemiecką szkołę żeńską, jak ją w poniższych wywodach nazywać będziemy, prowadzi pani Laskowitz w Rybniku. W jej ręku spoczywa też kierownictwo szkoły.

Do czasu przejścia suwerenności państwowej istniało w Rybniku niemieckie gimnazjum państwowe, które się jednak odtąd prowadzi dalej jako gimnazjum polskie. Na skutek zabiegów mniejszości niemieckiej utworzona została w Rybniku niemiecka prywatna wyższa szkoła męska. Tę niemiecką szkołę męską, jak ją w poniższych wywodach nazywać będziemy, prowadzi Niemieckie Okręgowe Towarzystwo Szkolne na Śląsk Polski z siedzibą w Królewskiej Hucie. Kierownikiem tej szkoły jest asesor szkolny Kittel w Rybniku.

Niemiecka szkoła żeńska mieściła się od długiego czasu w dwóch obok siebie położonych budynkach przy ulicy Rudzkiej

III

Gestützt auf diese Tatsachen und Erwägungen gelangt der Präsident der Gemischten Kommission für Oberschlesien zur

Stellungnahme:

Es sei der Klassenlehrer Walaszek in Wielkie Hajduki durch seine vorgesetzte Behörde darauf aufmerksam zu machen, daß die dem Sohn des Beschwerdeführers gegenüber gefallene Äußerung, „da er sich als Orgesch fühle, könne er auch in die deutsche Schule gehen", im Sinne obenstehender Erwägungen (II, 2) eine gemäß Art. 75 Abs. 3 unstatthafte Verächtlichmachung sei.

4

Stellungnahme

vom 19. Juli 1923 in der Sache Nr. 2

1. des Pastors Reinhold in Rybnik,
2. des Elternausschusses in Rybnik,
3. des Deutschen Eltern- und Schulvereins in Rybnik,

Beschwerdeführer, vertreten durch Landgerichtsrat a. D. Warschauer in Katowice, betreffend die private deutsche höhere Mädchenschule und die private deutsche höhere Knabenschule in Rybnik (Polnisch-Oberschlesien).

I

1. Seit vielen Jahren besteht in Rybnik eine private deutsche höhere Mädchenschule. Diese Deutsche Mädchenschule — wie sie im folgenden genannt ist — wird betrieben und geleitet von Fräulein Laskowitz in Rybnik.

Bis zum Übergang der Staatshoheit bestand in Rybnik ein deutsches staatliches Gymnasium, das aber seither als polnisches Gymnasium fortgeführt wird. Auf Betreiben der deutschen Minderheit kam daher in Rybnik eine private deutsche höhere Knabenschule zustande. Diese Deutsche Knabenschule — wie sie im folgenden genannt ist — wird betrieben vom „Deutschen Bezirksschulverein für Polnisch-Oberschlesien E. V." mit Sitz in Królewska-Huta und geleitet von Studienassessor Kittel in Rybnik.

Die Deutsche Mädchenschule war seit langer Zeit in zwei nebeneinander liegenden Gebäuden an der ulica Rudzka in Rybnik sowie in w Rybniku oraz w dwóch ubikacjach tzw. starej szkoły obok starego kościoła. Budynki te są własnością miasta Rybnika i służyły, jak się to przyznaje, od przynajmniej 25 lat (akt 72—73) — według twierdzenia żalących się nawet od 50 lat — na cele szkolne.

Celem pomieszczenia niemieckiej szkoły męskiej Niemieckie Okręgowe Towarzystwo Szkolne na Śląsk Polski zakupiło dnia 16 marca 1922 od małżonków Józefa i Małgorzaty Saenger-Proschke tzw. budynek Saengera przy ulicy Hutniczej 25 w Rybniku. Budynek ten był jednak i jest jeszcze obecnie w zupełności zajęty przez lokatorów (zob. protokół, str. 37—38).

Poza tym posiadała mniejszość niemiecka, mianowicie Związek Pomocy Kobiet Niemieckich, oddział rybnicki, dalszy budynek w Rybniku, tzw. schronisko dla starców, które również wchodziło w rachubę na cele szkolne. Budynek ten został jednak dnia 16 sierpnia 1922 sprzedany Polskiemu Czerwonemu Krzyżowi na Śląsku — wzgiędnie jego powiernikowi ks. proboszczowi Niedzieli (zob. protokół, str. 37—38). Polski Czerwony Krzyż miał zapewnić przy transakcji kupna, że postara się o zwolnienia pomieszczeń na cele niemieckiej szkoły prywatnej. W dzień po zawarciu umowy kupna-sprzedaży (17 sierpnia 1922) Niemiecki Związek Ludowy poprosił istotnie ks. proboszcza Niedzielę o interwencję u władz (akt 106).

Według twierdzenia żalących się ani najgorliwszym zabiegom interesantów ani też Polskiemu Czerwonemu Krzyżowi nie udało się uzyskać od Magistratu m. Rybnika przydzielenia pomieszczeń szkolnych dla niemieckiej szkoły męskiej — bądź to w budynku Saengera, bądź to w innym budynku. Magistrat odrzucił wszystkie dotyczne podania powołując się na panującą nędzę mieszkaniową. Wobec tego Niemieckie Okręgowe Towarzystwo Szkolne nie miało innego wyjścia, jak tymczasowo umieścić niemiecką szkołę męską w pomieszczeniach niemieckiej szkoły żeńskiej.

2. Z początkiem roku szkolnego 1922-23 niemiecka szkoła żeńska, według przedstawienia sprawy przez żalących się, liczyła 420 uczennic.

Niemiecka szkoła męska rozpoczęła naukę w pomieszczeniach szkolnych niemieckiej szkoły żeńskiej dnia 5 września 1922 z liczbą 80 uczniów. Liczba uczniów wzrosła jednak wkrótce do 108. Wydział Szkolny Województwa zezwolił na otwarcie niemieckiej szkoły męskiej najpierw do 1 października, potem przedłużył ten termin do zwei Räumen der sogenannten „Alten Schule" neben der alten Kirche untergebracht. Diese Gebäude gehören der Stadt Rybnik und wurden zugegebenermaßen seit mindestens 25 Jahren (act. 72—73) — die Beschwerdeführer behaupten sogar seit 50 Jahren — zu Schulzwecken benutzt.

Zur Unterbringung der Deutschen Knabenschule hat der Deutsche Bezirksschulverein für Polnisch-Schlesien am 16. März 1922 von den Eheleuten Josef und Margarethe Saenger-Proschke ein Haus an der Hutnicza 25 in Rybnik — das sogenannte Saengersche Haus — gekauft, das jedoch von Mietern voll besetzt war und heute noch ist (s. Prot. S. 37—38).

Außerdem besaß die deutsche Minderheit — und zwar der „Hilfsverein Deutscher Frauen Zweigstelle Rybnik E. V." — ein weiteres Gebäude, das sogenannte Siechenhaus in Rybnik, das für Schulzwecke in Betracht kam. Dieses Gebäude wurde indessen am 16. August 1922 an das Polnische Rote Kreuz für Schlesien — bzw. an dessen Treuhänder, Herrn Pfarrer Niedziela — verkauft (s. Prot. S. 37—38). Dabei soll das Polnische Rote Kreuz die Zusicherung gegeben haben, sich für die Freigabe von Räumen für den Unterricht der deutschen Privatschule zu bemühen. In der Tat hat am Tage nach Abschluß des Kaufvertrages (17. August 1922) der Deutsche Volksbund Herrn Pfarrer Niedziela brieflich gebeten, bei den Behörden um Freigabe von Schulräumen zu intervenieren (act. 106).

Wie die Beschwerdeführer behaupten, ist es weder den eifrigsten Bemühungen der Interessenten noch dem Polnischen Roten Kreuz gelungen, vom Magistrat Rybnik die Zuweisung von Schulräumen für die Deutsche Knabenschule — sei es im Saengerschen Hause oder anderswo — zu erlangen. Der Magistrat habe vielmehr alle diesbezüglichen Gesuche unter Berufung auf die herrschende Wohnungsnot abgelehnt. Zufolgedessen sei dem Deutschen Bezirksschulverein nichts anderes übriggeblieben, als den Unterricht der Deutschen Knabenschule vorläufig nachmittags in die Räume der Deutschen Mädchenschule zu verlegen.

2. Die Deutsche Mädchenschule zählte zu Anfang des Schuljahres 1922-23 nach der Darstellung der Beschwerdeführer 420 Schülerinnen.

Die Deutsche Knabenschule begann ihren Unterricht in den Schulräumen der Deutschen Mädchenschule am 5. September 1922 mit 80 Schülern, deren Zahl sich bald auf 108 erhöhte. Die Genehmigung zur Eröffnung der Deutschen Knabenschule war von der Schulabteilung der Wojewodschaft zunächst bis zum 1. Oktober erteilt und dann bis zum

15 października 1922 pod warunkiem, że do tego dnia dopełnione będą wszystkie warunki Konwencji Genewskiej (akt 90—91).

W dniu otwarcia niemieckiej szkoły męskiej miał dr Biały, członek magistratu i lekarz powiatowy, wizytować pomieszczenia szkolne niemieckiej szkoły żeńskiej. Dnia 28 września 1922 zjawił się u p. Laskowitz policjant z pismem Magistratu tej samej daty, którym na podstawie opinii lekarza powiatowego dra Białego zarządzono policyjne zamknięcie wszystkich pomieszczeń niemieckiej szkoły żeńskiej (akt 6).

Na zamknięcie szkoły Magistrat winien był postarać się o zezwolenie Wydziału Oświecenia Publicznego Województwa. O to zezwolenie nie postarano się jednak ani przed zamknięciem szkoły, ani nie zostało ono udzielone po dokonanym zamknięciu (akt 67 i 68—69 l. 1—3). Według doniesienia Urzędu Spraw Mniejszości naczelnik Wydziału Oświecenia Publicznego Województwa stwierdził natomiast dodatkowo, że dane ubikacje pod względem higieniczno-pedagogicznym nie nadają się na cele szkolne (akt 67).

Opinia lekarza powiatowego dra Białego (akt 13—14) datuje z 9 września 1922 i wylicza następujące braki: Defekt rynny jednego budynku; kurz i brud na ścianach; odbicie tynku na ścianach, nieraz aż do cegły; po części wielkie szczeliny w oknach; niedostateczne i po części podwójne rażące oświetlenie; wadliwy stan drzwi; wadliwy stan pieców; za wiele ławek i za bliskie ustawienie tychże przy piecach; zły stan podłogi w jednej ubikacji starej szkoły ludowej. W opinii dr Biały dochodzi do konkluzji, że dane pomieszczenia nie mogą być używane do celów szkolnych, że dzieci uczęszczające do nich narażone są na podkopanie zdrowia i że zatem te stare domy nie mogą być pod żadnym warunkiem użyte do celów szkolnych.

3. Gdy w ten sposób niemiecka szkoła żeńska i niemiecka szkoła męska pozostały bez dachu nad głową, Niemiecki Związek Szkolny wszczął pertraktacje z Gminą Żydowską w Katowicach, która posiada tzw. sierociniec żydowski w Rybniku. W części tego budynku umieszczono kolejarzy. Cztery wielkie ubikacje były jednak według przedstawienia sprawy przez żalących się niezajęte. Po wyrażeniu zgody przez Gminę Żydowską w Katowicach (akt 56) nauka niemieckiej szkoły męskiej rozpocząć się miała we wspomnianych czterech ubikacjach sierocińca żydowskiego dnia 9 października 1922. O pomie-

15. Oktober 1922 verlängert worden unter der Voraussetzung, daß sämtlichen Bedingungen des Genfer Abkommens bis zu diesem Tage entsprochen werde (act. 90—91).

Am Tage der Eröffnung der Deutschen Knabenschule soll Dr. Biały, Mitglied des Magistrats und Kreisarzt, die Schulräume der Deutschen Mädchenschule besichtigt haben. Am 28. September 1922 erschien bei Fräulein Laskowitz ein Polizist mit einem Schreiben gleichen Datums des Magistrats, in dem, gestützt auf ein Gutachten des Kreisarztes Dr. Biały, die Schließung sämtlicher Räume der Deutschen Mädchenschule polizeilich verfügt wurde (act. 6).

Zur Schließung dieser Schule hätte der Magistrat der Zustimmung des Unterrichtsausschusses der Wojewodschaft bedurft. Diese Zustimmung wurde jedoch weder vorher eingeholt noch nachträglich erteilt (act. 67 u. 68—69 Ziff. 1—3). Hingegen konstatierte nach den Mitteilungen des Minderheitsamtes der Vorstand des Unterrichtsausschusses der Wojewodschaft nachträglich die Nichteignung der betreffenden Lokalitäten in hygienisch-pädagogischer Beziehung (act. 67).

Das Gutachten des Kreisarztes Dr. Biały (act. 13—14) ist vom 9. September 1922 datiert und führt folgende Mängel auf: Defekt an der Dachrinne eines Gebäudes; Staub und Schmutz an den Wänden; Fehlen des Putzes an den Wänden, vielfach bis auf die Ziegel; stellenweise große Öffnungen an den Fenstern; ungenügende und zum Teil doppelte, blendende Beleuchtung; schadhafter Zustand der Türen; schlechter Zustand der Öfen; Überfüllung mit Bänken und deren zu nahe Aufstellung bei den Öfen; schlechte Beschaffenheit des Fußbodens in einem Raume der Alten Volksschule. Das Gutachten kommt zu dem Schlusse, daß die betreffenden Räumlichkeiten für Schulzwecke nicht geeignet seien, daß die sie besuchenden Kinder der Gefahr ausgesetzt seien, an ihrer Gesundheit Schaden zu leiden und daß daher diese alten Gebäude unter keinen Umständen für Schulzwecke verwendet werden dürfen.

3. Nachdem infolge der erwähnten Umstände die Deutsche Mädchenschule und die Deutsche Knabenschule obdachlos geworden waren, setzte sich der Deutsche Schulverein mit der Synagogen-Gemeinde Katowice in Verbindung, der das sogenannte Jüdische Waisenhaus in Rybnik gehört. Dieses Gebäude war zum Teil mit Eisenbahnern belegt; vier große Räume waren aber nach der Darstellung der Beschwerdeführer frei. Nachdem die Synagogen-Gemeinde Katowice ihr Einverständnis erklärt hatte (act. 56), sollte die Deutsche Knabenschule in den erwähnten vier Räumen des Jüdischen Waisenhauses am 9. Oktober 1922 mit dem Unterricht beginnen.

szczeniu niemieckiej szkoły żeńskiej miano pomyśleć później. Dnia 7 października 1922 powiadomiono o tym Magistrat listownie. Dnia 8 października 1922 miał burmistrz Weber, który jest równocześnie naczelnikiem Urzędu Mieszkaniowego, wezwać kolejarzy ulokowanych w sierocińcu, aby także zajęli wolne jeszcze pomieszczenia sierocińca, które wzięto pod uwagę dla niemieckiej szkoły męskiej. Na drzwiach danych ubikacyj przylepiono kartki tej treści, że Urząd Mieszkaniowy zajął wszystkie ubikacje dla kolejarzy. Tego samego dnia burmistrz Weber wystosował do nauczyciela Kittla list, w którym wskazał na to, że bez zezwolenia Urzędu Mieszkaniowego nie wolno zajmować żadnego pomieszczenia. W liście tym doniósł też, że tymczasem wszystkie ubikacje sierocińca żydowskiego zostały zajęte dla kolejarzy (akt 7). Na petycję Okręgowego Związku Szkolnego w Rybniku i pewnej liczby rodziców z dnia 12 października 1922 (akt 8—9) Magistrat odpowiedział dnia 27 października 1922, że sierociniec żydowski przeznaczony jest na biura Urzędu Rent Wojskowych (akt 10).

W opróżnionych w ten sposób pomieszczeniach Urzędu Rent Wojskowych, który dotychczas mieścił się w komendzie powiatowej, urządzona ma być — częściowo jako internat — polska wyższa szkoła żeńska, utrzymywana i kierowana przez zakon polskich urszulanek. W połowie maja 1923 szkoła ta nie była jednak jeszcze otwarta.

4. Z inicjatywy Wydziału Szkolnego Województwa Niemiecki Związek Szkolny czynił potem starania w tym kierunku, aby niemiecką szkołę męską umieścić częściowo po południu w ubikacjach gimnazjum państwowego. Żalący się twierdzą, że dyrektor tego gimnazjum miał oświadczyć, że on, o ile Wydział Szkolny Województwa na to pozwoli, trudności robić nie będzie. Pod kierownictwem radcy miejskiego i lekarza powiatowego dra Białego przyszło jednak do protestu Klubu obywatelskiego (porównaj akt 98). Wydział Szkolny do sprawy tej potem więcej się nie wypowiedział.

5. W końcu interesanci chcieli pomóc sobie w ten sposób, że dzieci miały pobierać naukę w mieszkaniach nauczycieli lub rodziców. Według twierdzeń żalących się Magistrat m. Rybnika także tym zabiegom czynił największe trudności.

a) U jednego z nauczycieli, asesora szkolnego Marschalla, zjawił się dnia 23 listopada 1922 policjant w towarzystwie oficera polskiego i oświadczył mu po przesłuchaniu go na okoliczność udzielania nauki prywatnej, że pokój Marschalla zajął Urząd Mieszkaniowy

An die Unterbringung der Deutschen Mädchenschule sollte später gedacht werden. Am 7. Oktober 1922 wurde dies dem Magistrat brieflich angezeigt. Am 8. Oktober 1922 soll — wie die Beschwerdeführer ausführen — Bürgermeister Weber, zugleich Vorsteher des Wohnungsamtes, die im Waisenhaus einquartierten Eisenbahner aufgefordert haben, auch die noch freistehenden, von der Deutschen Knabenschule in Aussicht genommenen vier Räume zu belegen, und an die Türen Zettel angeklebt haben des Inhalts, daß sämtliche Räume vom Wohnungsamt für die Eisenbahner beschlagnahmt seien. Gleichen Tages richtete Bürgermeister Weber an Studienassessor Kittel einen Brief, in dem er darauf hinwies, daß kein Raum ohne die Zustimmung des Wohnungsamtes belegt werden dürfe, und mitteilte, daß sämtliche Räume des Jüdischen Waisenhauses vorläufig für die Eisenbahner beschlagnahmt worden seien (act. 7). Auf ein Gesuch des Kreisschulvereins Rybnik und einer Anzahl von Eltern vom 12. Oktober 1922 (act. 8—9) antwortete der Magistrat am 27. Oktober 1922, daß das Jüdische Waisenhaus für die Büros des Militär-Rentenamtes bestimmt sei (act. 10).

In den freiwerdenden Räumen des Militär-Rentenamtes, das bisher im Bezirkskommando untergebracht war, soll eine vom Orden der Polnischen Ursulinerinnen teilweise als Internat unterhaltene und geleitete polnische höhere Mädchenschule eingerichtet werden, die jedoch Mitte Mai 1923 noch nicht eröffnet worden war.

4. Der Deutsche Schulverein richtete nun, gestützt auf eine Anregung der Schulabteilung der Wojewodschaft, seine Bemühungen darauf, die Deutsche Knabenschule vorübergehend nachmittags in den Räumen des staatlichen Gymnasiums unterzubringen. Die Beschwerdeführer behaupteten, der Direktor dieses Gymnasiums habe erklärt, daß er dagegen nichts einzuwenden habe, wenn die Schulabteilung der Wojewodschaft es gestatte. Darauf sei aber unter Leitung des Stadtrates und Kreisarztes Dr. Biały ein Protest des Bürgerklubs (Klub Obywatelski) erfolgt (vgl. act. 98). Die Schulabteilung habe dann darüber nichts mehr verlauten lassen.

Schließlich haben die Interessenten sich damit zu behelfen gesucht, ihre Kinder in den Wohnungen von Lehrern oder Eltern unterrichten zu lassen. Aber auch diesen Bemühungen hat, nach den Behauptungen der Beschwerdeführer, der Magistrat Rybnik die größten Schwierigkeiten entgegengesetzt.

a) Bei einem Lehrer, dem Studienassessor Marschall, sei am 23. November 1922 ein Polizist erschienen in Begleitung eines polnischen Offiziers und habe nach einem Verhör über die von Marschall erteilten Privatstunden erklärt, das Zimmer sei vom Wohnungsamt beschlagnahmt i przydzielił oficerowi polskiemu. Do sprawy tej zauważył Urząd Spraw Mniejszości, że odebranie pokoju umeblowanego było zgodne z ustawą, ponieważ Marschall wprowadził się tam bez upoważnienia Urzędu Mieszkaniowego.

b) Wdowie Kozioł, która odnajęła pokój umeblowany nauczycielowi Kittlowi i przeznaczyła go na naukę prywatną, wypowiedział Urząd Skarbowy w Rybniku jako właściciel domu mieszkanie, ponieważ lokatorom udzielanie nauki przeszkadzało. Magistrat zaprzeczył wprawdzie w piśmie do Prezydenta Komisji Mieszanej z dnia 18 kwietnia 1923 (akt 53—54), że powód przytoczony przez żałących się był istotnie powodem wypowiedzenia. Zaprzeczenie to jest jednak sprzeczne z następującym ustępem pisma Urzędu Skarbowego do p. Koziołowej z dnia 20 marca 1923 (akt 57—58):

„Wypowiada się Pani pomieszkanie zajęte przez Panią w domu Województwa Śląskiego (Urzędu Skarbowego) do dnia 1 kwietnia r. b., ponieważ Pani nie używa całego pomieszkania i odstąpiła część ubikacyj innym osobom, które używają ubikacyj do udzielania lekcji itd., co spowodowało, że część lokatorów żali się na niepokój robiony przez uczniów."

Wprawdzie Urząd Skarbowy oświadczył w tym samym piśmie, że sam potrzebuje mieszkania p. Koziołowej, której ofiarował mieszkanie w dotychczasowych ubikacjach Urzędu Skarbowego.

c) Ziemianinowi Herrmannowi, który mieszka od lat na wsi, odebrał Urząd Mieszkaniowy w Rybniku mieszkanie, w którym wymieniony odstąpił pokój na cele udzielenia nauki prywatnej.

W piśmie z dnia 18 kwietnia 1923 (akt 53—54) Magistrat oświadczył, że ziemianin Herrmann ma drugie mieszkanie w Świerklanach, wobec czego z uwagi na katastrofalny brak mieszkań musi opróżnić mieszkanie w Rybniku. O tym, że w mieszkaniu Herrmanna udziela się nauki prywatnej, dowiedział się Magistrat dopiero z pisma Prezydenta Komisji Mieszanej (akt 49—50).

6. Żałący się twierdzili, że w Rybniku podjudzano systematycznie przeciwko niemieckiej szkole męskiej i żeńskiej, w czym mieli także uczestniczyć urzędnicy.

Dr Biały, członek magistratu, lekarz powiatowy i autor opinii lekarskiej w sprawie budynku niemieckiej szkoły żeńskiej (akt 13—14), wystosował do naczelnika stacji Kozura pismo z listą urzę-

und dem polnischen Offizier zugewiesen. Das Minderheitsamt hat hierzu bemerkt, der Entzug des möblierten Zimmers sei gesetzmäßig gewesen, weil Marschall es ohne Ermächtigung des Wohnungsamtes bezogen habe.

b) Der Witwe Koziol, die ein möbliertes Zimmer an Studienassessor Kittel vermietet und dasselbe zum Privatunterricht zur Verfügung gestellt habe, sei seitens des Finanzamtes Rybnik, als Hauseigentümer, die Wohnung gekündigt worden, weil die Mieter durch den Unterricht gestört worden seien. Der Magistrat hat zwar den von den Beschwerdeführern behaupteten Kündigungsgrund in seiner Zuschrift an den Präsidenten der Gemischten Kommission vom 18. April 1923 (act. 53—54) bestritten, aber diese Bestreitung steht im Widerspruch mit folgendem Passus der Zuschrift des Finanzamtes an Frau Koziol vom 20. März 1923 (act. 57—58):

„Hiermit wird Ihnen die Wohnung, welche Sie im Gebäude der Wojewodschaft (Finanzamt) inne haben, zum 1. April laufenden Jahres gekündigt, weil Sie nicht die ganze Wohnung benutzen und einen Teil der Räume anderen Personen abgetreten haben, welche diese Räume zur Erteilung von Unterricht usw. benutzen, was Anlaß dazu gab, daß sich ein Teil der Mieter über die Unruhe beschwerte, welche durch die Schüler gemacht wird."

Immerhin hat das Finanzamt in demselben Schreiben weiter erklärt, daß es die Wohnung dringend selbst benötige, und Frau Koziol in seinen bisherigen Räumen eine Wohnung angeboten.

c) Dem Gutsbesitzer Herrmann, der seit Jahren ein Landhaus bewohne, sei die Wohnung, in der er ein Zimmer für den Privatunterricht zur Verfügung gestellt hatte, durch das Wohnungsamt Rybnik beschlagnahmt worden.

Der Magistrat hat in seiner Zuschrift vom 18. April 1923 (act. 53—54) erklärt, daß der Gutsbesitzer Herrmann eine zweite Wohnung in Swierklany besitze und daher angesichts der katastrophalen Wohnungsnot seine Wohnung in Rybnik räumen müsse. Davon, daß in der Wohnung Herrmanns Privatunterricht erteilt werde, habe der Magistrat erst durch die Zuschrift des Präsidenten der Gemischten Kommission (act. 49—50) erfahren.

6. Die Beschwerdeführer haben behauptet, daß in Rybnik gegen die Deutsche Knabenschule und Mädchenschule eine systematische Hetze betrieben worden sei, an der sich auch Beamte beteiligt hätten.

Dr. Bialy, Mitglied des Magistrates, Kreisarzt und Verfasser des ärztlichen Gutachtens über die Gebäude der Deutschen Mädchenschule (act. 13—14), habe an den Bahnhofsvorsteher Kozur ein Schreiben dników kolejowych, których Kozur miał wezwać, aby wycofali dzieci ze szkoły niemieckiej i posyłali do szkoły polskiej. Podobne pismo wystosował też do dyrektora Zakładu umysłowo chorych, aby ten nakłonił kilku z pielęgniarzy do wycofania dzieci ze szkoły niemieckiej. Wezwał też telefonicznie jednego z pracowników Ziemi Rybnickiej do posyłania dzieci do szkoły polskiej, grożąc mu utratą posady.

Z końcem stycznia i początkiem lutego 1923 doręczono licznym obywatelom m. Rybnika pismo Klubu obywatelskiego, podpisane przez dwóch urzędników Urzędu Rent Wojskowych, Lelka i Czaję, z wezwaniem, aby przenieśli dzieci ze szkoły niemieckiej do polskiej, przy czym odbiorcom pisma grożono, że w razie niezastosowania się do tego wezwania odda się sprawę prasie, co może mieć niekorzystne następstwa.

Na zapytanie Prezydenta Komisji Mieszanej z dnia 28 marca 1923 (akt 42—43, l. 6) Magistrat m. Rybnika odpowiedział dnia 24 kwietnia 1923 (akt 72—73) co następuje:

„P. dr Biały oświadcza co następuje: Ponieważ pewne towarzystwo miało zamiar ogłosić w gazecie wszystkich tych polskich urzędników, którzy dzieci posyłają do niemieckiej szkoły, wziął p. dr Biały tę sprawę w swoje ręce i skierował listy do naczelnika ruchu kolejowego radcy Szmeissera i dyrektora Zakładu umysłowo chorych, aby ci zechcieli swych urzędników ostrzec, gdyż przez ogłoszenie w gazetach spodziewał się niemiłych skutków.

Do c (akt 42—43, l. 6 dot. telefonicznej rozmowy z pracownikiem Ziemi Rybnickiej) prosi p. dr Biały o podanie nazwiska tego pracownika.

Dr Biały mówi, że uczynił to nie jako członek Magistratu i lekarz powiatowy, lecz jako członek pewnego towarzystwa."

W sprawie listów do rodziców, których dzieci uczęszczają do szkoły niemieckiej, mianowicie listów podpisanych przez dwóch urzędników Urzędu Rent Wojskowych — Lelka i Czaję — Magistrat według relacji nie mógł nic stwierdzić (akt 72—73, l. 4). Żałący się wnieśli natomiast do akt oryginał pisma podpisanego „Lelek" i „Czaja", pisma Klubu obywatelskiego z dnia 18 stycznia 1923 (akt 92, 92 a), którym adresatowi udzielono dwutygodniowego terminu celem przeniesienia dziecka do szkoły polskiej, przy czym grożono mu ogłoszeniem sprawy w prasie i bojkotem towarzyskim.

gerichtet mit einem Verzeichnis der Bahnbeamten, die er auffordern solle, ihre Kinder aus der deutschen Schule wegzunehmen und in die polnische Schule zu schicken. Ein ähnliches Schreiben habe er an den Direktor der Heil- und Pflegeanstalt gesandt, damit dieser einige seiner Pfleger veranlasse, ihre Kinder aus der deutschen Schule zu entfernen. Auch habe er einen Angestellten der Ziemia Rybnicka telephonisch aufgefordert, seine Kinder in die polnische Schule zu schicken, wenn er nicht seine Stelle verlieren wolle.

Ende Januar — Anfang Februar 1923 seien zahlreichen Bürgern der Stadt Rybnik Schreiben eines sogenannten Bürgerklubs zugestellt worden — unterzeichnet von zwei Beamten des Militär-Rentenamtes: Lelek und Czaja —, in denen die Empfänger aufgefordert wurden, ihre Kinder aus der deutschen in die polnische Schule zu versetzen, anderenfalls die Angelegenheit der Presse übergeben und die Erziehungsberechtigten geschädigt würden.

Auf die Anfrage des Präsidenten der Gemischten Kommission vom 28. März 1923 (act. 42—43, Ziff. 6) hat der Magistrat Rybnik am 24. April 1923 geantwortet (act. 72—73):

„Herr Dr. Biały erklärt was folgt: Da ein gewisser Verein die Absicht hatte, die Namen aller derjenigen polnischen Beamten, welche ihre Kinder in die deutsche Schule schicken, in den Zeitungen bekanntzugeben, nahm Dr. Biały die Sache in seine Hand und leitete die Briefe an den Vorsteher des Eisenbahnverkehrs, Eisenbahnrat Szmeiser und an den Direktor der Irrenanstalt, damit diese ihre Beamten warnen, weil er durch die Bekanntgabe in den Zeitungen unangenehme Folgen erwartete.

Zu c (von act. 42—43 Ziff. 6 betreffend telephonischen Anruf eines Angestellten der Ziemia Rybnicka) bittet Herr Dr. Biały um Bekanntgabe des Namens dieses Funktionärs.

Dr. Biały sagt, daß er dies alles nicht als Mitglied des Magistrats und als Kreisarzt, sondern als Mitglied eines gewissen Vereins getan hat."

Hinsichtlich der von den beiden Beamten des Militär-Rentenamtes — Lelek und Czaja — unterzeichneten Briefe an die Eltern, deren Kinder die deutsche Schule besuchen, konnte der Magistrat nach seinen Mitteilungen nichts feststellen (act. 72—73 Ziff. 4). Hingegen haben die Beschwerdeführer ein Originalschreiben „Lelek" und „Czaja" unterzeichnet, vom Bürgerklub (Klub obywatelski) vom 18. Januar 1923 eingereicht (act. 92, 92 a), in dem dem Empfänger für die Versetzung seines Kindes in die polnische Schule eine Frist von zwei Wochen gesetzt war unter Androhung der Bekanntgabe in der Presse und des Boykotts des

Prócz tego żalący się wnieśli do akt egzemplarz wychodzącej w Rybniku na wskroś w duchu polskim redagowanej „Katholische Volkszeitung" z dnia 31 stycznia 1923, w którym jest ogłoszone podobne pismo (akt 93).

Zapytanie, które Prezydent na mocy art. 153 ust. 1 Konwencji Genewskiej skierował w sprawie powyższych faktów do Urzędu Spraw Mniejszości (akt 42—43, l. 6), miało ten skutek, że w „Gońcu Śląskim" z dnia 25 kwietnia 1923 (akt 61—62) pojawiła się następująca notatka:

„Z Rybnickiego.

Rybnik. W ubiegłą sobotę odbyło się na sali Ogrodu Miejskiego p. Mandrysza zwyczajne zebranie Z. O. K. Z. — Z zadowoleniem należy podkreślić, że liczba członków szybko wzrasta, przez co znaczenie tutejszej filii się podnosi. Przebieg zebrania był jak zawsze nadzwyczaj poważny. Po załatwieniu formalności uwiadomiono członków, że kilku tutejszych urzędników państwowych wysłało zażalenie na dra Białego do p. Calondera dlatego, że im p. dr Biały po przyjacielsku radził, aby dzieci posyłali do szkoły polskiej zamiast do szkoły mniejszości. Chodzi tutaj o urzędników kolejowych i urzędników Zakładu umysłowo chorych (czy nie należałoby tych urzędników jak najrychlej wyegzaminować? przypisek zecera). Zebranie przyjęło wiadomość tę z największym oburzeniem i postanowiono poczynić odpowiednie kroki... W sprawie kilku nauczycieli-hakatystów postanowiono zwrócić się do miarodajnych czynników."

Na podstawie powyższego artykułu można prawie z całą pewnością przypuścić, że listy, które dr Biały jako członek pewnego towarzystwa napisał do naczelnika ruchu kolejowego i dyrektora Zakładu umysłowo chorych, musiały bez względu na treść działać jak listy z pogróżkami. Wynika z tego również, jak nienawistny nastrój przeciwko szkołom mniejszościowym panuje w Rybniku.

7. Dnia 11 października 1922 wystosował pastor Reinhold (żalący się 1) petycję do Prezydenta Komisji Mieszanej (akt 3—4); dnia 8 listopada 1922 (akt 5) wpłynęła petycja Komitetu Rodzicielskiego (żalący się 2), a dnia 30 listopada 1922 wniosło Niemieckie Towarzystwo Rodzicielskie i Szkolne (żalący się 3) odpis memoriału do Wojewody z dnia 28 listopada 1922 (akt 11—12). Powyższe trzy petycje przekazane zostały Urzędowi Spraw Mniejszości, który je z uwagami

Empfängers durch die breite Öffentlichkeit. Die Beschwerdeführer haben außerdem eine Nummer der in Rybnik erscheinenden, durchaus polnisch orientierten „Katholischen Volkszeitung" vom 31. Januar 1923 zu den Akten gebracht, in der ein ähnliches Schreiben veröffentlicht ist (act. 93).

Die Anfrage, die der Präsident, gestützt auf Art. 153, Abs. 1 der Genfer Konvention über diese Tatsachen an das Minderheitsamt richtete (act. 42—43 Ziff. 6), hatte zur Folge, daß im »Goniec Śląski« vom 25. April 1923 (act. 61—62) folgende Meldung erschien:

„Aus dem Rybniker Kreis.

Rybnik. Letzten Sonnabend fand im Stadtgartensaal des Herrn Mandrysz eine ordentliche Versammlung des Verbandes zum Schutze der Westmarken statt. Mit Zufriedenheit muß hervorgehoben werden, daß die Mitgliederzahl schnell wächst, wodurch sich die Bedeutung der hiesigen Zweigstelle hebt. Der Verlauf der Versammlung war wie immer außerordentlich ernst. Nach Erledigung der Formalitäten wurden die Mitglieder unterrichtet, daß einige der hiesigen Staatsbeamten sich bei Herrn Calonder über Dr. Bialy deswegen beschwert hatten, weil ihnen Dr. B. freundschaftlich geraten hat, sie möchten ihre Kinder zur polnischen Schule anstatt in die Minderheitsschule schicken. Es handelt sich hier um Eisenbahnbeamte und Beamte der Irrenanstalt. (Müßte man diese Beamten nicht schleunigst examinieren? Zusatz des Setzers.) Die Versammlung nahm von dieser Mitteilung mit der größten Entrüstung Kenntnis und es wurde beschlossen, entsprechende Schritte zu machen... Betreffend einige Lehrer-Hakatisten wurde beschlossen, sich an die maßgebenden Stellen zu wenden."

Dieser Zeitungsartikel legt den Schluß außerordentlich nahe, daß die Briefe, die Dr. Bialy als Mitglied eines gewissen Vereins an den Vorsteher des Eisenbahnverkehrs und den Direktor der Irrenanstalt geschrieben hat, welches auch immer ihr Wortlaut gewesen sein mag, als Drohbriefe wirken mußten. Auch geht daraus hervor, welche feindselige Stimmung in Rybnik gegen die Minderheitsschulen herrscht.

7. Am 11. Oktober 1922 richtete Pastor Reinhold (Beschwerdeführer 1) eine Eingabe an den Präsidenten der Gemischten Kommission (act. 3—4); am 8. November 1922 (act. 5) folgte eine Eingabe des Elternausschusses (Beschwerdeführer 2), und am 30. November 1922 sandte der Deutsche Eltern- und Schulverein (Beschwerdeführer 3) Abschrift einer an den Wojewoden gerichteten Denkschrift vom 28. November 1922 an den Präsidenten der Gemischten Kommission (act. 11—12). Diese

z dnia 30 grudnia 1922 (akt 1—2) przesłał Prezydentowi Komisji Mieszanej.

Żalący się wnieśli przede wszystkim o zwolnienie sierocińca żydowskiego; następnie prosili o to, aby używane dotychczas przez niemiecką szkołę żeńską budynki przy ulicy Rudzkiej dano znów do ich dyspozycji, w końcu wnieśli na wszelki wypadek o to, aby niemieckiej szkole żeńskiej i męskiej przydzielono jakiekolwiek pomieszczenie (akt 26).

Dnia 19 marca 1923 Prezydent Komisji Mieszanej poddał oględzinom zamknięte przez Magistrat pomieszczenia niemieckiej szkoły żeńskiej przy ulicy Rudzkiej oraz pomieszczenia sierocińca żydowskiego w Rybniku (prot. str. 10—12). Dnia 12 kwietnia 1923 poddano podobnym oględzinom gimnazjum państwowe w Rybniku oraz szkołę ludową w Dolnych Świerklanach (prot. str. 18—20). Na życzenie Prezydenta wniesiono do akt (akt 70—71) zestawienie dyrekcji gimnazjum państwowego z dnia 16 kwietnia 1923, z którego wynika, że nauka popołudniowa trwa do godziny 2, że uczniowie robią po południu ćwiczenia gimnastyczne — gdzie, nie powiedziano — i że prócz tego kilka klas gimnazjalnych — liczby dokładnej nie podano — odstąpiono cztery razy w tygodniu szkole kupieckiej i rzemieślniczej na naukę popołudniową, wobec czego nie można się było zgodzić na naukę popołudniową polskiej szkoły żeńskiej w większej liczbie godzin.

Na rozprawie ustnej z dnia 14 maja 1923 zastępca żalących się odczytał pismo Wojewody z dnia 9 marca 1923 (akt 84) o następującym brzmieniu: Niemiecki Związek Szkolny winien przedstawić wniosek o udzielenie koncesji pewnej osobie do kierowania szkołą oraz o udzielenie pozwolenia nauczycielom tejże szkoły na udzielanie nauki. Po uwzględnieniu wniosku Województwo da niemieckim szkołom prywatnym prowizorycznie do dyspozycji do końca bieżącego roku szkolnego (koniec czerwca 1923) 3 ubikacje w budynku gimnazjum państwowego w godzinach, w których nie odbywa się tam nauka.

Jakkolwiek żalący się uznali to ustępstwo Wojewody, nie mogli się przecież zdecydować — z uwagi na ograniczenie co do czasu i miejsca, wyrażone w powyższej ofercie — na cofnięcie zażaleń, ponieważ bieżący rok szkolny kończy się z czerwcem 1923 i ponieważ do prawidłowego prowadzenia nauki prywatnej niemieckiej wyższej szkoły żeńskiej i męskiej potrzeba przynajmniej 6 klas szkolnych.

drei Eingaben wurden an das Minderheitsamt in Katowice gesandt und von diesem mit seinen Bemerkungen vom 30. Dezember 1922 (act. 1—2) an den Präsidenten der Gemischten Kommission geleitet.

Die Beschwerdeführer haben in erster Linie die Freigabe des Jüdischen Waisenhauses beantragt; in zweiter Linie ersuchten sie darum, daß die bisher von der Deutschen Mädchenschule benutzten Gebäude an der Rudzka ihnen wieder zur Verfügung gestellt werden, und beantragten schließlich für alle Fälle, daß der Deutschen Mädchen- und Knabenschule irgendwelche Räume zugewiesen werden (act. 26).

Der Präsident der Gemischten Kommission besichtigte am 19. März 1923 die vom Magistrat geschlossenen Räume der Deutschen Mädchenschule an der ulica Rudzka und das Jüdische Waisenhaus in Rybnik (Prot. S. 10, 12). Am 12. April 1923 erfolgte eine Besichtigung der Kontorräume der Pragerschen Blaudruckfabrik und des Staatlichen Gymnasiums in Rybnik sowie der Volksschule in Swierklany Dolne (Prot. S. 18—20). Auf den Wunsch des Präsidenten wurde eine Aufstellung der Direktion des Staatlichen Gymnasiums vom 16. April 1923 zu den Akten gebracht (act. 70—71), aus der hervorgeht, daß der Nachmittagsunterricht bis 2 Uhr dauert, daß die Schüler nachmittags gymnastische Übungen machen (wo, ist nicht gesagt) und daß außerdem die Gymnasialsäle (wie viele, ist nicht gesagt) der Handels- und Gewerbeschule viermal wöchentlich für Nachmittagsunterricht zur Verfügung gestellt worden seien, weshalb der Unterricht der Polnischen Mädchenschule nachmittags in größerer Stundenzahl nicht habe zugelassen werden können.

Anläßlich der mündlichen Verhandlung vom 14. Mai 1923 verlas der Vertreter der Beschwerdeführer ein Schreiben des Wojewoden vom 9. März 1923 (act. 84) folgenden Inhalts: Der Deutsche Schulverein habe einen Antrag auf Erteilung der Konzession zur Leitung der Schule an eine bestimmte Person sowie auf Erteilung der Erlaubnis zum Unterrichten an die Lehrer dieser Schule zu stellen. Wenn diesem Antrag entsprochen sei, werde die Wojewodschaft provisorisch bis zum Ende dieses Schuljahres (Ende Juni 1923) drei Räume im Gebäude des Staatlichen Gymnasiums in den Stunden, in denen kein Unterricht darin stattfinde, zur Verfügung der Deutschen Privatschulen stellen.

Die Beschwerdeführer konnten, trotzdem sie das Entgegenkommen des Wojewoden anerkannten, sich angesichts der zeitlichen und räumlichen Einschränkungen dieses Angebots nicht zum Rückzug ihrer Beschwerden entschließen, weil das laufende Schuljahr mit Juni 1923 zu Ende geht und weil für einen ordnungsmäßigen Unterricht der privaten deutschen höheren Mädchen- und Knabenschule mindestens 6 Klassenzimmer nötig seien.

8. Urząd Spraw Mniejszości zajął następujące stanowisko: Zamknięcie niemieckiej szkoły żeńskiej nastąpiło na mocy orzeczenia lekarza powiatowego z przyczyn zdrowotno-policyjnych. Zamknięcie było zatem formalnie uzasadnione i według Konwencji Genewskiej dopuszczalne. Czy w interesie wychowania młodzieży nie było wskazane odstąpić czasowo z uwagi na panującą nędzę mieszkaniową od ostrych warunków higienicznych, którym ubikacje szkolne winny odpowiadać w warunkach normalnych, usuwa się spod oceny Urzędu Spraw Mniejszości. Urząd Mieszkaniowy przydzielając niezajęte pomieszczenia winien był w kolejności zgłoszeń uwzględnić przede wszystkim władze publiczne, następnie urzędników państwowych, w końcu zaś osoby prywatne. W fakcie, że przy przydziale sierocińca żydowskiego Urzędowi Rent Wojskowych jako władzy publicznej pominięto niemiecką szkołę męską jako osobę prywatną, nie można dopatrywać się ani naruszenia obowiązujących przepisów ustawowych, ani też naruszenia przepisów Konwencji Genewskiej o ochronie mniejszości. Nie będąc do tego zobowiązane Konwencją Genewską, Województwo dało do dyspozycji na bieżący rok szkolny trzy ubikacje gimnazjum państwowego, uczyniło zatem wszystko, co leżało w jego mocy.

Co do kwestii, czy Magistrat lub Urząd Mieszkaniowy mogły na cele szkolne przydzielić niemieckim szkołom prywatnym inne pomieszczenia, Urząd Spraw Mniejszości dla braku znajomości stosunków miejscowych zdany jest na wyjaśnienia urzędowe, jakich mu się udziela. Ponieważ wyjaśnienia te możliwość powyższą zawsze negowały, Konwencja Genewska także formalnie nie została naruszona.

Żalący się zajęli stanowisko, że natychmiastowe bezterminowe zamknięcie niemieckiej szkoły żeńskiej w danych warunkach nie było uzasadnione, chociaż dane pomieszczenia nie odpowiadają wszystkim wymogom higienicznym czasów normalnych.

Magistrat, przede wszystkim zaś Urząd Mieszkaniowy, uniemożliwiły naukę obydwu niemieckich wyższych szkół prywatnych przez to, że zamknęły starą niemiecką szkołę żeńską, że zajęły cały budynek sierocińca żydowskiego dla kolejarzy, że później przydzieliły ten budynek Urzędowi Rent Wojskowych (aby w ten sposób zrobić miejsce wyższej polskiej szkole żeńskiej w komendzie powiatowej), że uniemożliwiły naukę prywatną i nie chciały przydzielić niemieckim szkołom prywatnym żadnych pomieszczeń. W tym leży nierówne trak-

8. Das Minderheitsamt hat sich auf folgenden Standpunkt gestellt: Die Schließung der Deutschen Mädchenschule ist erfolgt aus gesundheitspolizeilichen Gründen, gestützt auf ein Gutachten des Kreisarztes. Sie war damit formell gerechtfertigt und auch nach dem Genfer Abkommen zulässig. Ob es angesichts der herrschenden Wohnungsnot im Interesse der Jugenderziehung angezeigt gewesen wäre, von den strengen Erfordernissen, die unter normalen Verhältnissen in hygienischer Beziehung an Schullokalitäten gestellt werden müssen, vorläufig abzusehen, entzieht sich der Prüfung des Minderheitsamtes. Das Wohnungsamt hatte bei der Zuweisung von leerstehenden Räumen in erster Linie öffentliche Behörden, dann Staatsbeamte und schließlich Privatpersonen in der Reihenfolge ihrer Anmeldung zu berücksichtigen. Darin, daß bei der Zuweisung des Jüdischen Waisenhauses das Militär-Rentenamt als eine öffentliche Behörde der Deutschen Knabenschule, als einer Privatperson, vorgezogen worden ist, kann weder eine Verletzung bestehender gesetzlicher Vorschriften erblickt werden, noch eine Zuwiderhandlung gegen Bestimmungen des Genfer Abkommens betreffend den Schutz der Minderheiten.

Die Wojewodschaft hat, ohne hierzu nach dem Genfer Abkommen verpflichtet zu sein, für das laufende Schuljahr drei Räume des Staatlichen Gymnasiums zur Verfügung gestellt und damit ihr möglichstes getan.

Hinsichtlich der Frage, ab es dem Magistrat bzw. dem Wohnungsamt möglich gewesen wäre, den deutschen Privatschulen andere Unterrichtsräume zuzuweisen, ist das Minderheitsamt mangels eigener Kenntnis der örtlichen Verhältnisse auf die ihm zukommenden amtlichen Informationen angewiesen. Da diese Auskünfte diese Möglichkeit stets verneint haben, liegt auch nach dieser Richtung formell ein Verstoß gegen das Genfer Abkommen nicht vor.

Die Beschwerdeführer haben folgenden Standpunkt eingenommen: Die sofortige, fristlose Schließung der Deutschen Mädchenschule war — wenn auch die betreffenden Räumlichkeiten nicht allen hygienischen Anforderungen normaler Zeiten entsprechen — nach den Umständen nicht gerechtfertigt.

Der Magistrat und insbesondere das Wohnungsamt haben durch die Schließung der alten deutschen Mädchenschule, durch die Beschlagnahme des ganzen Jüdischen Waisenhauses für die Eisenbahner, durch die spätere Zuweisung dieses Gebäudes an das Militär-Rentenamt (um dadurch für die höhere polnische Mädchenschule im Bezirkskommando Platz zu machen), durch die Verhinderung des Privatunterrichts und durch ihre Weigerung, den deutschen Privatschulen irgendwelche Räume zuzuweisen, den Unterricht an den beiden höheren deutschen Privatschulen verunmögtowanie mniejszości, co narusza art. 75 ust. 2 Konwencji Genewskiej.

II

1. Zamknięcie budynków szkolnych przy ulicy Rudzkiej w Rybniku, gdzie była pomieszczona niemiecka szkoła żeńska, wymagało zezwolenia Wydziału Oświecenia Publicznego Województwa. O zezwolenie takie nie postarano się ani przed zamknięciem budynków szkolnych, ani nie zostało ono udzielone dodatkowo (akt 67 i 68—69, l. 1—3). Wynikałoby z tego, że zamknięcie ubikacyj szkolnych formalnie nie obowiązuje. Prezydent Komisji Mieszanej nie chce jednak tej formalności przypisywać znaczenia decydującego, ponieważ chodzi mu o to, aby sprawy, które mu się przedstawia celem wyrażenia poglądu, załatwiane były materialnie w myśl Konwencji Genewskiej.

2. Pierwszym pytaniem, które Prezydent musiał rozpatrzeć, jest, czy zamknięcie pomieszczeń szkolnych niemieckiej szkoły żeńskiej, które na podstawie zarządzenia Magistratu m. Rybnika względnie Miejskiego Urzędu Policyjnego, będącego oddziałem Magistratu, nastąpiło w dniu 28 września 1922 (akt 6), było uzasadnione.

Szkołę zamknięto na podstawie opinii lekarza powiatowego dra Białego (akt 13—14). Braki stwierdzone w tym orzeczeniu wyliczone są powyżej (I, 2). W jakiej mierze te wszystkie braki istniały przy redagowaniu opinii dnia 9 września 1922, nie można było z okazji terminu lokalnego dnia 19 marca 1923 stwierdzić, ponieważ przed zajęciem tych pomieszczeń przez kolejarzy przeprowadzono tam remont. Wynika jednak z opinii, że przy wszystkich tych przez eksperta wytkniętych brakach — z wyjątkiem warunków oświetlenia — chodzi o takie braki, które można było usunąć bez wielkiego nakładu czasu i kosztów.

Co do warunków oświetlenia, wytkniętych przez eksperta, Prezydent z okazji oględzin zwrócił na nie szczególną uwagę i doszedł do wniosku, że z wyjątkiem jednego pokoju (na parterze budynku głównego, na lewo od wejścia) warunki oświetlenia, jakkolwiek na ogół nie są bardzo korzystne, są przecież tego rodzaju, że dla braku lepszych pomieszczeń nauka tam może być udzielana. Co do reszty braków, które, jak już powiedziano, usunięte być mogły bez wielkiego nakładu czasu i kosztów, należy powiedzieć, że mogłyby one być powodem zamknięcia szkoły tylko wówczas, gdyby kierownictwo szkoły nie chciało ich usunąć w należytym terminie.

licht. Darin liegt eine unterschiedliche Behandlung der Minderheit, die gegen Art. 75 Abs. 2 des Genfer Abkommens verstößt.

II

1. Die Schließung der Schulgebäude an der Rudzka in Rybnik, in denen die Deutsche Mädchenschule untergebracht war, bedurfte der Zustimmung des Unterrichtsausschusses der Wojewodschaft. Diese Zustimmung wurde weder vor der Schließung eingeholt noch nachträglich erteilt (act. 67 u. 68—69 Ziff. 1—3). Es würde sich demnach ergeben, daß die Schließung dieser Schullokalitäten formell nicht zu Recht besteht. Der Präsident der Gemischten Kommission will indessen diesem formellen Gesichtspunkt nicht entscheidende Bedeutung beimessen, weil es ihm darauf ankommt, daß die Angelegenheiten, die zur Stellungnahme an ihn gelangen, materiell im Sinne der Genfer Konvention geregelt werden.

2. Die erste Frage, die der Präsident zu prüfen hatte, ist die, ob die auf Grund einer Verfügung des Magistrates Rybnik — bzw. des städtischen Polizeiamtes, das eine Abteilung des Magistrates ist — vom 28. September 1922 (act. 6) erfolgte Schließung der Unterrichtsräume der Deutschen Mädchenschule gerechtfertigt war.

Die Schließung erfolgte auf Grund eines Gutachtens des Kreisarztes, Dr. Biały (act. 13—14). Die in diesem Gutachten konstatierten Mängel sind oben (I, 2) aufgezählt worden. In welchem Maße alle diese Mängel bei der Aufnahme des Gutachtens vom 9. September 1922 vorhanden waren, konnte beim Augenschein vom 19. März 1923 nicht konstatiert werden, weil die betreffenden Räume inzwischen vor ihrer Belegung mit Eisenbahnern renoviert worden waren. Es ergibt sich indessen aus dem Gutachten selbst, daß es sich bei allen den vom Experten gerügten Mängeln — mit einziger Ausnahme der Lichtverhältnisse — um solche Mängel handelt, die ohne großen Aufwand an Zeit und Kosten hätten beseitigt werden können.

Was die vom Experten beanstandeten Lichtverhältnisse anbelangt, so hat ihnen der Präsident bei der Besichtigung besondere Aufmerksamkeit zugewandt und ist zu dem Schlusse gekommen, daß mit Ausnahme eines Zimmers (im Parterre des zuerst besichtigten Hauptgebäudes, links vom Eingang) die Beleuchtungsverhältnisse, wenn auch nicht durchweg sehr günstig, doch immerhin derart sind, daß in Ermangelung besserer Lokalitäten in diesen Räumen Unterricht erteilt werden kann. Hinsichtlich der übrigen Mängel, die, wie schon gesagt, ohne großen Aufwand behoben werden konnten, ist zu sagen, daß sie nur dann den Grund zur Schließung der Schule hätten abgeben können, wenn die Schulleitung sich geweigert hätte, diese Mängel innert angemessener Frist zu beseitigen.

Prezydent nie ograniczył się jednak do badania braków wytkniętych w opinii, lecz uwzględnił także wszelkie inne braki i zażądał celem wyjaśnienia stanu rzeczy odpisu sprawozdania pruskiej władzy szkolnej z dnia 11 lipca 1913 (akt 42—43, l. 10), które na terminie lokalnym odczytano. Odpis ten znajduje się w aktach (akt 74). Oględziny dokonane przez Prezydenta wykazały: Budynki, w których była pomieszczona niemiecka szkoła żeńska, nie stanowią idealnego pomieszczenia szkoły, nazwać je raczej należy starymi, niemodnymi ruderami. Nie odpowiadają one też, jak to uznali żalący się, tym warunkom, jakie musi dopełnić budynek szkolny w normalnych czasach przy stawianiu ostrych wymogów. Wyraziła to już w sprawozdaniu z roku 1913 (akt 74) pruska władza szkolna, która, jak wiadomo, bardzo ostre stawiała wymogi. W danym sprawozdaniu wzywa się Magistrat, aby możliwie szybko rozważył kwestię polepszenia warunków wyższej szkoły żeńskiej, gdyż obecny wadliwy stan pomieszczenia szkoły nie może być dłużej tolerowany. Tymczasem wybuchła wojna światowa i spowodowała okropną nędzę mieszkaniową i połączone z tym niebywałe pogorszenie się stosunków mieszkaniowych. Dotknęło to z natury rzeczy i szkoły. Na całym Górnym Śląsku panuje wprost okropna nędza mieszkaniowa. Prezydent mógł się o tym przekonać na licznych konferencjach z Komisją repatriacji uchodźców. Tę nędzę mieszkaniową odczuwa dotkliwie i miasto Rybnik. W piśmie Magistratu do Prezydenta z dnia 18 kwietnia 1923 (akt 53—54) jest mowa o „katastrofalnym braku mieszkań". Były kierownik Urzędu Mieszkaniowego, Trunkhardt, wywodził z okazji terminu lokalnego dnia 19 marca 1923, że był zmuszony stajenki dla kóz przerobić na mieszkania.

Z tym brakiem mieszkań trzeba się liczyć przy rozstrzyganiu kwestii, czy zamknięcie szkoły było uzasadnione. Byłoby niedorzecznością zamykać w czasach tak wielkiej nędzy mieszkaniowej szkołę i uniemożliwić naukę z tego powodu, że ubikacje szkolne nie odpowiadają wszystkim schematycznym przepisom, które stworzono dla czasów normalnych i które w szczególności obowiązują przy stawianiu nowych budynków szkolnych. W obecnych nienormalnych warunkach zamknięcie szkoły jest uzasadnione tylko wtenczas, gdy życiu i zdrowiu dzieci zagraża rzeczywiste konkretne niebezpieczeństwo. Odnośnie zamkniętych szkół niebezpieczeństwo takie nie zachodziło i jeszcze obecnie nie zachodzi. Życiu dzieci mogłoby np. zagrażać niebezpieczeń-

Der Präsident hat indessen die ihm obliegende Prüfung nicht nur auf die im Gutachten gerügten Mängel beschränkt, sondern auch allfällige andere Mängel in Betracht gezogen und zur Abklärung des Sachverhalts Abschrift eines anläßlich des Augenscheins verlesenen, von der Preußischen Schulbehörde stammenden Berichts vom 11. Juli 1913 eingefordert (act. 42—43 Ziff. 10), die bei den Akten liegt (act. 74). Die Besichtigung durch den Präsidenten hat ergeben: Die Gebäude, in denen die Deutsche Mädchenschule untergebracht war, sind keine ideale Unterkunft für eine Schule. Sie sind im Gegenteil als unmoderne, alte Kasten zu bezeichnen und entsprechen — wie die Beschwerdeführer anerkannt haben — nicht allen Anforderungen, die unter normalen Verhältnissen bei Anlegung eines strengen Maßstabes an ein Schulgebäude gestellt werden müßten. Dies ist schon im Bericht der Preußischen Schulbehörde — die bekanntlich sehr strenge Anforderungen stellte — vom Jahre 1913 (act. 74) zum Ausdruck gekommen, wo der Magistrat ersucht wird, eine durchgreifende Besserung der Verhältnisse der höheren Mädchenschule baldigst in Erwägung zu ziehen, weil die jetzige mangelhafte Unterbringung der Schule nicht mehr auf lange Zeit geduldet werden könne. Inzwischen ist aber der Weltkrieg hereingebrochen und hat eine furchtbare Wohnungsnot und damit eine nie dagewesene Verschlechterung der Wohnungsverhältnisse herbeigeführt, von welcher naturgemäß auch die Schulen betroffen worden sind. In ganz Oberschlesien ist die Wohnungsnot — wie dem Präsidenten aus verschiedenen Konferenzen mit der Kommission für die Rückführung der Flüchtlinge bekannt ist — geradezu entsetzlich. Auch Rybnik leidet furchtbar unter dieser Plage. In einem Schreiben des Magistrates an den Präsidenten vom 18. April 1923 (act. 53—54) ist von „katastrophalem Wohnungsmangel" die Rede. Der frühere Leiter des Wohnungsamtes, Trunkhardt, hat anläßlich des Augenscheines vom 19. März 1923 ausgeführt, daß er gezwungen gewesen sei, sogar Ziegenställe als Wohnungen herrichten zu lassen.

Dieser Wohnungsnot muß bei der Entscheidung der Frage, ob die Schließung der Schule gerechtfertig war, Rechnung getragen werden. Es wäre widersinnig, in Zeiten so schwerer Wohnungsnot eine Schule schon deshalb zu schließen und den Unterricht der Kinder zu verunmöglichen, weil die Schulräume nicht allen schematischen Vorschriften entsprechen, die für normale Zeiten und insbesondere für den Bau neuer Schulhäuser aufgestellt worden sind. Unter den gegenwärtigen außerordentlichen Verhältnissen erscheint vielmehr die Schließung einer Schule nur dann gerechtfertigt, wenn für das Leben oder die Gesundheit der Kinder eine wirkliche konkrete Gefahr vorliegt. Dies war und ist auch heute in bezug auf die geschlossenen Schulräume nicht der Fall. Eine Gefahr für das stwo wskutek ewentualnego zawalenia się budynku, jest to jednak wykluczone i tego też nie twierdzono. Również nie zachodzi rzeczywiste konkretne niebezpieczeństwo dla zdrowia dzieci. Wynika to choćby z tego, że, jakkolwiek dane budynki służą już od przynajmniej 25 lat na cele szkolne, nie twierdzono, aby wskutek złego stanu budynku szkolnego zaszły jakie wypadki zachorowania dzieci szkolnych lub nauczycieli. Szkoła mogła zatem i może nadal mieścić się w dotychczasowych budynkach, aż do znalezienia dla niej lepszego pomieszczenia. Zamknięcie szkoły z przyczyn zdrowotno-policyjnych nie jest zatem w danych warunkach uzasadnione.

Podobnie jak wskutek obowiązującego ustawodawstwa mieszkaniowego Niemiecki Okręgowy Związek Szkolny nie mógł i nadal nie może pozbyć się lokatorów z swego własnego domu Saengera, tak też i Magistrat nie miał prawa do usunięcia niemieckiej szkoły żeńskiej przy ulicy Rudzkiej bez przydzielenia jej innych pomieszczeń. Pomieszczeń takich Magistrat danej szkole nie przydzielił dotychczas.

Ponieważ zamknięcie niemieckiej szkoły żeńskiej z powodów higienicznych nie było uzasadnione i nastąpiło bez przydzielenia szkole innych pomieszczeń, równa się ono uniemożliwieniu nauki prywatnej, zagwarantowanej mniejszościom art. 68 i art. 97—104 Konwencji Genewskiej. Zachodzi zatem naruszenie art. 68 i 98 Konwencji Genewskiej.

3. W drugim rzędzie musiał Prezydent badać, czy, pominąwszy omówione co dopiero zamknięcie starych pomieszczeń szkolnych, nie należy dopatrywać się ewentualnego naruszenia Konwencji Genewskiej w nieprzydzieleniu ubikacyj szkolnych niemieckim szkołom prywatnym.

a) W okoliczności, że Magistrat przydzielił sierociniec żydowski Urzędowi Rent Wojskowych zamiast niemieckiej szkole męskiej, nie można dopatrywać się naruszenia Konwencji Genewskiej. Art. 75, ust. 2 zawiera w ogólności zakaz nierównego traktowania obywateli mniejszościowych, w szczególności zaś co do przydziału pomieszczeń osobom prywatnym, związkom lub korporacjom. Urząd Rent Wojskowych jest jednak władzą publiczną i uwzględnienie tego urzędu z pominięciem niemieckich szkół prywatnych nie jest zatem naruszeniem art. 75 ust. 2 Konwencji Genewskiej, chociaż może być godne pożałowania, że Państwo w czasach tak wielkiej nędzy mieszkaniowej zajmuje dla swych władz budynki prywatne.

Leben der Kinder — wie sie etwa bei Baufälligkeit oder Einsturzgefahr gegeben wäre — ist ausgeschlossen und auch nicht behauptet worden. Ebensowenig besteht eine wirkliche konkrete Gefahr für die Gesundheit der Kinder. Dies ergibt sich schon daraus, daß, trotzdem die betreffenden Gebäude schon seit mindestens 25 Jahren zu Schulzwecken dienen, irgendwelche Erkrankungen von Schulkindern oder Lehrern, die auf die Beschaffenheit der Unterrichtsräume zurückgeführt werden könnten, nicht behauptet worden sind. Die Schule konnte und kann daher sehr wohl bis zu ihrer besseren anderweitigen Unterbringung in diesen Gebäuden verbleiben, und ihre Schließung aus gesundheitspolizeilichen Gründen erscheint nach den gegebenen Verhältnissen nicht gerechtfertigt.

So wenig es dem Deutschen Bezirksschulverein bei der geltenden Wohnungsgesetzgebung möglich war und zur Zeit noch ist, die Mieter aus seinem eigenen Saengerschen Hause herauszubringen, so wenig besaß der Magistrat das Recht, die Deutsche Mädchenschule aus den Schulgebäuden an der Rudzka zu entfernen, ohne ihr zugleich andere Räume zuzuweisen, was er bis zum heutigen Tage nicht getan hat.

Da die Schließung der Deutschen Mädchenschule aus hygienischen Gründen nicht gerechtfertigt war, und erfolgt ist ohne Zuweisung anderer Lokalitäten, ist sie eine Verhinderung des im Art. 68 sowie in den Art. 97—104 der Genfer Konvention den Minderheiten garantierten Privatunterrichts und damit eine Verletzung der Genfer Konvention, Art. 68 und 98.

3. In zweiter Linie hatte der Präsident zu prüfen, ob, abgesehen von der soeben erörterten Schließung der alten Schulräume, in der Nichtzuweisung von Unterrichtsräumen an die deutschen Privatschulen eine Verletzung des Genfer Abkommens liegt.

a) Darin, daß der Magistrat das Jüdische Waisenhaus dem Militär-Rentenamte zugesprochen hat, statt der Deutschen Knabenschule, kann eine Verletzung der Genfer Konvention nicht erblickt werden. Der Art. 75, Abs. 2 verbietet die unterschiedliche Behandlung von Angehörigen einer Minderheit im allgemeinen und insbesondere hinsichtlich der Zuteilung von Räumen an Privatpersonen, Vereine oder Körperschaften. Das Militär-Rentenamt ist jedoch eine öffentliche Behörde und seine Bevorzugung gegenüber den deutschen Privatschulen verstößt daher nicht gegen den Art. 75 Abs. 2 des Genfer Abkommens, so bedauerlich es auch sein mag, daß der Staat in Zeiten so großer Wohnungsnot für seine Behörden private Gebäude in Anspruch nimmt.

b) Nierówno traktuje się jednak niemieckie wyższe szkoły prywatne w porównaniu z planowaną polską wyższą szkołą żeńską.

Polska wyższa szkoła żeńska będzie utrzymywana i kierowana przez zakon urszulanek polskich, tj. korporację religijną. Jest to zatem szkoła prywatna, tak samo jak niemiecka szkoła żeńska i niemiecka szkoła męska. Prezydent podał to zapatrywanie do wiadomości Urzędu Spraw Mniejszości (prot. str. 27—28 i akt 87) i Urząd ten nie podniósł przeciwko temu sprzeciwów.

Polską wyższą szkołę żeńską miało się utworzyć dopiero w jesieni 1922 i według niezaprzeczonego faktu w połowie maja 1923 nie była ona jeszcze czynna, podczas gdy obie niemieckie szkoły prywatne były już wówczas zupełnie zorganizowane i rozpoczęły naukę z liczbą ponad 500 dzieci. Niemiecka szkoła żeńska i niemiecka szkoła męska były absolutną koniecznością dla dalszego wychowania i wykształcenia tych licznych dzieci, które dotychczas pobierały naukę wyłącznie w języku niemieckim. W jesieni 1922, kiedy władze wydały odnośne zarządzenia, niemieckie szkoły prywatne pilniej potrzebowały zatem pomieszczeń szkolnych aniżeli polska wyższa szkoła żeńska, która w maju 1923 nie była jeszcze uruchomiona.

Władze popierały polską wyższą szkołę żeńską wszelkimi środkami, dając jej w szczególności do dyspozycji ubikacje Urzędu Rent Wojskowych w komendzie powiatowej i przenosząc Urząd ten do sierocińca żydowskiego. Niemieckim szkołom prywatnym władze natomiast odmówiły przydziału jakichkolwiek pomieszczeń. W fakcie, że władze dla mającej powstać dopiero polskiej szkoły prywatnej opróżniły i przeniosły urząd publiczny do innego budynku i że odmówiły dwom już istniejącym niemieckim szkołom prywatnym nawet najskromniejszego pomieszczenia, mieści się nierówne traktowanie w myśl art. 75 ust. 2, co jest równoznaczne z naruszeniem tego postanowienia Konwencji Genewskiej.

c) Lecz nawet gdyby nie zachodziło uprzywilejowane traktowanie polskiej szkoły żeńskiej, nieprzydzielenie pomieszczeń niemieckim wyższym szkołom prywatnym byłoby i tak sprzeczne z Konwencją Genewską.

Dane władze oświadczyły, że dla niemieckiej szkoły męskiej pomieszczenia w przewidzialnym czasie nie będą do dyspozycji, ponieważ najpierw trzeba będzie pomieścić wszystkich urzędników państwowych, z których jeszcze 300 czeka na przydział mieszkania (akt 1—2, str. 3). Urząd Spraw Mniejszości podzielił to stanowisko, wywo-

b) Wohl aber liegt eine unterschiedliche Behandlung vor zwischen der geplanten polnischen höheren Mädchenschule und den deutschen höheren Privatschulen.

Die polnische höhere Mädchenschule wird von den polnischen Ursulinerinnen, einer religiösen Körperschaft, unterhalten und geleitet werden. Sie ist somit wie die Deutsche Mädchenschule und die Deutsche Knabenschule eine Privatschule. Der Präsident hat diese seine Auffassung dem Minderheitsamt zur Kenntnis gebracht (Prot. S. 27—28 u. act. 87), und das Minderheitsamt hat dagegen keine Einwendungen erhoben.

Die polnische höhere Mädchenschule sollte im Herbst 1922 erst noch geschaffen werden und hatte unbestrittenermaßen bis Mitte Mai 1923 ihren Unterricht noch nicht eröffnet, während die beiden deutschen Privatschulen schon damals fertig organisiert waren und den Unterricht mit zusammen über 500 Kindern begonnen hatten. Die Deutsche Mädchenschule und die Deutsche Knabenschule waren eine absolute Notwendigkeit für die weitere Erziehung und Ausbildung dieser zahlreichen Kinder, die bisher ausschließlich in deutscher Sprache unterrichtet worden waren. Das Bedürfnis der deutschen Privatschulen nach Unterrichtsräumen war daher im Herbst 1922, als die betreffenden Verfügungen der Behörden ergingen, dringender als dasjenige der im Mai 1923 noch nicht eröffneten polnischen höheren Mädchenschule.

Die Behörden haben die polnische höhere Mädchenschule mit allen Mitteln begünstigt und haben ihr insbesondere die im Bezirkskommando gelegenen Lokalitäten des Militär-Rentenamtes zur Verfügung gestellt und diese Behörde in das Jüdische Waisenhaus versetzt. Den Deutschen Privatschulen hingegen haben die Behörden die Zuweisung jeglicher Unterrichtsräume versagt. Darin, daß die Behörden einerseits für eine künftig noch zu schaffende polnische Privatschule ein öffentliches Amt ausgeräumt und versetzt haben und andererseits zwei bereits bestehenden deutschen Privatschulen jede auch noch so bescheidene Unterkunft versagt haben, liegt eine unterschiedliche Behandlung im Sinne von Art. 75 Abs. 2 und damit eine Verletzung dieser Bestimmung des Genfer Abkommens.

c) Aber auch wenn die Bevorzugung der polnischen Mädchenschule nicht vorläge, stände die Nichtzuweisung von Unterrichtsräumen an die deutschen höheren Privatschulen mit dem Genfer Abkommen im Widerspruch.

Die in Betracht kommenden Behörden haben erklärt, daß für die Deutsche Knabenschule in absehbarer Zeit Räume nicht verfügbar seien, weil vorher alle Staatsbeamten untergebracht werden müssen, von denen noch 300 auf die Zuweisung von Wohnungen warten. (Act. 1—2, S. 3.) Das Minderheitsamt hat sich diesen Standpunkt zu eigen gemacht, indem dząc w uwagach (akt 1—2, str. 4), że przy przydziale opróżnionych pomieszczeń Urząd Mieszkaniowy winien uwzględnić w pierwszym rzędzie władze publiczne, następnie urzędników państwowych i dopiero na końcu osoby prywatne, do których należą niemieckie wyższe szkoły prywatne. Stanowisko to, oparte na informacji autonomicznego Wydziału Województwa (akt 67 in fine), nie docenia zupełnie znaczenia szkół prywatnych w myśl Konwencji Genewskiej i zapomina o obowiązkach, jakie z Konwencji tej wynikają dla obu układających się Państw.

Konwencja Genewska nie tylko zagwarantowała (art. 68 i 98) i uregulowała szczegółowo (art. 97—104) naukę prywatną, przez którą się także pojmuje szkoły prywatne, lecz przypisała szkołom prywatnym wielkie znaczenie, ułatwiając możliwie i zapewniając ich byt. Stąd postanowienie art. 98 ust. 3, w myśl którego nie wolno badać kwestii, czy zachodzi potrzeba założenia szkoły prywatnej; stąd postanowienie art. 100 o kwalifikacji do udzielenia nauki w szkołach prywatnych i sprowadzaniu sił nauczycielskich zza granicy; stąd przede wszystkim postanowienie art. 103, w myśl którego dzieci, które uczęszczają do szkół prywatnych, zwolnione są z obowiązku uczęszczania do szkół publicznych. Co do szkolnictwa średniego i wyższego artykuł 116 ust. 1 uznaje wyraźnie, „że potrzebom mniejszości językowej należy uczynić zadość w szczególny sposób ze względu na szczególne warunki, w jakich znajduje się obszar plebiscytowy." Gdzie tych potrzeb mniejszości językowej nie można zaspokoić przez szkoły publiczne, tam średnia lub wyższa szkoła prywatna stanowi jedyny środek do osiągnięcia celu Konwencji Genewskiej. Z tego to powodu Konwencja zawiera szczególne postanowienia na rzecz wyższych szkół prywatnych: W myśl art. 128 wyższe prywatne szkoły mniejszościowe, które odpowiadają wymogom wyższych szkół publicznych, winny być uznawane z tym skutkiem, że wystawiane przez nie świadectwa, a zwłaszcza świadectwa odejścia mają mieć to samo znaczenie, co świadectwa odpowiednich szkół publicznych. Jeżeli prywatna szkoła mniejszościowa zastępuje istniejącą przy przejściu suwerenności państwowej szkołę publiczną, wówczas przysługuje jej pod pewnymi warunkami prawo do subwencji ze środków publicznych (art. 129), przy czym subwencje ze środków państwowych winny być udzielane na tych samych warunkach, co szkołom komunalnym lub prywatnym tego samego typu lub tego samego stopnia (art. 130).

Na podstawie wyraźnie stwierdzonej szczególnej potrzeby wyższe prywatne szkoły mniejszościowe uznane są zatem w Konwencji Genewskiej jako ważny i konieczny faktor w szkolnictwie wyższym.

es in seinen Bemerkungen (act. 1—2 S. 4) ausführt, das Wohnungsamt habe bei der Zuweisung leerstehender Räume in erster Linie öffentliche Behörden, dann Staatsbeamte und erst in letzter Linie Privatpersonen, zu denen die deutschen höheren Privatschulen gehören, zu berücksichtigen. Dieser Standpunkt, der auf einer Information des autonomen Ausschusses der Wojewodschaft beruht (act. 67 in fine), verkennt vollständig die Bedeutung der Privatschulen gemäß dem Genfer Abkommen und die für die beiden vertragschließenden Staaten daraus sich ergebenden Verpflichtungen:

Das Genfer Abkommen hat den Privatunterricht, unter welchen Begriff auch die Privatschulen fallen, nicht nur gewährleistet (Art. 68 u. 98) und ausführlich geregelt (Art. 97—104), sondern es hat den Privatschulen eine große Bedeutung beigemessen und sie daher nach Möglichkeit sichergestellt und begünstigt. Daher die Bestimmung des Art. 98 Abs. 3, wonach die Frage, ob ein Bedürfnis nach einer Privatschule vorliege, nicht in Betracht gezogen werden darf; des Art. 100 über die Befähigung zur Erteilung von Unterricht an Privatschulen und den Bezug von Lehrkräften aus dem Ausland. Daher vor allem die Bestimmungen des Art. 103, wonach die Kinder, die Privatschulen besuchen, nicht verpflichtet sind, in die öffentlichen Schulen zu gehen.

Hinsichtlich des mittleren und höheren Schulwesens ist in Art. 116 Abs. 1 ausdrücklich anerkannt, „daß die Bedürfnisse der Minderheit im Hinblick auf die besondere Lage des Abstimmungsgebietes in besonderer Weise befriedigt werden müssen". Wo immer diesen Bedürfnissen der Minderheit durch öffentliche Schulen nicht genügt werden kann, ist die mittlere und höhere Privatschule das einzige Mittel, das zu dem vom Genfer Abkommen erstrebten Ziele führt. Aus diesem Grunde enthält die Konvention besondere Bestimmungen zugunsten der höheren Privatschulen: Gemäß Art. 128 sind höhere Minderheits-Privatschulen, die den Anforderungen öffentlicher höherer Schulen genügen, mit der Wirkung anzuerkennen, daß ihre Zeugnisse, insbesondere die Abgangszeugnisse, dieselbe Geltung haben wie die entsprechender öffentlicher Schulen. Falls eine Minderheits-Privatschule eine beim Übergang der Staatshoheit vorhandene öffentliche Schule ersetzt, hat sie unter gewissen Voraussetzungen Anspruch auf Unterstützung aus öffentlichen Mitteln (Art. 129), wobei die Unterstützungen aus staatlichen Mitteln nach denselben Grundsätzen zu gewähren sind, wie sie kommunalen oder privaten Schulen gleicher Art oder gleicher Stufe gewährt werden (Art. 130).

Die höheren Minderheits-Privatschulen sind somit auf Grund eines ausdrücklich festgestellten besonderen Bedürfnisses im Genfer Abkommen als ein wichtiger und notwendiger Faktor im höheren Schulwesen aner-

Z uwagi na swe doniosłe znaczenie wyższe szkoły prywatne winny być uwzględniane także przy przydziale pomieszczeń. Przytoczone stanowisko władz, w myśl którego przed niemieckimi wyższymi szkołami prywatnymi jako zwyczajnymi osobami prywatnymi umieścić należy 300 urzędników państwowych, nie da się zatem pogodzić z Konwencją Genewską. Wyższe prywatne szkoły mniejszościowe mają tak doniosłe znaczenie ogólne, że, jak długo trwa stan rzeczy co do ustawodawstwa mieszkaniowego i przydziału mieszkań przez władze, władze te są bezwzględnie zobowiązane do przydziału koniecznych pomieszczeń szkołom prywatnym. W danych warunkach szkoły prywatne i nadzorcze władze szkolne będą musiały zadowolić się rzecz jasna skromnymi ubikacjami szkolnymi. Ubolewać można, jeżeli się uczniom musi udzielać nauki w ubikacjach, które nie we wszystkich punktach odpowiadają wysokim nowoczesnym wymogom czasów normalnych. Zasada „najlepsze dla młodzieży" dotyczy oczywiście i pomieszczeń szkolnych. Z drugiej strony w nienormalnych jak obecnie czasach nie można wziąć na siebie odpowiedzialności za to, że naraża się całe gromady dzieci na niebezpieczeństwo intelektualnego i moralnego zdziczenia i szkodzi ich przyszłości przez to, że uniemożliwia im się naukę szkolną z uzasadnieniem, że nie ma do dyspozycji pierwszorzędnych nowoczesnych pomieszczeń. Przeciwnie, dobro dzieci, interes Państwa i społeczeństwa wymagają, aby w czasie tak niezwykłej nędzy mieszkaniowej wszędzie, gdzie okoliczności tego wymagają, zadowolono się takimi ubikacjami szkolnymi, przeciwko którym można by wprawdzie podnieść niejeden zarzut, za używanie których można jednak wziąć na siebie odpowiedzialność także ze stanowiska higieny. Przydzielenie pomieszczeń szkolnych wyższym i średnim szkołom prywatnym musi się zatem uznać tak długo za obowiązek danych władz, jak długo Państwo rozporządza mieszkaniami. Że zaś dane władze przy dobrej woli mają istotnie możność przydzielenia szkołom prywatnym gdziekolwiek bądź, czy to w jednym czy w kilku budynkach, czy też tylko dla nauki popołudniowej, skromnych najkonieczniejszych pomieszczeń, nie ulega wątpliwości. Rozumie się samo przez się, że szkoły prywatne winny same ponosić koszty czynszu i inne z używaniem danych lokali związane koszty.

Jeżeli się nie uzna, że władze są zobowiązane do przydzielenia prywatnym szkołom mniejszości najkonieczniejszych i najskromniejszych pomieszczeń, to szkoły te stają się faktycznie niemożliwe i dane postanowienie Konwencji Genewskiej będzie iluzoryczne. Bez znaczenia jest tu wybieg, że prywatne szkoły mniejszościowe powinny kannt worden. Entsprechend dieser ihrer hohen Bedeutung sind die höheren Privatschulen auch bei Zuweisung von Lokalitäten zu berücksichtigen. Der obenerwähnte Standpunkt der Behörden — wonach vor den deutschen höheren Privatschulen, als beliebigen Privatpersonen, 300 Staatsbeamte untergebracht werden müssen — ist daher mit der Genfer Konvention nicht vereinbar. Die höheren Minderheits-Privatschulen sind vielmehr von so großem allgemeinen Interesse, daß, solange der gegenwärtige Zustand hinsichtlich der Wohnungsgesetzgebung und der Wohnungsverteilung durch die Behörden andauert, die Behörden unter allen Umständen verpflichtet sind, den Privatschulen die nötigen Räume zuzuweisen. Dabei werden die Privatschulen und die Schulaufsichtsbehörden sich je nach der Sachlage mit recht bescheidenen Schulräumen begnügen müssen. Natürlich ist es immer zu bedauern, wenn die Schüler in Räumen unterrichtet werden müssen, die den hohen modernen Anforderungen normaler Zeiten nicht in allen Punkten entsprechen. Das Wort, „für die Jugend ist das Beste gut genug", gilt selbstverständlich auch hinsichtlich der Schullokalitäten. Andererseits ist es in solchen abnormalen Zeiten schlechterdings nicht zu verantworten, ganze Kinderscharen der intelektuellen und moralischen Verwilderung preiszugeben und ihre künftige Lebensstellung schwer zu schädigen, indem man ihren Unterricht verunmöglicht mit der Begründung, daß erstklassige, moderne Lokalitäten nicht zur Verfügung stehen. Im Gegenteil erfordert das Wohl der Kinder und das allgemeine Interesse des Staates und der Gesellschaft, daß man sich in dieser Zeit außerordentlicher Wohnungsnot, wo dies die Umstände gebieten, auch mit solchen Schulräumen begnügt, an denen zwar manches auszusetzen wäre, deren Benutzung aber immerhin auch vom hygienischen Standpunkt aus verantwortet werden kann. In diesem Sinne muß die Rechtspflicht der zuständigen Behörden, den höheren und mittleren Privatschulen Unterkunft zuzuweisen, für so lange anerkannt werden, als der Staat über die Benutzung der Gebäude verfügt. Daß es den zuständigen Behörden bei gutem Willen tatsächlich möglich ist, den Privatschulen irgendwo, sei es in einem oder mehreren Gebäuden, sei es auch nur für den Nachmittagsunterricht, die allernötigsten Räume zuzuweisen, unterliegt keinem Zweifel. Selbstverständlich haben die Privatschulen für die Miete und die übrigen mit der Benutzung der betreffenden Räume verbundenen Kosten selbst aufzukommen.

Wenn die Pflicht der Behörden, den Minderheits-Privatschulen die allernötigsten und allerbescheidensten Lokalitäten zuzuweisen, nicht anerkannt wird, sind diese Privatschulen tatsächlich verunmöglicht und die bezüglichen Bestimmungen der Genfer Konvention illusorisch. Darüber hilft auch der Einwand nicht hinweg, die Minderheits-Privatschulen sollen für ihre stawiać dla swych potrzeb nowe budynki. Wybieg ten nie wytrzymuje krytyki. W danym zaś przypadku już z tego powodu, że Niemiecki Okręgowy Związek Szkolny nabył na własność na cele szkolne wielki nowoczesny budynek — dom Saengera — z którego nie może jednak korzystać, bo stoi temu na przeszkodzie ustawodawstwo konieczne. Lecz także ogólnie mówiąc, nie można żądać od szkół prywatnych, aby stawiały nowe budynki, ponieważ nie mają na to wystarczających środków i ponieważ wiadomo, że w obecnych warunkach tylko Państwo albo bardzo zasobne w finanse przedsiębiorstwa lub osoby prywatne mogą budować. Ten wybieg władzy jest tym bardziej nieuzasadniony, że Państwo dla swych potrzeb samo zajmuje budynki prywatne (sierociniec żydowski).

4. Prezydent Komisji Mieszanej winien spełnić swój obowiązek i wskazać na postępowanie władz. Postępowanie to znajduje wyraz w następujących faktach:

Dnia 5 września 1922 niemiecka szkoła męska otwarta została w pomieszczeniach niemieckiej szkoły żeńskiej. Potem co do tych pomieszczeń, które służyły na cele szkolne od przynajmniej 25 lat, wydano opinię lekarską; wreszcie pomieszczenia te zamknięto z jednego dnia na drugi, bez uprzedniego postarania się o przepisane zezwolenie Województwa.

Dnia 7 października 1922 doniesiono Magistratowi, że dnia 9 października niemiecka szkoła męska będzie uruchomiona w opróżnionych czterech pokojach sierocińca żydowskiego, po czym dnia 8 października 1922 nastąpiło zajęcie całego budynku dla kolejarzy, a dnia 27 października 1922 przydział dla Urzędu Rent Wojskowych. Ubikacje niemieckiej szkoły żeńskiej i sierocińca żydowskiego zajęte były od 28 września 1922 do przynajmniej 19 marca 1923 przez stosunkowo nieznaczną liczbę kolejarzy, z czego wynika, że pewna liczba ubikacji prawie przez pół roku była niezajęta. Niemieckie szkoły prywatne można było w nich pomieścić przynajmniej przejściowo.

Jeden z członków Magistratu i dwaj urzędnicy Urzędu Rent Wojskowych uczestniczyli w posługującej się groźbami agitacji przeciwko szkołom niemieckim, a wydanie opinii lekarskiej o starej niemieckiej szkole żeńskiej powierzono członkowi Magistratu, który z uwagi na swe wrogie nastawienie do szkół mniejszości nie mógł być obiektywny.

Bedürfnisse neue Gebäude erstellen. Dieser Einwand ist nicht stichhaltig. Im vorliegenden Falle schon deshalb nicht, weil ja der Deutsche Bezirksschulverein ein großes, modernes Gebäude — das Saengersche Haus — zu Schulzwecken eigentlich erworben hat, dessen Benutzung ihm aber auf Grund der bestehenden Notgesetzgebung versagt wird. Aber auch ganz allgemein gesprochen kann man die Privatschulen nicht auf den Bau neuer Gebäude verweisen, weil ihre Mittel hierzu schlechterdings nicht ausreichen und es übrigens notorisch ist, daß unter den gegenwärtigen Verhältnissen nur der Staat oder sehr finanzkräftige Unternehmungen oder Privatpersonen zu bauen imstande sind. Von behördlicher Seite erschiene dieser Einwand um so weniger begründet, solange der Staat selbst bestehende private Gebäude (so das Jüdische Waisenhaus) für seine Bedürfnisse in Anspruch nimmt.

4. Der Präsident der Gemischten Kommission kann sich der Pflicht nicht entziehen, auf das ganze Verhalten der Behörden hinzuweisen, das in folgenden Tatsachen zum Ausdruck kommt:

Am 5. September 1922 wurde die Deutsche Knabenschule in den Räumen der Deutschen Mädchenschule eröffnet. Darauf wurden diese Räume, die mindestens 25 Jahre zu Schulzwecken gedient hatten, ärztlich begutachtet und von einem Tag auf den anderen geschlossen, ohne daß die erforderliche Zustimmung der Wojewodschaft eingeholt worden war.

Am 7. Oktober 1922 wurde dem Magistrat die Eröffnung der Deutschen Knabenschule in 4 freistehenden Räumen des Jüdischen Waisenhauses auf den 9. Oktober angezeigt, worauf am 8. Oktober 1922 die Beschlagnahme des ganzen Gebäudes für die Eisenbahner verfügt wurde und am 27. Oktober 1922 die Zuweisung an das Militär-Rentenamt erfolgte. Die Räume der Deutschen Mädchenschule und des Jüdischen Waisenhauses sind vom 28. September 1922 bis mindestens zum 19. März 1923 nur von einer verhältnismäßig geringen Anzahl von Eisenbahnern belegt gewesen, woraus sich ergibt, daß nahezu während eines halben Jahres eine Anzahl von Räumen freigestanden haben, in denen die deutschen Privatschulen wenigstens vorübergehend hätten untergebracht werden können.

Ein Mitglied des Magistrats und zwei Beamte des Vorsorgungsamtes haben sich an der mit Drohungen arbeitenden Agitation gegen die deutschen Schulen beteiligt, und die Begutachtung der alten Deutschen Mädchenschule ist eben dem Mitglied des Magistrats übertragen worden, das angesichts seiner feindseligen Stellungnahme gegen die Minderheitsschulen gar nicht unbefangen sein konnte.

Dla przyszłej polskiej szkoły prywatnej przeniesiono Urząd Rent Wojskowych do sierocińca żydowskiego, podczas gdy obydwie niemieckie szkoły prywatne, liczące ponad 500 dzieci, dla braku pomieszczeń szkolnych nie mogły przez cały rok szkolny 1922-23 rozpocząć nauki.

Odmówiono prowizorycznego pomieszczenia w gimnazjum państwowym, gdzie przy dobrej woli nauka mogła się odbywać po południu.

Wdowie Koziol i ziemianinowi Herrmannowi, którzy na cele szkolne odstąpili ubikacje, wypowiedziano mieszkania lub obłożono je aresztem. Mieszkanie Marschalla, nauczyciela niemieckiej szkoły prywatnej, zajęto, gdy ten zaczął udzielać nauki niemieckiej w jednym z swych pokoi. Mieszkanie to przydzielono potem innej osobie.

Z całokształtu rzeczy wynika dla każdego nieuprzedzonego, że Magistrat m. Rybnika dążył od września 1922 do tego, aby uniemożliwić wszelką niemiecką wyższą naukę prywatną, bądź to w szkole, bądź też w mieszkaniach rodziców i nauczycieli. Takie postępowanie Magistratu jest naruszeniem art. 67, 75 i 98 Konwencji Genewskiej i absolutnym zaprzeczeniem tendencyj, wyrażonych w art. 97—104 i 116—130 tego układu.

5. Prezydent Komisji Mieszanej nie może nie wspomnieć o tym, że kilkakrotnie i usilnie wskazał na to, że pożądane jest ugodowe załatwienie sprawy. Było to tym bardziej na miejscu, że mniejszość niemiecka odstąpiła w przychylny sposób tzw. schronisko dla starców Polskiemu Czerwonemu Krzyżowi. Inicjatywa Prezydenta pozostała niestety bez skutku.

Oferta Województwa z dnia 9 maja 1923 istotnie nie mogła spełnić nawet najskromniejszych życzeń żałących się. Pismo to zawiera natomiast zupełnie nowy moment. Wymaga się koncesji do kierowania szkołą dla osoby wskazanej przez Niemiecki Okręgowy Związek Szkolny oraz pozwolenia na nauczanie dla nauczycieli czynnych w tej szkole. Prezydent Komisji Mieszanej nie widzi powodów, aby poddać bliższemu badaniu ten w ostatniej chwili wysunięty punkt, sądzi bowiem, że może przypuścić, iż spełnieniu tych wymogów nie stoi nic na przeszkodzie.

Für eine künftige polnische Privatschule wurde das Militär-Rentenamt geräumt und in das Jüdische Waisenhaus versetzt, während die beiden deutschen Privatschulen mit über 500 Kindern mangels Zuweisung von Unterrichtsräumen während des ganzen Schuljahres 1922-23 sich in der Unmöglichkeit befunden haben, ihren Unterricht wieder aufzunehmen.

Eine provisorische Unterkunft im Staatlichen Gymnasium, die bei gutem Willen nachmittags möglich gewesen wäre, wurde verweigert.

Der Witwe Koziol und dem Gutsbesitzer Herrmann, die Räume für den deutschen Unterricht zur Verfügung gestellt hatten, wurde die Wohnung gekündigt bzw. beschlagnahmt.

Dem Lehrer an der deutschen Privatschule, Marschall, wurde, nachdem er begonnen hatte, in seinem Zimmer deutschen Unterricht zu erteilen, die Wohnung beschlagnahmt und einer anderen Person zugewiesen.

Aus der Gesamtheit dieser Tatsachen ergibt sich für jeden Unbefangenen, daß der Magistrat von Rybnik seit September 1922 das Ziel verfolgt hat, jeden deutschsprachigen höheren Privatunterricht, sei es in der Schule oder in den Wohnungen von Eltern und Lehrern, zu verhindern. In diesem Verhalten des Magistrats liegt eine Verletzung der Art. 68, 75 und 98 der Genfer Konvention sowie eine absolute Negierung der Intentionen dieses Abkommens, wie sie in den Art. 97—104 und 116—130 zum Ausdruck gekommen sind.

5. Der Präsident der Gemischten Kommission kann nicht unerwähnt lassen, daß er wiederholt und eindringlich auf die Wünschbarkeit einer gütlichen Erledigung hingewiesen hat. Eine solche wäre um so mehr am Platze gewesen, als die deutsche Minderheit das sogenannte Siechenhaus in entgegenkommender Weise dem Polnischen Roten Kreuz überlassen hatte. Die Anregungen des Präsidenten blieben jedoch leider ohne Erfolg.

Das Angebot der Wojewodschaft vom 9. Mai 1923 konnte in der Tat auch den bescheidensten Wünschen der Beschwerdeführer nicht genügen. Dieses Schreiben enthält indessen ein vollkommen neues Moment: das Erfordernis einer Konzession zur Leitung der Schule an eine durch den Deutschen Bezirksschulverein bezeichnete Person sowie der Erlaubnis zum Unterrichten an die in dieser Schule tätigen Lehrer. Der Präsident der Gemischten Kommission hat keine Veranlassung, sich mit diesem in letzter Stunde zur Sprache gebrachten Punkt näher zu beschäftigen, denn er glaubt annehmen zu dürfen, daß der Erfüllung dieser Erfordernisse keine Schwierigkeiten entgegenstehen.

Żalący się donieśli (akt 107), że dnia 1 września 1923 niemiecka szkoła żeńska połączona zostanie z niemiecką szkołą męską w szkołę koedukacyjną pod kierownictwem nauczyciela Kittla. Prezydent wita tę decyzję, która ułatwi teraz władzom pomieszczenie połączonych prywatnych niemieckich wyższych szkół żeńskiej i męskiej.

III

Opierając się na powyższych faktach i rozważaniach i wychodząc z podwójnego założenia, że niemiecka szkoła żeńska i niemiecka szkoła męska połączone będą w jedną prywatną niemiecką wyższą szkołę żeńską i męską i że kierownikowi tej szkoły udzieli się przepisanej koncesji a nauczycielom potrzebnego urzędowego pozwolenia, Prezydent Komisji Mieszanej dla Górnego Śląska dochodzi do

poglądu:

Jest obowiązkiem właściwych władz przydzielić zjednoczonej prywatnej niemieckiej szkole żeńskiej i męskiej w miejsce dnia 28 września 1922 zamkniętych ubikacyj szkolnych inne ubikacje szkolne.

Jeżeli to nie nastąpi, właściwe władze winny połączoną prywatną niemiecką wyższą szkołę żeńską i męską umieścić z powrotem w ubikacjach szkolnych, które zamknięto dnia 28 września 1922.

Przydział innych ubikacyj lub umieszczenie z powrotem w ubikacjach szkolnych zamkniętych dnia 28 września 1922 winno nastąpić tak rychło, aby nauka połączonych prywatnych niemieckich wyższych szkół żeńskiej i męskiej mogła się rozpocząć najpóźniej dnia 1 września 1923.

5

Pogląd

z dnia 29 października 1923 w sprawie nr 13 Jana Hübnera i towarzyszy w Kopalni Boera, żalących się, zastąpionych przez b. radcę sądu krajowego Warschauera w Katowicach, dotyczącej powszechnej szkoły mniejszościowej w Kopalni Boera (Górny Śląsk Polski).

I

Dnia 10 lutego 1923 wystosowało 41 żalących się petycję do Urzędu Spraw Mniejszości, w której z uwagi na wnioski zgłoszone

Die Beschwerdeführer haben mitgeteilt (act. 107), daß die Deutsche Mädchenschule mit der Deutschen Knabenschule auf den 1. September 1923 zu einer Koedukationsschule unter der Leitung des Studienassessors Kittel vereinigt werden soll. Der Präsident begrüßt diesen Entschluß, der den Behörden die Unterbringung der nunmehr vereinigten privaten deutschen höheren Mädchen- und Knabenschule erleichtern wird.

III

Gestützt auf diese Tatsachen und Erwägungen und von der doppelten Voraussetzung ausgehend, daß die Deutsche Mädchenschule und die Deutsche Knabenschule zu einer privaten deutschen höheren Mädchen- und Knabenschule vereinigt werden und daß dem Leiter dieser Schule die vorgeschriebene Konzession und den Lehrern die nötige behördliche Erlaubnis erteilt werde, gelangt der Präsident der Gemischten Kommission für Oberschlesien zur

Stellungnahme:

Die zuständigen Behörden sind verpflichtet, der vereinigten privaten deutschen höheren Mädchen- und Knabenschule an Stelle der am 28. September 1922 geschlossenen Schulräume andere Unterrichtsräume zuzuweisen.

Anderenfalls haben die zuständigen Behörden die vereinigte private deutsche höhere Mädchen- und Knabenschule in die am 28. September 1922 geschlossenen Schulräume wiedereinzusetzen.

Die Zuweisung anderer Räume oder die Wiedereinsetzung in die am 28. September 1922 geschlossenen Schulräume hat so rechtzeitig zu erfolgen, daß der Unterricht der vereinigten privaten deutschen höheren Mädchen- und Knabenschule spätestens am 1. September 1923 aufgenommen werden kann.

5

Stellungnahme

vom 29. Oktober 1923 in der Sache Nr. 13 des Johann Hübner und Genossen in Kopalnia Boera, Beschwerdeführer, vertreten durch Landgerichtsrat a. D. Warschauer in Katowice, betreffend Minderheitsvolksschule in Kopalnia Boera (Polnisch-Oberschlesien).

I

Am 10. Februar 1923 richteten 41 Beschwerdeführer eine Eingabe an das Minderheitsamt, in welcher sie unter Hinweis auf die in Kopalnia w Kopalni Boera o utworzenie szkoły mniejszościowej, prosili, aby dzieciom ich udzielano nauki w języku niemieckim (akt 3).

Ponieważ Wydział Oświecenia Publicznego Województwa Śląskiego mimo kilkakrotnych wezwań nie udzielił Urzędowi Spraw Mniejszości wyjaśnienia niezbędnego do rozpatrzenia sprawy, Urząd ten był zmuszony skierować dnia 23 maja 1923 zażalenie pod względem materialnym zupełnie nierozpatrzone do Prezydenta Komisji Mieszanej celem wyrażenia poglądu (akt 1—2).

Orzeczeniem z dnia 1 czerwca 1923 Prezydent wystosował do Urzędu Spraw Mniejszości, jako urzędu zastępującego władze państwowe, zapytanie, czy tych 41 żałących się zgłosiło wnioski o utworzenie szkoły mniejszościowej (akt 4—5).

Dnia 3 lipca 1923 Urząd Spraw Mniejszości doręczył Prezydentowi odpis sprawozdania Województwa z dnia 19 czerwca 1923, w którym było powiedziane, że ośmiu żałących się nie zgłosiło wniosków, a z reszty wniosków uznano 29 dla 53 dzieci za ważne (akt 11—12). Prezydent uważał zatem utworzenie szkoły mniejszościowej w Kopalni Boera w myśl art. 106 Konwencji Genewskiej za rzecz zapewnioną. Dnia 3 października 1923 doręczył mu jednak Urząd Spraw Mniejszości odpis drugiego sprawozdania Województwa z dnia 25 września 1923 (akt 34—35), według którego wszystkie w Kopalni Boera zgłoszone wnioski w liczbie 81 uznano za nieważne, ponieważ uwierzytelnienia podpisów na wnioskach dokonał funkcjonariusz, który nie był do tego upoważniony. Dlaczego funkcjonariusz nie był upoważniony do uwierzytelnienia podpisów, nie umotywowano.

Z wniosków, które Urząd Spraw Mniejszości przedłożył Prezydentowi, wynika, że zgłoszono 43 wnioski dla 81 dzieci. Z liczby zgłoszonych wniosków 9 wniosków dla 14 dzieci cofnięto. Uwierzytelnienia podpisów na tych 43 wnioskach dokonał zastępca naczelnika Obszaru Dworskiego w Piotrowicach; podpisy na 9 cofnięciach wniosków uwierzytelnił naczelnik Urzędu Okręgowego w Murckach (porównaj akt 82—84).

Przesłuchanie zastępcy naczelnika Obszaru Dworskiego z Piotrowic oraz czterech żałących się (akt 76—81) wykazało: nominacja urzędnika, który uwierzytelnił podpisy na wnioskach, nastąpiła w sierpniu 1916 i od tego czasu urzędnik ten sprawuje honorowo funkcje naczelnika Obszaru Dworskiego trzech obszarów dworskich, tj. Piotrowic, Podlesia i Zarzecza. W szczególności od przeszło roku uwierzytelniał on w zastępstwie naczelnika Obszaru Dworskiego podpisy,

Boera gestellten Anträge auf Errichtung einer Minderheitsschule darum baten, daß ihre Kinder in deutscher Sprache unterrichtet werden (act. 3).

Da der Unterrichtsausschuß der Wojewodschaft Schlesien dem Minderheitsamt trotz wiederholter Aufforderung die zur Behandlung dieser Sache unerläßliche Auskunft nicht erteilte, war das Minderheitsamt genötigt, die Beschwerde materiell gänzlich unbehandelt am 23. Mai 1923 zur Stellungnahme an den Präsidenten der Gemischten Kommission zu leiten (act. 1—2).

Mit Verfügung vom 1. Juni 1923 richtete der Präsident an das Minderheitsamt, als Vertreter der Behörden seines Staates, die Anfrage, ob die 41 Beschwerdeführer Anträge auf Errichtung einer Minderheitsschule gestellt haben (act. 4—5).

Am 3. Juli 1923 wurde dem Präsidenten der Gemischten Kommission vom Minderheitsamt Abschrift eines Berichtes der Wojewodschaft vom 19. Juni 1923 zugestellt, in dem gesagt wurde, 8 Beschwerdeführer hätten keine Anträge gestellt, und von den übrigen Anträgen seien 29 für 53 Kinder als gültig anerkannt worden (act. 11—12). Der Präsident betrachtete daher die Errichtung einer Minderheitsschule in Kopalnia Boera im Sinne des Art. 106 des Genfer Abkommens als gesichert. Am 3. Oktober 1923 erhielt er jedoch vom Minderheitsamt Abschrift eines zweiten Berichtes der Wojewodschaft vom 25. September 1923 zugestellt (act. 34—35), wonach sämtliche 81 in Kopalnia Boera gestellten Anträge für ungültig erklärt worden waren, weil die Beglaubigung der Unterschriften auf den Anträgen durch einen hierzu nicht befugten Funktionär vollzogen worden war. Irgendeine Begründung, warum der Funktionär zur Beglaubigung der Unterschriften nicht befugt gewesen sei, wurde nicht gegeben.

Aus den dem Präsidenten vom Minderheitsamt vorgelegten Anträgen ergibt sich, daß 43 Anträge für 81 Kinder gestellt und davon 9 Anträge für 14 Kinder zurückgezogen worden sind. Die Beglaubigung der Unterschriften auf den 43 Anträgen wurde vom Gutsvorsteher-Stellvertreter Piotrowice vollzogen; die Unterschriften auf den 9 Rückzugserklärungen hat der Amtsvorsteher von Murcki beglaubigt (vgl. act. 82—84).

Die Einvernahme des Gutsvorsteher-Stellvertreters von Piotrowice und von vier Beschwerdeführern (act. 76—81) hat folgendes ergeben: Der Beamte, der die Unterschriften auf den Anträgen beglaubigt hat, ist im August 1916 ernannt worden und besorgt seit jenem Zeitpunkte ehrenamtlich die Geschäfte des Gutsvorstehers der drei Gutsbezirke Piotrowice, Podlesie und Zarzecze. Insbesondere hat er seit Jahr und Tag in Vertretung des Gutsvorstehers Unterschriften beglaubigt, amtliche wystawiał urzędowe świadectwa życia, sporządzał poświadczenia pobytu i spełniał inne tego rodzaju funkcje urzędowe. Te zaś uwierzytelnienia, urzędowe świadectwa i poświadczenia były zawsze uznawane przez władze i osoby prywatne, także po przejściu suwerenności państwowej na Rzeczpospolitą Polską. Urzędnik jako taki oraz jego stanowisko urzędowe było wnioskodawcom znane, ponieważ pracuje on na kopalni Boera, podobnie jak prawie wszyscy wnioskodawcy. Wszystkie uwierzytelnienia uskuteczniał w swym miejscu pracy, tj. w Zarządzie kopalni w Kopalni Boera, dzięki czemu wnioskodawcy mogli się z nim łatwo skomunikować. Jakkolwiek uwierzytelnienia bywały zazwyczaj dokonywane w obecności wnioskodawców, to przecież zachodziły wyjątki. Zdarzało się bowiem, że wniosek do uwierzytelnienia przynosili urzędnikowi żona lub dziecko wnioskodawcy, lub że jeden wnioskodawca przedłożył kilka wniosków. Także podpisy na cofnięciach wniosków uwierzytelniane bywały, przynajmniej częściowo, w nieobecności wnioskodawców. Nie istnieją natomiast żadne dane, że podpisy sfałszowano. Do dnia 23 października 1923 wnioskodawcy nie otrzymali od władz żadnego zawiadomienia w sprawie dopuszczenia lub odrzucenia wniosków.

II

Uwierzytelnienie podpisu wnioskodawców nie jest przewidziane w Konwencji Genewskiej (art. 106), lecz przepisane art. 5 rozporządzenia Wojewody z dnia 21 sierpnia i 29 grudnia 1922 w sprawie szkolnictwa ludowego, gdzie jest powiedziane, że własnoręczność podpisu musi być potwierdzona przez urząd uprawniony do prowadzenia pieczęci urzędowej, jak np. przez naczelnika gminy, starostę, urzędnika stanu cywilnego itd. Ponieważ uwierzytelnienie podpisu wnioskodawcy nie jest przewidziane w Konwencji Genewskiej, przeto nie może być konstytutywnym wymogiem ważności wniosku w tym sensie, że niewypełnienie tego wymogu pociąga za sobą nieważność wniosku. Chodzi tu raczej tylko o przepis porządkowy, wydany w wyłącznym interesie władz, aby tymże ułatwić badanie wniosków zgłoszonych na piśmie. Również rozporządzenie Wojewody z dnia 29 grudnia 1922 stoi na tym samym stanowisku, dopuszczając w art. 5 ustne zgłoszenie wniosku i nie grożąc nigdzie nieważnością. Władze mogą wprawdzie żądać, aby się ewentualnie postarano o dodatkowe uwierzytelnienie, mogą one w tym celu wskazać wnioskodawcom termin, lecz nie da się pogodzić z art. 106 i 131 Konwencji, aby wnioski uznano za nieważne z powodu niewypełnienia takiego przepisu porządko-

Lebensatteste ausgestellt, Aufenthaltsbescheinigungen ausgefertigt und andere Amtshandlungen dieser Art vorgenommen, und diese Beglaubigungen, amtlichen Atteste und Bescheinigungen sind auch nach dem Übergange der Staatshoheit an die Republik Polen von Behörden und Privaten stets anerkannt worden. Der Beamte selbst und seine amtliche Stellung waren den Antragstellern bekannt, weil er, wie fast alle Antragsteller, auf der Grube in Kopalnia Boera arbeitet. Die Beglaubigungen nahm er alle an seiner Arbeitsstätte, d. h. in der Grubenverwaltung in Kopalnia Boera, vor, weshalb er für die Antragsteller am bequemsten erreichbar war. Die Beglaubigung der Anträge ist, wenn auch in der Regel, so doch nicht in allen Fällen in Anwesenheit des Antragstellers erfolgt. Es ist vorgekommen, daß die Frau oder ein Kind des Antragstellers den Antrag dem Beamten zur Beglaubigung brachten oder daß ein Antragsteller mehrere Anträge zur Beglaubigung vorlegte. Auch die Unterschriften auf den Rückzugserklärungen sind zum Teil wenigstens in Abwesenheit des Antragstellers beglaubigt worden. Es sind indessen gar keine Anhaltspunkte dafür vorhanden, daß Unterschriften gefälscht worden wären. Die Antragsteller hatten bis zum 23. Oktober 1923 von den Behörden einen Bescheid über die Zulassung oder Ablehnung ihrer Anträge nicht erhalten.

II

Die Beglaubigung der Unterschriften der Antragsteller ist im Genfer Abkommen (Art. 106) nicht vorgesehen, sondern in Art. 5 der Verordnungen des Wojewoden vom 21. August und 29. Dezember 1922 betreffend das Volksschulwesen vorgeschrieben, wo gesagt ist, daß die Eigenhändigkeit der Unterschrift von einem zur Führung des Amtssiegels berechtigten Amte bescheinigt sein müsse, wie z. B. vom Gemeindevorsteher, Landrat, Standesbeamten usw. Da die Beglaubigung der Unterschrift des Antragstellers in der Genfer Konvention nicht vorgesehen ist, kann sie kein konstitutives Erfordernis für die Gültigkeit eines Antrages sein in dem Sinne, daß dessen Nichterfüllung ohne weiteres die Nichtigkeit des Antrages nach sich zieht. Es handelt sich vielmehr nur um eine Ordnungsvorschrift, die im ausschließlichen Interesse der Behörden aufgestellt worden ist, um ihnen die Prüfung der schriftlich gestellten Anträge zu erleichtern. Auch die Verordnung des Wojewoden vom 29. Dezember 1922 steht auf diesem Standpunkt, indem sie in Art. 5 auch die mündliche Antragstellung zuläßt und nirgends die Nichtigkeit androht. Die Behörden haben wohl das Recht zu verlangen, daß die Beglaubigung eventuell nachgeholt wird und hierfür eine angemessene Frist zu setzen, aber es ist mit dem Art. 106 und dem Art. 131 der Konvention nicht vereinbar, Anträge wegen Nichterfüllung wego. Odnosi się to przede wszystkim do przypadku, gdzie powodem brakującego lub wadliwego uwierzytelnienia są okoliczności, w których nie zachodzi wina wnioskodawców.

Nie można od każdego wnioskodawcy wymagać, aby wiedział dokładnie, które urzędy i którzy urzędnicy lub funkcjonariusze są uprawnieni do prowadzenia pieczęci urzędowej, a którzy nie, tym bardziej, że Województwo samo nie zdaje sobie z tego sprawy. I tak odmówiło ono początkowo kompetencji do uwierzytelnienia podpisów urzędom parafialnym, później stanowisko to porzuciło. W niniejszym przypadku uznało ono według pierwszego sprawozdania 29 wniosków za ważne, później zaś wszystkie wnioski ogłosiło za nieważne.

Nie można też od każdego wnioskodawcy wymagać, aby dokładnie znał przepisy, których winni przestrzegać urzędnicy przy uwierzytelnianiu podpisów, tym bardziej, że urzędnicy sami nie zdają sobie z tego sprawy. I tak w niniejszym przypadku nie tylko naczelnik Obszaru Dworskiego w Piotrowicach uwierzytelniał wnioski w nieobecności wnioskodawcy, lecz czynił to także naczelnik Urzędu Okręgowego w Murckach, który uwierzytelniał podpisy na cofnięciach wniosków, przedłożonych mu przez osoby trzecie. W innej sprawie toczącej się przed Prezydentem naczelnik gminy zeznał nawet, że sam oświadczył wnioskodawcom, aby nie przychodzili z jednym wnioskiem, lecz aby zebrali potrzebną ich ilość i przynieśli je potem wszystkie naraz do uwierzytelnienia (zob. akt 86).

Z jakichkolwiek powodów uwierzytelnienie podpisu na wnioskach byłoby formalnie wadliwe, nie odpowiada za to wnioskodawca, lecz wyłącznie urzędnik. Formalizm, który bez względu na wolę wnioskodawców unieważnia z przyczyn czysto formalnych setki i tysiące wniosków, jest w najwyższym stopniu niesłuszny i nie da się absolutnie pogodzić z celem Konwencji Genewskiej, która szkołom mniejszościowym nie chce czynić przeszkód lub utrudnień, lecz przeciwnie pragnie ułatwić im zadanie, wobec czego uregulowała w art. 106 i 131 sprawę zgłaszania wniosków w sposób najliberalniejszy.

W niniejszym przypadku uwierzytelnienia wniosków dokonał zastępca naczelnika Obszaru Dworskiego, któremu się wprawdzie nie odmawia właściwości urzędniczej, lecz uprawnienia do uwierzytelniania podpisów. Według informacji Prezydenta urzędnik ten był uprawniony do uwierzytelnienia podpisów (zob. „Landgemeindeeiner solchen Ordnungsvorschrift ohne weiteres als ungültig zu erklären. Ganz besonders gilt dies für den Fall, wo die mangelnde oder fehlerhafte Beglaubigung auf Umstände zurückzuführen ist, die kein Verschulden der Antragsteller in sich schließen.

Dem einzelnen Antragsteller kann die genaue Kenntnis nicht zugemutet werden, welche Ämter und welche Beamte oder Angestellte zur Führung des Amtssiegels berechtigt sind und welche nicht. Dies um so weniger, als selbst die Wojewodschaft sich hierüber nicht im klaren ist. So hat sie anfänglich die Zuständigkeit der Pfarrämter zur Beglaubigung von Unterschriften bestritten und nachträglich diesen Standpunkt wieder aufgegeben. Im vorliegenden Falle hat sie nach ihrem ersten Bericht 29 Anträge für gültig anerkannt und darauf alle Anträge für ungültig erklärt.

Dem einzelnen Antragsteller kann auch die genaue Kenntnis der Vorschriften nicht zugemutet werden, welche die Beamten bei der Beglaubigung von Unterschriften zu beobachten haben. Dies um so weniger, als die Beamten selbst sich hierüber nicht im klaren sind. So hat im vorliegenden Falle nicht nur der Gutsvorsteher von Piotrowice die Beglaubigung von Anträgen in Abwesenheit des Antragstellers vollzogen, sondern auch der Amtsvorsteher von Murcki hat Unterschriften auf Rückzugserklärungen beglaubigt, die ihm durch Drittpersonen vorgelegt wurden. In einer anderen vor dem Präsidenten hängigen Sache hat ein Gemeindevorsteher sogar ausgesagt, er habe den Antragstellern erklärt, sie sollen nicht einzeln zur Beglaubigung kommen, sondern die nötige Anzahl von Anträgen sammeln und sie ihm dann alle auf einmal zur Beglaubigung bringen (s. act. 86).

Aus welchen Gründen auch immer die Beglaubigung der Unterschriften auf einem Antrag formell mangelhaft sein mag, so ist hierfür nicht der Antragsteller, sondern einzig und allein der Beamte verantwortlich. Jedenfalls ist ein Formalismus, der ohne jede Rücksicht auf den Willen der Antragsteller Hunderte und Tausende von Anträgen aus rein formellen Gründen ungültig erklärt, im höchsten Grade unbillig und durchaus unvereinbar mit dem Zwecke der Genfer Konvention, welche die Minderheitsschulen nicht erschweren und verhindern, sondern erleichtern will und daher die Antragstellung in Art. 106 und Art. 131 in liberalster Weise geregelt hat.

Im vorliegenden Falle sind die Beglaubigungen von einem Gutsvorsteher-Stellvertreter vollzogen worden, dessen Beamtenqualität zwar nicht bestritten ist, dem aber die Befugnis zur Beglaubigung von Unterschriften abgesprochen wird. Soweit der Präsident informiert ist, war dieser Beamte zur Beglaubigung von Unterschriften berechtigt (s. Landordnung" dla 7 wschodnich prowincyj pruskich z dnia 3 lipca 1891 §§ 122 i n.).

Lecz kwestii tej nie trzeba tu wcale rozpatrywać, bo o nieważności wniosków nie byłoby mowy nawet wówczas, gdyby dany urzędnik istotnie nie był uprawniony do uwierzytelnienia podpisów. Urzędnik ten uwierzytelniał podpisy, wystawiał świadectwa życia itd. od czasu mianowania go (w sierpniu 1916) zastępcą naczelnika Obszaru Dworskiego, i ani przed przejściem suwerenności państwowej na Rzeczpospolitą Polską ani nigdy potem nie kwestionowano jego prawa do dokonywania takich czynności urzędowych. Okoliczność ta wystarcza w zupełności do wykazania dobrej wiary wnioskodawców i wykluczenia ich winy.

Z powyższych wywodów wynika, że wnioski zgłoszone o utworzenie szkoły mniejszościowej w Kopalni Boera nie są nieważne. Mogłoby jedynie zachodzić pytanie, czy należy zarządzić dodatkowe usunięcie wad, o ile niektóre uwierzytelnienia podpisów są istotnie wadliwe. Nie jest to jednak wskazane, ponieważ nie ma danych, że zaszły sfałszowania podpisów. Poza tym władze opóźniły do tego stopnia badanie wniosków, że termin, w którym należało utworzyć szkołę mniejszościową (z początkiem września 1923), dawno upłynął, wobec czego należy unikać wszelkiego dalszego opóźnienia.

Co do cofniętych 9 wniosków należy powiedzieć, że nie wchodzą one w rachubę dla kwestii, czy szkołę mniejszościową należy utworzyć, ponieważ wycofanie ich nastąpiło dopiero 14 i 15 czerwca 1923. Te cofnięte wnioski winny być raczej wliczone przy stwierdzeniu, czy zgłoszono wnioski dla potrzebnej liczby dzieci. W Kopalni Boera względnie w związku szkolnym, do którego Kopalnia Boera należy, należy szkołę mniejszościową utworzyć. Do szkoły tej mogą uczęszczać także takie dzieci, dla których wniosków wcale nie zgłoszono lub zgłoszone wnioski cofnięto. Dzieci niezgłoszone wolno oddalić tylko wtenczas, jeżeli w szkole mniejszościowej nie można postarać się dla nich o miejsce. Jak długo jednak liczba dzieci uczęszczających do szkoły wynosi mniej aniżeli 81, żadnego dziecka oddalić nie wolno (zob. okólnik Wojewody z dnia 1 września 1923, ogłoszony w dodatku do numeru 35 Gazety Urzędowej Województwa Śląskiego).

gemeindeordnung für die sieben östlichen Provinzen Preußens vom 3. Juli 1891 §§ 122 ff.).

Diese Frage braucht indessen hier gar nicht geprüft zu werden, weil von einer Ungültigkeit der Anträge auch dann keine Rede sein kann, wenn der in Frage kommende Beamte zur Beglaubigung von Unterschriften nicht berechtigt gewesen wäre. Dieser Beamte hat seit seiner im August 1916 erfolgten Ernennung zum Gutsvorsteher-Stellvertreter die Beglaubigung von Unterschriften, Ausstellung von Lebensattesten usw. vorgenommen, ohne daß seine Berechtigung zu solchen Amtshandlungen vor oder nach dem Übergange der Souveränität an die Republik Polen jemals in Zweifel gezogen worden wäre. Dieser Umstand genügt vollkommen, um den guten Glauben der Antragsteller darzutun und ein Verschulden ihrerseits auszuschließen.

Aus obigen Ausführungen ergibt sich, daß die in Kopalnia Boera gestellten Anträge auf Errichtung einer Minderheitsschule nicht ungültig sind. Es könnte sich höchstens fragen, ob — soweit einzelne Unterschriftsbeglaubigungen wirklich mangehaft sind — die nachträgliche Behebung dieser Mängel anzuordnen sei. Dies erschiene indessen nicht angezeigt, weil gar keine Anhaltspunkte dafür vorhanden sind, daß Unterschriftsfälschungen vorgekommen sind und weil zudem die Behörden die Prüfung der Anträge derart verzögert haben, daß der Zeitpunkt, in dem die Minderheitsschule hätte errichtet werden sollen (Anfang September 1923), längst verstrichen ist und daher jede weitere Verzögerung vermieden werden muß.

Was schließlich die Zurückziehung von 9 Anträgen betrifft, so fällt sie, da sie erst am 14. und 15. Juni 1923 erfolgt ist, für die Frage, ob eine Minderheitsschule zu errichten ist, nicht in Betracht. Die zurückgezogenen Anträge sind vielmehr bei der Feststellung, ob für die nötige Anzahl von Kindern Anträge gestellt worden sind, mitzuzählen. Es ist in Kopalnia Boera bzw. im Schulverbande, zu dem Kopalnia Boera gehört, eine Minderheitsschule zu errichten. Diese Schule können auch Kinder besuchen, für die keine Anträge gestellt worden sind oder deren Eltern die gestellten Anträge zurückgezogen haben. Nichtangemeldete Kinder dürfen nur dann zurückgewiesen werden, wenn für sie in der Minderheitsschule kein Platz beschafft werden kann, und jede Zurückweisung ist ausgeschlossen, solange die Zahl der die Schule besuchenden Kinder weniger als 81 beträgt (vgl. das Rundschreiben des Wojewoden vom 1. September 1923, veröffentlicht in der Beilage zu Nr. 35 der Gazeta Urzędowa Województwa Śląskiego).

III

Opierając się na powyższych faktach i podstawach prawnych Prezydent Komisji Mieszanej dla Górnego Śląska dochodzi do

poglądu:

Właściwe władze winny w Kopalni Boera lub w związku szkolnym, do którego Kopalnia Boera należy, utworzyć szkołę mniejszościową w myśl art. 106 Konwencji Genewskiej.

6

Pogląd

z dnia 2 listopada 1923 w sprawie nr 9 Ewangelickiej Gminnej Rady Kościelnej w Rybniku (Górny Śląsk Polski), żalącej się, zastąpionej przez b. radcę sądu krajowego Warschauera w Katowicach.

I

W roku 1787 Państwo Pruskie założyło w Rybniku przytułek dla inwalidów, a w kilka lat później utworzyło jako aneks do tego przytułku szkołę ewangelicką.

Wyrokiem Wydziału Powiatowego w Opolu zobowiązano w roku 1894 królewsko-pruski fiskus do przejęcia kosztów remontu i rozszerzenia wspomnianej szkoły ewangelickiej.

Według przedstawienia sprawy przez żalącą się Magistrat miasta Rybnika przejął powyższą szkołę na mocy ustawy o utrzymaniu szkół z roku 1906. W myśl statutów fundacyjnych Magistrat utrzymał do lata 1922 roku czysto ewangelicki charakter szkoły i wypłacał pobory nauczycielowi tak długo, dopóki pobory te — z zastrzeżeniem ewentualnego zażądania ich zwrotu — nie zostały przejęte przez Krajową Kasę Szkolną.

Po przejściu suwerenności państwowej na Rzeczpospolitą Polską Magistrat miasta Rybnika szkołę zamknął i zajął jej pomieszczenia na inne cele.

II

O ile żalący się w odniesieniu do danej szkoły dochodzi szczególnych praw nabytych czy to z uwagi na fundację czy też z innych tytułów prawnych, kieruje się go na drogę właściwego sądu.

III

Gestützt auf diese Tatsachen und Rechtsgründe gelangt der Präsident der Gemischten Kommission für Oberschlesien zur

Stellungnahme:

Die zuständigen Behörden seien verpflichtet, in Kopalnia Boera bzw. im Schulverbande, zu dem Kopalnia Boera gehört, eine Minderheitsschule im Sinne des Art. 106 des Genfer Abkommens zu errichten.

6

Stellungnahme

vom 2. November 1923 in der Sache Nr. 9 des Evangelischen Gemeindekirchenrates Rybnik (Polnisch-Oberschlesien), Beschwerdeführer, vertreten durch Landgerichtsrat a. D. Warschauer in Katowice.

I

Im Jahre 1787 gründete der Preußische Staat in Rybnik ein Invalidenheim und richtete einige Jahre später als Annex zum Invalidenheim eine evangelische Schule ein.

Im Jahre 1894 wurde der Königlich Preußische Fiskus durch Urteil des Bezirksausschusses Oppeln verpflichtet, die Kosten der Instandsetzung und Erweiterung der evangelischen Schule in Rybnik zu übernehmen.

Auf Grund des Schulunterhaltungsgesetzes vom Jahre 1906 ist die Schule, nach der Darstellung des Beschwerdeführers, vom Magistrat Rybnik übernommen worden. Dieser habe bis zum Sommer 1922 den rein evangelischen Charakter der Schule »stiftungsgemäß« aufrechterhalten und den Lehrer so lange besoldet, bis dessen Bezüge von der Landesschulkasse, unbeschadet der Ansprüche gegen die Stadt, übernommen worden seien.

Nach Übergang der Souveränität an die Republik Polen hat der Magistrat Rybnik die Schule geschlossen und deren Lokalitäten für andere Zwecke in Anspruch genommen.

II

Soweit der Beschwerdeführer in bezug auf diese Schule besondere wohlerworbene Rechte, sei es aus dem Gesichtspunkte der „Stiftung", sei es aus anderen Rechtsgründen, geltend macht, muß er an den zuständigen Richter gewiesen werden.

Dla Prezydenta Komisji Mieszanej może powstać jedynie kwestia, czy przez zamknięcie szkoły zostało naruszone jakieś postanowienie Konwencji Genewskiej w sprawie ochrony mniejszości. Co do tego należy powiedzieć:

Przy wszystkich publicznych szkołach mniejszościowych Konwencji Genewskiej chodzi o szkoły, które urządza się i utrzymuje na wniosek uprawnionych do wychowania pewnej minimalnej liczby dzieci (art. 106, 107, 118 i 121). Ewangelicka szkoła kościelna w Rybniku jest bezsprzecznie szkołą publiczną. Utrzymania jej nie żąda się jednak na podstawie zgłoszonych wniosków uprawnionych do wychowania, lecz z innych tytułów prawnych.

III

Na podstawie tych faktów i rozważań Prezydent Komisji Mieszanej dla Górnego Śląska dochodzi do

poglądu:

Przez zamknięcie ewangelickiej szkoły kościelnej w Rybniku żadne postanowienie części III Konwencji Genewskiej nie zostało naruszone.

7

Pogląd

z dnia 6 listopada 1923 w sprawie nr 10 Niemieckiego Związku Szkolnego w Lublińcu, zastąpionego przez b. radcę sądu krajowego Warschauera w Katowicach, ul. Młyńska 23, dotyczącej niemieckiej prywatnej wyższej szkoły męskiej i żeńskiej w Lublińcu (Górny Śląsk Polski).

I

1. Przed przejściem suwerenności państwowej na Rzeczpospolitą Polską istniała w Lublińcu miejska wyższa niemiecka szkoła męska i żeńska. Na mocy uchwały, powziętej na zgromadzeniu rodziców dnia 30 sierpnia 1922, zakład ten zmieniono siłą rzeczy na szkołę polską.

Rodzice niemieccy przystąpili wskutek tego do założenia wyższej niemieckiej prywatnej szkoły męskiej i żeńskiej, którą utrzymuje Niemiecki Okręgowy Związek Szkolny, związek zapisany z sie-

Für den Präsidenten der Gemischten Kommission kann es sich nur fragen, ob durch die Schließung dieser Schule irgendeine Bestimmung der Genfer Konvention betreffend den Schutz der Minderheiten verletzt worden sei. Darüber ist folgendes zu sagen:

Bei allen öffentlichen Minderheitsschulen des Genfer Vertrages handelt es sich um Schulen, die auf Antrag der Erziehungsberechtigten einer gewissen Minimalzahl von Kindern eingerichtet und unterhalten werden (Art. 106, 107, 118 u. 121). Die evangelische Kirchenschule in Rybnik ist ohne Zweifel eine öffentliche Schule. Ihre Erhaltung wird aber nicht auf Grund gestellter Anträge der Erziehungsberechtigten verlangt, sondern aus anderen Rechtsgründen.

III

Auf Grund dieser Tatsachen und Erwägungen gelangt der Präsident der Gemischten Kommission für Oberschlesien zur

Stellungnahme:

Es sei durch die Schließung der evangelischen Kirchenschule in Rybnik keine Bestimmung des III. Teiles des Genfer Abkommens verletzt.

7

Stellungnahme

vom 6. November 1923 in der Sache Nr. 10 des Deutschen Schulvereins Lubliniec, vertreten durch Landgerichtsrat a. D. Warschauer in Katowice, ulica Młyńska 23, betreffend die private deutsche höhere Knaben- und Mädchenschule in Lubliniec (Polnisch-Oberschlesien).

I

1. Vor dem Übergang der Souveränität an die Republik Polen bestand in Lubliniec eine städtische höhere deutsche Knaben- und Mädchenschule. Diese Anstalt wurde naturgemäß auf Grund eines Beschlusses einer Elternversammlung vom 30. August 1922 in eine polnische Schule umgewandelt.

Die deutsche Elternschaft ging daher an die Gründung einer höheren deutschen privaten Knaben- und Mädchenschule, die vom deutschen Bezirksschulverein, eingetragener Verein mit Sitz in Katowice, unterhalten und dzibą w Katowicach, i którą kieruje nauczyciel szkoły średniej Hermann Fischer w Lublińcu. Szkoła miała być pomieszczona w ewangelickim domu gminnym, na co właściciel domu, Gmina Ewangelicka w Lublińcu, wyraziła zgodę (akt 37). Ponieważ jednak ewangelicki dom gminny był zajęty przez policję wojewódzką i różnych lokatorów, żalący się prosił Magistrat miasta Lublińca petycją z dnia 31 lipca 1922 (akt. 34) i z dnia 1 września 1922 (porówn. 10 a), aby zwolnił ubikacje budynku na cele niemieckiej szkoły prywatnej. Według twierdzenia żalącego się Urząd Mieszkaniowy uzależnił swą zgodę od decyzji najwyższej władzy szkolnej, tj. Województwa. Następnie żalący się prosił, po raz pierwszy na zgromadzeniu rodziców dnia 30 sierpnia 1922 i potem kilkakrotnie, o pozwolenie na korzystanie z pomieszczeń miejskiej wyższej szkoły męskiej i żeńskiej w godzinach popołudniowych.

2. Oczekując, że kwestia pomieszczenia szkoły będzie definitywnie załatwiona, żalący się wynajął od katolickiego Zarządu kościelnego trzy ubikacje tzw. starej katolickiej szkoły ludowej w Lublińcu (akt 40) i rozpoczął w nich prowizorycznie naukę szkoły prywatnej. Lekarz powiatowy poddał starą katolicką szkołę ludową dnia 21 października 1922 oględzinom i wydał opinię (akt 7—8).

Dnia 3 października 1922 żalący się zwrócił się do Województwa i otrzymał zawiadomienie, że na otwarcie niemieckiej szkoły prywatnej będzie można zezwolić dopiero po zbadaniu stosunków miejscowych przez wizytatora Województwa i że do tego czasu należy się z nauką wstrzymać (akt 4). Na skutek ponownych kroków żalącego się Województwo zezwoliło jednak dnia 13 października 1922 na dalsze prowadzenie nauki aż do zbadania sprawy przez wizytatora (akt 6). Mimo to zamknął starosta lubliniecki dnia 28 października 1922 szkołę z powodów higienicznych, opierając się na opinii lekarza powiatowego. W chwili zamknięcia szkoła liczyła siedem klas ze 127 dziećmi (akt 35).

3. Dnia 29 października 1922 wniosło kilku interesantów do Prezydenta Komisji Mieszanej dla Górnego Śląska petycję (akt 3), która przekazana została Urzędowi Spraw Mniejszości. Podaniem z dnia 30 grudnia 1922 (akt 9) ponowili interesanci w Urzędzie Spraw Mniejszości prośbę o zwolnienie ewangelickiego domu gminnego i o przejściowe zezwolenie na naukę w używanych dotychczas pomieszczeniach tzw. starej katolickiej szkoły ludowej lub w ubikacjach miejskich szkoły wyższej (nauka popołudniowa). Dnia 18 stycznia 1923 interesanci prosili o natychmiastowe zbadanie pomieszczeń

vom Mittelschullehrer Hermann Fischer in Lubliniec geleitet wird. Diese Schule sollte im Evangelischen Gemeindehause untergebracht werden, dessen Eigentümer, die Evangelische Gemeinde zu Lubliniec, damit einverstanden war (act. 37). Da das Evangelische Gemeindehaus von der Wojewodschaftspolizei und verschiedenen Mietern besetzt war, bat der Beschwerdeführer mit Eingabe vom 31. Juli 1922 (act. 34) und vom 1. September 1922 (vgl. 10 a) den Magistrat Lubliniec um Freigabe von Räumen dieses Gebäudes für die deutsche Privatschule. Das Wohnungsamt machte — wie der Beschwerdeführer behauptet — seine Zustimmung von der Entscheidung der obersten Schulbehörde, der Wojewodschaft, abhängig. Im weiteren bat der Beschwerdeführer, erstmals in der Elternversammlung vom 30. August 1922 und seither wiederholt, um Mitbenutzung der Räume der städtischen höheren Knaben- und Mädchenschule für Nachmittagsunterricht.

2. In Erwartung der definitiven Regelung der Raumfrage hatte der Beschwerdeführer vom Katholischen Kirchenvorstand drei Räume der sogenannten alten katholischen Volksschule in Lubliniec gemietet (act. 40) und darin den Unterricht der Privatschule provisorisch eröffnet. Die alte katholische Volksschule wurde am 21. Oktober 1922 durch den Kreisarzt besichtigt und begutachtet (act. 7—8).

Am 3. Oktober 1922 wandte sich der Beschwerdeführer an die Wojewodschaft und erhielt den Bescheid, daß eine Genehmigung zur Eröffnung der deutschen Privatschule erst nach Besichtigung der örtlichen Verhältnisse durch den Visitator der Wojewodschaft erteilt werden könne und daß bis dahin der Unterricht auszusetzen sei (act. 4). Auf erneute Vorstellung gestattete jedoch die Wojewodschaft am 13. Oktober 1922 die Fortsetzung des Unterrichts bis zur Untersuchung der Angelegenheit durch ihren Visitator (act. 6). Trotzdem wurde die Schule am 28. Oktober 1922 auf Grund des Gutachtens des Kreisarztes durch den Starosten von Lubliniec aus hygienischen Gründen geschlossen. Die Schule zählte im Zeitpunkte ihrer Schließung 7 Klassen mit 127 Kindern (act. 35).

3. Am 29. Oktober 1922 richteten einige Interessenten eine Eingabe an den Präsidenten der Gemischten Kommission für Oberschlesien (act. 3), die dem Minderheitsamt überwiesen wurde. Vor dem Minderheitsamt wiederholten die Interessenten mit Eingabe vom 30. Dezember 1922 (act. 9) das Gesuch um Freigabe des Evangelischen Gemeindehauses und um vorübergehende Gestattung des Unterrichts in den bisher benutzten Räumen der sogenannten alten katholischen Volksschule, oder in den Lokalitäten der städtischen höheren Schule (Nachmittagsunterricht). Am 18. Januar 1923 baten die Interessenten um sofortige Besichtigung der

ewangelickiego domu gminnego przez wizytatora Województwa (akt 10). Nastąpiło to wreszcie dnia 24 lutego 1923 (akt 72—73). Dnia 28 lutego 1923 Urząd Spraw Mniejszości zawiadomił żalącego się, że propozycje w sprawie pomieszczenia szkoły prywatnej zostały odrzucone (akt 10 a). Petycją z dnia 18 marca 1923 (akt 11) żalący się prosił o odstąpienie kilku klas szkolnych w północnym skrzydle szkoły elementarnej w Lublińcu (akt 11).

4. Dnia 10 maja 1923 Urząd Spraw Mniejszości przekazał akta Prezydentowi Komisji Mieszanej celem wyrażenia poglądu. Dnia 21 czerwca 1923 Prezydent poddał oględzinom ewangelicki dom gminny i tzw. starą katolicką szkołę ludową w Lublińcu (akt 23—24). Aby móc zbadać, czy byłoby możliwe dać do dyspozycji szkoły prywatnej pomieszczenia w szkole publicznej w porze popołudniowej, Prezydent wezwał dnia 30 czerwca 1923 Urząd Spraw Mniejszości do przedłożenia zestawień dyrekcyj miejskiej szkoły wyższej i szkoły ludowej w Lublińcu, z których by wynikało, ile pomieszczeń mają te dwa budynki szkolne i w których dniach powszednich i o jakiej porze dnia odbywa się tam nauka (akt 26, 27 liczba 1 i 2). Z zestawień tych, które Prezydent otrzymał dnia 18 października 1923, wynika, że w roku szkolnym 1923-24 nauki udziela się:

w 14 salach szkolnych szkoły ludowej w czterech dniach w tygodniu przed południem i po południu do godziny 4 (akt 70—71),

w pięciu z siedmiu sal szkolnych miejskiej szkoły wyższej codziennie od godziny 8 do 1 (akt 66—67).

5. Ponieważ załatwienie sprawy się przewlekało, interesanci udali się na drogę udzielania prywatnej nauki domowej. W podaniu z dnia 25 czerwca 1923 (akt 25) i z dnia 24 lipca 1923 (akt 33, liczba 21) twierdzili jednak, że władze nauce tej robiły trudności.

Z pięciu sił nauczycielskich, które dnia 24 stycznia 1923 poprosiły o urzędowe zezwolenie na udzielanie nauki prywatnej, zezwolenia tego udzielono dnia 24 marca 1923 jednemu nauczycielowi i dwom nauczycielkom. Dwom siłom nauczycielskim zezwolenia odmówiono, w jednym przypadku z umotywowaniem, że nie zachodzi potrzeba udzielania nauki prywatnej (akt 45). Jedna nauczycielka (zob. akt 11, str. 2) po sześciu tygodniach otrzymała podanie nierozpatrzone z powrotem, ponieważ w podaniu użyła pisowni niemieckiej „Lublinitz" zamiast „Lubliniec". Co do tych punktów zażalenia należy wskazać na art. 98 i art. 100 Konwencji Genewskiej. W myśl tych arty-

Räume des Evangelischen Gemeindehauses durch den Visitator der Wojewodschaft (act. 10). Diese Besichtigung fand schließlich am 24. Februar 1923 statt (act. 72—73). Am 28. Februar 1923 beschied das Minderheitsamt den Beschwerdeführer dahin, daß dessen Vorschläge betreffend Unterbringung der Privatschule abgelehnt worden seien (act. 10 a). Mit Eingabe vom 18. März 1923 (act. 11) ersuchte der Beschwerdeführer um Überlassung einiger Schulzimmer im nördlichen Flügel der Elementarschule in Lubliniec (act. 11).

4. Am 10. Mai 1923 übermittelte das Minderheitsamt die Akten dem Präsidenten der Gemischten Kommission zur Stellungnahme. Der Präsident besichtigte am 21. Juni 1923 das Evangelische Gemeindehaus und die sogenannte alte katholische Volksschule in Lubliniec (act. 23, 24). Um prüfen zu können, ob es möglich wäre, der Privatschule nachmittags in einer öffentlichen Schule Unterrichtsräume zur Verfügung zu stellen, ersuchte der Präsident am 30. Juni 1923 das Minderheitsamt um Beibringung von Aufstellungen der Direktionen der städtischen höheren Schule und der Volksschule in Lubliniec, aus denen sich ergibt, wie viele Unterrichtsräume diese beiden Schulgebäude enthalten und an welchen Wochentagen und zu welchen Tageszeiten darin unterrichtet wird (act. 26, 27 Ziff. 1 u. 2). Nach diesen Aufstellungen, die am 18. Oktober 1923 in den Besitz des Präsidenten gelangten, ergibt sich, daß im Schuljahre 1923-24 unterrichtet wird:

in den 14 Unterrichtsräumen der Volksschule an 4 Tagen wöchentlich vor- und nachmittags bis 4 Uhr (act. 70, 71),

in 5 von den 7 Unterrichtsräumen der städtischen höheren Schule täglich von 8 bis 1 Uhr (act. 66, 67).

5. Da die Erledigung der Angelegenheit sich in die Länge zog, hatten die Interessenten ihre Zuflucht zum häuslichen Privatunterricht genommen. Mit Eingabe vom 25. Juni 1923 (act. 25) und vom 24. Juli 1923 (act. 53 Ziff. 21) behaupteten sie indessen, daß der häusliche Privatunterricht durch die Behörden erschwert worden sei.

Von fünf Lehrpersonen, die am 24. Januar 1923 um die behördliche Genehmigung zur Erteilung von Privatunterricht nachgesucht hätten, sei einem Lehrer und zwei Lehrerinen am 24. März 1923 diese Genehmigung erteilt worden. Den übrigen beiden Lehrkräften sei die Genehmigung verweigert worden, und zwar in einem Falle mit der Begründung, daß kein Bedarf an Privatunterricht vorliege (act. 45). Eine Lehrerin (s. act. 11 S. 2) habe ihr Gesuch nach 6 Wochen unerledigt zurückerhalten, weil sie darin den Ortsnamen in der deutschen Schreibart „Lublinitz" statt „Lubliniec" geschrieben hatte. Hinsichtlich dieser Beschwerdepunkte ist auf Art. 98 und Art. 100 der Genfer Konvention zu verweisen. Danach kułów zezwolenia należy udzielić, jeżeli petenci wykażą się potrzebnym uzdolnieniem i jeżeli ich prowadzenie się jest nienaganne. Kwestii, czy zachodzi potrzeba udzielania nauki prywatnej, nie wolno wysuwać. Przeciwko nieudzieleniu dotycznego zezwolenia obie siły nauczycielskie mogą w myśl art. 150 Konwencji Genewskiej wnieść do Urzędu Spraw Mniejszości szczególne zażalenie.

Następnie twierdzono, że policja uniemożliwiła wspólną naukę dzieci kilku rodzin w mieszkaniu prywatnym. Starosta lubliniecki zaprzeczył jednak temu (akt 62—63, liczba 5, 8) i przedłożył protokół (akt 64—65), z którego wynika, że w przypadku podanym przez żałącego się nie policja, lecz właściciel domu zakazał nauki, której udzielano kilku dzieciom w mieszkaniu prywatnym.

II

1. Pożałowania godnym faktem, który musi służyć Prezydentowi Komisji Mieszanej za podstawę przy osądzeniu niniejszej kwestii, jest okoliczność, że prywatna niemiecka wyższa szkoła męska i żeńska w Lublińcu, do której uczęszczało 127 dzieci, zamknięta została z końcem października 1922 i że od tego czasu dzieci te, o ile nie uczęszczają do szkoły pozamiejscowej lub nie otrzymują prywatnej nauki domowej, są w ogóle pozbawione nauki. Skromne ubikacje tzw. starej katolickiej szkoły ludowej, gdzie rozpoczęto naukę prowizorycznie, starosta lubliniecki zamknął ze względów higienicznych. Mimo kilkakrotnych próśb i podań, skierowanych do Magistratu i starosty lublinieckiego, do Województwa i Urzędu Spraw Mniejszości, żałący się nie mógł uzyskać nawet najskromniejszego pomieszczenia.

Bez względu na to, jak kto oceni to postępowanie władz, z akt wynika i Prezydent przekonał się o tym osobiście na wizji lokalnej dnia 21 czerwca 1923, że władze nie okazały najmniejszej dobrej woli, aby wystarać się choćby o najskromniejsze pomieszczenia dla niemieckiej szkoły prywatnej. Magistrat pozostawił petycję o zwolnienie ewangelickiego domu gminnego nierozpatrzoną, aż zaginęła (zob. akt 10 a). Zapowiedziane na dzień 3 października 1922 zbadanie stosunków miejscowych przez wizytatora Województwa nastąpiło dopiero dnia 24 lutego 1923, a zatem z sześciomiesięcznym opóźnieniem (akt 3 oraz 72—73). Współużywania pomieszczeń miejskiej szkoły wyższej w porze popołudniowej, co było łatwo możliwe, odmówiono z powomuß die Genehmigung erteilt werden, wenn die Gesuchsteller im Besitze der nötigen Befähigungsausweise sind und ihr Lebenswandel einwandfrei ist. Die Frage, ob für den Privatunterricht ein Bedürfnis vorliegt, darf nicht gestellt werden. Es bleibt den beiden Lehrkräften überlassen, gegen die Verweigerung der Genehmigung gemäß Art. 150 des Genfer Abkommens beim Minderheitsamt besondere Beschwerde zu führen.

Im weiteren ist behauptet worden, die Polizei habe den gemeinsamen Unterricht von Kindern mehrerer Familien in einer Privatwohnung unterbunden. Der Starost von Lubliniec hat indessen dies bestritten (act. 62, 63 Ziff. 5, 8) und ein Protokoll vorgelegt (act. 64, 65), wonach in dem vom Beschwerdeführer näher bezeichneten Falle der Unterricht mehrerer Kinder in einer Privatwohnung nicht durch die Polizei, sondern durch den Hausbesitzer verboten worden sei.

II

1. Die bedauerliche Tatsache, von welcher der Präsident der Gemischten Kommission bei der Beurteilung dieser Angelegenheit auszugehen hat, ist die, daß Ende Oktober 1922 die von 127 Kindern besuchte private deutsche höhere Knaben- und Mädchenschule in Lubliniec geschlossen wurde und daß seither diese Kinder — soweit sie nicht nach auswärts zur Schule gehen oder häuslichen Privatunterricht genießen — keinen Unterricht erhalten. Die notdürftigen Lokalitäten der sogenannten alten katholischen Volksschule, in denen der Unterricht provisorisch eröffnet worden war, sind vom Starosten von Lubliniec aus hygienischen Gründen geschlossen worden. Es ist dem Beschwerdeführer trotz wiederholter Bitten und Gesuche an den Magistrat und den Starosten von Lubliniec, an die Wojewodschaft und das Minderheitsamt nicht möglich gewesen, auch nur die bescheidenste Unterkunft zu erlangen.

Wie immer man auch dieses Verhalten der Behörden beurteilen mag, es ergibt sich aus den Akten, und der Präsident hat sich anläßlich seines Augenscheines vom 21. Juni 1923 auch persönlich davon überzeugen müssen, daß die Behörden nicht den geringsten guten Willen gezeigt haben, der deutschen Privatschule auch die notdürftigste Unterkunft zu verschaffen. Der Magistrat hat ein Gesuch um Freigabe des Evangelischen Gemeindehauses unerledigt liegen gelassen, bis es verloren ging (s. act. 10 a). Der Visitator der Wojewodschaft nahm die am 3. Oktober 1922 angekündigte Besichtigung der örtlichen Verhältnisse erst am 24. Februar 1923, also mit einer Verzögerung von 6 Monaten, vor (act. 3 u. 72—73). Die Mitbenützung der städtischen höheren Schule an Nachmittagen, die sehr gut mögdów, które nie wytrzymują krytyki (akt 1—2, str. 3 oraz 66—67). Do pomieszczeń prywatnych (stara katolicka szkoła ludowa (akt 7—8) i ewangelickiego domu gminnego (akt 72—73) stosowały władze najostrzejsze wymogi higieniczne czasów normalnych i zakazały udzielania nauki w będących do dyspozycji pomieszczeniach, nie troszcząc się najzupełniej o to, czy by nie można kontynuować nauki gdzie indziej.

To odmowne, zwlekające lub w najlepszym razie czysto pasywne zachowanie się władz wobec kwestii pomieszczeń szkolnych byłoby może zrozumiałe, gdyby, jak w czasach normalnych, swobodnie można rozporządzać mieszkaniami i pomieszczeniami. Wiadomo jednak ogólnie, że na Górnym Śląsku panuje okropny brak mieszkań. Nikt, nawet sam właściciel domu, nie może wprowadzić się do mieszkania, jeżeli nie przydzielą mu go władze (urzędy mieszkaniowe), które na mocy obowiązującego ustawodawstwa mieszkaniowego suwerennie rozporządzają każdym wolnym pomieszczeniem. W tych warunkach odmowne lub czysto pasywne zachowanie się władz nie da się pogodzić z Konwencją Genewską. Władze nie doceniają zupełnie znaczenia szkół prywatnych w myśl Konwencji Genewskiej i obowiązku, jaki Konwencja na oba Państwa nakłada. Po ponownym rozpatrzeniu kwestii Prezydent musi z całym naciskiem obstawać przy stanowisku, jakie zajął w sprawie przydzielenia pomieszczeń szkołom prywatnym w poglądzie z dnia 19 czerwca 1923, dotyczącym wyższej niemieckiej szkoły prywatnej w Rybniku.

Konwencja Genewska nie tylko zagwarantowała (art. 68 oraz 98) i uregulowała szczegółowo (art. 97—104) naukę prywatną, przez którą pojmuje także szkoły prywatne, lecz przypisała szkołom tym wielkie znaczenie, zapewniając i ułatwiając w miarę możności ich byt. Stąd postanowienie art. 98 ust. 3, według którego nie wolno wysuwać kwestii, czy zachodzi potrzeba szkoły prywatnej; stąd postanowienie art. 100 o kwalifikacji do udzielania nauki w szkołach prywatnych i o sprowadzaniu sił nauczycielskich zza granicy; stąd przede wszystkim postanowienie art. 103, według którego dzieci, które uczęszczają do szkół prywatnych, zwolnione są z obowiązku uczęszczania do szkół publicznych.

Co do szkolnictwa średniego i wyższego art. 116 ust. 1 uznaje wyraźnie, „że potrzebom mniejszości językowej należy uczynić zadość w szczególny sposób ze względu na szczególne warunki terenu plebiscytowego". Wszędzie, gdzie tym potrzebom mniejszości językolich gewesen wäre, wurde aus Gründen abgelehnt, die nicht stichhaltig sind (act. 1—2 S. 3 u. 66—67). An private Räumlichkeiten (alte katholische Volksschule [act. 7—8] und Evangelisches Gemeindehaus [act. 72—73]) haben die Behörden die strengsten hygienischen Anforderungen normaler Zeiten gestellt und den Unterricht in den vorhandenen Räumen verboten, ohne sich im geringsten darum zu kümmern, ob der Unterricht anderswo fortgesetzt werden könne.

Dieses ablehnende, dilatorische oder im günstigsten Falle rein passive Verhalten der Behörden hinsichtlich der Raumfrage wäre vielleicht verständlich, wenn wie in normalen Zeiten über Wohnungen und Räume im freien Verkehr verfügt werden könnte. Wir leben aber notorischerweise in Oberschlesien in Zeiten furchtbarster Wohnungsnot. Niemand, auch nicht der Eigentümer, kann eine Wohnung beziehen, wenn sie ihm nicht von den Behörden (Wohnungsämter) zugewiesen worden ist, die auf Grund der geltenden Wohnungsgesetzgebung souverän über alle verfügbaren Lokalitäten disponieren. Unter solchen Umständen ist das ablehnende oder rein passive Verhalten der Behörden mit der Genfer Konvention nicht vereinbar. Die Behörden verkennen vollkommen die Bedeutung der Privatschulen gemäß dem Genfer Abkommen und die für die beiden vertragschließenden Staaten daraus sich ergebenden Verpflichtungen. Der Präsident kann nach nochmaliger Prüfung nicht anders, als mit allem Nachdruck an dem Standpunkt festhalten, den er hinsichtlich der Zuweisung von Räumen an Privatschulen in seiner Stellungnahme vom 19. Juni 1923 in der Sache betreffend die höhere deutsche Privatschule in Rybnik eingenommen hat.

Das Genfer Abkommen hat den Privatunterricht, unter welchen Begriff auch die Privatschulen fallen, nicht nur gewährleistet (Art. 68 u. 98) und ausführlich geregelt (Art. 97—104), sondern es hat den Privatschulen eine große Bedeutung beigemessen und sie daher nach Möglichkeit sichergestellt und begünstigt. Daher die Bestimmung des Art. 98 Abs. 3, wonach die Frage, ob ein Bedürfnis nach einer Privatschule vorliege, nicht in Betracht gezogen werden darf; des Art. 100 über die Befähigung zur Erteilung von Unterricht an Privatschulen und den Bezug von Lehrkräften aus dem Ausland. Daher vor allem die Bestimmungen des Art. 103, wonach die Kinder, die Privatschulen besuchen, nicht verpflichtet sind, in die öffentlichen Schulen zu gehen.

Hinsichtlich des mittleren und höheren Schulwesens ist in Art. 116 Abs. 1 ausdrücklich anerkannt, „daß die Bedürfnisse der Minderheit im Hinblick auf die besondere Lage des Abstimmungsgebietes in besonderer Weise befriedigt werden müssen". Wo immer diesen Bedürfnissen der wej nie można uczynić zadość przez szkoły publiczne, średnia lub wyższa szkoła prywatna stanowi jedyny środek do zrealizowania celu Konwencji Genewskiej. Z tego powodu Konwencja zawiera szczególne postanowienia na rzecz wyższych szkół prywatnych. W myśl art. 128 wyższe prywatne szkoły mniejszości, które czynią zadość wymogom publicznych szkół wyższych, uznać należy w tym znaczeniu, że świadectwa, a zwłaszcza świadectwa odejścia przez nie wystawiane, mają to samo znaczenie, co świadectwa odpowiednich szkół publicznych. Jeżeli prywatna szkoła mniejszościowa zastępuje istniejącą przy przejściu suwerenności państwowej szkołę publiczną, przysługuje jej pod pewnymi warunkami prawo do subwencji ze środków publicznych (art. 129), przy czym subwencja ze środków państwowych winna być udzielana na tych samych warunkach co szkołom komunalnym lub prywatnym tego samego typu lub tego samego stopnia (art. 130).

Wyższe prywatne szkoły mniejszościowe uznane są zatem w Konwencji Genewskiej na podstawie wyraźnie ustalonej szczególnej potrzeby jako ważny i konieczny faktor szkolnictwa wyższego. Z uwagi na tę doniosłość wyższe szkoły prywatne winny być uwzględniane także przy przydziale ubikacyj. Wyższe prywatne szkoły mniejszościowe mają tak wielkie znaczenie ogólne, że, jak długo trwa obecny stan rzeczy co do ustawodawstwa mieszkaniowego i przydziału mieszkań przez władze, władze te bezwzględnie zobowiązane są do przydzielania szkołom prywatnym potrzebnych ubikacyj. Szkoły prywatne i szkolne władze nadzorcze będą się w danych warunkach musiały zadowolić skromnymi ubikacjami szkolnymi. Godne ubolewania jest zawsze, jeżeli się uczniom musi udzielać nauki w ubikacjach, które nie we wszystkich punktach odpowiadają wysokim nowoczesnym wymogom czasów normalnych. Zasada: „dla młodzieży najlepsze" odnosi się oczywiście także do ubikacyj szkolnych. Z drugiej strony w takich nienormalnych jak obecnie czasach nie można wziąć na siebie odpowiedzialności za narażenie całych gromad dzieci na niebezpieczeństwo intelektualnego i moralnego zdziczenia i szkodzić ich przyszłości przez to, że uniemożliwia im się naukę z uzasadnieniem, że nie ma do dyspozycji pierwszorzędnych nowoczesnych ubikacyj. Przeciwnie, dobro dzieci i interes ogólny Państwa i społeczeństwa wymagają, aby w obecnym czasie niezwykłej nędzy mieszkaniowej wszędzie, gdzie tego okoliczności wymagają, zadowolono się ubikacjami szkolnymi, przeciwko którym można by wprawdzie podnieść niejeden zarzut, za używanie których można jednak jeszcze wziąć na siebie odpowiedzialność

Minderheit durch öffentliche Schulen nicht genügt werden kann, ist die mittlere und höhere Privatschule das einzige Mittel, das zu dem vom Genfer Abkommen erstrebten Ziele führt. Aus diesem Grunde enthält die Konvention besondere Bestimmungen zugunsten der höheren Privatschulen: Gemäß Art. 128 sind höhere Minderheits-Privatschulen, die den Anforderungen öffentlicher höherer Schulen genügen, mit der Wirkung anzuerkennen, daß ihre Zeugnisse, insbesondere die Abgangszeugnisse, dieselbe Geltung haben wie die entsprechender öffentlicher Schulen. Falls eine Minderheits-Privatschule eine beim Übergang der Staatshoheit vorhandene öffentliche Schule ersetzt, hat sie unter gewissen Voraussetzungen Anspruch auf Unterstützung aus öffentlichen Mitteln (Art. 129), wobei die Unterstützungen aus staatlichen Mitteln nach denselben Grundsätzen zu gewähren sind, wie sie kommunalen oder privaten Schulen gleicher Art oder gleicher Stufe gewährt werden (Art. 130).

Die höheren Minderheits-Privatschulen sind somit auf Grund eines ausdrücklich festgestellten besonderen Bedürfnisses im Genfer Abkommen als ein wichtiger und notwendiger Faktor im höheren Schulwesen anerkannt worden. Entsprechend dieser ihrer hohen Bedeutung sind die höheren Privatschulen auch bei Zuweisung von Lokalitäten zu berücksichtigen. Die höheren Minderheits-Privatschulen sind von so großem allgemeinen Interesse, daß, solange der gegenwärtige Zustand hinsichtlich der Wohnungsgesetzgebung und der Wohnungsverteilung durch die Behörden andauert, die Behörden unter allen Umständen verpflichtet sind, den Privatschulen die nötigen Räume zuzuweisen. Dabei werden die Privatschulen und die Schulaufsichtsbehörden sich je nach der Sachlage mit recht bescheidenen Schulräumen begnügen müssen. Natürlich ist es immer zu bedauern, wenn die Schüler in Räumen unterrichtet werden müssen, die den hohen modernen Anforderungen normaler Zeiten nicht in allen Punkten entsprechen. Das Wort »für die Jugend ist das Beste gut genug« gilt selbstverständlich auch hinsichtlich der Schullokalitäten. Andererseits ist es in solchen abnormalen Zeiten schlechterdings nicht zu verantworten, ganze Kinderscharen der intellektuellen und moralischen Verwilderung preiszugeben und ihre künftige Lebensstellung schwer zu schädigen, indem man ihren Unterricht verunmöglicht mit der Begründung, daß erstklassige, moderne Lokalitäten nicht zur Verfügung stehen. Im Gegenteil erfordert das Wohl der Kinder und das allgemeine Interesse des Staates und der Gesellschaft, daß man sich in dieser Zeit außerordentlicher Wohnungsnot, wo dies die Umstände gebieten, auch mit solchen Schulräumen begnügt, an denen zwar manches auszusetzen wäre, deren Benützung aber immerhin także ze stanowiska higieny. W tym sensie uznać się musi, że właściwe władze zobowiązane są do przydzielania wyższym i średnim szkołom prywatnym pomieszczeń tak długo, jak długo Państwo rozporządza mieszkaniami. Że dane władze przy dobrej woli mogą faktycznie przydzielić szkołom prywatnym gdziekolwiekbądź, czy to w jednym, czy w kilku budynkach, czy też tylko dla nauki popołudniowej, najkonieczniejsze ubikacje, nie ulega wątpliwości. Najlepszym dowodem tego jest postępowanie władz wobec niemieckiej wyższej szkoły prywatnej w Rybniku. Także tam władze odmówiły szkole niemieckiej od października 1922 jakiegokolwiek pomieszczenia, powołując się na to, że nie ma odpowiednich ubikacyj. Kiedy jednak później założona została polska prywatna szkoła żeńska, władze bez trudności dały jej do dyspozycji kilka budynków. Oczywiście szkoły prywatne muszą same ponosić koszty czynszu i inne z używaniem danych ubikacyj połączone koszty.

Jeżeli się nie uzna, że władze zobowiązane są do przydziału choćby najkonieczniejszych i najskromniejszych pomieszczeń prywatnym szkołom mniejszościowym, wówczas szkoły te stają się faktycznie niemożliwe i właściwe postanowienia Konwencji Genewskiej będą iluzoryczne. Bez znaczenia jest tu zarzut, że prywatne szkoły mniejszościowe powinny stawiać dla swych potrzeb nowe budynki. Zarzut ten nie wytrzymuje krytyki. Nie można żądać od szkół prywatnych, aby stawiały nowe budynki, gdyż ich środki są na to po prostu niewystarczające. Zresztą powszechnie wiadomo, że w obecnych warunkach może budować tylko Państwo albo bardzo zasobne w finanse przedsiębiorstwa lub osoby prywatne. Powyższy zarzut władzy jest tym bardziej nieuzasadniony, że Państwo dla swych potrzeb samo zajmuje budynki prywatne (tak ewangelicki dom gminny).

Z powyższego wynika, że w danych warunkach postanowienia Konwencji Genewskiej co do ochrony szkół prywatnych będą zupełnie iluzoryczne, jeżeli właściwe władze, które suwerennie rozporządzają wszystkimi ubikacjami, nadal będą odmawiać szkołom prywatnym choćby najskromniejszych pomieszczeń. Takie postępowanie władz nie jest faktycznie niczym innym, jak tylko uniemożliwieniem tych szkół, czego nie można pogodzić z przepisami Konwencji, zwłaszcza zaś z art. 98.

2. Prezydent Komisji Mieszanej nie może ograniczyć się do ogólnego stwierdzenia, że jest obowiązkiem Władz przydzielić potrzebne

auch vom hygienischen Standpunkt aus verantwortet werden kann. In diesem Sinne muß die Rechtspflicht der zuständigen Behörden, den höheren und mittleren Privatschulen Unterkunft zuzuweisen, für so lange anerkannt werden, als der Staat über die Benützung der Gebäude verfügt. Daß es den zuständigen Behörden bei gutem Willen tatsächlich möglich ist, den Privatschulen irgendwo, sei es in einem oder mehreren Gebäuden, sei es auch nur für den Nachmittagsunterricht, die allernötigsten Räume zuzuweisen, unterliegt keinem Zweifel. Der beste Beweis hierfür ist das Verhalten der Behörden gegenüber der deutschen höheren Privatschule in Rybnik. Auch dort haben die Behörden unter Hinweis auf das Nichtvorhandensein geeigneter Räume der deutschen Schule seit Oktober 1922 jede Unterkunft verweigert. Als aber später eine polnische private Mädchenschule gegründet wurde, haben ihr dieselben Behörden ohne weiteres mehrere Gebäude zur Verfügung gestellt. — Selbstverständlich haben die Privatschulen für die Miete und die übrigen mit der Benützung der betreffenden Räume verbundenen Kosten selbst aufzukommen.

Wenn die Pflicht der Behörden, den Minderheits-Privatschulen die allernötigsten und allerbescheidensten Lokalitäten zuzuweisen, nicht anerkannt wird, sind diese Privatschulen tatsächlich verunmöglicht und die bezüglichen Bestimmungen der Genfer Konvention illusorisch. Darüber hilft auch der Einwand nicht hinweg, die Minderheits-Privatschulen sollen für ihre Bedürfnisse neue Gebäude erstellen. Dieser Einwand ist nicht stichhaltig. Man kann die Privatschulen nicht auf den Bau neuer Gebäude verweisen, weil ihre Mittel hierzu schlechterdings nicht ausreichen und es übrigens notorisch ist, daß unter den gegenwärtigen Verhältnissen nur der Staat oder sehr finanzkräftige Unternehmungen oder Privatpersonen zu bauen imstande sind. Von behördlicher Seite erschiene dieser Einwand um so weniger begründet, solange der Staat selbst bestehende private Gebäude (so das Evangelische Gemeindehaus) für seine Bedürfnisse in Anspruch nimmt.

Aus dem Gesagten ergibt sich, daß unter den gegebenen Umständen die Bestimmungen der Konvention zum Schutze der Privatschulen vollständig illusorisch sind, wenn die zuständigen Behörden, die souverän über alle Räume verfügen, fortfahren, den Privatschulen auch die bescheidensten Räume zu verweigern. Ein solches Vorgehen der Behörden bedeutet tatsächlich nichts anderes als die Unterdrückung dieser Schulen und läßt sich mit dem Zweck der Vorschriften der Konvention und namentlich mit Art. 98 nicht vereinbaren.

2. Der Präsident der Gemischten Kommission kann sich mit der allgemeinen Feststellung, daß die Behörden der deutschen höheren Privat-

pomieszczenia szkolne niemieckiej wyższej szkole prywatnej, lecz uważa też za swój obowiązek przedstawić na podstawie znajomości stosunków miejscowych konkretną propozycję.

Żalący się wniósł od pierwszej chwili o to, aby przede wszystkim zwolniono konieczną ilość pomieszczeń w ewangelickim domu gminnym. Właściciel tego budynku, Gmina Ewangelicka w Lublińcu, była i jeszcze dzisiaj jest gotowa odstąpić budynek ten niemieckiej szkole prywatnej. Jest to zrozumiałe, gdyż powszechnie wiadomo, że członkowie ewangelickiej mniejszości wyznaniowej na Górnym Śląsku Polskim zaliczają się przeważnie i do niemieckiej mniejszości językowej.

Ewangelicki dom gminny nadaje się całkiem dobrze na cele szkolne, jak się Prezydent przekonał o tym na terminie lokalnym. Lekarz powiatowy wypowiedział się wprawdzie według sprawozdania wizytatora (akt 72—73) w tym kierunku, że w ewangelickim domu gminnym będzie trzeba przeprowadzić liczne przebudówki, zanim go będzie można użyć na cele szkolne. Prezydent nie może jednak podzielać zastrzeżeń lekarza powiatowego. Ewangelicki dom gminny jest bardzo dobrze wykonanym nowoczesnym budynkiem z kamienia; żelazne schody mają dostateczną szerokość i są najzupełniej ogniotrwałe; pomieszczenia są bez wyjątku suche, zdrowe i zaopatrzone w centralne ogrzewanie; stosunki oświetlenia są dobre. Jeżeli lekarz powiatowy sądzi, że musi się domagać licznych przebudówek, to można to tłumaczyć tylko tym, że przestrzega on, bez względu na obecne stosunki mieszkaniowe, w najdrobniejszych szczegółach schematycznych przepisów i teoretycznych wymogów, które ustanowione zostały w czasach normalnych dla budowy nowych budynków szkolnych. Wynika to zresztą także z jego opinii w sprawie starej katolickiej szkoły ludowej (akt 7—8). Przy rozstrzyganiu kwestii, czy szkołę w jakimś budynku można umieścić, liczyć się trzeba z panującą nędzą mieszkaniową. Byłoby niedorzecznością nie pozwolić w czasie tak wielkiej nędzy mieszkaniowej na pomieszczenie szkoły w ewangelickim domu gminnym z tego powodu, że dom ten nie odpowiada wszystkim schematycznym przepisom i teoretycznym wymogom. W obecnych warunkach pozwolić należy na naukę wszędzie tam, gdzie życiu lub zdrowiu dzieci nie grozi rzeczywiste konkretne niebezpieczeństwo. O takim niebezpieczeństwie nie może być mowy w ewangelickim domu gminnym; przeciwnie wobec obecnego braku pomieszczeń dom ten można nazwać nowoczesnym i higienicznym wymogom zupełnie odpowiadającym pomieszczeniem szkoły. Sześć większych klas szkolnych, schule die nötigen Unterrichtsräume zuzuweisen haben, nicht begnügen, sondern er erachtet sich verpflichtet, auf Grund seiner Kenntnis der örtlichen Verhältnisse auch einen konkreten Vorschlag zu machen.

Der Beschwerdeführer hat von jeher in erster Linie die Freigabe der nötigen Anzahl von Räumen im Evangelischen Gemeindehaus beantragt. Der Eigentümer dieses Gebäudes, die Evangelische Gemeinde zu Lubliniec, war und ist auch heute bereit, sein Haus der Deutschen Privatschule zu überlassen. Es war dies auch nicht anders zu erwarten, weil es notorisch ist, daß die Angehörigen der evangelischen religiösen Minderheit in Polnisch-Oberschlesien sich in der Regel auch zur deutschen sprachlichen Minderheit zählen.

Das Evangelische Gemeindehaus ist, wie der Präsident sich durch Augenschein überzeugt hat, für Unterrichtszwecke durchaus geeignet. Der Kreisarzt hat sich zwar nach dem Bericht des Visitators (act. 72—73) dahin ausgesprochen, daß das Evangelische Gemeindehaus zahlreicher Umbauten bedürfe, ehe es zu Schulzwecken verwendet werden dürfe. Der Präsident kann sich jedoch den Bedenken des Kreisarztes nicht anschließen. Das Evangelische Gemeindehaus ist ein sehr gut ausgeführter, moderner Steinbau; die eiserne Treppe ist von genügender Breite und absolut feuersicher; die Räume sind ohne Ausnahme trocken, gesund und mit Zentralheizung versehen; die Beleuchtungsverhältnisse sind gut. Wenn der Kreisarzt glaubt, zahlreiche Umbauten verlangen zu müssen, so läßt sich dies nur dadurch erklären, daß er sich ohne jede Rücksicht auf die gegenwärtigen besonderen Wohnungsverhältnisse bis in das kleinste Detail streng an die schematischen Vorschriften und theoretischen Postulate hält, die in normalen Zeiten für den Bau neuer Schulgebäude aufgestellt worden sind. Dies ergibt sich übrigens auch aus seinem Gutachten über die alte katholische Volksschule (act. 7—8). Der herrschenden Wohnungsnot muß aber bei der Entscheidung der Frage, ob eine Schule in einem Gebäude untergebracht werden darf, in billiger Weise Rechnung getragen werden. Es wäre widersinnig, in Zeiten so schwerer Wohnungsnot die Unterbringung der Schule im Evangelischen Gemeindehause nicht zu gestatten, weil es nicht allen schematischen Vorschriften und theoretischen Postulaten entspricht. Unter den gegenwärtigen Verhältnissen ist der Unterricht überall zu gestatten, wo nicht für das Leben oder die Gesundheit der Kinder eine wirkliche konkrete Gefahr vorliegt. Von einer solchen Gefahr kann beim Evangelischen Gemeindehaus keine Rede sein; es kann im Gegenteil bei der heutigen Raumnot als eine den hygienischen Anforderungen durchaus genügende, moderne Unterkunft für eine Schule bezeichnet werden. Die nach dem Bericht des Visitators (act. 72—73) które według sprawozdania wizytatora są potrzebne (akt 72—73), znajduje się na parterze i pierwszym piętrze wschodniego skrzydła ewangelickiego domu gminnego, lub można je łatwo urządzić przez wyjęcie kilku ścian; także dla biura dyrektora oraz dla przechowania środków naukowych jest dosyć miejsca (porównaj plan ewangelickiego domu gminnego (akt 38) z wyjaśnieniami (legendą) akt 39, pokój nr 12—17 na parterze i nr 22—26 na pierwszym piętrze). Nie wyklucza to oczywiście wykonania drobniejszych prac uzupełniających według zarządzenia władz, o ile to jest rzeczywiście niezbędne. Żądane przez lekarza powiatowego przebudówki (akt 72—73): rekonstrukcja klatki schodowej, sieni, drzwi wchodowych i rozszerzenie bramy, drzwi, okien i korytarza jednak absolutnie potrzebne nie są.

Jedyną przeszkodą dla pomieszczenia szkoły w skrzydle wschodnim domu gminnego jest okoliczność, że pomieszczenia te zajęte są od czerwca 1922 przez policję Województwa Śląskiego (akt 62—63). Lecz właśnie ta okoliczność potęguje jeszcze obowiązek władz, aby przydzieliły niemieckiej szkole prywatnej inne ubikacje, jak długo ewangelicki dom gminny zajęty jest dla władz i tym samym szkole odebrany. Dotyka to nadzwyczaj ciężko rodziców ewangelickich, że dzieci ich nie mogą pobierać nauki prywatnej w własnym budynku ewangelickim i że się niemieckiej szkole prywatnej nie przydziela żadnych innych, nawet najskromniejszych pomieszczeń.

Jest zatem wskazane, aby pomieszczono niemiecką szkołę prywatną, jeżeli nie przydzieli się jej innych ubikacyj, we wschodnim skrzydle ewangelickiego domu gminnego.

Aż do opróżnienia ewangelickiego domu gminnego nauka niemieckiej szkoły prywatnej mogłaby się łatwo odbywać po południu w miejskiej szkole wyższej, gdzie w roku szkolnym 1923-24 udziela się nauki tylko do godziny 1. Załący się musieliby oczywiście płacić odpowiedni czynsz i ponosić koszty sprzątania i przewietrzania ubikacyj.

III

Na mocy powyższych faktów i rozważań Prezydent Komisji Mieszanej dochodzi do

p o g l ą d u:

nötigen 6 größeren Räume für Schulklassen sind im Erdgeschoß und Obergeschoß des Ostflügels des Evangelischen Gemeindehauses vorhanden oder können durch die Entfernung einiger Scheidewände mit Leichtigkeit hergestellt werden, und auch für das Büro des Direktors sowie für die Aufbewahrung von Lehrmitteln ist genügend Raum da (vgl. den Plan des Evangelischen Gemeindehauses act. 38 mit Legende act. 39, Zimmer Nr. 12—17 im Erdgeschoß und Nr. 22—26 im Obergeschoß). Das schließt natürlich nicht aus, daß kleinere Ergänzungsarbeiten, soweit sie wirklich unerläßlich sind, nach Anordnung der Behörden ausgeführt werden. Die vom Kreisarzt geforderten Umbauten (act. 72—73: Rekonstruktion des Treppenhauses, des Flures, der Entreetür und Erweiterung des Tores, der Türen, der Fenster und des Korridors) sind jedoch absolut nicht notwendig.

Das einzige Hindernis, das der Unterbringung der Schule im Ostflügel des Gemeindehauses entgegensteht, ist der Umstand, daß diese Räumlichkeiten seit Juni 1922 von der Schlesischen Wojewodschaftspolizei beschlagnahmt sind (act. 62—63). Aber gerade aus diesem Umstand ergibt sich eine erhöhte Pflicht der Behörden, der deutschen Privatschule andere Lokalitäten zuzuweisen, solange das Evangelische Gemeindehaus für behördliche Zwecke beschlagnahmt ist und dadurch dieser Schule entzogen wird. Es ist überaus hart für die evangelischen Eltern, daß ihre Kinder in dem Hause ihrer Religionsgenossenschaft keinen Privatunterricht genießen können und der deutschen Privatschule auch keine andere noch so bescheidene Unterkunft gewährt wird.

Es erschiene daher gegeben, die deutsche Privatschule — wenn ihr nicht andere Lokalitäten zugewiesen werden — im Ostflügel des Evangelischen Gemeindehauses unterzubringen.

Bis zur Freigabe des Evangelischen Gemeindehauses könnte der Unterricht der deutschen Privatschule sehr wohl nachmittags in der städtischen höheren Schule stattfinden, in deren Räumen während des Schuljahres 1923-24 nur bis 1 Uhr unterrichtet wird. Selbstverständlich hätte der Beschwerdeführer für eine angemessene Miete aufzukommen und hätte auch die Reinigung und Lüftung der Lokalitäten auf eigene Kosten zu sorgen.

III

Gestützt auf diese Tatsachen und Erwägungen gelangt der Präsident der Gemischten Kommission zur

Stellungnahme:

Właściwe władze są zobowiązane przydzielić pomieszczenia szkolne niemieckiej prywatnej szkole męskiej i żeńskiej w Lublińcu.

W braku innych pomieszczeń należy niemieckiej prywatnej wyższej szkole męskiej i żeńskiej odstąpić wschodnie skrzydło ewangelickiego domu gminnego.

Aż do przydziału potrzebnych ubikacyj należy niemieckiej prywatnej wyższej szkole męskiej i żeńskiej pozwolić na udzielanie nauki popołudniowej w miejskiej szkole wyższej.

8

Pogląd

z dnia 26 listopada 1923 w sprawie nr 41 Niemiecko-Górnośląskiego Związku Ludowego na Śląsk Polski dla strzeżenia praw mniejszości, związku zapisanego, żalącego się, w Katowicach, ulica Młyńska 23, dotyczącej średnich i wyższych szkół mniejszościowych.

I

1. Żalący się zwracał się w ciągu roku szkolnego 1922-23, mianowicie od początku września 1922 do końca czerwca 1923, kilkakrotnie do Województwa z zapytaniem, czy zamierza wydać szczególne przepisy w sprawie utworzenia średnich i wyższych szkół mniejszościowych. Odpowiedź brzmiała zawsze przecząco.

Bezpośrednio przed wakacjami letnimi 1923 Województwo zmieniło swe zapatrywanie. Dnia 18 czerwca 1923 wydał Wojewoda okólnik nr 101, zawierający postanowienia o utworzeniu średnich i wyższych szkół mniejszościowych (akt 2, str. 1—5). Dnia 28 czerwca 1923 wyszedł drugi okólnik nr 102 (akt 2, str. 6), a dnia 30 czerwca 1923 wydał Wojewoda trzeci okólnik nr 102 (akt 2, str. 7).

Województwo zaprzeczyło, że wydało dwa okólniki nr 102, jeden z dnia 28 czerwca a jeden z dnia 30 czerwca 1923, twierdząc, że w kilku egzemplarzach omawianego okólnika zaszła omyłka drukarska, którą poprawiono. To zaprzeczenie Województwa jest materialnie bez znaczenia. Decydujące znaczenie ma niezaprzeczony fakt, że opublikowano dwa okólniki o różnej treści, które każdy czytelnik, nie wiedzący o powyższej omyłce, musiał uważać za dwa okólniki nr 102, z których pierwszy został przez drugi zmieniony.

Die zuständigen Behörden seien verpflichtet, der privaten deutschen höheren Knaben- und Mädchenschule in Lubliniec Unterrichtsräume zuzuweisen.

In Ermangelung anderer Räume sei der privaten deutschen höheren Knaben- und Mädchenschule der Ostflügel des Evangelischen Gemeindehauses zu überlassen.

Bis zur Zuweisung der nötigen Lokalitäten sei der privaten deutschen höheren Knaben- und Mädchenschule der Unterricht nachmittags in der städtischen höheren Schule zu gestatten.

8

Stellungnahme

vom 26. November 1923 in der Sache Nr. 41 des Deutsch-Oberschlesischen Volksbundes für Polnisch-Schlesien zur Wahrung der Minderheitsrechte, Eingetragener Verein, Beschwerdeführer in Katowice, ulica Młyńska 23, betreffend mittlere und höhere Minderheitsschulen.

I

1. Der Beschwerdeführer (Petent) hat während des Schuljahres 1922-23 (laufend von Anfang September 1922 bis Ende Juni 1923) die Wojewodschaft wiederholt angefragt, ob sie beabsichtige, besondere Bestimmungen betreffend die Einrichtung mittlerer und höherer Minderheitsschulen zu erlassen. Es wurde ihm stets geantwortet, daß diese Absicht nicht bestehe.

Unmittelbar vor den Sommerferien 1923 änderte die Wojewodschaft ihre Auffassung. Am 18. Juni 1923 erließ der Wojewode ein Rundschreiben, Nr. 101, mit Bestimmungen über die Einrichtung von mittleren und höheren Minderheitsschulen (act. 2 S. 1—5). Am 28. Juni 1923 folgte ein zweites Rundschreiben, Nr. 102 (act. 2 S. 6), und am 30. Juni 1923 erließ der Wojewode ein drittes Rundschreiben, Nr. 102 (act. 2 S. 7).

Die Wojewodschaft hat bestritten, zwei Rundschreiben Nr. 102, eines vom 28. Juni und eines vom 30. Juni 1923, erlassen zu haben und behauptet, es handle sich lediglich um einen Schreibfehler in einigen Exemplaren dieses Rundschreibens, der richtiggestellt worden sei. Diese Bestreitung der Wojewodschaft ist indessen materiell irrelevant. Maßgebend ist die unbestrittene Tatsache, das zwei Zirkulare verschiedenen Inhalts bekanntgegeben worden sind, die jeder Leser, der von dem Schreibfehler keine Kenntnis hatte, als zwei Rundschreiben Nr. 102 auffassen mußte, von denen das zweite das erste abänderte.

2. Wszystkie trzy okólniki zawierają przepis, że do wniosków muszą być załączone urzędowe poświadczenia obywatelstwa polskiego. Według okólnika pierwszego (akt 2, str. 2) poświadczenia te miały być wystawione przez starostwo, według okólnika drugiego i trzeciego (akt 2, str. 6 i 7) przez władzę administracyjną I instancji. Okólnik pierwszy żądał tego poświadczenia od osoby uprawnionej do wychowania i od ucznia; okólnik zaś drugi i trzeci tylko od ucznia.

3. Wszystkie trzy okólniki postanawiają, że należy przedłożyć poświadczenie zamieszkania miejscowej władzy policyjnej. W okólniku pierwszym żąda się tego poświadczenia od wnioskodawcy i ucznia; w okólniku drugim i trzecim tylko od ucznia (akt 2, str. 6 i 7).

4. Okólnik pierwszy (akt 2, str. 3) postanawiał, że do wniosków należy dołączyć urzędowe poświadczenie, że wnioskodawca jest faktycznie osobą z ustawy powołaną do wychowania. Z wymogu tego rezygnuje się w okólnikach drugim i trzecim (akt 2, str. 6 i 7).

5. We wszystkich trzech okólnikach wyznaczono następujące terminy przedłożenia wniosków i urzędowych poświadczeń:

a) Okólnik pierwszy wymaga, aby wnioski i urzędowe poświadczenia przedłożono w dniach 6 i 7 lipca 1923 (akt 2, str. 5).

b) Okólnik drugi postanawia, że przedłożenie wniosków i urzędowych poświadczeń winno nastąpić w dniach 13 i 14 lipca. Gdyby dotrzymanie tego terminu nie było możliwe, termin przedłuża się do końca lipca 1923 (akt 2, str. 6).

c) Okólnik trzeci przewiduje dla wniesienia wniosków dzień 13 i 14 lipca 1923. Celem wniesienia urzędowych poświadczeń udziela się terminu do końca lipca 1923 (akt 2, str. 7).

6. Okólnik pierwszy (akt 2, str. 3) postanawia, że własnoręczność podpisu na wniosku uprawnionego do wychowania winna być potwierdzona przez urząd uprawniony do prowadzenia pieczęci urzędowej, jak np. przez naczelnika gminy, naczelnika urzędu okręgowego, urzędnika stanu cywilnego itd.

7. Co do publikacji tych okólników okólnik pierwszy zawiera postanowienie, że publikacja ma nastąpić przez wywieszenie na czarnej tablicy (akt 2, str. 5). Okólniki drugi i trzeci zawierają postanowienie, że mają być opublikowane natychmiast.

2. Alle drei Rundschreiben enthalten die Vorschrift, daß den Anträgen amtliche Bescheinigungen der polnischen Staatsangehörigkeit beigelegt werden müssen. Diese Bescheinigungen waren nach dem I. Rundschreiben (act. 2 S. 2) von der Starostei, nach dem II. und III. Rundschreiben (act. 2 S. 6 u. 7) von der Verwaltungsbehörde I. Instanz auszustellen. Im I. Rundschreiben war diese Bescheinigung für die erziehungsberechtigte Person und für den Schüler vorgeschrieben; im II. und III. Rundschreiben nur für den Schüler.

3. In allen drei Rundschreiben ist bestimmt, es müsse eine Bescheinigung der Ortspolizeibehörde über den Wohnsitz beigebracht werden. Diese Bescheinigung war im I. Rundschreiben für den Antragsteller und für den Schüler vorgeschrieben; im II. und III. Rundschreiben nur für den Schüler (act. 2 S. 6 u. 7).

4. Das I. Rundschreiben (act. 2 S. 3) bestimmte, daß den Anträgen eine amtliche Bescheinigung beigelegt werden müsse, daß der Antragsteller tatsächlich die gesetzlich zur Erziehung berechtigte Person sei. Dieses Erfordernis wurde im II. und III. Rundschreiben fallen gelassen (act. 2 S. 6 u. 7).

5. In den drei Rundschreiben wurden folgende Termine für die Einreichung der Anträge und der amtlichen Bescheinigungen festgesetzt:

a) Das I. Rundschreiben verlangt, daß die Einreichung der Anträge und der amtlichen Bescheinigungen am 6. und 7. Juli 1923 stattfinde (act. 2 S. 5).

b) Das II. Rundschreiben bestimmt, daß die Einreichung der Anträge und der amtlichen Bescheinigungen am 13. und 14. Juli zu erfolgen habe; wo die Einhaltung dieser Frist nicht möglich sei, werde sie bis Ende Juli 1923 erstreckt (act. 2 S. 6).

c) Das III. Rundschreiben sieht für die Einreichung der Anträge den 13. und 14. Juli 1923 vor. Für die Einreichung der amtlichen Bescheinigungen wird Frist gewährt bis Ende Juli 1923 (act. 2 S. 7).

6. Das I. Rundschreiben (act. 2 S. 3) bestimmt, daß die Eigenhändigkeit der Unterschrift des Erziehungsberechtigten auf dem Antrag von einem zur Führung eines Amtssiegels berechtigten Amt bestätigt sein müsse, wie z. B. dem Gemeindevorstand, Amtsvorstand, Standesbeamten usw.

7. In bezug auf die Art der Bekanntmachung dieser Rundschreiben enthält das I. Rundschreiben die Bestimmung, es solle am schwarzen Brett angeschlagen werden (act. 2 S. 5). Im II. und III. Rundschreiben ist gesagt, sie seien sofort zu veröffentlichen.

Faktycznie ogłoszono wszystkie trzy okólniki tylko przez wywieszenie ich na czarnej tablicy zakładów szkolnych (zob. akt 10, str. 2, akt 11, str. 3).

8. Okólnik pierwszy postanawia, że wnioski należy złożyć w dyrekcjach właściwych państwowych szkół wyższych (akt 2, str. 3).

9. W okólniku pierwszym (akt 2) powiedziane jest pod liczbą 6, widocznie w odniesieniu do wszystkich uczniów, że przyjęcie nastąpi w miarę wolnego miejsca. Pod liczbą 15 tego samego okólnika powtórzone to jest w odniesieniu do uczniów mniejszościowych.

10. W sprawie przedstawionych wniosków dyrekcje szkół nie prowadziły listy ani nie poświadczały wnioskodawcom odbioru wniosków (akt 10, str. 2, wzgl. akt 11, str. 3).

11. W pismach z dnia 4, 8, 11, 13, 16, 17, 18, 19, 20, 21, 24 i 26 lipca 1923 petent żalił się w Województwie, że niektóre władze czyniły wnioskodawcom trudności, gdy ci przynosili wnioski do legalizacji lub żądali przepisanych urzędowych poświadczeń i składali wnioski. Częściowo działo się to w tym celu, aby utrudnić lub uniemożliwić zgłoszenie wniosków.

Szczegółów treści powyższych pism do Województwa, które znajdują się w aktach (akt 3, str. 1—34), nie można tu bliżej rozpatrywać. Podkreśla się jedynie, że chodzi o znaczną ilość zażaleń, które w większej części są szczegółowo uzasadnione i które w głównej rzeczy dotyczą następujących punktów:

a) Niektórzy urzędnicy odmówili legalizacji podpisów na wnioskach. Tak naczelnik Urzędu Okręgowego w Rybnej (akt 3, str. 1), Miejscowa Władza Policyjna w Rybniku (akt 3, str. 4), Władza Policyjna w Nowym Bytomiu (akt 3, str. 8), sekretarz gminny w Orzegowie (akt 3, str. 4) i naczelnik gminy w Bielszowicach (akt 3, str. 4).

b) Zastępca starosty w Katowicach usiłował wywierać wpływ na wnioskodawców (akt 3, str. 4 i 8).

c) W niektórych przypadkach odmówiono wystawienie poświadczenia zamieszkania lub obywatelstwa. Tak ze strony Dyrekcji Policji w Katowicach (akt 3, str. 2, 15 i 32), ze strony Starostwa w Tarnowskich Górach (akt 3, str. 8 i 10), ze strony Starostwa w Świętochłowicach (akt 3, str. 22), ze strony Miejscowej Władzy Policyjnej w Rybniku (akt 3, str. 1) i ze strony naczelnika gminy w Łaziskach Górnych (akt 3, str. 15).

Tatsächlich ist die Bekanntmachung aller drei Rundschreiben lediglich durch Anschlag am schwarzen Brett der Schulanstalten erfolgt (s. act. 10 S. 2, act. 11 S. 3).

8. Das I. Rundschreiben bestimmt, daß die Anträge bei den Direktionen der einzelnen höheren staatlichen Schulen niederzulegen seien (act. 2 S. 3).

9. Im I. Rundschreiben (act. 2) ist in Ziffer 6 offenbar in bezug auf alle Schüler gesagt, die Aufnahme erfolge nach Maßgabe des zur Verfügung stehenden Raumes. In Ziffer 15 desselben Rundschreibens wird dies hinsichtlich der Schüler der Minderheit wiederholt.

10. Über die eingereichten Anträge wurde bei den Direktionen der Anstalt weder eine Liste geführt, noch wurde den Antragstellern der Empfang der Anträge bescheinigt (act. 10 S. 2 bzw. act. 11 S. 3).

11. Der Beschwerdeführer hat mit Schreiben vom 4., 8., 11., 13., 16., 17., 18., 19., 20., 21., 24. und 26. Juli 1923 bei der Wojewodschaft darüber Beschwerde geführt, daß bei den Beglaubigungen der Unterschriften, bei der Beschaffung der vorgeschriebenen amtlichen Bescheinigungen und bei der Einreichung der Anträge von einzelnen Behörden den Antragstellern Schwierigkeiten bereitet worden seien, zum Teil in der Absicht, die Antragstellung zu erschweren oder zu verunmöglichen.

Auf den Inhalt dieser Zuschriften an die Wojewodschaft, die bei den Akten liegen (act. 3 S. 1—34), kann hier im einzelnen nicht eingegangen werden. Es sei nur hervorgehoben, daß es sich um eine große Anzahl von Beschwerden handelt, die zum guten Teil genau substanziiert sind und in der Hauptsache folgende Punkte betreffen:

a) Einzelne Beamte hätten schon die Beglaubigung der Unterschriften auf den Anträgen verweigert. So der Amtsvorsteher in Rybna (act. 3 S. 1), die Ortspolizeibehörde in Rybnik (act. 3 S. 4), die Polizeibehörde in Nowy-Bytom (act. 3 S. 8), der Gemeindesekretär in Orzegów (act. 3 S. 4) und der Gemeindevorsteher in Bielszowice (act. 3 S. 4).

b) Der Stellvertreter des Starosten von Katowice habe die Antragsteller zu beeinflussen versucht (act. 3 S. 4 u. 8).

c) Die Ausstellungen der Bescheinigungen über Wohnsitz oder Staatsangehörigkeit sei in einzelnen Fällen verweigert worden. So von der Polizeidirektion in Katowice (act. 3 S. 2, 15 u. 32), von der Starostei in Tarnowskie Góry (act. 3 S. 8 u. 10), von der Starostei in Swiętochłowice (act. 3 S. 22), von der Ortspolizeibehörde in Rybnik (act. 3 S. 1) und von dem Gemeindevorsteher in Łaziska Górne (act. 3 S. 15).

d) Za wystawienie poświadczeń zamieszkania lub obywatelstwa pobierano niedozwolone opłaty w wysokości 17.000 do 111.000 mk. Tak Dyrekcja Policji i Magistrat w Królewskiej Hucie (akt 3, str. 3 i 26) oraz Starostwo w Tarnowskich Górach (akt 3, str. 1) i Rudzie (akt 3, str. 4).

e) Starostwo w Rybniku bez potrzeby i w sposób szykanujący uzależniało wystawienie poświadczenia obywatelstwa od przedłożenia różnych dokumentów. Tak wymagano: świadectwa urodzenia uprawnionego do wychowania, jego małżonki lub uczniów (akt 3, str. 2, 5, 7, 10 i 18); dowodu, że wnioskodawca i jego ojciec byli obywatelami niemieckimi (akt 3, str. 6); rodowodów (akt 3, str. 7); świadectwa ślubu (akt 3, str. 7 i 18) i poświadczeń z wszystkich miejscowości, gdzie wnioskodawca przebywał od urodzenia (akt 3, str. 10, 18 i 27). Starostwo prócz tego żądało, aby prośba o wystawienie świadectwa obywatelstwa przedstawiona została na piśmie (akt 3, str. 6 i 7). W końcu Starostwo w Rybniku zatrzymało wnioski i poświadczenia zamieszkania rzekomo w tym celu, aby je bezpośrednio przesłać do dyrekcyj szkół.

f) Dyrekcje niektórych zakładów odmówiły przyjęcia wniosków. Tak wyższa szkoła realna w Królewskiej Hucie (akt 3, str. 2, 11 i 27), szkoła realna w Rudzie (akt 3, str. 4), liceum (akt 3, str. 16, 28 i 30), wyższa szkoła realna (akt 3, str. 16) i szkoła średnia dla chłopców w Katowicach (akt 3, str. 18).

g) Dla braku dostatecznych urzędowych zarządzeń organizacyjnych przedstawienie wniosków w przepisanym terminie było połączone z wielką stratą czasu lub wprost niemożliwe.

Tak w Starostwie i Dyrekcji Policji w Katowicach, gdzie niektórzy wnioskodawcy musieli cztery razy interweniować, aby otrzymać poświadczenie obywatelstwa i zamieszkania (akt 3, str. 3, 4, 8, 10 i 24). Do Dyrekcji liceum w Katowicach niektórzy wnioskodawcy musieli się zwracać trzy do czterech razy, aby móc złożyć wnioski (akt 28 i 30).

W liceum, wyższej szkole realnej, gimnazjum i szkole średniej dla chłopców i dziewcząt w Katowicach dnia 13 lub 14 lipca 1923 lub w obydwóch tych dniach nie przyjmowano więcej wniosków po godzinie 1 po południu (akt 3, str. 13, 15, 19 i 21).

12. Dnia 27 lipca 1923 żalący się wniósł petycję do Urzędu Spraw Mniejszości (akt 1 do 3). Dnia 19 października 1923 Urząd Spraw Mniejszości petycję z uwagami przesłał Prezydentowi Komisji

d) Es seien für die Ausstellung von Wohnsitz- oder Staatsangehörigkeitsbescheinigungen unzulässigerweise Gebühren erhoben worden im Betrage von 17.000 bis 111.000 Mark. So von der Polizeidirektion und dem Magistrat in Królewska-Huta (act. 3 S. 3 u. 26) sowie von den Starosteien in Tarnowskie Góry (act. 3 S. 1) und Ruda (act. 3 S. 4).

e) Die Starostei in Rybnik habe die Ausstellung der Ausweise über die Staatsangehörigkeit ohne jede Notwendigkeit in höchst schikanöser Weise von der Beibringung aller möglichen Urkunden abhängig gemacht. So seien verlangt worden: die Geburtsurkunde des Erziehungsberechtigten, seiner Ehefrau oder der Schüler (act. 3 S. 2, 5, 7, 10 u. 18); der Nachweis, daß der Antragsteller und sein Vater deutsche Staatsangehörige gewesen seien (act. 3 S. 6); das Familienstammbuch (act. 3 S. 7); die Heiratsurkunde (act. 3 S. 7 u. 18) und Bescheinigungen des Antragstellers über seinen Aufenthalt an sämtlichen Orten seit seiner Geburt (act. 3 S. 10, 18 u. 27). Die Starostei habe außerdem verlangt, daß das Gesuch um Ausstellung des Staatsangehörigkeitsausweises schriftlich gestellt werde (act. 3 S. 6 u. 7). Schließlich habe die Starostei Rybnik Anträge und Wohnsitzbescheinigungen zurückbehalten, angeblich um sie direkt den Schuldirektionen zu schicken.

f) Die Direktionen gewisser Anstalten hätten die Annahme einzelner Anträge verweigert. So in der Oberrealschule Królewska-Huta (act. 3 S. 2, 11 u. 27), in der Realschule Ruda (act. 3, S. 4), im Lyceum (act. 3 S. 16, 28 u. 30), in der Oberrealschule (act. 3 S. 16) und in der Knabenmittelschule (act. 3 S. 18) in Katowice.

g) Die Antragstellung innert nützlicher Frist sei mangels genügender organisatorischer Vorkehrungen der Behörden sehr zeitraubend oder geradezu unmöglich gewesen.

So bei der Starostei sowie der Polizeidirektion in Katowice, wo einzelne Antragsteller wegen einer Staatsangehörigkeits- oder Wohnsitzbescheinigung viermal hätten vorsprechen müssen (act. 3 S. 3, 4, 8, 10 u. 24). Bei der Direktion des Lyceums in Katowice hätten einzelne Antragsteller zwecks Abgabe der Anträge drei- bis viermal vorstellig werden müssen (act. 28 und 30).

Es seien im Lyceum, an der Oberrealschule, am Gymnasium, an der Knaben- und an der Mädchenmittelschule in Katowice am 13. oder am 14. Juli 1923 oder an diesen beiden Tagen nach 1 Uhr nachmittags keine Anträge mehr entgegengenommen worden (act. 3 S. 13, 15, 19 u. 21).

12. Am 27. Juli 1923 richtete der Beschwerdeführer eine Petition an das Minderheitsamt (act. 1—3). Am 19. Oktober 1923 wurde die Petition mit den Bemerkungen des Minderheitsamtes an den Präsidenten der

Mieszanej celem wyrażenia poglądu (akt 10—11). Żalący się na uwagi Urzędu Spraw Mniejszości odpowiedział pismem z dnia 30 października 1923 (akt 15). Dnia 26 listopada 1923 odbyła się rozprawa ustna, na której Urząd Spraw Mniejszości i żalący się mieli jeszcze raz sposobność wypowiedzieć się do sprawy ustnie.

II

1. Województwo i Urząd Spraw Mniejszości są zdania, że żalący się nie jest uprawniony do wnoszenia petycyj do Urzędu Spraw Mniejszości w myśl art. 147—158 Konwencji Genewskiej, ponieważ nie jest osobą fizyczną.

a) W myśl art. 147 i 149 petycje do Urzędu Spraw Mniejszości mogą wnosić: „les personnes appartenant à une minorité". Rozumieć należy przez to nie tylko osoby fizyczne. W sensie prawnym także osoby prawne, a w szczególności związki są „personnes", które mogą należeć do mniejszości (porównaj akt 87, ust. 2) i wykonywać faktycznie prawo petycyj za pośrednictwem swych organów. Już ta okoliczność powinna wystarczyć, aby nie ograniczać prawa wnoszenia petycyj do osób fizycznych. Do tego dochodzi, że Konwencja Genewska zagwarantowała wyraźnie i wyposażyła w pewne prawa mniejszościowe (p. art. 75, 78 i 86 i n.) związki, które strzegą interesów mniejszości pod względem językowym, kulturalnym, religijnym lub społecznym, oraz towarzystwa religijne, gminy kościelne i wyznaniowe mniejszości. Wynika stąd bezwzględnie, że interpretacja, w myśl której prawo petycji z art. 147 do 158 służy tylko osobom fizycznym, nie wytrzymuje krytyki.

Nie można zatem oddalić petycji żalącego się już z tego powodu, że nie jest osobą fizyczną, lecz osobą prawną, tj. związkiem zapisanym.

b) Inną jest kwestia, czy w niniejszym przypadku z uwagi na przedmiot zażalenia odmówić należy żalącemu się prawa petycji w myśl art. 147 i 158. I na to pytanie należy odpowiedzieć przecząco.

Niemiecko-górnośląski Związek Ludowy w Katowicach (petent) i Związek Polaków w Niemczech z siedzibą w Opolu są związkami zapisanymi, które ochronę praw mniejszości uważają za swe główne zadanie. Reprezentują one zatem ogół ludności mniejszościowej, która dla ochrony swych praw w związkach tych się zespoliła. Związkom

Gemischten Kommission zur Stellungnahme geleitet (act. 10—11). Der Beschwerdeführer antwortete auf die Bemerkungen des Minderheitsamtes mit Eingabe vom 30. Oktober 1923 (act. 15). Am 26. November 1923 fand eine mündliche Verhandlung statt, in der das Minderheitsamt und der Beschwerdeführer nochmals Gelegenheit hatten, sich mündlich zur Sache zu äußern.

II

1. Die Wojewodschaft und das Minderheitsamt stehen auf dem Standpunkt, der Beschwerdeführer sei nicht berechtigt, Petitionen im Sinne der Art. 147 bis 158 des Genfer Abkommens an das Minderheitsamt zu richten, weil er keine physische Person sei.

a) Nach Art. 147 und 149 können Petitionen an das Minderheitsamt richten: »les personnes appartenant à une minorité«. Darunter sind nicht nur physische Personen zu verstehen. Auch die juristischen Personen und insbesondere die Vereine sind „personnes" im Rechtssinne, die zu einer Minderheit gehören können (vgl. Art. 87 Abs. 2) und durch ihre Organe auch zur tatsächlichen Ausübung des Petitionsrechts durchaus befähigt erscheinen. Schon dies müßte genügen, um die Beschränkung des Petitionsrechtes auf die physischen Personen auszuschließen. Es kommt aber dazu, daß die Genfer Konvention die Vereine, welche die Interessen der Minderheiten in sprachlicher, kultureller, religiöser oder gesellschaftlicher Hinsicht pflegen, sowie Religionsgesellschaften, Kirchen- und Kultusgemeinden der Minderheiten ausdrücklich gewährleistet und mit gewissen Minderheitsrechten ausgestattet hat (s. Art. 75, 78 und 86 ff.). Daraus folgt mit zwingender Notwendigkeit, daß die Auslegung nicht haltbar ist, wonach das Petitionsrecht der Art. 147—158 nur physischen Personen zusteht.

Die Eingabe des Beschwerdeführers kann somit nicht schon deshalb abgewiesen werden, weil er keine physische sondern eine juristische Person, d. h. ein eingetragener Verein, ist.

b) Eine andere Frage ist die, ob dem Beschwerdeführer im vorliegenden Falle das Petitionsrecht im Sinne der Art. 147—158 mit Rücksicht auf den Gegenstand der Beschwerde abzusprechen sei. Auch diese Frage muß verneint werden.

Der Deutsch-Oberschlesische Volksbund in Katowice (Petent) und der Związek Polaków w Niemczech in Oppeln sind eingetragene Vereine, die sich in erster Linie die Wahrung der Minderheitsrechte zur Aufgabe gestellt haben. Sie repräsentieren somit die Kollektivität der Angehörigen der Minderheit, die sich zum Schutze ihrer Rechte in ihnen zusammentym, które, jak już powiedziano, są wyraźnie zagwarantowane w Konwencji, należy przyznać prawo petycji w myśl art. 147 do 158 przynajmniej w odniesieniu do wszystkich tych kwestyj, które nie tylko dotyczą specjalnych praw poszczególnych osób, lecz mają znaczenie ogólne, wkraczając w sferę interesów mniejszych lub większych kół mniejszości. Nie potrzeba wyjaśniać, że w niniejszym przypadku chodzi o kwestię o znaczeniu ogólnym.

Praktyczne doświadczenie skłoniło Prezydenta do przyznania związkom dla strzeżenia praw mniejszości prawa petycji w najszerszym zakresie. Poszczególna mniejszościowa osoba fizyczna bardzo często nie ma ani potrzebnych wiadomości, ani potrzebnego czasu, ani też niezbędnych środków, aby móc skutecznie bronić swych praw. Do tego dochodzi okoliczność, że ludność mniejszościowa na obu częściach Górnego Śląska nie bez powodu czuje się jeszcze dziś zagrożona z powodu doznanych prześladowań, wobec czego nie ma często odwagi do wniesienia zażalenia w własnym imieniu bez narażenia się na przykrości. Nacisk, jaki pomimo wszelkich gwarancyj prawnych Konwencji Genewskiej ciąży faktycznie na mniejszościach Polskiego i Niemieckiego Górnego Śląska, jest tak wielki, że według silnego przekonania Prezydenta postanowienia Konwencji Genewskiej dla ochrony mniejszości stałyby się iluzoryczne, gdyby związkom dla strzeżenia praw mniejszości nie przyznano w najszerszej mierze prawa petycji w myśl art. 147 do 158.

c) Także na drugie przez Urząd Spraw Mniejszości co do innych petycyj wysunięte pytanie, czy związek, jakim jest żalący się, może imieniem i z polecenia osoby fizycznej wnieść do Urzędu Spraw Mniejszości zażalenie i zastępować je nawet przed Radą Ligi Narodów, odpowiedzieć należy twierdząco.

Zarzut, że żalący się nie jest uprawniony do wniesienia niniejszej petycji do Urzędu Spraw Mniejszości, nie może być uważany za uzasadniony.

2. Województwo wywodzi, że władze polskie w myśl Konwencji Genewskiej nie są w ogóle zobowiązane do zakładania średnich i wyższych szkół mniejszościowych na swym obszarze, ponieważ szkoły takie również nie istnieją na Górnym Śląsku Niemieckim.

Postanowienia art. 116 do 130 Konwencji Genewskiej zobowiązują oba układające się Państwa pod pewnymi warunkami do pewnych świadczeń i zarządzeń w dziedzinie szkolnictwa średniego i wyżgeschlossen haben. Diesen Vereinen, die, wie schon gesagt, in der Konvention ausdrücklich gewährleistet sind, muß das Petitionsrecht im Sinne der Art. 147—158 zum mindesten in bezug auf alle Angelegenheiten zugestanden werden, die nicht nur spezielle Rechte einzelner Personen betreffen, sondern von allgemeiner Bedeutung sind, indem sie die Interessen kleinerer oder größerer Kreise der Minderheit berühren. Daß es sich in vorliegendem Falle um eine Angelegenheit von allgemeiner Bedeutung handelt, ist ohne weiteres klar.

Die praktischen Erfahrungen, die der Präsident gemacht hat, veranlassen ihn, die Vereine zur Wahrung der Minderheitsrechte in weitgehendstem Maße zum Petitionsrecht zuzulassen. Die einzelnen zur Minderheit gehörenden physischen Personen haben sehr oft weder die nötigen Kenntnisse noch die erforderliche Zeit, noch die unerläßlichen Mittel, um ihre Rechte wirksam zu vertreten. Noch schwerer fällt aber ins Gewicht, daß die Angehörigen der Minderheiten in beiden Teilen Oberschlesiens infolge der Verfolgungen, die sie erduldet haben, sich noch heute nicht ohne Grund bedroht fühlen und es oft nicht wagen können, im eigenen Namen Beschwerde zu führen, ohne sich dadurch Unannehmlichkeiten auszusetzen. Der auf den Minderheiten Polnisch-Oberschlesiens und Deutsch-Oberschlesiens trotz aller rechtlichen Garantien des Genfer Abkommens tatsächlich lastende Druck ist so groß, daß nach der festen Überzeugung des Präsidenten die Bestimmungen des Genfer Abkommens zum Schutze der Minderheiten illusorisch wären, wenn den Vereinen zur Wahrung der Minderheitsrechte nicht in weitgehendstem Maße das Petitionsrecht im Sinne der Art. 147—158 zugestanden würde.

c) Auch die hinsichtlich anderer Petitionen vom Minderheitsamt aufgeworfene Frage, ob ein Verein (wie der Beschwerdeführer einer ist) im Namen und im Auftrage einer physischen Person eine Petition an das Minderheitsamt richten und sie bis vor den Völkerbundsrat vertreten könne, ist ohne weiteres zu bejahen.

Die Einrede, der Beschwerdeführer sei nicht berechtigt, die vorliegende Petition an das Minderheitsamt zu richten, kann nicht als begründet anerkannt werden.

2. Die Wojewodschaft hat geltend gemacht, daß die Polnischen Behörden nach dem Genfer Abkommen überhaupt nicht verpflichtet seien, auf ihrem Gebiete mittlere und höhere Minderheitsschulen einzurichten, weil auch in Deutsch-Oberschlesien keine solchen Schulen bestehen.

Die Bestimmungen der Art. 116—130 des Genfer Abkommens verpflichten die beiden vertragschließenden Staaten unter bestimmten Voraussetzungen zu gewissen Leistungen und Maßnahmen auf dem Gebiete szego. Według art. XIV protokołu końcowego zgodzono się na te postanowienia pod warunkiem wzajemności.

Gdziekolwiek postanowienia umowne wyraźnie lub milcząco oparte są na wzajemności, należy rozumieć przez to wzajemność w wypełnianiu zobowiązań umownych. Wzajemność w znaczeniu ilościowo równych świadczeń, bez względu na to, czy i w jakim zakresie umowne zobowiązanie jednej lub drugiej strony do świadczeń tych istnieje, nie może być przyjęta ani według ogólnych zasad prawnych, ani według brzmienia protokołu końcowego art. XIV.

Ponieważ nie twierdzono, że władze niemieckie nie dotrzymały zobowiązań, ciążących na nich w myśl postanowień Konwencji o szkolnictwie średnim i wyższym, zarzut ten nie jest uzasadniony.

3. Przepisy okólników Wojewody w sprawie urzędowego poświadczenia obywatelstwa i miejsca zamieszkania (p. wyżej I, liczba 2 i 3) są daleko idącym i zupełnie niepotrzebnym utrudnieniem wykonywania prawa zgłaszania wniosków, prawa uregulowanego w sposób jak najliberalniejszy w art. 118 Konwencji Genewskiej. Przepisy te są zatem niedopuszczalne. W tym zaś przypadku są one jeszcze mniej dopuszczalne, niż przy stosowaniu i wykonywaniu art. 106 dotyczącego powszechnych szkół mniejszościowych. Także dla wniosków o utworzenie powszechnych szkół mniejszościowych wymagało pierwsze rozporządzenie Wojewody z dnia 21 sierpnia 1922 art. 5 liczba 3 i 4 (akt 32—33) urzędowych poświadczeń obywatelstwa i miejsca zamieszkania. Później jednak Województwo uznało, że przepisy te nie dadzą się pogodzić z Konwencją Genewską i postanowiło wyraźnie rozporządzeniem drugim z dnia 29 grudnia 1922 art. 5 w sprawie szkolnictwa ludowego, że jest rzeczą władz, badać z urzędu wymogi obywatelstwa i miejsca zamieszkania (akt 34—35).

Pobieranie opłat za urzędowe poświadczenie jest bezwarunkowo niedopuszczalne, ponieważ w sposób niedozwolony utrudnia zgłaszania wniosków. Pobrane opłaty należy zatem zwrócić.

4. Także urzędowe poświadczenie, wymagane w okólniku pierwszym, że wnioskodawca jest faktycznie osobą uprawnioną do wychowania (patrz wyżej I, liczb. 4), nie dało się pogodzić z art. 118 Konwencji Genewskiej.

5. Dalszego niedopuszczalnego utrudnienia przy urządzaniu wyższych szkół mniejszościowych dopatrywać się należy w terminach

des mittleren und höheren Schulwesens. Nach Art. XIV des Schlußprotokolls sind diese Bestimmungen unter der Voraussetzung der Gegenseitigkeit vereinbart worden.

Wo immer vertragliche Bestimmungen ausdrücklich oder stillschweigend auf Gegenseitigkeit beruhen, ist darunter die Gegenseitigkeit in der Erfüllung der vertraglichen Verpflichtungen zu verstehen. Die Gegenseitigkeit im Sinne quantitativ gleicher Leistungen, ohne Rücksicht darauf, ob und in welchem Umfang auf der einen oder auf der anderen Seite eine vertragliche Verpflichtung zu diesen Leistungen besteht, kann weder nach allgemeinen Rechtsgrundsätzen noch nach dem Wortlaut des Schlußprotokolls Art. XIV angenommen werden.

Da nicht behauptet worden ist, daß die deutschen Behörden ihnen gemäß den Bestimmungen über das mittlere und höhere Schulwesen obliegende Verpflichtungen verletzt haben, ist diese Einwendung unbegründet.

3. Die Vorschriften in den Rundschreiben des Wojewoden betreffend die amtliche Bescheinigung der Staatsangehörigkeit und des Wohnsitzes (s. oben I Ziff. 2 und 3) sind weitgehende und durchaus unnötige Erschwerungen der Ausübung des in der Genfer Konvention Art. 118 in liberalster Weise geregelten Antragsrechtes und daher nicht zulässig. Sie sind hier noch weniger zulässig als bei der Anwendung und Durchführung des Art. 106 betreffend die Minderheitsvolksschulen. Auch für die Anträge auf Errichtung von Minderheitsvolksschulen waren in der ersten Verordnung des Wojewoden vom 21. August 1922 Art. 5 Ziff. 3 und 4 (act. 32, 33) amtliche Bescheinigungen der Staatsangehörigkeit und des Wohnsitzes vorgeschrieben. Die Wojewodschaft hat aber in der Folge anerkannt, daß solche Vorschriften mit der Genfer Konvention unvereinbar seien und in der zweiten Verordnung betr. Volksschulwesen vom 29. Dezember 1922 Art. 5 ausdrücklich bestimmt, daß es Sache der Behörden sei, die Erfordernisse der Staatsangehörigkeit und des Wohnsitzes von Amts wegen zu prüfen (act. 34, 35).

Die Erhebung von Gebühren für die amtlichen Bescheinigungen ist unter allen Umständen unzulässig, weil sie die Antragstellung in unstatthafter Weise erschwert. Diese Gebühren sind daher zu erstatten.

4. Auch die im I. Rundschreiben vorgeschriebene amtliche Bescheinigung, daß der Antragsteller tatsächlich die zur Erziehung berechtigte Person sei (s. oben I Ziff. 4) war mit dem Art. 118 der Genfer Konvention unvereinbar.

5. Eine weitere unzulässige Erschwerung der Bildung von höheren Minderheitsschulen bedeuten die oben sub. I Ziff. 5 angeführten Fristen

przytoczonych pod I liczba 5 w związku z całym postępowaniem Województwa. Niezależnie od tego, jak będziemy interpretowali poszczególne postanowienia okólników co do terminów oraz sprzeczności, jakie w okólnikach tych zachodzą, jest rzeczą ustaloną, że termin wybrany przez Wojewodę był możliwie najniedogodniejszy, gdyż powszechnie wiadomo, że liczne rodziny krótko po rozpoczęciu się wakacyj letnich opuszczają swe miejsca zamieszkania, aby się udać na dłuższy pobyt letni w dalsze strony. Obwieszczone na czarnej tablicy ogłoszeń niejasne przepisy doszły do wiadomości rodziców dopiero po jakimś czasie, ponieważ rodzice do szkół nie chodzą. Dla wielu uprawnionych do wychowania było rzeczą bardzo niedogodną, udać się do budynku szkolnego, aby przeczytać okólniki na czarnej tablicy i zrobić z nich wyciągi. Przytoczone już sprzeczności, które zachodzą w tych trzech okólnikach, były dla rodziców dalszym i zasadniczym utrudnieniem w orientowaniu się w tych nakazanych, czas zabierających formalnościach.

Ten cały sposób postępowania i te trzy okólniki byłyby zrozumiałe, gdyby Województwo przepisy te pojmowało jako zwykłe instrukcje i zezwoliło w sposób liberalny na ich dodatkowe wykonanie. Tymczasem sprawa przedstawia się odwrotnie. Województwo wymienionym przepisom nadaje możliwie najsurowszy charakter. Ogłasza bardzo liczne wnioski, zgłoszone w myśl art. 118, za nieważne, bo nie odpowiadają dokładnie temu lub owemu przepisowi okólników. W ten sposób dochodzi widocznie do wyniku, że nie musi otwierać żadnej z sześciu w mowie będących wyższych szkół mniejszościowych. Odmawia się prawie wszędzie nawet utworzenia klas mniejszościowych. Przeszło 1000 dzieci pozbawiono przez zamknięcie dawniejszych szkół nauki i wyrzucono niejako na ulicę.

Zachodzi pytanie, czy, pominąwszy względy słuszności i sprawiedliwości oraz fakt, że interesy moralne danych dzieci doznały ciężkiego uszczerbku, Województwo jest uprawnione do wydania tego rodzaju wiążących przepisów, których Konwencja nigdzie nie przewiduje. Na pytanie to należy odpowiedzieć przecząco. Postanowienia Województwa mogą mieć tylko charakter przepisów porządkowych, o ile nie są z góry niedopuszczalnym utrudnieniem. Także terminy wspomnianych trzech okólników są tylko przepisem porządkowym.

Należy przy tym szczególnie podkreślić, że art. 118 w przeciwieństwie do art. 106 nie przewiduje ani 9-miesięcznego ani też krótszego terminu, którego by należało przestrzegać. W myśl art. 118 wnioim Zusammenhang mit dem ganzen Vorgehen der Wojewodschaft. Möge man die einzelnen Fristbestimmungen der drei Rundschreiben und ihre Widersprüche so oder anders auslegen, so steht jedenfalls fest, daß der vom Wojewoden gewählte Zeitpunkt der denkbar ungünstigste war, denn es ist notorisch, daß viele Familien kurze Zeit nach Beginn der großen Schulferien ihren Wohnort verlassen, um in ziemlich entfernten Gegenden einen längeren Sommeraufenthalt zu machen. Zur Kenntnisnahme der Eltern gelangten die am schwarzen Brett angeschlagenen unübersichtlichen Vorschriften erst nach einiger Zeit, da die Eltern eben nicht in die Schule gehen. Für viele Erziehungsberechtigte war es außerordentlich unbequem, sich in die Schulgebäude zu begeben, um die Rundschreiben am schwarzen Brett zu lesen und davon Auszüge zu machen. Die oben schon erwähnten Widersprüche zwischen den drei Rundschreiben waren für die Orientierung der Eltern über die vorgeschriebenen zeitraubenden Formalitäten eine weitere und wesentliche Erschwerung.

Diese ganze Art des Vorgehens und die drei Rundschreiben wären aber verständlich, wenn die Wojewodschaft die fraglichen Vorschriften als bloße Instruktionen auffaßte und wenn sie in sehr weitherziger Weise ihre nachträgliche Erfüllung zuließe. Allein gerade das Gegenteil ist der Fall. Die Wojewodschaft legt den erwähnten Vorschriften den denkbar strengsten Charakter bei. Sie erklärt sehr zahlreiche Anträge, die im Sinne des Art. 118 eingereicht wurden, welche aber dieser oder jener Vorschrift der Rundschreiben nicht genau entsprechen, als ungültig. Auf diese Weise scheint sie zum Ergebnis zu gelangen, daß überhaupt keine der 6 in Frage stehenden höheren Minderheitsschulen einzurichten sei. Selbst die Einrichtung von Minderheitsklassen wird fast durchweg verweigert. Über 1000 Kinder werden durch Schließung der früheren Schulen des Unterrichts beraubt und sozusagen auf die Gasse geworfen.

Es fragt sich nun, ganz abgesehen von den Gründen der Billigkeit und Gerechtigkeit und ganz abgesehen von den schwer verletzten moralischen Interessen dieser Kinder, ob die Wojewodschaft berechtigt ist, derartige Vorschriften zwingenden Charakters, die in der Konvention nirgends vorgesehen sind, aufzustellen. Diese Frage ist zu verneinen. Die Bestimmungen der Wojewodschaft können, soweit sie nicht von vornherein als unzulässige Erschwerung erscheinen, nur den Charakter von Ordnungsvorschriften haben. Bloße Ordnungsvorschriften sind auch die Fristansetzungen der drei Rundschreiben.

Dabei ist besonders zu betonen, daß Art. 118 im Gegensatz zu Art. 106 weder eine neunmonatliche noch eine kürzere Frist vorsieht, die eingehalten werden müßte. Gemäß Art. 118 können Anträge jederzeit ski można składać zawsze. Interesanci mogli zatem przedstawić wnioski już przed wyjściem okólnika Wojewody. Jeżeli więc na podstawie okólników nie zebrano koniecznej liczby wniosków, interesanci mogą także w przyszłości poczynić każdego czasu nowe próby utworzenia średniej lub wyższej szkoły mniejszości, przedstawiając Województwu przynajmniej 300 nowo zgłoszonych wniosków w myśl art. 118. Daną szkołę należałoby wówczas utworzyć możliwie rychło, bo Konwencja w tej sprawie nie przewiduje żadnego terminu.

Leży w naturze zwykłych przepisów porządkowych, że interesowanym osobom należy pozwolić na ich dodatkowe wykonanie, jeśli szczególne okoliczności tego nie wykluczają. Pogląd Województwa, w myśl którego nieprzestrzeganie terminu przewidzianego w okólnikach pociąga za sobą nieważność zgłoszonych wniosków, jest zatem zupełnie mylny. Zasadniczo wyłonić mogłoby się tylko to pytanie: Czy właściwa władza może odmówić utworzenia szkoły mniejszościowej, jeżeli wskutek nieprzestrzegania stosownego terminu, wyznaczonego przez Wojewodę w okólnikach, utworzenie szkoły mniejszościowej w zamierzonym terminie jest niemożliwe lub zasadniczo utrudnione? Kwestia ta faktycznie nie wyłoni się chyba nigdy, jeżeli władze, jak to jest ich obowiązkiem, dadzą interesantom dość rychło sposobność do zgłoszenia wniosków. Na rok szkolny 1923-24 kwestia ta jest bez znaczenia i to z następujących powodów:

Powiedziano już, że termin wyznaczony przez Wojewodę (13 i 14 lipca) nie był terminem stosownym, lecz za krótkim. Lecz pominąwszy całkiem to, jest jedynie winą właściwych władz, że wnioski można było zgłaszać dopiero tak późno i że przygotowania do utworzenia szkół nie były poczynione wcześniej. Wobec tego nadzwyczajnego zwlekania władz — cały rok upłynął niewykorzystany — byłoby wielką niesprawiedliwością, gdyby się chciało pozbawić rodziców prawa do szkół mniejszościowych dlatego, że wnioski złożyli kilka dni po upłynięciu terminu lub wypełnili niektóre formalności dopiero dodatkowo.

Następnie jest rzeczą całkiem jasną, że nie może być mowy o uniemożliwieniu lub zasadniczym utrudnieniu przez spóźnione przedłożenie zaświadczeń. Potrzeba tylko dobrej woli władz — Konwencja przyjmuje to jako rzecz oczywistą — i aby władze ukształtowały swój stosunek do obywateli Państwa, także wtenczas, gdy ci należą do mniejszości i gdy chodzi o szkołę mniejszościową, według zasad eingereicht werden. Die Interessenten konnten daher schon vor dem Rundschreiben des Wojewoden Anträge einreichen. Sie können, wenn auf Grund der Rundschreiben die nötige Anzahl von Anträgen nicht zusammengekommen ist, auch in Zukunft zu jeder Zeit einen neuen Versuch zur Bildung einer mittleren oder höheren Minderheitsschule unternehmen, indem sie der Wojewodschaft gemäß Art. 118 mindestens 300 neugestellte Anträge einreichen. Die Einrichtung der betreffenden Schule hätte, da diesbezüglich keine Frist in der Konvention vorgesehen ist, sobald als möglich zu geschehen.

Es liegt in der Natur von einfachen Ordnungsvorschriften, daß deren nachträgliche Erfüllung den beteiligten Personen gestattet werden muß, wo besondere zwingende Verhältnisse dies nicht ausschließen. Demnach ist die Stellungnahme der Wojewodschaft durchaus irrig, wonach die Nichteinhaltung der in den Rundschreiben vorgesehenen Frist ohne weiteres die Ungültigkeit der eingereichten Anträge zur Folge haben solle. Nur die Frage könnte grundsätzlich auftauchen: Kann die zuständige Behörde die Einrichtung einer Minderheitsschule verweigern, wenn infolge der Nichteinhaltung einer vom Wojewoden in den Rundschreiben festgesetzten angemessenen Frist die Einrichtung der Minderheitsschule auf den in Aussicht genommenen Zeitpunkt unmöglich oder wesentlich erschwert wird? Diese Frage wird tatsächlich wohl niemals auftauchen, wenn die Behörden den Interessenten rechtzeitig, wie es ihre Pflicht ist, Anlaß geben, ihre Anträge zu stellen. Für das Schuljahr 1923-24 ist obige Frage ohnehin hinfällig, und zwar aus folgenden Gründen:

Es wurde schon ausgeführt, daß die vom Wojewoden angewendete Frist (13. und 14. Juli) keine angemessene, sondern zu kurz war. Aber ganz abgesehen davon, ist es einzig und allein Schuld der zuständigen Behörde, wenn die Anträge so spät gestellt werden konnten und wenn die Vorbereitungen für die Einrichtung der Schulen nicht früher getroffen wurden. Angesichts dieser außerordentlichen Verzögerung der Behörden — ein ganzes Jahr verstrich unbenutzt — wäre es im höchsten Grade ungerecht, die Eltern ihres Rechtes auf Minderheitsschulen deshalb verlustig zu erklären, weil sie den Antrag einige Tage nach der Frist eingereicht oder gewisse Formalitäten erst nachträglich erfüllt hätten.

Sodann ist ohne weiteres klar, daß von einer Verunmöglichung oder wesentlichen Erschwerung durch verspätete Einreichung von Bescheinigungen gar keine Rede sein kann. Es braucht nur den guten Willen der Behörden, wie er von der Konvention als selbstverständlich vorausgesetzt wird, und ferner ist es nötig, daß die Behörden den Verkehr mit den Staatsbürgern, auch wenn diese der Minderheit angehören und auch wo słuszności i życzliwego traktowania. Chodzi zawsze o to, czy właściwe władze upatrują swe zadanie w tym, aby zapobiec tworzeniu szkół mniejszościowych, czy w tym, aby je w myśl Konwencji traktować według zasad liberalnych.

Uwzględniając wyłuszczone okoliczności, a w szczególności trudności, na jakie napotykało wykonanie przepisów okólników (p. także powyżej I liczba 11), Prezydent uważa za odpowiedni termin zgłoszenia wniosków termin 1-miesięczny, licząc od publikacji ostatniego okólnika, tj. termin do końca lipca 1923. Należy też uwzględnić wnioski zgłoszone później, jeżeli wnioskodawca w sposób wiarogodny udowodni, że powodem niedotrzymania terminu są okoliczności, za które on nie odpowiada.

6. Co do przepisu porządkowego w sprawie wymaganej legalizacji podpisów (patrz powyżej I liczba 6) odsyła się do wywodów w poglądzie Prezydenta z dnia 29 października 1923 w sprawie Jana Hübnera i towarzyszy, dotyczącej szkoły mniejszościowej w Kopalni Boera (akt 30—31). Pogląd ten znany jest Urzędowi Spraw Mniejszości i żalącemu się, został ponadto ogłoszony w prasie.

7. Sposób publikacji okólników (p. powyżej I liczba 7) przez wywieszenie ich na czarnej tablicy ogłoszeń był absolutnie niewystarczający. Uprawnieni do wychowania, do których okólniki były skierowane, nie chodzą do szkoły, ponadto wielu z nich nie mieszka w miejscowościach, gdzie publikacja na czarnej tablicy danego zakładu nastąpiła. Jest zaś rzeczą wykluczoną, aby dziecko szkolne mogło się orientować w tych obszernych i sprzecznych z sobą rozporządzeniach. Że sposób, w jaki publikacja nastąpiła, był niewystarczający, wynika zresztą już z trudności, jakie liczne władze — częściowo z powodu nieznajomości okólników Wojewody — czyniły wnioskodawcom przy legalizowaniu podpisów i wystawianiu wymaganych poświadczeń (p. powyżej I, liczba 11).

Z powyższego wynika, że należy w szczególności uwzględnić także te wnioski, które zgłoszone zostały po 31 lipca 1923, jeżeli wnioskodawca w sposób wiarogodny udowodni, że dopiero później dowiedział się o okólniku Wojewody.

8. Jeżeli przepis, że wnioskodawca złożyć winien wnioski w dyrekcjach zakładów, ma być tak pojęty, że wnioskodawcy złożyć winni wnioski u dyrektorów zakładów osobiście lub przez posłańców, wówczas przepis ten oznacza niepotrzebne, a zatem niedopuszczalne utru-

es sich um Minderheitsschulen handelt, nach den Grundsätzen der Billigkeit und wohlwollenden Behandlung gestalten. Es handelt sich immer wieder darum, ob die zuständigen Behörden ihre Aufgabe darin erblicken, die Minderheitsschulen zu verhindern oder im Sinne der Konvention nach liberalen Grundsätzen zu behandeln.

Unter Berücksichtigung der erörterten Umstände sowie insbesondere der Schwierigkeiten, die mit der Durchführung der Vorschriften der Rundschreiben verbunden waren (s. auch oben I Ziff. 11), erachtet der Präsident für die Einreichung der Anträge eine Frist von einem Monat seit Bekanntgabe des letzten Rundschreibens, das ist bis Ende Juli 1923, als angemessen. Auch Anträge, die später gestellt wurden, sind zu berücksichtigen, wenn der Antragsteller glaubhaft macht, daß die Nichteinhaltung der Frist auf Umstände zurückzuführen sei, die er nicht zu vertreten hat.

6. Was speziell die Ordnungsvorschrift betreffend die geschriebene Beglaubigung der Unterschriften anbelangt (s. oben I Ziff. 6), so wird auf die Ausführungen in der Stellungnahme des Präsidenten vom 29. Oktober 1923 in der Sache des Johann Hübner und Genossen betr. die Minderheitsschule in Kopalnia Boera verwiesen (act. 30, 31). Diese Stellungnahme ist dem Minderheitsamt und den Beschwerdeführern bekannt und ist zudem im Wortlaut in der Presse veröffentlicht worden.

7. Die Art und Weise der Bekanntmachung (s. oben I Ziff. 7) durch bloßen Anschlag am Schwarzen Brett war absolut ungenügend. Die Erziehungsberechtigten, an welche die Rundschreiben gerichtet waren, gehen nicht in die Schule und viele von ihnen wohnen außerdem gar nicht in den Ortschaften, in denen der Anschlag am Schwarzen Brett der Anstalten erfolgt ist. Daß aber ein Schulkind sich in diesen umfangreichen und sich widersprechenden Verordnungen zurechtfindet, ist ausgeschlossen. Daß die stattbehabte Bekanntmachung ungenügend war, ergibt sich übrigens schon aus den Schwierigkeiten, die zahlreiche Behörden, zum Teil infolge Unkenntnis der Rundschreiben des Wojewoden, den Antragstellern bei der Beglaubigung der Unterschriften sowie bei der Ausstellung der vorgeschriebenen Bescheinigungen gemacht haben (s. oben I Ziff. 11).

Es ergibt sich daraus die Konsequenz, daß insbesondere auch solche Anträge berücksichtigt werden müssen, die nach Ende Juli 1923 eingereicht worden sind, wenn der Antragsteller glaubhaft macht, daß er erst später von dem Rundschreiben des Wojewoden Kenntnis erhalten hat.

8. Wenn die Vorschrift, daß der Antragsteller die Anträge bei den Direktionen der Anstalten niederzulegen habe, so gemeint ist, daß die Antragsteller ihre Anträge persönlich oder durch Boten zu den Direktoren der Anstalt bringen müssen, bedeutet sie eine unnötige und daher unzu-

dnienie zgłaszania wniosków, co należałoby tym bardziej odrzucić, że liczni wnioskodawcy nie mieszkają w tych miejscowościach, gdzie są zakłady szkolne. Wniosek można zgłosić raczej także przez przesłanie go pocztą. Ponieważ dyrekcje zakładów szkolnych przyjmowały wnioski dnia 13 i 14 lipca 1923 częściowo tylko przed południem, przeto należy uwzględnić także wszystkie te wnioski, które przesłano do Województwa bezpośrednio.

9. Co do postanowień o przyjmowaniu uczniów (p. powyżej I, liczba 9) Województwo oświadczyło (p. akt. 10, str. 5 wzgl. akt. 11, str. 7), że przepis ten może mieć zastosowanie tylko do takich uczniów, dla których wniosków nie zgłoszono lub których wnioski są nieważne. Wobec tego oświadczenia Województwa nie ma chwilowo powodu do bliższego rozpatrzenia kwestii pomieszczenia.

10. Jeżeli jakiś wnioskodawca twierdzi, że jego wniosek u władz zaginął (p. wyżej I, liczba 10), należy mu dać sposobność wiarogodnego udowodnienia, że wniosek istotnie zgłosił.

III

Pogląd:

Okólniki Wojewody z dnia 18, 28 i 30 czerwca 1923 w sprawie średnich i wyższych szkół mniejszościowych winny być stosowane w myśl powyższych wywodów (II, l. 1 do 10).

Należy w szczególności uwzględnić wszystkie wnioski, które zgłoszono do dnia 31 lipca 1923 w dyrekcjach szkół lub w Województwie lub przesłano pocztą, i to bez względu na to, czy załączono do nich urzędowe poświadczenia obywatelstwa i zamieszkania lub nie.

Także wnioski zgłoszone po 31 lipca 1923 należy uwzględnić, jeżeli wnioskodawca wiarogodnie udowodni, że powodem nieprzestrzegania wymaganego terminu są okoliczności, za które on nie odpowiada.

Postanowienia co do legalizacji podpisów wnioskodawców należy stosować tylko jako przepis porządkowy. Gdzie legalizacji brak lub gdzie jest wadliwa, wnioskodawcy należy wyznaczyć stosowny 14-dniowy termin celem usunięcia wad, o ile w danych warunkach to jeszcze w ogóle jest potrzebne.

lässige Erschwerung der Antragstellung, die um so mehr abgelehnt werden müßte, als viele Antragsteller nicht in den Ortschaften wohnen, an denen sich die Schulanstalten befinden. Vielmehr ist auch die Einreichung der Anträge durch die Post zulässig. Da die Direktionen der Schulanstalten am 13. und 14. Juli 1923 zum Teil nur vormittags Anträge entgegengenommen haben, müssen auch alle Anträge berücksichtigt werden, die der Wojewodschaft direkt eingereicht worden sind.

9. Was die Bestimmungen betr. die Aufnahme von Schülern betrifft (s. oben I Ziff. 9), so hat die Wojewodschaft (s. act. 10 S. 5 bzw. act. 11 S. 7) erklärt, diese Vorschrift könne nur auf die Schüler Anwendung finden, für welche keine Anträge gestellt oder deren Anträge ungültig seien. Angesichts dieser Erklärung der Wojewodschaft besteht vorläufig kein Anlaß, weiter auf die Raumfrage einzugehen.

10. Wo ein Antragsteller behauptet, sein Antrag sei bei den Behörden verlorengegangen (s. oben I Ziff. 10), muß ihm Gelegenheit gegeben werden, glaubhaft zu machen, daß er tatsächlich einen Antrag eingereicht habe.

III

Stellungnahme:

Es seien die Rundschreiben des Wojewoden vom 18., 28. und 30. Juni 1923 betr. die mittleren und höheren Minderheitsschulen nach Maßgabe der obigen Ausführungen (II Ziff. 1—10) anzuwenden.

Insbesondere seien alle Anträge zu berücksichtigen, die bis zum 31. Juli 1923 den Schuldirektionen oder der Wojewodschaft eingereicht oder bei der Post aufgegeben worden sind und zwar ohne Rücksicht darauf, ob amtliche Bescheinigungen über Staatsangehörigkeit und Wohnsitz beigebracht wurden.

Auch nach dem 31. Juli 1923 eingereichte Anträge seien zu berücksichtigen, wenn der Antragsteller glaubhaft macht, daß die Nichteinhaltung dieser Frist auf Umstände zurückzuführen sei, die er nicht zu vertreten hat.

Die Bestimmungen betreffend die Beglaubigung der Unterschriften der Antragsteller seien als bloße Ordnungsvorschrift anzuwenden, und wo die Beglaubigung fehle oder mangelhaft erscheine, sei dem Antragsteller zur Hebung dieses Mangels eine angemessene Frist von 14 Tagen anzusetzen, soweit dies nach den Umständen überhaupt noch nötig erscheint.

9

Pogląd

z dnia 14 grudnia 1923 w sprawie nr 39 Ignacego Dybula z Zawadzkiej (Górny Śląsk Niemiecki) w Czarnymlesie, dotyczącej ścigania karnego i odszkodowania.

I

1. Żalący się, z zawodu robotnik hutniczy, mieszkał poprzednio w Zawadzkiej. Według przedstawienia przezeń sprawy został on wraz z rodziną w czerwcu 1922 roku przez bandy orgeszów kilkakrotnie napadnięty, pobity i zagrożony na życiu. Wobec tego uciekł dnia 4 czerwca na Górny Śląsk Polski, gdzie znalazł zatrudnienie w Czarnymlesie pod Nowym Bytomiem. Rodzina jego udała się za nim do nowego miejsca pobytu w lipcu 1922. Żalący się wywodzi, że musiał sprzedać część swych ruchomości ze stratą, część zaś pozostawić w Zawadzkiej. Ponadto z powodu wypędzenia go był przez dłuższy czas bez pracy.

2. W podanych do protokołu zażaleniach z dnia 20 listopada 1922 (akt 1) i z dnia 19 marca 1923 (akt. 3) żalący się wniósł o ukaranie sprawców i o odszkodowanie.

Urząd Spraw Mniejszości doniósł żalącemu się dnia 7 sierpnia 1923, że przesłał zażalenie Prokuraturze w Opolu, a roszczenia o odszkodowanie skierował do Komisarza Rzeszy dla szkód górnośląskich (akt 11).

Dnia 15 września 1923 Urząd Spraw Mniejszości przesłał zażalenie z uwagami Prezydentowi Komisji Mieszanej (akt 14). Żalący się odpowiedział na uwagi Urzędu Spraw Mniejszości pismem z dnia 2 października 1923 (akt 19). Urząd Spraw Mniejszości przedstawił dokładnie procedurę rozpatrywania roszczeń o wynagrodzenie szkód górnośląskich (akt 20), co zakomunikowano żalącemu się dnia 16 listopada 1923.

Dnia 14 grudnia 1923 odbyła się przed Prezydentem Komisji Mieszanej rozprawa ustna, w której uczestniczyli kierownik Urzędu Spraw Mniejszości i żalący się. Żalący się oświadczył, że nie chce powrócić do Zawadzkiej.

II

1. Pierwszy punkt zażalenia co do ukarania sprawców Urząd Spraw Mniejszości uwzględnił w ten sposób, że przesłał zażalenie

9

Stellungnahme

vom 14. Dezember 1923 in der Sache Nr. 39 des Ignatz Dybul aus Zawadzki (Deutsch-Oberschlesien) in Czarnylas, betreffend Strafverfolgung und Schadenersatz.

I

1. Der Beschwerdeführer, Hüttenarbeiter von Beruf, wohnte früher in Zawadzki. Im Juni 1922 wurden er und seine Familie nach seiner Darstellung wiederholt von Orgeschbanden überfallen, mißhandelt und bedroht. Der Beschwerdeführer floh infolgedessen am 4. Juni nach Polnisch-Oberschlesien, wo er in Czarnylas bei Nowy Bytom Beschäftigung gefunden hat. Die Familie des Beschwerdeführers folgte ihm im Juli 1922 an seinen neuen Aufenthaltsort. Der Beschwerdeführer macht geltend, er habe seine Fahrhabe teils mit Verlust verkaufen, teils in Zawadzki zurücklassen müssen. Im weiteren sei er infolge seiner Vertreibung längere Zeit arbeitslos gewesen.

2. In seinen zu Protokoll gegebenen Beschwerden vom 20. November 1922 (act. 1) und vom 19. März 1923 (act. 3) stellte der Beschwerdeführer Strafantrag gegen die Missetäter und verlangte Schadenersatz.

Das Minderheitsamt teilte dem Beschwerdeführer am 7. August 1923 mit, es habe seine Beschwerden der Staatsanwaltschaft nach Oppeln gesandt und seine Schadenersatzforderungen an den Reichskommissar für oberschlesische Schäden weitergeleitet (act. 11).

Am 15. September 1923 leitete das Minderheitsamt die Sache mit seinen Bemerkungen an den Präsidenten der Gemischten Kommission (act. 14). Der Beschwerdeführer beantwortete die Bemerkungen des Minderheitsamtes mit Eingabe vom 2. Oktober 1923 (act. 19). Eine ausführliche Darstellung des Minderheitsamtes betr. das Verfahren, in welchem die Begehren um Ersatz für oberschlesische Schäden behandelt werden (act. 20), ist dem Beschwerdeführer am 16. November 1923 zugestellt worden.

Am 14. Dezember 1923 fand vor dem Präsidenten der Gemischten Kommission eine mündliche Verhandlung statt, welcher der Leiter des Minderheitsamtes und der Beschwerdeführer beiwohnten. Letzterer hat erklärt, er wolle nicht nach Zawadzki zurückkehren.

II

1. Den ersten Beschwerdepunkt, hinzielend auf Bestrafung der Übeltäter, hat das Minderheitsamt in der Weise berücksichtigt, daß es die

Prokuraturze. Nadprokurator w Opolu doniósł żalącemu się dnia 28 sierpnia 1923 (akt 13), że na podstawie poczynionych dochodzeń postępowanie umorzył.

Prokuratury nie są władzami administracyjnymi w myśl art. 149 Konwencji Genewskiej, lecz władzami sądowymi. Prezydent nie jest zatem właściwy do zajęcia stanowiska wobec ich czynności urzędowych w myśl art. 153 Konwencji Genewskiej.

2. Co do drugiego punktu zażalenia w sprawie wynagrodzenia szkody należy zauważyć:

Jeżeli żalący się zna sprawców wyrządzonej mu szkody, ma możność wniesienia skargi o odszkodowanie do sądów zwyczajnych.

O tym, czy i w jakim zakresie przysługuje żalącemu się roszczenie o odszkodowanie wobec Państwa, wyrokują specjalne izby orzekające, składające się z urzędników i laików, wydziały lub władze ustalające, w ostatniej zaś instancji Sąd Gospodarczy Rzeszy (por. ustawę Rzeszy z dnia 28 lipca 1921 w sprawie wynagrodzenia szkód powstałych wskutek odstąpienia obszarów Rzeszy Niemieckiej, oraz wydane do tej ustawy nowele z dnia 30 XI 1922 i z dnia 23 VI 1923; ustawę Rzeszy z dnia 12 V 1920 w sprawie szkód powstałych wskutek rozruchów wewnętrznych; ustawę Rzeszy z dnia 17 VII 1923 w sprawie wynagrodzenia szkód personalnych powstałych przez obsadzenie obszaru Rzeszy Niemieckiej). Władze te, które wyrokują w postępowaniu orzekającym, należy z uwagi na ich skład, kompetencję i postępowanie określić jako władze sądowe.

O ile na mocy ustawy o szkodach rozruchowych w rachubę wchodzi roszczenie o odszkodowanie wobec gminy, żalący się na zasadzie § 5 tej ustawy winien dochodzić tego roszczenia sądownie.

O roszczeniach żalącego się o odszkodowanie wobec osób prywatnych, gminy lub Państwa decydują zatem władze sądowe. Prezydent Komisji Mieszanej, którego kompetencja w sprawach mniejszościowych ograniczona jest w art. 149 Konwencji Genewskiej do badania czynności urzędowych władz administracyjnych, nie jest właściwy do wydania poglądu w sprawie odszkodowania w myśl art. 153 Konwencji Genewskiej. Żalącemu się pozostawia się do woli, zbadać kwestię, czy jego roszczenia o odszkodowanie, o ile są zależne od wykładni jakiegoś artykułu Konwencji Genewskiej, mogą być przedstawione w drodze ewokacji Międzynarodowemu Trybunałowi Rozjemczemu w Bytomiu (zob. art. 588 i 158 Konwencji Genewskiej).

Beschwerde an die Staatsanwaltschaft sandte. Der Oberstaatsanwalt in Oppeln teilte dem Beschwerdeführer am 28. August 1923 (act. 13) mit, daß er das Verfahren auf Grund der angestellten Ermittelungen eingestellt habe.

Die Staatsanwaltschaften sind nicht Verwaltungsbehörden im Sinne des Art. 149 des Genfer Abkommens, sondern Justizbehörden. Der Präsident ist daher nicht befugt, zu ihren Amtshandlungen im Sinne des Art. 153 der Genfer Konvention Stellung zu nehmen.

2. Hinsichtlich des zweiten Beschwerdepunktes betr. Ersatz des dem Beschwerdeführer verursachten Schadens ist folgendes zu bemerken:

Wenn dem Beschwerdeführer die Urheber des ihm zugefügten Schadens bekannt sind, hat er die Möglichkeit, sie vor den ordentlichen Gerichten auf Leistung von Schadenersatz einzuklagen.

Darüber, ob und in welchem Umfange dem Beschwerdeführer ein Anspruch auf Entschädigung gegen den Staat zusteht, wird durch besondere, aus beamteten und Laienmitgliedern zusammengesetzte Spruchkammern, Ausschüsse oder Feststellungsbehörden und in letzter Instanz durch das Reichswirtschaftsgericht entschieden (vgl. das Reichsgesetz über Ersatz der durch Abtretung deutscher Reichsgebiete entstandenen Schäden vom 28. Juli 1921 nebst den dazu erlassenen Novellen vom 30. November 1922 und vom 23. Juni 1923; das Reichsgesetz über die durch innere Unruhen verursachten Schäden vom 12. Mai 1920; das Reichsgesetz über den Ersatz der durch die Besetzung deutschen Reichsgebietes verursachten Personenschäden vom 17. Juli 1923). Diese Behörden, die im Spruchverfahren urteilen, müssen nach ihrer Zusammensetzung, ihren Kompetenzen und ihrem Verfahren als richterliche Behörden bezeichnet werden.

Soweit ein Schadenersatzanspruch gegen die Gemeinde auf Grund des Tumultschadengesetztes in Frage kommt, hat ihn der Beschwerdeführer nach § 5 dieses Gesetzes erforderlichenfalls gerichtlich geltend zu machen.

Die Entscheidung über allfällige Ersatzanspüche des Beschwerdeführers gegen Privatpersonen, Gemeinde oder Staat wird somit durch richterliche Behörden getroffen. Der Präsident der Gemischten Kommission, dessen Kompetenz in Minderheitssachen in Art. 149 der Genfer Konvention auf die Überprüfung der Amtshandlungen von Verwaltungsbehörden beschränkt wird, ist nicht zuständig, über die Frage der Entschädigung des Beschwerdeführers eine Stellungnahme im Sinne des Art. 153 des Genfer Abkommens auszusprechen. Es bleibt dem Beschwerdeführer überlassen, zu prüfen, ob seine Entschädigungsansprüche, soweit sie von der Auslegung eines Artikels des Genfer Abkommens abhängen, auf dem Wege der Evokation vor das Internationale Schiedsgericht in Beuthen gebracht werden können (s. Art. 588 und 158 der Genfer Konvention).

III

Na mocy tych faktów i podstaw prawnych Prezydent Komisji Mieszanej dochodzi do

poglądu:

Załącego się skierować należy z jego roszczeniem o odszkodowanie do właściwych władz sądowych.

10

Pogląd

z dnia 14 grudnia 1923 w sprawie nr 40 Emanuela Biskupka z Żernik w Rybniku, dotyczącej odszkodowania i powrotu do Żernik (Górny Śląsk Niemiecki).

I

1. Żalący się, urodzony w Żernikach 1872 r., jest właścicielem położonego tamże gospodarstwa, składającego się z domu mieszkalnego, stajni, stodoły, 3½ morgów gruntu i wielkiego ogrodu z 60 drzewami owocowymi. Do czerwca 1922 r. mieszkał z żoną i córką na parterze swego domu mieszkalnego w Żernikach i zajmował tam dwa pokoje i kuchnię. Reszta ubikacji domu była odnajęta. Żalący się był z zawodu ślusarzem i utrzymywał się częściowo z pracy zawodowej, częściowo zaś z dochodów gospodarstwa. Od roku 1920 był naczelnikiem gminy w Żernikach.

Dnia 1 czerwca 1922 bandy orgeszów wyrządziły znaczne szkody w mieszkaniu żalącego się. Według przedstawienia sprawy przez żalącego się został on przynajmniej z tuzin razy wezwany do opuszczenia Żernik. W nocy z 14 na 15 lipca 1922 obrabowano mu mieszkanie. Dnia 15 lipca 1923 bandy orgeszów wyrzuciły żalącego się przemocą z mieszkania i umieściły w nim wachmistrza Gaidę. Żalący się uciekł do Rybnika, gdzie odtąd przebywa.

2. Dnia 2 sierpnia 1923 żalący się skierował petycję do Prezydenta Komisji Mieszanej (akt 1—3), w której wniósł o wynagrodzenie szkody i o umożliwienie mu powrotu do Żernik. Z uwagi na szczególne okoliczności przypadku Prezydent przesłał orzeczeniem z dnia 8 sierpnia 1923 petycję do p. Prezydenta Rejencji i w trzech egzem-

III

Gestützt auf diese Tatsache und Rechtsgründe gelangt der Präsident der Gemischten Kommission zur

Stellungnahme:

Es sei der Beschwerdeführer mit seinem Begehren um Ersatz des von ihm geltend gemachten Schadens an die zuständigen richterlichen Behörden zu weisen.

10

Stellungnahme

vom 14. Dezember 1923 in der Sache Nr. 40 des Emanuel Biskupek aus Zernik in Rybnik, betreffend Schadenersatz und Rückkehr nach Zernik (Deutsch-Oberschlesien).

I

1. Der Beschwerdeführer, 1872 in Zernik geboren, ist Eigentümer einer daselbst gelegenen Wirtschaft, bestehend aus einem Wohnhaus, Stall, Scheune, 3½ Morgen Acker und einem großen Garten mit 60 Obstbäumen. Bis Juni 1922 wohnte er mit seiner Ehefrau und einer Tochter im Parterre seines Wohnhauses in Zernik, wo er zwei Zimmer und eine Küche innehatte. Die übrigen Räume seines Hauses waren vermietet. Der Beschwerdeführer war von Beruf Schlosser und lebte teils von seiner beruflichen Arbeit, teils von den Erträgnissen seiner Wirtschaft. Seit 1920 war er Gemeindevorsteher von Zernik.

Am 1. Juni 1922 wurde die Wohnung und der Hausrat des Beschwerdeführers durch Orgeschbanden schwer beschädigt. Der Beschwerdeführer wurde nach seiner Darstellung mindestens ein dutzendmal aufgefordert, Zernik zu verlassen. Seine Wohnung wurde in der Nacht vom 14. zum 15. Juli 1922 ausgeraubt. Am 15. Juli 1923 wurde der Beschwerdeführer durch Orgeschbanditen gewaltsam aus seiner Wohnung hinausgeworfen und der Wachtmeister Gaida in dieselbe eingesetzt. Der Beschwerdeführer floh nach Rybnik, wo er sich seither aufhält.

2. Am 2. August 1923 richtete der Beschwerdeführer eine Eingabe an den Präsidenten der Gemischten Kommission (act. 1—3), mit welcher er Ersatz des ihm zugefügten Schadens beantragte und um Ermöglichung seiner Rückkehr nach Zernik ersuchte. Der Präsident sandte mit Rücksicht auf die besonderen Umstände des Falles mit Verfügung vom 8. August

plarzach do Urzędu Spraw Mniejszości w Opolu (por. art. 150 Konwencji Genewskiej). Urząd Spraw Mniejszości skierował dnia 4 listopada 1923 zażalenie z uwagami do Prezydenta Komisji Mieszanej (akt 10). Żalący się odpowiedział na uwagi Urzędu Spraw Mniejszości dnia 24 listopada 1923 (akt 17). Dnia 14 grudnia 1923 odbyła się przed Prezydentem Komisji Mieszanej rozprawa ustna, na którą stawili się kierownik Urzędu Spraw Mniejszości i żalący się.

II

1. W uwagach z dnia 4 listopada 1923 Urząd Spraw Mniejszości wywodził, że żalącemu się jako obywatelowi niemieckiemu droga do powrotu jest otwarta. W ramach możliwości udzieli mu się ochrony policyjnej, w pierwszym zaś czasie po powrocie korzystać będzie ze szczególnej ochrony. Trudniej natomiast będzie ulokować go z powrotem w starym mieszkaniu.

Na rozprawie ustnej z dnia 14 grudnia 1923 kierownik Urzędu Spraw Mniejszości złożył imieniem Rządu Niemieckiego oświadczenie, że najpóźniej do dnia 1 lutego 1924 da się żalącemu się do dyspozycji jego poprzednie mieszkanie, które do lipca 1922 zajmował w własnym domu w Żernikach.

Na podstawie powyższych oświadczeń kierownika Urzędu Spraw Mniejszości można uważać za załatwiony punkt zażalenia co do powrotu do Żernik.

2. Co do dalszego punktu zażalenia w sprawie odszkodowania należy zauważyć:

Jeżeli żalący się zna sprawców wyrządzonej mu szkody, ma możność wniesienia skargi o odszkodowanie do sądów zwyczajnych.

O tym, czy i w jakim zakresie przysługuje żalącemu się roszczenie o odszkodowanie wobec Państwa, wyrokują specjalne izby orzekające, składające się z urzędników i laików, wydziały lub władze ustalające, w ostatniej zaś instancji Sąd Gospodarczy Rzeszy (porównaj ustawę Rzeszy z dnia 28 VII 1921 w sprawie wynagrodzenia szkód powstałych wskutek odstąpienia obszarów Rzeszy Niemieckiej, oraz wydane do tej ustawy nowele z dnia 30 XI 1922 i z dnia 23 VI 1923; ustawę Rzeszy z dnia 12 V 1920 w sprawie szkód powstałych wskutek rozruchów wewnętrznych; ustawę Rzeszy z dnia 17 VII 1923 w sprawie wynagrodzenia szkód personalnych powstałych przez obsadzenie

1923 die Eingabe an den Herrn Regierungspräsidenten und in drei Ausfertigungen an das Minderheitsamt nach Oppeln (vgl. Art. 150 des Genfer Abkommens). Das Minderheitsamt leitete die Beschwerde am 4. November 1923 mit seinen Bemerkungen an den Präsidenten der Gemischten Kommission (act. 10). Der Beschwerdeführer beantwortete die Bemerkungen des Minderheitsamtes am 24. November 1923 (act. 17). Am 14. Dezember 1923 fand vor dem Präsidenten der Gemischten Kommission eine mündliche Verhandlung statt, zu welcher der Leiter des Minderheitsamtes und der Beschwerdeführer erschienen.

II

1. In seinen Bemerkungen vom 4. November 1923 hatte das Minderheitsamt angeführt, die Rückkehr stehe dem Beschwerdeführer als deutschen Staatsangehörigen offen. Auch polizeilicher Schutz werde ihm gewährt und zwar im Rahmen des Möglichen, insbesondere während der ersten Zeit nach seiner Rückkehr, auch besonderer Schutz. Aber seine Unterbringung in der Wohnung werde sich schwieriger gestalten.

In der mündlichen Verhandlung vom 14. Dezember 1923 gab der Leiter des Minderheitsamtes im Namen der deutschen Regierung die Erklärung ab, daß dem Beschwerdeführer seine frühere, bis Juli 1922 im eigenen Hause in Zernik innegehabte Wohnung bis spätestens zum 1. Februar 1924 wieder zur Verfügung gestellt werde.

Auf Grund dieser Erklärungen des Leiters des Minderheitsamtes kann der Beschwerdepunkt betreffend Rückkehr nach Zernik als erledigt betrachtet werden.

2. Hinsichtlich des weiteren Beschwerdepunktes betreffend Ersatz des dem Beschwerdeführer verursachten Schadens ist folgendes zu bemerken:

Wenn dem Beschwerdeführer die Urheber des ihm zugefügten Schadens bekannt sind, hat er die Möglichkeit, sie vor den ordentlichen Gerichten auf Leistung von Schadenersatz einzuklagen.

Darüber, ob und in welchem Umfange dem Beschwerdeführer ein Anspruch auf Entschädigung gegen den Staat zusteht, wird durch besondere, aus beamteten und Laienmitgliedern zusammengesetzte Spruchkammern, Ausschüsse oder Feststellungsbehörden und in letzter Instanz durch das Reichswirtschaftsgericht entschieden (vgl. das Reichsgesetz über Ersatz der durch Abtretung deutscher Reichsgebiete entstandenen Schäden vom 28. Juli 1921 nebst den dazu erlassenen Novellen vom 30. November 1922 und vom 23. Juni 1923; das Reichsgesetz über die durch innere Unruhen verursachten Schäden vom 12. Mai 1920; das Reichsgesetz über den Ersatz der durch die Besetzung deutschen Reichsgebietes verursachten Perobszaru Rzeszy Niemieckiej). Władze te, które wyrokują w postępowaniu orzekającym, z uwagi na skład, kompetencję i postępowanie, należy określić jako władze sądowe.

O ile na mocy ustawy o szkodach rozruchowych w rachubę wchodzi roszczenie o odszkodowanie wobec gminy, żalący się na zasadzie § 5 tej ustawy winien dochodzić tego roszczenia sądownie.

O roszczeniach żalącego się o odszkodowanie wobec osób prywatnych, gminy lub Państwa, decydują zatem władze sądowe. Prezydent Komisji Mieszanej, którego kompetencja w sprawach mniejszościowych ograniczona jest w art. 149 Konwencji Genewskiej do badania czynności urzędowych władz administracyjnych, nie jest właściwy do wydania poglądu w sprawie odszkodowania w myśl art. 153 Konwencji Genewskiej. Żalącemu się pozostawia się do woli, zbadać kwestię, czy jego roszczenia o odszkodowanie, o ile są zależne od wykładni jakiegoś artykułu Konwencji Genewskiej, w drodze ewokacji przedstawione być mogą Międzynarodowemu Trybunałowi Rozjemczemu w Bytomiu (zob. art. 588 i 158 Konwencji Genewskiej).

III

Na mocy powyższych faktów i podstaw prawnych Prezydent Komisji Mieszanej dochodzi do

poglądu:

Oświadczenie Urzędu Spraw Mniejszości, że najpóźniej do dnia 1 lutego 1924 żalącemu się da się do dyspozycji jego poprzednie, z dwóch pokoi i kuchni złożone mieszkanie w własnym budynku w Żernikach i że po powrocie do Żernik udzieli mu się w miarę możności szczególnej policyjnej ochrony, należy przyjąć do wiadomości, aprobując je.

Z roszczeniem o odszkodowanie należy żalącego się skierować do właściwych władz sądowych.

11

Pogląd

z dnia 20 grudnia 1923 w sprawie nr 29 Augusta Kühnela i towarzyszy w Chebziu (Górny Śląsk Polski), dotyczącej dopuszczenia ich dzieci do szkoły mniejszościowej.

sonenschäden vom 17. Juli 1923). Diese Behörden, die im Spruchverfahren urteilen, müssen nach ihrer Zusammensetzung, ihren Kompetenzen und ihrem Verfahren als richterliche Behörden bezeichnet werden.

Soweit ein Schadenersatzanspruch gegen die Gemeinde auf Grund des Tumultschadensgesetzes in Frage kommt, hat ihn der Beschwerdeführer nach § 5 dieses Gesetzes erforderlichenfalls gerichtlich geltend zu machen.

Die Entscheidung über allfällige Ersatzansprüche des Beschwerdeführers gegen Privatpersonen, Gemeinde oder Staat, wird somit durch richterliche Behörden getroffen. Der Präsident der Gemischten Kommission, dessen Kompetenz in Minderheitssachen in Art. 149 der Genfer Konvention auf die Überprüfung der Amtshandlungen von Verwaltungsbehörden beschränkt wird, ist nicht zuständig, über die Frage der Entschädigung des Beschwerdeführers eine Stellungnahme im Sinne des Art. 153 des Genfer Abkommens auszusprechen. Es bleibt dem Beschwerdeführer überlassen zu prüfen, ob seine Entschädigungsansprüche, soweit sie von der Auslegung eines Artikels des Genfer Abkommens abhängen, auf dem Wege der Evokation vor das internationale Schiedsgericht in Beuthen gebracht werden können (s. Art. 588 und 158 der Genfer Konvention).

III

Gestützt auf diese Tatsachen und Rechtsgründe gelangt der Präsident der Gemischten Kommission zur

Stellungnahme:

Es sei von den Erklärungen des Minderheitsamtes in zustimmendem Sinne Vermerk zu nehmen, wonach dem Beschwerdeführer seine frühere, aus 2 Zimmern und 1 Küche bestehende Wohnung in seinem Hause in Zernik bis spätestens zum 1. Februar 1924 wieder zur Verfügung gestellt und ihm nach seiner Rückkehr nach Zernik, soweit möglich, besonderer polizeilicher Schutz gewährt werde.

Mit seinem Begehren um Ersatz des von ihm geltend gemachten Schadens sei der Beschwerdeführer an die zuständigen richterlichen Behörden zu weisen.

11

Stellungnahme

vom 20. Dezember 1923 in der Sache Nr. 29 des August Kühnel und Genossen in Chebzie (Polnisch-Oberschlesien) betreffend Zulassung ihrer Kinder zur Minderheitsschule.

I

Pięciu żalących się, Kühnel, Schweter, Suchanek, Franke i Lissok, zgłosiło we wrześniu-październiku 1922 dla dziewięciorga dzieci wnioski o utworzenie szkoły mniejszościowej w Chebziu. W jednym przypadku (Lissok) wniosek zgłosiła małżonka uprawnionego do wychowania (akt 25).

Dnia 12 marca 1923 żalący się wnieśli petycję do Urzędu Spraw Mniejszości, w której prosili o przekazanie dzieci do klas niemieckich (akt 2).

Ponieważ Urząd Spraw Mniejszości nie otrzymał od Województwa wyjaśnienia, skierował dnia 5 lipca 1923 petycję nierozpatrzoną do Prezydenta Komisji Mieszanej.

Dnia 18 października 1923 Prezydent Komisji Mieszanej otrzymał za pośrednictwem Urzędu Spraw Mniejszości doniesienie Województwa z dnia 5 października 1923, że żalący się wnioski zgłosili i że w związku szkolnym Orzegów, do którego gmina Chebzie należy, z 498 wniosków uznano 132 za ważne (akt 15, 17).

Na ponowne zapytanie Prezydent Komisji Mieszanej otrzymał dalsze doniesienie Województwa z dnia 23 listopada 1923 (akt 22—24), w którym jest powiedziane:

Wniosek Emila Schwetera, zgłoszony dla trojga dzieci, uznano za ważny tylko co do jednego dziecka (Maksa); z dwojga dalszych dzieci jedno nie podlega już obowiązkowi szkolnemu (Elżbieta), a drugie (Jan) uczęszcza do szkoły wyższej w Niemczech;

Ludwik Lissok wniosku dla swego dziecka nie zgłosił; wniosek taki zgłosiła jego żona, lecz znów go cofnęła (dnia 17 kwietnia 1923);

wnioski Jana Frankego (dla trojga dzieci) i Augusta Kühnela (dla jednego dziecka) unieważniono, ponieważ dzieci te uczęszczają do szkół wyższych w Niemczech.

To samo dotyczy wniosku Augusta Suchanka (dla dwojga dzieci Jerzego i Szczepana) w odniesieniu do dziecka Jerzego.

Żalący się nie przybyli na rozprawę ustną. Na zapytanie Prezydenta oświadczyli lub kazali oświadczyć (akt 32—35):

Żalący się Kühnel, Franke i Schweter (ostatni w odniesieniu do syna Maksa), że chcą posyłać dzieci do szkoły mniejszościowej w Orzegowie;

I

Fünf Beschwerdeführer, Kühnel, Schweter, Suchanek, Franke und Lissok, stellten im September-Oktober 1922 für insgesamt neun Kinder Anträge auf Errichtung einer Minderheitsschule in Chebzie. In einem Falle (Lissok) wurde der Antrag von der Ehefrau des Erziehungsberechtigten gestellt (act. 25).

Am 12. März 1923 richteten die fünf Beschwerdeführer eine Eingabe an das Minderheitsamt, in welcher sie um Überweisung ihrer Kinder in deutsche Klassen ersuchten (act. 2).

Da das Minderheitsamt von der Wojewodschaft keine Auskunft erhielt, leitete es die Eingabe am 5. Juli 1923 gänzlich unbehandelt an den Präsidenten der Gemischten Kommission.

Am 18. Oktober 1923 erhielt der Präsident der Gemischten Kommission durch Vermittlung des Minderheitsamtes einen Bericht der Wojewodschaft vom 5. Oktober 1923, wonach die Beschwerdeführer Anträge gestellt haben und im Schulverbande Orzegów, zu dem die Gemeinde Chebzie gehört, von 498 Anträgen 132 als gültig anerkannt wurden (act. 15—17).

Auf nochmalige Anfrage erhielt der Präsident der Gemischten Kommission einen weiteren Bericht der Wojewodschaft vom 23. November 1923 (act. 22—24), in dem gesagt ist:

Der Antrag des Emil Schweter für drei Kinder sei nur hinsichtlich eines Kindes (Max) als gültig anerkannt worden; von den beiden anderen Kindern sei eines (Elisabeth) nicht mehr schulpflichtig und das andere (Johann) besuche eine höhere Schule in Deutschland.

Ludwig Lissok habe für sein Kind keinen Antrag gestellt; ein solcher sei von der Ehefrau gestellt und (am 17. April 1923) zurückgezogen worden.

Die Anträge des Johann Franke (für drei Kinder) und des August Kühnel (für ein Kind) seien ungültig erklärt worden, weil ihre Kinder höhere Schulen in Deutschland besuchen.

Ebenso der Antrag des August Suchanek (für zwei Kinder, Georg und Stefan) hinsichtlich seines Sohnes Georg.

Zur mündlichen Verhandlung sind die Beschwerdeführer nicht erschienen. Auf Befragen durch den Präsidenten haben erklärt oder erklären lassen (act. 32—35):

Die Beschwerdeführer Kühnel, Franke und Schweter (letzterer hinsichtlich seines Sohnes Max), daß sie ihre Kinder in die Minderheitsschule Orzegów schicken wollen;

żałący się Suchanek, że wniosek jego uwzględniono;

żałący się Lissok, że nie chce nic mieć do czynienia z wnioskiem, który zgłosiła jego żona.

II

1. Nie chodzi o kwestię utworzenia szkoły mniejszościowej w związku szkolnym Orzegów; utworzenie tej szkoły zostało już zarządzone.

2. W myśl art. 106 Konwencji Genewskiej całkiem dopuszczalne było nieuwzględnienie wniosku z tego powodu, że dziecko nie podlega już obowiązkowi szkolnemu (Elżbieta Schweter), albo że matka zgłosiła wniosek, z którym uprawniony do wychowania (Ludwik Lissok) nie chce mieć nic do czynienia.

3. Niedopuszczalne jest natomiast stanowisko Województwa, jeśli unieważnia ono wnioski dlatego, że dane dzieci nie uczęszczały przed terminem, w którym wnioski te należało uwzględnić, do publicznych szkół ludowych związku szkolnego swego miejsca zamieszkania, lecz do innych szkół. Różne mogą być powody, dla których uprawnieni do wychowania aż do urządzenia szkoły mniejszościowej, o którą wnieśli, dzieci posyłają do innych szkół. Zazwyczaj powód będzie ten, że szkoła mniejszościowa jeszcze nie istnieje i uprawnieni do wychowania aż do jej urządzenia nie mają sposobności, aby umożliwić dzieciom naukę w języku mniejszościowym w publicznych szkołach ludowych swego związku szkolnego, w szkołach, o utworzenie których wnieśli i prosili.

Co skłoniło Województwo do zajęcia takiego stanowiska, Prezydentowi nie wiadomo, bo Województwo zapatrywania swego nie uzasadniło. W każdym razie stanowisko to nie da się pogodzić z Konwencją Genewską (art. 106 i 131), tym bardziej, że nie dopuszcza się przez to do szkół mniejszościowych dzieci, których rodzice największą wagę przywiązują do nauki mniejszościowej, posyłając z tego właśnie powodu dzieci aż do utworzenia szkoły mniejszościowej w własnym związku szkolnym do innych szkół niemieckich.

Wnioski powyższe są zatem ważne i winny być uwzględnione. Następstwem tego jest:

a) wnioski te należy wliczyć przy kwestii organizacyjnej, czy i dla ilu dzieci należy utworzyć szkołę mniejszościową w związku szkolnym Orzegów, der Beschwerdeführer Suchanek, sein Antrag sei berücksichtigt worden;

der Beschwerdeführer Lissok, er wolle mit dem Antrag, den seine Frau gestellt habe, nichts zu tun haben.

II

1. Die Errichtung einer Minderheitsschule im Schulverbande Orzegów steht nicht in Frage und ist bereits angeordnet worden.

2. Die Nichtberücksichtigung eines Antrages, weil das Kind nicht mehr schulpflichtig ist (Elisabeth Schweter) oder weil die Mutter den Antrag gestellt und der Erziehungsberechtigte (Ludwig Lissok) damit nichts zu tun haben will, war gemäß Art. 106 der Genfer Konvention durchaus zulässig.

3. Nicht zulässig ist hingegen der Standpunkt der Wojewodschaft, Anträge für ungültig zu erklären, weil die betreffenden Kinder vor dem Zeitpunkt, auf den diese Anträge zu berücksichtigen waren, nicht in die öffentlichen Volksschulen des Schulverbandes ihres Wohnsitzes gingen, sondern andere Schulen besuchten. Die Gründe, weshalb die Erziehungsberechtigten ihre Kinder bis zur Einrichtung der von ihnen beantragten Minderheitsschule anderswohin zum Unterricht schicken, können mannigfacher Art sein. In der Regel wird aber der Grund eben darin bestehen, daß die Minderheitsschule noch nicht vorhanden ist und die Erziehungsberechtigten bis zu deren Einrichtung keine Gelegenheit haben, ihren Kindern den von ihnen gewünschten und beantragten Unterricht in der Minderheitssprache in den öffentlichen Volksschulen ihres Schulverbandes zuteil werden zu lassen.

Wie die Wojewodschaft zu ihrem Standpunkt kommt, ist dem Präsidenten nicht bekannt, weil sie ihre Auffassung in keiner Weise begründet hat. Jedenfalls ist er mit der Genfer Konvention (Art. 106 und 131) unvereinbar. Er erscheint um so unhaltbarer, als dadurch die Kinder vom Besuche der Minderheitsschulen ausgeschlossen werden, deren Eltern am meisten Gewicht auf den Minderheitsunterricht legen und gerade deshalb ihre Kinder bis zur Errichtung der Minderheitsschulen in ihrem Schulverbande in andere deutsche Schulen schicken.

Die Anträge sind daher gültig und müssen berücksichtigt werden, was zur Folge hat:

a) Die Anträge sind bei der organisatorischen Frage, ob und für wie viele Kinder im Schulverbande Orzegów eine Minderheitsschule zu errichten ist, mitzuzählen.

b) do szkoły tej należy dopuścić przede wszystkim te dzieci, dla których zgłoszono wnioski,

c) jeżeli dzieci, dla których wnioski zgłoszono, do szkoły faktycznie nie uczęszczają, należy w ich miejsce dopuścić inne dzieci, dla których wniosków nie zgłoszono lub co do których wnioski cofnięto.

Powyższe zasady zostały przez oba Rządy uznane i ogłoszone (zob. dodatek do Gazety Urzędowej Województwa Śląskiego nr 35 z dnia 22 września 1923 i „Amtsblatt der Regierung zu Oppeln" nr 30 z dnia 18 sierpnia 1923).

III

Opierając się na powyższych rozważaniach Prezydent Komisji Mieszanej dla Górnego Śląska dochodzi do

poglądu:

Do szkoły mniejszościowej, która ma być utworzona w związku szkolnym Orzegów, należy dopuścić następujące dzieci żałących się: Jana Schwetera; Kurta, Charlottę i Jana Frankego; Jerzego Kühnela oraz Jerzego Suchanka.

12

Pogląd

z dnia 3 stycznia 1924 w sprawie nr 11 Augusta Junga i towarzyszy w Lublińcu (Górny Śląsk Polski), dotyczącej szkół mniejszościowych w powiecie lublinieckim.

I

Dnia 18 marca 1923 żałący się wnieśli do Urzędu Spraw Mniejszości petycję następującej treści: W powiecie lublinieckim zgłoszono dla 1650 dzieci wnioski o utworzenie powszechnych szkół mniejszościowych. Z dzieci tych naukę pobiera w Lublińcu w klasach niemieckich u dwóch nauczycieli tylko 188 dzieci. Jakkolwiek w 20 związkach szkolnych zgłoszono dla więcej aniżeli 40 dzieci wnioski, to przecież w żadnej wsi nie ma ani jednej szkoły, ani jednej klasy mniejszościowej. W Lublińcu należy przyjąć trzeciego nauczyciela niemieckiego, w 19 zaś bliżej określonych związkach szkolnych należy aż do utworzenia szkół mniejszościowych urządzić w wykonaniu art. 114 ust. 2 Konwencji Genewskiej klasy niemieckie (akt 3).

b) Die Kinder, für welche die Anträge gestellt worden sind, müssen in erster Linie zum Besuche dieser Minderheitsschule zugelassen werden.

c) Wenn die Kinder, für welche die Anträge gestellt worden sind, die Schule tatsächlich nicht besuchen, müssen an ihrer Stelle andere Kinder zugelassen werden, für die keine Anträge gestellt oder hinsichtlich welcher die Anträge zurückgezogen wurden.

Diese Grundsätze sind von den Regierungen anerkannt und veröffentlicht worden (s. Beilage zur Gazeta Urzędowa Województwa Śląskiego Nr. 35 vom 22. September 1923 und Amtsblatt der Regierung zu Oppeln Stück 30 vom 18. August 1923).

III

Gestützt auf obige Erwägungen gelangt der Präsident der Gemischten Kommission für Oberschlesien zur

Stellungnahme:

Es seien folgende Kinder der Beschwerdeführer zum Besuche der im Schulverbande Orzegów zu errichtenden Minderheitsschule zuzulassen: Johann Schweter; Kurt, Charlotte und Johannes Franke; Georg Kühnel sowie Georg Suchanek.

12

Stellungnahme

vom 3. Januar 1924 in der Sache Nr. 11 des August Jung und Genossen in Lubliniec (Polnisch-Oberschlesien), betreffend Minderheitsschulen im Kreise Lubliniec.

I

Am 18. März 1923 richteten die Beschwerdeführer eine Eingabe folgenden Inhalts an das Minderheitsamt: Im Kreise Lubliniec seien für 1650 Kinder Anträge auf Minderheitsvolksschulen eingereicht worden. Von diesen Kindern würden nur 188 in der Stadt Lubliniec durch zwei Lehrer in deutschen Klassen unterrichtet. Auf dem Lande bestehe, trotzdem in 20 Schulverbänden für mehr als 40 Kinder Anträge gestellt worden seien, keine einzige Minderheitsschule oder Minderheitsklasse. Es sei in der Stadt Lubliniec ein dritter deutscher Lehrer anzustellen und in 19 näher bezeichneten Schulverbänden seien bis zur Schaffung der Minderheitsschulen in Erfüllung des Art. 114 Abs. 2 der Genfer Konvention deutsche Klassen einzurichten (act. 3).

Urząd Spraw Mniejszości skierował dnia 22 maja 1923 petycję żalących się do Prezydenta Komisji Mieszanej (akt 1—2), nie otrzymawszy od władz szkolnych żadnego wyjaśnienia mimo kilkakrotnych przynagleń.

Orzeczeniem z dnia 5 czerwca 1923 Prezydent skierował do Urzędu Spraw Mniejszości zapytanie, dla ilu dzieci w związkach szkolnych powiatu lublinieckiego zgłoszono wnioski o utworzenie szkół mniejszościowych (akt 8—9). Zapytanie to powtórzono dnia 3 lipca 1923. Dnia 19 października 1923 Prezydent Komisji Mieszanej otrzymał sprawozdania władz, będące odpowiedzią na powyższe zapytania (akt 51—67). Według tych sprawozdań w powiecie lublinieckim w 22 związkach szkolnych zgłoszono przed 1 grudnia 1922 wnioski dla 1514 dzieci, a po tym terminie dla 92 dzieci. Wnioski dla 437 dzieci unieważniono; dla 633 dzieci wnioski cofnięto, a dla 506 dzieci wnioski uznano za ważne (akt 56—57). W trzech gminach: Lublińcu, Ligocie Woźnickiej i Koszęcinie zarządzono utworzenie szkół mniejszościowych, w 13 zaś związkach szkolnych urządzenie kursów języka niemieckiego (akt 52, 53). Orzeczeniem z dnia 8 listopada 1923 Prezydent wezwał Urząd Spraw Mniejszości do przedłożenia wniosków o utworzenie szkół mniejszościowych oraz cofnięć wniosków i określenia powodów nieważności (akt 68, 69). Urząd Spraw Mniejszości wezwaniu temu uczynił zadość i przedłożył Prezydentowi dnia 20 grudnia 1923 wnioski zgłoszone w 21 związkach szkolnych oraz listę powodów nieważności, zestawionych przez Województwo przy rozpatrywaniu wniosków (akt 78—79). Prócz tego Urząd Spraw Mniejszości wniósł do akt listy uczniów z podaniem powodu nieważności wniosku co do każdego ucznia (akt 81—95). Prezydent przyjął poza tym do akt listę wniosków i cofnięć wniosków, wręczoną mu z początkiem lipca 1923 przez Przedstawiciela Państwa Polskiego (akt 80).

Dnia 3 stycznia 1924 odbyła się rozprawa ustna, na którą stawili się kierownik Urzędu Spraw Mniejszości i zastępca żalących się (akt 97, 98).

II

Według wręczonego Prezydentowi urzędowego zestawienia (akt 78, 79) Województwo unieważniło wnioski o utworzenie powszechnych szkół mniejszościowych z następujących 24 różnych powodów:

Das Minderheitsamt leitete die Eingabe der Beschwerdeführer am 22. Mai 1923 an den Präsidenten der Gemischten Kommission (act. 1—2), ohne von den Schulbehörden trotz mehrmaligen Ersuchens Aufklärungen erhalten zu haben.

Mit Verfügung vom 5. Juni 1923 richtete der Präsident an das Minderheitsamt die Anfrage, für wie viele Kinder in den Schulverbänden des Kreises Lubliniec Anträge auf Errichtung von Minderheitsschulen gestellt worden seien (act. 8—9). Diese Anfrage wurde am 3. Juli 1923 wiederholt. Am 19. Oktober 1923 gelangte der Präsident der Gemischten Kommission in den Besitz der seine Anfragen beantwortenden behördlichen Berichte (act. 51—67). Nach diesen Berichten wurden im Kreise Lubliniec in 22 Schulverbänden vor dem 1. Dezember 1922 für 1514 und nach diesem Zeitpunkt für 92 Kinder Anträge gestellt. Die Anträge für 437 Kinder wurden ungültig erklärt; für 633 Kinder wurden die Anträge zurückgezogen und für 506 Kinder wurden die Anträge als gültig anerkannt (act. 56, 57). In drei Gemeinden: Lubliniec, Ligota Woźnicka und Koszęcin wurde die Errichtung von Minderheitsschulen verfügt, in 13 Schulverbänden wurde die Einrichtung von deutschen Sprachkursen angeordnet (act. 52, 53). Mit Verfügung vom 8. November 1923 ersuchte der Präsident das Minderheitsamt um Vorlegung der Anträge auf Errichtung von Minderheitsschulen sowie der Rückzüge solcher Anträge und um Bezeichnung der Ungültigkeitsgründe (act. 68, 69). Das Minderheitsamt ist diesem Ersuchen nachgekommen und hat dem Präsidenten am 20. Dezember 1923 die in 21 Schulverbänden gestellten Anträge vorgelegt, sowie eine Liste der von der Wojewodschaft bei Behandlung der Anträge aufgestellten Ungültigkeitsgründe (act. 78, 79) und Schülerlisten zu den Akten gebracht, auf denen bei jedem einzelnen Schüler der Ungültigkeitsgrund bezeichnet ist (act. 81, 95). Der Präsident hat außerdem ein Verzeichnis der Anträge und Rückzüge zu den Akten genommen, das ihm Anfang Juli 1923 vom Polnischen Staatsvertreter übermittelt worden war (act. 80).

Am 3. Januar 1924 fand eine mündliche Verhandlung statt, zu welcher der Leiter des Minderheitsamtes und ein Vertreter der Beschwerdeführer erschienen sind (act. 97, 98).

II

Die Wojewodschaft hat nach der dem Präsidenten übermittelten behördlichen Zusammenstellung (act. 78, 79) Anträge auf Errichtung von Minderheitsvolksschulen aus folgenden 24 verschiedenen Gründen für ungültig erklärt:

1. Brak daty urodzenia dziecka na wniosku (akt 78, 79 cyfra 0).

W myśl art. 106 § 1 Konwencji Genewskiej wnioski zgłaszać można tylko dla dzieci, które są w obowiązkowym wieku szkolnym. Urzędowe zestawienie powodów nieważności przewiduje nieuwzględnienie wniosku, jeżeli dziecko nie jest już w obowiązkowym wieku szkolnym (akt 78, 79, l. 1), lub nie podlega jeszcze obowiązkowi szkolnemu (akt 78, 79, l. 2). Województwo chce jednak tam, gdzie brak daty urodzenia, skonstruować widocznie dalszy czysto formalny powód oddalenia wniosku, co ma mieć zastosowanie także wówczas, gdy materialnie warunek obowiązkowego wieku szkolnego jest spełniony. Tego rodzaju bezwzględny formalizm nie jest uzasadniony. Zgłaszanie wniosku zawiera implicite twierdzenie, że dziecko jest w obowiązkowym wieku szkolnym, i władze mają 9 miesięcy czasu, aby zbadać słuszność tego twierdzenia. Oddalanie wniosków z powodu braku daty urodzenia sprzeczne jest z słuszną i życzliwą wykładnią oraz stosowaniem Konwencji Genewskiej, szczególnie zaś z art. 106 Konwencji. To, że władze wymagają od wnioskodawców, aby podali datę urodzenia dzieci, jest praktyczne i dopuszczalne. Gdzie brak daty urodzenia i władze nie zechcą stwierdzić jej z urzędu na podstawie list stanu cywilnego, tam mogą wyznaczyć wnioskodawcy odpowiedni termin celem dodatkowego podania daty urodzenia, grożąc utratą prawa.

2. Dziecko nie podlega już obowiązkowi uczęszczania do szkoły powszechnej; urodziło się w roku 1909 lub wcześniej (akt 78, 79, l. 1).

Dziecka nie podlega jeszcze obowiązkowi szkolnemu; jest za młode (akt 78, 79, l. 2).

Dopuszczalność tych dwóch powodów oddalenia wniosków wynika już z art. 106 § 1 Konwencji Genewskiej, według którego wniosek o utworzenie szkoły powszechnej poparty być może skutecznie tylko przez osoby uprawnione do wychowania dzieci, które są w obowiązkowym wieku szkolnym.

3. Wniosek zgłoszono po 30 listopada 1922 (akt 78—79, l. 3).

W myśl art. 106 § 2 Konwencji Genewskiej wnioski należy uwzględnić możliwie rychło, najpóźniej jednak z początkiem nowego roku szkolnego, jeżeli zgłoszono je na 9 miesięcy przedtem. Pierwsze rozporządzenie Wojewody w sprawie szkolnictwa powszechnego z dnia 21 sierpnia 1922 (akt 99—100) nie przewidywało żadnego terminu zgłaszania wniosków. Rozporządzenie to zmienione zostało

1. Fehlen des Geburtsdatums des Kindes auf dem Antrage (act. 78, 79 Ziff. 0).

Nach Art. 106 § 1 des Genfer Abkommens können Anträge nur gestellt werden für Kinder, die im schulpflichtigen Alter stehen. Das behördliche Verzeichnis der Ungültigkeitsgründe sieht die Nichtberücksichtigung eines Antrages vor, wenn das Kind nicht mehr schulpflichtig ist (act. 78, 79 Ziff. 1), oder wenn es noch nicht der Schulpflicht unterliegt (act. 78, 79 Ziff. 2). Die Wojewodschaft will aber offenbar, wo das Geburtsdatum fehlt, einen weiteren rein formalen Ablehnungsgrund konstruieren, der auch dann Platz greifen soll, wenn materiell die Voraussetzung des schulpflichtigen Alters erfüllt ist. Ein solch rigoroser Formalismus ist nicht gerechtfertigt. In der Stellung des Antrages liegt implicite die Behauptung, daß das Kind schulpflichtig sei, und die Behörden haben neun Monate Zeit, um die Richtigkeit dieser Behauptung zu prüfen. Es widerspricht einer billigen und wohlwollenden Auslegung und Anwendung der Genfer Konvention, speziell des Art. 106, Anträge, auf denen das Geburtsdatum fehlt, ohne weiteres abzulehnen. Daß die Behörden die Antragsteller anhalten, das Datum der Geburt ihrer Kinder anzugeben, ist praktisch und zulässig. Wo diese Angabe fehlt und die Behörden es nicht vorziehen, das Alter von sich aus auf Grund der Zivilstandslisten zu kontrollieren, können sie dem Antragsteller eine angemessene Frist zur nachträglichen Angabe des Geburtsdatums ansetzen unter der Androhung der Verwirkung.

2. Das Kind unterliegt nicht mehr der Pflicht zum Besuche der Volksschule; es ist geboren im Jahre 1909 oder früher (act. 78, 79 Ziff. 1).

Das Kind unterliegt noch nicht der Schulpflicht; es ist zu jung (act. 78, 79 Ziff. 2).

Die Zulässigkeit dieser beiden Ablehnungsgründe ergibt sich ohne weiteres aus Art. 106 § 1 der Genfer Konvention, wonach ein Antrag auf Errichtung einer Volksschule nur von den Erziehungsberechtigten schulpflichtiger Kinder wirksam unterstützt werden kann.

3. Der Antrag wurde nach dem 30. November 1922 eingereicht (act. 78, 79 Ziff. 3).

Nach Art. 106 § 2 der Genfer Konvention ist den Anträgen sobald als möglich, spätestens jedoch auf Beginn des neuen Schuljahres Folge zu geben, wenn der Antrag neun Monate vorher gestellt wurde. Die erste Verordnung des Wojewoden betreffend das Volksschulwesen vom 21. August 1922 (act. 99—100) sah keine Antragsfrist vor. Diese Verordnung wurde durch eine Verordnung vom 29. Dezember 1922 (act. 101—

rozporządzeniem z dnia 29 grudnia 1922 (akt 101—102), w którym jest powiedziane (art. 5), że wnioski zgłoszone przynajmniej na 9 miesięcy przed rozpoczęciem roku szkolnego, będą uwzględnione z początkiem tego roku szkolnego, który następuje po zgłoszeniu wniosku, wnioski zaś zgłoszone w terminie późniejszym, dopiero z początkiem następnego roku szkolnego. Ponieważ rok szkolny 1923-24 rozpoczął się z początkiem września 1923, przeto wnioski, których nie zgłoszono przynajmniej na 9 miesięcy przedtem (a więc najpóźniej dnia 30 listopada 1922), unieważniono.

Jak już powiedziano, Wojewoda wydał dnia 21 sierpnia 1922 pierwsze rozporządzenie w sprawie szkolnictwa powszechnego (akt 99—100). Rozporządzenie to zawierało różne postanowienia w sprawie szkół mniejszościowych, postanowienia, które nie dały się pogodzić z Konwencją Genewską. Powołane rozporządzenie w sposób niezgodny z Konwencją utrudniało specjalnie zgłaszanie wniosków przez to, że wymagało w art. 5 a, 3 i 4 urzędowych poświadczeń obywatelstwa i przynależności dziecka do związku szkolnego. Ponieważ rozporządzenie to nie dało się pogodzić z Konwencją Genewską, przeto zmieniono je późniejszym rozporządzeniem z dnia 29 grudnia 1922 (akt 101—102), którym (art. 5) usunięto niedopuszczalne utrudnienia przy zgłaszaniu wniosków. Rozporządzenie to datuje wprawdzie z 29 grudnia 1922, ogłoszono je jednak dopiero dnia 26 stycznia 1923, mianowicie w Dzienniku Ustaw Śląskich w numerze 3 z dnia 19 stycznia 1923, który pojawił się dopiero dnia 26 stycznia 1923. W chwili opublikowania upłynął już termin dziewięciomiesięczny, przewidziany w art. 106 § 2 Konwencji Genewskiej i w art. 5 rozporządzenia, o ile chodziło o wnioski na rok szkolny 1923-24. Dla zgłaszania wniosków na początek roku szkolnego 1923-24 należało więc wyznaczyć odpowiedni termin dodatkowy, jak Prezydent Komisji Mieszanej kilkakrotnie bezskutecznie się tego domagał.

Gdyby rozporządzenie pierwsze z dnia 21 sierpnia 1922 było dopuszczalne, tzn. gdyby się było dało pogodzić z Konwencją Genewską, przepis, według którego wnioski należało zgłosić najpóźniej na 9 miesięcy przed rozpoczęciem się roku szkolnego 1923-24 (1 września 1923), byłby ważny i wnioski należało wówczas zgłosić przed 30 listopada 1922. Rozporządzenie z dnia 21 sierpnia 1922 było jednak, jak to przyznano, sprzeczne z Konwencją i musiano je zastąpić rozporządzeniem z dnia 29 grudnia 1922. Decydujące były zatem postanowienia Województwa, zawarte w drugim rozporządzeniu. Wszyscy uprawnieni do wychowania, zwłaszcza zaś ci, których daleko idące,

102) abgeändert, in welcher (Art. 5) gesagt ist, die mindestens neun Monate vor Beginn des Schuljahres gestellten Anträge werden zu Beginn des auf den Antrag folgenden Schuljahres, die später gestellten Anträge erst zu Beginn des nächstfolgenden Schuljahres berücksichtigt. Da das Schuljahr 1923-24 Anfang September 1923 begonnen hat, wurden die Anträge, die nicht mindestens neun Monate vorher (also spätestens am 30. November 1922) eingereicht worden waren, für ungültig erklärt.

Wie schon gesagt, hatte der Wojewode am 21. August 1922 eine erste Verordnung betreffend das Volksschulwesen erlassen (act. 99—100). Diese Verordnung enthielt verschiedene Bestimmungen betr. die Minderheitsschulen, die mit dem Genfer Abkommen nicht vereinbar waren. Speziell hatte sie die Antragstellung in vertragswidriger Weise dadurch erschwert, daß sie in Art. 5 a, 3 und 4 amtliche Bescheinigungen über Staatsangehörigkeit und Zugehörigkeit des Kindes zum Schulverbande verlangte. Weil mit dem Genfer Abkommen unvereinbar, wurde diese Verordnung durch die spätere Verordnung vom 29. Dezember 1922 (act. 101—102) abgeändert, mit welcher (Art. 5) die unzulässigen Erschwerungen der Antragstellung beseitigt wurden. Diese Verordnung ist zwar vom 29. Dezember 1922 datiert, wurde aber erst am 26. Januar 1923 bekanntgegeben, d. h. sie wurde im Dziennik Ustaw Śląskich Nr. 3 vom 19. Januar 1923 publiziert, der erst am 26. Januar 1923 in der Öffentlichkeit erschienen ist. Im Zeitpunkte der Bekanntgabe war die in Art. 106 § 2 der Genfer Konvention und in Art. 5 der Verordnung vorgesehene neunmonatliche Frist, soweit es sich um die Anträge für das Schuljahr 1923-24 handelte, bereits abgelaufen. Es hätte daher für die Stellung von Anträgen auf Beginn des Schuljahres 1923-24 eine angemessene Nachfrist gesetzt werden müssen, wie der Präsident der Gemischten Kommission es wiederholt vergeblich beantragt hatte.

Wäre die erste Verordnung vom 21. August 1922 zulässig, d. h. mit dem Genfer Abkommen vereinbar gewesen, so hätte die Vorschrift, wonach die Anträge spätestens neun Monate vor Beginn des Schuljahres 1923-24 (1. September 1923) einzureichen waren, ohne weiteres Geltung gehabt, und die Anträge hätten in diesem Falle vor dem 30. November 1922 eingereicht werden müssen. Die Verordnung vom 21. August 1922 war aber anerkanntermaßen vertragswidrig und mußte daher durch die Verordnung vom 29. Dezember 1922 ersetzt werden. Maßgebend also waren die Bestimmungen der Wojewodschaft, wie sie durch die zweite Verordnung geschaffen wurden. Alle Erziehungsberechtigten, namentlich sprzeczne z Konwencją utrudnienia pierwszego rozporządzenia wstrzymały od zgłaszania wniosków, mogli po zapoznaniu się z nowym rozporządzeniem i w myśl jego przepisów rościć sobie prawo do zgłaszania wniosków w terminie odpowiednim. Jako termin odpowiedni Prezydent uważa termin jednomiesięczny, licząc od pojawienia się rozporządzenia, tj. termin do 28 lutego 1923. Gdyby się nie chciało przyznać tego przedłużenia terminu, powstałaby pełna sprzeczności i nie dająca się utrzymać sytuacja, że na podstawie jedynie ważnego rozporządzenia z dnia 29 grudnia 1922 wniosków na rok szkolny 1923-24 w ogóle nie można było zgłaszać, bo termin zgłaszania ich upłynął już w chwili pojawienia się rozporządzenia. Byłoby to w najwyższym stopniu niesprawiedliwe, bo nie uprawnieni do wychowania ponoszą winę za to, że pierwsze rozporządzenie było sprzeczne z Konwencją i że je w zasadniczych punktach musiano zrewidować. Władze są wyłącznie odpowiedzialne za to, że wskutek ich postępowania przedłużenie terminu zgłaszania wniosków na rok szkolny 1923-24 stało się konieczne. To przedłużenie terminu jest tym bardziej uzasadnione, że art. 106 § 2 Konwencji Genewskiej przepisuje, że wnioski należy uwzględnić możliwie najwcześniej. Nie można uszczuplać prawa wychowawców do zgłaszania wniosków na podstawie decydującego rozporządzenia z dnia 29 grudnia 1922 także na rok szkolny 1923-24. Wszystkie wnioski zgłoszone do 28 lutego 1923 winny być uwzględnione z początkiem roku szkolnego 1923-24.

4. Dziecko nie należy do mniejszości językowej (akt 78—79, l. 4).

Według art. 74 Konwencji Genewskiej władzom nie wolno sprawdzać przynależności do mniejszości językowej ani przynależności tej kwestionować. Według art. 131 Konwencji Genewskiej decyduje wyłącznie pisemne lub ustne oświadczenie uprawnionego do wychowania, który język jest językiem jego dziecka, i władzy szkolnej oświadczenia tego nie wolno sprawdzać ani kwestionować. Oddalenie wniosku z uzasadnieniem, że dziecko nie należy do mniejszości językowej, oparte jest na niedozwolonym sprawdzaniu, jest zatem niedopuszczalne.

5. Podpisanie wniosku przez matkę w przypadkach, gdzie nie była do tego uprawniona (akt 78—79, l. 5 a).

W myśl art. 106 § 1 Konwencji Genewskiej wnioski winny zgłaszać osoby uprawnione do wychowania („personnes légalement aber diejenigen, welche durch die weitgehenden vertragswidrigen Erschwerungen der ersten Verordnung von der Einreichung von Anträgen abgehalten worden waren, durften das Recht beanspruchen, nach Kenntnisnahme und gemäß der neuen Verordnung Anträge zu stellen, und zwar innert angemessener Frist. Als angemessen erachtet der Präsident eine Frist von einem Monat seit dem Erscheinen der Verordnung, d. h. bis 28. Februar 1923. Wollte man diese Fristerstreckung nicht gewähren, so würde sich die widerspruchsvolle und unhaltbare Sachlage ergeben, daß auf Grund der einzig maßgebenden Verordnung vom 29. Dezember 1922 Anträge für das Schuljahr 1923-24 überhaupt nicht hätten gestellt werden können, weil die Frist für die Antragstellung im Zeitpunkte des Erscheinens der Verordnung schon abgelaufen war. Das wäre im höchsten Grade ungerecht, denn nicht die Erziehungsberechtigten sind schuld daran, daß die erste Verordnung vertragswidrig war und in wesentlichen Punkten revidiert werden mußte. Die Behörden sind ganz allein dafür verantwortlich, daß durch ihr Vorgehen die absolute Notwendigkeit eingetreten ist, die Frist für Einreichung der Anträge für das Schuljahr 1923-24 zu erstrecken. Diese Erstreckung ist um so begründeter, als Art. 106 § 2 der Genfer Konvention vorschreibt, daß die Anträge sobald als möglich zu berücksichtigen seien. Es muß den Erziehungsberechtigten das ungeschmälerte Recht gewahrt werden, auch Anträge für das Schuljahr 1923-24 auf Grund der maßgebenden Verordnung vom 29. Dezember 1922 einzureichen. Alle Anträge, die bis zum 28. Februar 1923 eingereicht worden sind, müssen auf Beginn des Schuljahres 1923-24 berücksichtigt werden.

4. Das Kind gehört nicht zur sprachlichen Minderheit (act. 78, 79 Ziff. 4).

Nach Art. 74 der Genfer Konvention darf die Zugehörigkeit zur sprachlichen Minderheit von den Behörden weder nachgeprüft noch bestritten werden. Nach Art. 131 des Genfer Abkommens bestimmt ausschließlich die schriftliche oder mündliche Erklärung des Erziehungsberechtigten, was die Sprache seines Kindes ist, und diese Erklärung darf von der Schulbehörde weder nachgeprüft noch bestritten werden. Die Ablehnung eines Antrages mit der Begründung, daß das Kind nicht zur sprachlichen Minderheit gehöre, beruht auf einer unerlaubten Nachprüfung und ist somit unzulässig.

5. Unterzeichnung des Antrages durch die Mutter in Fällen, wo sie dazu nicht berechtigt war (act. 78—79 Ziff. 5 a).

Nach Art. 106 § 1 der Genfer Konvention müssen die Anträge von den Erziehungsberechtigten (»personnes légalement responsables de responsables de l'éducation"). Prawo do wychowania, jako następstwo władzy rodzicielskiej, przysługuje z reguły ojcu (k. c. 1627 i 1631). Matce władza rodzicielska, a tym samym prawo do wychowania przysługuje tylko pod pewnymi warunkami, zwłaszcza wtenczas, gdy ojciec umarł lub doznaje faktycznej przeszkody w wykonywaniu władzy rodzicielskiej (k. c. 1684 i n.). Matka obok ojca i opiekuna ma wprawdzie także prawo i obowiązek starania się o osobę dziecka, w czym mieści się prawo do wychowania dziecka (k. c. 1634 i 1696 do 1698). Rozumieć jednak należy przez to tylko opiekę faktyczną, lecz nie prawo do czynności prawnych, jak np. prawo do zgłaszania wniosku o utworzenie szkoły mniejszościowej. Jeśli ojciec żyje, lub dziecku wyznaczono opiekuna, matki — o ile nie zachodzą szczególne warunki — nie można uważać za osobę uprawnioną do wychowania w myśl art. 106 Konwencji Genewskiej.

6. Podpisanie wniosku przez osobę obcą, która nie wykazała się tytułem prawnym (akt 78—79, l. 5 b).

Jako „osoba obca" wchodzić może w rachubę chyba tylko opiekun dziecka, dla którego zgłoszono wniosek. Bez względu na to, jak sprawa się przedstawia, nie wolno oddalić wniosku, pochodzącego faktycznie od osoby uprawnionej do wychowania, z tego powodu, że do wniosku nie dołączono dowodu tytułu prawnego. Oddalenie wniosku z tym umotywowaniem jest niedopuszczalne, bo Konwencja Genewska takiego dowodu nie wymaga. Także rozporządzenia Wojewody z dnia 21 sierpnia i 29 grudnia 1922 (akt 99—102) o tym nie wspominają. Jeżeli w jakimś przypadku zachodzi uzasadnione podejrzenie, że jakaś osoba działała niesłusznie jako osoba uprawniona do wychowania, niech właściwa władza zarządzi dochodzenia.

7. Oświadczenie osoby podpisanej na wniosku, że wniosku nie podpisała (akt 78—79, l. c).

Tego rodzaju oświadczenie może wchodzić w rachubę tylko jako dowód na to, że podpis na wniosku sfałszowano. Taki wniosek jest oczywiście nieważny (akt 78—79, l. 12).

8. Legalizacja podpisu na wniosku nastąpiła w nieobecności podpisanego (akt 78—79, l. d, e).

Legalizacji podpisu dokonał sędzia rozjemczy, wachmistrz policji komunalnej lub naczelnik obwodu miejskiego (akt 78—79, l. 5 b, c, d).

l'éducation«) gestellt werden. Das Erziehungsrecht, als Ausfluß der elterlichen Gewalt, steht in der Regel dem Vater zu (BGB. §§ 1627 und 1631). Der Mutter steht die elterliche Gewalt und damit das Erziehungsrecht nur unter gewissen Voraussetzungen zu, hauptsächlich dann, wenn der Vater gestorben oder an der Ausübung der elterlichen Gewalt tatsächlich verhindert ist (BGB. § 1684 ff.). Die Mutter besitzt zwar auch neben dem Vater oder Vormund das Recht und die Pflicht, für die Person des Kindes zu sorgen, worin das Recht, das Kind zu erziehen, inbegriffen ist (BGB. §§ 1634 und 1696—1698). Darunter ist jedoch nur eine Fürsorge tatsächlicher Art zu verstehen, nicht aber die Befugnis zur Vornahme von Rechtshandlungen, wie z. B. zur Stellung eines Antrages auf Errichtung einer Minderheitsschule. Bei Lebzeiten des Vaters oder wenn dem Kind ein Vormund gesetzt ist, ist die Mutter — sofern nicht die besonderen Voraussetzungen dafür vorliegen — nicht als erziehungsberechtigte Person im Sinne des Art. 106 des Genfer Abkommens anzusehen.

6. Unterschrift einer fremden Person auf dem Antrage ohne Nachweisung des Rechtstitels (act. 78—79 Ziff. 5 b).

Als »fremde Person« kann wohl nur der Vormund des Kindes, für das der Antrag gestellt wurde, in Frage kommen. Sei dem wie ihm wolle, so darf ein Antrag, der tatsächlich vom Erziehungsberechtigten herrührt, nicht abgelehnt werden, weil ihm der Nachweis des Rechtstitels nicht beigegeben war, und zwar schon deshalb, weil ein solcher Nachweis in der Genfer Konvention nicht verlangt ist. Auch in den Verordnungen des Wojewoden vom 21. August und 29. Dezember 1922 (act. 99—102) ist davon keine Rede. Wenn im Einzelfalle begründeter Verdacht vorliegt, daß eine Person zu Unrecht als Erziehungsberechtigter gehandelt hat, mag die zuständige Behörde eine Untersuchung darüber anordnen.

7. Erklärung des Unterschriebenen auf dem Antrage, daß er den Antrag nicht unterzeichnet habe (act. 78—79 Ziff. c).

Eine solche Erklärung dürfte wohl nur als Beweismittel dafür in Betracht fallen, daß die Unterschrift auf dem Antrage gefälscht wurde, in welchem Falle der Antrag natürlich ohne weiteres ungültig ist (act. 78—79 Ziff. 12).

8. Die Bescheinigung der Echtheit der Unterschrift auf dem Antrage ist in Abwesenheit des Unterschriebenen erfolgt (act. 78—79 Ziff. d, e).

Die Bescheinigung der Echtheit der Unterschrift ist erfolgt durch einen Schiedsmann, Wachtmeister der Kommunalpolizei oder Bezirksvorsteher (act. 78—79 Ziff. 5 b, c, d).

Legalizacji podpisu dokonał urzędnik, który nie miał upoważnienia swej przełożonej władzy (akt 78—79, l. 5 g, i).

W zestawieniu Województwa jako szczególny powód nieważności (akt 78—79, l. 12) figuruje sfałszowanie podpisu. Oczywiście wniosek taki jest nieważny. Oprócz tego jako szczególne formalne powody nieważności mają być uważane legalizacje, dokonane w nieobecności wnioskodawcy oraz legalizacje, dokonane przez pewne urzędy lub urzędników, których przełożona władza do tego nie upoważniła — i to widocznie bez względu na to, czy dane podpisy są autentyczne lub nie.

Legalizacja podpisu wnioskodawców nie jest przewidziana w Konwencji Genewskiej (art. 106), lecz przepisana art. 5 rozporządzeń Wojewody z dnia 21 sierpnia i 29 grudnia 1922, dotyczących szkolnictwa powszechnego, gdzie jest powiedziane, że własnoręczność podpisu musi być potwierdzona przez urząd uprawniony do prowadzenia pieczęci urzędowej, jak np. naczelnika gminy, starostę, urzędnika stanu cywilnego itd. Ponieważ legalizacja podpisu wnioskodawcy nie jest przewidziana w Konwencji Genewskiej, przeto nie może być konstytutywnym wymogiem ważności wniosku w tym sensie, że niespełnienie tego wymogu pociąga za sobą nieważność wniosku. Chodzi tu raczej tylko o przepis porządkowy, wydany w wyłącznym interesie władz, celem ułatwienia im badania wniosków zgłoszonych na piśmie. Także rozporządzenie Wojewody z dnia 29 grudnia 1922 zajmuje to samo stanowisko, dopuszczając w art. 5 również ustne zgłoszenie wniosku i nie grożąc nigdzie nieważnością. Ponieważ legalizacja podpisu jest bezsprzecznie utrudnieniem zgłaszania wniosków, przeto z Konwencją Genewską da się pogodzić tylko wtenczas, jeżeli uważać się ją będzie tylko za środek dowodowy dla ułatwienia władzom pracy i stosować w sposób liberalny i życzliwy.

Nie można żądać od każdego wnioskodawcy, aby wiedział dokładnie, które urzędy i którzy urzędnicy lub funkcjonariusze są uprawnieni do prowadzenia pieczęci urzędowej, a którzy nie, tym bardziej, że nawet Województwo nie zdaje sobie z tego sprawy. Tak kwestionowało ono początkowo właściwość urzędów parafialnych do legalizacji podpisów i później stanowisko to znów porzuciło.

Nie można też od każdego wnioskodawcy wymagać, aby znał dokładnie przepisy, których przestrzegać winni urzędnicy, legalizując podpisy, tym bardziej, że liczni urzędnicy widocznie sami nie zdają

Die Bescheinigung der Echtheit der Unterschrift ist durch einen Beamten erfolgt, der dazu keine Ermächtigung der vorgesetzten Dienststelle hatte (act. 78—79 Ziff. 5 g, i).

Die Fälschung der Unterschrift, die als besonderer Ungültigkeitsgrund in der Liste der Wojewodschaft figuriert (act. 78—79 Ziff. 12), ist selbstverständlich als solcher anzuerkennen. Daneben sollen aber offenbar ohne Rücksicht auf die materielle Echtheit oder Nichtechtheit der Unterschriften die Beglaubigung in Abwesenheit des Antragstellers und die Beglaubigung durch gewisse Ämter oder durch Beamte, die hierzu von der vorgesetzten Dienststelle nicht ermächtigt waren, als besondere formale Nichtigkeitsgründe gelten.

Die Beglaubigung der Unterschrift der Antragsteller ist im Genfer Abkommen (Art. 106) nicht vorgesehen, sondern in Art. 5 der Verordnungen des Wojewoden vom 21. August und 29. Dezember 1922 betreffend das Volksschulwesen vorgeschrieben, wo gesagt ist, daß die Eigenhändigkeit der Unterschrift von einem zur Führung des Amtssiegels berechtigten Amte bescheinigt sein müsse, wie z. B. vom Gemeindevorsteher, Landrat, Standesbeamten usw. Da die Beglaubigung der Unterschrift des Antragstellers in der Genfer Konvention nicht vorgesehen ist, kann sie kein konstitutives Erfordernis für die Gültigkeit eines Antrages sein in dem Sinne, daß dessen Nichterfüllung ohne weiteres die Nichtigkeit des Antrages nach sich zieht. Es handelt sich vielmehr nur um eine Ordnungsvorschrift, die im ausschließlichen Interesse der Behörden aufgestellt worden ist, um ihnen die Prüfung der schriftlich gestellten Anträge zu erleichtern. Auch die Verordnung des Wojewoden vom 29. Dezember 1922 steht auf diesem Standpunkt, indem sie in Art. 5 auch die mündliche Antragstellung zuläßt und nirgends die Nichtigkeit androht. Da die Beglaubigung der Unterschrift zweifellos eine Erschwerung der Antragstellung bedeutet, ist sie überhaupt nur dann mit der Genfer Konvention vereinbar, wenn sie lediglich als ein Beweismittel zur Erleichterung der Arbeit der Behörden betrachtet und in weitherziger, wohlwollender Weise gehandhabt wird.

Dem einzelnen Antragsteller kann die genaue Kenntnis nicht zugemutet werden, welche Ämter und welche Beamte oder Angestellte zur Führung des Amtssiegels berechtigt sind und welche nicht. Dies um so weniger, als selbst die Wojewodschaft sich hierüber nicht im klaren ist. So hat sie anfänglich die Zuständigkeit der Pfarrämter zur Beglaubigung von Unterschriften bestritten und nachträglich diesen Standpunkt wieder aufgegeben.

Dem einzelnen Antragsteller kann auch die genaue Kenntnis der Vorschriften nicht zugemutet werden, welche die Beamten bei der Beglaubigung von Unterschriften zu beobachten haben. Dies um so weniger, als sobie z tego sprawy. Tak oświadczył pewien naczelnik gminy wnioskodawcom, aby nie przychodzili do niego pojedynczo z legalizacją, lecz aby zebrali potrzebną ilość wniosków i przynieśli mu je potem wszystkie naraz do legalizacji (akt 38). Inny naczelnik gminy od pewnego terminu odmówił w ogóle legalizacji, sądząc — widocznie mylnie, — że czytał w Dzienniku Ustaw Śląskich, że legalizacja podpisów na wnioskach szkolnych jest zakazana (akt 37). Dwaj dalsi naczelnicy gmin odmówili legalizacji podpisów także z tego powodu, że wnioskodawcy byli Polakami i zatem zdaniem ich nie mieli prawa do szkoły mniejszościowej (akt 40—41).

Z jakichkolwiek powodów legalizacja podpisu na wniosku jest formalnie wadliwa, odpowiedzialność za to ponosi nie wnioskodawca, lecz wyłącznie urzędnik. Formalizm, który bez względu na wolę wnioskodawców unieważnia setki i tysiące wniosków z powodów czysto formalnych, jest w każdym razie w najwyższym stopniu niesprawiedliwy i nie da się pogodzić z celem Konwencji Genewskiej, która nie chce czynić trudności szkołom mniejszościowym lub zapobiec ich tworzeniu, lecz pragnie je ułatwić. Z tego to powodu uregulowała w sposób najliberalniejszy w art. 106 i 131 sprawę zgłaszania wniosków.

W przypadkach takich mogłoby zachodzić najwyżej pytanie, czy uprawnionym do wychowania nie należałoby zwrócić wniosków celem usunięcia braków formalnych legalizacji. Byłoby to bardzo daleko idącym żądaniem wobec wnioskodawców, którzy przecież nie są odpowiedzialni za faktyczne lub rzekome błędy formalne urzędników. Kwestii tej nie potrzeba tu jednak rozstrzygać i to z następujących powodów: władze sprawę badania wniosków, zgłoszonych już przed początkiem grudnia 1922, opóźniły do tego stopnia, że badanie to nie było jeszcze ukończone z początkiem września 1923, kiedy szkoły mniejszościowe należało już otworzyć, lecz było jeszcze ciągle w toku. To zwlekanie z badaniem wniosków było absolutnie sprzeczne z Konwencją. W ten sposób sprawa otwarcia na czas szkół mniejszościowych, które na podstawie uznanych za ważne wniosków należało utworzyć, doznała opóźnienia, a uprawnieni do wychowania, których wnioski oddalono, pozbawieni zostali możliwości udania się na czas na drogę zażalenia przewidzianą w Konwencji Genewskiej (art. 147 i n.). Wobec przedstawionego opóźnienia sprawy badania wniosków, co jest poważnym naruszeniem Konwencji Genewskiej (art. 106 § 2), offenbar viele Beamte selbst sich hierüber nicht im klaren sind. So hat ein Gemeindevorsteher den Antragstellern erklärt, sie sollen nicht einzeln zur Beglaubigung zu ihm kommen, sondern die nötige Zahl von Anträgen sammeln und sie ihm dann alle auf einmal zur Beglaubigung bringen (act. 38). Ein anderer Gemeindevorsteher hat die Beglaubigung von einem gewissen Zeitpunkte an überhaupt verweigert, weil er, offenbar irrtümlich, im Dziennik Ustaw Śląskich gelesen zu haben glaubte, die Beglaubigung von Unterschriften auf Schulanträgen sei verboten (act. 37). Zwei weitere Gemeindevorsteher haben die Beglaubigung von Unterschriften auch deshalb verweigert, weil die Antragsteller Polen waren und daher nach ihrer Meinung kein Recht auf die Minderheitsschule hatten (act. 40—41).

Aus welchen Gründen auch immer die Beglaubigung der Unterschrift auf einem Antrag formell mangelhaft sein mag, so ist hierfür nicht der Antragsteller, sondern einzig und allein der Beamte verantwortlich. Jedenfalls ist ein Formalismus, der ohne jede Rücksicht auf den Willen der Antragsteller Hunderte und Tausende von Anträgen aus rein formellen Gründen ungültig erklärt, im höchsten Grade unbillig und durchaus unvereinbar mit dem Zwecke der Genfer Konvention, welche die Minderheitsschulen nicht erschweren und verhindern, sondern erleichtern will und daher die Antragstellung in Art. 106 und Art. 131 in liberalster Weise geregelt hat.

Es könnte sich in solchen Fällen höchstens fragen, ob nicht die Anträge zur Hebung des der Beglaubigung anhaftenden formellen Mangels den Erziehungsberechtigten zurückzusenden seien. Es wäre dies eine sehr weitgehende Zumutung an die Antragsteller, die für die wirklichen oder angeblichen Formfehler der Beamten nicht verantwortlich sind. Aber diese Frage braucht hier nicht entschieden zu werden, und zwar aus folgenden Gründen: die Behörden haben die Prüfung der schon vor Anfang Dezember 1922 gestellten Anträge dermaßen verzögert, daß diese Prüfung Anfang September 1923 (auf welchen Zeitpunkt die Minderheitsschulen hätten eröffnet werden sollen) noch nicht abgeschlossen, sondern immer noch im Gange war. Diese Verschleppung der Prüfung der Anträge war durchaus vertragswidrig. Dadurch ist die rechtzeitige Eröffnung der auf Grund der anerkannten Anträge zu errichtenden Minderheitsschulen verzögert worden und den Erziehungsberechtigten, deren Anträge abgelehnt wurden, war jede Möglichkeit genommen, rechtzeitig den in der Genfer Konvention (Art. 147 ff.) vorgesehenen Beschwerdeweg zu betreten. Angesichts dieser, eine schwere Verletzung des Genfer Abkommens (Art. 106 § 2) in sich schließenden Verzögerung der Prüfung der Anträge, wäre trudno po prostu wziąć na siebie odpowiedzialność za zwrócenie wnioskodawcom wielkiej liczby wniosków z powodu czysto formalnych wad, za które zresztą nie wnioskodawcy lecz władze i urzędnicy odpowiadają, i odłożyć przez to jeszcze raz na czaś nieograniczony decyzję w sprawie utworzenia szkół mniejszościowych, choć decyzja ta powinna była już dawno zapaść. W danych warunkach zwrócenie wniosków uprawnionym do wychowania nie może w ogóle wchodzić w rachubę. Wszystkie legalizacje podpisów dokonane faktycznie w jakimś urzędzie przez jakiegoś urzędnika lub funkcjonariusza z załączeniem pieczęci urzędowej winny być raczej uznane za wystarczające. Gdzie istnieją pozytywne dane, że podpis został sfałszowany, tam można w drodze śledztwa karnego sprawę w najkrótszym czasie wyjaśnić.

9. Brak legalizacji podpisu na wniosku (akt 78—79, l. 5 f).

Co do znaczenia urzędowej legalizacji podpisów, opartej wyłącznie na przepisie porządkowym, wskazuje się na wywody sub II, 8. W myśl tych wywodów wniosku, na którym brak legalizacji podpisu, nie można uznać za nieważny. Władze mogą jednak uprawnionym do wychowania wnioski zwrócić i wskazać odpowiedni termin celem dodatkowej legalizacji, grożąc utratą prawa. W związkach szkolnych, gdzie utworzenie szkoły mniejszościowej zależy od wniosków z nielegalizowanymi podpisami, ta kwestia organizacyjna musi pozostać w zawieszeniu aż do upłynięcia terminu, który należy wskazać celem dodatkowej legalizacji.

10. Brak daty na wniosku (akt 78—79, l. 5 f).

Data wniosku w przeciwieństwie do daty zgłoszenia go nie ma żadnego materialnego znaczenia dla kwestii, czy i w jakim terminie wniosek należy uwzględnić. Brak tej daty nie może być zatem powodem nieuwzględnienia wniosku.

11. Formularz nie odpowiada rozporządzeniu Wojewody Śląskiego z dnia 21 sierpnia 1922 art. 5 (akt 78—79, l. 6).

Ponieważ artykuł 5 rozporządzenia z dnia 21 sierpnia 1922 (akt 99—100) uchylono rozporządzeniem Wojewody z dnia 29 grudnia 1922 (akt 101—102), przeto ten powód oddalenia jest pozbawiony wszelkiej podstawy. Lecz pominąwszy i to, jest on niedopuszczalny, ponieważ art. 5 rozporządzenia z dnia 29 grudnia 1922 dopuszcza też ustne zgłoszenie wniosku i ponieważ wniosek, który zawiera potrzebne es schlechterdings nicht zu verantworten, eine sehr große Anzahl von Anträgen aus rein formellen Mängeln, für welche nicht die Antragsteller, sondern die Behörden und Beamten verantwortlich sind, an die Antragsteller zurückzuweisen und dadurch die längst fälligen Entscheidungen über die Einrichtung der Minderheitsschulen nochmals auf unbestimmte Zeit hinauszuschieben. Unter diesen Umständen kann eine Rücksendung der Anträge an die Erziehungsberechtigten überhaupt nicht in Frage kommen. Es müssen vielmehr alle Beglaubigungen von Unterschriften ohne weiteres als genügend anerkannt werden, die in irgendeinem Amte von einem Beamten oder Angestellten unter Beifügung eines Dienstsiegels oder -stempels tatsächlich vollzogen worden sind. Wo positive Anhaltspunkte dafür vorhanden sind, daß eine Unterschrift gefälscht wurde, kann durch eine Strafuntersuchung die Sachlage in kürzester Frist abgeklärt werden.

9. Fehlen der Bescheinigung der Echtheit der Unterschrift auf dem Antrage (act. 78—79 Ziff. 5 f).

Hinsichtlich der Bedeutung der amtlichen Beglaubigung der Unterschriften als einer bloßen Ordnungsvorschrift wird auf die oben (II, 8) gemachten Ausführungen verwiesen. Danach kann ein Antrag, auf dem die Unterschrift nicht beglaubigt wurde, nicht ohne weiteres als ungültig erklärt werden. Die Behörden können aber die Anträge an die Erziehungsberechtigten zurücksenden und ihnen zur nachträglichen Beglaubigung eine angemessene Frist setzen unter Androhung der Verwirkung. In denjenigen Schulverbänden, in welchen die Errichtung einer Minderheitsschule von Anträgen mit nicht beglaubigten Unterschriften abhängt, muß diese organisatorische Frage in der Schwebe bleiben, bis die zur nachträglichen Beglaubigung anzusetzende Frist abgelaufen ist.

10. Fehlen des Datums auf dem Antrage (act. 78—79 Ziff. 5 f).

Das Datum des Antrages ist, im Gegensatz zum Datum der Einreichung, von gar keiner materiellen Bedeutung für die Frage, ob und auf welchen Zeitpunkt ein Antrag berücksichtigt werden muß. Das Fehlen dieses Datums kann daher einen Grund für die Nichtberücksichtigung eines Antrages nicht abgeben.

11. Das Formular entspricht nicht der Verordnung des schlesischen Wojewoden vom 21. August 1922 Art. 5 (act. 78—79 Ziff. 6).

Da der Artikel 5 der Verordnung vom 21. August 1922 (act. 99—100) durch die Verordnung des Wojewoden vom 29. Dezember 1922 (act. 101—102) aufgehoben worden ist, scheint dieser Ablehnungsgrund jeder Grundlage zu entbehren. Aber auch abgesehen davon ist er unzulässig, weil ein Antrag nach Art. 5 der Verordnung vom 29. Dezember 1922 auch mündlich gestellt werden kann und weil ein Antrag, welcher die nötigen dane, uwzględnić należy bez względu na formularz, na jakim go zgłoszono.

12. Wnioskodawca wyprowadził się z okręgu związku szkolnego (akt 78—79, l. 7).

Dziecko zmarło (akt. 78—79, l. 12).

Dzieci, które po przedstawieniu wniosków wyprowadziły się z okręgu związku szkolnego lub zmarły, dla frekwencji szkół mniejszościowych, o które zgłoszono wnioski, nie wchodzą w rachubę, i wnioski te stały się bezprzedmiotowe.

Wyprowadzenie się lub śmierć dziecka po upływie terminu zgłoszenia wniosku nie ma natomiast żadnego wpływu na uregulowanie kwestii organizacyjnej, czy w danym związku szkolnym utworzyć należy szkołę mniejszościową, kwestię tę bowiem należy rozstrzygnąć na podstawie wniosków istniejących w chwili upłynięcia terminu zgłoszenia wniosków (porówn. okólnik Wojewody z dnia 1 września 1923, ogłoszony w dodatku do Gazety Urzędowej Województwa Śląskiego w nrze 35 z dnia 27 września 1923, zob. akt 105—106).

13. Dziecko nie należy do związku szkolnego (akt 78—79, l. 8).

Dziecko nie posiada obywatelstwa polskiego (akt 78—79, l. 10).

Te powody oddalenia wniosków zgodne są w zupełności z Konwencją Genewską art. 106.

14. Dziecko uczęszcza do szkoły w innej gminie i nie jest przeznaczone do tej szkoły, do której wniosek się odnosi (akt 78—79, l. 11).

Jeżeli uprawniony do wychowania, którego dziecko uczęszcza do innej szkoły, wniosek rzeczywiście od samego początku zgłosił z zamiarem nieposyłania dziecka do szkoły, o którą wniósł, lecz tylko w zamiarze powiększenia liczby wniosków, wniosek ten wolno nieuwzględnić. Czy zamiar taki istniał, nie wolno jednak przypuszczać, lecz należy to udowodnić. W żadnym razie nie wolno oddalić wniosku jedynie na podstawie obiektywnego faktu, że dziecko przed utworzeniem szkoły mniejszościowej uczęszcza do innej szkoły, bo powodem tego będzie zazwyczaj brak szkoły mniejszościowej w związku szkolnym miejsca zamieszkania.

15. Sfałszowanie podpisu (akt 78—79, l. 12).

Wnioski z sfałszowanymi podpisami są oczywiście nieważne.

16. Wniosek zgłoszono dwukrotnie (akt 78—79, l. 13).

Angaben enthält, ohne Rücksicht auf das dabei verwendete Formular berücksichtigt werden muß.

12. Der Antragsteller ist aus dem Bezirk des Schulverbandes verzogen (act. 78—79 Ziff. 7).

Das Kind ist gestorben (act. 78—79 Ziff. 12).

Die Kinder, die nach Einreichung der Anträge aus dem Schulverbande verzogen oder gestorben sind, fallen für den Besuch der beantragten Minderheitsschule außer Betracht, und die Anträge sind daher insofern gegenstandslos geworden.

Dagegen hat der nach Ablauf der Antragsfrist eingetretene Wegzug oder Tod des Kindes keinen Einfluß auf die Regelung der organisatorischen Frage, ob in dem betreffenden Schulverbande eine Minderheitsschule einzurichten ist, weil diese Frage auf Grund der bei Ablauf der Antragsfrist vorliegenden Anträge zu entscheiden ist (vgl. das Rundschreiben des Wojewoden vom 1. September 1923, veröffentlicht in der Beilage zur Gazeta Urzędowa Województwa Śląskiego Nr. 35 vom 27. September 1923, s. act. 105—106).

13. Das Kind gehört nicht zum Schulverbande (act. 78—79 Ziff. 8).

Das Kind besitzt nicht die polnische Staatsangehörigkeit (act. 78—79 Ziff. 10).

Diese Ablehnungsgründe stimmen mit der Genfer Konvention Art. 106 durchaus überein.

14. Das Kind besucht die Schule einer anderen Gemeinde und ist nicht für die Schule bestimmt, auf welche der Antrag sich bezieht (act. 78—79 Ziff. 11).

Wenn ein Erziehungsberechtigter, dessen Kind eine andere Schule besucht, den Antrag wirklich von Anfang an mit der Absicht gestellt hat, sein Kind nicht in die beantragte Schule zu schicken, sondern nur um die Zahl der Anträge zu vermehren, so darf sein Antrag unberücksichtigt bleiben. Diese Absicht ist aber nicht zu vermuten, sondern sie muß erwiesen sein, und keinesfalls darf ein Antrag lediglich auf Grund der objektiven Tatsache abgelehnt werden, daß das Kind in der Zeit vor der Errichtung der Minderheitsschule eine andere Schule besucht. Denn der Grund hierfür dürfte in der Regel eben das Fehlen einer Minderheitsschule im Schulverbande des Wohnsitzes sein.

15. Fälschung der Unterschrift (act. 78—79 Ziff. 12).
Anträge mit gefälschter Unterschrift sind selbstverständlich ungültig.

16. Der Antrag ist zweimal eingereicht worden (act. 78—79 Ziff. 13).

Wnioski, które zgłoszono dwukrotnie, co wobec dwóch rozporządzeń Wojewody z dnia 21 sierpnia i 29 grudnia jest zupełnie możliwe, należy liczyć tylko raz; w tym sensie ważność ich nie jest wątpliwa.

17. We wniosku nie podano, w którym związku szkolnym szkoła ma być utworzona (akt 78—79, l. 15).

Jeżeli związek szkolny, w którym szkoła ma być utworzona, nie jest dokładnie określony lub nie da się określić, wniosku można nie uwzględnić. Jeżeli jednak związek szkolny da się określić, wniosek należy uwzględnić.

III

Dnia 18 maja 1923 Prezydent Komisji Mieszanej wystosował do Rządów Polskiego i Niemieckiego memoriał (akt 103—104), w którym ustalił następujące zasady w sprawie utworzenia szkół mniejszościowych i uczęszczania do nich:

Wnioski, które istnieją w chwili upłynięcia terminu ich zgłoszenia, tworzą niezmienną organizacyjną podstawę dla urządzenia szkół, klas i kursów mniejszościowych. Cofnięcie wniosków, które nastąpiło po upływie tego terminu, nie może mieć wpływu na kwestię, czy szkoła, klasa lub kurs mniejszościowy winny być urządzone.

Także ci uprawnieni do wychowania, którzy nie zgłosili żadnego wniosku lub wniosek cofnęli, mogą posyłać dzieci do szkół, klas lub na kursa mniejszości.

Dzieci, dla których wniosku nie zgłoszono, wolno nie przyjąć tylko wtenczas, jeżeli w danej szkole, klasie lub kursie mniejszości nie ma dla nich faktycznie miejsca i w danych warunkach postarać się o nie nie można. Pod żadnym warunkiem nie wolno nie przyjąć dzieci tak długo, jak długo liczba wniosków, zgłoszonych aż do upłynięcia terminu zgłoszenia, nie jest przekroczona.

Rząd Polski i Rząd Niemiecki przyjęły te zasady i opublikowały je. Rząd Polski w dodatku do Gazety Urzędowej Województwa Śląskiego w nrze 35 z dnia 22 września 1923 (akt 105—106).

W publikacji, która nastąpiła ze strony polskiej, ustalono przy tym, że termin zgłoszenia wniosków na rok szkolny 1923-24 upłynął z dniem 30 listopada 1922, podczas gdy Prezydent Komisji Mieszanej

Anträge, die zweimal eingereicht worden sind — was angesichts der zwei Verordnungen des Wojewoden vom 21. August und vom 29. Dezember durchaus möglich ist — sind nur einmal zu zählen; in diesem Sinne ist ihre Gültigkeit nicht zweifelhaft.

17. Auf dem Antrage ist nicht angegeben, in welchem Schulverband die Schule errichtet werden soll (act. 78—79 Ziff. 15).

Ist der Schulverband, in welchem die Schule errichtet werden soll, weder ausdrücklich bezeichnet, noch aus dem Inhalte des Antrages bestimmbar, so kann dem Antrag keine Folge gegeben werden. Ist aber der Schulverband bestimmbar, so ist der Antrag zu berücksichtigen.

III

Am 18. Mai 1923 richtete der Präsident der Gemischten Kommission an die polnische Regierung und an die deutsche Regierung ein Memorandum (act. 103—104), in dem er folgende Grundsätze betreffend die Einrichtung und den Besuch der Minderheitsschulen niederlegte:

Die Anträge, wie sie bei Ablauf der Antragsfrist vorliegen, bilden die unveränderliche organisatorische Grundlage für die Einrichtung von Minderheitsschulen, -klassen und -kursen. Der nach Ablauf der Antragsfrist erfolgte Rückzug von Anträgen kann auf die Frage, ob eine Minderheitsschule, -klasse oder -kurs einzurichten ist, keinen Einfluß haben.

Auch Erziehungsberechtigte, die keinen Antrag gestellt oder die ihren Antrag zurückgezogen haben, können ihre Kinder in die Minderheitsschulen, -klassen oder -kurse schicken.

Kinder, für die keine Anträge gestellt worden sind, dürfen nur dann zurückgewiesen werden, wenn in der betreffenden Minderheitsschule, -klasse oder -kurs für sie tatsächlich kein Platz vorhanden ist und nach den Umständen auch nicht beschafft werden kann. Unter keinen Umständen dürfen Kinder zurückgewiesen werden, solange die Zahl der bis zum Ablauf der Antragsfrist eingereichten Anträge nicht überschritten ist.

Die polnische Regierung und die deutsche Regierung haben diese Grundsätze angenommen und veröffentlicht; erstere in der Beilage zur Gazeta Urzędowa Województwa Śląskiego Nr. 35 vom 22. September 1923 (act. 105—106).

Dabei wurde in der von polnischer Seite erfolgten Veröffentlichung der Ablauf der Antragsfrist für das Schuljahr 1923-24 auf den 30. November 1922 festgesetzt, während der Präsident der Gemischten Kommission z powyżej (II, 3) wyłuszczonych powodów zajmuje stanowisko, że termin zgłoszenia wniosków na rok szkolny 1923-24 upłynął dopiero 28 lutego 1923. Przedłużenie terminu zgłoszenia wniosków, które Prezydent uważa absolutnie za konieczne, ma ten skutek, że wnioski cofnięte do 28 lutego 1923 nie wchodzą w rachubę dla kwestii, czy szkoły mniejszościowe należy urządzić.

Województwo nie zastosowało się do zasad, przyjętych i opublikowanych przez Rząd Polski: Ponieważ przed 1 grudnia 1922, w którym to dniu według zapatrywania Województwa upłynął termin zgłaszania wniosków, żadnego wniosku nie cofnięto, Województwo, rozstrzygając kwestię, gdzie należy urządzić szkoły mniejszościowe, winno było według swego stanowiska ignorować cofnięcia wniosków w ogóle. Nie uczyniło ono jednak tego, lecz przeciwnie traktowało wszystkie te cofnięte wnioski tak, jak gdyby ich wcale nie zgłoszono. Województwo, które przy badaniu wniosków stosowało jak najostrzejszy formalizm, uznało przy tym za ważne wszystkie cofnięcia wniosków, nie troszcząc się o to, czy podpisy na cofnięciach wniosków były w ogóle legalizowane i przez kogo i czy cofnięcia te miały datę.

IV

Prezydent badał według powyżej przedstawionych zasad wnioski, zgłoszone w powiecie lublinieckim do dnia 28 lutego 1923, oraz cofnięcia wniosków i doszedł do następującego rezultatu:

1. Związek szkolny Braszczok (zob. akt 56—57 i 80).

Zgłoszono wnioski dla 20 dzieci. Nie można domagać się utworzenia szkoły mniejszościowej, lecz tylko kursu języka mniejszości (K. G. art. 107), którego urządzenie według doniesienia Województwa (akt 52—53) już zarządzono.

2. Związek szkolny Cieszowa (zob. akt 56—57, 78—79, 80—81).

Zgłoszono wnioski:

przed 1 XII 1922 dla 49 dzieci,
przed 28 II 1923 dla 0 dzieci (tj. od 1 XII 1922 do 28 II 1923).

Cofnięto wnioski:

przed 1 XII 1922 dla 0 dzieci,
przed 28 II 1923 dla 0 dzieci (tj. od 1 XII 1922 do 28 II 1923),
po 28 II 1923 dla 45 dzieci.

aus den oben (II, 3) dargelegten Gründen auf dem Standpunkt steht, daß die Antragsfrist für das Schuljahr 1923-24 erst am 28. Februar 1923 abgelaufen sei. Die vom Präsidenten für absolut notwendig gehaltene Erstreckung der Antragsfrist hat zur Folge, daß die bis zum 28. Februar 1923 zurückgezogenen Anträge außer Betracht fallen für die Frage, ob Minderheitsschulen einzurichten sind.

Die Wojewodschaft hat die von der polnischen Regierung angenommenen und veröffentlichten Grundsätze nicht befolgt. Da kein einziger Antrag vor dem 1. Dezember 1922 (an welchem Tage nach der Auffassung der Wojewodschaft die Antragsfrist ablief) zurückgezogen worden ist, hätte die Wojewodschaft bei der Entscheidung der Frage, wo Minderheitsschulen einzurichten seien, nach ihrem Standpunkt die Rückzüge überhaupt ignorieren sollen. Dies hat sie nicht getan, sondern sie hat im Gegenteil alle die zurückgezogenen Anträge so behandelt, als ob sie überhaupt nicht gestellt worden wären. Dabei hat die Wojewodschaft, die bei der Prüfung der Anträge den rigorosesten Formalismus walten ließ, alle Rückzugserklärungen ohne weiteres gelten lassen und sich nicht darum gekümmert, ob die Unterschriften auf den Rückzügen überhaupt beglaubigt waren und von wem oder ob die Rückzüge ein Datum trugen.

IV

Der Präsident hat die im Kreise Lubliniec bis zum 28. Februar 1923 eingereichten Anträge und Rückzüge nach den oben dargelegten Grundsätzen geprüft und ist zu folgendem Resultat gekommen:

1. Schulverband Braszczok (s. act. 56—57 und 80).

Es sind Anträge für 20 Kinder gestellt worden. Die Errichtung einer Minderheitsschule kann nicht verlangt werden, sondern nur ein Minderheitssprachkurs (G. A. Art. 107), der nach den Mitteilungen der Wojewodschaft (act. 52—53) bereits angeordnet worden ist.

2. Schulverband Cieszowa (s. act. 56—57, 78—79, 80—81).

Es wurden Anträge gestellt:

vor dem 1. Dezember 1922 für 49 Kinder,
vor dem 28. Februar 1923 für 0 Kinder (d. h. vom 1. Dezember 1922 bis 28. Februar 1923).

Es wurden Anträge zurückgezogen:

vor dem 1. Dezember 1922 für 0 Kinder,
vor dem 28. Februar 1923 für 0 Kinder (d. h. vom 1. Dezember 1922 bis 28. Februar 1923),
nach dem 28. Februar 1923 für 45 Kinder.

Podpisy na cofnięciach legalizował kierownik szkoły Ferdynand Kübler, który jednak nie załączył pieczęci urzędowej. Cofnięte wnioski należy doliczyć.

Unieważniono wnioski:

a) dla 7 dzieci, ponieważ nie były już w obowiązkowym wieku szkolnym,

b) dla 5 dzieci, ponieważ matka zgłosiła wniosek bez uprawnienia.

Jeżeli powody oddalenia materialnie są słuszne, w chwili upłynięcia terminu zgłaszania wniosków było wniosków ważnych tylko 37. Nie można zatem żądać utworzenia szkoły mniejszościowej, lecz tylko kursu języka mniejszości, którego urządzenie według doniesień Województwa już zarządzono (akt 52—53).

3. Związek szkolny Glinica (akt 56, 57, 78, 79, 80 i 82).

Zgłoszono wnioski:

przed 1 grudnia 1922 dla 72 dzieci,
przed 28 lutego 1923 dla 0 dzieci.

Cofnięto wnioski:

przed 1 XII 1922 dla 0 dzieci,
przed 28 II 1923 dla 0 dzieci,
po 28 II 1923 dla 30 dzieci.

Podpisy na cofnięciach wniosków są tylko częściowo legalizowane (tj. z 15 tylko 6). Cofnięte wnioski należy doliczyć.

Unieważniono wnioski:

a) dla 72 dzieci, ponieważ podpisy na wnioskach nie były legalizowane,

b) dla 7 dzieci, ponieważ te nie podlegały już obowiązkowi szkolnemu,

c) dla 11 dzieci, ponieważ matka zgłosiła wniosek bez upoważnienia.

Wnioski uprawnionym do wychowania należy zwrócić celem dodatkowej legalizacji. Do tego czasu kwestia, czy urządzić należy szkołę mniejszościową lub kurs języka mniejszości, musi pozostać w zawieszeniu.

4. Związek szkolny Hadra (akt 56—57, 78—79, 80 i 83).

Zgłoszono wnioski:

przed 1 XII 1922 dla 39 dzieci,
przed 28 II 1923 dla 0 dzieci.

Cofnięto wniosków: 0.

Die Unterschriften auf den Rückzügen sind beglaubigt durch »Ferd. Kübler Schulleiter«, ohne Beifügung eines Amtssiegels oder Amtsstempels. Die zurückgezogenen Anträge müssen mitgezählt werden.

Es wurden Anträge für ungültig erklärt:

a) für 7 Kinder, weil diese nicht mehr schulpflichtig waren,

b) für 5 Kinder, weil die Mutter, ohne Berechtigung, den Antrag gestellt hat.

Wenn die Ablehnungsgründe materiell zutreffen, lagen bei Ablauf der Antragsfrist nur 37 gültige Anträge vor. Die Errichtung einer Minderheitsschule kann daher nicht verlangt werden, sondern nur ein Minderheitssprachkurs, der nach den Mitteilungen der Wojewodschaft bereits angeordnet worden ist (act. 52—53).

3. Schulverband Glinica (act. 56, 57, 78, 79, 80 und 82).

Es wurden Anträge gestellt:

vor dem 1. Dezember 1922 für 72 Kinder,
vor dem 28. Februar 1923 für 0 Kinder.

Es wurden Anträge zurückgezogen:

vor dem 1. Dezember 1922 für 0 Kinder,
vor dem 28. Februar 1923 für 0 Kinder,
nach dem 28. Februar 1923 für 30 Kinder.

Die Unterschriften auf den Rückzügen sind nur zum Teil (d. h. von 15 nur 6) beglaubigt. Die zurückgezogenen Anträge müssen mitgezählt werden.

Es wurden Anträge für ungültig erklärt:

a) für 72 Kinder, weil die Unterschriften auf den Anträgen nicht beglaubigt waren,

b) für 7 Kinder, weil diese nicht mehr schulpflichtig waren,

c) für 11 Kinder, weil die Mutter, ohne Berechtigung, den Antrag gestellt hat.

Die Anträge sind zur nachträglichen Beglaubigung an die Erziehungsberechtigten zurückzusenden. Bis dahin muß die Frage, ob eine Minderheitsschule oder ein Minderheitssprachkurs einzurichten ist, in der Schwebe bleiben.

4. Schulverband Hadra (act. 56, 57, 78, 79, 80 und 83).

Es wurden Anträge gestellt:

vor dem 1. Dezember 1922 für 39 Kinder,
vor dem 28. Februar 1923 für 0 Kinder.

Es wurden Anträge zurückgezogen: keine.

Unieważniono wnioski:

a) dla 4 dzieci, ponieważ te nie podlegały już obowiązkowi szkolnemu,

b) dla 2 dzieci, ponieważ matka zgłosiła wniosek bez uprawnienia,

c) dla 8 dzieci z innych powodów.

Nie można żądać utworzenia szkoły mniejszościowej, lecz tylko kursu języka mniejszości, którego urządzenie według doniesienia Województwa (akt 52, 53) już zarządzono.

5. Związek szkolny Jawornica (akt 56, 57, 78, 79, 80 i 84).

Zgłoszono wnioski:

przed 1 XII 1922 dla 50 dzieci,
przed 28 II 1923 dla 0 dzieci.

Cofnięto wnioski:

przed 1 XII 1922 dla 0 dzieci,
przed 28 II 1923 dla 0 dzieci,
po 28 II 1923 dla 6 dzieci.

Podpisy na cofnięciach wniosków nie są legalizowane. Cofnięte wnioski należy doliczyć.

Unieważniono wnioski:

a) dla 4 dzieci, ponieważ te nie podlegały więcej obowiązkowi szkolnemu,

b) dla 8 dzieci, ponieważ matka zgłosiła wniosek bez upoważnienia,

c) dla 5 dzieci z innych powodów.

Jeżeli powody oddalenia wniosków sub a i b materialnie są słuszne, w chwili upłynięcia terminu zgłaszania wniosków było wniosków ważnych najwyżej 38. Nie można zatem żądać utworzenia szkoły mniejszościowej, lecz tylko kursu języka mniejszości (K. G. art. 107), którego urządzenie według doniesień Województwa już zarządzono (akt 52—53).

6. Związek szkolny Kalina (akt 56, 57, 78, 79, 80 i 85).

Zgłoszono wnioski:

przed 1 XII 1922 dla 56 dzieci,
przed 28 II 1923 dla 0 dzieci.

Cofnięto wnioski:

przed 1 XII 1922 dla 0 dzieci,
przed 28 II 1923 dla 0 dzieci,
po 28 II 1923 dla 24 dzieci.

Es wurden Anträge für ungültig erklärt:

a) für 4 Kinder, weil diese nicht mehr schulpflichtig waren,

b) für 2 Kinder, weil die Mutter, ohne Berechtigung, den Antrag gestellt hat,

c) für 8 Kinder aus anderen Gründen.

Eine Minderheitschule kann nicht verlangt werden, sondern nur ein Minderheitssprachkurs, der nach der Mitteilung der Wojewodschaft (act. 52, 53) bereits angeordnet worden ist.

5. Schulverband Jawornica (act. 56, 57, 78, 79, 80 und 84).

Es wurden Anträge gestellt:

vor dem 1. Dezember 1922 für 50 Kinder,
vor dem 28. Februar 1923 für 0 Kinder.

Es wurden Anträge zurückgezogen:

vor dem 1. Dezember 1922 für 0 Kinder,
vor dem 28. Februar 1923 für 0 Kinder,
nach dem 28. Februar 1923 für 6 Kinder.

Die Unterschriften auf den Rückzügen sind nicht beglaubigt. Die zurückgezogenen Anträge müssen mitgezählt werden.

Es wurden Anträge für ungültig erklärt:

a) für 4 Kinder, weil diese nicht mehr schulpflichtig waren,

b) für 8 Kinder, weil die Mutter, ohne Berechtigung, den Antrag gestellt hat,

c) für 5 Kinder aus anderen Gründen.

Wenn die Ablehnungsgründe sub a und b materiell zutreffen, lagen bei Ablauf der Antragsfrist höchstens 38 gültige Anträge vor. Die Errichtung einer Minderheitsschule kann demnach nicht verlangt werden, sondern nur ein Minderheitssprachkurs (G. A. Art. 107), der nach den Mitteilungen der Wojewodschaft schon angeordnet worden ist (act. 52—53).

6. Schulverband Kalina (act. 56, 57, 78, 79, 80 und 85).

Es wurden Anträge gestellt:

vor dem 1. Dezember 1922 für 56 Kinder,
vor dem 28. Februar 1923 für 0 Kinder.

Es wurden Anträge zurückgezogen:

vor dem 1. Dezember 1922 für 0 Kinder,
vor dem 28. Februar 1923 für 0 Kinder,
nach dem 28. Februar 1923 für 24 Kinder.

Podpisy na cofnięciach wniosków są legalizowane. Cofnięte wnioski należy doliczyć.

Unieważniono wnioski:

a) dla 7 dzieci, ponieważ nie podlegały już obowiązkowi szkolnemu,
b) dla 3 dzieci, ponieważ legalizacja nastąpiła w nieobecności wnioskodawcy,
c) dla 8 dzieci, ponieważ uczęszczały do innych szkół,
d) dla 2 dzieci, ponieważ wnioskodawca wyprowadził się ze związku szkolnego,
e) dla 3 dzieci, ponieważ uprawniony do wychowania (osoba obca) nie wykazał się tytułem prawnym.

Powody oddalenia pod b), c), d) i e) są niedopuszczalne. W chwili upłynięcia terminu zgłaszania wniosków istniało ważnych wniosków 49, wskutek czego należy urządzić szkołę mniejszościową w myśl art. 106 Konwencji Genewskiej.

7. Związek szkolny Kalety (akt 56, 57, 78, 79, 80 i 86).

Zgłoszono wnioski:

przed 1 XII 1922 dla 91 dzieci,
przed 28 II 1923 dla 0 dzieci.

Cofnięto wnioski:

przed 1 XII 1922 dla 0 dzieci,
przed 28 II 1923 dla 4 dzieci,
po 28 II 1923 dla 61 dzieci.

Cofnięcia nie są legalizowane i przeważnie są bez daty. Z 65 cofniętych wniosków doliczyć należy 61.

Unieważniono wnioski:

a) dla 11 dzieci, ponieważ dziecko nie podlegało już obowiązkowi szkolnemu,
b) dla 6 dzieci, ponieważ matka zgłosiła wniosek bez upoważnienia,
c) dla 4 dzieci z innych powodów.

W chwili upłynięcia terminu zgłaszania wniosków istniało przynajmniej 91 — (4 plus 21) = 66 wniosków ważnych, wobec czego należy urządzić szkołę mniejszościową w myśl art. 106 K. G.

8. Związek szkolny Kochanowice (akt 56, 57, 78, 79, 80 i 87).

Zgłoszono wnioski:

przed 1 XII 1922 dla 77 dzieci,
przed 28 II 1923 dla 0 dzieci.

Die Unterschriften auf den Rückzügen sind beglaubigt. Die zurückgezogenen Anträge müssen mitgezählt werden.

Es wurden Anträge für ungültig erklärt:

a) für 7 Kinder, weil diese nicht mehr schulpflichtig waren,

b) für 3 Kinder, weil die Beglaubigung in Abwesenheit des Antragstellers stattgefunden hat,

c) für 8 Kinder, weil diese andere Schulen besuchten,

d) für 2 Kinder, weil der Antragsteller aus dem Schulverbande verzogen ist,

e) für 3 Kinder, weil der Erziehungsberechtigte (fremde Person) seinen Rechtstitel nicht nachgewiesen hat.

Die Ablehnungsgründe sub b, c, d und e sind unzulässig. Es lagen bei Ablauf der Antragsfrist 49 gültige Anträge vor, und es muß infolgedessen nach Art. 106 des Genfer Abkommens eine Minderheitsschule eingerichtet werden.

7. Schulverband Kalety (act. 56, 57, 78, 79, 80 und 86).

Es wurden Anträge gestellt:

vor dem 1. Dezember 1922 für 91 Kinder,
vor dem 28. Februar 1923 für 0 Kinder.

Es wurden Anträge zurückgezogen:

vor dem 1. Dezember 1922 für 0 Kinder,
vor dem 28. Februar 1923 für 4 Kinder,
nach dem 28. Februar 1923 für 61 Kinder.

Die Rückzüge sind nicht beglaubigt und größtenteils auch nicht datiert. Von den 65 zurückgezogenen Anträgen müssen 61 mitgezählt werden.

Es wurden Anträge für ungültig erklärt:

a) für 11 Kinder, weil das Kind nicht mehr schulpflichtig war,

b) für 6 Kinder, weil die Mutter, ohne Berechtigung, den Antrag gestellt hatte,

c) für 4 Kinder aus anderen Gründen.

Es lagen bei Ablauf der Antragsfrist mindestens 91 — (4 + 21) = 66 gültige Anträge vor, und es muß infolgedessen nach Art. 106 des Genfer Abkommens eine Minderheitsschule eingerichtet werden.

8. Schulverband Kochanowice (act. 56, 57, 78, 79, 80 und 87).

Es wurden Anträge gestellt:

vor dem 1. Dezember 1922 für 77 Kinder,
vor dem 28. Februar 1923 für 0 Kinder.

Cofnięto wnioski:

przed 1 XII 1922 dla 0 dzieci,
przed 28 II 1923 dla 0 dzieci,
po 28 II 1923 dla 47 dzieci.

Unieważniono wnioski:

a) dla 6 dzieci, ponieważ nie podlegały już obowiązkowi szkolnemu,
b) dla 5 dzieci, ponieważ matka zgłosiła wniosek bez upoważnienia,
c) dla 6 dzieci, ponieważ legalizacji dokonano w nieobecności wnioskodawcy,
d) dla 2 dzieci, ponieważ nie podlegały jeszcze obowiązkowi szkolnemu,
e) dla 9 dzieci, ponieważ wnioski nie były legalizowane,
f) dla 1 dziecka z innych powodów.

Powód oddalenia pod c) jest niedopuszczalny. Wnioski pod e) uprawnionym do wychowania należy zwrócić celem dodatkowej legalizacji. W chwili upłynięcia terminu zgłaszania wniosków istniało przynajmniej 54 wniosków ważnych, wobec czego szkołę mniejszościową należy urządzić.

9. Związek szkolny Kochcice (akt 56, 57, 78, 79 i 80).

Zgłoszono wnioski:

przed 1 XII 1922 dla 84 dzieci,
przed 28 II 1923 dla 0 dzieci.

Cofnięto wnioski:

przed 1 XII 1922 dla 0 dzieci,
przed 28 II 1923 dla 11 dzieci,
po 28 II 1923 dla 2 dzieci.

Nie przedłożono ani wniosków, ani cofnięć wniosków, ani list uczniów. Prezydent zdany był zatem jedynie na listy Województwa (akt 56, 57 i 80). Z 13 cofniętych wniosków doliczyć należy tylko 2 wnioski.

Za nieważne uznano wnioski dla 16 dzieci (akt 56, 57). Po odliczeniu 11 wniosków, cofniętych przed 28 II 1923 i 16 unieważnionych w chwili upłynięcia terminu zgłaszania wniosków było przynajmniej 57 wniosków ważnych, wobec czego należy utworzyć szkołę mniejszościową w myśl art. 106 K. G.

10. Związek szkolny Koszęcin (akt 56, 57 i 80).

11. Związek szkolny Ligota Woźnicka (akt 56, 57 i 80).

Es wurden Anträge zurückgezogen:
vor dem 1. Dezember 1922 für 0 Kinder,
vor dem 28. Februar 1923 für 0 Kinder,
nach dem 28. Februar 1923 für 47 Kinder.

Es wurden Anträge für ungültig erklärt:
a) für 6 Kinder, weil diese nicht mehr schulpflichtig waren,
b) für 5 Kinder, weil die Mutter, ohne Berechtigung, den Antrag gestellt hatte,
c) für 6 Kinder, weil die Beglaubigung in Abwesenheit des Antragstellers erfolgt ist,
d) für 2 Kinder, weil diese noch nicht schulpflichtig waren,
e) für 9 Kinder, weil die Anträge nicht beglaubigt waren,
f) für 1 Kind aus anderen Gründen.

Der Ablehnungsgrund sub c ist unzulässig. Die sub e erwähnten Anträge sind den Erziehungsberechtigten zur nachträglichen Beglaubigung zurückzusenden. Es lagen bei Ablauf der Antragsfrist mindestens 54 gültige Anträge vor, und es muß infolgedessen eine Minderheitsschule eingerichtet werden.

9. Schulverband Kochcice (act. 56, 57, 78, 79 und 80).

Es wurden Anträge eingereicht:
vor dem 1. Dezember 1922 für 84 Kinder,
vor dem 28. Februar 1923 für 0 Kinder.

Es wurden Anträge zurückgezogen:
vor dem 1. Dezember 1922 für 0 Kinder,
vor dem 28. Februar 1923 für 11 Kinder,
nach dem 28. Februar 1923 für 2 Kinder.

Es wurden weder Anträge, noch Rückzüge, noch Schülerlisten vorgelegt. Der Präsident war daher auf die Zusammenstellungen der Wojewodschaft act. 56, 57 und 80 angewiesen. Von den 13 zurückgezogenen Anträgen müssen nur 2 mitgezählt werden.

Es wurden Anträge für 16 Kinder für ungültig erklärt (act. 56, 57). Nach Abzug der 11 vor dem 28. Februar 1923 zurückgezogenen und der 16 für ungültig erklärten Anträge lagen bei Ablauf der Antragsfrist mindestens 57 gültige Anträge vor, und es muß infolgedessen nach Art. 106 des Genfer Abkommens eine Minderheitsschule eingerichtet werden.

10. Schulverband Koszęcin (act. 56, 57 und 80).

11. Schulverband Ligota Woźnicka (act. 56, 57 und 80).

Obowiązek utworzenia szkół mniejszościowych w tych związkach szkolnych uznano i według doniesienia Województwa utworzenie tych dwóch szkół jest już zarządzone. Uprawnionym do wychowania, których dzieci do szkół tych nie będą dopuszczone, pozostawia się do woli zbadać kwestię, czy w myśl art. 150 Konwencji Genewskiej zechcą w szczególnym postępowaniu wnieść zażalenie do Urzędu Spraw Mniejszości (zob. również powyżej III).

12. Związek szkolny Lisów (akt 56, 57, 78, 79, 80 i 88).

Zgłoszono wnioski:

przed 1 XII 1922 dla 47 dzieci,
przed 28 II 1923 dla 0 dzieci.

Cofnięto wnioski:

przed 1 XII 1922 dla 0 dzieci,
przed 28 II 1923 dla 0 dzieci,
po 28 II 1923 dla 4 dzieci.

Podpisy na cofnięciach nie są legalizowane. Wnioski cofnięte należy doliczyć.

Unieważniono wnioski:

a) dla 13 dzieci, ponieważ nie podlegały już obowiązkowi szkolnemu,
b) dla 6 dzieci, ponieważ matka zgłosiła wniosek bez upoważnienia,
c) dla 3 dzieci z innych powodów.

Jeżeli powody oddalenia pod a) i b) materialnie są słuszne, nie można żądać utworzenia szkoły mniejszościowej, lecz tylko kursu języka mniejszości, którego utworzenie według doniesień Województwa już zarządzono (akt 52, 53).

13. Związek szkolny Lubecko (akt 56, 57, 78, 79, 80 i 89).

Zgłoszono wnioski:

przed 1 XII 1922 dla 50 dzieci,
przed 28 II 1923 dla 0 dzieci.

Cofnięto wnioski:

przed 1 XII 1922 dla 0 dzieci,
przed 28 II 1923 dla 37 dzieci,
po 28 II 1923 dla 0 dzieci.

Podpisy na cofnięciach nie są legalizowane. Cofniętych wniosków nie potrzeba doliczać. Ponieważ w chwili upłynięcia terminu zgłaszania wniosków istniało już tylko co najwyżej 13 wniosków, urządzenia szkoły mniejszościowej żądać nie można.

14. Związek szkolny Lubliniec (akt 56, 57 i 80).

Die Verpflichtung, in diesen Schulverbänden Minderheitsschulen einzurichten, ist anerkannt, und nach der Mitteilung der Wojewodschaft ist die Errichtung der beiden Schulen bereits angeordnet worden. Den Erziehungsberechtigten, deren Kinder zum Besuche dieser Schulen nicht zugelassen werden, bleibt es überlassen, zu prüfen, ob sie gemäß Art. 150 des Genfer Abkommens in einem besonderen Verfahren beim Minderheitsamt Beschwerde führen wollen (s. auch oben III).

12. Schulverband Lisów (act. 56, 57, 78, 79, 80 und 88).

Es wurden Anträge gestellt:

vor dem 1. Dezember 1922 für 47 Kinder,
vor dem 28. Februar 1923 für 0 Kinder.

Es wurden Anträge zurückgezogen:

vor dem 1. Dezember 1922 für 0 Kinder,
vor dem 28. Februar 1923 für 0 Kinder,
nach dem 28. Februar 1923 für 4 Kinder.

Die Unterschriften auf den Rückzügen sind nicht beglaubigt. Die zurückgezogenen Anträge müssen mitgezählt werden.

Es wurden Anträge für ungültig erklärt:

a) für 13 Kinder, weil diese nicht mehr schulpflichtig waren,

b) für 6 Kinder, weil die Mutter, ohne Berechtigung, den Antrag gestellt hat,

c) für 3 Kinder aus anderen Gründen.

Wenn die Ablehnungsgründe sub a und b materiell zutreffen, kann die Errichtung einer Minderheitsschule nicht verlangt werden, sondern nur ein Minderheitssprachkurs, der nach der Mitteilung der Wojewodschaft bereits angeordnet worden ist (act. 52, 53).

13. Schulverband Lubecko (act. 56, 57, 78, 79, 80 und 89).

Es wurden Anträge gestellt:

vor dem 1. Dezember 1922 für 50 Kinder,
vor dem 28. Februar 1923 für 0 Kinder.

Es wurden Anträge zurückgezogen:

vor dem 1. Dezember 1922 für 0 Kinder,
vor dem 28. Februar 1923 für 37 Kinder,
nach dem 28. Februar 1923 für 0 Kinder.

Die Unterschriften auf den Rückzügen sind nicht beglaubigt. Die zurückgezogenen Anträge müssen nicht mitgezählt werden. Da bei Ablauf der Antragsfrist nur noch höchstens 13 Anträge vorlagen, kann die Einrichtung einer Minderheitsschule nicht verlangt werden.

14. Schulverband Lubliniec (act. 56, 57 und 80).

Obowiązek utworzenia szkoły mniejszościowej uznano i według doniesienia Województwa urządzenie szkoły mniejszościowej już zarządzono (akt. 52, 53). Uprawnionym do wychowania, których dzieci nie będą dopuszczone do tej szkoły, pozostawia się do woli zbadać kwestię, czy w myśl art. 150 K. G. zechcą w szczególnym postępowaniu wnieść zażalenie do Urzędu Spraw Mniejszości (zob. także powyżej III).

Powiatowy Urząd Szkolny w Lublińcu doniósł, że prawdopodobnie od 1 IX 1923 przyjmie trzecią niemiecką siłę nauczycielską do szkoły mniejszościowej w Lublińcu (akt 54, 55). Żałący się nie donieśli Prezydentowi, czy to nastąpiło. Jeżeli trzeciej siły nauczycielskiej nie przyjęto i uprawnieni do wychowania sądzą, że mogą się z tego powodu zażalić, pozostawia im się do woli zbadać kwestię, czy w myśl art. 150 K. G. zechcą w szczególnym postępowaniu wnieść zażalenie do Urzędu Spraw Mniejszości.

15. Związek szkolny Pawonków (akt 56, 57, 78, 79, 80 i 90).

Zgłoszono wnioski:

przed 1 XII 1922 dla 55 dzieci,
przed 28 II 1923 dla 6 dzieci.

Cofnięto wnioski:

przed 1 XII 1922 dla 0 dzieci,
przed 28 II 1923 dla 13 dzieci,
po 28 II 1923 dla 7 dzieci.

Podpisy na cofnięciach, które nastąpiły przed 28 lutego 1923, są legalizowane. Z 20 cofniętych wniosków należy doliczyć tylko 7.

Unieważniono:

a) wnioski dla 3 dzieci, ponieważ nie podlegały już obowiązkowi szkolnemu,
b) wnioski dla 8 dzieci, ponieważ matka zgłosiła wniosek bez upoważnienia,
c) wnioski dla 12 dzieci z innych powodów.

Jeżeli powody oddalenia pod a) i b) materialnie są słuszne, w chwili upłynięcia terminu zgłaszania wniosków było ważnych wniosków co najwyżej 37, wobec czego nie można żądać szkoły mniejszościowej, lecz tylko kursu języka mniejszości, którego urządzenie według doniesienia Województwa już zarządzono (akt 52, 53).

16. Związek szkolny Psary (akt 56, 57, 78, 79, 80 i 91).

Die Verpflichtung, eine Minderheitsschule einzurichten, ist anerkannt, und die Errichtung einer Minderheitsschule nach der Mitteilung der Wojewodschaft bereits angeordnet worden (act. 52, 53). Den Erziehungsberechtigten, deren Kinder zum Besuche dieser Schule nicht zugelassen werden, bleibt es überlassen, zu prüfen, ob sie in einem besonderen Verfahren gemäß Art. 150 des Genfer Abkommens beim Minderheitsamt Beschwerde führen wollen (s. auch oben III).

Das Kreisschulamt Lubliniec hat mitgeteilt, es werde wahrscheinlich ab 1. September 1923 an der Minderheitsschule in Lubliniec eine dritte deutsche Lehrkraft anstellen (act. 54, 55). Die Beschwerdeführer haben dem Präsidenten keine Mitteilung darüber zukommen lassen, ob dies geschehen ist. Ist eine dritte Lehrkraft nicht eingestellt worden und glauben die Erziehungsberechtigten deshalb einen Beschwerdegrund zu haben, so bleibt es ihnen überlassen, zu prüfen, ob sie in einem besonderen Verfahren gemäß Art. 150 des Genfer Abkommens beim Minderheitsamt Beschwerde führen wollen.

15. Schulverband Pawonków (act. 56, 57, 78, 79, 80 und 90).

Es sind Anträge gestellt worden:
- vor dem 1. Dezember 1922 für 55 Kinder,
- vor dem 28. Februar 1923 für 6 Kinder.

Es sind Anträge zurückgezogen worden:
- vor dem 1. Dezember 1922 für 0 Kinder,
- vor dem 28. Februar 1923 für 13 Kinder,
- nach dem 28. Februar 1923 für 7 Kinder.

Die Unterschriften auf den vor dem 28. Februar 1923 erfolgten Rückzügen sind beglaubigt. Von den 20 zurückgezogenen Anträgen müssen nur 7 mitgezählt werden.

Es sind für ungültig erklärt worden:
- a) Anträge für 3 Kinder, weil diese nicht mehr schulpflichtig waren,
- b) Anträge für 8 Kinder, weil die Mutter, ohne Berechtigung, den Antrag gestellt hat,
- c) Anträge für 12 Kinder aus anderen Gründen.

Wenn die Ablehnungsgründe sub a und b materiell zutreffen, lagen bei Ablauf der Antragsfrist höchstens 37 gültige Anträge vor und es kann infolgedessen keine Minderheitsschule, sondern nur ein Minderheitssprachkurs verlangt werden, der nach der Mitteilung der Wojewodschaft bereits angeordnet worden ist (act. 52, 53).

16. Schulverband Psary (act. 56, 57, 78, 79, 80 und 91).

Zgłoszono wnioski:

przed 1 XII 1922 dla 83 dzieci,
przed 28 II 1923 dla 0 dzieci.

Cofnięto wnioski:

przed 1 XII 1922 dla 0 dzieci,
przed 28 II 1923 dla 36 dzieci,
po 28 II 1923 dla 2 dzieci.

Unieważniono wnioski:

a) dla 9 dzieci, ponieważ już nie podlegały obowiązkowi szkolnemu,
b) dla 12 dzieci, ponieważ matka zgłosiła wniosek bez upoważnienia,
c) dla 6 dzieci z innych powodów.

Ponieważ 36 przed 28 lutego 1923 dokonanych cofnięć nie przedłożono, wskutek czego nie można stwierdzić, ile z nich dotyczy wniosków nieważnych, nie można udzielić odpowiedzi na pytanie, czy szkołę mniejszościową należy urządzić. Utworzenie kursu języka mniejszości według doniesień Województwa już zarządzono (akt 52, 53). Jeżeli uprawnieni do wychowania są zdania, że mają prawo do szkoły mniejszościowej, pozostawia im się do woli, wnieść w szczególnym postępowaniu zażalenie do Urzędu Spraw Mniejszości w myśl art. 150 K. G. (zob. także powyżej III).

17. Związek szkolny Sadów (akt 56, 57, 78, 79, 80 i 92).

Zgłoszono wnioski:

przed 1 XII 1922 dla 66 dzieci,
przed 28 II 1923 dla 0 dzieci.

Cofnięto wnioski:

przed 1 XII 1922 dla 0 dzieci,
przed 28 II 1923 dla 0 dzieci,
po 28 II 1923 dla 44 dzieci.

Podpisy na wnioskach są legalizowane. Cofnięte wnioski należy doliczyć.

Unieważniono wnioski:

a) dla 7 dzieci, ponieważ nie podlegały już obowiązkowi szkolnemu,
b) dla 7 dzieci, ponieważ matka zgłosiła wniosek bez upoważnienia,
c) dla 8 dzieci, ponieważ legalizacji dokonano w nieobecności wnioskodawcy,

Es sind Anträge gestellt worden:

vor dem 1. Dezember 1922 für 83 Kinder,
vor dem 28. Februar 1923 für 0 Kinder.

Es sind Anträge zurückgezogen worden:

vor dem 1. Dezember 1922 für 0 Kinder,
vor dem 28. Februar 1923 für 36 Kinder,
nach dem 28. Februar 1923 für 2 Kinder.

Es sind Anträge für ungültig erklärt worden:

a) für 9 Kinder, weil diese nicht mehr schulpflichtig waren,

b) für 12 Kinder, weil die Mutter, ohne Berechtigung, den Antrag gestellt hat,

c) für 6 Kinder aus anderen Gründen.

Da die 36 vor dem 28. Februar 1923 stattgehabten Rückzüge nicht vorliegen (und daher nicht festgestellt werden kann, wie viele davon sich auf ungültige Anträge beziehen), kann die Frage, ob eine Minderheitsschule einzurichten ist, nicht beantwortet werden. Ein Minderheitssprachkurs ist nach den Mitteilungen der Wojewodschaft bereits angeordnet worden (act. 52, 53). Wenn die Erziehungsberechtigten einen Anspruch auf eine Minderheitsschule zu haben glauben, bleibt es ihnen überlassen, in einem besonderen Verfahren gemäß Art. 150 des Genfer Abkommens beim Minderheitsamt Beschwerde zu führen (s. auch oben III).

17. Schulverband Sadów (act. 56, 57, 78, 79, 80 und 92).

Es sind Anträge gestellt worden:

vor dem 1. Dezember 1922 für 66 Kinder,
vor dem 28. Februar 1923 für 0 Kinder.

Es sind Anträge zurückgezogen worden:

vor dem 1. Dezember 1922 für 0 Kinder,
vor dem 28. Februar 1923 für 0 Kinder,
nach dem 28. Februar 1923 für 44 Kinder.

Die Unterschriften auf den Rückzügen sind beglaubigt. Die zurückgezogenen Anträge müssen mitgezählt werden.

Es sind Anträge für ungültig erklärt worden:

a) für 7 Kinder, weil diese nicht mehr schulpflichtig waren,

b) für 7 Kinder, weil die Mutter, ohne Berechtigung, die Anträge gestellt hat,

c) für 8 Kinder, weil die Beglaubigung in Abwesenheit des Antragstellers erfolgt ist,

d) dla 6 dzieci, ponieważ uprawniony do wychowania (osoba obca) nie przedstawił tytułu prawnego.

Powody oddalenia pod c) i d) są niedopuszczalne. W chwili upłynięcia terminu zgłaszania wniosków istniały zatem 52 ważne wnioski, wobec czego szkołę mniejszościową w myśl art. 106 K. G. należy utworzyć.

18. Związek szkolny Strzebin (akt 56, 57, 78, 79, 80 i 93).

Zgłoszono wnioski:

przed 1 XII 1922 dla 55 dzieci,
przed 28 II 1923 dla 0 dzieci.

Cofnięto wnioski:

przed 1 XII 1922 dla 0 dzieci,
przed 28 II 1923 dla 0 dzieci,
po 28 II 1923 dla 0 dzieci.

Unieważniono wnioski:

a) dla 8 dzieci, ponieważ nie podlegały już obowiązkowi szkolnemu,
b) dla 7 dzieci, ponieważ matka zgłosiła wniosek bez upoważnienia,
c) dla 55 dzieci, ponieważ wnioski nie były legalizowane.

Wnioski uprawnionym do wychowania należy zwrócić celem dodatkowej legalizacji. Do tego czasu kwestia, czy szkołę mniejszościową należy urządzić, pozostać musi w zawieszeniu.

19. Związek szkolny Wierzbie (akt 56, 57 i 80).

Zgłoszono wnioski:

przed 1 XII 1922 dla 24 dzieci,
przed 28 II 1923 dla 0 dzieci.

Cofnięto wnioski dla 22 dzieci, czy przed lub po 28 lutego 1923, nie można stwierdzić, ponieważ cofnięć wniosków nie przedłożono.

Utworzenia szkoły mniejszościowej żądać nie można. Jeżeli uprawnieni do wychowania są zdania, że mają prawo do kursu języka mniejszości, pozostawia im się do woli, dochodzić swego prawa w szczególnym postępowaniu przed Urzędem Spraw Mniejszości w myśl art. 150 K. G. (zob. także powyżej III).

20. Związek szkolny Zielona (akt 56, 57, 78, 79, 80 i 94).

Zgłoszono wnioski:

przed 1 XII 1922 dla 53 dzieci,
przed 28 II 1923 dla 0 dzieci.

d) für 6 Kinder, weil der Erziehungsberechtigte (fremde Person) seinen Rechtstitel nicht beigelegt hat.

Die Ablehnungsgründe sub c und d sind unzulässig. Es lagen somit bei Ablauf der Antragsfrist 52 gültige Anträge vor, und es ist infolgedessen nach Art. 106 des Genfer Abkommens eine Minderheitsschule einzurichten.

18. Schulverband Strzebin (act. 56, 57, 78, 79, 80 und 93).

Es sind Anträge gestellt worden:
vor dem 1. Dezember 1922 für 55 Kinder,
vor dem 28. Februar 1923 für 0 Kinder.

Es sind Anträge zurückgezogen worden:
vor dem 1. Dezember 1922 für 0 Kinder,
vor dem 28. Februar 1923 für 0 Kinder,
nach dem 28. Februar 1923 für 0 Kinder.

Es wurden Anträge für ungültig erklärt:
a) für 8 Kinder, weil diese nicht mehr schulpflichtig waren,

b) für 7 Kinder, weil die Mutter, ohne Berechtigung, den Antrag gestellt hat,
c) für 55 Kinder, weil die Anträge nicht beglaubigt waren.

Die Anträge sind zur nachträglichen Beglaubigung an die Erziehungsberechtigten zurückzusenden, bis dahin muß die Frage, ob eine Minderheitsschule einzurichten ist, in der Schwebe bleiben.

19. Schulverband Wierzbie (act. 56, 57 und 80).

Es sind Anträge gestellt worden:
vor dem 1. Dezember 1922 für 24 Kinder,
vor dem 28. Februar 1923 für 0 Kinder.

Es wurden die Anträge für 22 Kinder zurückgezogen, ob vor oder nach dem 28. Februar 1923 kann nicht festgestellt werden, weil die Rückzüge nicht vorliegen.

Eine Minderheitsschule kann nicht verlangt werden. Wenn die Erziehungsberechtigten einen Anspruch auf einen Minderheitssprachkurs zu haben glauben, bleibt es ihnen überlassen, diesen Anspruch in einem besonderen Verfahren gemäß Art. 150 des Genfer Abkommens vor dem Minderheitsamte geltend zu machen (s. auch oben III).

20. Schulverband Zielona (act. 56, 57, 78, 79, 80 und 94).

Es sind Anträge gestellt worden:
vor dem 1. Dezember 1922 für 53 Kinder,
vor dem 28. Februar 1923 für 0 Kinder.

Cofnięto wnioski:
przed 1 XII 1922 dla 0 dzieci,
przed 28 II 1923 dla 0 dzieci,
po 28 II 1923 dla 33 dzieci.

Unieważniono wnioski:

a) dla 3 dzieci, ponieważ nie była podana data ich urodzenia,
b) dla 9 dzieci, ponieważ matka zgłosiła wniosek bez uprawnienia,
c) dla 3 dzieci, ponieważ nie podlegały już obowiązkowi szkolnemu,
d) dla 1 dziecka, ponieważ jeszcze nie podlegało obowiązkowi szkolnemu,
e) dla 5 dzieci z innych powodów.

Według doniesień Województwa (akt 52, 53) urządzenie kursu języka mniejszości zostało zarządzone.

Ponieważ zachodzi wątpliwość, czy szkołę mniejszościową należy urządzić, uprawnionym do wychowania pozostawia się do woli zbadać kwestię, czy zechcą w szczególnym postępowaniu przez wniesienie zażalenia do Urzędu Spraw Mniejszości (art. 150 K. G.) poddać sprawę tę rozstrzygnięciu.

21. Związek szkolny Olszyna (akt 56, 57, 78, 79, 80 i 95).

Zgłoszono wnioski:
przed 1 XII 1922 dla 48 dzieci,
przed 28 II 1923 dla 0 dzieci.

Cofnięto wnioski:
przed 1 XII 1922 dla 0 dzieci,
przed 28 II 1923 dla 0 dzieci,
po 28 II 1923 dla 25 dzieci.

Unieważniono wnioski:

a) dla 8 dzieci, ponieważ nie podlegały już obowiązkowi szkolnemu,
b) dla 13 dzieci, ponieważ matka zgłosiła wniosek bez uprawnienia,
c) dla 14 dzieci z innych powodów.

Podpisy na wszystkich cofnięciach wniosków są legalizowane. Wnioski cofnięte należy doliczyć.

Jeżeli powody oddalenia pod a) i b) materialnie są słuszne, nie można żądać utworzenia szkoły mniejszościowej, lecz tylko kursu języka mniejszości, który według doniesienia Województwa już został zarządzony.

Es sind Anträge zurückgezogen worden:
vor dem 1. Dezember 1922 für 0 Kinder,
vor dem 28. Februar 1923 für 0 Kinder,
nach dem 28. Februar 1923 für 33 Kinder,

Es sind Anträge für ungültig erklärt worden:
a) für 3 Kinder, weil deren Geburtsdatum fehlte,

b) für 9 Kinder, weil die Mutter, ohne Berechtigung, den Antrag gestellt hat,
c) für 3 Kinder, weil diese nicht mehr schulpflichtig waren,

d) für 1 Kind, weil es noch nicht schulpflichtig war,
e) für 5 Kinder aus anderen Gründen.

Die Errichtung eines Minderheitssprachkurses ist nach den Mitteilungen der Wojewodschaft angeordnet worden (act. 52, 53).

Da es zweifelhaft erscheint, ob eine Minderheitsschule eingerichtet werden muß, bleibt es den Erziehungsberechtigten überlassen, zu prüfen, ob sie in einem besonderen Verfahren durch Beschwerden an das Minderheitsamt (Art. 150 G. A.) diese Frage zur Entscheidung bringen wollen.

21. Schulverband Olszyna (act. 56, 57, 78, 79, 80 und 95).

Es sind Anträge gestellt worden:
vor dem 1. Dezember 1922 für 48 Kinder,
vor dem 28. Februar 1923 für 0 Kinder.

Es sind Anträge zurückgezogen worden:
vor dem 1. Dezember 1922 für 0 Kinder,
vor dem 28. Februar 1923 für 0 Kinder,
nach dem 28. Februar 1923 für 25 Kinder.

Es sind Anträge für ungültig erklärt worden:
a) für 8 Kinder, weil diese nicht mehr schulpflichtig waren,

b) für 13 Kinder, weil die Mutter, ohne Berechtigung, die Anträge gestellt hat,
c) für 14 Kinder aus anderen Gründen.

Die Unterschriften auf allen Rückzügen sind beglaubigt. Die zurückgezogenen Anträge müssen mitgezählt werden.

Wenn die Ablehnungsgründe sub a und b materiell zutreffen, kann die Einrichtung einer Minderheitsschule nicht verlangt werden, sondern nur ein Minderheitssprachkurs, der nach der Mitteilung der Wojewodschaft bereits angeordnet worden ist.

22. Związek szkolny Łagiewniki (akt 56, 57 i 80).

Nie przedłożono ani wniosków, ani cofnięć wniosków, ani list uczniów. Według list Województwa (akt 56—57) przed 1 grudnia zgłoszono wnioski dla 6 dzieci, a po 1 grudnia 1922 dla 44 dzieci. Cztery wnioski unieważniono, a 20 cofnięto. Ponieważ nie wiadomo, czy wnioski zgłoszone po 1 grudnia 1922 przedłożono przed lub po 28 lutego 1923, nie można osądzić, czy urządzić należy szkołę mniejszościową lub kurs języka, czy też żadne z obojga. Żalącym się pozostawia się zatem do woli, dochodzić swych ewentualnych praw w szczególnym postępowaniu przed Urzędem Spraw Mniejszości w myśl art. 150 K. G. (zob. także powyżej III).

23. Uwagi ogólne.

Prezydent Komisji Mieszanej przy niniejszym badaniu wniosków (IV) ograniczył się do ustalenia, dla których związków szkolnych powiatu lublinieckiego już dzisiaj z całą pewnością można potwierdzić pytanie organizacyjne, czy należy urządzić szkołę mniejszościową. We wszystkich przypadkach, gdzie kwestia ta była wątpliwa, uprawnionym do wychowania pozostawiło się do woli, dochodzić swych praw w szczególnym postępowaniu przed Urzędem Spraw Mniejszości.

Wskazuje się na to, że 5 szkół mniejszościowych, mianowicie w Kalinie (nr 6), Kaletach (nr 7), Kochanowicach (nr 8), Kochcicach (nr 9) i Sadowie (nr 17) należałoby utworzyć także wtedy, gdyby się według stanowiska Województwa przyjęło, że termin zgłaszania wniosków upłynął już 30 listopada 1922. Oprócz tych 5 szkół według stanowiska Województwa (upłynięcie terminu zgłaszania wniosków 1 XII 1922) należałoby utworzyć dalszą szkołę w Psarach (nr 16) i możliwie także w Lubecku (nr 13) i Pawonkowie (nr 15).

Odrzucając konsekwentnie formalizm, stosowany przez Województwo przy badaniu wniosków, Prezydent uznał także cofnięcia niedatowane lub nielegalizowane, uwzględniając przy ocenie cofnięć tylko okoliczność, czy cofnięcia te nastąpiły przed upłynięciem terminu zgłaszania wniosków (28 lutego 1923) lub później.

Pogląd ten zajmuje się w ogólności tylko powodami nieważności zestawionymi przez Województwo i kwestią organizacyjną, w których związkach szkolnych należy urządzić szkołę mniejszościową. Jeżeli w poszczególnym przypadku wyłoni się różnica zdań co do tego, czy dane dziecko należy dopuścić do szkoły, klasy lub na kurs mniejszości, osobie uprawnionej do wychowania przysługuje prawo wniesienia zażalenia do Urzędu Spraw Mniejszości w myśl art. 150 K. G.

22. Schulverband Łagiewniki (act. 56, 57 und 80).

Es wurden weder Anträge noch Rückzüge noch Schülerlisten vorgelegt. Nach den Aufstellungen der Wojewodschaft (act. 56—57) wurden vor dem 1. Dezember Anträge für 6 Kinder und nach dem 1. Dezember 1922 Anträge für 44 Kinder gestellt. 4 Anträge wurden für ungültig erklärt und 20 zurückgezogen. Da nicht bekannt ist, ob die nach dem 1. Dezember 1922 gestellten Anträge vor oder nach dem 28. Februar 1923 eingereicht wurden, kann nicht beurteilt werden, ob eine Minderheitsschule oder ein Sprachkurs oder keines von beiden eingerichtet werden muß. Es bleibt daher den Beschwerdeführern überlassen, ihre allfälligen Rechte in einem besonderen Verfahren gemäß Art. 150 des Genfer Abkommens vor dem Minderheitsamt geltend zu machen (s. auch oben III).

23. Allgemeine Bemerkungen.

Der Präsident der Gemischten Kommission hat sich bei der vorstehenden Prüfung der Anträge (IV) darauf beschränkt, festzustellen, für welche Schulverbände des Kreises Lubliniec die organisatorische Frage, ob eine Minderheitsschule einzurichten sei, schon heute mit Sicherheit bejaht werden kann. In allen Fällen, in denen diese Frage zweifelhaft erschien, wurde es den Erziehungsberechtigten überlassen, ihre Rechte in einem besonderen Verfahren vor dem Minderheitsamt geltend zu machen.

Es wird darauf hingewiesen, daß die fünf Minderheitsschulen in Kalina (Nr. 6), Kalety (Nr. 7), Kochanowice (Nr. 8), Kochcice (Nr. 9) und Sadów (Nr. 17) auch dann eingerichtet werden müßten, wenn man nach dem Standpunkt der Wojewodschaft annähme, daß die Antragsfrist schon am 30. November 1922 abgelaufen ist. Zu diesen fünf Schulen käme nach dem Standpunkt der Wojewodschaft (Ablauf der Antragsfrist 1. Dezember 1922) eine weitere Schule in Psary (Nr. 16), ferner möglicherweise in Lubecko (Nr. 13) und in Pawonków (Nr. 15).

In konsequenter Ablehnung des von der Wojewodschaft bei der Prüfung der Anträge geübten Formalismus hat der Präsident auch die nichtdatierten oder nichtbeglaubigten Rückzüge ohne weiteres gelten lassen und bei der Bewertung der Rückzüge nur darauf abgestellt, ob diese vor oder nach Ablauf der Antragsfrist (28. Februar 1923) erfolgt sind.

Diese Stellungnahme befaßt sich nur mit den von der Wojewodschaft aufgestellten Ungültigkeitsgründen im allgemeinen und mit der organisatorischen Frage, in welchen Schulverbänden Minderheitsschulen einzurichten sind. Ergeben sich im Einzelfalle Differenzen darüber, ob ein Kind zum Besuche einer Minderheitsschule, -klasse oder -kurs zugelassen werden müsse, so bleibt es der erziehungsberechtigten Person vorbehalten, gemäß Art. 150 des Genfer Abkommens beim Minderheitsamt Beschwerde zu führen.

V

Na mocy powyższych rozważań Prezydent Komisji Mieszanej dochodzi do

poglądu:

1. Niedopuszczalne są następujące powody nieważności i wnioski oddalone z tych powodów należy uwzględnić z początkiem roku szkolnego 1923-24:

a) zgłoszenie wniosku po 30 listopada 1922 (o ile nastąpiło to przed 1 marca 1923);

b) rzekoma nieprzynależność dziecka do mniejszości językowej;

c) podpisanie wniosku przez uprawnionego do wychowania (osobę obcą) bez załączenia tytułu prawnego;

d) legalizacja podpisu na wniosku w nieobecności wnioskodawcy;

e) legalizacja podpisu na wniosku przez sędziego polubownego, wachmistrza policji komunalnej, naczelnika obwodu miejskiego lub przez urzędnika, który nie był do tego upoważniony przez przełożoną władzę;

f) brak daty na wniosku;

g) formularz nie odpowiada rozporządzeniu Wojewody Śląskiego z dnia 21 sierpnia 1922 art. 5 (o ile wniosek zawiera niezbędne dane);

h) dziecko uczęszcza do szkoły w innej gminie i nie jest przeznaczone do szkoły, której wniosek dotyczy (ten powód nieważności jest tylko wtenczas słuszny, jeżeli przy zgłoszeniu wniosku istniał dowodnie zamiar nieposyłania dziecka do tej szkoły mniejszościowej, o którą zgłoszono wniosek);

i) wniosek zgłoszono dwukrotnie (wniosek jest ważny, liczy się go jednak tylko raz);

k) na wniosku nie podano, w którym związku szkolnym szkoła ma być urządzona (jeżeli się związek szkolny da określić).

2. Celem dodatkowego uzupełnienia w odpowiednim terminie należy wnioskodawcom zwrócić wnioski, które unieważniono z następujących powodów:

a) brak daty urodzenia dziecka na wniosku (jeżeli władze nie zechcą same stwierdzić tego z urzędu;

V

Gestützt auf obige Erwägungen gelangt der Präsident der Gemischten Kommission für Oberschlesien zur

Stellungnahme:

1. Es seien folgende Ungültigkeitsgründe unzulässig und die aus diesen Gründen abgelehnten Anträge ohne weiteres auf Beginn des Schuljahres 1923-24 zu berücksichtigen:

a) Einreichung des Antrages nach dem 30. November 1922 (sofern sie vor dem 1. März 1923 stattgefunden hat).

b) Angebliche Nichtzugehörigkeit des Kindes zur sprachlichen Minderheit.

c) Unterzeichnung des Antrages durch den Erziehungsberechtigten (fremde Person) ohne Beifügung des Rechtstitels.

d) Bescheinigung der Echtheit der Unterschrift auf dem Antrage in Abwesenheit des Antragstellers.

e) Bescheinigung der Echtheit der Unterschrift auf dem Antrage durch einen Schiedsmann, Wachtmeister der Kommunalpolizei, Bezirksvorsteher oder durch einen Beamten, der dazu keine Ermächtigung der vorgesetzten Dienststelle hatte.

f) Fehlen des Datums auf dem Antrage.

g) Das Formular entspricht nicht der Verordnung des Schlesischen Wojewoden vom 21. August 1922 Art. 5 (sofern der Antrag die unentbehrlichen Angaben enthält).

h) Das Kind besucht die Schule einer anderen Gemeinde und ist nicht für die Schule bestimmt, auf welche der Antrag sich bezieht (dieser Ungültigkeitsgrund ist nur dann zutreffend, wenn bei der Antragstellung nachgewiesenermaßen die Absicht bestand, das Kind nicht in die beantragte Minderheitsschule zu schicken).

i) Der Antrag ist zweimal eingereicht worden (der Antrag ist gültig, zählt aber nur einmal).

k) Auf dem Antrag ist nicht angegeben, in welchem Schulverband die Schule errichtet werden soll (wenn der Schulverband bestimmbar ist).

2. Es seien die aus folgenden Gründen für ungültig erklärten Anträge zur nachträglichen Vervollständigung innert angemessener Frist an die Antragsteller zurückzusenden:

a) Fehlen des Geburtsdatums des Kindes auf dem Antrage (sofern die Behörden es nicht vorziehen, das Geburtsdatum von sich aus festzustellen).

b) brak legalizacji podpisu na wniosku.

3. Wyprowadzenie się lub śmierć dziecka po upłynięciu terminu zgłoszenia wniosku należy traktować analogicznie z cofnięciem wniosku po upłynięciu terminu zgłaszania wniosków.

4. Przyjmuje się do wiadomości, że w trzech związkach szkolnych, Koszęcinie, Ligocie Woźnickiej i Lublińcu zarządzono utworzenie szkół mniejszościowych.

5. Należy urządzić szkoły mniejszościowe w pięciu związkach szkolnych: Kalinie, Kaletach, Kochanowicach, Kochcicach i Sadowie.

13

Pogląd

z dnia 3 stycznia 1924 w sprawie nr 31 Jana Wosnitzy w Wielkich Hajdukach (Górny Śląsk Polski), żalącego się, dotyczącej pobierania nauki przez jego syna Rudolfa.

I

Dnia 12 marca 1923 żalący się wniósł petycję do Urzędu Spraw Mniejszości, którą, powołując się na zgłoszone wnioski o utworzenie szkoły mniejszościowej, poprosił o przekazanie swych czworga dzieci w obowiązkowym wieku szkolnym, Maksa, Emilii, Gertrudy i Rudolfa do klas niemieckich (akt 2).

Ponieważ Urząd Spraw Mniejszości nie otrzymał od Województwa wyjaśnienia, skierował dnia 4 lipca 1923 petycję nierozpatrzoną do Prezydenta Komisji Mieszanej (akt 1).

Dnia 3 września 1923 Prezydent otrzymał sprawozdanie Powiatowego Urzędu Szkolnego w Królewskiej Hucie z dnia 3 sierpnia 1923 (akt 15, 16), według którego troje dzieci żalącego się przekazanych zostało dnia 11 czerwca 1923 do niemieckiej szkoły mniejszościowej, a jedno dziecko, Wilhelma, zwolniono ze szkoły dnia 27 marca 1923.

Żalący się doniósł Prezydentowi dnia 24 września 1923, że syn jego Rudolf, który dopiero z początkiem roku szkolnego 1923-24, mianowicie z początkiem września 1923, osiągnął obowiązkowy wiek szkolny, nie może uczęszczać do szkoły mniejszościowej w Wielkich Hajdukach, ponieważ w szkole tej nie urządzono najniższej klasy (akt 21).

b) Fehlen der Bescheinigung der Echtheit der Unterschrift auf dem Antrage.

3. Der nach Ablauf der Antragsfrist erfolgte Wegzug oder Tod eines Kindes sei analog zu behandeln wie der Rückzug eines Antrages nach Ablauf der Antragsfrist.

4. Es wird davon Vormerk genommen, daß in den drei Schulverbänden Koszęcin, Ligota Woźnicka und Lubliniec die Einrichtung von Minderheitsschulen angeordnet worden ist.

5. Es seien in den 5 Schulverbänden Kalina, Kalety, Kochanowice, Kochcice und Sadów Minderheitsschulen einzurichten.

13

Stellungnahme

vom 3. Januar 1924 in der Sache Nr. 31 des Johann Wosnitza in Wielkie Hajduki (Polnisch-Oberschlesien), Beschwerdeführer, betreffend Unterricht seines Sohnes Rudolf.

I

Am 12. März 1923 richtete der Beschwerdeführer eine Eingabe an das Minderheitsamt, mit welcher er unter Hinweis auf die von ihm gestellten Anträge auf Errichtung einer Minderheitsschule um Überweisung seiner vier schulpflichtigen Kinder Max, Emilie, Gertrud und Rudolf in deutsche Klassen ersuchte (act. 2).

Da das Minderheitsamt von der Wojewodschaft keine Auskunft erhielt, war es genötigt, die Eingabe am 4. Juli 1923 gänzlich unbehandelt an den Präsidenten der Gemischten Kommission zu leiten (act. 1).

Am 3. September 1923 gelangte der Präsident in den Besitz eines Berichtes des Kreisschulamtes Królewska-Huta vom 3. August 1923 (act. 15, 16), wonach drei Kinder des Beschwerdeführers am 11. Juni 1923 der deutschen Minderheitsschule überwiesen worden und ein Kind, Wilhelm, am 27. März 1923 aus der Schule entlassen worden waren.

Der Beschwerdeführer berichtete dem Präsidenten am 24. September 1923, sein Sohn Rudolf, der erst zu Beginn des Schuljahres 1923-24, Anfang September 1923, schulpflichtig geworden sei, könne die Minderheitsschule in Wielkie Hajduki nicht besuchen, weil an derselben die unterste Klasse nicht eingerichtet worden sei (act. 21).

Dnia 22 listopada 1923 Prezydent otrzymał od Urzędu Spraw Mniejszości sprawozdanie Województwa, według którego dzieci żalącego się dopuszczono do szkoły mniejszościowej, utworzonej w Wielkich Hajdukach (akt 29-30).

Dnia 3 grudnia 1923 żalący się doniósł Prezydentowi, że syna jego Rudolfa nie dopuszczono do szkoły mniejszościowej z umotywowaniem, że wniosek o utworzenie szkoły mniejszościowej dla dziecka tego jest nieważny, gdyż zgłoszony został dopiero po 30 listopada 1922 (akt 35).

Na zarządzenie Prezydenta Urząd Spraw Mniejszości przedłożył ten wniosek żalącego się o utworzenie szkoły mniejszościowej (akt 40). Wniosek datuje z 4 grudnia 1922. Napisano na nim niebieskim ołówkiem liczbę „3", która istotnie odpowiada liczbie, pod którą na urzędowym zestawieniu powodów nieważności (akt 43, 44) figuruje powód nieważności: „Wniosek przedstawiono po 30 listopada 1922".

Dnia 3 stycznia 1924 odbyła się rozprawa ustna, na którą stawili się kierownik Urzędu Spraw Mniejszości i żalący się (akt 41—42).

II

Nie jest zaprzeczone, że w Wielkich Hajdukach istnieje szkoła mniejszościowa. Syn żalącego się, Rudolf, nie został jednak do szkoły tej dopuszczony, ponieważ wniosek zgłoszono po 30 listopada 1922, tj. dopiero dnia 4 grudnia 1922.

Nieuwzględnienie wniosku z tego powodu, że zgłoszono go dopiero 4 grudnia 1922, jest niedopuszczalne. Z początkiem roku szkolnego 1923-24 należy uwzględnić wszystkie wnioski, które zgłoszone zostały przed 1 marca 1923. Co do uzasadnienia tego stanowiska odsyła się do wywodów w poglądzie Prezydenta Komisji Mieszanej z dnia 3 stycznia 1924 w sprawie nr 11 Augusta Junga i towarzyszy, II, liczba 3.

Lecz gdyby nawet istotnie wniosek żalącego się zgłoszono za późno, albo żalący się nie zgłosił był żadnego wniosku, syna jego Rudolfa należałoby i tak dopuścić do szkoły mniejszościowej w Wielkich Hajdukach. Według zasad ustalonych przez Prezydenta Komisji Mieszanej w sprawie urządzenia szkół mniejszościowych i uczęszcza-

Am 22. November 1923 erhielt der Präsident vom Minderheitsamt einen Bericht der Wojewodschaft, wonach die Kinder des Beschwerdeführers zum Besuche der in Wielkie Hajduki eingerichteten Minderheitsschule zugelassen wurden (act. 29, 30).

Am 3. Dezember 1923 berichtete der Beschwerdeführer dem Präsidenten, sein Sohn Rudolf sei zum Besuche der Minderheitsschule nicht zugelassen worden mit der Begründung, der Antrag auf Errichtung einer Minderheitsschule für dieses Kind sei ungültig, weil er erst nach dem 30. November 1922 gestellt worden sei (act. 35).

Das Minderheitsamt hat auf Ersuchen des Präsidenten den Antrag des Beschwerdeführers für seinen Sohn Rudolf auf Errichtung einer Minderheitsschule vorgelegt (act. 40). Der Antrag ist vom 4. Dezember 1922 datiert. Auf dem Antrag ist mit Blaustift die Zahl »3« vorgemerkt, welche in der Tat der Ziffer entspricht, unter welcher auf der behördlichen Zusammenstellung der Ungültigkeitsgründe (act. 43, 44) der Nichtigkeitsgrund figuriert: »Der Antrag wurde nach dem 30. November 1922 eingereicht«.

Am 3. Januar 1924 fand die mündliche Verhandlung statt, zu welcher der Leiter des Minderheitsamtes und der Beschwerdeführer erschienen sind (act. 41, 42).

II

Es ist nicht bestritten, daß in Wielkie Hajduki eine Minderheitschule besteht. Der Sohn des Beschwerdeführers, Rudolf, ist jedoch zum Besuche dieser Schule nicht zugelassen worden, und zwar deshalb, weil der Antrag nach dem 30. November 1922, d. h. erst am 4. Dezember 1922 gestellt wurde.

Die Nichtberücksichtigung eines Antrages, weil er erst am 4. Dezember 1922 gestellt wurde, ist unzulässig. Es müssen vielmehr alle Anträge auf Beginn des Schuljahres 1923-24 berücksichtigt werden, die vor dem 1. März 1923 eingereicht worden sind. In bezug auf die Begründung dieses Standpunktes wird verwiesen auf die Ausführungen in der Stellungnahme des Präsidenten der Gemischten Kommission für Oberschlesien vom 3. Januar 1924 in der Sache (Nr. 11) des August Jung und Genossen II Ziff. 3.

Aber auch wenn der Antrag des Beschwerdeführers wirklich verspätet gewesen wäre oder wenn der Beschwerdeführer gar keinen Antrag gestellt hätte, müßte sein Sohn Rudolf zum Besuche der Minderheitsschule in Wielkie Hajduki zugelassen werden. Nach den vom Präsidenten der Gemischten Kommission aufgestellten Grundsätzen betreffend Einrichtung nia do nich — zasad, które Rządy Polski i Niemiecki przyjęły i ogłosiły (zob. dodatek do Gazety Urzędowej Województwa Śląskiego nr 35 z dnia 22 listopada 1923), do szkół mniejszościowych mogą uczęszczać także takie dzieci, dla których wniosków nie zgłoszono. Dzieci te wolno nie przyjąć tylko wtenczas, jeżeli w szkole mniejszościowej nie ma istotnie dla nich miejsca i jeżeli w danych warunkach o miejsce wystarać się nie można. Jak długo jednak liczba dzieci, dla których przy upłynięciu terminu zgłaszania wniosków istniały wnioski ważne, nie jest przekroczona, tak długo nie wolno oddalić żadnego dziecka. W niniejszym przypadku nawet nie twierdzono, a tym mniej udowodniono, że w szkole mniejszościowej w Wielkich Hajdukach nie ma miejsca dla syna żalącego się i że liczba dzieci, uczęszczających faktycznie do tej szkoły, osiąga lub przekracza liczbę dzieci, zgłoszonych przed upłynięciem terminu zgłaszania wniosków.

III

Na mocy powyższych rozważań Prezydent Komisji Mieszanej dochodzi do

poglądu:

Syna żalącego się Rudolfa Wosnitzę należy dopuścić do szkoły mniejszościowej w Wielkich Hajdukach.

14

Pogląd

z dnia 29 stycznia 1924 w sprawie nr 38 Michała Wagnera z Miechowic (Górny Śląsk Niemiecki), w Tarnowskich Górach, ulica Górnicza 10, dotyczącej powrotu do Miechowic i odszkodowania.

I

1. Według przedstawienia sprawy przez żalącego się podstawą skargi jest następujący stan faktyczny:

Żalący się urodził się w Miechowicach i wykonywał tam rzemiosło stolarskie. W tym celu wynajął dnia 1 maja 1914 w Miechowicach w budynku Bernharda Drzezgi przy ul. Kirchstr. 10 mieszkanie i pracownię, a dnia 1 czerwca 1915 skład (zob. akt 27, str. 1, 2). W grudniu 1921 właściciel domu Drzezga zażądał w Urzędzie Rozjemczym dla spraw mieszkaniowych w Bytomiu podwyżki czynszu i wniósł und Besuch der Minderheitsschulen, die von der Polnischen Regierung und von der Deutschen Regierung angenommen und veröffentlicht worden sind (s. Beilage zur Gazeta Urz. Wojew. Śląskiego Nr. 35 vom 22. November 1923), können auch solche Kinder die Minderheitsschulen besuchen, für die kein Antrag gestellt worden ist. Diese Kinder dürfen nur dann zurückgewiesen werden, wenn in der Minderheitsschule für sie tatsächlich kein Platz vorhanden ist und nach den Umständen auch nicht beschafft werden kann. Unter keinen Umständen darf aber ein Kind zurückgewiesen werden, solange die Kinderzahl, für welche bei Ablauf der Antragsfrist gültige Anträge vorlagen, nicht überschritten ist. Im vorliegenden Fall ist nicht einmal behauptet und noch viel weniger erwiesen, daß in der Minderheitsschule in Wielkie Hajduki für den Sohn des Beschwerdeführers kein Platz vorhanden sei und daß die Zahl der die Schule tatsächlich besuchenden Kinder die Zahl der bis zum Ablauf der Antragsfrist angemeldeten Kinder erreiche oder überschreite.

III

Gestützt auf obige Erwägungen gelangt der Präsident der Gemischten Kommission zur

Stellungnahme:

Es sei der Sohn des Beschwerdeführers, Rudolf Wosnitza, zum Besuche der Minderheitsschule in Wielkie Hajduki zuzulassen.

14

Stellungnahme

vom 29. Januar 1924 in der Sache Nr. 38 des Michael Wagner aus Miechowitz (Deutsch-Oberschlesien), in Tarnowskie Góry, ulica Górnicza 10, Beschwerdeführer, betreffend Rückkehr nach Miechowitz und Schadenersatz.

I

1. Nach der Darstellung des Beschwerdeführers liegt der Beschwerde folgender Sachverhalt zugrunde:

Der Beschwerdeführer ist in Miechowitz geboren und übte daselbst das Tischlergewerbe aus. Zu diesem Zwecke hatte er im Hause des Bernhard Drzesga, an der Kirchstraße 10 in Miechowitz, am 1. Mai 1914 Wohnung und Werkstatt und am 1. Juni 1915 einen Laden gemietet (s. act. 27 S. 1, 2). Im Dezember 1921 verlangte der Hauseigentümer, Drzesga, beim Mieteinigungsamt in Beuthen eine Erhöhung des Mietzinses und beanw toku tego sporu prawnego dnia 3 maja 1922 o zezwolenie na wypowiedzenie pomieszczeń Wagnerowi (akt 28, a do f).

Z początkiem czerwca 1922 nastały w Miechowicach akty terroru przeciwko pewnym osobom mniejszości polskiej. Żałący się otrzymywał najpierw listy z pogrożkami, potem wybito w jego mieszkaniu szyby. Wobec tego zwrócił się dwukrotnie do naczelnika Gminy i Urzędu Okręgowego z prośbą o ochronę. Dnia 22 czerwca 1922 ostrzeżono go przed spaniem w własnym mieszkaniu. Następnej nocy uzbrojona banda, poszukując go, włamała się do jego mieszkania. Na skutek tych wypadków żałący się uciekł dnia 23 czerwca 1922 do Tarnowskich Gór. Małżonka jego pozostała w Miechowicach. W dniach 23, 24 i 25 czerwca 1922 nieznane osoby znów dopytywały się o żałącego się w jego mieszkaniu. W czasie od 28 do 30 czerwca 1922 uzbrojone bandy, poszukując żałącego się, włamały się dwukrotnie do jego mieszkania. Bandy te uszkodziły przy tym sprzęty i inwentarz pracowni (zob. akt 39). Urząd Rozjemczy dla spraw mieszkaniowych w Bytomiu pozwał żałącego się na termin na dzień 10 lipca 1922, na który żałący się nie przybył, ponieważ czuł się zagrożonym (akt 28 g). W nocy z 10 na 11 lipca 1922 uzbrojona banda wtargnęła znowu do mieszkania żałącego się i wyrzuciła meble na podwórze. Dnia 11 lipca 1922 małżonka żałącego się wstawiła część mebli do pracowni, część zaś zostawiła na podwórzu.

Tego samego dnia małżonka żałącego się i właściciel domu Drzezga zjawili się w Urzędzie Mieszkaniowym w Miechowicach i oświadczyli, że żałący się chce zamienić swe mieszkanie na mieszkanie mistrza stolarskiego Bienka w Rudzie (akt 28 h). Urząd Mieszkaniowy udzielił na to zezwolenia, lecz Bienek nie chciał się zgodzić na zamianę, bojąc się terroru. Dnia 18 lub 19 lipca 1922 małżonka żałącego się wręczyła naczelnikowi Urzędu Okręgowego i Gminnego list (akt 28 k), którym żałący się zakomunikował, że zamiana z Bienkiem nie doszła do skutku, wobec czego prosi o poczynienie kroków, aby mógł nadal zatrzymać mieszkanie i pracownię w Miechowicach. Gdy przy tej sposobności żona żałącego się prosiła naczelnika Urzędu Okręgowego i Gminnego o pomoc, miał jej ten odpowiedzieć, że dla Wagnera nie ruszy palcem. Żona żałącego się zamówiła potem dwa wozy meblowe celem przewiezienia sprzętów domowych do Tarnowskich Gór. Żałący się nie zgodził się jednak na to i kazał jeden wóz wyładować i wstawić meble z powrotem do mieszkania i pracowni; drugi wóz był już w drodze.

tragte im Laufe dieses Rechtsstreites am 3. Mai 1922, es sei ihm die Genehmigung zur Kündigung der an Wagner vermieteten Räumlichkeiten zu erteilen (act. 28 a bis f).

Anfang Juni 1922 begannen in Miechowitz Terrorakte gegen gewisse Angehörige der polnischen Minderheit. Der Beschwerdeführer erhielt zunächst Drohbriefe; darauf wurden in seiner Wohnung Fenster eingeschlagen. Der Beschwerdeführer wandte sich deshalb zweimal um Schutz an den Gemeinde- und Amtsvorsteher. Am 22. Juni 1922 wurde der Beschwerdeführer davor gewarnt, in seiner Wohnung zu schlafen. In der darauffolgenden Nacht erbrach eine bewaffnete Bande seine Wohnung und suchte nach ihm. Infolge dieser Vorfälle flüchtete der Beschwerdeführer am 23. Juni 1922 nach Tarnowskie Góry; seine Ehefrau verblieb in Miechowitz. Am 23., 24. und 25. Juni 1922 wurde wiederum von Unbekannten in seiner Wohnung nach dem Beschwerdeführer geforscht. In der Zeit vom 28. bis zum 30. Juni 1922 brachen zweimal bewaffnete Banden in die Wohnung des Beschwerdeführers ein, suchten nach ihm und beschädigten dabei den Hausrat und das Werkstattinventar (s. act. 39). Auf den 10. Juli 1922 wurde der Beschwerdeführer vor das Mieteinigungsamt in Beuthen vorgeladen, nahm aber den Termin nicht wahr, weil er sich bedroht fühlte (act. 28 g). In der Nacht vom 10. zum 11. Juli 1922 drang abermals eine bewaffnete Bande in die Wohnung des Beschwerdeführers ein und warf seine Möbel auf den Hof. Am 11. Juli 1922 schaffte die Ehefrau des Beschwerdeführers die Möbel in die Werkstatt, soweit sie sie nicht auf dem Hofe liegen ließ.

An demselben Tage erschienen die Ehefrau des Beschwerdeführers und der Hauseigentümer, Drzesga, vor dem Wohnungsamt in Miechowitz und erklärten, daß der Beschwerdeführer seine Wohnung mit dem Tischlermeister Bienek aus Ruda tauschen wolle (act. 28 h). Das Wohnungsamt erteilte die Genehmigung, aber Bienek wollte aus Angst vor dem Terror nicht auf den Tausch eingehen. Am 18. oder 19. Juli 1922 übergab die Ehefrau des Beschwerdeführers dem Amts- und Gemeindevorsteher einen Brief (act. 28 k), mit welchem der Beschwerdeführer mitteilte, daß der Tausch mit Bienek nicht zustande gekommen sei, und darum bat, dafür einzutreten, daß ihm Wohnung und Werkstatt in Miechowitz erhalten bleiben. Als sie den Amts- und Gemeindevorsteher gleichzeitig um Hilfe bat, soll dieser ihr geantwortet haben, für Wagner rühre er keinen Finger. Die Ehefrau des Beschwerdeführers bestellte darauf zwei Möbelwagen zur Abfuhr des Hausrats nach Tarnowskie Góry. Der Beschwerdeführer war jedoch damit nicht einverstanden und ließ einen Wagen wieder ausladen und die Möbel in die Wohnung und Werkstätte zurückbringen; der andere Wagen war schon unterwegs.

Dnia 20 lipca 1922 właściciel domu Drzezga zgłosił w Urzędzie Mieszkaniowym mieszkanie jako wolne (akt 28 l) i poprosił dnia 21 lipca 1922 o zatwierdzenie umowy najmu, zawartej z uchodźcą, mistrzem krawieckim Nieschwitzem (akt 28 m). Dnia 22 lipca 1922 Urząd Mieszkaniowy wydał decyzję, którą zwolnił mieszkanie żalącego się do dalszego odnajęcia (akt 28 n do p).

Dnia 24 lipca 1922 właściciel domu wyrzucił z mieszkania na podwórze resztę mebli żalącego się.

Dnia 20 października 1922 żalący się uzyskał od Sądu Grodzkiego w Bytomiu wyrok zasądzający Drzezgę na pozostawienie Wagnera w posiadaniu ubikacyj w budynku Kirchstrasse 10 w Miechowicach (akt 27). Z wyroku tego przytacza się następujący ustęp:

„Postępowanie dowodowe nie wykazało, że Wagner przez ucieczkę do Tarnowskich Gór zrzekł się wynajętych pomieszczeń. Z zeznań zaprzysiężonych świadków Fialaschika i Freya i z zeznania niezaprzysiężonej małżonki Wagnera wynika raczej, że Wagner względnie jego małżonka opróżnili częściowo mieszkanie z powodu nielegalnych gróźb „Selbstschutzu" i wywieźli meble ze względów bezpieczeństwa do Tarnowskich Gór. Wagner nie zrzekł się jednak przez to praw, wynikających z umowy najmu, ani też posiadania najętych pomieszczeń. Nie wynika to także z tego, że małżonka Wagnera po częściowym wyprowadzeniu się z mieszkania nie sprzeciwiła się żądaniu Drzezgi, aby zapłaciła długi. Również nie wynika to z okoliczności, że po wprowadzeniu się Nieschwitza zażądała zwrotu haków do firanek i łańcuszka bezpieczeństwa z drzwi wchodowych, ponieważ należy przypuścić, że przedmiotów tych zażądała tylko z tego powodu, aby ich nie używał nielegalny posiadacz mieszkania. W myśl powyższych wywodów umowa najmu ma nadal moc obowiązującą, tym bardziej, że dotychczas jeszcze nie została wypowiedziana za potrzebnym zezwoleniem Urzędu Rozjemczego dla spraw mieszkaniowych.

Drzezga nie miał zatem prawa do otworzenia przemocą zamkniętego mieszkania Wagnera, usunięcia stamtąd mebli i do wprowadzenia tam lokatora Nieschwitza. Nie miał on do tego prawa, mimo że naczelnik gminy zwolnił pismem z dnia 22 lipca 1922 mieszkanie do dalszego odnajęcia go Nieschwitzowi. Zarządzenie naczelnika gminy jest bezskuteczne, bo w danym przypadku nie chodziło o opróżnione mieszkanie. Fakt, że Drzezga zgłosił niesłusznie mieszkanie jako opróżnione, nie skutkuje, że mieszkanie jest istotnie próżne. Przepro-

Am 20. Juli 1922 meldete der Hauseigentümer Drzesga beim Wohnungsamt die Wohnung als leerstehend an (act. 28 l) und ersuchte am 21. Juli 1922 um Zustimmung zu einem mit dem Flüchtling, Schneidermeister Nieschwitz, abgeschlossenen Mietvertrage (act. 28 m). Am 22. Juli 1922 entschied das Wohnungsamt, die vom Beschwerdeführer innegehabte Wohnung zur anderweitigen Vermietung freizugeben (act. 28 n bis p).

Am 24. Juli 1922 warf der Hauseigentümer alle Möbel des Beschwerdeführers, die sich noch in der Wohnung befanden, auf den Hof.

Am 20. Oktober 1922 erwirkte der Beschwerdeführer vom Amtsgericht Beuthen ein Urteil, welches Drzesga verpflichtet, ihm den Besitz der im Hause Kirchstraße 10 in Miechowitz gemieteten Lokalitäten zu gewähren (act. 27). Aus diesem Urteil sei folgende Stelle zitiert:

»Nach dem Ergebnis der Beweisaufnahme ist nicht als erwiesen anzusehen, daß Wagner durch seine Flucht nach Tarnowitz auf seine gemieteten Räume Verzicht geleistet hat. Vielmehr geht aus den eidlichen Bekundungen der Zeugen Fialaschik und Frey und den uneidlichen Aussagen der Ehefrau Wagners hervor, daß Wagner bzw. seine Ehefrau nur infolge der ungesetzlichen Drohungen des Selbstschutzes die Wohnung teilweise geräumt und der Sicherheit wegen nach Tarnowitz die Möbel geschafft haben. Dadurch hat er aber nicht auf seine Rechte aus dem bestehenden Mietvertrage verzichtet und den Besitz an den gemieteten Räumen aufgegeben. Dies ist auch nicht daraus zu entnehmen, daß die Ehefrau Wagners nach ihrem teilweisen Auszuge aus der Wohnung dem Ersuchen des Drzesga, ihre Schulden zu bezahlen, nicht widersprochen hat. Desgleichen auch nicht aus dem Umstande, daß sie nach dem Einzuge des Nieschwitz die Gardinenhaken und die Entfernung der Sicherheitskette von der Entreetür gefordert hat, da anzunehmen ist, daß sie diese Gegenstände nur deshalb gefordert hat, um sie nicht von dem unberechtigten Besitzer ihrer Wohnung benutzen zu lassen. Nach obigen Ausführungen besteht der Vertrag zwischen den Parteien noch weiter zu Recht, zumal er ja auch bisher nicht mit der erforderlichen Genehmigung des Mieteinigungsamtes gekündigt worden ist.

Dem Drzesga stand demnach kein Recht zu, die geschlossene Wohnung Wagners zu öffnen und die darin befindlichen Möbelstücke herauszuschaffen und den Mieter Nieschwitz hineinzusetzen. Dazu war er selbst dann nicht ermächtigt, wenn der Gemeindevorstand durch Schreiben vom 22. Juli 1922 die Wohnung zur Weitervermietung an Nieschwitz freigegeben hat. Diese Verfügung des Gemeindevorstandes ist unwirksam, da es sich nicht um eine leerstehende Wohnung gehandelt hat. Die Tatsache, daß Drzesga unberechtigterweise die Wohnung als leerstehend wadzona przez Drzezgę eksmisja była zatem nielegalna. Drzezga nie miał prawa do samowolnego otworzenia i opróżnienia mieszkania. Jeżeli sądził, że mógł żądać opróżnienia mieszkania, winien to był przeprowadzić na drodze legalnej. Na podstawie powyższych wywodów jest zatem ustalone, że Drzezga pozbawił Wagnera mieszkania w sposób zakazany i samowolny. Wagner ma zatem prawo żądać od Drzezgi, aby mu mieszkanie przywrócił (§ 861 k. c.). Prawu temu nie stoi na przeszkodzie, że Wagner dla swych przekonań politycznych ma złą opinię w Miechowicach. Według obowiązujących przepisów ustawowych także osoba o przekonaniu polskim ma prawo do zamieszkania w Miechowicach, które pozostały przy Niemczech. Wniosek Wagnera o przywrócenie mu mieszkania należało zatem uwzględnić bez przeprowadzenia dalszych dowodów."

Przeciwko temu wyrokowi założył Drzezga apelację. Urząd Rozjemczy dla spraw mieszkaniowych w Bytomiu wstrzymał toczące się przed nim postępowanie aż do załatwienia procesu cywilnego przed sądami zwyczajnymi.

W marcu 1923 zarządzono opróżnienie składu żalącego się, który mu dotychczas jeszcze pozostał. Znajdujące się tam przedmioty przeniesiono do pracowni (akt 39).

2. Dnia 1 grudnia 1922 żalący się skierował petycję do Prezydenta Komisji Mieszanej, którą Prezydent przesłał Urzędowi Spraw Mniejszości (akt 1—2). Dnia 22 czerwca 1923 wniósł żalący się drugą petycję do Prezydenta (akt 4—5 d), która przesłana została Urzędowi Spraw Mniejszości z prośbą o rozpatrzenie jej w myśl art. 149 i n. Konwencji Genewskiej (akt 6—8). Dnia 28 sierpnia 1923 Urząd Spraw Mniejszości przedstawił petycję Prezydentowi Komisji Mieszanej i wywodził w uwagach (akt 17) co następuje:

Zaprzecza się temu, że naczelnik Urzędu Okręgowego odmówił żalącemu się ochrony i pomocy. Właściwość Rejencji Opolskiej wchodzi w rachubę dopiero za czas po 10 lipca 1922, ponieważ przedtem za spokój i porządek odpowiedzialność ponosiła Komisja Międzysojusznicza. Biernego zachowania się policji nie stwierdzono. Występowała ona stanowczo przeciwko wykroczeniom ludności cywilnej. W sprawie mieszkaniowej Urząd Spraw Mniejszości nie mógł wkroczyć przed załatwieniem toczącego się postępowania sądowego. Dochodzenia karne, wdrożone na podstawie doniesień petenta, Prokuratura umorzyła. O roszczeniach o odszkodowanie decyduje komisarz angemeldet hat, macht diese nicht zu einer leerstehenden. Die Räumung der Wohnung durch Drzesga war daher widerrechtlich. Drzesga hat nicht eigenmächtig die Wohnung öffnen und räumen dürfen. Wenn er diese Räumung verlangen zu können glaubte, dann hätte er auf gesetzmäßigem Wege diese durchsetzen müssen. Nach obigen Ausführungen steht demnach fest, daß Drzesga dem Wagner die Wohnung durch verbotene Eigenmacht entzogen hat, Wagner ist demnach berechtigt, die Wiedereinräumung des Besitzes dieser Wohnung von Drzesga zu verlangen (§ 861 BGB.). Diesem Recht steht nicht entgegen, daß Wagner wegen seiner politischen Gesinnung in Miechowitz im schlechten Rufe steht. Nach den bestehenden Gesetzbestimmungen ist auch ein polnisch gesinnter Mann berechtigt, in dem deutsch gebliebenen Miechowitz zu wohnen. Dem Antrage Wagners auf Wiedereinräumung der Wohnung war daher, ohne daß es auf die Erhebung weiterer Beweise ankam, stattzugeben.«

Gegen dieses Urteil hat Drzesga Berufung eingelegt. Das Mietseinigungsamt Beuthen hat das vor ihm schwebende Verfahren bis zur Erledigung des Zivilprozesses vor den ordentlichen Gerichten sistiert.

Im März 1923 wurde die Räumung des dem Beschwerdeführer bis dahin noch verbliebenen Ladens verfügt und die darin sich befindenden Gegenstände in die Werkstatt verbracht (act. 39).

2. Am 1. Dezember 1922 richtete der Beschwerdeführer eine Eingabe an den Präsidenten der Gemischten Kommission, welche dieser dem Minderheitsamte übersandte (act. 1, 2). Am 22. Juni 1923 richtete der Beschwerdeführer eine zweite Eingabe an den Präsidenten (act. 4—5 d), die dem Minderheitsamt übersandt wurde mit dem Ersuchen, sie im Sinne des Art. 149 ff. des Genfer Abkommens zu behandeln (act. 6, 8). Am 28. August 1923 leitete das Minderheitsamt die Eingabe an den Präsidenten der Gemischten Kommission und führte in seinen Bemerkungen (act. 17) folgendes aus:

Es werde bestritten, daß der Amtsvorsteher dem Beschwerdeführer Schutz und Hilfe verweigert habe. Die Zuständigkeit der preußischen Regierung in Oppeln komme erst für die Zeit nach dem 10. Juli 1922 in Frage, da vorher die Interalliierte Kommission für Ruhe und Ordnung verantwortlich gewesen sei. Ein passives Verhalten der Schutzpolizei sei nicht festgestellt worden; sie sei Ausschreitungen der Zivilbevölkerung mit Entschiedenheit entgegengetreten. In der Wohnungsangelegenheit habe das Minderheitsamt vor Erledigung des schwebenden Gerichtsverfahrens nicht eingreifen können. Die auf Grund der Anzeigen des Petenten eingeleiteten Strafuntersuchungen seien von der Staatsanwaltschaft eingestellt

Rzeszy dla szkód górnośląskich. Żałący się może powrócić do Miechowic, nie można mu jednak do tego radzić, bo panuje przeciwko niemu jeszcze wielkie rozgoryczenie.

Żałący się odpowiedział na uwagi Urzędu Spraw Mniejszości pismem z dnia 9 września 1923 (akt 25—26).

3. Dnia 7 listopada 1923 poddano żałącego się ponownym szczegółowym przesłuchom (akt 39). Ponadto Prezydent zarządził przesłuchania kilku świadków.

Naczelnik Urzędu Okręgowego i Gminnego z Miechowic, dr Lazarek, zeznał, że przed zdaniem okręgu Rządowi Pruskiemu miał do dyspozycji tylko 5—6 pewnych urzędników policyjnych, co wobec panującego niepokoju było bardzo mało. Że żałący się zwrócił się do niego o ochronę, jest wiarogodne; tego rodzaju petycje przekazywał zawsze policji egzekutywnej. W czerwcu i lipcu 1922 doszło do mniejszych lub większych wykroczeń nie dających się kontrolować elementów. Powszechnego terroru przeciwko mniejszości polskiej jednak nie było. Wykroczenia kierowały się głównie przeciwko osobom, które w czasie plebiscytu usilnie działały na rzecz Polski. Według zapatrywania ludności niemieckiej żałący się jako przewodniczący Komisji Parytetycznej postępował stronniczo, badając np. stosunki pobytu ludności niemieckiej w sposób ostrzejszy niż ludności polskiej. Starał się też usunąć świadka z urzędu, robiąc nań doniesienia do landrata i kontrolera powiatowego. O wykroczeniach przeciwko Wagnerowi świadek dowiedział się od policji, której polecił akty terroru zdusić w zarodku. Dnia 3 lipca 1922 wezwał w odezwie do zachowania spokoju i porządku. O ile sobie przypomina, ciężkie wykroczenia zaszły tylko przeciwko trzem osobom. Pani Wagnerowa była raz u niego z listem. Zaprzecza jednak, że jej powiedział, że dla Wagnera nie ruszy palcem. List (akt 28 k) przekazał Urzędowi Mieszkaniowemu. Policja otrzymała rozkaz, aby usunęła wszelkie plakaty, w których by się wzywało Polaków do wyprowadzenia się. W tym czasie trzeba było pomieścić w Miechowicach wielką ilość uchodźców z Polskiego Górnego Śląska.

Inspektor biurowy Schallek (akt 63) oświadczył, że w lecie 1922 zaszły u ludzi, którzy narazili się ludności niemieckiej, wypadki nocnych odwiedzin i pogróżek. Sprawcy nazywali się „Rollkommission" lub tp. i twierdzili, że trzeba zrobić miejsce dla uchodźców z Polskiego Górnego Śląska. Mieszkanie Wagnera, celem dalszego worden. Über die Entschädigungsansprüche des Beschwerdeführers habe der Reichskommissar für oberschlesische Schäden zu bestimmen. Die Rückkehr nach Miechowitz stehe dem Beschwerdeführer frei, könne ihm aber nicht empfohlen werden, weil gegen ihn noch große Erbitterung herrsche.

Der Beschwerdeführer beantwortete die Bemerkungen des Minderheitsamtes mit Eingabe vom 9. September 1923 (act. 25, 26).

3. Am 7. November 1923 wurde der Beschwerdeführer nochmals einer eingehenden Einvernahme unterzogen (act. 39). Im weiteren verfügte der Präsident die Einvernahme mehrerer Zeugen.

Der Amts- und Gemeindevorsteher von Miechowitz, Dr. Lazarek, hat ausgesagt, er habe vor der Übergabe des Bezirkes an die preußische Regierung nur 5—6 zuverlässige Polizeibeamte zur Verfügung gehabt, was bei der herrschenden Unruhe sehr wenig gewesen sei. Daß der Beschwerdeführer sich um Schutz an ihn gewandt habe, sei glaubhaft; er habe solche Gesuche stets der Exekutivpolizei übermittelt. Es seien im Juni, Juli 1922 kleinere und größere Ausschreitungen unkontrollierbarer Elemente vorgekommen, eine allgemeine Terrorisierung der polnischen Minderheit habe jedoch nicht stattgefunden. Die Ausschreitungen hätten sich in der Hauptsache gegen die Personen gewendet, die sich während der Abstimmungszeit heftig in polnischem Sinne betätigt hätten. Der Beschwerdeführer habe sich als Vorsitzender der Paritätischen Kommission nach der Auffassung der Deutschen parteiisch benommen, indem er z. B. bei Prüfung der Aufenthaltsverhältnisse den Deutschen gegenüber peinlicher verfahren sei als in Fällen, wo es sich um Polen handelte. Der Beschwerdeführer habe auch versucht, ihn durch Anzeige beim Landrat und Kreiskontrolleur aus dem Amte zu entfernen. Von den Ausschreitungen gegen Wagner habe er durch die Polizei vernommen; diese habe er angewiesen, Terrorakte zu unterdrücken, und am 3. Juli 1922 habe er auch in einem Anschlag zu Ruhe und Ordnung gemahnt. Schwerere Ausschreitungen seien — soweit er sich erinnere — nur gegen drei Personen vorgekommen. Frau Wagner sei einmal mit einem Briefe bei ihm gewesen; er bestreite jedoch, ihr gesagt zu haben, daß er für Wagner keinen Finger rühre. Den Brief (act. 28 k) habe er dem Wohnungsamt überwiesen. Die Polizei habe Anweisung erhalten, allfällige Plakate, in denen die Polen aufgefordert würden, wegzuziehen, zu entfernen. Sehr viele Flüchtlinge aus Polnisch-Oberschlesien hätten damals in Miechowitz untergebracht werden müssen.

Der Büroinspektor Schallek (act. 63) hat erklärt, es sei im Sommer 1922 bei Leuten, die sich gegen die deutsche Bevölkerung unliebsam benommen hätten, zu nächtlichen Besuchen und zu Drohungen gekommen. Die Täter hätten sich »Rollkommission« oder ähnlich genannt oder vorgegeben, es müsse für die Flüchtlinge aus Polnisch-Oberschlesien Platz gemacht werodnajęcia go, zwolniono na skutek doniesienia Drzezgi, że jest opróżnione. Spór co do wysokości czynszu nie był decydujący. Wobec stosunków lokalnych i rozruchów Komisja Mieszkaniowa nie mogłaby zresztą wydać innej decyzji; w przeciwnym razie tzw. „Rollkommission" byłaby po prostu samowolnie umieściła w mieszkaniu Wagnera jakąś rodzinę uchodźców, których około 350 pomieszczono w Miechowicach. Świadkowi nie wiadomo, kto zarządził opróżnienie składu Wagnera. W żadnym razie nie nastąpiło to ze strony władzy. Wagner nie jest lubiany przez ludność niemiecką w Miechowicach, ponieważ podczas trzeciego powstania usuwał niemieckie nazwy ulic i prosił o ustanowienie polskiego starosty. O tym, żeby Wagner prześladował był Niemców, nic mu nie wiadomo, słyszał natomiast, że podczas powstania udzielał ochrony także ludności niemieckiej.

Komisarz policji Fuhrmann (akt 64) przypomina sobie, że pani Wagnerowa była w roku 1922 kilkakrotnie u niego. W okresie przejsciowym utworzyła się w karabiny uzbrojona banda, która postawiła sobie za cel wyrzucić z mieszkań tych ludzi, którzy działali na rzecz Polski. Opróżnione w ten sposób mieszkania mieli otrzymać uchodźcy z Polskiego Górnego Śląska. Policja była w ostatnich dniach za słaba, aby bandzie tej podołać. Różne przeciwko Wagnerowi dokonane akty terroru zbadano i skierowano do Prokuratury. Wagner nie był lubiany przez ludność niemiecką, rzekomo dlatego, że był najpierw socjalistą i przyłączył się potem niespodzianie do sprawy polskiej. Jest też możliwe, że Wagner naraził się przez swą działalność jako zastępca naczelnika gminy; jego koledze Glombitzy zdarzyło się mniej więcej to samo, co jemu. Świadek nie jest zdania, że Wagnerowi zarzuca się prześladowanie Niemców; głównym powodem skierowanego przeciwko niemu terroru jest zapewne jego działalność administracyjna w czasie powstania.

Paulinę Bujotzek (akt 65) zatrzymano w lecie 1922 około północy przed mieszkaniem Wagnera i skierowano do sąsiedniego domu. Widziała przy tym, jak 10—20 mężczyzn wynosiło meble Wagnera na podwórze i do sieni, broni żadnej nie widziała. Bujotzek, która mieszkała na ul. Kościelnej 9, zauważyła ponadto, jak raz w porze nocnej wybito u Wagnera szyby. Wreszcie widziała, jak raz w nocy z warsztatu Wagnera wyrzucano na ulicę trumny i dopiero na upomnienie niejakiego Merkla, że to rewolucja, zaniesiono trumny z powrotem do praden. Die Freigabe von Wagners Wohnung zu anderweitiger Vermietung sei auf Anzeige des Drzesga erfolgt, daß die Wohnung leer stehe; die Streitigkeit über den Mietszins habe dabei keine entscheidende Rolle gespielt. Die Wohnungskommission hätte übrigens bei den örtlichen Verhältnissen und Unruhen gar nicht anders entscheiden können, weil sonst die sogenannte Rollkommission einfach von sich aus eine Flüchtlingsfamilie — deren ca. 350 in Miechowitz untergebracht worden seien — in Wagners Wohnung mit Gewalt eingesetzt hätte. Es sei ihm nicht bekannt, wer die Räumung von Wagners Laden angeordnet habe; jedenfalls sei hierüber amtlich nichts verfügt worden. Wagner sei bei der deutschen Bevölkerung in Miechowitz nicht beliebt, weil er während des dritten Aufstandes deutsche Straßentafeln entfernt und um Einsetzung eines polnischen Landrates ersucht habe. Davon, daß Wagner Deutsche verfolgt habe, sei ihm nichts bekannt; wohl aber habe er gehört, daß Wagner während der Aufstandszeit auch Deutschen Schutz gewährt habe.

Der Polizeikommissar Fuhrmann (act. 64) erinnert sich daran, daß Frau Wagner 1922 mehrmals bei ihm war. In der Übergangszeit habe sich eine mit Gewehren bewaffnete Bande gebildet, die das Ziel verfolgte, Leute, die sich im polnischen Sinne betätigt hatten, aus ihren Wohnungen zu vertreiben, um diese für Flüchtlinge aus Polnisch-Oberschlesien frei zu machen. Die Polizei sei in den letzten Tagen zu schwach gewesen, um gegen diese Bande aufzukommen. Verschiedene gegen Wagner verübte Terrorfälle seien untersucht und an die Staatsanwaltschaft geleitet worden. Wagner sei bei der deutschen Bevölkerung unbeliebt gewesen, angeblich weil er früher Sozialdemokrat gewesen sei und sich dann plötzlich der polnischen Sache angeschlossen habe. Möglicherweise habe sich Wagner durch seine Tätigkeit als stellvertretender Gemeindevorsteher unbeliebt gemacht; seinem Kollegen Glombitza sei ungefähr dasselbe passiert wie ihm. Er glaube nicht, daß Wagner Verfolgungen von Deutschen vorgeworfen werden; der Hauptgrund des gegen ihn gerichteten Terrors sei wohl seine Verwaltungstätigkeit während des Aufstandes gewesen.

Paula Bujotzek (act. 65) wurde im Sommer 1922 gegen Mitternacht vor der Wohnung Wagners angehalten und in ein benachbartes Haus gewiesen; dabei beobachtete sie, daß 10—20 Männer Wagners Möbel in Hof und Flur stellten; Waffen hat sie keine gesehen. Im weiteren hat die Zeugin, die an der Kirchstraße 9 wohnte, wahrgenommen, wie einmal zur Nachtzeit bei Wagner die Fenster eingeschlagen wurden. Schließlich beobachtete sie, daß einmal nachts Särge aus der Schreinerei Wagners auf die Straße geworfen und erst auf die Vorstellungen eines gewissen Merkel, dies sei Revolution, wieder in die Werkstätte verbracht wurden.

cowni. Z powodu pogróżek i nocnych rewizyj domowych także świadek i jego rodzice musieli opuścić Miechowice.

Żałący się oświadczył na to (akt 66), że prośba o ustanowienie polskiego starosty oparta była na uchwale rady gminnej. Tak samo na uchwale przedstawicielstwa gminy oparty był wniosek skierowany przeciwko drowi Lazarkowi. Dr Lazarek zażądał swego czasu telegraficznie zastępcy ławnika, na co on, żałący się, objął wraz z Glombitzą ten urząd. Nie starał się nigdy o płatną posadę w gminie. Z wyjątkiem kilku podżegaczy ludność nie jest doń wrogo usposobiona.

4. Dnia 26 listopada 1923 odbyła się rozprawa ustna, na którą stawili się kierownik Urzędu Spraw Mniejszości i żałący się (akt 76—77). Uwzględniając inicjatywę, która wyszła z łona Komisji Mieszanej, Prezydent odroczył pogląd, aby umożliwić polubowne załatwienie sprawy (akt. 78—79). Prezydent otrzymał potem dnia 12 grudnia 1923 pismo Prezydium Rejencji, w którym obiecano przydzielić Wagnerowi inne mieszkanie i inną pracownię (akt 84). Żałący się odpowiedział na pismo to pismem z dnia 4 stycznia 1924 (akt 89). W grudniu 1923 odbyła się konferencja pomiędzy żałącym się a zastępcą gminy Miechowic, na której Wagner nie przyjął zaofiarowanej mu pracowni, bo była za mała. Czy Wagnerowi zaofiarowano też mieszkanie i jakie, z akt dokładnie nie wynika (akt. 88, 92, 93). Dnia 19 stycznia 1924 żałący się doniósł, że obecnie opróżniono doszczętnie także jego pracownię. Żalił się ponadto, że naczelnik gminy w Miechowicach doręcza właścicielowi domu Drzezdze różne pisma, aby mu pomóc w procesie cywilnym Drzezga ca Wagner (akt 95). Prezydium Rejencji zakomunikowało Prezydentowi dnia 27 stycznia 1924, że Wagner nie przyjął oferty gminy Miechowic i obstawał przy przydziale poprzedniego mieszkania. Ponieważ polubowne załatwienie sprawy zdaje się być wykluczone, należy wypowiedzieć pogląd.

II

1. Co do pierwszego punktu zażalenia (powrót do Miechowic) należy zauważyć:

Pomiędzy żałącym się a jego gospodarzem, Drzezgą, toczył się przed Urzędem Rozjemczym dla spraw mieszkaniowych w Bytomiu od grudnia 1921 spór prawny o wysokość czynszu. Spór ten przybierał coraz to ostrzejsze formy. Z początkiem czerwca 1922 zaczęto w Miechowicach dotkliwie terroryzować pewne osoby mniejszościowe, między nimi i żałącego się. Wynika to z szczegółowego i precyzyj-

Die Zeugin mußte mit ihren Eltern infolge von Drohungen und nächtlichen Haussuchungen ebenfalls aus Miechowitz fortziehen.

Der Beschwerdeführer hat hierauf erklärt (act. 66), das Gesuch um Einsetzung eines polnischen Landrates habe auf einem Gemeindebeschluß beruht; ebenso der Antrag gegen Dr. Lazarek auf einem Beschluß der Gemeindevertretung. Dr. Lazarek habe seinerzeit telegraphisch Schöffenvertretung gefordert, worauf er mit Glombitza dieselbe übernommen habe. Er habe nie nach einem bezahlten Gemeindeposten gestrebt. Die Bevölkerung sei ihm, von einigen Hetzern abgesehen, nicht feindlich gesinnt.

4. Am 26. November 1923 fand eine mündliche Verhandlung statt, zu welcher der Leiter des Minderheitsamtes und der Beschwerdeführer erschienen sind (act. 76, 77). Der Präsident setzte hierauf, einer Anregung aus dem Schoße der Gemischten Kommission folgend, die Stellungnahme aus, um eine gütliche Erledigung der Angelegenheit zu ermöglichen (act. 78, 79). Darauf erhielt der Präsident am 12. Dezember 1923 eine Zuschrift des Regierungspräsidiums, in welcher die Zuweisung einer anderen Wohnung sowie einer Werkstatt an Wagner in Aussicht gestellt wurde (act. 84). Die Zuschrift wurde vom Beschwerdeführer mit Eingabe vom 4 Januar 1924 beantwortet (act. 89). Im Dezember 1923 fand zwischen dem Beschwerdeführer und einem Vertreter der Gemeinde Miechowitz eine Besprechung statt, an welcher Wagner eine ihm angebotene Werkstatt, weil zu klein, zurückwies. Ob Wagner auch eine Wohnung angeboten wurde und welche, ist nicht recht ersichtlich (act. 88, 92, 93). Am 19. Januar 1924 berichtete der Beschwerdeführer, es sei nunmehr auch seine Werkstatt vollständig ausgeräumt worden; im weiteren beklagt er sich darüber, daß der Gemeindevorstand Miechowitz dem Hauseigentümer Drzesga allerhand Schriftstücke aushändigte, um ihm in seinem Zivilprozeß gegen Wagner behilflich zu sein (act. 95). Das Regierungspräsidium berichtete dem Präsidenten am 27. Januar 1924, daß Wagner das Angebot der Gemeinde Miechowitz nicht angenommen und auf Zuweisung seiner früheren Wohnung bestanden habe. Es muß somit, da eine gütliche Einigung als ausgeschlossen erscheint, die Stellungnahme ausgesprochen werden.

II

1. In bezug auf den ersten Beschwerdepunkt (Rückkehr nach Miechowitz) ist folgendes zu sagen:

Zwischen dem Beschwerdeführer und seinem Vermieter Drzesga schwebte seit Dezember 1921 vor dem Mietseinigungsamt Beuthen ein Rechtsstreit über die Höhe des Mietszinses, der sich immer mehr zuspitzte. Anfang Juni 1922 setzte in Miechowitz gegen gewisse Angehörige der Minderheit, darunter auch gegen den Beschwerdeführer, ein schwerer Terror ein. Dies erhellt aus der sehr eingehenden und präzisen Darnego przedstawienia sprawy przez żalącego się i z przytoczonych powyżej zeznań kilku świadków oraz z wyroku Sądu Grodzkiego w Bytomiu. Początek terroru sięga wprawdzie czasów, gdy rządy spoczywały jeszcze w ręku Komisji Międzysojuszniczej; terror trwał jednak nadal także po przejęciu obszaru plebiscytowego przez Rząd Pruski. Żalący się musiał uciec z Miechowic do Tarnowskich Gór; mieszkanie jego przemocą opróżniono. Jeżeli on sam lub jego małżonka — jak żalący się twierdzi, wbrew jego woli — mieszkanie opróżnili, to jedynie z uzasadnionej obawy przed dalszą szkodą. Okoliczność tę wykorzystał gospodarz domu, Drzezga, aby zgłosić mieszkanie żalącego się jako opróżnione i odnająć je za zgodą Urzędu Mieszkaniowego komu innemu.

Urząd Mieszkaniowy lub Komisja Mieszkaniowa musiały wiedzieć, że żalący się uciekł z Miechowic do Tarnowskich Gór tylko z tego powodu, że dokonano przeciwko niemu aktów terroru. Urzędowi Mieszkaniowemu lub Komisji Mieszkaniowej nie mógł też być nieznany powód, dla którego mieszkanie żalącego się było opróżnione, jeżeli w ogóle było opróżnione. W końcu Urząd Mieszkaniowy lub Komisja Mieszkaniowa wiedziały dobrze, że żalący się nie zamierza porzucić swego miejsca zamieszkania w Miechowicach, lecz że pragnie powrócić, skoro tylko stosunki na to pozwolą. Wynika to już z pisma żalącego się do naczelnika Urzędu Okręgowego i Gminnego z dnia 18 lipca 1922 (akt 28 k), które Komisja Mieszkaniowa miała w ręku, gdy wydawała decyzję (akt 28 n). Pomimo to Urząd Mieszkaniowy lub Komisja Mieszkaniowa zwolniły na posiedzeniu z dnia 22 lipca 1922 mieszkanie żalącego się jako opróżnione, pozwalając na dalsze odnajęcie go (akt 28 n). Powyższa decyzja Urzędu Mieszkaniowego lub Komisji Mieszkaniowej nie da się pogodzić z prawami, które Konwencja Genewska zagwarantowała mniejszościom. Prawnie nie mogło być mowy o tym, że mieszkanie żalącego się było opróżnione. Jeżeli w ogóle było opróżnione, to chodziło tu jedynie o stan przejściowy, spowodowany kampanią zastraszania niektórych osób mniejszościowych, co sprzeczne jest z Konwencją Genewską (art. 75 i 83). Również nie mogło być mowy o tym, że żalący się zamierzał porzucić miejsce zamieszkania w Miechowicach. Przeciwnie, dawał zawsze do poznania, że chce zachować miejsce zamieszkania i mieszkanie w Miechowicach. Tego stanu rzeczy nie może też zmienić okoliczność, że Wagner w pewnym czasie gotów był do zamiany mieszkania na mieszkanie stolarza Bienka z Rudy. Zamiana ta nie doszła do skutku, o stellung des Beschwerdeführers und aus den oben angeführten Aussagen mehrerer Zeugen sowie aus dem Urteil des Landgerichtes Beuthen. Dieser Terror begann zwar während der Zeit, da die Regierungsgewalt noch bei der Interalliierten Kommission lag, dauerte aber auch nach der Übernahme des Gebietes durch die preußische Regierung noch an. Der Beschwerdeführer sah sich genötigt, von Miechowitz nach Tarnowskie Góry zu flüchten, und seine Wohnung wurde gewaltsam geräumt. Soweit er selbst oder seine Frau — wie er behauptet, gegen seinen Willen — seine Wohnung geräumt haben sollte, geschah dies lediglich aus begründeter Furcht vor weiteren Beschädigungen. Diese Umstände machte sich der Vermieter, Drzesga, zu Nutzen, um die Wohnung des Beschwerdeführers als leerstehend anzumelden und mit Zustimmung des Wohnungsamtes anderweitig zu vermieten.

Dem Wohnungsamt bzw. der Wohnungskommission mußte bekannt sein, daß der Beschwerdeführer nur infolge der gegen ihn verübten Terrorakte von Miechowitz nach Tarnowskie Góry geflüchtet war. Dem Wohnungsamt bzw. der Wohnungskommission konnte auch die Ursache, weshalb die Wohnung des Beschwerdeführers leerstand, wenn sie überhaupt leergestanden hat, nicht unbekannt sein. Schließlich wußte das Wohnungsamt bzw. die Wohnungskommission genau, daß der Beschwerdeführer nicht beabsichtigte, seinen Wohnsitz in Miechowitz aufzugeben, sondern zurückkehren wollte, sobald die Verhältnisse es erlauben würden. Dies ergibt sich schon aus dem Schreiben des Beschwerdeführers an den Amts- und Gemeindevorstand vom 18. Juli 1922 (act. 28 k), welches der Wohnungskommission bei ihrer Entscheidung vorgelegen hat (act. 28 n). Trotzdem hat das Wohnungsamt bzw. die Wohnungskommission in ihrer Sitzung vom 22. Juli 1922 die Wohnung des Beschwerdeführers als freistehend zur anderweitigen Vermietung freigegeben (act. 28 n). Diese Entscheidung des Wohnungsamtes bzw. der Wohnungskommission läßt sich mit den in der Genfer Konvention den Minderheiten garantierten Rechten nicht vereinbaren. Von einem Leerstehen der Wohnung des Beschwerdeführers konnte im Rechtssinne nicht gesprochen werden. Wenn die Wohnung des Beschwerdeführers überhaupt leerstand, so war dies lediglich ein vorübergehender tatsächlicher Zustand, herbeigeführt durch eine Einschüchterungskampagne gegen einzelne Angehörige der Minderheit, die der Genfer Konvention (Art. 75 und 83) widerspricht. Ebensowenig konnte davon die Rede sein, daß der Beschwerdeführer seinen Wohnsitz in Miechowitz aufzugeben beabsichtigte. Der Beschwerdeführer hat im Gegenteil stets zu erkennen gegeben, daß er Wohnsitz und Wohnung in Miechowitz beibehalten wolle. Daran kann auch der Umstand selbstczym żalący się doniósł naczelnikowi Gminy i Urzędu Okręgowego, nie pozostawiając żadnej wątpliwości co do tego, że pragnie możliwie rychło powrócić do Miechowic (akt 28 k).

Z powyższego wynika i także Sąd Grodzki w Bytomiu doszedł do tego samego wniosku (akt 27, str. 6, 8), że Urząd Mieszkaniowy względnie Komisja Mieszkaniowa w Miechowicach zwolniły mieszkanie żalącego się — celem dalszego odnajęcia — wbrew zasadom prawa i słuszności. Urząd Mieszkaniowy lub Komisja Mieszkaniowa, zamiast chronić żalącego się i przeciwdziałać aktom terroru nie dających się kontrolować elementów, sankcjonowały w ten sposób stan rzeczy, spowodowany nielegalnie aktami terroru, skierowanego przeciwko osobie mniejszościowej. Tym samym naruszone zostały art. 75 i 83 Konwencji Genewskiej.

2. Prezydent Komisji Mieszanej nie jest właściwy do osądzenia drugiego punktu zażalenia, dotyczącego odszkodowania, ponieważ o roszczeniach o odszkodowanie decydują władze sądowe, mianowicie sądy zwyczajne, jeżeli chodzi o roszczenia wobec sprawców lub o roszczenia wobec gmin na podstawie ustawy o szkodach rozruchowych — szczególne zaś Izby Orzekające i Sąd Gospodarczy Rzeszy, jeżeli chodzi o roszczenia wobec Państwa.

III

Na mocy powyższych rozważań Prezydent Komisji Mieszanej dochodzi do

poglądu:

1. Właściwe władze winny żalącego się wprowadzić z powrotem w jego poprzednie w budynku Kirchstrasse 10 w Miechowicach wynajęte mieszkanie i przywrócić mu pracownię oraz skład — lub przydzielić w Miechowicach inne, mniej więcej równowartościowe ubikacje.

2. Z roszczeniem o odszkodowanie należy żalącego się skierować do właściwych władz sądowych.

verständlich nichts ändern, daß Wagner in einem gewissen Zeitpunkt zu einem Wohnungstausch mit dem Tischler Bienek aus Ruda bereit war. Dieser Tausch hat sich zerschlagen, und der Beschwerdeführer hat dies dem Gemeinde- und Amtsvorsteher mitgeteilt und über seine Absicht, so bald als möglich nach Miechowitz zurückzukehren, keinen Zweifel gelassen (act. 28 k).

Aus dem Gesagten ergibt sich, und auch das Amtsgericht Beuthen ist zu diesem Schlusse gekommen (act. 27 S. 6, 8), daß das Wohnungsamt bzw. die Wohnungskommission Miechowitz die Wohnung des Beschwerdeführers gegen Recht und Billigkeit zur anderweitigen Vermietung freigegeben hat. Dabei hat das Wohnungsamt bzw. die Wohnungskommission, statt den Beschwerdeführer zu schützen und den Gewaltakten unkontrollierbarer Elemente entgegenzuwirken, einen durch Terrorakte gegen einen Angehörigen der Minderheit in rechtswidriger Weise herbeigeführten Zustand sanktioniert und dadurch die Artikel 75 und 83 des Genfer Abkommens verletzt.

2. Zur Beurteilung des zweiten Beschwerdepunktes betr. Schadenersatz ist der Präsident der Gemischten Kommission nicht zuständig, weil die Entscheidung über allfällige Schadenersatzansprüche richterlichen Behörden vorbehalten ist, und zwar, soweit sich die Ansprüche gegen die Täter oder, auf Grund des Tumultschadengesetzes, gegen die Gemeinde richtet, den ordentlichen Gerichten, soweit Ansprüche gegen das Reich in Frage kommen, den besonderen Spruchkammern und dem Reichswirtschaftsgericht.

III

Gestützt auf obige Erwägungen gelangt der Präsident der Gemischten Kommission zur

Stellungnahme:

1. Die zuständigen Behörden seien verpflichtet, den Beschwerdeführer in seine früheren, im Hause Kirchstraße 10 in Miechowitz gemieteten Wohn-, Werkstatt- und Ladenräume wieder einzusetzen oder ihm andere ungefähr gleichwertige Lokalitäten in Miechowitz zuzuweisen.

2. Mit seinem Schadenersatzbegehren sei der Beschwerdeführer vor die zuständigen richterlichen Behörden zu weisen.

15

Pogląd

z dnia 29 stycznia 1924 w sprawie nr 47 Roberta Kaligi w Dębie (Górny Śląsk Polski), żalącego się, dotyczącej pobierania nauki przez jego córkę Hildegardę.

I

W podaniu do Urzędu Spraw Mniejszości z dnia 10 września 1923 petent żalił się na to, że jego córki Hildegardy nie dopuszczono do szkoły mniejszościowej w Dębie z umotywowaniem, że dzieci dwóch pierwszych roczników szkolnych pobierają najpierw tylko naukę polską (akt 3).

Urząd Spraw Mniejszości skierował petycję dnia 5 grudnia 1923 do Prezydenta Komisji Mieszanej, nie otrzymawszy od właściwej władzy administracyjnej żadnego wyjaśnienia (akt 1—2).

Dnia 3 stycznia 1924 odbyła się rozprawa ustna, na którą stawili się kierownik Urzędu Spraw Mniejszości i żalący się (akt 11—12). Kierownik Urzędu Spraw Mniejszości oświadczył, że według wyjaśnienia, jakie otrzymał od Województwa, córka żalącego się uczęszcza do klasy polskiej na własne życzenie żalącego się, jakkolwiek żalącemu się zaproponowano, aby dziecko zapisał do szkoły mniejszościowej. Żalący się oświadczył, że w szkole mniejszościowej w Dębie (I) nie urządzono dwóch najniższych klas, rzekomo dlatego, że nie zgłoszono dostatecznej ilości wniosków. Musiałby był zatem córkę, która pierwszy rok chodzi do szkoły, posyłać do trzeciej klasy szkoły mniejszościowej, gdzie nie mogłaby podołać nauce. Wskutek tego córka uczęszcza obecnie do najniższej klasy szkoły polskiej. Wnosi jednak o urządzenie dwóch najniższych klas w szkole mniejszościowej, aby córka mogła chodzić do klasy, która odpowiada jej wiekowi.

Uwzględniając inicjatywę, która wyszła z łona Komisji Mieszanej, Prezydent odroczył wydanie poglądu i poprosił Urząd Spraw Mniejszości o wyjaśnienie, czy i z jakich powodów (akt 13) w szkole mniejszościowej w Dębie nie urządzono dwóch najniższych klas. Dnia 28 stycznia 1924 Prezydent otrzymał sprawozdanie Województwa z dnia 16 stycznia 1924 (akt 14—16), w którym jest powiedziane, że w Dębie istnieją trzy szkoły mniejszościowe. Sprawozdanie to nie wyjaśnia jednak, czy w tych szkołach urządzono dwie najniższe klasy. Na podstawie tego sprawozdania, które pomija milczeniem

15

Stellungnahme

vom 29. Januar 1924 in der Sache Nr. 47 des Robert Kaliga in Dąb (Polnisch-Oberschlesien), Beschwerdeführer, betreffend Unterricht seiner Tochter Hildegard.

I

Mit Eingabe vom 10. September 1923 an das Minderheitsamt beschwerte sich der Beschwerdeführer darüber, daß seine Tochter Hildegard zum Besuche der Minderheitsschule in Dąb nicht zugelassen worden sei, mit der Begründung, daß die Kinder der ersten beiden Jahrgänge zuerst nur polnischen Unterricht erhalten (act. 3).

Das Minderheitsamt leitete die Eingabe am 5. Dezember 1923 an den Präsidenten der Gemischten Kommission, ohne von der zuständigen Verwaltungsbehörde irgendwelche Auskunft erhalten zu haben (act. 1, 2).

Am 3. Januar 1924 fand eine mündliche Verhandlung statt, zu welcher der Leiter des Minderheitsamtes und der Beschwerdeführer erschienen sind (act. 11, 12). Der Leiter des Minderheitsamtes erklärte, nach einer von der Wojewodschaft erhaltenen Auskunft besuche die Tochter des Beschwerdeführers die polnische Klasse auf Wunsch des Beschwerdeführers selbst, trotzdem letzterem die Einschreibung seines Kindes in die Minderheitsschule vorgeschlagen worden sei. Der Beschwerdeführer erklärte, daß an der in Dąb bestehenden Minderheitsschule (I) die untersten beiden Klassen nicht eingerichtet worden seien, angeblich deshalb, weil nicht genug Anträge vorlägen. Er hätte daher seine Tochter, die sich im ersten Schuljahre befinde, in die dritte Klasse der Minderheitsschule schicken müssen, wo sie nicht vorwärtsgekommen wäre. Deshalb besuche seine Tochter zur Zeit die unterste Klasse der polnischen Schule. Er beantragte jedoch die Einrichtung der beiden untersten Klassen an der Minderheitsschule, damit seine Tochter an dieser Schule den ihrer Altersstufe entsprechenden Unterricht genießen könne.

Einer Anregung aus dem Schoße der Gemischten Kommission folgend, setzte der Präsident die Stellungnahme aus und ersuchte das Minderheitsamt um Auskunft, ob an der Minderheitsschule in Dąb die beiden untersten Klassen nicht eingerichtet worden seien und aus welchen Gründen (act. 13). Am 28. Januar 1924 erhielt der Präsident einen Bericht der Wojewodschaft vom 16. Januar 1924 (act. 14, 16), welcher besagt, daß in Dąb drei Minderheitsschulen bestehen, aber über die Frage, ob an diesen Schulen die untersten beiden Klassen eingerichtet seien, gar keine Auskunft gibt. Auf Grund dieses Berichtes, der über den wesentlichen punkt zasadniczy, nie można kwestii niniejszej uważać za załatwioną, wobec czego należy wydać pogląd.

II

Nie jest zaprzeczone, że w Dębie urządzono szkołę mniejszościową i że żałący się zgłosił dla córki Hildegardy prawidłowy wniosek, który należało uwzględnić z początkiem roku szkolnego 1923-24 (akt 7). Córce żałącego się, która z początkiem września 1923 zaczęła uczęszczać do szkoły, uniemożliwiono jednak uczęszczanie do szkoły mniejszościowej przez to, że nie urządzono dwóch najniższych klas, rzekomo dlatego, że dla klas tych za mało było wniosków.

Jeżeli w jakimś związku szkolnym zgłoszono dostateczną ilość wniosków, natenczas należy tam urządzić szkołę mniejszościową w myśl art. 106 Konwencji Genewskiej. Szkołę tę należy tak zorganizować, aby mogły do niej uczęszczać wszystkie dzieci i pobierać naukę, która odpowiada ich wiekowi. W szczególności jest niedopuszczalne nie urządzać poszczególnych klas z tego powodu, że według zgłoszonych wniosków liczba dzieci, które dla klas tych wchodzą w rachubę, będzie ewentualnie nieznaczna.

Ile dzieci będzie uczęszczać do szkoły mniejszościowej, lub do poszczególnych klas tejże, tego wyłącznie na podstawie zgłoszonych wniosków nie można stwierdzić, bo przecież i tacy uprawnieni do wychowania mogą posyłać dzieci do tej szkoły, którzy wniosku wcale nie zgłosili (zob. okólnik Wojewody z dnia 1 IX 1923, ogłoszony w dodatku do Gazety Urzędowej Województwa Śląskiego z dnia 22 IX 1923 nr 35).

Właściwe władze winny zatem w szkole mniejszościowej I w Dębie urządzić bezzwłocznie także obie najniższe klasy, aby wszystkie dzieci pierwszego i drugiego rocznika mogły do tej szkoły uczęszczać i pobierać naukę, odpowiadającą ich wiekowi.

III

Na mocy powyższych rozważań Prezydent Komisji Mieszanej dla Górnego Śląska dochodzi do

poglądu:

Właściwe władze winny w szkole mniejszościowej I w Dębie urządzić obie najniższe klasy i przyjąć córkę żałącego się do klasy najniższej.

Punkt stillschweigend hinweggeht, kann diese Angelegnheit nicht als erledigt betrachtet und es muß daher die Stellungnahme ausgesprochen werden.

II

Es ist nicht bestritten, daß in Dąb eine Minderheitsschule eingerichtet worden ist und daß der Beschwerdeführer für seine Tochter Hildegard einen ordnungsgemäßen Antrag gestellt hat, der auf Beginn des Schuljahres 1923-24 hätte berücksichtigt werden müssen (act. 7). Der Besuch der Minderheitsschule ist jedoch der Tochter des Beschwerdeführers, die Anfang September 1923 zum ersten Male zur Schule ging, dadurch verunmöglicht worden, daß die beiden untersten Klassen nicht eingerichtet wurden, angeblich deshalb, weil für diese Klassen zu wenig Anträge vorliegen.

Wenn in einem Schulverband genügend Anträge gestellt worden sind, muß nach Art. 106 des Genfer Abkommens eine Minderheitsschule eingerichtet und diese muß unter allen Umständen so organisiert werden, daß alle Kinder sie besuchen und den ihrer Altersstufe entsprechenden Unterricht genießen können. Insbesondere ist es nicht zulässig, einzelne Klassen deshalb nicht einzurichten, weil nach den gestellten Anträgen die Zahl der für ihren Besuch in Betracht kommenden Kinder möglicherweise gering sein wird.

Wie viele Kinder die Minderheitsschule oder einzelne Klassen derselben besuchen werden, kann übrigens lediglich auf Grund der gestellten Anträge gar nicht festgestellt werden, weil auch Erziehungsberechtigte, die keinen Antrag gestellt haben, ihre Kinder in die Minderheitsschule schicken können (s. Rundschreiben des Wojewoden vom 1. September 1923, veröffentlicht in der Beilage zur Gazeta Urzędowa Województwa Śląskiego vom 22. September 1923, Nr. 35).

Die zuständigen Behörden sind daher verpflichtet, an der Minderheitsschule I in Dąb auch die beiden untersten Klassen unverzüglich einzurichten, damit alle Kinder, die zum 1. und 2. Jahre in die Schule gehen, diese Minderheitsschule besuchen und darin den ihrer Altersstufe entsprechenden Unterricht genießen können.

III

Gestützt auf obige Erwägungen gelangt der Präsident der Gemischten Kommission für Oberschlesien zur

Stellungnahme:

Die zuständigen Behörden seien verpflichtet, an der Minderheitsschule I in Dąb die beiden untersten Klassen einzurichten und die Tochter des Beschwerdeführers zum Besuche der untersten Klasse zuzulassen.

16

Pogląd

z dnia 15 marca 1924 w sprawie nr 42 Związku Polaków w Niemczech w Opolu, Augustinerstr. 4, żalącego się, dotyczącej szkoły mniejszościowej w Zaborzu (Górny Śląsk Niemiecki).

I

1. Dnia 5 marca 1923 zgłoszono w Zaborzu (powiat zabrski) dla 163 dzieci wnioski o utworzenie szkoły mniejszościowej i dnia 1 września 1923 szkołę tę ze 120 dziećmi uruchomiono.

Dnia 11 września 1923 żalący się wniósł petycję do Urzędu Spraw Mniejszości (akt 8), w której żalił się na to, że nauczyciele uczący w powyższej szkole, mianowicie Labussek, Runge, Wanke, Niedenzu, Kroemer i Mnich nie cieszą się zaufaniem uprawnionych do wychowania. Labussek nie chce nawet uczyć w tej szkole, Kroemer zaś miał oświadczyć kandydatowi nauczycielskiemu Wittowi, że nawet narzecza górnośląskiego dobrze nie zna. Witt, który zna język polski, starał się bezskutecznie o posadę w tej szkole.

Skarga Związku Polaków z dnia 11 września 1923 dotyczy również stosunków w szkole mniejszościowej w Mikulczycach i Turzu. Ponieważ co do tych dwóch punktów skargi nastąpiło zadowolenie żalących się (zob. akt 6 i 10), skargę należy rozpatrzeć tylko co do szkoły mniejszościowej w Zaborzu.

Dnia 4 listopada 1923 Urząd Spraw Mniejszości skierował petycję z uwagami do Prezydenta Komisji Mieszanej (akt 1). Pismem z dnia 31 października 1923 (akt 10) Rejencja w Opolu doniosła żalącemu się, że nauczyciel Labussek nie wzbraniał się udzielać nauki w szkole mniejszościowej, zaś nauczyciel Kroemer włada od dziecka narzeczem górnośląsko-polskim i jako nauczyciel brał udział w kursach języka polskiego.

W petycji z dnia 29 grudnia 1923 (akt 16) żalący się wywodził, że nauczyciel Kroemer nie włada językiem polskim, wobec czego nie może sprostać zadaniu, jakie ma do spełnienia nauczyciel szkoły mniejszościowej. Poza tym szkole mniejszościowej nie dano do dyspozycji dostatecznej ilości ubikacyj szkolnych. Nauka w szkole mniejszościowej nie odbywa się regularnie w godzinach przedpołudniowych, tak, jak w szkole niemieckiej.

16

Stellungnahme

vom 15. März 1924 in der Sache Nr. 42 des Związek Polaków w Niemczech in Oppeln, Augustinerstraße 4, Beschwerdeführer, betreffend Minderheitsschule in Zaborze (Deutsch-Oberschlesien).

I

1. Am 5. März 1923 wurde in Zaborze (Kreis Hindenburg) eine Minderheitsschule für 163 Kinder beantragt und am 1. September 1923 wurde diese Schule mit 120 Kindern eröffnet.

Am 11. September 1923 richtete der Beschwerdeführer eine Eingabe an das Minderheitsamt (act. 8), in welcher er sich darüber beschwerte, daß die an der Minderheitsschule in Zaborze unterrichtenden Lehrer, Labussek, Runge, Wanke, Niedenzu, Kroemer und Mnich, das Vertrauen der Erziehungsberechtigten nicht besitzen; Labussek wolle sich sogar weigern, den Unterricht an der Minderheitsschule zu übernehmen; Kroemer habe dem Schulamtsbewerber Witt erklärt, er könne nicht einmal richtig den oberschlesisch-polnischen Dialekt; dieser Witt, der die polnische Sprache beherrsche, habe sich um eine Lehrerstelle an der Minderheitsschule in Zaborze beworben, aber ohne Erfolg.

Die Beschwerde des Związek Polaków vom 11. September 1923 betrifft auch die Verhältnisse an der Minderheitsschule in Mikultschütz und Wellendorf. Da die Beschwerdeführer in diesen beiden Beschwerdepunkten zufriedengestellt worden sind (s. act. 6 und 10), braucht auf die Beschwerde nur soweit eingetreten zu werden, als sie sich auf die Minderheitsschule in Zaborze bezieht.

Am 4. November 1923 leitete das Minderheitsamt die Eingabe mit seinen Bemerkungen an den Präsidenten der Gemischten Kommission (act. 1). Mit Schreiben vom 31. Oktober 1923 (act. 10) berichtete die Regierung zu Oppeln dem Beschwerdeführer: der Lehrer Labussek habe sich nicht geweigert, an der Minderheitsschule zu unterrichten; der Lehrer Kroemer beherrsche den oberschlesisch-polnischen Dialekt von Kind auf und habe als Lehrer an polnischen Sprachkursen teilgenommen.

In seiner Eingabe vom 29. Dezember 1923 (act. 16) führte der Beschwerdeführer aus: Der Lehrer Kroemer beherrsche die polnische Sprache nicht und sei daher seiner Aufgabe als Lehrer an der Minderheitsschule nicht gewachsen; es seien der Minderheitsschule nicht genügend Schulräume zur Verfügung gestellt worden; der Unterricht an der Minderheitsschule finde nicht regelmäßig in den Vormittagsstunden statt, wie dies in der deutschen Schule der Fall sei.

2. Dnia 23 stycznia 1924 przesłuchano nauczyciela Kroemera (akt 18), który zeznał, że urodził się w Zaborzu i że całe życie przebywał na Górnym Śląsku. Z rodzicami mówił jako dziecko po polsku. Przed plebiscytem udzielał w Zaborzu w niższych klasach nauki języka polskiego i brał udział w kursie języka polskiego. Twierdzenie Witta, że wyraził się, że nie zna nawet polskiej gwary potocznej, jest nietrafne. Wychowawcy przynajmniej w dwóch trzecich częściach są z niego zadowoleni.

3. Tłumacz Komisji Mieszanej, który egzaminował nauczyciela Kroemera ze znajomości języka polskiego w związku z przesłuchaniem go, wydał następującą opinię.

Wywody

„Z polecenia Prezydenta Komisji Mieszanej prowadziłem w związku z rozprawą w sprawie nr 42 Związku Polaków w Niemczech w Opolu, dot. szkoły mniejszościowej w Zaborzu, z nauczycielem tejże szkoły, p. Wiktorem Kroemerem, półgodzinną rozmowę w języku polskim celem stwierdzenia, czy Kroemer umie po polsku. Rozmawiałem z Kroemerem w polskim języku literackim. P. Kroemera prosiłem, aby w rozmowie ze mną posługiwał się również tym językiem. Przedmiot rozmowy stanowiły pytania i odpowiedzi co do sposobu uczenia się języka polskiego przez p. Kroemera, co do gramatyki polskiej i planu nauki w klasach, w których Kroemer uczy.

Pan Kroemer rozmawiał i odpowiadał biegle w narzeczu górnośląsko-polskim. Nie umiał jednak w polskim języku literackim zdania poprawnie skonstruować lub wymówić poprawnie fonetycznie. Jego znajomości gramatyki języka polskiego są bardzo słabe. Gramatykę tę zna zaledwie tyle, co przeciętny uczeń polski z czwartej klasy szkoły powszechnej. Dla ilustracji przytaczam, że nie umiał odmieniać zwyczajnych rzeczowników lub czasowników (słowa pomocnicze, jak w języku niemieckim (sein) być, (haben) mieć, które tworzą podstawę koniugacji). Drugi przypadek liczby mnogiej od matka odmienił „matków" zamiast matek, od nieprzyjaciel „nieprzyjacielów" zamiast nieprzyjaciół, od gimnazjum „gimnazje" zamiast gimnazja, pierwszy przypadek liczby mnogiej od ojciec „ojce" zamiast ojcowie. Zdanie „Wenn wir von Kattowitz nach Krakau fahren, sehen wir den Kościuszko-Hügel", przetłumaczył: „Gdy jedziemy z Katowiców do Krakowa, widzimy kopca Kościuszkiego" (poprawnie: „Jadąc z Kato-

2. Am 23. Januar 1924 wurde der Lehrer Kroemer einvernommen (act. 18) und sagte aus: Er sei in Zaborze geboren und habe sein ganzes Leben in Oberschlesien verbracht; mit seinen Eltern habe er als Kind polnisch gesprochen; vor der Abstimmung habe er in Zaborze bis zur Oberstufe Polnisch gelehrt und daselbst an einem polnischen Sprachkursus teilgenommen; die Behauptung Witts, er (Kroemer) habe gesagt, nicht einmal Straßenpolnisch zu können, sei unwahr; von den Eltern seien mindestens zwei Drittel mit ihm zufrieden.

3. Der Dolmetscher der Gemischten Kommission, von dem der Lehrer Kroemer, anschließend an seine Einvernahme, auf seine Kenntnisse der polnischen Sprache geprüft worden ist, hat folgendes Gutachten abgegeben:

»Ausführung.

Im Auftrage des Herrn Präsidenten der Gemischten Kommission führte ich im Anschluß an die Verhandlung in der Sache Nr. 42, des Związek Polaków w Niemczech in Oppeln betr. die Minderheitsschule in Zaborze, mit dem Lehrer an dieser Schule, Herrn Victor Kroemer, ein halbstündiges Zwiegespräch in polnischer Sprache, zwecks Erforschung der polnischen Sprachkenntnisse des Genannten. Das Gespräch wurde meinerseits in hochpolnischer Sprache geführt. Herrn Kroemer ersuchte ich, ebenfalls hochpolnisch mit mir zu sprechen. Das Thema des Gespräches bildeten Fragen und Antworten, betreffend die Art des Lernens der polnischen Sprache durch Herrn Kroemer, betreffend die polnische Grammatik und den Unterrichtsplan der Klassen, in welchen Herr Kroemer unterrichtet.

Herr Kroemer sprach und antwortete fließend im sogenannten oberschlesischen Polnisch, war jedoch nicht imstande, weder einen hochpolnischen Satz zu konstruieren, noch ihn phonetisch richtig auszusprechen. Seine Kenntnisse der polnischen Grammatik sind äußerst gering und gleichen kaum denen eines durchschnittlichen polnischen Schülers der vierten Volksschulklasse. Zur Illustration führe ich an, daß Herr Kroemer einfache Hauptwörter nicht deklinieren und einfache Zeitwörter (Hilfswörter wie im Deutschen sein, haben, die die Grundlage der Konjugation bilden) nicht konjugieren konnte. Z. B. hieß bei ihm der zweite Fall der Mehrzahl von matka (Mutter) — matków, statt matek, von nieprzyjaciel (Feind) — nieprzyjacielów statt nieprzyjaciół, von gimnazjum (Gymnasium) — gimnazje, statt gimnazja; der erste Fall der Mehrzahl von ojciec (Vater) — ojce, statt ojcowie. Den Satz: Wenn wir von Kattowitz nach Krakau fahren, sehen wir den Kosciuszko-Hügel, übersetzte er folgendermaßen: Gdy jedziemy z Katowiców do Krakowa, widzimy kopca Kościuszkiewic do Krakowa, widzimy kopiec Kościuszki"). Zdanie: „Ich wäre Ihnen dankbar, wenn Sie das täten", przetłumaczył: „Byłymby panu grzeczny, gdyby mnie pan to uczynił" (poprawnie: „Byłbym panu wdzięczny, gdyby pan to zrobił").

Rozbiór zdania w języku polskim sprawia p. Kroemerowi jeszcze wiele trudności. Nie są mu np. znane w tym języku określenia takie jak: podmiot, orzeczenie. Także określenia: rzeczownik, czasownik, zaimek, liczebnik, imiesłów nie były mu w języku polskim znane.

Dla umiejącego po polsku powyższe przykłady wystarczają do wyrobienia sobie sądu o znajomościach języka polskiego p. Kroemera — i do wydania opinii o jego kwalifikacjach do udzielania nauki w zakładzie z językiem wykładowym polskim.

Wniosek

Na podstawie powyższych stwierdzeń opinia co do kwalifikacji p. Kroemera do udzielania nauki w szkole polskiej jest następująca:

Pod względem językowym p. Kroemer nie ma jeszcze kwalifikacji do udzielania nauki w zakładzie z językiem wykładowym polskim. Aby móc udzielać nauki w języku polskim w najniższych klasach szkoły powszechnej, musiałby uczęszczać na sześciomiesięczny kurs języka polskiego, uczyć się w tym czasie intensywnie przy pomocy kwalifikowanego nauczyciela przez 2—3 godzin dziennie i uprawiać konwersację. Aby jednak móc udzielać nauki w wyższych klasach szkoły powszechnej, musiałby uczęszczać na dwunastomiesięczny kurs języka polskiego — jak wyżej. Znajomość narzecza górnośląskiego, którym p. Kroemer bardzo dobrze włada, będzie mu bardzo pomocna przy uczeniu się polskiego języka literackiego i naukę tę mu ułatwi.

Znajomość tego narzecza nie wystarcza jednak do udzielania nauki w języku polskim, chociaż będzie ona bardzo pożądana, aby w dwóch pierwszych latach szkolnych móc się łatwiej porozumiewać z dziećmi, które w domu przeważnie tylko tym narzeczem rozmawiają. Jako język wykładowy wchodzi w rachubę tylko język literacki. W języku tym pisane są bowiem książki szkolne. Nauczyciel musi zatem znać ten język. Znajomość języka literackiego potrzebna jest nauczycielowi jeszcze z tego powodu, żeby dzieci, które tak w deklinacji jak i koniugacji właśnie wskutek znajomości wspomnianego narzecza będą robiły najwięcej błędów językowych, móc poprawiać.

go. (Richtig: Jadąc z Katowic do Krakowa, widzimy kopiec Kościuszki.) Den Satz: Ich wäre Ihnen dankbar, wenn Sie das tun würden, übersetzte er: »Byłymby Panu grzeczny, gdyby mnie Pan to uczynił«. (Richtig: Byłbym Panu wdzięczny, gdyby Pan to zrobił.)

Die Zergliederung eines Satzes in polnischer Sprache fällt Herrn Kroemer noch sehr schwer, so sind ihm beispielsweise die Bezeichnungen Subjekt, Prädikat (podmiot, orzeczenie) in polnischer Sprache nicht geläufig. Auch die Bezeichnungen: Hauptwort (rzeczownik), Zeitwort (czasownik), Fürwort (zaimek), Zahlwort (liczebnik), Partizip (imiesłów) kannte er in polnischer Sprache nicht.

Obige Beispiele waren für den Kenner der polnischen Sprache ausreichend, um sich ein Bild über die polnischen Sprachkenntnisse Herrn Kroemers zu machen und ein Gutachten über seine Befähigung zur Erteilung des Unterrichts an einer Anstalt mit polnischer Unterrichtssprache abzugeben.

Schlußfolgerung.

Auf Grund obiger Tatsachen kann mein Gutachten über die Befähigung Herrn Kroemers zur Erteilung des Unterrichts an einer polnischen Schule nur dahin lauten:

Herr Kroemer ist gegenwärtig in sprachlicher Hinsicht noch nicht befähigt, in einer Anstalt mit polnischer Unterrichtssprache zu unterrichten. Um Unterricht in den untersten Klassen der Volksschule in polnischer Sprache erteilen zu können, müßte er einen sechsmonatlichen Sprachkursus besuchen und während dieser Zeit mit Hilfe eines qualifizierten Lehrers täglich 2—3 Stunden intensiv lernen und Konversation führen. Um aber in den oberen Klassen der Volksschule unterrichten zu können, müßte er einen zwölfmonatlichen Sprachkursus — wie oben — besuchen. Die Kenntnis des sogenannten oberschlesischen Dialekts, den Herr Kroemer sehr gut beherrscht, wird ihm bei der Erlernung der polnischen Schriftsprache gute Dienste erweisen und ihm das Lernen erleichtern.

Zur Unterrichtserteilung in polnischer Sprache reicht jedoch dieser Dialekt keinesfalls aus, wenn auch dessen Kenntnis sehr erwünscht ist, um sich mit den Kindern, die zu Hause größtenteils nur diesen Dialekt sprechen, in den ersten zwei Jahren des Schulbesuchs leichter verständigen zu können. Als Vortragssprache kommt jedoch nur die Schriftsprache in Betracht, da die Unterrichtsbücher nur in dieser Sprache abgefaßt sind, und der Lehrer muß daher nicht allein aus diesem Grunde die Schriftsprache beherrschen, sondern auch deshalb, um die Kinder, die die meisten Sprachfehler sowohl im Deklinieren als auch im Konjugieren — eben wegen Kenntnis des genannten Dialekts — machen werden, korrigieren und sie auf diese Fehler hinweisen zu können.

W ogólności ani na Górnym Śląsku Polskim ani na Górnym Śląsku Niemieckim od nauczycieli nie można żądać gruntownej znajomości języka polskiego, ponieważ język ten na ogół za mało pielęgnowano, a w latach wojennych intensywne studium tego języka nie było możliwe. Lecz uwzględniwszy nawet to, Kroemer włada obecnie językiem polskim za słabo, aby móc spełnić nawet skromne wymogi, jakie stawiać należy nauczycielowi w zakładzie z językiem wykładowym polskim."

4. Dnia 24 stycznia 1924 odbyła się rozprawa ustna (akt 20—21), na którą stawili się kierownik Urzędu Spraw Mniejszości i sekretarz żalącego się związku. Wywodzili oni:

Kierownik Urzędu Spraw Mniejszości: Rząd jest zasadniczo zobowiązany powołać tylko takich nauczycieli, którzy władają polskim językiem literackim. W okresie przejściowym należy jednak uwzględnić wielkie trudności. Jeżeli u nauczycieli są braki językowe, braki te należy uzupełnić przy pomocy kursów języka polskiego. Ponieważ Rząd Niemiecki urządzając szkoły mniejszościowe nie skorzystał z 9-miesięcznego terminu art. 106 Konwencji Genewskiej, przeto jest możliwe, że nie wszystkie przygotowania można było poczynić z pożądaną gruntownością. Nauczyciel Witt nie wchodzi w rachubę dla swego młodocianego wieku (liczy dopiero 18 lub 20 lat). Urząd Spraw Mniejszości i niemieckie władze krajowe uznają bez zastrzeżeń prawo Związku Polaków do wniesienia skargi w niniejszej sprawie w myśl art. 147 do 158 Konwencji Genewskiej. Szkoła mniejszościowa miała początkowo do dyspozycji dwa pomieszczenia; później przydzielono jej dalsze trzecie pomieszczenie, jakkolwiek w obecnych warunkach nauka 134 dzieci w 2 ubikacjach nie byłaby niczym nadzwyczajnym. Zasadniczo będzie się udzielać nauki w godzinach przedpołudniowych.

Sekretarz żalącego się Związku: Nauczyciele szkoły mniejszościowej winni czuć i myśleć z mniejszością i władać jej językiem. Ostatniego warunku Kroemer nie spełnia. Nie okazuje on też zainteresowania dla szkoły mniejszościowej, dlatego należy go ze szkoły tej odwołać. Rząd powinien postarać się o to, aby nauka w szkole mniejszościowej odbywała się w godzinach przedpołudniowych. Z żądania, aby Witta powołano na nauczyciela szkoły mniejszościowej, rezygnujemy. Szkoła mniejszościowa może zadowolić się trzema ubikacjami szkolnymi.

Im allgemeinen kann man den Maßstab bezüglich der gründlichen Kenntnis der polnischen Sprache sowohl in Deutsch- als auch in Polnisch-Oberschlesien bei den Lehrern nicht allzu hoch anlegen, weil die polnische Sprache im allgemeinen zu wenig gepflegt wurde und weil durch die Kriegsjahre ein intensives Studium der polnischen Sprache nicht möglich war. Aber auch unter Berücksichtigung dieser Tatsache sind die Kenntnisse Herrn Kroemers zur Zeit zu gering, um den bescheidenen Anforderungen zu genügen, die an einen Lehrer an einer Anstalt mit polnischer Unterrichtssprache gestellt werden müssen.«

4. Am 24. Januar 1924 fand eine mündliche Verhandlung statt (act. 20—21), zu welcher der Leiter des Minderheitsamtes und der Geschäftsführer des beschwerdeführenden Vereins erschienen und ausführten: Der Leiter des Minderheitsamtes: Die Regierung sei grundsätzlich verpflichtet, Lehrer anzustellen, welche die polnische Schriftsprache können; in der Übergangszeit müsse jedoch den großen Schwierigkeiten Rechnung getragen werden; soweit die Sprachkenntnisse der Lehrer mangelhaft seien, müssen diese Mängel durch Sprachkurse behoben werden; da die deutsche Regierung bei der Einrichtung der Minderheitsschulen von der neunmonatlichen Frist des Art. 106 des Genfer Abkommens abgesehen habe, hätten vielleicht nicht alle Vorbereitungen mit der wünschenswerten Gründlichkeit getroffen werden können. Der Lehrer Witt komme wegen seiner Jugend (er sei erst 18 oder 20 Jahre alt) nicht in Betracht. Das Recht des Polenbundes, in der vorliegenden Angelegenheit gemäß Art. 147—158 des Genfer Abkommens Beschwerde zu führen, werde vom Minderheitsamt und von den deutschen Landesbehörden ohne weiteres anerkannt. Die Minderheitsschule habe anfänglich über zwei Räume verfügt; inzwischen sei ihr noch ein dritter Raum zugewiesen worden, trotzdem der Unterricht von 134 Kindern in zwei Räumen unter den jetzigen Verhältnissen gar nichts Außergewöhnliches wäre. Der Unterricht werde grundsätzlich in den Vormittagsstunden erteilt werden.

Der Geschäftsführer des beschwerdeführenden Vereins: Die Lehrer an der Minderheitsschule müßten mit der Minderheit fühlen und denken und deren Sprache beherrschen; letzteres sei beim Lehrer Kroemer nicht der Fall; auch bringe er der Minderheitsschule kein Interesse entgegen; daher sollte der Lehrer Kroemer von der Minderheitsschule abberufen werden. Die Regierung möge dafür besorgt sein, daß der Unterricht an der Minderheitsschule in den Vormittagsstunden stattfinde. Das Begehren, den Lehrer Witt an der Minderheitsschule anzustellen, werde fallen gelassen. Mit drei Schulräumen könne die Minderheitsschule sich begnügen.

5. Według sprawozdania Urzędu Spraw Mniejszości z dnia 26 lutego 1924 (akt 27) Rząd Niemiecki zajmuje następujące stanowisko: Znajomość narzecza górnośląsko-polskiego jest potrzebna, aby zapoznać dzieci z polskim językiem literackim. Nauczyciel Kroemer włada narzeczem górnośląsko-polskim, nie zna natomiast jeszcze polskiego języka literackiego. Kto zna narzecze górnośląsko-polskie, stosunkowo łatwo nauczy się polskiego języka literackiego. Ponieważ Rząd Niemiecki nie mógł mieć do dyspozycji systematycznie kształconych nauczycieli z wystarczającą znajomością polskiego języka literackiego, Konwencja Genewska zawiera w art. 113 przepis, że należy urządzić kursy językowe, aby móc rozporządzać dostateczną ilością nauczycieli. W myśl tego zobowiązania także Kroemer będzie brał wkrótce udział w takich kursach, i jeżeli w odpowiednim czasie nie będzie władał dostatecznie polskim językiem literackim, zostanie odwołany.

II

1. Z zarzutów czynionych początkowo nauczycielom Labusskowi, Rungemu, Wankemu, Niedenzu'owi i Mnichowi, żalący się w toku postępowania odstąpił.

2. Poza tym cofnięto wniosek o powołanie na nauczyciela szkoły mniejszościowej w Zaborzu p. Witta.

3. Co do kwestii pomieszczeń szkolnych żalącego się zadowolono przez to, że szkole mniejszościowej przydzielono trzecie pomieszczenie.

4. Dalszy punkt zażalenia załatwiony został oświadczeniem Urzędu Spraw Mniejszości, że nauka szkoły mniejszościowej może się odbywać w godzinach przedpołudniowych i że zasadniczo w godzinach tych odbywać się będzie.

5. Wobec tego do rozpatrzenia pozostaje tylko ten punkt zażalenia, który dotyczy kwalifikacji nauczyciela Wiktora Kroemera.

Nauczyciel Kroemer włada narzeczem górnośląsko-polskim. Znajomość tego narzecza może być pożądana u nauczyciela powszechnej szkoły mniejszościowej ze względów praktycznych, nie wystarcza ona jednak, aby go kwalifikować na tego rodzaju stanowisko nauczycielskie. W myśl art. 132 ust. 1 Konwencji Genewskiej na Górnym Śląsku Niemieckim przez język mniejszości — bądź to jako język wykładowy, bądź też jako przedmiot nauki — należy rozumieć poprawny lite-

5. Nach einem Bericht des Minderheitsamtes vom 26. Februar 1924 (act. 27) nimmt die deutsche Regierung den Standpunkt ein: Die Kenntnis des oberschlesisch-polnischen Dialektes sei nötig, um die Kinder in die polnische Schriftsprache einzuführen; der Lehrer Kroemer beherrsche den oberschlesisch-polnischen Dialekt, die polnische Schriftsprache hingegen noch nicht. Wer den oberschlesisch-polnischen Dialekt kenne, werde die polnische Schriftsprache verhältnismäßig leicht erlernen. Weil der deutschen Regierung ordnungsmäßig vorgebildete Lehrer mit ausreichender Kenntnis der polnischen Schriftsprache nicht zur Verfügung stehen konnten, enthalte das Genfer Abkommen in Art. 113 die Zusage, es seien Sprachkurse einzurichten, um eine genügende Zahl von Lehrern zu erhalten. Dieser Verpflichtung gemäß werde auch Kroemer an solchen Kursen alsbald teilnehmen, und, wenn er in angemessener Zeit der polnischen Schriftsprache nicht ausreichend mächtig sei, werde er abzuberufen sein.

II

1. Die anfänglich mit Bezug auf die Lehrer Labussek, Runge, Wanke, Niedenzu und Mnich geltend gemachten Aussetzungen hat der Beschwerdeführer im Laufe des Verfahrens fallen gelassen.

2. Im weiteren ist der Antrag zurückgezogen worden, der auf Anstellung des Lehramtsbewerbers Witt an der Minderheitsschule in Zaborze ging.

3. In bezug auf die Raumfrage ist der Beschwerdeführer dadurch zufriedengestellt, daß der Minderheitsschule ein dritter Unterrichtsraum zugewiesen wurde.

4. Ein weiterer Beschwerdepunkt hat durch die Erklärung des Minderheitsamtes seine Erledigung gefunden, daß der Unterricht an der Minderheitsschule in den Vormittagsstunden stattfinden könne und auch grundsätzlich stattfinden werde.

5. Es bleibt demnach nur noch der Beschwerdepunkt betreffend die Eignung des Lehrers Victor Kroemer zu behandeln.

Der Lehrer Kroemer beherrscht den oberschlesisch-polnischen Dialekt. Die Kenntnis dieser Mundart mag zwar für einen Lehrer an einer Volks-Minderheitsschule im Sinne des Genfer Abkommens aus praktischen Gründen gewiß erwünscht sein, genügt aber nicht, um ihn für eine solche Lehrerstelle qualifiziert erscheinen zu lassen. Nach Art. 132 Abs. 1 des Genfer Abkommens ist in Deutsch-Oberschlesien unter Minderheitssprache — sei es als Unterrichtssprache oder als Unterrichtsfach — die korrekte polracki język polski. Już z tego wynika, że nauczyciele polskich szkół mniejszościowych winni władać polskim językiem literackim.

Rząd Niemiecki uznaje, że nauczyciele polskich szkół mniejszościowych winni władać polskim językiem literackim i oświadcza gotowość wysłania nauczyciela Kroemera, który tym językiem jeszcze nie włada, możliwie rychło na kurs językowy w myśl art. 113 Konwencji Genewskiej.

Art. 113 liczba 1 ust. 1 postanawia, że do szkół mniejszościowych należy zasadniczo powołać tylko takich nauczycieli, którzy władają poprawnie („parfaitement") językiem mniejszości. Dla nauczycieli powołanych, lub mających być powołanymi do szkół mniejszościowych a nie władających w dostatecznej mierze („au degré requis") językiem mniejszości, mają być urządzone kursy językowe (art. 113 liczba 1 ust. 2).

Według tych postanowień liczono się przy zawieraniu Konwencji Genewskiej widocznie z tym, że prawdopodobnie w pewnym okresie przejściowym trzeba będzie powołać do szkół mniejszościowych także takich nauczycieli, którzy językiem mniejszości jeszcze zupełnie poprawnie nie władają. Powołanie zatem nauczyciela, który jeszcze całkiem poprawnie nie włada polskim językiem literackim, nie jest już samo przez się naruszeniem Konwencji Genewskiej. Jeżeli jednak nauczyciel włada tym językiem tak słabo, że nauka pożyteczna jest wykluczona, wówczas powołanie takiego nauczyciela sprzeczne jest z Konwencją Genewską.

Konwencja Genewska zawiera co prawda w art. 113 liczba 1 pewne ustępstwo co do kwalifikacji nauczycieli, którzy mogą być powołani do szkół mniejszościowych, a nie władają jeszcze całkiem poprawnie językiem mniejszości. Nie uchyla to jednak oczywistego wymogu, że każdy nauczyciel szkoły mniejszościowej winien znać język mniejszości przynajmniej w tej mierze, aby móc udzielać nauki jeśli nie wzorowej to przynajmniej takiej, że można w danych warunkach ponosić za nią odpowiedzialność. Pewnych, choćby skromnych znajomości języka mniejszości jako naturalnych warunków pożytecznej nauki musi się wymagać od każdego nauczyciela, który uczy w szkole mniejszościowej.

Jak wynika z przytoczonej opinii, nauczyciel Kroemer nie czyni zadość nawet tym skromnym wymaganiom. W myśl Konwencji Genewskiej nauczyciela Kroemera należy zatem zastąpić innym nauczycielem, który zna w dostatecznej mierze polski język literacki.

nische Schriftsprache zu verstehen. Schon daraus folgt ohne weiteres, daß die Lehrer an den polnischen Minderheitschulen der polnischen Schriftsprache mächtig sein müssen.

Die deutsche Regierung anerkennt, daß die Lehrer an den polnischen Minderheitsschulen die polnische Schriftsprache beherrschen müssen und erklärt sich bereit, den Lehrer Kroemer, der diese Sprache noch nicht beherrscht, alsbald an einem polnischen Sprachkurs gemäß Art. 113 des Genfer Abkommens teilnehmen zu lassen.

In Art. 113 Ziffer 1 Abs. 1 ist bestimmt, daß an Minderheitsschulen grundsätzlich nur Lehrer angestellt werden sollen, welche die Sprache der Minderheit vollkommen (»parfaitement«) beherrschen. Für Lehrer, die an Minderheitsschulen angestellt sind oder angestellt werden sollen und die Sprache der Minderheit nicht im erforderten Maße (»au degré requis«) beherrschen, sollen Sprachkurse eingerichtet werden (Art. 113 Ziff. 1 Abs. 2).

Nach diesen Bestimmungen ist bei Abschluß der Genfer Konvention offenbar damit gerechnet worden, daß es sich, insbesondere während einer gewissen Übergangszeit, möglicherweise nicht werde umgehen lassen, auch solche Lehrer an Minderheitsschulen anzustellen, welche die Minderheitssprache noch nicht vollkommen beherrschen. In der Anstellung eines Lehrers, der die polnische Schriftsprache noch nicht vollkommen beherrscht, liegt daher nicht ohne weiteres eine Verletzung der Genfer Konvention. Wenn aber ein Lehrer die polnische Schriftsprache so wenig beherrscht, daß ein ersprießlicher Unterricht ausgeschlossen erscheint, so steht seine Verwendung im Widerspruch zum Genfer Abkommen.

Die Genfer Konvention enthält allerdings in Art. 113 Ziff. 1 hinsichtlich der Anstellungsfähigkeit von Lehrern, welche die Sprache der Minderheit noch nicht vollkommen beherrschen, ein gewisses Zugeständnis. Dadurch wird aber das selbstverständliche Erfordernis nicht beseitigt, daß jeder Lehrer an einer Minderheitsschule der Sprache der Minderheit wenigstens in dem Maße mächtig sein muß, um einen Unterricht zu erteilen, der, wenn er auch nicht musterhaft ist, so doch nach Maßgabe der gegebenen Verhältnisse sich verantworten läßt. Gewisse, wenn auch bescheidene Kenntnisse der Minderheitssprache müssen als natürliche Voraussetzungen jedes ersprießlichen Unterrichts unter allen Umständen von jedem Lehrer verlangt werden, der an einer Minderheitsschule tätig ist.

Wie sich aus dem obenerwähnten Gutachten ergibt, genügt der Lehrer Kroemer auch diesen bescheidenen Anforderungen nicht. Im Sinne des Genfer Abkommens muß daher der Lehrer Kroemer durch einen anderen Lehrer ersetzt werden, welcher der polnischen Schriftsprache genügend

Dalszego pozostawienia nauczyciela Kroemera w polskiej szkole mniejszościowej nie można też usprawiedliwić wybiegiem, że będzie wkrótce brał udział w kursie języka polskiego, ponieważ obecnie nie ma kwalifikacji do udzielania wymaganej nauki. Gdy na kursach językowych nauczy się polskiego języka literackiego, wówczas oczywiście nic nie będzie stać na przeszkodzie, aby nauczał w szkole mniejszościowej.

III

Na mocy powyższych rozważań Prezydent Komisji Mieszanej dochodzi do

poglądu:

1. Należy przyjąć do wiadomości oświadczenia Urzędu Spraw Mniejszości:

że szkole mniejszościowej w Zaborzu dano do dyspozycji dalsze (trzecie) pomieszczenie szkolne,

że nauka w szkole mniejszościowej w Zaborzu może się zasadniczo odbywać przed południem i że istotnie przed południem odbywać się będzie.

2. Nauczyciela Wiktora Kroemera należy zastąpić innym nauczycielem, który zna dostatecznie polski język literacki.

17

Pogląd

z dnia 20 marca 1924 w sprawie nr 44 Niemiecko-Górnośląskiego Związku Ludowego w Katowicach, ul. Młyńska 23, żalącego się, dotyczącej wywierania wpływu na wnioskodawców przez kierownika szkoły w Nowych Reptach (Górny Śląsk Polski).

I

Dnia 29 maja 1923 żalący się wniósł petycję do Urzędu Spraw Mniejszości, w której żalił się na to, że kierownik szkoły w Nowych Reptach nakłonił wnioskodawców do wycofania wniosków o utworzenie szkoły mniejszościowej w związku szkolnym Stare i Nowe Repty (akt 3.).

Urząd Spraw Mniejszości przekazał petycję dnia 22 listopada 1923 Prezydentowi Komisji Mieszanej (akt 1—2), nie otrzymawszy od właściwej władzy administracyjnej żadnego wyjaśnienia.

kundig ist. Das weitere Verbleiben des Lehrers Kroemer an der polnischen Minderheitsschule läßt sich auch nicht damit rechtfertigen, daß er alsbald an einem polnischen Sprachkurs teilnehmen wird. Denn vorderhand ist er nicht fähig, den ihm obliegenden Unterricht zu erteilen. Sobald er sich durch Teilnahme an Sprachkursen die nötigen Kenntnisse der polnischen Schriftsprache angeeignet haben wird, steht natürlich seiner Verwendung an einer Minderheitsschule nichts im Wege.

III

Gestützt auf diese Erwägungen gelangt der Präsident der Gemischten Kommission zur

Stellungnahme:

1. Es sei von den Erklärungen des Minderheitsamtes Vormerk zu nehmen:

daß der Minderheitsschule in Zaborze ein weiterer (dritter) Unterrichtsraum zur Verfügung gestellt worden sei,

daß der Unterricht an der Minderheitsschule in Zaborze grundsätzlich Vormittag stattfinden könne und auch stattfinden werde.

2. Der Lehrer Victor Kroemer sei durch einen anderen Lehrer zu ersetzen, welcher der polnischen Schriftsprache genügend kundig ist.

17

Stellungnahme

vom 20. März 1924 in der Sache Nr. 44 des Deutsch-Oberschlesischen Volksbundes in Katowice, ulica Młyńska 23, Beschwerdeführer, betreffend Beeinflussung von Antragstellern durch den Schulleiter in Nowe-Repty (Polnisch-Oberschlesien).

I

Am 29. Mai 1923 richtete der Beschwerdeführer eine Eingabe an das Minderheitsamt, mit welcher er sich darüber beschwerte, daß der Schulleiter in Nowe-Repty die Antragsteller zur Zurücknahme ihrer Anträge auf Errichtung einer Minderheitsschule im Schulverbande Stare- und Nowe-Repty bewogen habe (act. 3).

Das Minderheitsamt leitete die Eingabe am 22. November 1923 an den Präsidenten der Gemischten Kommission (act. 1—2), ohne von der zuständigen Verwaltungsbehörde irgendwelche Auskunft erhalten zu haben.

Orzeczeniem z dnia 30 listopada 1923 Prezydent wezwał Urząd Spraw Mniejszości do przedłożenia wniosków zgłoszonych w Nowych Reptach lub w związku szkolnym, do którego Nowe Repty należą oraz cofnięć wniosków. Wezwaniu temu Urząd Spraw Mniejszości uczynił zadość dnia 19 grudnia 1923, przedkładając 27 wniosków, zgłoszonych w Nowych Reptach dla 64 dzieci, oraz 25 cofnięć wniosków dla 60 dzieci (akt 12—13). Oświadczenia cofnięcia wniosków datują od 4 do 11 maja 1923. Podpisy na oświadczeniach cofnięcia nie są legalizowane. Tekst oświadczeń cofnięcia („niniejszem cofam wniosek o utworzenie niemieckiej szkoły mniejszościowej. Nowe Repty, dnia... maja 1923") znajduje się na odwrotnej stronie wniosków i nie pochodzi od wnioskodawcy. Wśród 27 wnioskodawców znajdują się tylko 4 kobiety, natomiast z 25 cofnięć 13 podpisanych jest przez kobiety.

Dnia 13 stycznia 1924 odbyła się rozprawa ustna, na którą stawili się kierownik Urzędu Spraw Mniejszości i żalący się (akt 15—16).

II

1. Zarzut formalny Urzędu Spraw Mniejszości, że Niemiecko-Górnośląskiemu Związkowi Ludowemu (żalącemu się) nie przysługuje prawo wnoszenia petycyj w myśl art. 147 do 158 Konwencji Genewskiej, nie jest uzasadniony. Żalący się jest związkiem zapisanym dla strzeżenia praw mniejszości. W niniejszym przypadku chodzi o kwestię o znaczeniu ogólnym. Żalący się był zatem uprawniony do wniesienia w własnym imieniu petycji do Urzędu Spraw Mniejszości w myśl art. 147 do 158. Co do bliższego uzasadnienia tego stanowiska odsyła się do wywodów na str. 6 do 8 poglądu Prezydenta Komisji Mieszanej z dnia 26 listopada 1923 w sprawie (nr 41) Niemiecko-Górnośląskiego Związku Ludowego, dotyczącej średnich i wyższych szkół mniejszościowych.

2. Urząd Spraw Mniejszości nie mógł złożyć żadnego wyjaśnienia co do tego, czy wywieranie wpływu na wnioskodawców przez kierownika szkoły, jak to twierdzi żalący się, miało istotnie miejsce, ponieważ Województwo mimo kilkakrotnych zapytań nie udzieliło mu wyjaśnienia. Urząd Spraw Mniejszości faktycznego przedstawienia sprawy przez petenta ani nie uznał ani mu też nie zaprzeczył, ograniczając się do złożenia oświadczenia, że ewentualne wywieranie wpływu na wnioskodawców przez kierownika szkoły naruszałoby art. 131 Konwencji Genewskiej.

Mit Verfügung vom 30. November 1923 ersuchte der Präsident das Minderheitsamt, die in Nowe-Repty bzw. im Schulverbande, zu dem Nowe-Repty gehört, gestellten Anträge sowie die Rückzüge von solchen Anträgen vorzulegen. Diesem Ersuchen ist das Minderheitsamt am 19. Dezember 1923 nachgekommen, indem es die in Nowe-Repty gestellten 27 Anträge für 64 Kinder sowie 25 Rückzüge für 60 Kinder vorlegte (act. 12, 13). Die Rückzugserklärungen sind aus der Zeit vom 4. bis zum 11. Mai 1923 datiert. Die Unterschriften auf den Rückzugserklärungen sind nicht beglaubigt. Der Text der Rückzugserklärungen (»Hiermit ziehe ich meinen Antrag auf eine deutsche Minderheitsschule zurück. Nowe-Repty, den ... Mai 1923«) befindet sich auf der Rückseite der Anträge und ist von dritter Hand geschrieben worden. Unter den 27 Antragstellern befinden sich nur 4 Frauen, während von den 25 Rückzügen 13 von Frauen unterzeichnet sind.

Am 3. Januar 1924 fand eine mündliche Verhandlung statt, zu welcher der Leiter des Minderheitsamtes und der Beschwerdeführer erschienen sind (act. 15, 16).

II

1. Der formelle Einwand des Minderheitsamtes, dem Deutsch-Oberschlesischen Volksbund (Beschwerdeführer) stehe das Petitionsrecht im Sinne der Art. 147 bis 158 des Genfer Abkommens nicht zu, ist nicht begründet. Der Beschwerdeführer ist ein eingetragener Verein zur Wahrung der Minderheitsrechte. Im vorliegenden Falle handelt es sich um eine Angelegenheit von allgemeiner Bedeutung. Der Beschwerdeführer war daher berechtigt, im eigenen Namen im Sinne der Art. 147 bis 158 an das Minderheitsamt zu petitionieren. In bezug auf die nähere Begründung dieses Standpunktes wird verwiesen auf die Ausführungen auf S. 6—8 der Stellungnahme des Präsidenten der Gemischten Kommission vom 26. November 1923 in der Sache (Nr. 41) des Deutsch-Oberschlesischen Volksbundes betr. mittlere und höhere Minderheitsschulen.

2. Das Minderheitsamt war nicht in der Lage, irgendwelche Erklärungen darüber abzugeben, ob die vom Beschwerdeführer behauptete Beeinflussung der Antragsteller durch einen Schulleiter tatsächlich stattgefunden habe, weil die Wojewodschaft ihm trotz wiederholter Anfragen keine Auskunft gegeben hatte. Das Minderheitsamt hat daher die tatsächliche Darstellung der Petentin weder anerkannt noch bestritten, sondern sich darauf beschränkt zu erklären, daß die Beeinflussung der Antragsteller durch den Schulleiter — wenn sie stattgefunden habe — eine Verletzung des Art. 131 des Genfer Abkommens wäre.

Prezydent Komisji Mieszanej nie może pozostawić uznaniu właściwych władz administracyjnych, czy zechcą postępowanie zażaleniowe z artykułów 147—158 Konwencji Genewskiej uczynić iluzorycznym przez to, że nie udzielą wyjaśnienia co do stanu rzeczy, który stanowi podłoże skargi. Ilekroć jakaś władza uczestniczy w sporze prawnym i nie chce uznać ważnych twierdzeń żalącego się, należy od niej wymagać, aby twierdzeniom tym wyraźnie zaprzeczyła. Ponieważ właściwa władza pomimo kilkakrotnych zapytań nie udzieliła żadnego wyjaśnienia — nie zaprzeczyła ona nawet twierdzeniom żalącego się — i ponieważ przedstawienie sprawy przez żalącego się z uwagi na to, że w ciągu kilku dni wycofano liczne wnioski, nie wydaje się być wcale nieprawdopodobnym, przeto faktyczne twierdzenia żalącego się należy uznać za trafne.

Wywieranie wpływu na wnioskodawców przez kierownika szkoły w Nowych Reptach jest naruszeniem art. 131 ust. 2 Konwencji Genewskiej. Miało ono ten skutek, że z wniosków, które zgłoszono w związku szkolnym Stare Repty dla 120 dzieci, wycofano wszystkie z wyjątkiem dwóch dla 4 dzieci. Wskazuje się jednak na to, że te wszystkie cofnięcia wniosków nie mogą mieć żadnego wpływu na kwestię, czy w związku szkolnym Stare i Nowe Repty należy urządzić szkołę mniejszościową, ponieważ cofnięcia te nastąpiły dopiero w maju 1923. Szkołę mniejszościową należy utworzyć, jeżeli w chwili upłynięcia terminu zgłoszenia wniosków potrzebne wnioski istniały (p. okólnik Wojewody z dnia 1 września 1923, dotyczący wykonania postanowień Konwencji Genewskiej w sprawie szkół mniejszościowych. Dodatek do Gazety Urzędowej Województwa Śląskiego nr 35 z dnia 22 września 1923).

III

Na mocy powyższych rozważań Prezydent Komisji Mieszanej dochodzi do

p o g l ą d u:

Kierownika szkoły w Nowych Reptach należy pouczyć, że wywieranie wpływu na wnioskodawców celem nakłonienia ich do wycofania wniosków o utworzenie instytucyj szkolnych mniejszości, jest naruszeniem art. 131 ust. 2 Konwencji Genewskiej. Poza tym należy mu zakazać wywierania tego rodzaju wpływu na przyszłość.

Der Präsident der Gemischten Kommission kann es unmöglich in das Belieben der zuständigen Verwaltungsbehörde stellen, das in den Artikeln 147 bis 158 des Genfer Abkommens vorgesehene Beschwerdeverfahren dadurch illusorisch zu machen, daß sie über den der Beschwerde zugrunde liegenden Sachverhalt keine Auskunft gibt. So oft eine Behörde an einem Rechtsstreit beteiligt ist und wichtige Behauptungen des Beschwerdeführers nicht anerkennen will, muß von ihr verlangt werden, daß sie diese Behauptungen ausdrücklich bestreitet. Da die zuständige Behörde trotz wiederholter Anfragen gar keine Auskunft gegeben und die Behauptungen des Beschwerdeführers nicht einmal bestritten hat und da die Darstellung des Beschwerdeführers angesichts der sehr zahlreichen, in wenigen Tagen erfolgten Rückzüge durchaus nicht unglaubwürdig erscheint, müssen die tatsächlichen Behauptungen des Beschwerdeführers als richtig anerkannt werden.

Die Beeinflussung der Antragsteller durch den Schulleiter in Nowe-Repty, die dazu führte, daß die im Schulverbande Stare- und Nowe-Repty für 120 Kinder gestellten Anträge bis auf zwei Anträge für vier Kinder alle zurückgezogen wurden, ist eine Verletzung des Art. 131 Abs. 2 des Genfer Abkommens. Es sei indessen darauf hingewiesen, daß alle diese Rückzüge, weil erst im Mai 1923 erfolgt, auf die Frage, ob im Schulverbande Stare- und Nowe-Repty eine Minderheitsschule einzurichten sei, gar keinen Einfluß haben können. Es muß vielmehr eine Minderheitsschule eingerichtet werden, wenn bei Ablauf der Antragsfrist die nötigen Anträge vorlagen (s. Rundschreiben des Wojewoden vom 1. September 1923 betr. Durchführung der Bestimmungen des Genfer Abkommens über die Minderheitsschulen in der Beilage zur Gazeta Urzędowa Województwa Śląskiego Nr. 35 vom 22. September 1923).

III

Gestützt auf diese Erwägungen gelangt der Präsident der Gemischten Kommission zur

Stellungnahme:

Es sei der Schulleiter in Nowe-Repty darüber zu belehren, daß die Beeinflussung von Antragstellern, um diese zum Rückzug von Anträgen auf Errichtung von Minderheitsschuleinrichtungen zu bewegen, gegen den Art. 131 Abs. 2 des Genfer Abkommens verstoße, und es sei ihm jede Einwirkung solcher Art für die Zukunft zu verbieten.

18

Pogląd

z dnia 22 marca 1924 w sprawie nr 48 Franciszka Kohlbrennera w Gliwicach (Górny Śląsk Niemiecki), żalącego się, zastąpionego przez biuro ochrony prawnej nakładu „Katolik", dotyczącej powzdania domu osadniczego.

I

1. Podłożem skargi Franciszka Kohlbrennera według przedstawienia przezeń sprawy jest następujący stan faktyczny:

Gdy w roku 1918 założono w Gliwicach towarzystwo budowlane użyteczności publicznej „Nord", żalący się zapisał się wraz z konduktorem Dominikiem Kojem i zwrotniczym Janem Hudzikiem na członka tego towarzystwa. Domy wybudowane w roku 1920 rozdzielono pomiędzy członków. Żalący się wpłacił ratę w wysokości 4000 marek, po czym mu dom przydzielono. Przed wprowadzeniem się do domu musiał tam jednak z dwoma synami wykonywać różne prace, m. in. wyrównać dojścia i podwórze, wybrukować i cementować piwnicę, urządzić odpływ na wodę i śmietnik, wybudować przegrody w piwnicy i stajnie, nawieźć ziemi w ogrodzie i zasadzić drzewa owocowe. Nowe mieszkania trzeba było opalać przez 14 dni. Wszystkie te prace i urządzenia wykonane zostały na skutek przyrzeczenia, że żalący się otrzyma dom na własność (akt 2, 11). Zamiast tego wypowiedziano żalącemu się mieszkanie i dom sprzedano innemu członkowi, motywując to tym, że powzdania można udzielić tylko takim członkom, którzy zawsze, także w czasie plebiscytu, byli wiernymi i pewnymi obywatelami Rzeszy Niemieckiej (akt 15).

2. Przeciwko takiemu postępowaniu żalący się i znajdujący się w tym samym co on położeniu towarzysze Jan Hudzik i Dominik Koj wnieśli dnia 27 stycznia 1923 zażalenie do Prezydenta Rejencji w Opolu (akt 2, 8).

Na posiedzeniu z dnia 13 marca 1923 Urząd Rozjemczy dla spraw mieszkaniowych powziął uchwałę, którą udzielił nowemu właścicielowi domu, konduktorowi Janowi Swadle, zezwolenia na wypowiedzenie mieszkania na 1 kwietnia 1923 i na wytoczenie skargi eksmisyjnej (akt 2, 21).

Pismem z dnia 2 listopada 1923 (akt 2, 57) Prezydent Rejencji polecił donieść żalącemu się, że w sprawie tej nie jest właściwy. W po-

18

Stellungnahme

vom 22. März 1924 in der Sache Nr. 48 des Franz Kohlbrenner in Gleiwitz (Deutsch-Oberschlesien), Beschwerdeführer, vertreten durch die Rechtsschutzabteilung des »Katolik«-Verlags, betreffend Auflassung eines Siedlungshauses.

I

1. Der Beschwerde des Franz Kohlbrenner liegt nach seiner Darstellung folgender Tatbestand zugrunde:

Als im Jahre 1918 der Gemeinnützige Bauverein »Nord« in Gleiwitz gegründet wurde, ließ der Beschwerdeführer sich zusammen mit dem Schaffner Dominik Koj und dem Weichenwärter Johann Hudzik als Mitglied desselben einschreiben. Die Häuser, die im Jahre 1920 fertiggestellt waren, wurden an die Mitglieder verteilt. Der Beschwerdeführer leistete 4000,— Mark Teilzahlung und erhielt ein Haus angewiesen. Vor Bezug desselben mußte er mit zwei Söhnen verschiedene Arbeiten ausführen, u. a. die Zugänge und den Hof planieren, den Keller pflastern und zementieren, den Wasserabfluß und die Aschengrube erstellen, den Kellerverschlag und die Stallungen errichten, den Garten mit Erde anfahren und mit Obstbäumen bepflanzen. Die neuerrichteten Wohnungen mußten 14 Tage lang geheizt werden. Alle diese Arbeiten und Einrichtungen wurden auf das Versprechen hin ausgeführt, daß das Haus dem Beschwerdeführer hernach aufgelassen werde (act. 2, 11). Statt dieser Übereignung an den Beschwerdeführer wurde demselben aber die Wohnung gekündigt und das Haus an einen anderen Genossen verkauft mit der Begründung, daß die Auflassung nur an solche Genossen gewährt werden könne, die sich zu jeder Zeit, auch während der Abstimmungszeit, als treue und zuverlässige Anhänger des Deutschen Reiches erwiesen hätten (act. 15).

2. Gegen dieses Verfahren erhoben der Beschwerdeführer und die im gleichen Falle befindlichen Genossen Johann Hudzik und Dominik Koj am 27. Januar 1923 Beschwerde an den Regierungspräsidenten der Provinz Oberschlesien (act. 2, 8).

In seiner Sitzung vom 13. März 1923 beschloß das Mieteinigungsamt Gleiwitz, dem neuen Eigentümer des Hauses, Schaffner Johann Swadlo, die Zustimmung zur Kündigung auf den 1. April 1923 und zur Räumungsklage zu geben (act. 2, 21).

Mit Schreiben vom 2. November 1923 (act. 2, 57) ließ der Regierungspräsident dem Beschwerdeführer mitteilen, daß er in der Sache nicht stępowaniu towarzystwa budowlanego użyteczności publicznej „Nord" nie może stwierdzić naruszenia przepisów ustawowych.

Dnia 26 listopada 1923 (akt 2, 64) Prezydent Rejencji oświadczył się ponownie do sprawy w tym sensie, że nadzór państwowy nad spółkami budowlanymi ogranicza się do spraw formalnych. Na sprawy administracji wewnętrznej spółki Prezydent Rejencji nie ma żadnego wpływu. Spółka w ramach statutów może przewłaszczać domy według swego uznania.

3. Dnia 30 listopada 1923 Urząd Spraw Mniejszości przesłał petycję z uwagami (akt 1) Prezydentowi Komisji Mieszanej i przyłączył się do zapatrywania Prezydenta Rejencji.

W piśmie z dnia 4 stycznia 1924 (akt 7) żalący się wywodzi ponownie: Powzdania odmówiono jemu i jego towarzyszom Kojowi i Hudzikowi najzupełniej niesłusznie i niesprawiedliwie z powodów czysto szowinistycznych, li tylko dlatego, że nie brali udziału w walce plebiscytowej. Niesprawiedliwość, jaka ich spotkała, wynika szczególnie także z okoliczności, że wstąpili oni do spółki przed teraźniejszymi właścicielami domów, że wnieśli do spółki daleko więcej w gotówce i robociźnie niż obecni właściciele i że rodziny ich są daleko liczniejsze, aniżeli rodziny późniejszych nabywców nieruchomości (Kohlbrenner ma 6 dzieci, Koj 9, a Hudzik 10, natomiast obecni właściciele mają: Swadlo 3, Szottka 2 dzieci, a Gebauer tylko jedno dziecko).

4. Dnia 24 stycznia 1924 odbyła się rozprawa ustna, na którą stawili się kierownik Urzędu Spraw Mniejszości i jako zastępca żalącego się sekretarz robotniczy Musioł (akt 24—25). Kierownik Urzędu Spraw Mniejszości oświadczył, że w danej sprawie nie istnieje żadne rozporządzenie władzy administracyjnej, wobec czego Urząd Spraw Mniejszości nie jest właściwy do rozpatrywania petycji. Rejencja uczyniła wszystko, co było w jej mocy, starając się na rozprawie we wrześniu 1923 nakłonić towarzystwo do zaspokojenia żalącego się. Starania te pozostały niestety bez skutku.

Zastępca żalącego się powołał się na to, że towarzystwo budowało domy przy pomocy finansowej Rzeszy i że Rzesza nie byłaby udzieliła zezwolenia na budowę, gdyby żalący się i inni ze swoimi licznymi rodzinami nie byli wstąpili do towarzystwa. Domy im przydzielono, bo byli obarczeni liczną dziatwą. Podczas plebiscytu wstrzymywali się od wszelkiej agitacji.

zuständig sei. Eine Verletzung gesetzlicher Vorschriften sei durch das Vorgehen des Gemeinnützigen Bauvereins »Nord« nicht festzustellen.

Der Regierungspräsident äußerte sich am 26. November 1923 (act. 2, 64) nochmals in dem Sinne zur Sache, daß die staatliche Aufsicht bei den Baugenossenschaften sich nur auf formelle Angelegenheiten erstrecke. Auf die innere Geschäftsführung der Genossenschaft habe der Regierungspräsident keinen Einfluß. Die Genossenschaft könne im Rahmen der Satzungen die Häuser nach eigenem Ermessen in das Eigentum der Genossenschaften übertragen.

3. Das Minderheitsamt leitete die Beschwerde am 30. November 1923 mit seinen Bemerkungen (act. 1) an den Präsidenten der Gemischten Kommission für Oberschlesien und pflichtete der Auffassung des Regierungspräsidenten bei.

In seiner Eingabe vom 4. Januar 1924 (act. 7) führt der Beschwerdeführer nochmals aus, die Auflassung sei ihm sowie den Genossen Koj und Hudzik in höchst unbilliger und ungerechter Weise aus rein chauvinistischen Gründen lediglich deshalb verweigert worden, weil sie sich am Abstimmungskampfe nicht beteiligt hätten. Die ihm und seinen Leidensgenossen widerfahrene Ungerechtigkeit ergebe sich insbesondere auch daraus, daß sie vor den jetzigen Eigentümern der Häuser in die Genossenschaft eingetreten seien, daß sie der Genossenschaft viel mehr an Geldbeiträgen und Arbeit zugewendet hätten und daß ihre Familien viel zahlreicher seien als die der späteren Erwerber der Liegenschaften. (Kohlbrenner hat sechs, Koj neun und Hudzik zehn Kinder, wogegen die jetzigen Eigentümer Swadlo drei, Szottka zwei und Gebauer nur ein Kind haben.)

4. Am 24. Januar 1924 fand eine mündliche Verhandlung statt, zu welcher der Leiter des Deutschen Minderheitsamtes und als Vertreter des Beschwerdeführers der Arbeitersekretär Musiol erschienen sind (act. 24, 25). Der Leiter des Minderheitsamtes erklärte, daß keine Verfügung einer Verwaltungsbehörde vorliege und das Minderheitsamt deshalb zu einer Behandlung der Eingabe nicht zuständig sei. Die Regierung habe ihr möglichstes getan, indem sie in einer Verhandlung im September 1923 der Genossenschaft zugeredet habe, den Beschwerdeführer zu befriedigen, leider aber ohne Erfolg.

Der Vertreter des Beschwerdeführers machte geltend, daß die Genossenschaft die Häuser mit Hilfe des Reiches gebaut habe und wenn der Beschwerdeführer und andere mit ihren kinderreichen Familien nicht mitgemacht hätten, hätte das Reich die Genehmigung nicht erteilt. Die Häuser wurden ihnen zugewiesen, weil sie viele Kinder hatten. Während der Abstimmungszeit enthielten sie sich jeder Agitation.

5. Pismem z dnia 15 lutego 1924 (akt 26) kierownik Urzędu Spraw Mniejszości doniósł Prezydentowi Komisji Mieszanej, że Prezydent Rejencji wyraził gotowość udzielenia towarzystwu budowlanemu „Nord" w Gliwicach pożyczek krajowych lub innych subwencji budowlanych tylko pod tym warunkiem, że towarzystwo odstąpi żalącemu się, uwzględniając go szczególnie, nowy budynek na tych samych warunkach, co innym towarzyszom spółki.

II

Z powyższych wywodów wynika, że żalący się był od samego początku członkiem spółki, że obowiązki członkowskie spełniał należycie, że w domu, który mu spółka przydzieliła, mieszkał przez kilka lat i że wartość domu dzięki pracom remontowym żalącego się znacznie wzrosła. Słusznie można było zatem przypuszczać, że spółka pozostawi mu dom na własność.

Zamiast tego dom przeszedł na własność członka, który później wstąpił do spółki, który nie ponosił tych ciężarów finansowych co żalący się i który nie wykonywał żadnych robót dokoła domu. Zważywszy, że mimo to wszystko pominięto żalącego się, jakkolwiek ma liczną rodzinę, i że uwzględniono innego członka ze znacznie mniejszą rodziną, nie można pozbyć się wrażenia, że postępowanie spółki budowlanej podyktowane było nienawiścią i uprzedzeniem wobec członka mniejszości polskiej i że żalącemu się sprawiono zawód w sposób najzupełniej niesłuszny i niesprawiedliwy.

Lecz spór pomiędzy żalącym się a spółką budowlaną jest natury prawno-prywatnej i rozstrzygnąć go muszą właściwe sądy. Prezydent Komisji Mieszanej nie jest zatem właściwy do materialnego rozpatrywania sprawy.

III

Na mocy powyższych rozważań Prezydent Komisji Mieszanej dochodzi do

poglądu:

1. Żalącego się należy skierować z jego roszczeniami wobec spółki lub poszczególnych członków spółki do właściwych sądów.

5. Mit Schreiben vom 15. Februar 1924 (act. 26) teilte der Leiter des Minderheitsamtes dem Präsidenten der Gemischten Kommission mit, daß der Regierungspräsident bereit sei, der Baugenossenschaft Gleiwitz »Nord« nur noch dann Landesdarlehen oder andere Baukostenzuschüsse zu gewähren, wenn sie dem Beschwerdeführer zu den für die anderen Mitglieder üblichen Bedingungen vorzugsweise ein neues Haus anbiete.

II

Aus den vorstehenden Darlegungen geht hervor, daß der Beschwerdeführer von Anfang an der Genossenschaft als Mitglied angehörte, seine Pflichten als solches in ordentlicher Weise erfüllte, das Haus, das ihm von der Genossenschaft überlassen worden war, mehrere Jahre bewohnte und durch seine Aufräumungs- und Instandsetzungsarbeiten dessen Wert nicht unwesentlich erhöht hat. Man hätte also annehmen dürfen, daß ihm das Haus daraufhin von der Genossenschaft zu Eigentum überlassen worden wäre.

Statt dessen aber ging das Haus in das Eigentum eines erst später eingetretenen Mitgliedes über, das weder die gleichen finanziellen Leistungen wie der Beschwerdeführer getragen noch irgendwelche Arbeiten am Hause vorgenommen hatte. Angesichts dieser Tatsachen und des Umstandes, daß der kinderreichen Familie des Beschwerdeführers die wesentlich kleinere Familie des neuen Eigentümers vorgezogen worden ist, kann man sich des Eindruckes nicht erwehren, daß das Vorgehen der Baugenossenschaft diktiert worden ist durch Haß und Vorurteil gegen ein Mitglied der polnischen Minderheit, und daß der Beschwerdeführer in seinen berechtigten Erwartungen in höchst unbilliger und ungerechter Weise getäuscht worden ist.

Nun sind aber diese Differenzen zwischen dem Beschwerdeführer und der Baugenossenschaft rein privatrechtlicher Natur und müssen vor den zuständigen Gerichten ausgetragen werden. Der Präsident der Gemischten Kommission für Oberschlesien ist daher nicht zuständig, in die materielle Behandlung der Angelegenheit einzutreten.

III

Gestützt auf obige Erwägungen gelangt der Präsident der Gemischten Kommission für Oberschlesien zur

Stellungnahme:

1. Der Beschwerdeführer sei mit seinen allfälligen Ansprüchen gegen die Genossenschaft oder einzelne ihrer Mitglieder vor die zuständigen Gerichte zu weisen.

2. Należy przyjąć do wiadomości oświadczenie Urzędu Spraw Mniejszości, że Prezydent Rejencji gotów jest udzielić w przyszłości spółce budowlanej „Nord" w Gliwicach pożyczek krajowych lub innych subwencji budowlanych tylko pod warunkiem, że spółka zaofiaruje żalącemu się, uwzględniając go szczególnie, nowy dom na tych samych warunkach, co innym członkom.

19

Pogląd

z dnia 22 kwietnia 1924 w sprawie nr 64 Filipa Moczygemby w Kraskau (Górny Śląsk Niemiecki), dotyczącej opróżnienia jego mieszkania w Kraskau i roszczenia o odszkodowanie.

I

1. Zażalenie Filipa Moczygemby z dnia 5 września 1923 (akt 1), które za pośrednictwem Prezydenta Komisji Mieszanej doręczone zostało Urzędowi Spraw Mniejszości pismem z dnia 19 września 1923 (akt 2), opiera się według przedstawienia sprawy przez żalącego się na następującym stanie faktycznym:

Wskutek akcji terrorystycznej w latach 1921 i 1922 wyrządzono szkody na budynku żalącego się w Kraskau. Gdy żalący się przebywał w obozie dla uchodźców w Chorzowie, przejściowo umieszczono w jego mieszkaniu mistrza kominiarskiego Iwanka, który mu również wyrządził drobniejsze szkody materialne. Żalący się żądał opróżnienia mieszkania przez mistrza kominiarskiego Iwanka i wynagrodzenia szkód, wyrządzonych mu przez przymusowego lokatora.

2. Pismem z dnia 17 października 1923 (akt 4) Urząd Spraw Mniejszości doniósł, że mistrz kominiarski Iwanek mieszkanie opróżnił.

3. W piśmie do Prezydenta Rejencji w Opolu z dnia 26 października 1923 (akt 6 a) żalący się oświadczył, że co do oprożnienia mieszkania został zadowolony, żąda jednak wynagrodzenia szkody wyrządzonej mu przez Iwanka, za co odpowiedzialność ponosi naczelnik gminy Frassek.

4. W piśmie z dnia 17 stycznia 1924 (akt 7) Urząd Spraw Mniejszości zajął stanowisko, że zajęcie mieszkania Moczygemby

2. Es sei von der Erklärung des Minderheitsamtes Vormerkung zu nehmen: der Regierungspräsident sei bereit, der Baugenossenschaft Gleiwitz »Nord« Landesdarlehen oder andere Baukostenzuschüsse in Zukunft nur unter der Auflage zu gewähren, daß dem Beschwerdeführer unter den für die anderen Mitglieder üblichen Bedingungen ein neues Haus vorzugsweise angeboten werde.

19

Stellungnahme

vom 22. April 1924 in der Sache Nr. 64 des Philipp Moczygemba in Kraskau (Deutsch-Oberschlesien), betreffend Räumung seiner Wohnung in Kraskau und Schadenersatzansprüche.

I

1. Die Beschwerde des Philipp Moczygemba vom 5. September 1923 (act. 1), die dem Minderheitsamt mit Schreiben vom 19. September 1923 (act. 2) durch Vermittlung des Präsidenten der Gemischten Kommission zugestellt wurde, stützt sich nach seiner Darstellung auf folgenden Tatbestand:

Dem Beschwerdeführer wurden durch die Terrorakte in den Jahren 1921 und 1922 Beschädigungen an seinem Hause in Kraskau angerichtet. Außerdem wurden ihm während seines Aufenthalts im Flüchtlingslager in Chorzów durch den zeitweilig in seine Wohnung eingesetzten Schornsteinfegermeister Iwanek verschiedene kleinere Sachbeschädigungen zugefügt. Der Beschwerdeführer verlangte Räumung seiner Wohnung durch den Schornsteinfegermeister Iwanek und Ersatz für den ihm durch den Zwangsmieter angerichteten Schaden.

2. Mit Eingabe vom 17. Oktober 1923 (act. 4) teilte das Minderheitsamt mit, daß der Schornsteinfeger Iwanek die Wohnung geräumt habe.

3. Der Beschwerdeführer erklärte in seiner Eingabe vom 26. Oktober 1923 (act. 6 a) an den Regierungspräsidenten in Oppeln, daß er mit Bezug auf die Räumung der Wohnung zufriedengestellt sei, verlangte aber Ersatz für den ihm durch Iwanek angerichteten Schaden, für den der Gemeindevorsteher Frassek verantwortlich sei.

4. Das Minderheitsamt stellte sich in seiner Eingabe vom 17. Januar 1924 (act. 7) auf den Standpunkt, daß die Beschlagnahme der Woh-

w Kraskau było zgodne z prawem, zaś z roszczeniami o odszkodowanie należy żalącego się skierować na drogę sądową.

II

1. Główny punkt zażalenia załatwiony jest przez to, że mistrz kominiarski Iwanek po wniesieniu zażalenia mieszkanie opróżnił — i przez oświadczenie żalącego się, że odnośnie tego punktu jest zadowolony.

2. Z roszczeniem o wynagrodzenie szkody, wyrządzonej żalącemu się przez Iwanka, kieruje się żalącego się na drogę skargi prywatnej. Prezydent Komisji Mieszanej w sprawach tych nie jest właściwy.

III

Na mocy powyższych rozważań Prezydent Komisji Mieszanej dla Górnego Śląska dochodzi do

poglądu:

1. Przyjmuje się do wiadomości, że żalący się został zadowolony co do opróżnienia jego mieszkania.

2. Z roszczeniem o odszkodowanie należy go skierować na drogę właściwego sądu.

20

Pogląd

z dnia 22 kwietnia 1924 w sprawie nr 71 Ryszarda Rutza i 6 towarzyszy, żalących się, zastąpionych przez Niemiecko-Górnośląski Związek Ludowy w Katowicach, dotyczącej oddalenia wniosków o utworzenie gimnazjum mniejszościowego w Katowicach (Górny Śląsk Polski).

I

1. Podłoże zażalenia Ryszarda Rutza i 6 towarzyszy z dnia 15 października 1923 (akt 1) tworzy następujący stan faktyczny:

Wnioski wymienionych 7 żalących się o utworzenie gimnazjum mniejszościowego w Katowicach oddalono, mianowicie wnioski żalących się pod 1—3, ponieważ albo wnioski same albo dokumenty doń nung Moczygembas in Kraskau zu Recht erfolgt sei, und der Beschwerdeführer mit seinen Rechtsansprüchen an den zuständigen Richter zu verweisen sei.

II

1. Durch die nach erhobener Beschwerde erfolgte Räumung seines Hauses durch den Schornsteinfegermeister Iwanek und die Erklärung der Zufriedenstellung durch den Beschwerdeführer fällt der Hauptbeschwerdepunkt dahin.

2. Der dem Beschwerdeführer durch Iwanek zugefügte Schaden, sofern er geltend gemacht wird, bildet Gegenstand einer Klage privatrechtlicher Natur. Diese Klage liegt außerhalb der Kompetenz des Präsidenten der Gemischten Kommission.

III

Gestützt auf diese Erwägungen gelangt der Präsident der Gemischten Kommission für Oberschlesien zur

Stellungnahme:

1. Es wird davon Vormerkung genommen, daß der Beschwerdeführer in bezug auf die Räumung seiner Wohnung zufriedengestellt worden ist.

2. Der Beschwerdeführer sei mit seiner Schadenersatzforderung an das zuständige Gericht zu weisen.

20

Stellungnahme

vom 22. April 1924 in der Sache Nr. 71 des Richard Rutz und 6 Genossen, Beschwerdeführer, vertreten durch den Deutsch-Oberschlesischen Volksbund in Katowice, betreffend Ablehnung von Anträgen auf Errichtung eines Minderheitsgymnasiums in Katowice (Polnisch-Oberschlesien).

I

1. Der Beschwerde des Richard Rutz und sechs Genossen vom 15. Oktober 1923 (act. 1) liegt folgender Tatbestand zugrunde:

Die Anträge der obenerwähnten sieben Beschwerdeführer auf Errichtung eines Minderheitsgymnasiums in Katowice wurden abgelehnt, und zwar diejenigen der Beschwerdeführer 1—3, weil die Anträge selbst oder załączone zaginęły. Dlaczego oddalono wnioski żalących się pod 4 i 5, dyrektor gimnazjum nie mógł wytłumaczyć. Wnioski żalących się pod 6 i 7 oddalono z tego powodu, że załączono do nich co prawda poświadczenia obywatelstwa i miejsca zamieszkania uprawnionych do wychowania, nie załączono jednak tych poświadczeń co do uczniów, dla których wnioski zgłoszono.

2. Urząd Spraw Mniejszości przekazał zażalenie bez poglądu Województwa Prezydentowi Komisji Mieszanej dnia 7 lutego 1924 (akt 2) i podzielił w uwagach stanowisko żalących się pod warunkiem, że wnioski oddalono istotnie z wymienionych powyżej powodów.

3. Orzeczeniem z dnia 14 lutego 1924 (akt 4, 5) Prezydent Komisji Mieszanej wezwał Urząd Spraw Mniejszości, aby co do każdego wniosku podał powód oddalenia.

4. Pismem z dnia 29 marca 1924 (akt 21, 22) Województwo doniosło Urzędowi Spraw Mniejszości, że wnioski żalących się pod 1, 6 i 7 uznano za ważne, zaś wnioski żalących się pod 2, 3, 4 i 5 za nieważne, ponieważ brak poświadczeń obywatelstwa polskiego.

5. Na rozprawie ustnej z dnia 11 kwietnia 1924 (akt 29, 30) zastępca żalących się wskazał na rozporządzenia Wojewody z dnia 21 sierpnia i 29 grudnia 1922, w myśl których nie wolno więcej żądać urzędowych poświadczeń obywatelstwa.

II

1. Przepisy okólnika Wojewody co do przedłożenia urzędowych poświadczeń obywatelstwa i miejsca zamieszkania są daleko idącymi i najzupełniej niepotrzebnymi utrudnieniami w wykonywaniu prawa zgłaszania wniosków, prawa uregulowanego w sposób liberalny w art. 118 Konwencji Genewskiej. Utrudnienia te są zatem niedopuszczalne. W niniejszym przypadku są one jeszcze mniej dopuszczalne, niż przy stosowaniu i wykonywaniu art. 106, dotyczącego powszechnych szkół mniejszościowych. Także dla wniosków o utworzenie powszechnych szkół mniejszościowych przepisane były w pierwszym rozporządzeniu Wojewody z dnia 21 sierpnia 1922 art. 5, liczba 3 i 4, urzędowe poświadczenia obywatelstwa i miejsca zamieszkania. Później Województwo jednak uznało, że tego rodzaju przepisy niezgodne są z Konwencją Genewską i postanowiło wyraźnie w drugim rozporządzeniu z dnia 29 grudnia 1922 art. 5, dot. szkolnictwa

eines der beiliegenden Dokumente verlorengegangen seien. Für die Ablehnung der Anträge der Beschwerdeführer 4 und 5 konnte der Direktor des Gymnasiums überhaupt keine Gründe angeben. Für die Anträge der Beschwerdeführer 6 und 7 hätten die Bescheinigungen der Staatsangehörigkeit und des Wohnsitzes nur für die Erziehungsberechtigten, nicht aber auch für die Schüler, auf die sich die Anträge beziehen, beigelegen.

2. Das Minderheitsamt leitete die Beschwerde am 7. Februar 1924 (act. 2) ohne Stellungnahme der Wojewodschaft an den Präsidenten der Gemischten Kommission weiter, wobei es sich in seinen Bemerkungen auf den Standpunkt der Beschwerdeführer stellte, falls die Anträge wirklich aus den angeführten Gründen abgewiesen worden seien.

3. Der Präsident der Gemischten Kommission ersuchte in seiner Verfügung vom 14. Februar 1924 (act. 4, 5) das Minderheitsamt, ihm für jeden einzelnen Antrag den Ablehnungsgrund zu bezeichnen.

4. Die Wojewodschaft teilte mit Schreiben vom 29. März 1924 (act. 21, 22) dem Minderheitsamt mit, daß die Anträge der Beschwerdeführer 1, 6 und 7 als gültig, diejenigen der Beschwerdeführer 2, 3, 4 und 5 als ungültig erklärt worden seien, weil die Bescheinigungen der polnischen Statsangehörigkeit fehlten.

5. In der mündlichen Verhandlung vom 11. April 1924 (act. 29, 30) verwies der Vertreter der Beschwerdeführer auf die Verordnungen der Wojewodschaft vom 21. August und 29. Dezember 1922, wonach die amtlichen Staatsangehörigkeits-Bescheinigungen nicht mehr verlangt werden dürfen.

II

1. Die Vorschriften betreffend Beibringung der amtlichen Staatsangehörigkeits- und Wohnsitzbescheinigungen in dem Rundschreiben des Wojewoden sind weitgehende und durchaus unnötige Erschwerungen der Ausübung des in der Genfer Konvention Art. 118 in liberaler Weise geregelten Antragsrechtes und daher nicht zulässig. Sie sind im vorliegenden Falle noch weniger zulässig als bei der Anwendung und Durchführung des Art. 106 betreffend die Minderheitsvolksschulen. Auch für die Anträge auf Errichtung von Minderheitsvolksschulen waren in der ersten Verordnung des Wojewoden vom 21. August 1922 Art. 5 Ziffer 3 und 4 amtliche Bescheinigungen der Staatsangehörigkeit und des Wohnsitzes vorgeschrieben. Die Wojewodschaft hat aber in der Folge anerkannt, daß solche Vorschriften mit der Genfer Konvention unvereinbar seien und in der zweiten Verordnung betr. Volksschulwesen vom 29. Dezember 1922 Art. 5 ausdrücklich bestimmt, daß es Sache der

powszechnego, że jest rzeczą władz zbadać z urzędu, czy zachodzą warunki obywatelstwa i miejsca zamieszkania.

2. Wskazać tu również należy na liczne przypadki utrudnienia i uniemożliwienia zgłoszenia wniosków, o czym już jest mowa w poglądzie Prezydenta Komisji Mieszanej z dnia 26 listopada 1923, I, liczba 11, dotyczącym szkół średnich i wyższych. Trudności te wyłoniły się już wówczas przy wykonywaniu przepisów co do przedstawienia poświadczeń obywatelstwa i miejsca zamieszkania.

III

Na mocy powyższych rozważań Prezydent Komisji Mieszanej dla Górnego Śląska dochodzi do

poglądu:

1. Należy przyjąć do wiadomości, że Województwo uznało za ważne wnioski żalących się pod 1, 6 i 7.

2. Wnioski żalących się pod 2, 3, 4 i 5 również należy uznać za ważne i dane dzieci należy dopuścić do gimnazjum mniejszościowego w Katowicach.

21

Pogląd

z dnia 22 kwietnia 1924 w sprawie nr 75 Niemiecko-Górnośląskiego Związku Ludowego w Katowicach, ul. Młyńska 23, żalącego się, dotyczącej legalizacji podpisów na wnioskach szkolnych (Górny Śląsk Polski).

I

W listopadzie i grudniu 1922 naczelnik Urzędu Okręgowego w Wielkich Hajdukach odmówił legalizacji podpisów na wnioskach szkolnych z tym uzasadnieniem, że wnioski pisane są po niemiecku i że nazwy miejscowości i ulic podano również w języku niemieckim.

Dnia 25 września 1923 żalący się wniósł petycję do Urzędu Spraw Mniejszości (akt 2), w której wywodził, że urzędnik legalizujący nie jest uprawniony ani obowiązany do badania treści przedłożonych mu wniosków. Odmówienie legalizacji danych wniosków szkolnych było także z tego powodu nieuzasadnione, że w listopadzie i grudniu 1922 ustawa o języku urzędowym z dnia 16 stycznia 1923 jeszcze nie obowiązywała.

Behörden sei, die Erfordernisse der Staatsangehörigkeit und des Wohnsitzes von Amts wegen zu prüfen.

2. Es muß hier auch auf die schon in der Stellungnahme vom 26. November 1923 I Ziffer 11 betreffend die mittleren und höheren Schulen in zahlreichen Fällen namhaft gemachten Erschwerungen und Verunmöglichungen der Antragstellung, die sich bei der Durchführung der Vorschriften in bezug auf Beibringung der Wohnorts- und Staatsangehörigkeitsbescheinigung geltend machten, hingewiesen werden.

III

Gestützt auf diese Erwägungen gelangt der Präsident der Gemischten Kommission für Oberschlesien zur

Stellungnahme:

1. Es sei Vormerkung zu nehmen von der Gültigerklärung der Anträge der Beschwerdeführer 1, 6 und 7 durch die Wojewodschaft.

2. Es seien die Anträge der Beschwerdeführer 2, 3, 4 und 5 ebenfalls als gültig anzuerkennen und die betreffenden Kinder zum Besuche des Minderheitsgymnasiums in Katowice zuzulassen.

21

Stellungnahme

vom 22. April 1924 in der Sache Nr. 75 des Deutsch-Oberschlesischen Volksbundes in Katowice, ulica Młyńska 23, Beschwerdeführer, betreffend Beglaubigung von Unterschriften auf Schulanträgen (Polnisch-Oberschlesien).

I

Im November und Dezember 1922 verweigerte der Amtsvorsteher in Wielkie Hajduki die Beglaubigung von Unterschriften auf Schulanträgen mit der Begründung, die Anträge seien deutsch geschrieben und enthalten deutsche Orts- und Straßennamen.

Am 25. September 1923 richtete der Beschwerdeführer eine Eingabe an das Minderheitsamt (act. 2), in welcher er geltend machte: der beglaubigende Beamte sei weder berechtigt noch verpflichtet, den Inhalt der ihm vorgelegten Anträge zu prüfen; die Weigerung, die in Frage stehenden Schulanträge zu beglaubigen, sei auch deshalb unbegründet gewesen, weil im November und Dezember 1922 das Amtssprachengesetz vom 16. Januar 1923 noch nicht in Kraft gewesen sei.

W uwagach z dnia 29 lutego 1924 (akt 3, 4) Urząd Spraw Mniejszości odmówił żalącemu się prawa wnoszenia petycyj w myśl art. 147 i n. Konwencji Genewskiej i oświadczył zgodnie z Województwem: Wnioski szkolne można redagować w języku niemieckim; odmówienie legalizacji z powodu użycia niemieckich nazw miejscowosci i ulic we wnioskach szkolnych było niedopuszczalne, ponieważ w owym okresie nie obowiązywały jeszcze przepisy co do nazw miejscowości i ulic; urzędnicy legalizujący podpisy wniosków mają jednak prawo badania treści wniosków.

Na rozprawie ustnej z dnia 11 kwietnia 1924 (akt 20, 21) kierownik Urzędu Spraw Mniejszości uznał prawo petycji żalącego się i oświadczył, że urzędnicy legalizujący, jakkolwiek nie są uprawnieni do badania treści wniosków, winni jednak znać dokumenty, aby wiedzieć, czy chodzi o wnioski szkolne.

II

1. Województwo i Urząd Spraw Mniejszości uznały w niniejszej sprawie prawo petycji żalącego się.

2. Zgodność istnieje także co do tego, że wnioski szkolne mogą być sporządzone w języku niemieckim (porównaj art. 136 Konwencji Genewskiej).

3. Legalizacja podpisów na wnioskach szkolnych jest przepisana art. 5 rozporządzenia Wojewody z dnia 29 grudnia 1922 w sprawie ukształtowania szkolnictwa powszechnego. Do legalizowania upoważniono w drodze ustępstwa także takich urzędników, którzy na ogół nie mają prawa legalizowania podpisów. Wynika z tego, że legalizującemu urzędnikowi wolno przeczytać wnioski, aby się przekonać, czy chodzi o wniosek o utworzenie szkoły mniejszościowej.

Kwestię, czy urzędnicy mają prawo badania treści wniosków na okoliczność, czy wnioski są dopuszczalne i słuszne, należy rozstrzygnąć według zasad, które obowiązują ogólnie przy legalizowaniu podpisów. Według tych zasad legalizacja nie obejmuje dokumentarnego oświadczenia znajdującego się powyżej podpisu, lecz ogranicza się jedynie do poświadczenia autentyczności podpisu. Orzecznictwo poszło nawet tak daleko, że dopuszcza także legalizację podpisu na blankiecie (porówn. przytoczony przez żalącego się komentarz rad-

In seinen Bemerkungen vom 29. Februar 1924 (act. 3, 4) bestritt das Minderheitsamt dem Beschwerdeführer das Petitionsrecht im Sinne der Art. 147 ff. des Genfer Abkommens und erklärte in Übereinstimmung mit der Wojewodschaft: Schulanträge dürfen in deutscher Sprache verfaßt werden; die Verweigerung der Beglaubigung wegen Verwendung deutscher Orts- und Straßennamen in den Schulanträgen sei unzulässig gewesen, weil in jenem Zeitpunkte die gesetzlichen Bestimmungen betr. Orts- und Straßennamen noch nicht in Kraft gewesen seien; die beglaubigenden Beamten seien jedoch berechtigt, den Inhalt der Schulanträge zu prüfen.

In der mündlichen Verhandlung vom 11. April 1924 (act. 20, 21) anerkannte der Leiter des Minderheitsamtes das Petitionsrecht des Beschwerdeführers und erklärte, die beglaubigenden Beamten müssen, wenn sie auch in die Prüfung des Inhaltes der Anträge einzutreten nicht berechtigt seien, von den Urkunden Kenntnis nehmen, um sich davon zu überzeugen, daß es sich um Schulanträge handle.

II

1. Das Petitionsrecht des Beschwerdeführers in der vorliegenden Sache ist von der Wojewodschaft und vom Minderheitsamt anerkannt worden.

2. Auch darüber herrscht Übereinstimmung, daß Schulanträge in deutscher Sprache verfaßt werden können (vgl. Art. 136 der Genfer Konvention).

3. Die Beglaubigung der Unterschriften auf Schulanträgen ist in Art. 5 der Verordnung des Wojewoden vom 29. Dezember 1922 über die Gestaltung des Volksschulwesens vorgeschrieben, und es sind in entgegenkommender Weise auch solche Beamte dazu ermächtigt worden, die im allgemeinen zur Beglaubigung von Unterschriften nicht zuständig sind. Daraus folgt, daß der beglaubigende Beamte von den Anträgen Kenntnis nehmen darf, um sich davon zu überzeugen, daß es sich um einen Antrag auf Errichtung einer Minderheitsschule handelt.

Die Frage, ob die Beamten berechtigt seien, den Inhalt der Anträge daraufhin zu prüfen, ob die Anträge zulässig und richtig seien, ist nach den für die Beglaubigung von Unterschriften im allgemeinen geltenden Grundsätzen zu entscheiden. Danach umfaßt die Beglaubigung nicht auch die über der Unterschrift stehende urkundliche Erklärung, sondern sie beschränkt sich auf die Bescheinigung der Echtheit der Unterschrift, und die Rechtsprechung ist sogar so weit gegangen, auch die Beglaubigung einer Unterschrift auf einem Blankett zuzulassen (vgl. den vom Beschwerdeców Sądu Rzeszy do kodeksu cywilnego art. 129). Według tych ogólnie obowiązujących zasad legalizowania podpisów należy urzędnikom legalizującym odmówić prawa badania treści wniosków szkolnych na okoliczność, czy wnioski te są dopuszczalne i słuszne, oraz prawa odmówienia legalizacji podpisu na podstawie przeprowadzonego badania wniosków. Odmienne zapatrywanie co do legalizacji podpisów skutkowałoby nierówne traktowanie mniejszości, co byłoby niezgodne z art. 75 Konwencji Genewskiej. Miałoby to również ten skutek, że decyzje i stwierdzenia, które w art. 6 rozporządzenia Wojewody z dnia 21 sierpnia 1922 o ukształtowaniu szkolnictwa powszechnego zastrzeżono władzom szkolnym (powiatowym radcom szkolnym i Wydziałowi Oświecenia Publicznego), wyprzedziliby urzędnicy legalizujący. W końcu dałoby to w obecnych warunkach licznym urzędnikom okazję do wywierania wpływu na wnioskodawców i do utrudniania wnioskodawcom prawa zgłaszania wniosków, co nie dałoby się pogodzić z wolą Konwencji Genewskiej.

4. Z powyższego wynika, że legalizacji podpisu na wniosku szkolnym nie wolno też odmówić z tego powodu, że na wniosku podano nazwy miejscowości i ulic w języku niemieckim, ponieważ nazwy te są integralną częścią wniosku, a legalizującym urzędnikom wniosku rozpatrywać nie wolno.

Nie sprzeciwia się temu też art. 3 ustawy o języku urzędowym z dnia 16 stycznia 1923. W artykule tym jest jedynie powiedziane, że dokumenty publiczne, zawierające nieurzędowe nazwy miejscowości i ulic, są nieważne. Wnioski szkolne także po uskutecznionej legalizacji nie są jednak dokumentami publicznymi, lecz prywatnymi (§ 415 procedury cywilnej).

III

Na mocy powyższych rozważań Prezydent Komisji Mieszanej dochodzi

poglądu:

1. Istnieje zgodność co do tego, że żalącemu się przysługuje w niniejszym przypadku prawo petycji i że wnioski o utworzenie szkół mniejszościowych mogą być sporządzone w języku niemieckim.

2. Urzędnicy, którzy są właściwi do legalizowania podpisów na wnioskach o utworzenie szkół mniejszościowych, mają prawo wglądu do oświadczeń przedłożonych im do legalizacji, aby móc stwierdzić, czy chodzi o wnioski szkolne.

führer zitierten Kommentar der Reichsgerichtsräte zum BGB. Art. 129). Nach diesen für die Beglaubigung von Unterschriften im allgemeinen geltenden Grundsätzen muß das Recht der beglaubigenden Beamten, den Inhalt der Schulanträge auf seine Zulässigkeit und Richtigkeit zu prüfen und gestützt auf diese Prüfung die Beglaubigung der Unterschrift zu verweigern, verneint werden. Die gegenteilige Auffassung würde in bezug auf die Beglaubigung von Unterschriften zu einer unterschiedlichen Behandlung der Minderheit führen, die mit dem Art. 75 des Genfer Abkommens unvereinbar wäre. Auch würde dadurch den in Art. 6 der Verordnung des Wojewoden vom 21. August 1922 betr. die Gestaltung des Volksschulwesens den Schulbehörden (Kreisschulräte und Schulabteilung der Wojewodschaft) vorbehaltenen Feststellungen und Entscheidungen vorgegriffen. Namentlich aber würde dadurch, wie die Verhältnisse einmal liegen, zahlreichen Beamten Gelegenheit geboten, die Antragsteller zu beeinflussen und die Ausübung ihrer Rechte zu erschweren, was mit dem Willen der Genfer Konvention unvereinbar wäre.

4. Aus dem Gesagten ergibt sich, daß die Beglaubigung der Unterschrift auf einem Schulantrag auch deshalb nicht verweigert werden darf, weil der Antrag deutsche Orts- und Straßennamen enthält, denn diese Orts- und Straßennamen sind ein Bestandteil des Antrages, zu dessen Überprüfung die beglaubigenden Beamten nicht berechtigt sind.

Dem steht auch der Art. 3 des Amtssprachengesetzes vom 16. Januar 1923 nicht entgegen. Er besagt bloß, daß öffentliche Urkunden, die nichtamtliche Orts- und Straßennamen enthalten, ungültig seien. Schulanträge sind aber auch nach stattgehabter Beglaubigung der Unterschrift nicht öffentliche, sondern Privaturkunden (§ 415 der Zivilprozeßordnung).

III

Gestützt auf die vorstehenden Erwägungen gelangt der Präsident der Gemischten Kommission zur

Stellungnahme:

1. Es herrscht Übereinstimmung darüber,

daß der Beschwerdeführer im vorliegenden Falle petitionsberechtigt ist und daß die Anträge auf Errichtung von Minderheitsschulen in deutscher Sprache verfaßt werden können.

2. Die zur Beglaubigung der Unterschriften auf Anträgen auf Errichtung von Minderheitsschulen zuständigen Beamten seien berechtigt, in die ihnen zur Beglaubigung vorgelegten Erklärungen Einsicht zu nehmen behufs Feststellung, ob es sich um Schulanträge handle.

Urzędnicy ci nie mają jednak prawa do badania wniosków szkolnych na ich formalną lub materialną dopuszczalność lub słuszność i do odmówienia legalizacji podpisu z tego powodu, że sądzą, że wnioski są z jakiegokolwiek powodu niedopuszczalne lub niesłuszne.

22

Pogląd

z dnia 30 czerwca 1924, zmieniający pogląd z dnia 3 stycznia 1924 w sprawie nr 11 Augusta Junga i towarzyszy w Lublińcu, dotyczącej szkół mniejszościowych w powiecie lublinieckim (Górny Śląsk Polski).

I

Dnia 3 stycznia 1924 Prezydent Komisji Mieszanej wydał następujący pogląd (akt 108—109):

„1. Niedopuszczalne są następujące powody nieważności i wnioski oddalone z tych powodów należy uwzględnić z początkiem roku szkolnego 1923-24:

a) Zgłoszenie wniosku po 30 listopada 1922 (jeżeli zgłoszenie nastąpiło przed 1 marca 1923).

b) Rzekoma nieprzynależność dziecka do mniejszości językowej.

c) Podpisanie wniosku przez uprawnionego do wychowania (osobę obcą) bez załączenia tytułu prawnego.

d) Legalizacja podpisu na wniosku w nieobecności wnioskodawcy.

e) Legalizacja podpisu na wniosku przez sędziego rozjemczego, wachmistrza policji komunalnej, naczelnika obwodu miejskiego lub przez urzędnika, który nie był do tego upoważniony przez przełożoną władzę.

f) Brak daty na wniosku.

g) Formularz nie odpowiada rozporządzeniu Wojewody Śląskiego z dnia 21 sierpnia 1922 art. 5 (jeżeli wniosek zawiera niezbędne dane).

h) Dziecko uczęszcza do szkoły w innej gminie i nie jest przeznaczone do szkoły, o którą zgłoszono wniosek (ten powód nieważności tylko wtenczas jest słuszny, jeżeli przy zgłoszeniu wniosku istniał dowodnie zamiar nieposyłania dziecka do szkoły mniejszościowej, o którą wniosek zgłoszono).

Diese Beamten seien jedoch nicht berechtigt, die Schulanträge auf ihre formelle oder materielle Zulässigkeit und Richtigkeit zu prüfen und die Beglaubigung der Unterschrift zu verweigern, weil ihnen die Anträge aus irgendeinem Grunde unzulässig oder unrichtig erscheinen.

22

Stellungnahme

vom 30. Juni 1924, in Abänderung der Stellungnahme vom 3. Januar 1924, in der Sache Nr. 11 des August Jung und Genossen in Lubliniec, betreffend Minderheitsvolksschulen im Kreise Lubliniec (Polnisch-Oberschlesien).

I

Am 3. Januar 1924 erließ der Präsident der Gemischten Kommission für Oberschlesien folgende Stellungnahme (act. 108-109):

»1. Es seien folgende Ungültigkeitsgründe unzulässig und die aus diesen Gründen abgelehnten Anträge ohne weiteres auf Beginn des Schuljahres 1923-24 zu berücksichtigen:

a) Einreichung des Antrages nach dem 30. November 1922 (sofern sie vor dem 1. März 1923 stattgefunden hat).

b) Angebliche Nichtzugehörigkeit des Kindes zur sprachlichen Minderheit.

c) Unterzeichnung des Antrages durch den Erziehungsberechtigten (fremde Person) ohne Beifügung des Rechtstitels.

d) Bescheinigung der Echtheit der Unterschrift auf dem Antrage in Abwesenheit des Antragstellers.

e) Bescheinigung der Echtheit der Unterschrift auf dem Antrage durch einen Schiedsmann, Wachtmeister der Kommunalpolizei, Bezirksvorsteher oder durch einen Beamten, der dazu keine Ermächtigung der vorgesetzten Dienststelle hatte.

f) Fehlen des Datums auf dem Antrage.

g) Das Formular entspricht nicht der Verordnung des Schlesischen Wojewoden vom 21. August 1922 Art. 5 (sofern der Antrag die unentbehrlichen Angaben enthält).

h) Das Kind besucht die Schule einer anderen Gemeinde und ist nicht für die Schule bestimmt, auf welche der Antrag sich bezieht (dieser Ungültigkeitsgrund ist nur dann zutreffend, wenn bei der Antragstellung nachgewiesenermaßen die Absicht bestand, das Kind nicht in die beantragte Minderheitsschule zu schicken).

i) Wniosek zgłoszono dwukrotnie (wniosek jest ważny, liczy się jednak tylko raz).

k) Na wniosku nie podano, w którym związku szkolnym szkoła ma być urządzona (jeżeli się związek szkolny da określić).

2. Celem dodatkowego uzupełnienia w odpowiednim terminie należy wnioskodawcom zwrócić wnioski, które unieważniono z następujących powodów:

a) Brak daty urodzenia dziecka na wniosku (jeżeli władze daty urodzenia nie zechcą stwierdzić same z urzędu).

b) Brak legalizacji podpisu na wniosku.

3. Wyprowadzenie się lub śmierć dziecka po upływie terminu zgłoszenia wniosku należy traktować analogicznie z cofnięciem wniosku po upływie terminu zgłoszenia wniosków.

4. Przyjmuje się do wiadomości, że w trzech związkach szkolnych Koszęcinie, Ligocie Woźnickiej i Lublińcu zarządzono utworzenie szkół mniejszościowych.

5. Szkoły mniejszościowe należy urządzić w 5 związkach szkolnych: Kalinie, Kaletach, Kochanowicach, Kochcicach i Sadowie."

Na konferencji z Prezydentem Komisji Mieszanej z dnia 18 kwietnia 1924 Województwo przyjęło przytoczony pogląd odnośnie wszystkich zgłoszonych wniosków szkolnych. Jedynie co do liczby 5 poglądu, że należy urządzić szkoły mniejszościowe w Kalinie, Kaletach, Kochanowicach, Kochcicach i Sadowie, Województwo powołało się na to, że dodatkowo, tzn. już po wydaniu poglądu z dnia 3 stycznia 1924, wykazało się, że w tych pięciu gminach podpisy na licznych wnioskach nie pochodziły od osób uprawnionych do wychowania. Akta dochodzenia, które jest w toku, będą przesłane Prezydentowi Komisji Mieszanej.

Pismem z dnia 15 maja 1924 (akt 124) Przedstawiciel Państwa Polskiego wręczył Prezydentowi Komisji Mieszanej sprawozdanie Województwa z dnia 7 maja 1924 (akt 125—128) oraz oryginały akt dochodzenia przeprowadzonego w wymienionych pięciu gminach. Z akt tych, o ile dla sprawy mają znaczenie, sporządzono odpisy i dołączono do dossier (akt 129—220).

Na podstawie przytoczonych przez Województwo nowych faktów Prezydent zarządził dnia 6 czerwca 1924 (akt 221—222) wzno-

i) Der Antrag ist zweimal eingereicht worden (der Antrag ist gültig, zählt aber nur einmal).

k) Auf dem Antrag ist nicht angegeben, in welchem Schulverband die Schule errichtet werden soll (wenn der Schulverband bestimmbar ist).

2. Es seien die aus folgenden Gründen für ungültig erklärten Anträge zur nachträglichen Vervollständigung innert angemessener Frist an die Antragsteller zurückzusenden:

a) Fehlen des Geburtsdatums des Kindes auf dem Antrage (sofern die Behörden es nicht vorziehen, das Geburtsdatum von sich aus festzustellen).

b) Fehlen der Bescheinigung der Echtheit der Unterschrift auf dem Antrage.

3. Der nach Ablauf der Antragsfrist erfolgte Wegzug oder Tod eines Kindes sei analog zu behandeln wie der Rückzug eines Antrages nach Ablauf der Antragsfrist.

4. Es wird davon Vormerk genommen, daß in den drei Schulverbänden Koszęcin, Ligota Woźnicka und Lubliniec die Einrichtung von Minderheitsschulen angeordnet worden ist.

5. Es seien in den fünf Schulverbänden Kalina, Kalety, Kochanowice, Kochcice und Sadów Minderheitsschulen einzurichten.«

Anläßlich einer Konferenz mit dem Präsidenten der Gemischten Kommission vom 18. April 1924 hat die Wojewodschaft diese Stellungnahme des Präsidenten der Gemischten Kommission in bezug auf alle eingereichten Schulanträge angenommen. Lediglich mit Bezug auf Ziff. 5 der Stellungnahme (dahingehend, daß in Kalina, Kalety, Kochanowice, Kochcice und Sadów Minderheitsschulen einzurichten seien) machte die Wojewodschaft geltend, es habe sich nachträglich, d. h. nach Erlaß der Stellungnahme vom 3. Januar 1924, herausgestellt, daß in diesen fünf Gemeinden die Unterschriften auf einer Anzahl von Anträgen nicht von der erziehungsberechtigten Person geschrieben worden seien; die Akten der im Gange befindlichen Untersuchung würden dem Präsidenten der Gemischten Kommission zugestellt.

Mit Schreiben vom 15. Mai 1924 (act. 124) übermittelte der polnische Staatsvertreter dem Präsidenten der Gemischten Kommission einen Bericht der Wojewodschaft vom 7. Mai 1924 (act. 125—128) sowie die Originalakten der in den genannten fünf Gemeinden durchgeführten Untersuchung. Von diesen Untersuchungsakten sind — soweit sie erheblich erschienen — Abschriften angefertigt und zu den Akten genommen worden (act. 129—220).

Am 6. Juni 1924 (act. 221—222) verfügte der Präsident auf Grund der von der Wojewodschaft geltend gemachten neuen Tatsachen die wienie postępowania i przesłał żałącym się sprawozdanie Województwa z dnia 7 maja 1924 (akt 125—128) oraz akta dochodzenia przeprowadzonego w Kalinie, Kaletach, Kochanowicach, Kochcicach i Sadowie (akt 129—220), wyznaczając im termin 10-dniowy celem wniesienia ewentualnych uwag. Termin ten upłynął niewykorzystany.

II

Według przeprowadzonego przez Województwo dochodzenia podpisy na znacznej liczbie wniosków, które z początkiem roku szkolnego 1923-24 zgłoszono o utworzenie powszechnych szkół mniejszościowych w gminach Kalinie, Kaletach, Kochanowicach, Kochcicach i Sadowie, są istotnie nieważne, ponieważ nie pochodzą od osoby uprawnionej do wychowania.

1. W Kalinie zgłoszono wnioski dla 56 dzieci (akt. 85). Z wniosków tych nieważne są wnioski dla 9 dzieci, ponieważ dzieci te z początkiem roku szkolnego 1923-24 nie będą już w obowiązkowym wieku szkolnym (akt 129, liczba 1). Wnioski dla dalszych 9 dzieci nie były podpisane przez osoby uprawnione do wychowania, mianowicie wnioski dla 8 dzieci podpisała małżonka uprawnionego do wychowania bez wiedzy i woli męża (akt 129 liczba 4, akt 130 liczba 2 i 4 i akt 132 do 136). Pominąwszy ewentualne inne powody oddalenia, pozostałe wnioski dla 38 dzieci nie wystarczają, aby móc żądać utworzenia powszechnej szkoły mniejszościowej w myśl art. 106 Konwencje Genewskiej. Urządzenie kursu języka mniejszości w myśl art. 107 Konwencji Genewskiej zarządzono już dawniej (p. akt 52—53 i 125—126, str. 4).

2. W Kaletach zgłoszono wnioski dla 91 dzieci (akt 86). Z wniosków tych na podstawie przeprowadzonego przez Województwo dochodzenia uznano za ważne wnioski dla 58 dzieci. Województwo uznało, że w Kaletach należy urządzić powszechną szkołę mniejszościową w myśl art. 106 Konwencji Genewskiej (akt 125—126, str. 3 i 4 i akt 137 do 159). Uprawnionym do wychowania, których dzieci by nie dopuszczono do tej szkoły, pozostawia się do woli, wnieść zażalenie do Urzędu Spraw Mniejszości w myśl art 150 Konwencji Genewskiej.

3. W Kochanowicach zgłoszono wnioski dla 77 dzieci (akt 87). Z wniosków tych nieważne są wnioski dla 10 dzieci, ponieważ dzieci te z początkiem roku szkolnego 1923-24 nie były jeszcze lub nie były już w obowiązkowym wieku szkolnym (akt 160, liczba 1). Wnioski

Wiederaufnahme des Verfahrens und übermittelte den Beschwerdeführern den Bericht der Wojewodschaft vom 7. Mai 1924 (act. 125—128) sowie die Akten der in Kalina, Kalety, Kochanowice, Kochcice und Sadów durchgeführten Untersuchung (act. 129—220) unter Ansetzung einer Frist von 10 Tagen zur Einreichung allfälliger Bemerkungen. Diese Frist verstrich unbenutzt.

II

Nach der von der Wojewodschaft durchgeführten Untersuchung sind in der Tat die Unterschriften auf einer erheblichen Anzahl der in den Gemeinden Kalina, Kaleth, Kochanowice, Kochcice und Sadów auf Beginn des Schuljahres 1923-24 gestellten Anträge auf Errichtung von Minderheitsvolksschulen ungültig, weil sie nicht von der erziehungsberechtigten Person herrühren.

1. In Kalina waren für 56 Kinder Anträge eingereicht worden (act. 85). Davon sind die Anträge für 9 Kinder ungültig, weil diese zu Beginn des Schuljahres 1923-24 nicht mehr schulpflichtig waren (act. 129 Ziff. 1). Die Anträge für weitere 9 Kinder sind nicht von den erziehungsberechtigten Personen unterzeichnet worden, und zwar erfolgte die Unterschrift auf den Anträgen für 8 Kinder durch die Ehefrau des Erziehungsberechtigten ohne dessen Wissen und Willen (act. 129 Ziff. 4, act. 130 Ziff. 2 und 4 und act. 132—136). Auch abgesehen von allfälligen anderen Ablehnungsgründen genügen die verbleibenden Anträge für 38 Kinder nicht, um die Errichtung einer Minderheitsvolksschule im Sinne des Art. 106 des Genfer Abkommens zu verlangen. Ein Minderheitssprachkurs im Sinne des Art. 107 des Genfer Abkommens ist schon früher angeordnet worden (s. act. 52—53 und 125—126 S. 4).

2. In Kaleth waren für 91 Kinder Anträge gestellt worden (act. 86). Davon sind auf Grund der von der Wojewodschaft durchgeführten Untersuchung die Anträge für 58 Kinder als gültig erklärt worden, und die Wojewodschaft hat anerkannt, daß in Kaleth eine Minderheitsvolksschule im Sinne des Art. 106 des Genfer Abkommens einzurichten sei (act. 125—126 S. 3 und 4 und act. 137—159). Den allfälligen Erziehungsberechtigten, deren Kinder zum Besuch der Minderheitsschule nicht zugelassen werden, bleibt es überlassen, gemäß Art. 150 des Genfer Abkommens beim Minderheitsamt Beschwerde zu führen.

3. In Kochanowice waren für 77 Kinder Anträge gestellt worden (act. 87). Davon sind die Anträge für 10 Kinder ungültig, weil sie zu Beginn des Schuljahres 1923-24 noch nicht oder nicht mehr schulpflichtig waren (act. 160 Ziff. 1). Die Anträge für 28 Kinder sind nicht von den erziehungsberechtigten Personen unterzeichnet worden, und zwar

dla 28 dzieci nie były podpisane przez osoby uprawnione do wychowania, mianowicie wnioski dla 4 dzieci podpisała małżonka uprawnionego do wychowania bez wiedzy i woli męża, dla 6 dzieci — małżonka uprawnionego do wychowania z wiedzą i wolą męża, a dla 9 dzieci — córka uprawnionego do wychowania z polecenia ojca lub matki (akt 160, liczba 4, akt 161 p. szczególnie liczba 36, akt. 162 p. szczególnie liczba 4 i akt 163 do 178). Pominąwszy ewentualne dalsze powody oddalenia, pozostałe wnioski dla 39 dzieci nie wystarczają, aby móc żądać utworzenia powszechnej szkoły mniejszościowej w myśl art. 106 Konwencji Genewskiej. Urządzenie kursu języka mniejszości w myśl art. 107 Konwencji Genewskiej zarządzono już dawniej (akt. 52—53 i 125—126, str. 4).

4. W Kochcicach zgłoszono wnioski dla 80 dzieci. Z wniosków tych nieważne są wnioski dla 13 dzieci, ponieważ dzieci te przekroczą z początkiem roku szkolnego 1923-24 obowiązkowy wiek szkolny (akt 181, liczba 1). Wnioski dla 32 dzieci nie były podpisane przez osoby uprawnione do wychowania. Podpisy bowiem uskutecznili: dla 7 dzieci — małżonka, a dla 6 dzieci — syn lub córka uprawnionego do wychowania (akt 181, liczba 3, akt 182 p. szczególnie liczba 1, akt 183 i akt 184 do 202). Troje dzieci nie miało ponadto obywatelstwa polskiego (akt 182 liczba 7 i 35). Reszta wniosków dla 35 dzieci nie wystarcza, aby móc żądać utworzenia powszechnej szkoły mniejszościowej w myśl art. 106 Konwencji Genewskiej. Województwo uznaje, że należy urządzić kurs języka mniejszości w myśl art. 107 Konwencji Genewskiej (akt 125—126, str. 4).

5. W Sadowie zgłoszono wnioski dla 66 dzieci (akt 92). Z wniosków tych nieważne są wnioski dla 7 dzieci, ponieważ dzieci te z początkiem roku szkolnego 1923-24 przekroczą obowiązkowy wiek szkolny (akt 207, liczba 1). Wnioski dla 24 dzieci nie były podpisane przez osobę uprawnioną do wychowania, mianowicie podpisy uskutecznili: dla 5 dzieci — małżonka, dla 10 dzieci — córka uprawnionego do wychowania, a dla 4 dzieci — ojczym zamiast opiekuna (akt 207, liczba 2, akt 208 p. szczególnie liczba 7 i 12, akt 209 p. szczególnie liczba 4 i akt 210 do 218). Dwoje dzieci nie miało obywatelstwa polskiego (akt 208, liczba 15). Reszta wniosków dla 33 dzieci nie wystarcza, aby móc żądać utworzenia powszechnej szkoły mniejszościowej w myśl art. 106 Konwencji Genewskiej. Urządzenie kursu języka mniejszości w myśl art. 107 Konwencji zarządzono już dawniej (akt 52—53 i 125—126, str. 4).

erfolgte die Unterzeichnung für 4 Kinder durch die Ehefrau des Erziehungsberechtigten ohne dessen Wissen und Willen, für 6 Kinder durch die Ehefrau des Erziehungsberechtigten mit dessen Wissen und Willen und für 9 Kinder durch eine Tochter des Erziehungsberechtigten im Auftrage des Vaters oder der Mutter (act. 160 Ziff. 4, act. 161 s. speziell Ziff. 36, act. 162 s. speziell Ziff. 4 und act. 163—178). Auch abgesehen von allfälligen anderen Ungültigkeitsgründen genügen die verbleibenden Anträge für 39 Kinder nicht, um die Errichtung einer Minderheitsvolksschule im Sinne des Art. 106 des Genfer Abkommens zu verlangen. Ein Minderheitssprachkurs im Sinne des Art. 107 des Genfer Abkommens ist schon früher angeordnet worden (act. 52—53 und 125—126 S. 4).

4. In Kochcice waren für 80 Kinder Anträge gestellt worden. Davon sind die Anträge für 13 Kinder ungültig, weil sie zu Beginn des Schuljahres 1923-24 nicht mehr schulpflichtig waren (act. 181 Ziff. 1). Die Anträge für 32 Kinder sind nicht von den erziehungsberechtigten Personen unterzeichnet worden, und zwar erfolgte die Unterschrift für 7 Kinder durch die Ehefrau und für 6 Kinder durch einen Sohn oder eine Tochter des Erziehungsberechtigten (act. 181 Ziff. 3, act. 182 s. speziell Ziff. 1, act. 183 und act. 184—202). Bei 3 Kindern fehlte außerdem die polnische Staatsangehörigkeit (act. 182 Ziff. 7 und 35). Die verbleibenden Anträge für 35 Kinder genügen nicht, um die Errichtung einer Minderheitsvolksschule im Sinne des Art. 106 des Genfer Abkommens zu verlangen. Die Verpflichtung zur Einrichtung eines Minderheitssprachkurses im Sinne des Art. 107 des Genfer Abkommens wird von der Wojewodschaft anerkannt (act. 125—126 S. 4).

5. In Sadów wurden für 66 Kinder Anträge gestellt (act. 92). Davon sind die Anträge für 7 Kinder ungültig, weil diese zu Beginn des Schuljahres 1923-24 nicht mehr schulpflichtig waren (act. 207 Ziff. 1). Die Anträge für 24 Kinder sind nicht von der erziehungsberechtigten Person unterschrieben worden, und zwar erfolgte die Unterschrift für 5 Kinder durch die Ehefrau, für 10 Kinder durch eine Tochter des Erziehungsberechtigten und für 4 Kinder durch den Stiefvater statt durch den Vormund (act. 207 Ziff. 2, act. 208 s. speziell Ziff. 7 und 12, act. 209 s. speziell Ziff. 4 und act. 210—218). Bei 2 Kindern fehlte die polnische Staatsangehörigkeit (act. 208 Ziff. 15). Die verbleibenden Anträge für 33 Kinder genügen nicht, um eine Minderheitsvolksschule im Sinne des Art. 106 des Genfer Abkommens zu verlangen. Ein Minderheitssprachkurs im Sinne des Art. 107 des Genfer Abkommens ist schon früher angeordnet worden (act. 52—53 und 125—126 S. 4).

III

Na mocy powyższych wywodów uchyla się liczbę 5

poglądu:

z dnia 3 stycznia 1924 i zastępuje następującym postanowieniem:

Przyjmuje się do wiadomości, że Województwo urządzi w Kaletach powszechną szkołę mniejszościową w myśl art. 106, a w Kalinie, Kochanowicach, Kochcicach i Sadowie kursy języka mniejszości w myśl art. 107 Konwencji Genewskiej.

23

Pogląd

z dnia 18 listopada 1924 w sprawie nr 101 studenta Pawła Kwoczka z Grabine, zastąpionego przez Związek Polaków w Opolu, dotyczącej rewizji domowej i konfiskaty druków u rolnika Kwoczka w Grabine (Górny Śląsk Niemiecki).

I

1. Podstawą petycji, wniesionej do Urzędu Spraw Mniejszości pismem z dnia 23 lipca 1924 (akt 2—2 a), według przedstawienia sprawy przez żalącego się jest następujący stan faktyczny:

Dnia 3 maja 1924 wtargnęło dwóch członków nielegalnej organizacji do mieszkania rodziców studenta Pawła Kwoczka w Grabine, motywując to tym, że wymieniony student uprawia agitację polską. Siostrzenica i rodzice studenta, którym ci dwaj osobnicy wydali się podejrzani, zaprzeczyli, że Paweł Kwoczek jest w domu, na co obydwaj osobnicy wyszli na ulicę, gdzie przed domem Kwoczków urządzili hałaśliwą demonstrację, zarzucając Kwoczkom uprawianie agitacji polskiej. Nieco później jeden z owych dwóch osobników powrócił w towarzystwie żandarma Ludwiga z Steinau i przeprowadził rewizję domową. Przy tej sposobności zastano studenta Pawła Kwoczka w jego pokoju. Żandarm Ludwig spisał z nim protokół, zażądał wglądu do materiału wyborczego i skonfiskował kilka próbnych egzemplarzy oraz laskę żalącego się z wkładką ze stali.

2. Pismem z dnia 17 września 1924 (akt 1) Urząd Spraw Mniejszości przesłał petycję Prezydentowi Komisji Mieszanej, zajmując

III

Gestützt auf obige Ausführungen wird Ziffer 5 der

Stellungnahme

vom 3. Januar 1924 aufgehoben und durch folgende Bestimmung ersetzt:

Es wird davon Vormerk genommen, daß die Wojewodschaft in Kalety eine Minderheitsvolksschule im Sinne des Art. 106, in Kalina, Kochanowice, Kochcice und Sadów Minderheitssprachkurse im Sinne des Art. 107 des Genfer Abkommens einrichten wird.

23

Stellungnahme

vom 18. November 1924 in der Sache Nr. 101 des Studenten Paul Kwoczek aus Grabine, vertreten durch den Związek Polaków in Oppeln, betreffend Haussuchung und Beschlagnahme von Schriften beim Landwirt Kwoczek in Grabine (Deutsch-Oberschlesien).

I

1. Der mit Eingabe vom 23. Juli 1924 an das Minderheitsamt übermittelten Beschwerde (act. 2—2 a) liegt nach der Darstellung des Beschwerdeführers folgender Tatbestand zugrunde:

Am 3. Mai 1924 drangen zwei Angehörige einer illegalen Organisation in die Wohnung der Eltern des Studenten Paul Kwoczek in Grabine mit der Begründung ein, daß er polnische Agitation betreibe. Die Nichte des Studenten Kwoczek und seine Eltern, welchen die beiden Männer Mißtrauen einflößten, bestritten die Anwesenheit des Paul Kwoczek, worauf die beiden sich wieder auf die Straße begaben und vor dem Hause eine lärmende Kundgebung gegen den Beschwerdeführer und seine Eltern veranstalteten, indem sie ihnen Polenagitation vorwarfen. Etwas später kam der eine der beiden Männer mit dem Oberlandjäger Ludwig aus Steinau zurück und veranstaltete eine Haussuchung, wobei der Student Paul Kwoczek in seinem Zimmer aufgefunden wurde. Oberlandjäger Ludwig nahm ein Protokoll mit dem Beschwerdeführer auf. Ferner verlangte er Einsicht in das Wahlmaterial und beschlagnahmte einige Probeexemplare sowie einen mit einer Stahleinlage versehenen Spazierstock des Beschwerdeführers.

2. Mit Eingabe vom 17. September 1924 (act. 1) leitete das Minderheitsamt die Beschwerde an den Präsidenten der Gemischten Kom-

stanowisko, że Prezydent Komisji Mieszanej w sprawie tej nie jest właściwy, ponieważ chodzi o zajście poza obszarem plebiscytowym.

3. W replice z dnia 27 września 1924 (akt 7) petent powołał się na artykuł 588 § 1, al. 2, według którego każda sprawa górnośląska podpada pod postanowienia Konwencji Genewskiej. Za taką zaś sprawę należy uważać niniejszy przypadek, ponieważ wytoczono go przed władzą administracyjną, która ma siedzibę na obszarze plebiscytowym i która nie jest związana wskazówkami przełożonych władz, mianowicie przed Rejencją w Opolu jako pierwszą instancją. Wynika zatem z postanowień art. 150 al. 1 a Konwencji Genewskiej, że właściwość Urzędu Spraw Mniejszości jest dana.

4. Na rozprawie ustnej z dnia 6 listopada 1924 (akt 22, 23) kierownik Urzędu Spraw Mniejszości wywodził, że art. 588 Konwencji Genewskiej przewiduje przypadek, gdzie do osądzenia zajścia na obszarze plebiscytowym właściwa jest władza, która ma siedzibą poza obszarem plebiscytowym. Wobec tego art. 588 w niniejszym przypadku nie ma zastosowania.

Poza tym zastępca żalącego się powołał się na to, że student Paweł Kwoczek ma miejsce zamieszkania w Opolu, a więc i z tego powodu Komisja Mieszana właściwa jest do rozpatrzenia petycji. Kierownik Urzędu Spraw Mniejszości zaprzeczył temu, że żalący się ma miejsce zamieszkania w Opolu.

II

Zajście przedstawione w zażaleniu miało miejsce w Grabine, miejscowości położonej poza obszarem plebiscytowym. Właściwość Komisji Mieszanej dla Górnego Śląska ograniczona jest jednak na obszar plebiscytowy. Obowiązywałoby to nawet wówczas, gdyby żalący się miał istotnie miejsce zamieszkania w Opolu, ponieważ chodzi tu o zajście, które się całkowicie wydarzyło poza obszarem plebiscytowym.

Artykuł 588 Konwencji Genewskiej, na który się petent kilkakrotnie w toku postępowania powołał, odnosi się wyłącznie do kompetencji Trybunału Rozjemczego. Zresztą przesłanki tego artykułu w niniejszym przypadku by nie zachodziły.

III

Na mocy powyższych rozważań Prezydent Komisji Mieszanej dochodzi do mission weiter und stellte sich auf den Standpunkt, daß derselbe in der Sache unzuständig sei, da der Vorfall sich außerhalb des Abstimmungsgebietes abgespielt habe.

3. In seiner Replik vom 27. September 1924 (act. 7) verwies der Beschwerdeführer auf Art. 588 § 1, al. 2, »wonach unter die Bestimmungen des Genfer Abkommens jede oberschlesische Angelegenheit falle. Als eine solche Angelegenheit sei aber der gegenwärtige Fall zu betrachten, da er bei einer im Abstimmungsgebiete gelegenen Verwaltungsbehörde, die an keine Weisungen der vorgesetzten Behörde gebunden, anhängig gemacht worden sei, nämlich bei der Regierung in Oppeln als erste Instanz. Hiernach ergebe sich aber aus Art. 150 al. 1 a des Genfer Abkommens, daß die Zuständigkeit des Minderheitsamtes begründet sei.«

4. In der mündlichen Verhandlung vom 6. November 1924 (act. 22, 23) führte der Leiter des Minderheitsamtes aus, daß Art. 588 des Genfer Abkommens den Fall im Auge habe, wo zur Beurteilung eines innerhalb des Abstimmungsgebietes vorgekommenen Vorfalles eine Behörde zuständig ist, die außerhalb des Abstimmungsgebietes ihren Sitz hat. Infolgedessen treffe Art. 588 im gegebenen Falle nicht zu.

Der Vertreter des Beschwerdeführers machte des weiteren geltend, daß der Student Paul Kwoczek seinen Wohnsitz in Oppeln habe, weshalb die Zuständigkeit der Gemischten Kommission auch aus diesem Grunde gegeben sei. Der Leiter des Minderheitsamtes bestritt, daß der Beschwerdeführer seinen Wohnsitz in Oppeln habe.

II

Der in der Beschwerde dargelegte Vorfall spielte sich in Grabine, einer außerhalb des Abstimmungsgebietes gelegenen Ortschaft ab. Die Kompetenz der Gemischten Kommission für Oberschlesien ist aber auf das Abstimmungsgebiet beschränkt. Diese Maxime würde auch dann zutreffen, wenn der Beschwerdeführer seinen Wohnsitz in Oppeln hätte, da es sich um einen Vorfall handelt, der sich gänzlich außerhalb des Abstimmungsgebietes abgespielt hat.

Was den vom Beschwerdeführer im Verfahren wiederholt zitierten Art. 588 des Genfer Abkommens anbetrifft, so bezieht er sich einzig auf die Kompetenzen des Schiedsgerichts. Übrigens würden die Voraussetzungen dieses Artikels in diesem Falle nicht zutreffen.

III

Gestützt auf die vorstehenden Erwägungen gelangt der Präsident der Gemischten Kommission für Oberschlesien zur

poglądu:

Zażalenie petenta należy oddalić dla braku właściwości Prezydenta Komisji Mieszanej.

24

Pogląd

z dnia 25 listopada 1924 w sprawie nr 102 chałupnika Tomasza Passona z Kroschnitz, powiat wielko-strzelecki (Górny Śląsk Niemiecki), żalącego się, zastąpionego przez Związek Polaków w Opolu, dotyczącej odmówienia wdrożenia postępowania karnego celem wyśledzenia autorów i kolporterów plakatu zagrażającego bezpieczeństwu mniejszości polskiej przy wykonywaniu prawa wyborczego.

I

1. Dnia 4 maja 1924, nad ranem, żalący się zauważył nalepiony na bramie swego domu czerwony plakat następującej treści: „Uwaga, wy Polacy! Francuz jest daleko, gdy pójdziecie na wybory, strzeżcie swych kości!" Tego rodzaju plakaty poprzyklejane były we wsi Kroschnitz także na innych budynkach.

O powyższym zajściu zastępca żalącego się, Związek Polaków w Opolu, zawiadomił Nadprezydenta Prowincji Górnośląskiej pismem z dnia 30 czerwca 1924. Doniesienia tego nie uwzględniono.

2. Nadprezydent odpowiedział żalącemu się pismem z dnia 20 sierpnia 1924 (akt 2 b), w którym zajął stanowisko, że o powyższym zajściu żalący się powinien był bezzwłocznie zawiadomić miejscową władzę policyjną, która w pierwszym rzędzie była właściwa do wyjaśnienia i dalszego dochodzenia, ponieważ późniejsze dochodzenia, jak doświadczenie uczy, zwykle nie prowadzą do celu. W niniejszym przypadku nie podniesiono też zarzutu, że władze lokalne dały powód do skarg. Wobec tego nie miał on powodu do poczynienia stwierdzeń w tym kierunku.

3. Przeciwko tej odpowiedzi Nadprezydenta w Opolu wniósł żalący się pismem z dnia 23 sierpnia 1924 (akt 2—2 b) zażalenie, w którym m. i. wywodził, że powodem spóźnionego doniesienia o wypadku władzom była wyłącznie obawa wywołana odnośnymi plakatami.

Stellungnahme:

Der Petent sei mit seiner Beschwerde wegen Unzuständigkeit des Präsidenten der Gemischten Kommission für Oberschlesien abzuweisen.

24

Stellungnahme

vom 25. November 1924 in der Sache Nr. 102 des Häuslers Thomas Passon aus Kroschnitz, Kreis Groß-Strehlitz (Deutsch-Oberschlesien), Beschwerdeführer, vertreten durch den Związek Polaków in Oppeln, betreffend Verweigerung der Einleitung eines Strafverfahrens zur Ermittlung der Urheber und Verbreiter eines die polnische Minderheit in der Ausübung ihres Wahlrechts bedrohenden Plakates.

I

1. Am 4. Mai 1924, morgens früh, fand der Beschwerdeführer am Tore seines Hauses ein rotes Plakat angeklebt, lautend: »Merket ihr Polen, der Franzose ist fern, wenn ihr zur Wahl geht, wahrt eure Knochen«. Wie am Hause des Thomas Passon, so wurden auch an anderen Häusern im Dorfe Kroschnitz solche Plakate angeklebt.

Der Vorfall wurde dem Oberpräsidenten der Provinz Oberschlesien durch den Vertreter des Beschwerdeführers, den Związek Polaków in Oppeln, mit Schreiben vom 30. Juni 1924 zur Kenntnis gebracht. Dieser Anzeige wurde keine Folge gegeben.

2. Der Oberpräsident in Oppeln nahm in seinem Bescheide vom 20. August 1924 an den Beschwerdeführer (act. 2 b) den Standpunkt ein, daß über den Vorfall zweckmäßigerweise durch den von der Bedrohung Betroffenen der für die Aufklärung und weitere Verfolgung zunächst zuständigen örtlichen Polizeibehörde unverzüglich Mitteilung zu machen gewesen wäre, da spätere Ermittelungen erfahrungsgemäß kaum mehr zu Erfolgen führen würden. Es sei im vorliegenden Falle auch nicht geltend gemacht worden, daß die örtlichen Behörden Anlaß zu irgendwelchen Beschwerden gegeben hätten. Infolgedessen hätte für ihn auch kein Grund vorgelegen, Feststellungen nach dieser Richtung zu machen.

3. Gegen diesen Bescheid des Oberpräsidenten in Oppeln beschwerte sich der Petent mit Eingabe vom 23. August 1924 (act. 2—2 b), wobei er insbesondere geltend machte, daß die verspätete Mitteilung des Vorfalles an die Behörden lediglich auf die durch fragliche Plakate bewirkte Einschüchterung zurückzuführen sei.

4. Dnia 19 września 1924 Urząd Spraw Mniejszości przesłał zażalenie z uwagami (akt 1) Prezydentowi Komisji Mieszanej, przy czym określił zajście jako o tak podrzędnym znaczeniu, że nie potrzeba nim zajmować Komisji Mieszanej.

5. W replice z dnia 27 września 1924 (akt 7) żałący się powołał się na to, że chodzi tu o przestępstwo ścigane z urzędu. W szczególności wchodzi w rachubę § 107 kodeksu karnego, który postanawia: „Kto przemocą lub groźbą spełnienia przestępstwa uniemożliwia obywatelowi niemieckiemu, wykonującemu prawa obywatelskie, wykonanie aktu wyborczego lub głosowania, ulega karze więzienia najmniej 6-miesięcznego albo karze osadzenia w twierdzy do 5 lat. Usiłowanie jest karalne."

6. Na rozprawie ustnej z dnia 6 listopada 1924 (akt 21, 22) zastępca Urzędu Spraw Mniejszości wywodził, że władza policyjna dowiedziała się o zajściu dopiero od Prezydenta Rejencji. Jego zdaniem nie ma się tu do czynienia z czynem karygodnym. Przesłanki § 107 kodeksu karnego nie zachodzą, ponieważ nikomu nie uniemożliwiono uczestnictwa w wyborach.

Żałący się zaś wskazał na okoliczność, że jest mało prawdopodobne, aby drukowany plakat mógł pochodzić od pojedynczej osoby, został on prawdopodobnie sporządzony przez jakąś organizację.

II

Z przedstawionego powyżej stanu faktycznego wynika, że właściwa władza nie zarządziła wdrożenia dochodzenia celem wykrycia i ukarania winnych i że Nadprezydent odrzucił wniesione z tego powodu zażalenie, motywując to tym, że doniesienie karne zrobiono dopiero 30 czerwca. Zastępca Urzędu Spraw Mniejszości podzielił powyższe stanowisko Nadprezydenta i wywodził ponadto, że sprawa ma tak minimalne znaczenie, że nie usprawiedliwia odwołania do Komisji Mieszanej.

Tego stanowiska właściwych władz niemieckich nie można uznać za słuszne. Wieś Kroschnitz, gdzie zajście miało miejsce, jest miejscowością tak małą, że władze lokalne najprawdopodobniej wiedziały o nalepieniu inkryminowanych plakatów wyborczych i dowiedziała się o tym także władza policyjna, tak, że był powód do wdrożenia dochodzenia celem wykrycia winnych. Lecz przypuściwszy nawet, że właściwe władze istotnie dowiedziały się o zajściu dopiero na skutek doniesienia z dnia 30 czerwca, to i w tym razie było ich obowiąz-

4. Das Minderheitsamt leitete die Beschwerde am 19. September 1924 mit seinen Bemerkungen (act. 1) an den Präsidenten der Gemischten Kommission weiter, wobei es den Vorfall als von so untergeordneter Bedeutung qualifizierte, daß eine Notwendigkeit, die Gemischte Kommission damit zu befassen, nicht vorliege.

5. In seiner Replik vom 27. September 1924 (act. 7) machte der Beschwerdeführer geltend, daß es sich um ein Offizialdelikt handle. Insbesondere komme § 107 des Strafgesetzbuches in Betracht: »Wer einen Deutschen durch Gewalt oder durch Bedrohung mit einer strafbaren Handlung verhindert, in Ausübung seiner staatsbürgerlichen Rechte zu wählen oder zu stimmen, wird mit Gefängnis nicht unter 6 Monaten oder mit Festungshaft bis zu 5 Jahren bestraft. Der Versuch ist strafbar.«

6. In der mündlichen Verhandlung vom 6. November 1924 (act. 21, 22) führte der Vertreter des Minderheitsamtes aus, daß die Polizeibehörde erst durch den Regierungspräsidenten Kenntnis von dem Vorfall erhalten habe. Eine strafbare Handlung liege seines Erachtens nicht vor; der Tatbestand des § 107 des Strafgesetzbuches sei nicht erfüllt, da niemand verhindert worden sei, an der Wahl teilzunehmen.

Der Beschwerdeführer verwies seinerseits auf den Umstand, daß ein gedrucktes Plakat nicht wohl von einer einzelnen Person herrühren könne, sondern wahrscheinlich von einer ganzen Organisation angefertigt worden sei.

II

Aus dem vorstehend dargelegten Sachverhalt ergibt sich, daß die zuständige Behörde eine Strafuntersuchung zur Ermittlung und Bestrafung der Schuldigen nicht verfügt hat und daß die hiergegen gerichtete Beschwerde vom Oberpräsidenten unter Hinweis auf die erst am 30. Juni erfolgte Anzeige abgewiesen wurde. Der Vertreter des Minderheitsamtes, der sich diesem Standpunkt anschließt, machte außerdem geltend, die Angelegenheit sei so unwichtig, daß die Anrufung der Gemischten Kommission sich nicht rechtfertige.

Diese Stellungnahme der zuständigen deutschen Behörden kann nicht gebilligt werden. Das Dorf Kroschnitz, in welchem sich der Vorfall abspielte, ist so klein, daß der Anschlag der inkriminierten Wahlplakate den örtlichen Behörden höchstwahrscheinlich bekannt war und der Polizeibehörde zur Kenntnis gelangte, so daß Veranlassung zu Nachforschungen über die Schuldigen vorlag. Angenommen aber auch, daß die zuständigen Behörden in der Tat erst infolge der Anzeige vom 30. Juni von dem Vorfall Kenntnis erhielten, wäre es auch in diesem Falle ihre kiem wdrożyć i przeprowadzić dochodzenie karne. Wprawdzie upłynęły już wówczas blisko dwa miesiące i mogło być rzeczą wątpliwą, czy dochodzenie da rezultat, lecz ścigania zbrodni nie należy zaniechać z tego powodu, że nie doprowadzi ono ewentualnie do wykrycia winnego lub winnych. Wolno też przypuścić, że we wszystkich przypadkach, gdzie chodzi o tak ciężkie groźby skierowane przeciwko wykonywaniu ważnych praw obywatelskich, właściwe władze administracyjne (organa policyjne i prokurator) dołożą wszelkich starań celem wykrycia i ukarania sprawców (p. art. 107 niemieckiego kodeksu karnego). Ponieważ to w niniejszym przypadku nie nastąpiło, należy się w tym dopatrywać nierównego traktowania w myśl art. 75 Konwencji Genewskiej, w szczególności zaś ustępu 3 tego artykułu.

Ponadto należy wskazać na art. 76 Konwencji Genewskiej, który wyraźnie postanawia, że obywatele należący do mniejszości nie powinni doznawać ograniczeń w wykonywaniu prawa głosowania i prawa wyborczego. Ograniczenie takie zachodzi jednak pośrednio także wówczas, gdy właściwe władze administracyjne nie wdrażają dochodzenia nawet w przypadkach, gdzie chodzi o ciężkie groźby, skierowane przeciwko wykonywaniu praw obywatelskich przez osoby mniejszościowe.

Przedstawione naruszenia Konwencji Genewskiej należy naprawić przez dodatkowe bezzwłoczne wdrożenie i przeprowadzenie dokładnego dochodzenia.

III

Na mocy powyższych rozważań Prezydent Komisji Mieszanej dochodzi do

poglądu:

Właściwe niemieckie władze administracyjne winny bezzwłocznie wdrożyć dochodzenie celem wykrycia i ukarania osób, które dnia 4 maja 1924 usiłowały w Kroschnitz powstrzymać plakatami i groźbami Tomasza Passona i innych obywateli mniejszościowych od wykonania prawa wyborczego.

25

Pogląd

z dnia 27 listopada 1924 w sprawie skargi nr 67 Jadwigi Skladny, wdowy po Parchatce, w Wielkich Hajdukach, dawniej zamieszkałej w Borislawitz (Górny Śląsk Niemiecki), dotyczącej

Pflicht gewesen, eine Strafuntersuchung einzuleiten und durchzuführen. Allerdings waren damals schon fast zwei Monate verstrichen, und es mochte zweifelhaft sein, ob die Untersuchung Erfolg haben würde, aber die Verfolgung eines Verbrechens darf nicht deshalb unterbleiben, weil sie möglicherweise den oder die Schuldigen nicht feststellen kann. Es darf denn auch ohne weiteres angenommen werden, daß überall da, wo so schwere Bedrohungen gegen die Ausübung wichtiger staatsbürgerlicher Rechte erfolgen, die zuständigen Verwaltungsbehörden (Polizeiorgane und Staatsanwalt) alles aufbieten, um die Schuldigen zu ermitteln und der Bestrafung zuzuführen (s. Art. 107 des deutschen Strafgesetzes). Da dies im vorliegenden Falle nicht geschah, muß hierin eine ungleiche Behandlung im Sinne des Art. 75 der Genfer Konvention, insbesondere des dritten Absatzes dieser Bestimmung, erblickt werden.

Überdies ist auf Art. 76 der Genfer Konvention hinzuweisen, welcher ausdrücklich bestimmt, daß die Angehörigen der Minderheit in der Ausübung ihres Stimm- und Wahlrechts nicht benachteiligt werden sollen. Eine solche Benachteiligung ist aber mittelbar auch dann gegeben, wenn die zuständigen Administrativbehörden es unterlassen, eine Strafuntersuchung einzuleiten, obwohl schwere, gegen die Ausübung der staatsbürgerlichen Rechte der Angehörigen der Minderheiten gerichtete Bedrohungen vorliegen.

Die dargelegten Verletzungen der Genfer Konvention sind dadurch zu beseitigen, daß nachträglich ohne Verzug eine genaue Untersuchung eingeleitet und durchgeführt wird.

III

Gestützt auf die vorstehenden Erwägungen gelangt der Präsident der Gemischten Kommission für Oberschlesien zur

Stellungnahme:

Die zuständigen deutschen Behörden seien verpflichtet, in der Angelegenheit betreffend die gegen Thomas Passon und gegen andere Angehörige der Minderheit in Kroschnitz am 4. Mai 1924 durch Plakate verübte Bedrohung des Wahlrechts unverzüglich eine Untersuchung einzuleiten, um womöglich die Schuldigen zu ermitteln und der Bestrafung zuzuführen.

25

Stellungnahme

vom 27. November 1924 in der Beschwerdesache Nr. 67 der Hedwig Skladny, verw. Parchatka, in Wielkie Hajduki, früher wohnhaft in Borislawitz (Deutsch-Oberschlesien), betreffend 1. Strafrechtliche Verfol-

1. ścigania karnego zbrodni morderstwa, popełnionej na małżonku żalącej się,

2. ścigania karnego zbrodni zgwałcenia i wymuszenia, popełnionej na żalącej się.

W protokole z dnia 19 stycznia 1923, spisanym w Komisji Parytetycznej w Katowicach, który żaląca się załączyła do petycji wystosowanej do Urzędu Spraw Mniejszości, przedstawia ona w następujący sposób fakty, które stanowią podłoże jej skargi (akt 1 — akta karne str. 8—10).

I

1. Dnia 8 maja 1921 banda 50—60 członków „Selbstschutzu" pod przywództwem nauczyciela i pisarza gminnego Mathesa z Borislawitz i ekonoma Reinholda Kulawika aresztowała pierwszego małżonka żalącej się Wilhelma Parchatkę w jego mieszkaniu w Borislawitz i odstawiła go do Raciborza. Tutaj dnia 10 maja 1921 Parchatkę w obecności wielkiego tłumu zabito i wrzucono do Odry (akt 1, str. 3).

Morderstwo to było głównie dziełem nauczyciela Mathesa i ekonoma Kulawika. Na nienawiść ich zamordowany naraził się przez swą działalność jako naczelnik gminy Borislawitz. W zimie 1919-21 — sic! — musiał bowiem jako naczelnik gminy rozpatrywać zażalenie wniesione przeciwko nauczycielowi Mathesowi z tego powodu, że tenże przerwał naukę z powodu zimna. Mathesowi zarzucano, że węgiel dostarczony przez gminę na opalanie szkoły zużył na własne potrzeby. Od tego czasu Mathes był wrogiem Parchatki. Dalsze sprzeczności między Parchatką a Mathesem wyłoniły się na tle podziału gruntów dworskich. Gdy ekonom Reinhold Kulawik porozumiał się z pisarzem gminnym Mathesem, aby zapobiec podziałowi dóbr dworskich, Parchatka jako naczelnik gminy zwalczać musiał te dążności. Ażeby Parchatkę unieszkodliwić, Matheś opisał go w „Coseler Stadtblatt", zarzucając mu przekonania polskie. Przez to podjudził przeciwko niemu członków organizacji „Heimattreue" (akt 1, str. 1).

W dniu aresztowania Parchatki (8 maja 1921) Mathes i Kulawik mieli telefonicznie polecić władzy więziennej w Głupczycach, że naczelnik gminy Parchatka musi zginąć (akt 1, str. 2). Istotnie odseparowano Parchatkę w Głupczycach od innych więźniów i odstagung des an dem gewesenen Ehemann der Beschwerdeführerin begangenen Mordes. 2. Strafrechtliche Verfolgung der an der Beschwerdeführerin angeblich begangenen Verbrechen der Notzucht und der Erpressung.

Die Beschwerdeführerin gibt in dem von der Paritätischen Kommission von Katowice aufgenommenen Protokoll vom 19. Januar 1923, welches sie ihrer Eingabe an das Minderheitsamt beilegte, folgende Darstellung der Tatsachen, auf die sich ihre Beschwerde stützt (act. 1) — Strafakten Blatt 8—10.

I

1. Am 8. Mai 1921 wurde der erste Ehemann der Beschwerdeführerin, der Bauerngutsbesitzer und Gemeindevorsteher von Borislawitz Wilhelm Parchatka, in seiner Wohnung in Borislawitz von einem Trupp vom 50—60 Selbstschutzleuten unter der Anführung des Lehrers und Gemeindeschreibers Mathes von Borislawitz und des Gutsinspektors Reinhold Kulawik festgenommen und hierauf nach Ratibor abtransportiert, wo er am 10. Mai 1921 in Gegenwart einer großen Volksmenge zu Tode mißhandelt und in die Oder geworfen wurde (act. 1 S. 3).

Dieser Mord war hauptsächlich das Werk des Lehrers Mathes und des Gutsinspektors Kulawik gewesen, deren Haß sich der Ermordete durch seine Tätigkeit als Gemeindevorsteher von Borislawitz zugezogen hatte. Parchatka hatte sich nämlich im Winter 1919-21 — sic! — als Gemeindevorsteher mit einer gegen den Lehrer Mathes eingereichten Beschwerde zu befassen, da dieser den Unterricht im Winter wegen Kälte ausfallen ließ. Es wurde gegen Mathes geltend gemacht, er verwende die von der Gemeinde für die Beheizung der Schule gelieferte Kohle für sich selbst. Von da an habe Parchatka den Mathes zu seinem Feinde gehabt. In einen weiteren Gegensatz zu ihm trat Parchatka in der Frage der Aufteilung des herrschaftlichen Ackers. Als der Gutsinspektor Reinhold Kulawik sich mit dem Gemeindeschreiber Mathes verbündete, um die Aufteilung des herrschaftlichen Landes zu verhindern, hatte Parchatka als Gemeindevorsteher diese Bestrebungen zu bekämpfen. Um den Parchatka unschädlich zu machen, wurde er daher von Mathes im Coseler Stadtblatt als Pole gebrandmarkt und die »Heimattreuen« dadurch gegen ihn aufgehetzt (act. 1 S. 1).

Am Tage der Festnahme des Parchatka (8. Mai 1921) sollen die beiden — Mathes und Kulawik — der Gefangenenstelle Leobschütz die telephonische Anweisung gegeben haben, der Gemeindevorsteher Parchatka dürfe unter keinen Umständen am Leben gelassen werden (act. 1

wiono razem z niejakim Antonim Meissnerem do Raciborza, gdzie obydwaj zginęli gwałtowną śmiercią (akt 1, str. 3).

2. Po zamordowaniu Parchatki ekonom Kulawik począł w niesłychany sposób prześladować wdowę po zamordowanym — obecną żalącą się — żądając od niej kilkakrotnie wśród gróźb, aby mu sprzedała grunt Parchatki w Borislawitz. Kulawik groził jej przy tym, że jeśli się na to nie zgodzi, to zgotuje jej ten sam koniec co jej mężowi. Złamana na duchu i ciele, żaląca się pod naciskiem tych ciągłych gróźb zmuszona była sprzedać Kulawikowi swą piękną posiadłość w Borislawitz, do której należały 52 morgi pierwszorzędnej roli i wzorowe budynki gospodarcze oraz najlepszy inwentarz, za cenę 200.000 mk, podczas gdy wartość posiadłości w chwili sprzedaży wynosiła co najmniej 1,000.000 marek (akt . 1, str. 4).

3. Żaląca się zarzuca następnie Kulawikowi, że w czasie, gdy wymuszał na niej sprzedaż majątku, zniewolił ją groźbami kilkakrotnie do pozamałżeńskiego obcowania cielesnego i w czasie tym zgwałcił ją trzykrotnie (akt 1, str. 4).

II

1. Wilhelm Parchatka utracił dnia 10 V 1921 — w czasie trzeciego powstania polskiego — w sposób gwałtowny życie w Raciborzu. Rządy sprawowała wówczas Komisja Międzysojusznicza.

Śledztwo wdrożone przez Prokuraturę w Raciborzu w sprawie tego morderstwa wykazało co następuje:

Dnia 18 maja 1921 wydobyto z Odry w Birkenwald w pobliżu zamku raciborskiego zwłoki mężczyzny, w których tamtejszy naczelnik Urzędu Okręgowego rozpoznał zwłoki naczelnika gminy Wilhelma Parchatki z Borislawitz (akta karne, str. 1). Prokurator wniósł o sądowe oględziny zwłok, które w obecności przedstawicieli Sądu Grodzkiego i Prokuratury raciborskiej odbyły się dnia 19 maja 1921. Orzeczenie lekarskie wydane na podstawie oględzin zwłok stwierdziło, że obrażenia czaszki i klatki piersiowej zwłok były śmiertelne i wystarczały do wyjaśnienia przyczyny śmierci. Po wpłynięciu raportu wachmistrza policji Matuschka, według którego „zmarły w czasie panujących obecnie rozruchów prawdopodobnie zamordowany został przez

S. 2). Tatsächlich wurde Parchatka in Leobschütz von den übrigen Gefangenen abgesondert und mit einem gewissen Anton Meisner zusammen nach Ratibor abgeschoben, wo beide auf gewaltsame Weise den Tod fanden (act. 1 S. 3).

2. Nach der Ermordung des Parchatka begann der Gutsinspektor Kulawik die Witwe des Ermordeten — die heutige Beschwerdeführerin — in unerhörter Weise zu verfolgen, indem er sie wiederholt unter Drohungen aufforderte, ihm das Grundstück des Parchatka in Borislawitz zu verkaufen, »andernfalls — er ihr dasselbe Ende bereiten wolle wie ihrem Manne«. Unter dem Drucke dieser fortgesetzten Drohungen sah sich die körperlich und seelisch zusammengebrochene Beschwerdeführerin gezwungen, ihr schönes Besitztum in Borislawitz, das 52 Morgen Acker 1. Klasse maß und zu welchem musterhafte Wirtschaftsgebäude und bestes Inventar gehörten, für 200.000,— Mark dem Kulawik zu verkaufen, während das Gut zur Zeit des Verkaufes einen Wert von mindestens einer Million Mark gehabt habe (act. 1 S. 4).

3. Die Beschwerdeführerin erhebt die weitere Beschuldigung gegen Kulawik, er habe sie zur Zeit seiner Erpressungen wegen des Grundstücksverkaufs wiederholt durch Drohungen zur Duldung des außerehelichen Beischlafs gezwungen und habe sie während dieser Zeit dreimal vergewaltigt (act. 1 S. 4).

II

1. Wilhelm Parchatka ist am 10. Mai 1921 — zur Zeit des dritten polnischen Aufstandes — auf gewaltsame Weise in Ratibor ums Leben gekommen. Die Staatsgewalt befand sich damals in den Händen der Interalliierten Kommission.

Das von der Staatsanwaltschaft Ratibor wegen der Ermordung des Wilhelm Parchatka eingeleitete Verfahren ergab folgende Feststellungen:

Am 18. Mai 1921 wurde im Birkenwalde bei Schloß Ratibor eine männliche Leiche aus der Oder gezogen und vom Amtsvorsteher von Schloß Ratibor als diejenige des Gemeindevorstehers Wilhelm Parchatka aus Borislawitz agnosziert (Strafakten Blatt 1). Der Staatsanwalt beantragte die gerichtliche Leichenschau, welche am 19. Mai 1921 vor Vertretern des Amtsgerichts und der Staatsanwaltschaft Ratibor stattfand. Das gestützt auf diese Leichenbesichtigung abgegebene ärztliche Gutachten stellte fest, daß die an der Leiche vorgefundenen Verletzungen des Schädels und des Brustkastens tödlich waren und zur Erklärung des Todes ausreichen. Nach Eingang des Rapportes des Polizeiwachtmeisters Matuschek, wonach »die Leiche vermutlich bei den jetzt herrschenden Unruhen powstańców i wrzucony potem do wody" (akta karne str. 6), zarządzeniem Prokuratury z dnia 21 maja 1921 (akta karne str. 4) śledztwo zawieszono, ponieważ „sprawców nie wyśledzono i dalsze dochodzenia nie mają widoków powodzenia".

Z wyjątkiem stwierdzenia tożsamości i oględzin zwłok oraz ściągnięcia powyższego raportu policyjnego nie było żadnych innych dochodzeń. Z akt przede wszystkim nie wynika, czy w Borislawitz przesłuchano jakichś świadków lub przeprowadzono dochodzenia, czy dano ogłoszenie do dzienników policyjnych lub zarządzono innego rodzaju dochodzenia policyjne, jak tego okoliczności wymagały. Śledztwo zawieszono, nie stwierdziwszy nic co do sprawstwa mordu.

2. Naszkicowane powyżej postępowanie pozostało w zawieszeniu, aż wdowa po zamordowanym za pośrednictwem Wydziału Parytetycznego w Katowicach wniosła o wznowienie postępowania (pismo z dnia 23 stycznia 1923 — akta karne str. 7). Dnia 7 lutego 1923 Prokurator w Raciborzu zarządził wznowienie postępowania wdrożonego z powodu zamordowania Wilhelma Parchatki i wniósł u sędziego śledczego II w Raciborzu o otwarcie śledztwa wstępnego przeciwko nauczycielowi Mathesowi i ekonomowi Kulawikowi, których oskarża, „że wspólnie i rozmyślnie nakłonili osoby trzecie do zamordowania Parchatki" (akta karne str. 11). Kulawika poza tym obwiniono, że wdowie po Parchatce groził popełnieniem zbrodni i że siłą lub groźbą zniewolił ją do pozamałżeńskiego obcowania cielesnego. Uchwałą z dnia 14 lutego 1923 sędzia śledczy II otworzył śledztwo wstępne (akta karne str. 12), lecz uważał widocznie, że cel śledztwa wstępnego już jest osiągnięty, bo nie wydawszy żadnych zarządzeń śledczych już dnia 19 lutego wniósł o zastosowanie wobec obwinionych Mathesa i Kulawika polsko-niemieckiej ustawy amnestyjnej z dnia 21 czerwca 1922, motywując to tym, że chodzi o morderstwo z pobudek czysto lub przeważnie politycznych (akta karne str. 12). Ponieważ prokurator sprzeciwił się temu wnioskowi (akta karne str. 12), kwestię amnestii przedstawiono do rozstrzygnięcia III Izbie Karnej przy Sądzie Okręgowym w Raciborzu. W uchwale z dnia 21 lutego 1923 Izba Karna wypowiedziała się w tym sensie, że w obecnym stadium postępowania i na podstawie dotychczasowego wyniku śledztwa nie można z całą pewnością potwierdzić, czy polsko-niemiecka ustawa amnestyjna może mieć zastosowanie (akta karne str. 13).

durch die Insurgenten ermordet und dann ins Wasser geworfen sei« (Strafakten Blatt 6), wurde das wegen der Ermordung des Parchatka eingeleitete Verfahren durch Verfügung der Staatsanwaltschaft vom 21. Mai 1921 eingestellt (Strafakten Blatt 4), da »die Täter nicht ermittelt und weitere Nachforschungen aussichtslos« seien.

Außer der Agnoszierung und Besichtigung der Leiche sowie der Einholung des obenerwähnten Polizeiberichtes haben keinerlei Untersuchungsmaßnahmen stattgefunden. Es geht aus den Akten namentlich nicht hervor, daß in Borislawitz irgendwelche Abhörungen oder Nachforschungen gemacht worden wären oder daß Ausschreibungen in Polizeiblättern oder andere durch die Umstände gebotene polizeiliche Recherchen angeordnet worden wären. Die Untersuchung wurde eingestellt, ohne daß über die Urheberschaft des Mordes irgend etwas ermittelt worden wäre.

2. Das oben skizzierte Verfahren blieb bis zu dem Tage eingestellt, wo die Witwe des Ermordeten durch Vermittelung des Paritätischen Ausschusses von Katowice die Wiederaufnahme des Verfahrens beantragte (Schreiben vom 23. Januar 1923 — Strafakten Blatt 7). Am 7. Februar 1923 verfügte die Staatsanwaltschaft Ratibor die Wiederaufnahme des wegen der Ermordung des Wilhelm Parchatka eingeleiteten Verfahrens und beantragte den Untersuchungsrichter II von Ratibor die Eröffnung der Voruntersuchung gegen Lehrer Mathes und Gutsinspektor Kulawik, beide in Borislawitz, welche sie beschuldigt, »Drittpersonen gemeinschaftlich und vorsätzlich zur Ermordung des Wilhelm Parchatka bestimmt zu haben« (Strafakten Blatt 11). Kulawik wurde außerdem beschuldigt, die Witwe Parchatka mit der Begehung eines Verbrechens bedroht und sie mit Gewalt oder Bedrohung zur Duldung des außerehelichen Beischlafs genötigt zu haben. Durch Beschluß vom 14. Februar 1923 erklärte der Untersuchungsrichter II die Voruntersuchung für eröffnet (Strafakten Blatt 12), schien aber den Zweck der Voruntersuchung bereits für erreicht zu erachten, denn er stellte schon am 19. Februar, ohne irgendwelche Untersuchungsmaßnahmen getroffen zu haben, den Antrag, die Angeschuldigten Mathes und Kulawik seien, da es sich um einen aus rein oder überwiegend politischen Gründen erfolgten Mord handle, in Anwendung des deutsch-polnischen Amnestiegesetzes vom 21. Juni 1922, wegen der angeblichen Anstiftung zum Morde an Parchatka zu amnestieren (Strafakten Blatt 12). Da sich der Staatsanwalt diesem Antrage widersetzte (Strafakten Blatt 12), wurde die Amnestiefrage der Strafkammer III des Landgerichts Ratibor zur Entscheidung unterbreitet. Diese Behörde sprach sich in ihrem Beschluß vom 21. Februar 1923 dahin aus, daß in dem gegenwärtigen Stadium des Verfahrens und auf Grund der bisherigen

Śledztwo wstępne toczyło się zatem dalej. Dnia 27 lutego 1923 sędzia śledczy wezwał sześciu z jedenastu powołanych przez żalącą się swiadków. Z tych sześciu świadków przesłuchać można było tylko czterech. Zeznania przesłuchanych świadków zawierają jednak bardzo mało danych co do stosunków osobistych obwinionych do zamordowanego. Protokoły zeznań nie wyjaśniają dostatecznie sprzeczności, które z powodu sprzeniewierzenia węgli przez Mathesa i na tle podziału gruntów dworskich istniały pomiędzy zamordowanym a obwinionymi. Świadek Jerzy Koch przypomina sobie rozmowę z nauczycielem Mathesem, w której Mathes wyraził się, że zawiódł się bardzo na Parchatce i że nie byłby sądził, że Parchatka jest Polakiem. W rozmowie tej padło też słowo „zemsta", lecz świadek już sobie nie przypomina, w jakim związku (akta karne str. 29—30). Z drugiej strony świadek Teodor Skladny zeznał, że widział, jak Parchatka w dniu aresztowania podał obu obwinionym rękę na pożegnanie. Mathes miał przy tym powiedzieć: „Parchatka, Pan ponosi największą odpowiedzialność, Pan będzie musiał najbardziej odpowiadać", Kulawika zaś Parchatka miał poprosić, aby uważał na jego gospodarstwo (akta karne str. 20—21).

Na okoliczność, że obwinieni mieli telefonicznie powiedzieć członkowi „Selbstschutzu" w więzieniu w Głupczycach, że naczelnik Parchatka nie powinien wyjść żywy z więzienia, przesłuchano trzech przez żalącą się powołanych świadków, mianowicie Antoniego Skladnego, Teodora Skladnego i Karola Zeldera (akt 1 str. 2, akta karne str. 19—25). Żaden z tych świadków rzekomo nie słyszał wspomnianej rozmowy telefonicznej, jak również nie słyszeli jej świadkowie Jerzy Koch i Jan Parchatka, których przesłuchano na wniosek sędziego śledczego.

Powołanych przez żalącą się pięciu świadków, którzy mieli zeznawać o zajściach w Raciborzu, nie przesłuchano. Podkreślić należy, że na okoliczność zamordowania Parchatki nie przesłuchano ani zalącej się ani obu obwinionych Mathesa i Kulawika.

Na podstawie tego wyniku śledztwa sędzia śledczy w Raciborzu wniósł u Prokuratury o przekazanie sprawy Izbie Karnej celem rozstrzygnięcia kwestii amnestyjnej (akta karne str. 28). Dnia 21 marca 1923 Izba Karna III Sądu Okręgowego w Raciborzu powzięła uchwałę, mocą której z powodu możności prawnej zastosowania polsko-

Ermittlungsergebnisse die Anwendbarkeit des deutsch-polnischen Amnestiegesetzes nicht zweifelsfrei bejaht werden könne (Strafakten Blatt 13).

Die Voruntersuchung nahm daher ihren Fortgang. Am 27. Februar 1923 verfügte der Untersuchungsrichter die Vorladung von 6 der von der Beschwerdeführerin angerufenen 11 Zeugen, wovon allerdings nur 4 abgehört werden konnten. In diesen Zeugen-Depositionen finden sich nur spärliche Angaben über die persönlichen Beziehungen der Angeschuldigten zu dem Ermordeten. Die Anhörungsprotokolle geben nicht den geeigneten Aufschluß über die Gegensätze, welche zwischen dem Ermordeten und den Angeschuldigten wegen der Kohlenunterschlagungen des Mathes und der Aufteilung des herrschaftlichen Landes bestanden haben sollen. Der Zeuge Georg Koch erinnert sich eines Gespräches mit Lehrer Mathes, in dem sich dieser äußerte, er hätte sich in Parchatka sehr getäuscht und er hätte nicht gedacht, daß er Pole wäre. In diesem Gespräch sei auch das Wort Rache gefallen, der Zeuge erinnert sich aber nicht mehr, in welchem Zusammenhange (Strafakten Blatt 29—30). Andererseits deponiert der Zeuge Theodor Skladny, er habe am Tage der Verhaftung des Parchatka gesehen, wie dieser den beiden Angeschuldigten die Hand zum Abschied gegeben habe. Mathes habe dabei gesagt: »Parchatka, Sie werden am meisten zu verantworten haben«, und dem Kulawik hätte der Ermordete aufgetragen, auf seine Wirtschaft aufzupassen (Strafakten Blatt 20—21).

Über das Telephongespräch, in welchem die Angeschuldigten angeblich zum Selbstschutzmann der Gefangenenstelle von Leobschütz gesagt hätten, der Gemeindevorsteher Parchatka sollte auf keinen Fall am Leben gelassen werden, wurden die von der Beschwerdeführerin angerufenen 3 Zeugen (Anton Skladny, Theodor Skladny und Karl Zelder) abgehört (act. 1 S. 3, Strafakten Blatt 19—25). Keiner dieser Zeugen wollte das erwähnte Telephongespräch gehört haben, ebensowenig die auf die Initiative des Untersuchungsrichters abgehörten Zeugen Georg Koch und Johann Parchatka.

Die von der Beschwerdeführerin für die Vorfälle in Ratibor angerufenen 5 Zeugen wurden nicht angehört. Es ist hervorzuheben, daß weder eine Abhörung der Beschwerdeführerin noch der beiden Angeschuldigten Mathes und Kulawik in bezug auf die Ermordung des Parchatka stattgefunden hat.

Auf Grund dieses Untersuchungsergebnisses beantragte der Untersuchungsrichter Ratibor der Staatsanwaltschaft die Unterbreitung des Verfahrens an die Strafkammer zum Entscheid über die Amnestiefrage (Strafakten Blatt 28). Der Staatsanwalt beantragte bezüglich der Ermordung des Parchatka, die Angeschuldigten Mathes und Kulawik niemieckiej amnestii z dnia 21 czerwca 1922 odstępuje się od ścigania karnego Mathesa i Kulawika, obwinionych o podmawianie do morderstwa, ponieważ czyn popełniono co najmniej przeważnie z pobudek politycznych (akta karne str. 30).

3. Dnia 10 kwietnia 1923 sędzia śledczy przesłuchał obwinionego Kulawika w śledztwie wstępnym jedynie już tylko na okoliczność wymuszenia i zgwałcenia. Kulawik zaprzeczył, że dopuścił się jakiejkolwiek zbrodni na osobie wdowy po Parchatce. Gospodarstwo ofiarował mu na sprzedaż ojciec żalącej się i cena, którą zapłacił, była nawet za wysoka. Obwiniony zaprzeczył, że obcował kiedykolwiek z żalącą się. Pani Jadwiga Skladny kilkakrotnie zwracała się do niego z propozycjami matrymonialnymi.

Jaką wartość przedstawiało gospodarstwo w chwili sprzedaży, na to ekspertyzy nie ma.

Przesłuchani w tym postępowaniu świadkowie Konstanty Parchatka i Bertold Füllbier oświadczyli sprzecznie, że cena zapłacona przez Kulawika była wiele za niska wzgl. wiele za wysoka. Konstanty Parchatka zeznał, że on zapłaciłby za gospodarstwo nawet więcej niż 200.000 mk, nie byłby go jednak otrzymał, bo żaląca się oświadczyła mu, że musi je sprzedać Kulawikowi, gdyż ten przyrzekł jej małżeństwo (akta karne str. 38).

Dnia 14 maja 1923 sędzia śledczy w Raciborzu i prokurator wnieśli u Izby Karnej III Sądu Okręgowego o odstąpienie od ścigania karnego Kulawika, obwinionego o przestępstwo grożenia i zgwałcenia w zbiegu jednoczynowym — i to dla braku istotnych dowodów (akta karne str. 44).

4. Przeciwko tym zawieszeniom postępowania żaląca się wniosła sprzeciw u Prezydenta Rejencji w Opolu. Ponieważ decyzja Prezydenta Rejencji jej nie zadowoliła, wniosła dnia 20 stycznia 1924 zażalenie do Urzędu Spraw Mniejszości w Opolu (akt 2).

außer Verfolgung zu setzen »aus dem rechtlichen Grunde der Anwendbarkeit der deutsch-polnischen Amnestie«. Hinsichtlich der weiteren Straftat des Kulawik seien die Akten in die Voruntersuchung zurückzugeben (Strafakten Blatt 28). Die Strafkammer III des Landgerichts Ratibor faßte darauf am 21. März 1923 den Beschluß, »die Angeschuldigten Mathes und Kulawik werden von Beschuldigung der Anstiftung zum Morde... aus dem rechtlichen Grunde der Anwendbarkeit der deutsch-polnischen Amnestie vom 21. Juni 1922 außer Verfolgung gesetzt, weil die Tat jedenfalls zum mindesten überwiegend aus politischen Gründen begangen wurde« (Strafakten Blatt 30).

3. Am 10. April 1923 wurde in der nur einzig gegen Kulawik wegen Erpressung und Vergewaltigung geführten Voruntersuchung Kulawik vom Untersuchungsrichter abgehört. Kulawik bestritt, sich irgendeines Verbrechens an der Witwe des Parchatka schuldig gemacht zu haben. Das Grundstück sei ihm durch den Vater der Beschwerdeführerin angeboten worden und der dafür bezahlte Preis sei sogar zu hoch gewesen. Der Angeschuldigte bestritt jeglichen Geschlechtsverkehr mit der Beschwerdeführerin. Frau Hedwig Skladny sei mehrmals mit Heiratsanträgen an ihn herangetreten.

Eine Expertise über den Wert des Grundstücks zur Zeit des Verkaufs ist nicht ergangen.

Die in diesem Verfahren abgehörten 2 Zeugen: Konstantin Parchatka und Bertold Füllbier, bezeichnen den von Kulawik bezahlten Kaufpreis widersprechend als viel zu niedrig bzw. zu hoch. Konstantin Parchatka deponierte, er hätte auch mehr als 200.000,— Mark für das Grundstück bezahlt, hätte es aber nicht bekommen, da ihm die Beschwerdeführerin erklärte, sie müsse an Kulawik verkaufen, da dieser ihr die Heirat versprochen habe (Strafakten Blatt 38).

Am 14. Mai 1923 beantragten der Untersuchungsrichter und der Staatsanwalt in Ratibor der Strafkammer III des Landgerichts, den Angeschuldigten Kulawik »von der Anschuldigung der fortgesetzten Bedrohung und Notzucht aus dem tatsächlichen Grunde mangelnden Beweises außer Verfolgung zu setzen« (Strafakten Blatt 44). Dieser Antrag wurde am 17. Mai 1923 von der Strafkammer III des Landgerichts Ratibor zum Beschluß erhoben, und der Angeschuldigte außer Verfolgung gesetzt (Strafakten Blatt 44).

4. Gegen diese Einstellungen der Verfahren erhob die Beschwerdeführerin beim Regierungspräsidenten in Oppeln Einspruch. Da sie von diesem nicht zufriedengestellt wurde, reichte sie am 20. Januar 1924 eine Beschwerde beim Minderheitsamt in Oppeln ein (act. 2).

W uwagach z dnia 6 lutego 1924 (akt 3) Urząd Spraw Mniejszości zajął stanowisko, że śledztwo wytoczone z powodu zamordowania Parchatki nie może być rozpatrywane przez Prezydenta Komisji Mieszanej, ponieważ decyzje Prokuratury jako władzy sądowej usuwają się spod jego właściwości.

W petycji z dnia 25 lutego 1924 żaląca się wywodziła, że śledztwo Prokuratury obejmowało jedynie zbrodnię zamordowania jej małżonka, nie dotyczyło natomiast wymuszonego kontraktu kupna ani zbrodni zgwałcenia. Poza tym żaląca się żąda od Rządu Niemieckiego odpowiedniego wynagrodzenia szkód, wyrządzonych jej przez organizacje „Selbstschutzu" (akt 8).

W odpowiedzi z dnia 27 marca 1924 (akt 17) Urząd Spraw Mniejszości zajął to samo stanowisko co przedtem.

Rozprawa ustna odbyła się dnia 15 kwietnia 1924 (akt 19 a, 19 b). Urząd Spraw Mniejszości wywodził, że śledztwo karne, wszczęte z powodu zamordowania Parchatki, pozostało bez rezultatu. Kontrakt kupna-sprzedaży zawarty między Kulawikiem a żalącą się należy zaczepić w drodze skargi cywilnej. Pani Skladny nie może żądać odszkodowania od Państwa Niemieckiego, ponieważ w czasie wyrządzenia szkód rządy spoczywały w ręku Komisji Międzysojuszniczej.

III

Jest rzeczą ustaloną, że Prezydent Komisji Mieszanej właściwy jest do rozpatrywania skargi o naruszenie praw mniejszościowych tylko wtenczas, gdy chodzi o zarządzenia władz administracyjnych (Konwencja Genewska art. 148, 149).

Ponieważ według prawa niemieckiego prokuratura jest władzą administracyjną, zarządzenia jej w niniejszym przypadku rozpatrywać by można tylko na okoliczność, czy nie naruszają zasad prawnych Konwencji Genewskiej z dnia 15 maja 1922. Administracyjny charakter prokuratury niemieckiej jest wyraźnie uwypuklony w postanowieniu art. 148 ustawy o ustroju sądownictwa, w myśl którego dozór nad prokuraturami Rzeszy i państw związkowych oraz kierownictwo nimi przysługuje kanclerzowi Rzeszy lub zarządom sprawiedliwości państw związkowych (ministeriom). O prokuratorach Rzeszy art. 149 ustawy o ustroju sądownictwa powiada expressis verbis, że generalny prokurator Rzeszy i prokuratorzy Rzeszy nie są urzędnikami sędziowskimi.

Das Minderheitsamt nahm in seinen Bemerkungen vom 6. Februar 1924 (act. 3) den Standpunkt ein, daß die wegen der Ermordung des Parchatka eingeleitete Untersuchung nicht der Nachprüfung des Präsidenten der Gemischten Kommission unterliege, da die Entschließungen der Staatsanwaltschaft als einer Justizbehörde seiner Nachprüfung entzogen seien.

In ihrer Eingabe vom 25. Februar 1924 macht die Beschwerdeführerin geltend, daß die Ermittelungen der Staatsanwaltschaft nur auf die Ermordung ihres Mannes, nicht aber auf den ihr erpreßten Kaufvertrag und auf das Delikt der Vergewaltigung Bezug hatten. Im weiteren verlangt die Beschwerdeführerin eine angemessene Entschädigung von der deutschen Regierung für die ihr durch die Selbstschutzorganisationen zugefügten Schäden (act. 8).

In seiner Anwort vom 27. März 1924 (act. 17) wiederholte das Minderheitsamt den von ihm bereits eingenommenen Standpunkt.

Die mündliche Verhandlung fand am 15. April 1924 statt (act. 19 a, 19 b). Das Minderheitsamt führte aus, daß die wegen der Ermordung des Parchatka eingeleitete Strafuntersuchung kein Resultat ergeben habe. Der zwischen dem Kulawik und der Beschwerdeführerin abgeschlossene Kaufvertrag sei im Wege einer Zivilklage anzufechten. Schadenersatzansprüche gegenüber dem deutschen Staat könne Frau Skladny keine geltend machen, da sich die Staatsgewalt im Zeitpunkt der verursachten Schäden in den Händen der Interalliierten Kommission befunden habe.

III

Es steht fest, daß der Präsident der Gemischten Kommission nur insoweit kompetent ist, eine an ihn gelangte Beschwerde wegen Verletzung der Minderheitsrechte zu überprüfen, als es sich um Maßnahmen administrativer Behörden handelt (Genfer Abkommen Art. 148 und 149).

Im vorliegenden Falle könnten daher die Anordnungen und Maßnahmen der Staatsanwaltschaft daraufhin geprüft werden, ob sie Verletzungen der in der Genfer Konvention vom 15. Mai 1922 enthaltenen Rechtsgrundsätze enthalten, da die Staatsanwaltschaft nach deutschem Recht eine Administrativbehörde ist. In der Bestimmung des Art. 148 des Gerichtsverfassungsgesetzes, wonach die Aufsicht und Leitung über die Staatsanwaltschaft des Reiches und der Bundesstaaten dem Reichskanzler bzw. den bundesstaatlichen Justizverwaltungen (Ministerien) zusteht, ist der administrative Charakter der deutschen Staatsanwaltschaft deutlich zum Ausdruck gebracht. Von den Staatsanwälten des Reiches sagt Art. 149 des Gerichtsverfassungsgesetzes expressis verbis: der Oberreichsanwalt und die Reichsanwälte sind nicht richterliche Beamte.

Lecz także z organizacji wewnętrznej prokuratury wynika całkiem jasno, że jest ona władzą administracyjną. Pierwszemu prokuratorowi przysługuje bowiem dozór nad wszystkimi urzędnikami prokuratury danego okręgu i kierownictwo tymi urzędnikami (ustawa o ustroju sądownictwa 149 liczba 3), tak, że władze nadrzędne mogą władzom podrzędnym udzielać nie tylko wiążących wskazówek w poszczególnym konkretnym przypadku, lecz także instrukcyj generalnych co do wykładni jakiegoś przepisu ustawy. Włączenie prokuratury do hierarchii administracyjnej i ścisłe podporządkowanie jej urzędników stoi w takim sprzeciwieństwie do kryterium władzy sądowej, kryterium, pojmowanego w znaczeniu absolutnej niezawisłości, że nie można mieć wątpliwości co do natury administracyjnej prokuratury. (To samo zapatrywanie wyrażone jest w słowniku niemieckiego prawa państwowego i administracyjnego tom 3, str. 468, artykuł o prokuraturze).

Na mocy art. 149 Konwencji Genewskiej zażalenie przeciwko postępowaniu prokuratury z powodu naruszenia ogólnie obowiązujących norm prawnych byłoby zatem zasadniczo dopuszczalne. Mogłoby chodzić przy tym o naruszenie artykułów 66, 67 i 75 Konwencji Genewskiej, gdyby z widocznym naruszeniem podstawowych przepisów kodeksu karnego lub postępowania karnego doniesienia karnego osoby należącej do mniejszości nie uwzględniono wcale albo niedostatecznie.

Kwestii tej nie potrzeba jednak rozpatrywać, zważywszy, że się władze sądowe później daną sprawą zajmowały. Z chwilą przekazania sprawy sędziemu śledczemu i otwarcia śledztwa wstępnego postępowanie przeszło z rąk władz administracyjnych do rąk władz sądowych. Prezydent Komisji Mieszanej nie ma zaś prawa do wyrażenia poglądu co do działania i zaniechania władz sądowych. Nie może on zatem poddać rozpatrzeniu zarządzeń wydanych po 14 lutego 1923 (otwarcie śledztwa wstępnego), bo chodzi tu o zarządzenia sędziego śledczego lub Izby Karnej III w Raciborzu. Przez to traci wszelkie znaczenie rozpatrywanie postępowania śledczego, prowadzonego wyłącznie przez prokuraturę. Wprawdzie w tym stadium procesu postępowanie całkowicie spoczywa w ręku prokuratury, ale rozpatrywanie jej zarządzeń byłoby pozbawione sensu, bo czynności prokuratury zostały pod każdym względem przez władze sądowe potwierdzone i przez nie quasi absorbowane.

Aber auch aus der inneren Organisation der Staatsanwaltschaft ergibt sich mit Evidenz ihre Zugehörigkeit zu den Administrativbehörden, indem dem ersten Beamten der Staatsanwaltschaft die Aufsicht und Leitung hinsichtlich aller Beamten der Staatsanwaltschaft seines Bezirkes zusteht (Gerichtsverfassungsgesetz 149 Ziff. 3), so daß die oberen Stellen den unteren verbindliche Anweisungen nicht nur im einzelnen, konkreten Fall, sondern generelle Instruktionen über die Auslegung einer Gesetzesvorschrift erteilen können. Die Einfügung der Staatsanwaltschaft in die Verwaltungshierarchie und die strenge Unterordnung ihrer Beamten stehen zu dem Kriterium der Justizbehörde, welches in ihrer absoluten Unabhängigkeit erblickt wird, dermaßen im Widerspruch, daß an der administrativen Natur der Staatsanwaltschaft nicht gezweifelt werden kann. (Gleiche Ansicht im Wörterbuch des deutschen Staats- und Verwaltungsrechts Band 3 S. 468, Artikel über die Staatsanwaltschaft.)

Eine Beschwerde gegen das Vorgehen der Staatsanwaltschaft wegen Verletzung allgemein gültiger Rechtsnormen wäre somit grundsätzlich zulässig, gestützt auf Art. 149 der Genfer Konvention. Es könnte sich dabei um Verletzung der Art. 66, 67 und 75 der Genfer Konvention handeln, wenn unter offenbarer Verletzung grundlegender strafrechtlicher oder strafprozessualischer Vorschriften der Strafanzeige einer zur Minderheit gehörigen Person gar keine oder eine ungenügende Folge gegeben worden wäre.

Doch diese Frage braucht mit Rücksicht auf die nachfolgende Befassung richterlicher Behörden nicht geprüft zu werden. Mit der Überweisung des Verfahrens an den Untersuchungsrichter und der Eröffnung der Voruntersuchung ist das Verfahren von den Administrativbehörden in die Hände richterlicher Behörden übergegangen, über deren Tun und Unterlassen es dem Präsidenten der Gemischten Kommission nicht zusteht, eine Stellungnahme auszusprechen. Über alle nach dem 14. Februar 1923 (Eröffnung der Voruntersuchung) getroffenen Maßnahmen steht somit dem Präsidenten der Gemischten Kommission keine Kognition zu, da sie vom Untersuchungsrichter resp. der Strafkammer III des Landgerichts Ratibor getroffen wurden. Dadurch verliert aber eine Überprüfung des von der Staatsanwaltschaft allein geführten Ermittelungsverfahrens jede Bedeutung. Wohl ist die Staatsanwaltschaft in diesem Stadium des Prozesses völlig Herrin des Verfahrens, aber eine Überprüfung dieser Maßnahmen würde jedes Sinnes entbehren, da die Handlungen der Staatsanwaltschaft durch die nachfolgende Betätigung der richterlichen Behörden in jeder Beziehung überholt, von dieser gewissermaßen absorbiert werden.

Co do żądania żalącej się, aby unieważniono wymuszony na niej kontrakt kupna, oraz jej roszczenia o odszkodowanie zachodzi niewłaściwość Prezydenta Komisji Mieszanej. Do rozpatrzenia tych kwestyj właściwe są wyłącznie sądy zwyczajne lub ustanowione w tym celu szczególne sądy orzekające.

IV

Na mocy powyższych faktów i rozważań Prezydent Komisji Mieszanej dochodzi do

poglądu:

Zażalenie Jadwigi Skladny oddala się we wszystkich częściach dla braku właściwości.

26

Pogląd

z dnia 31 grudnia 1924 w sprawie nr 90 Augusta Machury, robotnika z Kamienia (Górny Śląsk Polski), żalącego się, zastąpionego przez Niemiecko-Górnośląski Związek Ludowy w Katowicach, dotyczącej utworzenia szkoły mniejszościowej w Kamieniu oraz postępowania tamtejszego naczelnika gminy Alojzego Szefczyka.

I

1. Pismem z dnia 7 lutego 1924 (akt 2) wniósł robotnik August Machura z Kamienia jako uprawniony do wychowania dzieci Władysława, Moniki, Klary, Wilhelma, Jerzego i Broni do Województwa i Urzędu Spraw Mniejszości zażalenie z powodu nieutworzenia szkoły mniejszościowej w Kamieniu. W zażaleniu wywodził, że zgłoszono 74 wnioski, z których 70 uznano za ważne. Naczelnik gminy Alojzy Szefczyk, znany jako zdecydowany przeciwnik szkoły mniejszościowej, przeszkodził jednak utworzeniu szkoły.

2. Dnia 17 czerwca 1924 (akt 3) Urząd Spraw Mniejszości doniósł zastępcy żalącego się, że Województwo zarządziło utworzenie szkoły mniejszościowej w Kamieniu, szkoła nie została jednak uruchomiona, bo zgłosiło się do niej tylko 12 dzieci.

Was die von der Beschwerdeführerin verlangte Ungültigerklärung des ihr erpreßten Kaufvertrages und ihre Schadenersatzansprüche gegenüber dem Deutschen Reiche anbetrifft, ist die Inkompetenz der Gemischten Kommission ohne weiteres gegeben, da für die Behandlung dieser Fragen die ordentlichen Zivilgerichte bzw. die hierfür eingesetzten besonderen Spruchgerichte einzig zuständig sind.

IV

Auf Grund dieser Tatsachen und Erwägungen gelangt der Präsident der Gemischten Kommission zur

Stellungnahme:

Die Beschwerde der Hedwig Skladny wird in allen Teilen wegen mangelnder Zuständigkeit abgewiesen.

26

Stellungnahme

vom 31. Dezember 1924 in der Sache Nr. 90 des August Machura, Rohrleger aus Kamień (Polnisch-Oberschlesien), Beschwerdeführer, vertreten durch den Deutsch-Oberschlesischen Volksbund in Katowice, betreffend Errichtung einer Minderheitsschule in Kamień und Verhalten des dortigen Gemeindevorstehers Alois Szeszczyk.

I

1. Mit Eingabe vom 7. Februar 1924 (act. 2) reichte der Rohrleger August Machura in Kamień als Erziehungsberechtigter seiner Kinder Wladislaus, Monika, Klara, Wilhelm, Georg und Broni bei der Wojewodschaft und beim Minderheitsamt Beschwerde ein wegen Nichterrichtung einer Minderheitsschule in Kamień. Der Beschwerdeführer machte geltend, daß 74 Anträge gestellt und 70 davon als gültig anerkannt worden seien. Der Gemeindevorsteher Alois Szeszczyk, der als entschiedener Gegner der Minderheitsschule bekannt sei, hätte indessen die Eröffnung derselben verhindert.

2. Am 17. Juni 1924 (act. 3) teilte das Minderheitsamt dem Vertreter des Beschwerdeführers mit, daß die Errichtung einer Minderheitsschule in Kamień von der Wojewodschaft angeordnet worden sei, die Eröffnung habe jedoch nicht stattgefunden, weil nur 12 Kinder sich zum Schulbesuch gemeldet hätten.

3. Ponieważ wyjaśnienie to żalącego się nie zadowoliło, Urząd Spraw Mniejszości skierował zażalenie dnia 17 lipca 1924 (akt 1) do Prezydenta Komisji Mieszanej.

II

1. Pismem z dnia 11 lipca 1924 (akt 5 i 1—63) zastępca żalącego się doniósł Prezydentowi Komisji Mieszanej, że Prokuratura przy Izbie Karnej w Rybniku oskarżyła Machurę (akt 6—63) na podstawie jego zażalenia, które dnia 7 lutego 1924 (zob. powyżej pod liczbą 1) skierował do Województwa i Urzędu Spraw Mniejszości, o fałszywe obwinienie naczelnika gminy Szefczyka w Kamieniu (§§ 164, 165 kodeksu karnego) i że Sąd Pokoju w Rybniku skazał go dnia 7 lipca 1924 (akt 7—63) na dwa miesiące więzienia.

Uzasadnienie tego wyroku karnego, które odnosi się również do współoskarżonego Józefa Molendy, nie wchodzącego tutaj w rachubę, brzmi jak następuje:

„I. Akt oskarżenia zarzuca oskarżonym Machurze Augustowi i Molendzie Józefowi, że w lutym 1924 obwinili fałszywie lub obrazili naczelnika gminy Kamienia, Szefczyka Alojzego, mianowicie zrobił Machura doniesienie do Województwa, w którym obwinia on fałszywie Szefczyka o popełnienie przestępstwa i naruszenie obowiązku urzędowego, że Szefczyk jako naczelnik gminy jest przeciwnikiem otwarcia szkoły mniejszościowej i że Szefczyk w razie zaprowadzenia takiej szkoły będzie prześladował kierownika szkoły Rogowskiego i że naczelnik gminy „wypożyczy sobie" Molendę przy podatkach.

II. Józefowi Molendzie zarzuca akt oskarżenia, że tenże obraził słownie naczelnika gminy Szefczyka, wyrażając się: że tenże jest jeszcze za smarkaty, aby móc być naczelnikiem gminy.

Wszczęte postępowanie karne wykazało, że oskarżeni winni są zarzuconych im przestępstw, ponieważ obydwaj oskarżeni do uczynków tych się przyznali, a świadek Szefczyk zeznał pod przysięgą i potwierdził te fakta co do oskarżonych Machury i Molendy, tak samo swiadek Rogowski, który wyraźnie zaznaczył, że wystosowane do Województwa zażalenia były niesprawiedliwe.

Sąd uznał winę oskarżonych za udowodnioną. Machurze nie przyznano żadnych okoliczności łagodzących, ponieważ tenże z powodu swego niestosownego zachowania się przed sądem już raz został skazany na karę więzienia za przestępstwo z § 185 kodeksu karnego.

3. Da sich der Beschwerdeführer mit diesem Bescheid nicht zufrieden gab, wurde die Beschwerde am 17. Juli 1924 (act. 1) vom Minderheitsamt an den Präsidenten der Gemischten Kommission weitergeleitet.

II

1. Mit Schreiben vom 11. Juli 1924 (act. 5 und 1—63) brachte der Vertreter des Beschwerdeführers dem Präsidenten der Gemischten Kommission zur Kenntnis, daß der Beschwerdeführer auf Grund der — unter Ziffer I erwähnten — an die Wojewodschaft und an das Minderheitsamt gerichteten Eingabe vom 7. Februar 1924 von der Staatsanwaltschaft bei der Strafkammer in Rybnik der falschen Anschuldigung des Gemeindevorstehers Szefczyk in Kamień (§§ 164, 165 des StrGB.) angeklagt (act. 6/63) und vom Friedensgericht Rybnik am 7. Juli 1924 (act. 7—63) zu 2 Monaten Gefängnis verurteilt worden sei.

Die Begründung dieses Strafurteils, die sich auch auf den Mitangeklagten Joseph Molenda, welcher hier nicht in Frage steht, bezieht, lautet wie folgt:

»I. Die Anklageschrift wirft den Angeklagten Machura August und Molenda Joseph vor, daß sie im Monat Februar 1924 den Vorsteher der Gemeinde Kamień, Szefczyk Alois, falsch beschuldigt bzw. beleidigt haben, und zwar hat Machura der Wojewodschaft eine Mitteilung gemacht, in welcher er den Szefczyk fälschlich der Ausübung eines Vergehens und der Verletzung der Amtspflicht beschuldigt, daß dieser als Gemeindevorsteher ein Gegner der Eröffnung einer Minderheitsschule ist, und daß Szefczyk den Schulleiter Rogowski im Falle der Einführung einer solchen Schule verfolgen und daß der Gemeindevorsteher sich den Molenda auf dem Steuerwege kaufen werde.

II. Dem Joseph Molenda wirft die Klageschrift vor, daß dieser den Gemeindevorsteher Szefczyk durch Worte beleidigt hat, indem er sagte, ›daß dieser noch zu rotzig ist, um Gemeindevorsteher zu sein«.

Das eingeleitete Strafverfahren hat erwiesen, daß die Angeklagten der ihnen vorgeworfenen Vergehen schuldig sind, da beide Angeklagten die Taten zugegeben haben, und bezüglich der Angeklagten Machura und Molenda der Zeuge Szefczyk unter Eid ausgesagt und diese Tatsachen bestätigt hat, desgleichen auch der Zeuge Rogowski, welcher ausdrücklich hervorgehoben hat, daß die an die Wojewodschaft geschriebenen Beschwerden ungerecht waren.

Das Gericht hat die Schuld der Angeklagten für erwiesen erachtet, bezüglich des Machura wurden keine mildernden Umstände zuerkannt, da er bereits einmal wegen Vergehen aus § 185 des Strafgesetzes mit Gefängnis bestraft war wegen seines unangemessenen Benehmens vor Gericht,

Sąd wymierzył Machurze karę 2-miesięcznego więzienia i karę tę uznał za odpowiednią.

Natomiast przyznał sąd okoliczności łagodzące oskarżonemu Józefowi Molendzie, ponieważ tenże przyznał się do winy i nie był jeszcze karany za podobne przestępstwa. Molendzie sąd wymierzył grzywnę w wysokości 10 złotych, uznając karę tę za odpowiadającą przestępstwu. Poza tym obaj oskarżeni skazani zostali na solidarne ponoszenie kosztów postępowania karnego."

W protokole spisanym dnia 25 października 1924 (akt 8—63) żalący się twierdzi, że na rozprawie przewodniczący sądu, sędzia pokoju Budny, miał się wyrazić wobec oskarżonego Machury: „jeżeli on chce mieć szkołę niemiecką, ma się wynieść do Berlina". Powyższe słowa Budnego miały słyszeć następujące osoby przebywające na sali rozpraw: tokarz Alojzy Schombara, stolarz Wilhelm Schombara, górnik Franciszek Zyron, górnik Alojzy Hanak, wszyscy z Kamienia, oraz górnik Cieslik z Wielkiego Dębieńska.

Przeciwko przytoczonemu wyrokowi Sądu Pokoju w Rybniku żalący się wniósł dnia 11 lipca 1924 odwołanie.

Postępowanie karne w drugiej instancji zawieszono aż do zupełnego załatwienia postępowania zażaleniowego, toczącego się w myśl art. 149 i n. Konwencji Genewskiej przed Prezydentem Komisji Mieszanej.

III

1. Dnia 4 listopada 1924 Komisja Mieszana przesłuchała w Kamieniu następujących świadków: naczelnika gminy Szefczyka, nauczyciela Antoniego Rogowskiego, cieślę Franciszka Fojcika, murarza kopalnianego Alojzego Piekorza, inwalidę Juliusza Adamczoka i dozorcę kotłów Józefa Molendę, wszyscy z Kamienia (akt 46—51).

2. Na rozprawie ustnej z dnia 12 grudnia 1924 (akt 66—67) kierownik Urzędu Spraw Mniejszości wywodził: Rozporządzeniem z dnia 13 września 1923 Województwo zarządziło utworzenie szkoły mniejszościowej w Kamieniu. Szkoła nie została jednak otwarta, bo zgłosiło się do niej tylko 12 dzieci. Pismem z dnia 2 lipca 1924 Powiatowy Urząd Szkolny I w Rybniku doniósł Województwu, że liczba dzieci, które w roku szkolnym 1923-24 uczęszczały do danej szkoły, wynosiła 3 dzieci, co jest mniej niż połowa liczby przewidzianej dla utworzenia szkoły mniejszościowej w myśl art. 106 § 1 Konwencji Ge-

und hat ihm eine Gefängnisstrafe von 2 Monaten bemessen, die das Gericht als entsprechend erachtet hat.

Dagegen hat das Gericht dem Angeklagten Molenda Joseph mildernde Umstände zuerkannt, weil dieser seine Schuld zugegeben hat und wegen eines ähnlichen Vergehens noch nicht bestraft war, und hat ihm eine Geldstrafe im Betrage von 10 Złoty bemessen, indem es diese Strafe als dem Vergehen entsprechend erachtet hat, und hat beide Angeklagten zur solidarischen Tragung der Kosten des Strafverfahrens verurteilt.«

In einem am 25. Oktober 1924 aufgenommenen Protokoll (act. 8—63) behauptet der Beschwerdeführer, der Vorsitzende des Gerichts, Friedensrichter Budny, solle dem Angeklagten Machura während der Gerichtsverhandlung gesagt haben: »wenn er eine deutsche Schule haben wolle, solle er nach Berlin ziehen«. Diese Äußerung Budnys sollen folgende Personen im Zuhörerraum gehört haben: Dreher Alois Schombara, Tischler Wilhelm Schombara, Bergmann Franz Zyron, Bergmann Alois Hanak, sämtlich aus Kamień, sowie Anschläger Cieslik aus Groß-Dubensko.

Gegen das erwähnte Urteil des Friedensgerichts in Rybnik legte der Beschwerdeführer am 11. Juli 1924 Berufung ein.

Das Strafverfahren vor der zweiten Instanz wurde bis zur vollständigen Erledigung des vor dem Präsidenten der Gemischten Kommission im Sinne der Art. 149 ff. der Genfer Konvention anhängigen Beschwerdefahrens sistiert.

III

1. Am 4. November 1924 fand in Kamień vor der Gemischten Kommission eine Zeugeneinvernahme statt, anläßlich welcher der Gemeindevorsteher Szeczyk, der Lehrer Anton Rogowski, Zimmerhäuer Franz Foicik, Grubenmaurer Alois Piekorz, Inwalide Julius Adamczok und Kesselwärter Josef Molenda, sämtlich aus Kamień, vernommen wurden (act. 46—51).

2. In der mündlichen Verhandlung vom 12. Dezember 1924 (act. 66—67) führte der Leiter des Minderheitsamtes folgendes aus: Die Wojewodschaft hat die Errichtung einer Minderheitsschule in Kamień mit Verfügung vom 13. September 1923 angeordnet. Die Eröffnung der Schule hat jedoch nicht stattgefunden, weil nur 12 Kinder sich zum Schulbesuche gemeldet hatten. Mit Bericht vom 2. Juli 1924 hat das Kreisschulamt 1 in Rybnik der Wojewodschaft mitgeteilt, daß die Zahl der Kinder, welche diese Schule im Schuljahre 1923-24 besucht haben, 3 Kinder betrug, somit weniger als die Hälfte der Anzahl, welche nach

newskiej. Ponieważ na rok szkolny 1924-25 nie zgłoszono żadnego wniosku, Województwo zarządziło dnia 12 sierpnia 1924 zwinięcie szkoły mniejszościowej z końcem roku szkolnego 1923-24.

Według postanowień art. 108 § 1 ust. 2 Konwencji Genewskiej, można szkołę mniejszościową zwinąć już po upływie roku szkolnego, jeżeli w ciągu tego roku szkolnego liczba dzieci wynosiła stale mniej aniżeli połowę liczby minimalnej, przewidzianej w artykule 106. Urząd Spraw Mniejszości pomija kwestię, czy powodem tej znikomej liczby dzieci, zgłoszonych swego czasu do szkoły, nie była może okoliczność, że w sposób niedostateczny opublikowano obwieszczenie o urządzeniu szkoły. Co do formularzy, które naczelnik gminy Szefczyk rozdawał uprawnionym do wychowania, aby wycofali wnioski szkolne, to w okoliczności tej należy się dopatrywać wywierania wpływu na uprawnionych do wychowania.

Zastępca żalącego się wywodził, że obwieszczenie o otwarciu szkoły nastąpiło w sposób niedostateczny, wobec czego prosi o ponowne otwarcie szkoły pod kierownictwem nauczyciela należącego do mniejszości niemieckiej.

IV

Z powyżej przedstawionego stanu rzeczy wynika, że o urządzenie szkoły mniejszościowej w Kamieniu zgłoszono 70 ważnych wniosków. W myśl art. 106 Konwencji Genewskiej należało zatem szkołę mniejszościową urządzić z dniem 1 września 1923. Województwo zarządziło utworzenie szkoły rozporządzeniem z dnia 13 września 1923. Wskutek nacisku naczelnika gminy i jego agitacji przeciwko szkole mniejszościowej wycofano wszystkie wnioski z wyjątkiem 12. Dopiero po upływie jakich pięciu miesięcy po wydaniu rozporządzenia Województwa z dnia 13 września 1923 poczyniono przygotowania do otwarcia szkoły. O zamierzonym otwarciu szkoły nie poinformowano uprawnionych do wychowania w dostateczny sposób. Publikacja nastąpiła jedynie przez pismo odręczne w języku polskim, które nauczyciel Rogowski przybił na drzwiach szkolnych. Ponieważ później z 12 wniosków cofnięto jeszcze cztery, a z pozostałych 8 dzieci tylko 3 zgłosiło się do szkoły w dniu jej otwarcia, przeto, jak zeznaje nauczyciel Antoni Rogowski (akt 46), nauki mniejszościowej nie udzie-

Art. 106 § 1 des Genfer Abkommens für die Errichtung einer Minderheitsschule vorgesehen ist. Da für das Schuljahr 1924-25 kein einziger Antrag gestellt wurde, hat die Wojewodschaft mit Erlaß vom 12. August 1924 die Aufhebung der Minderheitsschule mit Ende des Schuljahres 1923-24 angeordnet.

Nach den Bestimmungen des Art. 108 § 1 Abs. 2 der Genfer Konvention kann die Aufhebung einer Minderheitsschule schon nach Ablauf eines Schuljahres angeordnet werden, wenn während dieses Schuljahres die Kinderzahl ununterbrochen geringer war als die Hälfte der im Art. 106 vorgesehenen Mindestzahl. Das Minderheitsamt läßt es dahingestellt bleiben, ob die Zahl der seinerzeit zum Schulbesuch angemeldeten Kinder nicht etwa auf eine ungenügende Bekanntmachung über die Errichtung der Schule zurückzuführen ist. Was die Verteilung von gedruckten Formularen an die Erziehungsberechtigten durch den Gemeindevorsteher Szesczyk zwecks Rückzugs der Schulanträge anbetrifft, so ist darin eine Einwirkung auf das Bestimmungsrecht der Erziehungsberechtigten zu erblicken.

Der Vertreter des Beschwerdeführers machte geltend, daß die Bekanntmachung über die Eröffnung der Schule in unzulänglicher Weise erfolgt sei, und ersucht um Wiedereröffnung der Schule unter Leitung eines der deutschen Minderheit angehörenden Lehrers.

IV

Aus dem vorstehend angeführten Sachverhalt ergibt sich, daß für die Errichtung einer Minderheitsschule in Kamień seinerzeit 70 gültige Anträge gestellt worden sind. Gemäß Art. 106 der Genfer Konvention war demnach eine Minderheitsschule auf 1. September 1923 einzurichten. Die Wojewodschaft ordnete mit Verfügung vom 13. September 1923 die Errichtung der Schule an. Infolge des Druckes und der Agitation des Gemeindevorstehers gegen die Minderheitsschule wurden alle Anträge bis auf 12 zurückgezogen. Erst etwa 5 Monate nach der Verfügung der Wojewodschaft vom 13. September 1923 wurden Anstalten getroffen, die Minderheitsschule zu eröffnen. Dabei fand eine genügende Bekanntmachung der beabsichtigten Eröffnung nicht statt. Die Bekanntmachung erfolgte nur durch handschriftlichen Anschlag in polnischer Sprache an der Schulhaustür, durch den Lehrer Rogowski. Da in der Folge von den 12 Anträgen noch 4 Anträge zurückgezogen wurden und von den verbleibenden 8 nur 3 Kinder sich zur Eröffnung der Schule meldeten, wurde, wie der Lehrer Anton Rogowski aussagt (act. 46), überhaupt kein Minlono w ogóle i szkoły mniejszościowej faktycznie nie otwarto względnie zamknięto ją w dniu otwarcia. O otwarciu i uruchomieniu szkoły mniejszościowej w Kamieniu nie mogło być zresztą na serio mowy i z tego powodu, że nie miano do dyspozycji nauczyciela mniejszościowego.

Reasumując należy stwierdzić, że w rzeczywistości nie otwarto ani nie uruchomiono szkoły ani z dniem 1 września, ani potem po pojawieniu się rozporządzenia Województwa z dnia 13 września, ani w terminie późniejszym. Rozporządzenie Województwa z dnia 12 sierpnia 1924, którym szkołę na mocy art. 108-2 Konwencji zwinięto, było zatem niedopuszczalne. Jak długo nie jest spełnione roszczenie z art. 106, tzn. jak długo szkoła nie jest w należyty sposób otwarta i uruchomiona, tak długo nie można do niej stosować art. 108. Roszczenie z art. 106 o utworzenie szkoły mniejszościowej nie przepadło oczywiście przez to, że właściwe władze traktowały je w przedstawiony powyżej sposób. To roszczenie o utworzenie szkoły istnieje zatem zasadniczo nadal. Szkoła winna stać otworem dla wszystkich dzieci, które uprawnieni do wychowania zgłoszą u kierownika szkoły przez nieformalne ustne lub pisemne oświadczenie.

Co do postępowania naczelnika gminy, które jest niezgodne z Konwencją, wynika z przesłuchania świadków, a w szczególności z przesłuchania jego samego, że faktycznie rozdawał w gminie drukowane formularze cofnięć wniosków i że korzystał z tej okazji, aby wpływać na uprawnionych do wychowania w sensie zrezygnowania ze szkoły mniejszościowej. Także na zgromadzeniu gminnym, które zwołał na 24 lutego 1923 dla omówienia kwestii szkoły mniejszościowej, skorzystał z okazji, aby wywołać nastrój przeciwko tej szkole, zapytując m. in. zebranych, czy będą zadowoleni, jeżeli od piątego roku szkolnego począwszy w szkole polskiej udzielać się będzie nauki niemieckiej. Na zgromadzeniu tym Szefczyk oświadczył również, że dla szkoły mniejszościowej nie ma obecnie budynku szkolnego i że gmina nie posiada środków na budowę. W związku z tym powiedział, że dla szkoły mniejszościowej musianoby wynająć pomieszczenie u oberżysty Papieroka i że postarać by się trzeba o potrzebne urządzenie szkolne, na co gmina nie ma środków. W końcu wspomniał, że także dla nauczyciela wystarać by się należało o mieszkanie.

Z okazji przesłuchów naczelnik gminy oświadczył, że nie wiedział, że według Konwencji Genewskiej uprawnieni do wychowania derheitsunterricht erteilt, und die Minderheitsschule wurde tatsächlich nicht eröffnet bzw. am Eröffnungstage geschlossen. Übrigens konnte im Ernst von der Eröffnung und Inbetriebsetzung der Minderheitsschule in Kamień auch deshalb keine Rede sein, weil kein Minderheits-Schullehrer zur Verfügung stand.

Zusammenfassend muß festgestellt werden, daß die Schule weder auf 1. September noch alsbald nach der Verfügung der Wojewodschaft vom 13. September, noch zu einem späteren Zeitpunkt in Wirklichkeit eröffnet und in Betrieb gesetzt wurde. Daher war die Verfügung der Wojewodschaft vom 12. August 1924, mit der sie die Schule, gestützt auf Art. 108/2 der Konvention, aufhob, unstatthaft. Solange der Anspruch aus Art. 106 nicht befriedigt ist, d. h. solange die Schule nicht in richtiger Weise eröffnet und in Betrieb gesetzt ist, kann Art. 108 auf sie nicht Anwendung finden. Der Anspruch aus Art. 106 auf Errichtung der Minderheitsschule ist selbstverständlich dadurch nicht untergegangen, daß die zuständigen Behörden ihn in der oben beschriebenen Weise behandelt haben. Dieser Anspruch auf Errichtung der Schule bleibt also grundsätzlich bestehen. Die Schule soll allen Kindern offen stehen, welche von den Erziehungsberechtigten durch eine formlose mündliche oder schriftliche Erklärung beim Schulleiter angemeldet werden.

Was das mit der Konvention im Widerspruch stehende Verhalten des Gemeindevorstehers anbelangt, ergibt sich aus den Zeugeneinvernahmen, insbesondere aus der Vernehmung des Gemeindevorstehers Szefczyk, daß er in der Tat gedruckte Rückzugszettel in der Gemeinde verteilt und die Verteilung dieser Zettel zur Einwirkung auf die Erziehungsberechtigten gegen die Minderheitsschule benutzt hat. Auch die von ihm auf den 24. Februar 1923 zur Besprechung der Minderheitsschule einberufene Gemeindeversammlung benutzte er zur Stimmungsmache gegen die Minderheitsschule, indem er u. a. die Frage an die Versammelten richtete, ob sie zufrieden seien, wenn vom 5. Schuljahre an in der polnischen Schule deutscher Unterricht erteilt würde. Szefczyk eröffnete anläßlich dieser Versammlung ferner, daß für die Minderheitsschule vorläufig kein Lokal vorhanden sei und daß die Gemeinde keine Mittel für den Bau einer solchen Minderheitsschule besitze. Er erklärte in diesem Zusammenhang, daß für die Minderheitsschule beim Gasthausbesitzer Papierok Räume gemietet und die erforderlichen Schuleinrichtungen hierfür beschafft werden müßten, wofür der Gemeinde keine Mittel zur Verfügung ständen, und daß auch für den Lehrer der Minderheitsschule eine Wohnung zur Verfügung zu stellen sei.

Der Gemeindevorsteher erklärte bei seiner Einvernahme, nicht gewußt zu haben, daß die Erziehungsberechtigten nach der Genfer Konvention mogą sami określić język dziecka i że nikomu nie wolno oświadczenia tego kwestionować.

V

Do kwestii oskarżenia Machury o świadomie fałszywe obwinienie przez prokuratora przy Sądzie w Rybniku i do kwestii skazania go z art. 164 i 165 kodeksu karnego na dwa miesiące więzienia przez Sąd Pokoju w Rybniku należy zauważyć: Podobnie jak strona w procesie cywilnym, karnym lub administracyjnym może przedstawić wszystkie środki dowodowe służące do obrony i strzeżenia jej praw, tak samo może to czynić petent w postępowaniu przed Prezydentem Komisji Mieszanej w myśl art. 149—156 Konwencji Genewskiej. W ten też sposób postąpił Machura wnosząc dnia 7 lutego 1924 do Urzędu Spraw Mniejszości zażalenie, które stosownie do art. 150 Konwencji Genewskiej wniósł był poprzednio także do Województwa. Wywody i twierdzenia Machury w jego piśmie zażaleniowym nie mogą stanowić istoty fałszywego obwinienia w myśl art. 164 kodeksu karnego, gdyż nie zrobił on doniesienia u właściwej władzy celem ścigania karnego naczelnika gminy Szefczyka, lecz dochodził jedynie swych praw z Konwencji Genewskiej. Ponieważ jego zażalenie opiera się na tej ogólnej podstawie zażaleniowej, że naczelnik gminy wywierał niedopuszczalny nacisk na uprawnionych do wychowania, jest rzeczą zrozumiałą, że dla uzasadnienia swego stanowiska przytoczył wszystkie odnośne fakty, które doszły do jego wiadomości albo na podstawie własnego spostrzeżenia albo przez doniesienie osób trzecich. Lecz nawet gdyby poszczególne przez Machurę przytoczone fakty okazały się niedokładne lub nieprawdziwe, nie można by go z tego powodu ukarać za fałszywe obwinienie. Gdyby się ustaliła praktyka Sądu Pokoju w Rybniku, żaden żalący się nie mógłby dochodzić swych praw w postępowaniu z art. 149 i 150 Konwencji Genewskiej, bo musiałby się obawiać, że sędzia karny pociągnie go do odpowiedzialności za nieprzeprowadzenie dowodu na jakieś faktyczne twierdzenie. W niniejszym przypadku jest ustalone, że twierdzenia Machury co do niedopuszczalnego postępowania naczelnika gminy na szkodę szkoły mniejszościowej były zasadniczo trafne. Nie można absolutnie przypuszczać i nie jest też wcale udowodnione, że żalący się twierdził coś wbrew lepszej wiedzy, co nie wyklucza, że odnośnie jakiegoś faktycznego twierdzenia jest w błędzie lub został nietrafnie albo niedokładnie przez osoby trzecie poinformowany. Z tego powodu nie można go jednak za świadome fałszywe obwinienie piędas Recht haben, die Sprache ihrer Kinder selbst zu bestimmen und daß niemand berechtigt ist, diese Erklärung zu überprüfen.

V

Was die vom Staatsanwalt beim Gericht erhobene Anklage gegen den Beschwerdeführer Machura wegen wissentlich falscher Anschuldigung und seine vom Friedensgericht in Rybnik aus den Art. 164 und 165 des StGB. erfolgte Verurteilung zu 2 Monaten Gefängnis anbetrifft, so ist hierzu folgendes zu sagen: Wie in jedem zivilprozessualen, administrativen und strafrechtlichen Verfahren, so ist der Rechtsuchende auch in dem Beschwerdeverfahren vor dem Präsidenten der Gemischten Kommission im Sinne der Art. 149—156 der Genfer Konvention befugt, alle zur Wahrung und Verteidigung seiner Rechte dienlichen Behauptungen und Ausführungen vorzubringen. Das und nichts anderes hat der Beschwerdeführer in seiner Beschwerde an das Minderheitsamt vom 7. Februar 1924 gemacht, nachdem er nach Vorschrift des Art. 150 die Beschwerde auch an die Wojewodschaft gerichtet hatte. Eine falsche Anschuldigung im Sinne des Art. 164 des Strafgesetzes können die Ausführungen und Behauptungen des Machura in seiner Beschwerdeschrift nicht sein, denn er hat nicht eine Anzeige zwecks strafrechtlicher Verfolgung des Gemeindevorstehers Szesczyk bei der zuständigen Strafverfolgungsbehörde erstattet, sondern nur seine Rechte aus der Genfer Konvention geltend gemacht. Da die Beschwerde auf dem allgemeinen Beschwerdegrund beruht, der Gemeindevorsteher habe einen unzulässigen Druck gegen die Minderheitsschule ausgeübt, so ist selbstverständlich, daß der Beschwerdeführer zur Begründung seines Standpunktes alle bezüglichen Tatsachen anführte, die durch seine eigene Wahrnehmung oder durch Mitteilung von Drittpersonen zu seiner Kenntnis gelangten. Wenn nun auch einzelne dieser tatsächlichen Ausführungen sich als ungenau oder unrichtig erweisen sollten, so könnte der Beschwerdeführer deshalb nicht wegen falscher Anschuldigung bestraft werden. Sollte eine Praxis im Sinne des Urteils des Friedensgerichtes Rybnik Platz greifen, so könnte jeder Beschwerdeführer, der auf Grund der Art. 149 und 150 der Genfer Konvention Beschwerde erhebt und in bezug auf irgendeine seiner tatsächlichen Ausführungen nach Ansicht des Strafrichters den Beweis nicht erbringt, mundtot gemacht werden. Im vorliegenden Falle steht fest, daß die Ausführungen des Beschwerdeführers Machura in bezug auf das unstatthafte Verhalten des Gemeindevorstehers zum Schaden der Minderheitsschule im wesentlichen begründet waren. Daß der Beschwerdeführer wider besseres Wissen irgendeine Behauptung vorgebracht hatte, ist keineswegs anzunehtnować na zbrodniarza i wtrącać do więzienia. Pominąwszy wszystko inne, należałoby mu przede wszystkim udowodnić, że działał podstępnie, co jest wykluczone właśnie przez to, że przedstawił swe wywody faktyczne celem strzeżenia praw, które mu przysługują na podstawie Konwencji Genewskiej.

VI

Na mocy powyższych rozważań Prezydent Komisji Mieszanej dochodzi do

poglądu:

1. W Kamieniu należy utworzyć szkołę mniejszościową.
2. Właściwe władze winny pouczyć naczelnika gminy Alojzego Szefczyka, że w kwestii utworzenia szkoły mniejszościowej winien postępować obiektywnie.

27

Pogląd

z dnia 12 stycznia 1925 w sprawie nr 98 kupca Huberta Kühnego w Katowicach, dotyczącej wynagrodzenia szkód powstańczych (Górny Śląsk Niemiecki).

I

1. W piśmie z dnia 4 maja 1924 (akt 3), które wpłynęło do Urzędu Spraw Mniejszości w Opolu dnia 26 maja 1924, żałący się przedstawia swe roszczenie jak następuje:

„Na podstawie Konwencji Genewskiej i ustawy o wyrugowaniu podpisany kupiec Hubert Kühne prosi uprzejmie wysoki Urząd Spraw Mniejszości w Opolu o wypłatę słusznych pretensji. Na rozkaz Rządu Pruskiego w Berlinie został podpisany dnia 10 maja 1921 przez członków „Selbstschutzu" i „Heimattrojerów" przemocą odtransportowany z Koźla na Niemieckim Górnym Śląsku do Chociebuża, tu internowany i ciężko pobity. Wskutek tego musiał opuścić interes w Koźlu. W Koźlu i Wrocławiu skradziono mu część towaru. Łączna szkoda wynosi 1,000.000 marek złotych.

men und ist in keiner Weise bewiesen. Es ist übrigens sehr leicht möglich, daß ein Beschwerdeführer sich in bezug auf tatsächliche Behauptungen irrt oder unrichtig oder ungenau von Drittpersonen unterrichtet worden ist. Deshalb kann man ihn aber nicht wegen wissentlich falscher Anschuldigung zum Verbrecher stempeln und ins Gefängnis werfen. Hierzu wäre abgesehen von allem anderen, der Nachweis des strafrechtlichen dolus nötig. Dieser dolus ist aber gerade dadurch ausgeschlossen, daß Machura seine tatsächlichen Ausführungen zur Wahrung seiner ihm durch die Genfer Konvention zustehenden Rechte vorgebracht hat.

VI

Gestützt auf vorstehende Erwägungen gelangt der Präsident der Gemischten Kommission zur

Stellungnahme:

1. Es sei eine Minderheitsschule in Kamień zu errichten.

2. Der Gemeindevorsteher Alois Szefczyk sei von den zuständigen Behörden darüber zu belehren, daß er sich in der Frage der Errichtung der Minderheitsschule objektiv zu verhalten habe.

27

Stellungnahme

vom 12. Januar 1925 in der Sache Nr. 98 des Kaufmanns Hubert Kühne in Katowice, betreffend Ersatz von Aufstandsschäden (Deutsch-Oberschlesien).

I

1. Mit Eingabe vom 4. Mai 1924 (act. 3), eingegangen beim Minderheitsamt in Oppeln am 26. Mai 1924, umschreibt der Beschwerdeführer sein Begehren in folgender Weise:

»Der Unterzeichnete Kaufmann Hubert Kühne stellt an das wohllöbliche Minderheitsamt zu Oppeln die höfliche Bitte — auf Grund der Vereinbarung des Genfer Vertrages und auf Grund des Verdrängungsgesetzes — um Auszahlung seiner gerechten Forderungen durch das Minderheitsamt zu Oppeln. Am 10. Mai 1921 wurde ich von Cosel O/S. deutscher Teil mit Gewalt durch Selbstschutz und Leute von dem Bunde der Heimattreuen auf Befehl der preußischen Regierung Berlin verschleppt und in Cottbus interniert, halb tot geschlagen. Mein Geschäft in Cosel mußte ich oder wurde ich gezwungen, aufzugeben. Waren wurden mir in Cosel, als auch in Breslau gestohlen. Mein gesamter Schaden beläuft sich auf 1,000.000,— Goldmark.

Dowody na powyższe istnieją w właściwych urzędach w Opolu, Berlinie i Koźlu.

Na zasadzie umów i przedstawionych wniosków podpisany prosi o rozpatrzenie sprawy i pilną wypłatę odszkodowania."

2. Urząd Spraw Mniejszości oddalił skargę, powołując się na niewłaściwość. Przeciwko tej decyzji żałący się wniósł sprzeciw, wobec czego Prezydent Komisji Mieszanej wezwał Urząd Spraw Mniejszości, aby mu sprawę przekazał, ponieważ kwestię właściwości winien badać także Prezydent, jeżeli żałący się nie uznaje niewłaściwości Urzędu Spraw Mniejszości.

3. Urząd Spraw Mniejszości przesłał dnia 6 września 1924 (akt 1) skargę z uwagami Prezydentowi Komisji Mieszanej, podnosząc zarzut niewłaściwości i zaprzeczając materialnemu uzasadnieniu roszczeń petenta.

4. Na powyższe żałący się odpowiedział pismem z dnia 20 października 1924 (akt 18). Na rozprawie ustnej z dnia 18 grudnia 1924 (akt 29—30), wyznaczonej celem wyjaśnienia kwestii kompetencji, kierownik Urzędu Spraw Mniejszości wywodził, że żałący się nie należy do mniejszości na Niemieckim Górnym Śląsku. Już w uwagach pisemnych wskazał był na to, że Kühne pochodzi z Hanoweru i nie mówi po polsku.

Poza tym kierownik Urzędu Spraw Mniejszości podniósł zarzut niewłaściwości, ponieważ sporne roszczenia o odszkodowanie winny rozpatrywać władze sądowe a nie władze administracyjne.

Żałący się obstawał przy stanowisku, że należy do mniejszości. Na zarzut, że władze administracyjne nie są właściwe do osądzenia spornych roszczeń, żałący się w swych wywodach nie reagował.

II

1. O ile chodzi o zarzut Urzędu Spraw Mniejszości, w myśl którego żałący się, który jest bezspornie obywatelem niemieckim, nie należy do mniejszości polskiej na Górnym Śląsku Niemieckim, wobec czego nie może się w ogóle powołać na postanowienia Konwencji Genewskiej, należy wskazać na art. 74 Konwencji Genewskiej, który powiada: „Władzom nie wolno badać, czy ktoś należy do

Unterlagen liegen in Oppeln, Berlin und Cosel an den in Frage kommenden Stellen fest.

Laut der Verträge und meiner Anträge bitte ich um Prüfung meiner Angelegenheit und um schnellste Auszahlung meiner Entschädigungsforderungen.«

2. Das Minderheitsamt wies die Beschwerde von sich aus ab, indem es geltend machte, daß es in dieser Sache nicht zuständig sei. Gegen diese Entscheidung erhob der Beschwerdeführer Einspruch. Infolgedessen verlangte der Präsident der Gemischten Kommission, daß die Angelegenheit vom Minderheitsamt an ihn weitergeleitet werde, da auch die Frage der Zuständigkeit vom Präsidenten zu prüfen ist, so oft der Beschwerdeführer die Unzuständigkeitserklärung des Minderheitsamtes nicht anerkennt.

3. Das Minderheitsamt leitete die Beschwerde mit seinen Bemerkungen vom 6. September 1924 (act. 1) an den Präsidenten der Gemischten Kommission. Es erhob die Einrede der Unzuständigkeit und bestritt die materielle Begründetheit der Ansprüche des Beschwerdeführers.

4. Der Beschwerdeführer reichte seine Antwort hierauf mit Schreiben vom 20. Oktober 1924 (act. 18) ein. In der zur Abklärung der Kompetenzfrage angesetzten mündlichen Verhandlung vom 18. Dezember 1924 (act. 29—30) machte der Leiter des Minderheitsamtes geltend, daß der Beschwerdeführer nicht zur Minderheit Deutsch-Oberschlesiens gehöre. In seinen schriftlichen Bemerkungen hatte er bereits darauf hingewiesen, daß Kühne Hannoveraner sei und nicht polnisch spreche.

Sodann erhob der Leiter des Minderheitsamtes die Einrede der Unzuständigkeit, weil die strittigen Entschädigungsansprüche des Beschwerdeführers nicht durch administrative Behörden, sondern durch richterliche Behörden zu beurteilen seien.

Der Beschwerdeführer beharrte auf seinem Standpunkt, wonach er zur Minderheit gehöre. Was die Einrede betrifft, daß die administrativen Behörden zur Beurteilung der strittigen Ansprüche nicht zuständig seien, trat der Beschwerdeführer in seinen weiteren mündlichen Ausführungen darauf nicht ein.

II

1. Was die Einrede des Minderheitsamtes anbelangt, daß der Beschwerdeführer, der anerkanntermaßen deutscher Staatsangehöriger ist, nicht zur polnischen Minderheit Deutsch-Oberschlesiens gehöre und sich daher überhaupt nicht auf die Bestimmungen der Genfer Konvention berufen könne, ist auf Art. 74 der Genfer Konvention zu verweisen, welcher lautet: »Die Zugehörigkeit zu einer völkischen, sprachlichen oder religiösen

mniejszości narodowej, językowej lub religijnej, ani im też nie wolno przynależności tej komuś odmawiać". Postanowienie to co prawda zawiera tylko prawo samostanowienia o językowo-kulturalnej przynależności do mniejszości. Co do przynależności państwowej nie jest sporne, że żalący się jest obywatelem niemieckim. Nie można zatem zarzutu tego uznać.

2. Należy zatem rozpatrzeć kwestię, czy Prezydent Komisji Mieszanej jest właściwy. Co do tego należy powiedzieć:

Roszczenie prawne żalącego się należy widocznie rozumieć tak, że żąda, aby uznano jego sporne roszczenia o odszkodowanie i zaspokojono je. Tego rodzaju żądania Prezydent Komisji Mieszanej oczywiście rozpatrywać nie może.

W postępowaniu przed Prezydentem Komisji Mieszanej mogłoby chodzić jedynie o stwierdzenie, czy w związku ze spornymi roszczeniami żalącego się naruszono jakieś prawo przyznane mniejszości Konwencją Genewską. Musiałoby przy tym w myśl art. 149 Konwencji Genewskiej chodzić o naruszenie tego prawa przez zarządzenie jakiejś władzy administracyjnej. Tymczasem żalący się nie przytoczył żadnego postanowienia Konwencji, które by zostało naruszone. Art. 149 i n. nie mogą wchodzić w rachubę już z tego powodu, że żadna niemiecka władza administracyjna nie jest właściwa do wydania decyzji o roszczeniach odszkodowawczych żalącego się. Do osądzenia tych spornych roszczeń właściwe są jedynie władze sądowe i to także wówczas, gdy chodzi o roszczenia o odszkodowanie wobec państwa i gmin.

III

Na mocy powyższych rozważań Prezydent Komisji Mieszanej dochodzi do

poglądu:

Zażalenie oddala się dla braku właściwości.

28

Pogląd

z dnia 17 lutego 1925 w sprawie nr 99 Karola Michalika, mistrza piekarskiego w Wielkich Hajdukach, dotyczącej roszczenia o odszkodowanie i przydziału mieszkania w jego byłym miejscu zamieszkania w Miechowicach (Górny Śląsk Niemiecki).

Minderheit darf von den Behörden weder nachgeprüft noch bestritten werden«. Diese Bestimmung enthält allerdings nur das Selbstbestimmungsrecht hinsichtlich der sprachlich-kulturellen Zugehörigkeit zur Minderheit. Was aber die staatliche Zugehörigkeit betrifft, ist ja unbestritten, daß der Beschwerdeführer deutscher Staatsangehöriger ist. Demnach kann diese Einrede nicht geschützt werden.

2. Es muß daher geprüft werden, ob der Präsident der Gemischten Kommission zuständig sei. Darüber ist folgendes zu sagen:

Das Rechtsbegehren des Beschwerdeführers ist offenbar dahin zu verstehen, es seien seine strittigen Schadenersatzansprüche anzuerkennen und zu befriedigen. Auf ein solches Begehren kann der Präsident der Gemischten Kommission selbstverständlich nicht eintreten.

Vor dem Präsidenten der Gemischten Kommission könnte es sich nur darum handeln, festzustellen, ob im Zusammenhang mit den strittigen Ansprüchen des Beschwerdeführers gewisse, der Minderheit durch die Genfer Konvention gewährte Rechte verletzt worden seien, und zwar müßte gemäß Art. 149 der Genfer Konvention diese Rechtsverletzung in der Verfügung einer Verwaltungsbehörde liegen. Nun hat der Beschwerdeführer überhaupt keine Bestimmung der Genfer Konvention angeführt, welche verletzt worden wäre. Art. 149 ff. können aber schon deswegen nicht in Frage kommen, weil keine deutsche Verwaltungsbehörde befugt ist, über die Schadenersatzansprüche des Beschwerdeführers zu entscheiden. Kompetent zur Beurteilung dieser strittigen Forderungen sind vielmehr nur richterliche Behörden. Auch soweit diese Schadenersatzansprüche gerichtet sind gegen den Staat oder Gemeinden, sind richterliche Behörden zuständig.

III

Gestützt auf vorstehende Erwägungen gelangt der Präsident der Gemischten Kommission für Oberschlesien zur

Stellungnahme:

Der Beschwerdeführer wird mit seiner Beschwerde wegen Unzuständigkeit abgewiesen.

28

Stellungnahme

vom 17. Februar 1925 in der Sache Nr. 99 des Karl Michalik, Bäckermeister in Wielkie-Hajduki, betreffend Schadenersatzbegehren und Zuweisung einer Wohnung in seinem früheren Wohnort Miechowitz (Deutsch-Oberschlesien).

I

1. Żałący się, mistrz piekarski Karol Michalik, został według przedstawienia przezeń sprawy w miesiącach czerwcu i lipcu 1922 w swym mieszkaniu w Miechowicach, Parkstrasse 1, kilkakrotnie napadnięty i przez uzbrojone bandy „Selbstschutzu" obrabowany. Wskutek tych ciągłych aktów terroru musiał z początkiem lipca 1922 najpierw sam, a wkrótce potem z całą rodziną schronić się na polską część obszaru plebiscytowego, gdzie dotąd stale zamieszkuje. Całe urządzenie domowe i procederowe pozostawił w Miechowicach. Wkrótce po tej ucieczce z Miechowic bandy „Selbstschutzu" włamały się do opuszczonego mieszkania, które wraz z większym zasobem towarów (mąka, cukier, węgiel itd.) zajął mistrz piekarski Antoni. Pozostawione sprzęty domowe umieszczono w zamkniętej sieni budynku.

2. Dnia 9 kwietnia 1924 żałący się wniósł zażalenie do Niemieckiego Urzędu Spraw Mniejszości w Opolu, którym oprócz umożliwienia mu powrotu do Miechowic i przywrócenia poprzedniego mieszkania i poprzednich ubikacyj procederowych żądał wynagrodzenia szkody. Według jego twierdzenia na szkodę tę składa się zupełny brak zarobkowania przez 3 miesiące, różnica pomiędzy jego dochodem poprzednim jako mistrza piekarskiego a obecnym jako robotnika i szkoda rzeczowa w wysokości 20.000 marek.

Urząd Spraw Mniejszości zażalenie wraz z uwagami przesłał dnia 17 września 1924 Prezydentowi Komisji Mieszanej (akt 1). Żałący się na uwagi Urzędu Spraw Mniejszości odpowiedział dnia 8 października 1924 (akt 7). Dnia 8 stycznia 1925 odbyła się rozprawa ustna, na którą stawili się kierownik Urzędu Spraw Mniejszości i żałący się.

II

1. W uwagach z dnia 17 września 1924 (akt 1) Urząd Spraw Mniejszości odmawia żałącemu się prawa odwołania się do Prezydenta Komisji Mieszanej wywodząc, że żałący się nie jest obywatelem Rzeszy Niemieckiej, wobec czego dla braku przynależności do mniejszości polskiej nie może korzystać z ochrony praw mniejszościowych Konwencji Genewskiej. Petent urodził się dnia 2 listopada 1874 na polskiej części obszaru plebiscytowego (w Szerokiej, powiat pszczyński) i mieszkał na obszarze plebiscytowym przez całe życie. W myśl art. 26 § 2 nabył zatem obywatelstwo polskie i utracił z dniem 15 czerwca 1924 obywatelstwo niemieckie i to na podstawie art. 26 § 3,

I

1. Der Beschwerdeführer, Bäckermeister Karl Michalik, wurde — nach seiner Darstellung — im Juni-Juli 1922 wiederholt in seiner Wohnung in Miechowitz (Parkstraße 1) von bewaffneten Selbstschutzbanden überfallen und beraubt, so daß er — und kurz darauf auch seine Familie — unter dem Druck dieser fortgesetzten Terrorakte und unter Hinterlassung seiner gesamten häuslichen und gewerblichen Einrichtung Anfang Juli 1922 von Miechowitz nach dem polnischen Teile des Abstimmungsgebietes flüchten mußte, wo er seither ansässig ist. Die von ihm zurückgelassene Wohnung sei kurz nach seiner Flucht aus Miechowitz von Selbstschutzbanden erbrochen und mitsamt einem größeren Vorrat an Waren (Mehl, Zucker, Kohle usw.) vom Bäckermeister Antoni in Besitz genommen worden. Der zurückgelassene Hausrat wurde in einer verschlossenen Einfahrt des Hauses eingestellt.

2. Am 9. April 1924 richtete der Beschwerdeführer an das deutsche Minderheitsamt in Oppeln eine Beschwerde, in welcher er neben der Ermöglichung seiner Rückkehr nach Miechowitz und der Wiedereinsetzung in seine Wohn- und Geschäftsräume den Ersatz des ihm zugefügten Schadens verlangte. Dieser Schaden soll nach seinen Behauptungen aus einem 3 Monate dauernden totalen Erwerbsausfall, aus der Differenz seines früheren Einkommens als Bäckermeister und seines jetzigen als Arbeiter, sowie aus einem Sachschaden in Höhe von 20.000,— RM. bestehen.

Das Minderheitsamt leitete am 17. September 1924 die Beschwerde mit seinen Bemerkungen an den Präsidenten der Gemischten Kommission (act. 1). Der Beschwerdeführer beantwortete die Bemerkungen des Minderheitsamtes am 8. Oktober 1924 (act. 7). Am 8. Januar 1925 fand vor dem Präsidenten der Gemischten Kommission eine mündliche Verhandlung statt, zu welcher der Leiter des Minderheitsamtes sowie der Beschwerdeführer erschienen.

II

1. In seinen Bemerkungen vom 17. September 1924 (act. 1) bestreitet das Minderheitsamt das Recht des Beschwerdeführers, sich an den Präsidenten der Gemischten Kommission zu wenden, da er nicht deutscher Staatsbürger sei und infolgedessen wegen mangelnder Zugehörigkeit zur polnischen Minderheit den Schutz der in der Genfer Konvention gewährleisteten Minderheitsrechte nicht anrufen könne. Der Beschwerdeführer sei am 2. November 1874 im polnischen Teile des Abstimmungsgebietes (in Timmendorf, Kreis Pleß) geboren und habe zeit seines Lebens im Abstimmungsgebiete gewohnt. Er sei daher gemäß Art. 26 § 2 polnischer Staatsbürger geworden und hätte gemäß Art. 26 § 3 mit dem 15. Juni

ponieważ w chwili upłynięcia dwuletniego terminu przewidzianego w art. 26 § 3 zamieszkiwał w Polsce i nie zrzekł się obywatelstwa polskiego.

2. Warunkiem zdolności prawnej do wytoczenia skargi przed forum Prezydenta Komisji Mieszanej z powodu naruszenia praw mniejszościowych zagwarantowanych w III części Konwencji Genewskiej, pominąwszy przypadek przewidziany w art. 82 Konwencji Genewskiej, jest przynależność petenta do mniejszości wyznaniowej lub językowej tego Państwa, na którego władze się użala. Art. 149 postanawia wyraźnie: Podania do Urzędu Spraw Mniejszości swego Państwa będą mogły wnosić osoby należące do mniejszości („les personnes appartenant à une minorité pourront, conformément aux dispositions qui suivent, soumettre pour examen une pétition à l'Office des Minorités de leur Etat" art. 149). Także w dalszych postanowieniach tego tytułu, dotyczących petycyj i środków prawnych (część III, art. 148, 151), w odniesieniu do skarg, skierowanych do Prezydenta Komisji Mieszanej, Konwencja Genewska mówi stale o petycjach osób należących do mniejszości, tak, iż nie ma wątpliwości, że tylko osoba należąca do mniejszości może wnosić petycje do Urzędu Spraw Mniejszości i być stroną w toczącym się potem przed Prezydentem Komisji Mieszanej postępowaniu.

Przynależność do mniejszości jest zatem istotnym elementem zdolności procesowej w postępowaniu zażaleniowym w myśl art. 149 i n. i stanowi, podobnie jak zdolność procesowa w procesie cywilnym, niezbędny warunek nie tylko dla wniesienia zażalenia, lecz także dla przeprowadzenia całego postępowania zażaleniowego. Zarzut, że petent nie należy do mniejszości, można zatem podnieść w każdym stadium postępowania. Jeżeli więc warunek przynależności do mniejszości nie zachodził od samego początku albo jeżeli przynależność ta utracona została w toku postępowania, to w obu przypadkach skargę należy oddalić bez rozpatrzenia.

Ilekroć przynależność do mniejszości jest kwestionowana lub wątpliwa, winien ją żalący się udowodnić. Co do pojęcia przynależności do mniejszości językowej, która tu wchodzi w rachubę, pojęcie to obejmuje dwa elementy: przynależność do mniejszości językowej Państwa, przeciwko władzom którego kieruje się skarga i obywatelstwo tegoż Państwa. O przynależności językowej rozstrzyga petent według wolnej woli sam i oświadczenia jego nie wolno kwestionować (zob. art. 74 Konwencji Genewskiej). O obywatelstwie na

1924 seine deutsche Staatsangehörigkeit verloren, da er bei Ablauf der in Art. 26 § 3 vorgesehenen zweijährigen Frist in Polen domiziliert war und eine Verzichterklärung auf die polnische Nationalität nicht abgegeben hatte.

2. Um sich vor dem Forum des Präsidenten der Gemischten Kommission wegen Verletzungen der im III. Teil der Genfer Konvention garantierten Minderheitsrechte beschweren zu können, muß der Beschwerdeführer — abgesehen vom Falle des Art. 82 der Genfer Konvention — Angehöriger der religiösen oder sprachlichen Minderheit desjenigen Staates sein, gegen dessen Behörden er sich beschwert. Art. 149 sagt ausdrücklich: Berechtigt, Eingaben an das Minderheitsamt ihres Staates zu richten, sind die Angehörigen einer Minderheit (»les personnes appartenant à une minorité pourront, conformément aux dispositions qui suivent, soumettre pour examen une pétition à l'Office des minorités de leur Etat« Art. 149). Auch in den weiteren Bestimmungen dieses Titels über die Eingaben und Rechtsmittel (III. Teil, Art. 148, 151) spricht die Genfer Konvention -- im Hinblick auf die an den Präsidenten der Gemischten Kommission gerichteten Beschwerden — stets von den Eingaben der Angehörigen einer Minderheit, so daß kein Zweifel darüber besteht, daß nur der Minderheitsangehörige die Fähigkeit hat, Eingaben an das Minderheitsamt zu richten und in dem anschließenden Verfahren vor dem Präsidenten der Gemischten Kommission Partei zu sein.

Die Zugehörigkeit zur Minderheit erscheint somit als essentielles Element der Parteifähigkeit im Beschwerdeverfahren nach Art. 149 ff. und sie ist — wie die Parteifähigkeit in einem Zivilprozeß — unerläßliche Voraussetzung nicht nur für die Anhebung der Beschwerde, sondern auch für die Durchführung des ganzen Beschwerdeverfahrens. Die Einrede, daß der Petent nicht zur Minderheit gehöre, kann daher in jedem Stadium des Verfahrens vorgebracht werden. Hat deshalb die Zugehörigkeit zur Minderheit von Anfang an gefehlt oder ist sie im Laufe des Verfahrens verlorengegangen, so ist in beiden Fällen die Beschwerde ohne Prüfung der Sache abzuweisen.

Der Beweis der Minderheitszugehörigkeit ist, so oft diese bestritten oder zweifelhaft ist, vom Beschwerdeführer zu erbringen. Was den Begriff der Zugehörigkeit zu der hier in Frage stehenden sprachlichen Minderheit anbelangt, so umfaßt er zwei Elemente: die Zugehörigkeit zur Sprachminderheit des Staates, gegen dessen Behörden die Beschwerde gerichtet ist, und die staatsbürgerliche Zugehörigkeit zu demselben. Über die sprachliche Zugehörigkeit entscheidet nach seinem freien Willen der Petent selbst, ohne daß seine Erklärung irgendeiner Überprüfung unterliegt (siehe Art.

podstawie obowiązujących przepisów rozstrzyga natomiast właściwa władza. W niniejszym przypadku obywatelstwo niemieckie petenta jest sporne i bardzo wątpliwe. Żalący się twierdzi, że ma zarówno obywatelstwo niemieckie jak i polskie. W każdym razie nie mógł przedłożyć ani świadectwa swojszczyzny, ani paszportu lub innych podobnych dokumentów, z których by niezbicie wynikało, że jest obywatelem niemieckim.

Prezydent Komisji Mieszanej mógłby wprawdzie zażądać przedłożenia koniecznych dokumentów faktycznych i rozstrzygnąć kwestię obywatelstwa w sposób prejudycjalny. Ta decyzja wstępna nie miałaby jednak ogólnego konstytutywnego znaczenia, lecz stanowiłaby wyłącznie prawo dla toczącego się postępowania zażaleniowego. Postępowanie takie wydaje się jednak niecelowe już z tego powodu, że decyzja prejudycjalna Prezydenta mogłaby bardzo łatwo popaść w sprzeczność z stanowiskiem władz, które na zasadzie Konwencji Genewskiej właściwe są do regulowania i rozstrzygania kwestyj spornych w przedmiocie obywatelstwa z absolutną i ogólną mocą obowiązującą.

Celem stwierdzenia obywatelstwa należy zatem żalącego się skierować do tych władz i aż do wyjaśnienia tej kwestii postępowanie toczące się przed Prezydentem Komisji Mieszanej zawiesza się.

III

Na mocy powyższych rozważań Prezydent Komisji Mieszanej dochodzi do

poglądu:

Postępowanie zażaleniowe, wszczęte przez żalącego się przed forum Prezydenta Komisji Mieszanej, pozostaje w zawieszeniu aż do udowodnienia przez żalącego się, że należy do mniejszości polskiej na Górnym Śląsku Niemieckim.

29

Pogląd

z dnia 15 września 1925 w sprawie skargi nr 100 Związku Polaków w Niemczech w Opolu (Górny Śląsk Niemiecki), dotyczącej ustalenia kwestii, czy osobom, należącym do mniejszości polskiej na Górnym Śląsku Niemieckim, na zasadzie Konwencji Genewskiej przysługuje

74 der Genfer Konvention), aber in bezug auf die staatsbürgerliche Zugehörigkeit entscheidet die zuständige Behörde auf Grund der hierfür aufgestellten Rechtsvorschriften. Im vorliegenden Falle ist die staatsbürgerliche Zugehörigkeit des Petenten zum Deutschen Reich bestritten und durchaus zweifelhaft. Der Beschwerdeführer behauptet, sowohl die deutsche als auch die polnische Nationalität zu besitzen. Jedenfalls war er nicht in der Lage, seine deutsche Staatsangehörigkeit durch einen Heimatschein, Paß oder dergleichen Urkunden liquid zu beweisen.

Der Präsident der Gemischten Kommission wäre zwar berechtigt, sich die nötigen tatsächlichen Unterlagen zu beschaffen und diese Frage der staatsbürgerlichen Zugehörigkeit präjudiziell zu entscheiden. Dieser Vorentscheid hätte aber keine allgemeine, konstitutive Bedeutung, sondern würde ausschließlich für das schwebende Beschwerdeverfahren Recht schaffen. Ein solches Vorgehen erscheint aber nicht zweckmäßig, schon deswegen nicht, weil die präjudizielle Entscheidung des Präsidenten sehr leicht mit der Auffassung derjenigen Behörden in Widerspruch geraten könnte, welche gemäß der Genfer Konvention zuständig sind, Streitfragen betreffend die Nationalität mit absoluter und allgemeiner Wirkung zu regeln und zu entscheiden.

Der Beschwerdeführer ist daher zur Feststellung seiner Nationalität an diese Behörden zu verweisen und das vor dem Präsidenten der Gemischten Kommission schwebende Verfahren bleibt bis zur Abklärung dieser Frage eingestellt.

III

Gestützt auf vorstehende Erwägungen gelangt der Präsident der Gemischten Kommission für Oberschlesien zur

Stellungnahme:

Das von dem Beschwerdeführer vor dem Präsidenten der Gemischten Kommission eingeleitete Beschwerdeverfahren bleibt bis zum Nachweis seiner Zugehörigkeit zur polnischen Minderheit Deutsch-Oberschlesiens eingestellt.

29

Stellungnahme

vom 15. September 1925 in der Sache Nr. 100 des Związek Polaków w Niemczech in Oppeln (Deutsch-Oberschlesien), betreffend Feststellung der Frage, ob die polnischen Minderheitsangehörigen Deutsch-Oberschlesiens auf Grund des Genfer Abkommens ein Recht haben, dem Verband prawo należenia do Związku Powstańców Śląskich w charakterze członków.

I

Postępowanie wstępne i rozprawa ustna

Na wiosnę i w lecie 1924 aresztowano na Górnym Śląsku Niemieckim większą liczbę obywateli niemieckich, należących do mniejszości polskiej. Aresztowanym wytoczono dochodzenia karne. Obwiniano ich o to, że przez należenie do Związku Powstańców Śląskich przygotowywali przedsięwzięcie zdrady stanu (art. 81-3 i art. 86 niemieckiego kodeksu karnego). Jako sąd karny czynny był w tych procesach karnych Senat karny Sądu Rzeszy w Lipsku, który wydał większą ilość wyroków zasądzających.

Dnia 2 lipca 1924 wniósł adwokat Kudrisch, któremu kilku obwinionych powierzyło swe zastępstwo, z polecenia Związku Polaków w Niemczech T. z. zażalenie do Urzędu Spraw Mniejszości w Opolu (akt 2) i przedstawił następujące żądanie prawne:

Prosi się o wydanie decyzji: „czy przynależność obywatela Rzeszy Niemieckiej mniejszości polskiej do Związku Powstańców Śląskich narusza postanowienia Konwencji Genewskiej lub nie" (akt 2).

Żalący się powołał się przy tym na następujące postanowienia Konwencji Genewskiej:

Art. 149

„W przedmiocie wykładni i stosowania przepisów Części niniejszej przez władze administracyjne, które przy rozstrzyganiu spraw podlegają instrukcjom władz przełożonych, osoby należące do mniejszości będą mogły, zgodnie z postanowieniami niżej podanymi, wnosić podania do Urzędu Spraw Mniejszości swojego Państwa, celem rozpatrzenia. Urząd ten, zgodnie ze szczegółowymi postanowieniami niżej podanych artykułów, prześle podania te do wiadomości Prezydenta Komisji Mieszanej dla wyrażenia poglądu. O ile wnoszący podania nie będą zadowoleni z załatwienia ich sprawy przez władze administracyjne, będą mogli odwołać się do Rady Ligi Narodów.

Art. 78

1. Obywatele należący do mniejszości korzystać będą z tych samych praw co inni obywatele w dziedzinie praw stowarzyszania i zgromadzania się, oraz tworzenia fundacyj.

der Schlesischen Aufständischen (Związek Powstańców Śląskich) als Mitglieder anzugehören.

I

Vorverfahren und mündliche Verhandlung.

Im Frühjahr und Sommer 1924 wurde eine größere Anzahl von deutschen Reichsangehörigen, die zur polnischen Minderheit gehören, in Oberschlesien verhaftet und in Strafuntersuchung gezogen unter der Anschuldigung, durch ihre Zugehörigkeit zum Verband der schlesischen Aufständischen (Związek Powstańców Śląskich) gegen das Deutsche Reich ein hochverräterisches Unternehmen vorbereitet zu haben (Art. 81/3 und Art. 86 des Deutschen Strafgesetzbuches). Als Strafgericht amtete in diesen Strafprozessen der Straffenat des Reichsgerichts in Leipzig, welcher zu einer größeren Anzahl verurteilender Erkenntnisse gelangte.

Am 2. Juli 1924 richtete Rechtsanwalt Kudrisch, dem mehrere Angeschuldigte ihre Vertretung übertragen hatten, im Auftrage des Polenbundes (Związek Polaków w Niemczech T. Z.) eine Beschwerde an das Minderheitsamt Oppeln (act. 2) und stellte das Rechtsbegehren:

Es wird gebeten zu entscheiden: »ob die Zugehörigkeit eines deutschen Reichsangehörigen polnischer Minderheit zum Verein der Aufständischen (Związek Powstańców Śląskich) gegen die Bestimmungen der Genfer Konvention verstößt oder nicht« (act. 2).

Der Beschwerdeführer berief sich dabei auf folgende Bestimmungen des Genfer Abkommens:

Artikel 149.

»Die Angehörigen einer Minderheit sind berechtigt, Eingaben über die Anwendung und Auslegung der Bestimmungen dieses Teiles durch Verwaltungsbehörden, die den Weisungen ihrer vorgesetzten Behörde zu folgen haben, nach Maßgabe der folgenden Bestimmungen an das Minderheitsamt ihres Staates zur Prüfung zu richten. Das Minderheitsamt wird sie nach näherer Vorschrift der folgenden Artikel dem Präsidenten der Gemischten Kommission zur Stellungnahme vorlegen. Die Verfasser der Eingabe können den Völkerbundrat anrufen, wenn die Erledigung ihrer Angelegenheit durch die Verwaltungsbehörden sie nicht befriedigt.«

Artikel 78.

»1. Die einer Minderheit angehörenden Staatsangehörigen genießen auf dem Gebiete des Vereins- und Versammlungsrechts sowie bei der Errichtung von Stiftungen dieselben Rechte wie die übrigen Staatsangehörigen.

2. Fakt, że stowarzyszenia zajmują się sprawami mniejszości na polu języka, kultury, religii oraz utrzymania charakteru narodowego lub stosunków towarzyskich, nie będzie stanowił powodu do zabronienia lub ograniczenia działalności rzeczonych stowarzyszeń lub też do czynienia im przeszkód w osiąganiu zdolności prawnej."

Sprawozdaniem z dnia 17 września 1924 Urząd Spraw Mniejszości w Opolu przesłał zażalenie Prezydentowi Komisji Mieszanej, oświadczając przy tym, że mu się nie udało zadowolić żalącego się (art. 152-1 Konwencji Genewskiej) (akt 1).

Po zakończeniu wymiany pism procesowych odbyła się rozprawa ustna dnia 6 listopada 1924 (akt 22).

Urząd Spraw Mniejszości w Opolu zastąpiony był przez dyrektora sądu krajowego Gosposa, żalący się zaś (Związek Polaków) przez adwokata Kudrischa.

Z wywodów Stron (akt. 22) w połączeniu z wniesionymi pismami procesowymi (akt 1, 2, 7, 20) należy podkreślić:

Po uprzednim zaprzeczeniu Urząd Spraw Mniejszości uznaje legitymację aktywną Związku Polaków (akt 22).

Co do kwestii właściwości Komisji Mieszanej Urząd Spraw Mniejszości wywodzi, że nie chodzi tu o decyzję władzy administracyjnej, wobec czego postępowanie zażaleniowe w myśl art. 149 jest niedopuszczalne. Nie władze administracyjne aresztowały i oskarżyły członków Związku Powstańców Śląskich, lecz dokonały tego władze sądowe, zaś Komisja Mieszana nie jest właściwa do rozpatrywania decyzji sądowych. Pod względem materialnym Urząd Spraw Mniejszości zauważa:

„Jest rzeczą słuszną, że obywatele niemieccy mniejszości polskiej jak wszyscy inni obywatele Rzeszy mogą zakładać związki. Wszystkich obywateli państwa obowiązuje jednak art. 124 konstytucji Rzeszy, w myśl którego żadnemu obywatelowi Rzeszy nie wolno należeć do takich związków, które kolidują z ustawami karnymi. Czy przypadek taki zachodzi, o tym rozstrzyga sędzia karny."

Na powyższe wywody żalący się w odpowiedzi do Prezydenta Komisji Mieszanej z dnia 25 września (akt 7) i na rozprawie ustnej (akt 22) replikował w sposób następujący:

„Właściwość Urzędu Spraw Mniejszości jest dana, ponieważ w niniejszym przypadku władze administracyjne pruskie błędnie stosują i interpretują postanowienia części III, a zwłaszcza artykuł 78 Konwencji Genewskiej. Pan Nadprezydent wydał w sprawie tej de-

2. Die Tatsache, daß Vereine die Interessen der Minderheiten in sprachlicher, kultureller, religiöser, ethnischer oder gesellschaftlicher Hinsicht pflegen, darf kein Grund zum Verbote dieser Vereine, zur Behinderung ihrer Tätigkeit oder zur Versagung der Rechtsfähigkeit bilden.«

Mit Bericht vom 17. September 1924 überwies das Minderheitsamt Oppeln die Beschwerde an den Präsidenten der Gemischten Kommission mit der Erklärung, daß es ihm nicht gelungen sei, den Beschwerdeführer zu befriedigen (Art. 152/1 des Genfer Abkommens) (act. 1).

Nach Schluß des Schriftwechsels fand die mündliche Verhandlung am 6. November 1924 statt (act. 22).

Das Minderheitsamt Oppeln war vertreten durch Landgerichtsdirektor Gospos, der Beschwerdeführer (Polenbund) durch Rechtsanwalt Kudrisch.

Aus den Parteivorträgen (act. 22) ist in Verbindung mit den eingereichten Schriftsätzen (act. 1, 2, 7, 20) folgendes hervorzuheben:

Die Aktivlegitimation des Polenbundes wird seitens des Minderheitsamts nach früherer Bestreitung anerkannt (act. 22).

Hinsichtlich der Frage, ob die Gemischte Kommission zuständig sei, macht das Minderheitsamt geltend, daß eine Entscheidung einer Verwaltungsbehörde nicht vorliege und daß das Beschwerdeverfahren gemäß Art. 149 daher nicht anwendbar sei. Die Verhaftung und Anklage der Mitglieder des Verbandes der Schlesischen Aufständischen (Związek Powstańców Śląskich) sei nicht durch Verwaltungsbehörden, sondern durch Gerichtsbehörden erfolgt. Entscheidungen von Gerichtsbehörden könnten aber vor dem Forum der Gemischten Kommission nicht nachgeprüft werden. — In materieller Hinsicht bemerkt das Minderheitsamt:

»Es ist richtig, daß die deutschen Staatsangehörigen polnischer Minderheit ebenso wie alle anderen Reichsangehörigen Vereine bilden können. Für alle Staatsangehörigen gilt aber der Artikel 124 der Reichsverfassung, wonach alle Deutschen solchen Vereinen nicht angehören dürfen, die den Strafgesetzen zuwiderlaufen. Ob das der Fall ist, entscheidet der Strafrichter.«

Demgegenüber führte der Beschwerdeführer in seiner Antwort vom 25. September an den Präsidenten der Gemischten Kommission (act. 7) und mündlich (act. 22) folgendes aus:

»Das Minderheitsamt ist zuständig, denn vorliegend werden die Bestimmungen des Teiles III, insbesondere der Art. 78 der Genfer Konvention durch die preußischen Verwaltungsbehörden falsch angewendet und ausgelegt. Der Herr Oberpräsident hat in der Sache eine Entscheidung cyzję. Wystarczy decyzja ustna udzielona przewodniczącemu Związku Polaków, p. dyrektorowi banku Malczewskiemu w Raciborzu. Nie wchodzą tutaj wcale w rachubę członkowie Związku Powstańców, którzy pod zarzutem zdrady stanu przebywają w areszcie śledczym, lecz jedynie ci członkowie Związku, którzy są na wolnej stopie. Chodzi jedynie o wydanie decyzji, czy związek prawnie może istnieć" (akt 7).

Żalący się podkreśla, że Nadprezydent w kwestii tej zakomunikował swe stanowisko prawne w tym sensie, że Związek Powstańców Śląskich jest antypaństwowy. Stanowisko Nadprezydenta jest zatem ustalone i według niego osobom, należącym do mniejszości polskiej na Górnym Śląsku Niemieckim, nie wolno wstępować do Związku Powstańców Śląskich. O ile zażalenie dotyczy sędziego karnego, także żalący się jest zdania, że Komisji Mieszanej nie wolno się mieszać do postępowania karnego. Zaznacza on, że wnosi jedynie o udzielenie odpowiedzi na pytanie zasadnicze: „Czy osoby, należące do mniejszości polskiej na Górnym Śląsku Niemieckim, mają prawo należeć do Związku Powstańców Śląskich" (akt 22).

Pod względem materialno-prawnym żalący się powołuje się na art. 78 Konwencji Genewskiej. Z postanowienia tego wynika, że osoby mniejszościowe na Górnym Śląsku Niemieckim mogą należeć do Związku Powstańców Śląskich. Statuty tego związku są dowodem, że nie ma on na celu dążeń do zdrady stanu.

II
Odroczenie poglądu

Z uwagi na to, że Prezydent Komisji Mieszanej w niniejszej sprawie wyraża swój pogląd dopiero po upływie znacznego czasu po rozprawie ustnej, zależy mu na tym, aby odroczenie to uzasadnić.

Komisja Mieszana była zdania, że leży w ogólnym interesie, aby wydanie poglądu w niniejszej sprawie odroczyć aż do załatwienia licznych procesów karnych, które zawisły przed Sądem Rzeszy w Lipsku. Chciano przez to uniknąć nawet pozoru mieszania się Komisji Mieszanej w funkcje władz sądowych. Niniejsze zażalenie zasadnicze nie było zresztą wcale natury pilnej, bo nie mogło wstrzymać ścigania karnego, o którym władze sądowe rozstrzygają suwerennie. W końcu Komisja Mieszana żywiła nadzieję, że oba Państwa zastosują daleko idącą amnestię i ułaskawią osoby mniejszościowe, które getroffen. Es genügt ein mündlicher Bescheid, der dem Vorsitzenden des Polenbundes, Bankdirektor Malczewski in Ratibor, erteilt worden ist. Die Mitglieder des Verbandes der Aufständischen, die wegen Hochverrats in Untersuchungshaft sind, kommen hier gar nicht in Frage, sondern nur diejenigen Mitglieder des Verbandes, die sich auf freiem Fuß befinden. Es soll lediglich Entscheidung über die Existenzberechtigung des Vereins herbeigeführt werden« (act. 7).

Der Beschwerdeführer betont, daß der Oberpräsident seinen Rechtsstandpunkt in dieser Frage mitgeteilt habe, und zwar in dem Sinne, daß der Verband der Schlesischen Aufständischen (Związek Powstańców Śląskich) staatsfeindlich sei. Die Ansicht des Oberpräsidenten stehe also fest, wonach es den Angehörigen polnischer Minderheit in Deutsch-Oberschlesien nicht erlaubt sei, dem Verbande der Schlesischen Aufständischen (Związek Powstańców Śląskich) beizutreten. Was das Verhältnis der Beschwerde zum Strafrichter betrifft, so ist auch der Beschwerdeführer der Ansicht, daß die Gemischte Kommission in das Strafverfahren nicht eingreifen darf. Er betont, daß er nur beantrage die grundsätzliche Frage zu beantworten: »Sind die polnischen Minderheitsangehörigen Deutsch-Oberschlesiens berechtigt, dem Verband der Schlesischen Aufständischen (Związek Powstańców Śląskich) anzugehören« (act. 22).

In materiell-rechtlicher Hinsicht beruft sich der Beschwerdeführer auf Art. 78 des Genfer Abkommens. Aus dieser Bestimmung ergebe sich die Berechtigung der Minderheitsangehörigen Deutsch-Oberschlesiens, dem Verbande der Schlesischen Aufständischen (Związek Powstańców Śląskich) anzugehören. Dieser verfolge keine hochverräterischen Zwecke, was aus seinen Statuten hervorgehe.

II
Verschiebung der Stellungnahme.

Da der Präsident der Gemischten Kommission seine Stellungnahme in dieser Beschwerdesache geraume Zeit nach der mündlichen Verhandlung ausspricht, so liegt es ihm daran, diese Verschiebung zu begründen.

Die Gemischte Kommission war der Ansicht, daß es im allgemeinen Interesse liege, die Stellungnahme über diese Beschwerde bis nach Erledigung der zahlreichen Strafprozesse, welche vor dem deutschen Reichsgericht in Leipzig anhängig waren, zu verschieben. Dadurch sollte auch der Schein vermieden werden, als ob die Gemischte Kommission sich irgendwie in die Funktionen der richterlichen Behörden einmischen wollte. Übrigens war die vorliegende grundsätzliche Beschwerde keineswegs dringlicher Natur, und zwar gerade deshalb nicht, weil sie die Strafverfolgungen, über welche die Gerichtsbehörden souverän entscheiden, nicht aufhalten w obu częściach obszaru plebiscytowego ścigano z powodu przestępstw politycznych. Nadzieję tę Komisja Mieszana czerpała przede wszystkim ze względów słuszności. Inkryminowane przestępstwa natury politycznej zaszły bowiem w burzliwym okresie przejściowym, gdy w szerokich kołach zrozumienie obowiązków politycznych i odpowiedzialność wobec Państwa było zamącone przez różne okoliczności i wpływy. Komisja Mieszana wyraża następnie głębokie przekonanie, że amnestia lub ułaskawienie osób mniejszościowych przyczyni się zbawiennie do odprężenia i uspokojenia umysłów ludności górnośląskiej, co leży w interesie ogółu. Wydanie poglądu odroczono właśnie w tym celu, aby Rządom nie utrudniać uwzględnienia idei pojednania, propagowanej przez Komisję Mieszaną. Gdy uspokoiły się umysły, wzburzone wskutek aresztowania członków Związku Powstańców Śląskich, łatwiej można przystąpić do spokojnego badania wszystkich tych kwestii i uregulowania ich w sposób wspaniałomyślny. Nadmienia się jeszcze, że Konwencja Genewska w artykule 153-3 upoważnia Prezydenta Komisji Mieszanej wyraźnie do wydania poglądu dopiero po upływie pewnego terminu, który on sam określa według swego uznania.

III

Rozważania prawne

1. Legitymacja aktywna.

Z podniesionego pierwotnie zarzutu, że Związek Polaków nie ma legitymacji aktywnej do wniesienia tego zażalenia, odstąpiono. Nie może być zresztą żadnej wątpliwości co do tego, że zarówno Związek Polaków jak i niemiecki „Volksbund" mogą wykonywać prawo zażalenia (Konwencja Genewska nazywa je prawem petycji) w tych sprawach, które dla mniejszości mają znaczenie ogólne. Odpowiada to stałej praktyce Komisji Mieszanej. Zob. m. in. pogląd w sprawie nr 41 z 26 listopada 1923, II, 1 b, gdzie jest powiedziane:

„Niemiecko-Górnośląski Związek Ludowy w Katowicach (petent) i Związek Polaków w Niemczech z siedzibą w Opolu są związkami zapisanymi, które ochronę praw mniejszości uważają za swe główne zadanie. Reprezentują one ogół ludności mniejszościowej, która dla ochrony swych praw zespoliła się w tych związkach. Związkonnte. Endlich ließ sich die Gemischte Kommission von der Hoffnung leiten, daß eine weitgehende Begnadigung oder Amnestie der beiden Staaten Platz greifen werde hinsichtlich der politischen Verbrechen, wegen welcher Minderheitsangehörige in beiden Teilen des Abstimmungsgebietes strafrechtlich verfolgt worden sind. Die Gemischte Kommission schöpft diese Hoffnung zunächst aus Billigkeitsgründen; die inkriminierten Handlungen politischer Natur fanden statt in einer aufgeregten Übergangsperiode, in der die Erkenntnis der politischen Pflichten und Verantwortlichkeiten gegenüber dem Staate in weiten Kreisen durch allerlei Umstände und Einflüsse getrübt war. Sodann aber gibt die Gemischte Kommission ihrer tiefen Überzeugung Ausdruck, daß die Begnadigung oder Amnestie zugunsten der Minderheitsangehörigen eine segensvolle, dem allgemeinen öffentlichen Interesse dienende Entspannung und Befriedigung im Leben der oberschlesischen Bevölkerung herbeiführen würde. Gerade auch um die Berücksichtigung dieser von der Gemischten Kommission vertretenen Versöhnungsidee den Regierungen nicht zu erschweren, wurde die Stellungnahme bisher zurückgelegt. Nachdem die Leidenschaften, welche anläßlich der Verhaftungen von Mitgliedern des Verbandes der Schlesischen Aufständischen (Związek Powstańców Śląskich) entflammt waren, sich gelegt haben, wird es eher möglich sein, alle diese Fragen ruhig zu prüfen und in weitherzigerem Sinne zu regeln. Es mag noch betont werden, daß das Genfer Abkommen, Artikel 153/3, den Präsidenten der Gemischten Kommission ausdrücklich ermächtigt, seine Stellungnahme erst nach Ablauf einer Frist, die er nach seinem Ermessen bemißt, auszusprechen.

III

Rechtliche Erwägungen.

1. Aktivlegitimation.

Die anfängliche Einrede gegen die Aktivlegitimation des Polenbundes zur Einreichung dieser Beschwerde wurde fallen gelassen. Es kann übrigens keinem Zweifel unterliegen, daß der Polenbund und der Deutsche Volksbund berechtigt sind, in solchen Angelegenheiten, die für die Minderheiten von allgemeinem Interesse sind, das Beschwerderecht (das Genfer Abkommen nennt es Petitionsrecht) auszuüben. Das entspricht der ständigen Praxis der Gemischten Kommission. Siehe u. a. Stellungnahme Nr. 41 vom 26. November 1923, II, 1 b:

»Der Deutsch-Oberschlesische Volksbund in Katowice (Petent) und der Związek Polaków w Niemczech in Oppeln sind eingetragene Vereine, die sich in erster Linie die Wahrung der Minderheitsrechte zur Aufgabe gestellt haben. Sie repräsentieren somit die Kollektivität der Angehörigen der Minderheit, die sich zum Schutze ihrer Rechte in ihnen kom tym, które, jak już powiedziano, są wyraźnie zagwarantowane w Konwencji, należy przyznać prawo petycji w myśl art. 147—158 przynajmniej w odniesieniu do wszystkich tych kwestii, które dotyczą nie tylko specjalnych praw poszczególnych osób, lecz mają znaczenie ogólne, wkraczając w sferę interesów mniejszych lub większych kół mniejszości."

2. Właściwość Komisji Mieszanej.

Celem wyjaśnienia nadmienia się, że w myśl artykułu 153-2 Konwencji Genewskiej w dziedzinie prawa mniejszościowego Komisja Mieszana w pełnym składzie właściwa jest do rozpatrywania zażaleń i nad zażaleniami tymi obraduje, natomiast decyzję co do poglądu, który ma być wydany, wydaje Prezydent Komisji Mieszanej sam.

Kwestia, czy w niniejszej sprawie Komisja Mieszana w myśl art. 149 Konwencji Genewskiej jest właściwa, zależy od tego, czy zażalenie kieruje się przeciwko władzy administracyjnej lub nie.

Powołanie się na to, że sędzia karny w przypadku ścigania karnego właściwy jest do wydania decyzji co do tego, czy dążenia jakiegoś związku sprzeczne są z ustawami karnymi, nie wytrzymuje krytyki. Jest oczywiste — i obie Strony zgodne są co do tego — że przeciwko sędziemu karnemu, który oświadcza, że dążenia jakiegoś związku sprzeczne są z ustawami karnymi, zażalenie z artykułu 149 jest wykluczone. Tak samo wyroki Sądu Rzeszy w sprawie przynależności do Związku Powstańców Śląskich nie mogą absolutnie stanowić przedmiotu zażalenia z artykułu 149. Lecz niezależnie od tego stwierdzenia należy zbadać, czy także władzom administracyjnym nie przysługują pewne kompetencje w dziedzinie prawa stowarzyszania się. Z art. 2 niemieckiej ustawy o stowarzyszeniach z dnia 19 kwietnia 1908 r. wynika, że związek, którego cel sprzeciwia się ustawom karnym, może być rozwiązany w drodze administracyjnej. Może się zatem zdarzyć, że właściwa władza policyjna będzie samodzielnie rozpatrywała i rozstrzygała, czy przynależność do jakiegoś związku lub działalność z przynależnością tą związana są dopuszczalne lub nie. Pominąwszy przypadek rozwiązania jakiegoś związku, także przy różnych innych zarządzeniach policyjnych, jak np. przy stosowaniu § 7 ustawy Rzeszy o stowarzyszeniach, ważne może być zapatrywanie orzekającego urzędnika, czy jakiś związek zagraża bezpieczeństwu państwa lub porządkowi publicznemu lub czy dążności danego związku naruszają inne interesy państwa. Zwłaszcza także zusammengeschlossen haben. Diesen Vereinen, die, wie schon gesagt, in der Konvention ausdrücklich gewährleistet sind, muß das Petitionsrecht im Sinne der Artikel 147 bis 158 zum mindesten in bezug auf alle Angelegenheiten zugestanden werden, die nicht nur spezielle Rechte einzelner Personen betreffen, sondern von allgemeiner Bedeutung sind, indem sie die Interessen kleinerer und größerer Kreise der Minderheit berühren.«

2. Zuständigkeit der Gemischten Kommission.

Es sei erläuternd erwähnt, daß gemäß Art. 153/2 des Genfer Abkommens die gesamte Gemischte Kommission auf dem Gebiete des Minderheitsrechts zur Prüfung der Beschwerden zuständig ist und darüber Beratung pflegt, während die Entscheidung hinsichtlich der auszusprechenden Stellungnahme vom Präsidenten der Gemischten Kommission allein getroffen wird.

Die Frage, ob die Gemischte Kommission in der vorliegenden Sache im Sinne des Artikels 149 des Genfer Abkommens zuständig sei, hängt davon ab, ob die Beschwerde sich gegen eine administrative Behörde richtet oder nicht.

Der Hinweis darauf, daß der Strafrichter im Falle einer Strafverfolgung zuständig sei, darüber zu entscheiden, ob die Bestrebungen eines Vereins den Strafgesetzen zuwiderlaufen, ist nicht schlüssig. Es ist zwar ohne weiteres klar — und beide Parteien sind darin einig, — daß gegen den Strafrichter, der die Bestrebungen eines Vereins als den Strafgesetzen zuwiderlaufend erklärt, die Beschwerde aus Art. 149 ausgeschlossen ist. So können auch die Urteile des Reichsgerichts betreffend Zugehörigkeit zum Verbande der Schlesischen Aufständischen (Związek Powstańców Śląskich) in keiner Weise Gegenstand einer Beschwerde aus Art. 149 sein. Allein unbeschadet dieser Feststellung muß untersucht werden, ob nicht auch die administrativen Behörden gewisse Kompetenzen auf dem Gebiete des Vereinsrechts besitzen. Nun geht aus Art. 2 des deutschen Vereinsgesetzes vom 19. April 1908 hervor, daß ein Verein, dessen Zweck den Strafgesetzen zuwiderläuft, auf administrativem Wege aufgelöst werden kann. Die zuständige Polizeibehörde kann also dazu kommen, selbständig zu prüfen und zu entscheiden, ob die Zugehörigkeit zu einem Verein oder die Betätigung dieser Zugehörigkeit zulässig ist oder nicht. Abgesehen von der Auflösung eines Vereins, kann auch bei verschiedenen anderen polizeilichen Maßnahmen, so z. B. bei der Anwendung des § 7 des Reichsvereinsgesetzes, die Auffassung des verfügenden Beamten wichtig sein, ob ein Verein die Sicherheit des Staates oder die öffentliche Ordnung gefährde oder ob dessen Bestrebungen andere Staatsinteressen verletzen. Namentlich auch die Bestrebungen ausländischer Vereine unterstehen naturgemäß dążności związków obcokrajowych podlegają z natury rzeczy nadzorowi władzy policyjnej. We wszystkich tego rodzaju przypadkach w danym razie władza policyjna rozstrzygać będzie prejudycjalnie, czy działalność związkową należy uważać za dozwoloną lub nie. Jeżeli zatem należy wychodzić z założenia, że istnieją pewne właściwości administracyjne w dziedzinie prawa o stowarzyszeniach, to należy uznać właściwość Komisji Mieszanej, ponieważ zażalenie kieruje się przeciwko władzy administracyjnej, mianowicie przeciwko Nadprezydentowi prowincji górnośląskiej.

3. Dopuszczalność petycyj o stwierdzenie w myśl artykułu 149.

Zażalenie niniejsze nie jest skierowane przeciwko jakiemuś zarządzeniu lub rozporządzeniu administracyjnemu. Nie zmierza ono do odparcia naruszenia jakiegoś prawa przez władzę administracyjną, lecz tylko do stwierdzenia, że przynależność obywateli niemieckich, należących do mniejszości polskiej, do Związku Powstańców Śląskich jest dozwolona. Należy zatem zbadać, czy tego rodzaju zażalenie o stwierdzenie dopuszczalne jest przed forum Komisji Mieszanej.

Artykuł 149 Konwencji Genewskiej przyznaje wyraźnie prawo petycji nie tylko w odniesieniu do stosowania postanowień Konwencji Genewskiej, lecz także w odniesieniu do ich wykładni. Dopuszczona ma być nie tylko skarga lub petycja przeciwko konkretnemu zarządzeniu lub rozstrzygnięciu administracyjnemu, lecz także petycja (skarga) o wykładnię lub stwierdzenie w przypadkach, gdzie nie zachodzi rozporządzenie lub decyzja we właściwym tego słowa znaczeniu, lecz tylko wyrażenie stanowiska prawnego. Zapatrywanie to odpowiada sumarycznemu i elastycznemu charakterowi norm postępowania zawartych w artykułach 149—157, które przede wszystkim mają uczynić zadość praktycznym potrzebom, jakie się wyłaniają przy stosowaniu tak skomplikowanej umowy. Co prawda tego rodzaju skargę o ustalenie można dopuścić tylko wtenczas, gdy dana władza administracyjna złożyła oficjalne oświadczenie w sprawie jakiejś spornej kwestii prawnej i gdy istnieje interes prawny w rozstrzygnięciu tej spornej kwestii prawnej.

W niniejszym przypadku Nadprezydent oświadczył wobec przedstawicieli Związku Polaków, którzy się u niego ustnie zażalili, że uważa Związek Powstańców Śląskich za antypaństwowy, a zatem przynależność obywateli Rzeszy do tego związku za niedopuszczalną. Jest to oficjalne oświadczenie wymienionego urzędu administracyjneder Aufsicht der Polizeibehörde. In allen derartigen Fällen wird gegebenenfalls die Polizeibehörde präjudiziell darüber entscheiden, ob die Vereinstätigkeit als eine erlaubte anzusehen ist oder nicht. Ist somit davon auszugehen, daß gewisse administrative Kompetenzen auf dem Gebiet des Vereinsrechts bestehen, so muß die Zuständigkeit der Gemischten Kommission anerkannt werden, da die Beschwerde gegen eine Verwaltungsbehörde gerichtet ist, nämlich gegen den Oberpräsidenten der Provinz Oberschlesien.

3. Zulassung von Feststellungspetitionen im Sinne des Artikels 149.

Die vorliegende Beschwerde richtet sich nicht gegen eine administrative Maßnahme oder Verfügung. Sie bezweckt nicht die Abwehr eines administrativen Eingriffs, sondern nur die Feststellung, daß die Zugehörigkeit deutscher Staatsangehöriger, die zur polnischen Minderheit gehören, zum Verbande der Schlesischen Aufständischen (Związek Powstańców Śląskich) erlaubt sei. Es muß also geprüft werden, ob eine solche Feststellungsbeschwerde vor der Gemischten Kommission zulässig sei.

Artikel 149 des Genfer Abkommens gewährt das Petitionsrecht ausdrücklich nicht nur in bezug auf die Anwendung der Bestimmungen der Genfer Konvention, sondern auch in bezug auf deren bloße Interpretation. Nicht nur die Beschwerde oder Petition gegen eine konkrete administrative Verfügung oder Entscheidung soll zugelassen werden, sondern auch eine Interpretations- oder Feststellungspetition (Beschwerde) in denjenigen Fällen, wo keine eigentliche Verfügung oder Entscheidung, sondern nur die Kundgebung eines Rechtsstandpunktes vorliegt. Diese Auffassung entspricht dem summarischen und elastischen Charakter der in Art. 149 bis 157 enthaltenen Verfahrensnormen, die vor allem den praktischen Bedürfnissen, die bei Anwendung eines so komplizierten Abkommens zutage treten, zu genügen bestimmt sind. Immerhin kann eine solche Feststellungsbeschwerde nur da zugelassen werden, wo eine offizielle Kundgebung über eine bestimmte strittige Rechtsfrage seitens der betreffenden Verwaltungsbehörde vorliegt und wo ein rechtliches Interesse an der Entscheidung dieser strittigen Rechtsfrage besteht.

Nun hat der Oberpräsident gegenüber den Vertretern des Związek Polaków, welche sich bei ihm mündlich beschwerten, erklärt, daß er den Verband der Schlesischen Aufständischen (Związek Powstańców Śląskich) als staatsfeindlich und somit die Zugehörigkeit der Reichsangehörigen zu diesem Verein als unzulässig betrachte. Das ist eine offizielle go co do jego stanowiska prawnego w kwestii spornej, którą żałący się przedkłada Prezydentowi Komisji Mieszanej.

Co do dalszego warunku, mianowicie interesu prawnego, zaprzeczyć nie można, że w niniejszym przypadku ten interes prawny istnieje. W danych warunkach Związek Polaków ma niewątpliwie interes prawny w tym, aby stwierdzić, czy jego członkom wolno przystąpić do Związku Powstańców Śląskich i uczestniczyć w jego dążnościach.

4. Artykuł 78 Konwencji Genewskiej, na który się petent dla uzasadnienia petycji powołuje, gwarantuje osobom mniejszościowym te same swobody, jakie przysługują innym obywatelom Państwa. Artykuł ten powiada wyraźnie, że organizacje mniejszości mają prawo do swobodnego i niezakłóconego rozwijania swych dążności językowych i kulturalnych.

Z drugiej jednak strony jest jasne, że osoby mniejszościowe, tak samo jak inni obywatele państwa, nie mają prawa do współdziałania w związkach i ich dążnościach, których nie można pogodzić ze suwerennością własnego Państwa. Związek Powstańców Śląskich jest związkiem polskim, ma siedzibę na Górnym Śląsku Polskim i ze stanowiska Rzeszy Niemieckiej musi być uważany za organizację zagraniczną. Ze statutów jego z dnia 15 IV 1923 (akt 29-30) wynika jasno, że ma na celu wyszkolenie wojskowe i wyrobienie ducha dzielności w interesie Polski. Tak art. 6 lit. c, d i h statutów związku określa jako środek do spełnienia zadania związku:

c) organizowanie kursów instruktorskich, wojskowych i sanitarnych,

d) pielęgnowanie wojskowego wychowania zgodnie z regulaminem i przepisami armii polskiej,

h) urządzanie obchodów świąt narodowych i rocznic powstań.

Senat karny Sądu Rzeszy w wyrokach decydującą wagę przywiązał do rezolucji w sprawie Górnego Śląska Niemieckiego, powziętej przez Związek Powstańców Śląskich w Katowicach dnia 15 kwietnia 1923. Rezolucji tej tu rozpatrywać nie potrzeba. Wystarczy stwierdzić, że Związek Powstańców Śląskich w stosunku do Rzeszy Niemieckiej jest związkiem zagranicznym i uprawia wojskowe wyszkolenie w interesie państwa zagranicznego. Także na obszarze Górnego Śląska Niemieckiego istniały lub istnieją podobne związki,

Kundgebung der erwähnten Verwaltungsstelle über ihren Rechtsstandpunkt in der Streitfrage, die der Beschwerdeführer dem Präsidenten der Gemischten Kommission unterbreitet.

Was die weitere Voraussetzung des rechtlichen Interesses anbetrifft, so kann dieses im vorliegenden Falle nicht bestritten werden. Der Polenbund hat unter den gegebenen Umständen zweifellos ein rechtliches Interesse daran, festzustellen, ob es seinen Angehörigen erlaubt ist, dem Verbande der Schlesischen Aufständischen (Związek Powstańców Śląskich) beizutreten und sich an dessen Bestrebungen zu beteiligen.

4. Der vom Beschwerdeführer zur Begründung seiner Petition herangezogene Artikel 78 des Genfer Abkommens gewährleistet den Angehörigen der Minderheiten die gleichen Freiheiten, wie sie die anderen Staatsbürger genießen. Ausdrücklich ist darin gesagt, daß die Organisationen der Minderheiten das Recht auf freie und ungestörte Entfaltung ihrer sprachlichen und kulturellen Bestrebungen besitzen.

Andererseits aber ist klar, daß Angehörige der Minderheiten so wenig wie andere Staatsangehörige ein Recht haben, sich an Vereinen und Vereinsbestrebungen zu beteiligen, die mit der Staatshoheit des eigenen Staates unvereinbar sind. Der Verband der Schlesischen Aufständischen (Związek Powstańców Śląskich) ist eine polnische Vereinigung, er hat seinen Sitz in Polnisch-Oberschlesien und muß vom Standpunkt des Deutschen Reichs als ausländische Organisation betrachtet werden. Aus seinen Statuten vom 15. April 1923 (act. 29/30) geht klar hervor, daß er den Zweck der militärischen Ausbildung und Ertüchtigung im Interesse Polens verfolgt. So bezeichnet Art. 6 lit. c, d, und h der Verbandsstatuten als Mittel zur Erfüllung der Aufgabe des Verbandes:

c) Organisierung von Instruktions-, militärischen und Sanitätskursen.

d) Pflege der militärischen Ausbildung in Übereinstimmung mit dem Reglement und den Vorschriften des polnischen Heeres.

h) Veranstaltung von Feiern an nationalen Feiertagen und an Jahrestagen des Aufstandes.

Der Strafsenat des Reichsgerichts hat in seinen Urteilen entscheidendes Gewicht gelegt auf die Resolution betreffend Deutsch-Oberschlesien, die der Verband der Schlesischen Aufständischen (Związek Powstańców Śląskich) am 15. April 1923 in Katowice gefaßt hat. Auf diese Resolution braucht hier gar nicht eingetreten zu werden. Es genügt festzustellen, daß der Verband der Schlesischen Aufständischen (Związek Powstańców Śląskich) im Verhältnis zu Deutschland ein ausländischer Verband ist und die militärische Ausbildung im Interesse eines ausländischen Staates jak np. „Stahlhelm" i „Werwolf", które mają na celu wyszkolenie wojskowe i wyrobienie ducha dzielności, mianowicie w interesie Rzeszy Niemieckiej. Gdyby stanowisko żalącego się było słuszne, obywatele Państwa Polskiego, należący do mniejszości niemieckiej, mogliby przystąpić do tych związków zagranicznych, co oczywiście również jest niedopuszczalne. Żadne z obu Państw, ani Niemcy, ani Polska, nie mogą nie doceniać szczególnego charakteru i dążności wojskowych tego rodzaju związków, chociaż one prócz wojskowych jeszcze inne niewojskowe dążności mają na celu. Od żadnego z obu Państw nie można wymagać, aby swym obywatelom, bez względu na to, czy należą oni do mniejszości lub nie, przyznało prawo należenia do tego rodzaju zagranicznych związków wojskowych lub współdziałania w ich dążnościach. Że dotychczas nie wszędzie to zrozumiano, można tłumaczyć tylko strasznym zamieszaniem umysłów, wywołanym niezdrową agitacją. Zupełnie nietrafne jest powołanie się na art. 78 Konwencji Genewskiej, aby usprawiedliwić przynależność mniejszości jednego Państwa do tego rodzaju związków wojskowych innego Państwa. Im prędzej to wszyscy zrozumieją, tym lepiej dla ludności górnośląskiej, która spragniona jest spokoju i zgody.

IV

Po naradzie w łonie Komisji Mieszanej Prezydent Komisji Mieszanej na mocy powyższych rozważań dochodzi do

p o g l ą d u:

Oddala się zapatrywanie żalącego się, że osobom należącym do mniejszości polskiej na Górnym Śląsku Niemieckim na zasadzie art. 78 Konwencji Genewskiej z dnia 15 maja 1922 przysługuje prawo należenia do Związku Powstańców Śląskich w charakterze członków.

Stwierdza się, że wyrażona w art. 78 Konwencji Genewskiej z dnia 15 maja 1922 na rzecz mniejszości gwarancja prawa stowarzyszania i zgromadzania się nie może mieć zastosowania, gdy chodzi o organizacje, które w interesie obcego państwa dążą do celów wojskowych.

betreibt. Auch auf dem Gebiete Deutsch-Oberschlesiens bestehen oder bestanden ähnliche Verbände, wie z. B. »Stahlhelm« oder »Wehrwolf«, die die militärische Ertüchtigung und Ausbildung bezwecken, und zwar zugunsten Deutschlands. Wenn der Standpunkt des Beschwerdeführers richtig wäre, so könnten Angehörige des polnischen Staates, die zur deutschen Minderheit gehören, diesen ausländischen Vereinen beitreten. Selbstverständlich ist auch dies nicht zulässig. Keiner der beiden Staaten Deutschland und Polen kann den besonderen Charakter und die militärischen Bestrebungen solcher Verbände verkennen, auch wenn diese daneben noch andere, nicht militärische Zwecke verfolgen. Es kann keinem der beiden Staaten zugemutet werden, daß sie ihren Bürgern — ganz gleich, ob diese zu einer Minderheit gehören oder nicht — das Recht zugestehen, solchen ausländischen militärischen Verbänden anzugehören oder sich an deren Bestrebungen zu beteiligen. Daß dies bisher nicht erkannt wurde, ist nur aus der heillosen Verwirrung der Geister, die durch ungesunde Agitation hervorgerufen wurde, zu erklären. Die Berufung auf Art. 78 des Genfer Abkommens, um die Zugehörigkeit der Minderheiten des einen Staates zu derartigen militärischen Verbänden des anderen Staates zu rechtfertigen, ist völlig unzutreffend. Je schneller diese Erkenntnis überall durchdringt, desto besser für die der Beruhigung bedürftige Bevölkerung Oberschlesiens.

IV

Nach stattgehabter Beratung im Schoße der Gemischten Kommission gelangt der Präsident der Gemischten Kommission, gestützt auf die vorstehenden Erwägungen zur

Stellungnahme:

Die Auffassung des Beschwerdeführers, daß die polnischen Minderheitsangehörigen Deutsch-Oberschlesiens auf Grund des Art. 78 der Genfer Konvention vom 15. Mai 1922 ein Recht haben, dem Verband der Schlesischen Aufständischen (Związek Powstańców Śląskich) als Mitglieder anzugehören, wird abgewiesen.

Es wird festgestellt, daß die in Art. 78 der Genfer Konvention vom 15. Mai 1922 zugunsten der Minderheiten ausgesprochene Garantie des Vereins- und Versammlungsrechtes nicht Anwendung finden kann, falls es sich um Organisationen handelt, die im Interesse eines ausländischen Staates militärische Zwecke verfolgen.

30

Pogląd

z dnia 10 października 1925 w sprawie nr 146 Niemiecko-Górnośląskiego Związku Ludowego na Śląsk Polski dla strzeżenia praw mniejszości, zw. zap., żałącego się, w Katowicach, ul. Młyńska 23, dotyczącej zamknięcia szkoły mniejszościowej w Łaziskach Górnych (Górny Śląsk Polski).

I

Dnia 18 października 1924 Niemiecko-Górnośląski Związek Ludowy wniósł do Polskiego Urzędu Spraw Mniejszości w Katowicach zażalenie z powodu zamknięcia niemieckiej szkoły mniejszościowej w Łaziskach Górnych. W zażaleniu wnosi się o bezzwłoczne ponowne otwarcie szkoły, powołanie do niej mniejszościowych sił nauczycielskich i utworzenie Komisji Szkolnej (akt 2).

Dnia 30 kwietnia 1925 Polski Urząd Spraw Mniejszości przesłał zażalenie w myśl art. 152 Konwencji Genewskiej Prezydentowi Komisji Mieszanej (akt 1). Następnie odbyła się wymiana pism procesowych, przewidziana w regulaminie postępowania, a dnia 17 września 1925 rozprawa ustna.

II

1. Na dziewięć miesięcy przed początkiem roku szkolnego 1923-24, rozpoczynającego się z dniem 1 września 1923, zgłoszono w Łaziskach Górnych wymaganą w myśl artykułu 106 Konwencji Genewskiej ilość wniosków o utworzenie szkoły mniejszościowej.

Powyższą niemiecką szkołę mniejszościową w Łaziskach Górnych (Górny Śląsk Polski) otwarto dopiero dnia 23 czerwca 1924. Była ona czynna od 23 czerwca do końca roku szkolnego, tzn. do 30 czerwca 1924, i w tym czasie uczęszczało do niej stale 15 uczniów (akt 15). Podczas wakacji letnich, mianowicie dnia 11 lipca 1924, Województwo zarządziło zamknięcie tej szkoły, opierając się przy tym na art. 108 ust. 2 Konwencji Genewskiej i powołując się na konferencję Prezydenta Komisji Mieszanej z Województwem Śląskim z dnia 18 kwietnia 1924. Zamknięcie szkoły umotywowano tym, że w ciągu roku szkolnego 1923-24 liczba dzieci, które do szkoły tej uczęszczały, wynosiła mniej, niż połowę liczby minimalnej przewidzianej w art. 106 (akt 1), oraz tym, że maksymalna liczba dzieci, które do niej uczęszczały w roku szkolnym 1923-24, z doliczeniem liczby dzieci, dla których na rok szkolny 1924-25 zgłoszono ważne wnioski, nie osiągnęła liczby 20 (akt 3—4 i 5—6).

30

Stellungnahme

vom 10. Oktober 1925 in der Sache Nr. 146 des Deutsch-Oberschlesischen Volksbundes für Polnisch-Schlesien zur Wahrung der Minderheitsrechte, Eingetragener Verein, Beschwerdeführer, in Katowice, ulica Młyńska 23, betreffend Schließung der Minderheitsschule in Łaziska-Górne (Polnisch-Oberschlesien).

I

Am 18. Oktober 1924 reichte der Deutsch-Oberschlesische Volksbund wegen der Schließung der deutschen Minderheitsschule in Łaziska-Górne (Polnisch-Oberschlesien) eine Beschwerde beim Polnischen Minderheitsamt in Katowice ein, in welcher er beantragt, die Minderheitsschule sofort wieder zu eröffnen, minderheitsangehörige Lehrkräfte an dieselbe zu berufen und die Schulkommission einzurichten (act. 2).

Diese Beschwerde wurde am 30. April 1925 vom Polnischen Minderheitsamt gemäß Art. 152 der Genfer Konvention dem Präsidenten der Gemischten Kommission übermittelt (act. 1). Es fand hierauf der in der Verfahrensordnung vorgesehene Schriftenwechsel und am 17. September 1925 die mündliche Verhandlung statt.

II

1. Neun Monate vor Beginn des am 1. September 1923 anfangenden Schuljahres 1923-24 sind in Łaziska-Górne die für die Errichtung einer Minderheitsschule erforderliche Anzahl Anträge im Sinne von Art. 106 der Genfer Konvention eingereicht worden.

Diese deutsche Minderheitsschule in Łaziska-Górne (Polnisch-Oberschlesien) ist aber erst am 23. Juni 1924 eröffnet worden. Die Schule war in Betrieb vom 23. Juni bis zum Ende des Schuljahres, d. h. bis zum 30. Juni 1924, und wurde während dieser Zeit andauernd von 15 Schülern besucht (act. 15). Im Laufe der Sommerferien, am 11. Juli 1924, verfügte die Wojewodschaft, gestützt auf Art. 108 Abs. 2 der Genfer Konvention und unter Berufung auf die Konferenz des Präsidenten der Gemischten Kommission mit der Schlesischen Wojewodschaft vom 18. April 1924, die Schließung der Minderheitsschule, weil »im Laufe des Schuljahres 1923-24 die Zahl der die Minderheitsschule in Łaziska-Górne besuchenden Kinder geringer war als die Hälfte der im Art. 106 vorgesehenen Mindestzahl« (act. 1) und »weil die Höchstzahl der Schüler, die im Schuljahre 1923-24 die Schule besucht haben, nach Hinzurechnung der Anzahl der Kinder, für die für das Schuljahr 1924-25 gültige Anträge gestellt worden sind, die Zahl 20 nicht erreicht« habe (act. 3/4 und 5/6).

2. Uruchomiona w Łaziskach Górnych i wkrótce potem znów zamknięta szkoła mniejszościowa była instytucją szkolną mniejszości w myśl art. 105 § 2 lit. a Konwencji Genewskiej. W artykule 108 Konwencja Genewska ustanawia dokładne przepisy co do zamknięcia tego rodzaju instytucyj szkolnych. W myśl tych postanowień można zamknąć tego rodzaju instytucję szkolną mniejszości z powodu niedostatecznej frekwencji tylko w następujących warunkach: albo po 3-letniej niedostatecznej frekwencji, jeżeli mianowicie liczba uczniów wynosiła stale mniej aniżeli 40, lecz więcej niż 19 (art. 108, ust. 1), lub już po upływie jednego roku szkolnego, jeżeli liczba uczniów wynosiła stale mniej aniżeli 20 (art. 108, ust. 2). W niniejszym przypadku Województwo powołuje się na ostatnie postanowienie art. 108 ust. 2, ponieważ jest faktycznie ustalone, że do szkoły mniejszościowej w Łaziskach Górnych uczęszczało w czasie jej 8-dniowego istnienia stale mniej aniżeli 20 uczniów. Należy zatem jeszcze zbadać, czy spełniono warunek czasowy z artykułu 108, ust. 1, tzn. czy szkoła czynna była przez cały rok szkolny. Temu należy zaprzeczyć. Szkoła mniejszościowa w Łaziskach Górnych czynna była, jak to jest niesporne, tylko przez 8 dni, tj. od 23 czerwca 1924 do 30 czerwca 1924. Natomiast według zupełnie jasnego brzmienia art. 108 ust. 2 zamknięcie może nastąpić tylko:

a) Po upływie ustawowego roku szkolnego. Tekst francuski używa określenia „à l'expiration d'une année scolaire". Année scolaire jest określeniem technicznym i oznacza okres pomiędzy ogólnym otwarciem klas a zakończeniem szkoły, po którym następuje przeniesienie roczników szkolnych do klas wyższych. Année scolaire nie oznacza zatem roku liczonego a momento ad momentum, lecz, jak już powiedziano, rok szkolny w sensie technicznym, który rozpoczyna się w Polsce z dniem 1 września a kończy z dniem 30 czerwca. Porównaj analogiczne uregulowanie w art. 122 dla szkół wyższych. Także według tego postanowienia może zamknięcie w danym razie nastąpić tylko z końcem roku szkolnego (à la fin de l'année scolaire).

b) Jeżeli dana szkoła istniała przez cały rok szkolny (année scolaire) w podanym powyżej sensie, tzn. na polskiej części obszaru plebiscytowego od 1 września do 30 czerwca następnego roku. Tekst francuski powiada wyraźnie: „pendant toute cette année". Wynika z tego jasno, że zamknięcie szkoły winno się opierać na całorocznym doświadczeniu. Ten rok musi być jednak rokiem szkolnym w sensie technicznym année scolaire, ponieważ wynika ze słowa „cette", które

2. Die in Łaziska-Górne eröffnete und kurz darauf wieder geschlossene Minderheitsschule war eine Minderheitsschuleinrichtung im Sinne von Art. 105 § 2 lit. a der Genfer Konvention. Die Genfer Konvention stellt in Art. 108 genaue Vorschriften über die Schließung derartiger Schuleinrichtungen auf. Gemäß diesen Bestimmungen kann eine solche Minderheitsschuleinrichtung wegen ungenügenden Besuchs nur unter folgenden Umständen geschlossen werden: Entweder nach 3-jährigem mangelhaften Besuch, wenn nämlich die Schülerzahl ununterbrochen weniger als 40, aber mehr als 19 betrug (Art. 108 Abs. 1), oder schon nach Ablauf eines Schuljahres, falls die Schülerzahl andauernd geringer als 20 war (Art. 108 Abs. 2). Im vorliegenden Falle beruft sich die Wojewodschaft auf die letztere Bestimmung des Art. 108 Abs. 2, denn es steht in tatbeständlicher Hinsicht fest, daß die Minderheitsschule in Łaziska-Górne während ihres 8-tägigen Bestehens andauernd von weniger als 20 Schülern besucht wurde. Es bleibt somit zu untersuchen, ob der in Art. 108 Abs. 1 aufgestellten zeitlichen Bedingung des einjährigen Betriebes Genüge geleistet worden ist. Dies muß verneint werden. Die Minderheitsschule in Łaziska-Górne ist unbestrittenermaßen bloß 8 Tage, vom 23. Juni 1924 bis 30. Juni 1924, in Betrieb gewesen, während nach dem durchaus klaren Text des Art. 108 Abs. 2 eine Schließung nur erfolgen kann:

a) auf Ende des gesetzlichen Schuljahres. Der französische Text verwendet den Ausdruck »à l'expiration d'une année scolaire«. Année scolaire ist ein terminus technicus und bedeutet die Zeit zwischen der allgemeinen Eröffnung der Klassen und dem Schulschlusse, auf welchen die Versetzung der Schülerjahrgänge in eine höhere Klasse erfolgt. Année scolaire bedeutet somit nicht ein Jahr gerechnet a momento ad momentum, sondern, wie ausgeführt, das Schuljahr im technischen Sinne, das in Polen am 1. September beginnt und am 30. Juni endet. Vergleiche die analoge Regelung für die höheren Schulen im Art. 122. Auch nach dieser Bestimmung kann die Schließung nur jeweilen auf Schluß des Schuljahres erfolgen (à la fin de l'année scolaire).

b) Falls die betreffende Schule während eines ganzen Schuljahres (année scolaire) im oben angeführten Sinne bestanden hat, d. h. im polnischen Teile des Abstimmungsgebietes vom 1. September bis zum folgenden 30. Juni. — Der französische Text sagt ausdrücklich »pendant toute cette année«. Es geht daraus deutlich hervor, daß der Schließung einer Schule die Erfahrungen eines vollen Jahres zugrunde zu legen sind. Dieses Jahr muß aber ein Schuljahr im technischen Sinne von année scolaire się odnosi do „anné scolaire", że upłynięcie roku szkolnego pojmuje się w tym sensie technicznym.

c) Jeżeli przez cały ten rok liczba uczniów była mniejsza, aniżeli połowa przewidzianej (dla utworzenia) liczby, tzn. mniejsza aniżeli 40 : 2 = tj. mniej aniżeli 20 (inférieur à la moitié du nombre prévu).

To zapatrywanie, że instytucję szkolną mniejszości, do której uczęszcza mniej aniżeli 20 uczniów, wolno zamknąć dopiero po upływie pełnego roku szkolnego, znajdzie potwierdzenie, gdy się zestawi postanowienie ustępu 2 z postanowieniem ustępu 1 artykułu 108 Konwencji Genewskiej. W normalnych warunkach można szkołę zamknąć dopiero po 3-letniej niedostatecznej frekwencji, i tylko wyjątkowo (co wynika ze słowa „toutefois" wolno ją zamknąć już po upływie roku. Bez względu na to, w jakim stopniu liczba uczniów się zmniejszyła, Konwencja Genewska zajmuje w tym przypadku ścisłe stanowisko, że danej szkole należy przyznać 3-letni lub jednoroczny okres próbny — i że zamknięcie szkoły wolno zarządzić dopiero wówczas, gdy ten okres próbny minął bezskutecznie. Postanowieniem tym Konwencja Genewska chce widocznie zapobiec temu, aby przejsciowe, choćby nawet i największe zmniejszanie się liczby uczniów, nie dało powodu do zwinięcia instytucji szkolnej. Wobec utrudnień, na jakie napotykają instytucje szkolne mniejszości podczas swego istnienia i tworzenia, należy zawsze liczyć się z tym, że nastąpi przejściowe zmniejszenie się frekwencji. Zmniejszenie się ilości uczniów ma jednak tylko wtenczas uprawnić do zwinięcia szkoły, o którą zgłoszono ważne wnioski, jeżeli znaczne, a przede wszystkim stałe zmniejszenie się frekwencji daje pewność, że dana szkoła nie jest żywotna. Uprzytomniając sobie powyższe rozważenia, nie można mieć wątpliwości co do tego, że ustanowione w artykule 108 warunki czasowe należy interpretować w sposób najściślejszy i że zamknięcie szkoły można uważać za legalne tylko wtenczas, jeżeli przez cały rok szkolny uczęszczało do niej stale mniej, aniżeli 20 uczniów.

3. W sprawie zamknięcia szkoły mniejszościowej w Łaziskach Górnych Województwo powołuje się ponadto na punkt IV konferencji Prezydenta Komisji Mieszanej z Województwem Śląskim z dnia 18 kwietnia 1924. Dany ustęp protokołu konferencji brzmi:

sein, denn aus dem Worte »cette«, welches sich auf die Worte »année scolaire« bezieht, geht hervor, daß der Ablauf eines Schuljahres in diesem technischen Sinne verstanden ist.

c) Wenn während dieses ganzen Jahres die Anzahl der Schüler geringer war als die Hälfte der (für die Errichtung) vorgesehenen Anzahl, d. h. geringer als 40 : 2 = d. h. geringer als 20 (inférieur à la moitié du nombre prévu).

In dieser Auffassung, daß eine von weniger als 20 Schülern besuchte Minderheitsschuleinrichtung erst nach Ablauf eines vollen Schuljahres aufgehoben werden darf, wird man bestärkt, wenn man die Bestimmungen des Abs. 2 mit der Bestimmung des Abs. 1 des Art. 108 der Genfer Konvention in Verbindung bringt. Normalerweise soll eine Schule erst nach 3-jährigem ungenügenden Besuch aufgehoben werden und nur ausnahmsweise (was aus dem Wort »toutefois« hervorgeht) darf die Schließung nach einem Jahre erfolgen. Der Rückgang der Schülerzahl mag noch so groß sein, die Genfer Konvention nimmt in diesem Fall den strikten Standpunkt ein, daß der betreffenden Schule eine 3-jährige bzw. 1-jährige Bewährungsfrist zu gewähren ist, und daß die Schließung erst angeordnet werden darf, wenn die Schule die ihr gegebene Bewährungsfrist nicht bestanden hat. Die Genfer Konvention will mit dieser Bestimmung augenscheinlich verhindern, daß ein vorübergehender Rückgang, mag er auch noch so groß sein, zum Anlasse für die Aufhebung der Schuleinrichtung genommen wird. Angesichts der Erschwerungen, welchen die Minderheitsschuleinrichtungen während ihres Bestehens und bei ihrer Schaffung ausgesetzt sind, muß stets damit gerechnet werden, daß zeitweilige Rückgänge in der Besuchszahl eintreten. Der Rückgang der Schülerzahl soll aber nur dann zur Aufhebung einer gültig beantragten Schule berechtigen, wenn ein beträchtlicher und vor allem andauernder Rückgang es zur Gewißheit macht, daß die betreffende Schule nicht lebensfähig ist. Hält man sich diese Erwägungen vor Augen, so kann es nicht zweifelhaft sein, daß die in Art. 108 aufgestellten zeitlichen Bedingungen in der rigorosesten Weise ausgelegt werden müssen, und daß die Schließung einer Schule nur dann für rechtmäßig angesehen werden kann, wenn sie während eines vollen Schuljahres andauernd von weniger als 20 Schülern besucht wurde.

3. Die Wojewodschaft beruft sich bei der Schließung der Minderheitsschule in Łaziska-Górne im weiteren noch auf die Bestimmung IV der Konferenz des Präsidenten der Gemischten Kommission mit der Schlesischen Wojewodschaft vom 18. April 1924. Der betreffende Passus des Konferenz-Protokolls lautet:

„IV. Zastosowanie postanowienia art. 108 ust. 2 Konwencji Genewskiej do tych przypadków, gdzie w roku szkolnym 1923-24 liczba uczniów powszechnej szkoły mniejszościowej wynosi mniej aniżeli 20. W przypadku, gdzie liczba uczniów, uczęszczających do szkoły mniejszościowej w roku szkolnym 1923-24, z doliczeniem liczby uczniów, zgłoszonych na rok szkolny 1924-25, nie osiągnie liczby 20, Województwo może szkołę mniejszościową zamknąć. Pozwoli ono jednak danym uczniom na uczęszczanie do jednej w pobliżu położonych szkół mniejszościowych.

Tam, gdzie szkoła mniejszościowa zostanie w ten sposób zwinięta, należy urządzić kurs języka niemieckiego, jeżeli liczba dzieci, które uczęszczają do szkoły w roku szkolnym 1923-24, z doliczeniem liczby dzieci, zgłoszonych na rok szkolny 1924-25, wynosi razem przynajmniej dziewięć."

Do tego postanowienia protokołu należy zauważyć:

Licznych szkół mniejszościowych, które w myśl art. 106 należało utworzyć najpóźniej z dniem 1 września 1923, w dniu tym nie uruchomiono. Województwo nie wydało zarządzeń celem uruchomienia tych szkół na czas. Część tych szkół później uruchomiono, jednak dopiero po upływie dłuższego czasu po 1 września 1923. Inne szkoły nie były jeszcze otwarte w kwietniu 1924. Stało się to, jakkolwiek wnioski o utworzenie dotycznych szkół zgłoszono prawidłowo na 9 miesięcy przed rozpoczęciem nauki szkolnej. Wytworzyła się wskutek tego pożałowania godna z Konwencją niezgodna sytuacja, która wywołała wielkie zaniepokojenie i spowodowała liczne skargi. Przy ścisłym stosowaniu artykułu 108 Konwencji Genewskiej wszystkie szkoły, które otwarto po 1 września 1923, należało utrzymać w ruchu bez względu na liczbę uczniów także jeszcze przez cały rok szkolny 1924-25. Dopiero z końcem tego roku szkolnego wolno było szkoły te zamknąć pod warunkiem, że przez cały rok szkolny 1924-25 uczęszczało do nich mniej aniżeli 20 uczniów. Gdy p. Wojewoda Koncki wkrótce po objęciu urzędowania przystąpił do uporządkowania tych stosunków, Prezydent Komisji Mieszanej sądził, że może mu ułatwić spełnienie zadania przez udzielenie wyjątkowych koncesji na rok szkolny 1923-24. Wbrew ścisłemu brzmieniu artykułu 108 Prezydent Komisji Mieszanej wyraził zgodę na to, że także te szkoły, które otwarto po 1 września 1923, wolno zamknąć już z końcem roku szkolnego 1923-24, tzn. już z końcem czerwca 1924, gdyby liczba uczniów w roku szkolnym 1923-24, z doliczeniem wszystkich ewentualnych wniosków na rok szkolny 1924-25, wynosiła mniej aniżeli 20. Wychodzono przy tym oczywiście z założenia, że te szkoły,

»IV. Anwendung der Bestimmung des Art. 108 Abs. 2 der Genfer Konvention auf diejenigen Fälle, wo im Schuljahr 1923-24 die Zahl der Schüler einer Minderheitsvolksschule weniger beträgt als 20.

Wo die Schüler, die im Schuljahr 1923-24 eine Minderheitsschule besuchen, zuzüglich der für das Schuljahr 1924-25 beantragten Schüler die Zahl von 20 nicht erreichen, ist die Wojewodschaft berechtigt, die Minderheitsschule eingehen zu lassen. Sie wird aber den betreffenden Schülern gestatten, eine der nächstliegenden Minderheitsschulen zu besuchen.

Wo in dieser Weise eine Minderheitsschule aufgehoben wird, ist ein Sprachkurs einzurichten, wenn die Kinder, welche im Schuljahr 1923-24 die Schule besuchen, zuzüglich der Kinder, welche für das Schuljahr 1924-25 angemeldet sind, zusammen wenigstens die Zahl 9 erreichen.«

In bezug auf diese Protokollbestimmung ist folgendes zu sagen:

Zahlreiche Minderheitsschulen, die gemäß Art. 106 spätestens am 1. September 1923 hätten eröffnet werden sollen, wurden am 1. September nicht in Betrieb gesetzt. Die Wojewodschaft hatte die Anordnungen zur rechtzeitigen Inbetriebsetzung dieser Schulen nicht getroffen. Ein Teil dieser Schulen wurde nachträglich, aber geraume Zeit nach dem 1. September 1923 eröffnet. Andere Schulen waren noch im April 1924 nicht eröffnet. Dies alles, trotzdem die Gesuche um Errichtung dieser Schulen vorschriftsgemäß 9 Monate vor Schulbeginn eingereicht worden waren. Daraus war eine sehr bedauerliche, vertragswidrige Situation entstanden, die große Beunruhigung und zahlreiche Beschwerden hervorrief. Gemäß strikter Anwendung des Art. 108 des Genfer Abkommens hätten alle Schulen, die nach dem 1. September 1923 eröffnet wurden, ohne Rücksicht auf die Schülerzahl auch noch während des Schuljahres 1924-25 aufrechterhalten werden sollen; erst am Ende dieses Schuljahres hätten diese Schulen geschlossen werden dürfen, wenn sie während des ganzen Schuljahres 1924-25 von weniger als 20 Schülern besucht worden wären. Als Herr Wojewode Koncki alsbald nach seinem Amtsantritt daranging, diese Verhältnisse zu ordnen, glaubte der Präsident der Gemischten Kommission, ihm durch Gewährung einer ausnahmsweisen Konzession für das Schuljahr 1923-24 die Erfüllung seiner Aufgabe erleichtern zu dürfen. Der Präsident der Gemischten Kommission erklärte sich, entgegen dem strikten Wortlaut des Art. 108, damit einverstanden, daß auch die nach dem 1. September 1923 eröffneten Schulen schon Ende des Schuljahres 1923-24, d. h. schon Ende Juni 1924, geschlossen werden dürften, wenn die Schülerzahl während des Schuljahres 1923-24, unter Hinzurechnung allfälliger Anträge für das Schuljahr 1924-25, weniger als 20 betragen które należało otworzyć z dniem 1 września 1923, które jednak w czasie konferencji nie były jeszcze otwarte, tylko wówczas wolno będzie zamknąć z końcem czerwca 1924 (z końcem roku szkolnego 1923-24), jeżeli się je po konferencji bezzwłocznie otworzy. Jest oczywiste, że Prezydent Komisji Mieszanej tylko pod tym warunkiem mógł zrobić powyższą wyjątkową koncesję.

Tymczasem szkoły mniejszościowej w Łaziskach Górnych nie otwarto zaraz po owej konferencji z dnia 18 kwietnia, lecz dopiero dnia 23 czerwca, a zatem 8 dni przed końcem roku szkolnego. Postępowania tego nie można uznać za odpowiednie stosowanie postanowienia IV protokołu konferencji z dnia 18 kwietnia 1924. Czas próbny, który w myśl art. 108 winien trwać cały rok szkolny, ograniczyłoby się w ten sposób nie tylko do kilku miesięcy, lecz do kilku dni. Ponadto należy zauważyć, że jest absolutnie niedopuszczalne, otwierać szkołę na kilka dni przed końcem roku szkolnego w czasie, gdy z natury rzeczy rodzice i dzieci interesują się więcej zakończeniem dotychczasowej nauki szkolnej niż rozpoczęciem nowej.

III

Na twierdzenia żalącego się, że powodem niedostatecznej frekwencji szkoły mniejszościowej w Łaziskach Górnych było nieodpowiedne kierownictwo nie należącego do mniejszości nauczyciela polskiego Puchera i spóźnione otwarcie szkoły, dowodów nie przeprowadzono. Kwestię słuszności tych twierdzeń pomija się. Nie było też koniecznej potrzeby, aby dowód ten przeprowadzić, bo jego rezultat nie mógł wpłynąć decydująco na rozstrzygnięcie.

IV

Co do żądania żalącego się, aby szkole mniejszościowej przydzielono siłę nauczycielską należącą do mniejszości i utworzono Komisję Szkolną, należy stwierdzić, że żądaniu temu Urząd Spraw Mniejszości nie zaprzeczył i że ma ono uzasadnienie w art. 113, liczba 1 i w art. 111, ust. 1 Konwencji Genewskiej.

V

Po naradzie w łonie Komisji Mieszanej Prezydent Komisji Mieszanej na podstawie powyższych rozważań dochodzi do sollte. Dabei ging man selbstverständlich davon aus, daß diejenigen Schulen, die auf 1. September 1923 fällig gewesen, aber zur Zeit der Konferenz noch nicht eröffnet waren, nur dann auf Ende Juni 1924 (Ende des Schuljahres 1923-24) geschlossen werden dürften, falls sie unverzüglich nach der Konferenz eröffnet würden. Es ist klar, daß der Präsident der Gemischten Kommission nur unter dieser Voraussetzung die erwähnte ausnahmsweise Konzession machen konnte.

Nun ist aber die Minderheitsschule in Łaziska-Górne nicht alsbald nach jener Konferenz vom 18. April, sondern erst am 23. Juni, also 8 Tage vor Schluß des Schuljahres, eröffnet worden. Das kann nicht als eine sinngemäße Anwendung der Bestimmung IV des Konferenz-Protokolls vom 18. April 1924 anerkannt werden. Auf diese Weise würde die in Art. 108/2 vorgesehene Probezeit eines ganzen Schuljahres nicht nur auf einige Monate, sondern auf einige Tage reduziert. Zudem muß bemerkt werden, daß es unter keinen Umständen zulässig ist, eine Schule wenige Tage vor dem Ende des Schuljahres zu eröffnen, in einem Zeitpunkt, wo naturgemäß das Interesse der Kinder und der Eltern auf den Abschluß des bisherigen Schulbetriebes und nicht auf den Beginn eines neuen Schulbetriebes gerichtet ist.

III

Über die Behauptung des Beschwerdeführers, daß der ungenügende Besuch der Minderheitsschule in Łaziska-Górne auf die ungeeignete Leitung des polnischen, nicht der Minderheit angehörenden Lehrers Pucher sowie auf die verspätete Eröffnung zurückzuführen sei, sind keine Beweise erhoben worden. Die Richtigkeit dieser Behauptungen bleibt daher dahingestellt; die Beweiserhebung erwies sich aber auch nicht als unbedingt nötig, da ihr Resultat die Entscheidung nicht maßgebend hätte beeinflussen können.

IV

Was die, vom Minderheitsamt übrigens nicht widersprochenen Anträge des Beschwerdeführers um Zuteilung einer minderheitsangehörigen Lehrkraft und Konstituierung der Schulkommission anbetrifft, so erscheinen diese Begehren, gestützt auf Art. 113 Ziff. 1 und Art. 111 Abs. 1 des Genfer Abkommens, als ohne weiteres gerechtfertigt.

V

Nach stattgehabter Beratung im Schoße der Gemischten Kommission gelangt der Präsident der Gemischten Kommission, gestützt auf die vorstehenden Erwägungen zur

poglądu:

Niemiecką szkołę mniejszościową w Łaziskach Górnych, którą otwarto dnia 23 czerwca 1924 i potem zwinięto rozporządzeniem Wydziału Oświecenia Publicznego Województwa Śląskiego z dnia 11 lipca 1924, należy bezpośrednio po otrzymaniu tego poglądu znów uruchomić. Należy utworzyć Komisję Szkolną i przydzielić szkole nauczyciela należącego do mniejszości.

31

Pogląd

z dnia 15 listopada 1925 w sprawie nr 138 Ottona Ulitza w Katowicach (Górny Śląsk Polski), żalącego się, dotyczącej wystawiania świadectw w instytucjach szkolnych dla mniejszości niemieckiej wyłącznie w języku polskim.

I

1. Dnia 3 lutego 1925 żalący się Otton Ulitz wniósł do Województwa Śląskiego w Katowicach petycję, w której żali się na to, że synowi jego Joachimowi Ulitzowi, uczniowi klasy II miejskiego gimnazjum matematyczno-przyrodniczego dla mniejszości w Katowicach (Górny Śląsk Polski), półroczny wykaz cenzur wystawiono wyłącznie w języku polskim (akt 2). Oprócz tego żalący się podnosi zarzut przeciwko temu, że dane świadectwo podpisane jest przez dyrektora polskiego gimnazjum matematyczno-przyrodniczego.

W myśl art. 152 polsko-niemieckiej Konwencji z dnia 15 maja 1922 Polski Urząd Spraw Mniejszości w Katowicach przesłał powyższą petycję dnia 2 marca 1925 Prezydentowi Komisji Mieszanej (akt 1). Na zarządzenie Prezydenta Komisji Mieszanej (akt. 8—9) odbyła się następnie przewidziana w regulaminie postępowania wymiana pism procesowych i rozprawa ustna (akt 23), na której żalącemu się dano sposobność do osobistego przedstawienia petycji.

2. Z pism wniesionych do akt oraz wywodów stron na rozprawie ustnej zasługują na uwagę następujące szczegóły:

W piśmie z dnia 17 czerwca 1925 (akt 24) żalący się prosi o odłożenie wyrażenia poglądu co do części 2 skargi (podpisanie świadectw szkolnych przez dyrektora gimnazjum polskiego). Opierając

Stellungnahme:

Die am 23. Juni 1924 eröffnete und durch Verfügung der Schulabteilung der Schlesischen Wojewodschaft vom 11. Juli 1924 aufgehobene deutsche Minderheitsschule in Łaziska-Górne sei unmittelbar nach Mitteilung dieser Stellungnahme wieder zu eröffnen. Die Schulkommission ist zu konstituieren und der Schule ein der Minderheit angehörender Lehrer zuzuteilen.

31

Stellungnahme

vom 15. November 1925 in der Sache Nr. 138 des Otto Ulitz in Katowice (Polnisch-Oberschlesien), Beschwerdeführer, betreffend Ausstellung ausschließlich polnisch abgefaßter Zeugnisse in Schuleinrichtungen für die deutsche Minderheit.

I

1. Am 3. Februar 1925 wandte sich der Beschwerdeführer Otto Ulitz mit einer Eingabe an die Schlesische Wojewodschaft in Katowice, in welcher er sich darüber beschwert, daß seinem Sohn Joachim Ulitz, Schüler der II. Klasse des städtischen Mathematisch-naturwissenschaftlichen Gymnasiums für die Minderheit in Katowice (Polnisch-Oberschlesien), der halbjährliche Zensurenausweis ausschließlich in polnischer Sprache ausgestellt worden sei (act. 2). Außerdem beanstandet der Beschwerdeführer, daß das erwähnte Zeugnis die Unterschrift des Direktors des polnischen Mathematisch-naturwissenschaftlichen Gymnasiums trage.

Diese Beschwerde wurde am 2. März 1925 vom Polnischen Minderheitsamt in Katowice gemäß Art. 152 des deutsch-polnischen Abkommens vom 15. Mai 1922 an den Präsidenten der Gemischten Kommission geleitet (act. 1). Auf Anordnung des Präsidenten der Gemischten Kommission (act. 8/9) fand hierauf der in der Verfahrensordnung vorgesehene Schriftenwechsel sowie die mündliche Verhandlung statt (act. 23), in welcher dem Beschwerdeführer Gelegenheit gegeben wurde, seine Petition persönlich der Gemischten Kommission vorzutragen.

2. Aus den Akten des Schriftenwechsels, den Parteivorträgen und den nachträglich eingegangenen Eingaben ist folgendes hervorzuheben:

In seinem Schreiben v. 17. Juni 1925 (act. 24) ersucht der Beschwerdeführer, »die Stellungnahme zu dem zweiten Teil seiner Beschwerde (Unterzeichnung der Schulzeugnisse durch den Direktor des polnischen się na powyższym oświadczeniu Prezydent Komisji Mieszanej nie rozpatruje kwestii podpisania świadectw szkolnych, zastrzega sobie jednak późniejsze dodatkowe rozpatrzenie jej.

W sprawie wystawiania świadectw szkolnych w języku polskim załący się wywodzi, że jest rzeczą oczywistą, aby świadectwa szkół mniejszościowych wystawiane były w języku mniejszości. Podobnie jak w całym prowadzeniu nauki szkół mniejszościowych język mniejszości w myśl art. 132 Konwencji Genewskiej winien być stosowany wyłącznie, tak też w koniecznym następstwie tego świadectwa szkolne winny być wystawiane w języku mniejszości. Ze względów celowości żałący się uważa za stosowne, aby świadectwa wystawiano w obu językach, tj. niemieckim i polskim. Zapatrywanie powyższe podziela kierownik Polskiego Urzędu Spraw Mniejszości, który na rozprawie ustnej oświadczył, że wystawianie świadectw dwujęzycznych uważa za celowe. W przeciwieństwie do tego Województwo Śląskie zajmuje stanowisko, że na zasadzie ustawy Sejmu Śląskiego z dnia 16 stycznia 1923 o języku urzędowym świadectwa szkolne winny być wystawiane wyłącznie w języku polskim.

II

1. Żałący się wniósł zaczepione świadectwo do akt. Chodzi tu o półroczny wykaz cenzur, wystawiony przez matematyczno-przyrodnicze gimnazjum mniejszościowe w Katowicach. Wykaz jest zredagowany wyłącznie w języku polskim i zawiera dane o zachowaniu się i postępach ucznia Joachima Ulitza w poszczególnych przedmiotach nauki, kończy się zaś podaniem ilości opuszczonych przez niego godzin nauki.

III

1. Przede wszystkim należy stwierdzić, że w skardze nie zaczepia się samego faktu wystawiania świadectw szkolnych w polskim języku urzędowym, lecz żąda jedynie, aby świadectwa były wystawiane także w języku niemieckim jako języku szkoły mniejszościowej. Ze stanowiska mniejszości można istotnie tylko powitać, jeżeli obok świadectw niemieckich wystawiać się będzie także świadectwa w języku polskim. Komisja Mieszana winna zatem jedynie rozpatrywać, czy słusznie się można domagać, aby świadectwa szkolne były również wystawiane w języku niemieckim.

2. Konwencja Genewska nie zawiera żadnego wyraźnego przepisu co do świadectw szkolnych. Podobnie jak nie uregulowała licz-

Gymnasiums) auszusetzen«. Gestützt auf diese Erklärung tritt der Präsident der Gemischten Kommission auf die Frage der Unterzeichnung der Schulzeugnisse unter Vorbehalt späterer Nachprüfung nicht ein.

Was die Ausstellung der Schulzeugnisse in polnischer Sprache anbetrifft, so macht der Beschwerdeführer geltend, daß es selbstverständlich sei, »daß die Zeugnisse von Minderheitsschulen in der Sprache der Minderheit ausgefertigt werden. So wie in dem ganzen Unterichtsbetrieb der Minderheitsschulen gemäß Art. 132 des Genfer Abkommens ausschließlich die Minderheitssprache anzuwenden ist, so muß in zwangsläufiger Folge das Schulzeugnis in der Sprache der Minderheit ausgestellt werden.« Aus Zweckmäßigkeitsgründen hält der Beschwerdeführer die Ausfertigung eines zweisprachigen Zeugnisses für angebracht. Diese Ansicht wird geteilt vom Leiter des Polnischen Minderheitsamtes, der in seinem Votum anläßlich der mündlichen Verhandlung die Ausstellung zweisprachiger Zeugnisse für zweckmäßig erklärte. Demgegenüber nimmt die Schlesische Wojewodschaft den Standpunkt ein, daß die Ausstellung der Schulzeugnisse gemäß des vom Schlesischen Sejm erlassenen Gesetzes betreffend die Amtssprache vom 16. Januar 1923 ausschließlich in polnischer Sprache zu erfolgen hat.

II

1. Der Beschwerdeführer hat das von ihm beanstandete Zeugnis zu den Akten gegeben. Es ist dies ein halbjährlicher Zensurenausweis, erteilt vom Mathematisch-naturwissenschaftlichen Gymnasium für die Minderheit in Katowice. Es ist ausschließlich in polnischer Sprache gehalten. Dem Inhalt nach spricht es sich über das Betragen und die Leistungen des Schülers Joachim Ulitz in den einzelnen Unterrichtsfächern aus und schließt mit einer Angabe über die Schulversäumnisse des Schülers.

III

1. Es ist in erster Linie festzustellen, daß die Beschwerde die Ausstellung der Schulzeugnisse in der polnischen Amtssprache an sich nicht beanstandet. Sie verlangt nur, daß die Zeugnisse auch in deutscher Sprache, als der Sprache der Minderheitsschule, ausgefertigt werden. Es kann in der Tat vom Standpunkte der Minderheit nur begrüßt werden, wenn neben der deutschen Ausfertigung der Schulzeugnisse auch eine polnische Ausfertigung Platz greift. Die Gemischte Kommission hat also lediglich zu prüfen, ob auch eine deutsche Ausfertigung der Schulzeugnisse mit Recht verlangt werden kann.

2. Die Genfer Konvention enthält keine ausdrückliche Bestimmung über die Schulzeugnisse. Wie viele andere Einzelheiten auf dem Gebiete

nych szczegółów w dziedzinie szkolnictwa mniejszości, tak samo stało się i z kwestiami, dotyczącymi wydawania, formy i języka świadectw szkolnych. Było z góry wykluczone, aby w międzynarodowym układzie, który ponadto musiano wypracować w największym pośpiechu, pamiętano o każdym najmniejszym szczególe szkolnictwa i ujęto go w osobnym przepisie. Byłoby to wprost niemożliwością. Do tego dochodzi, że Konwencja stworzyła szkołę mniejszościową jako zupełnie nową instytucję, co do której brakowało praktycznych doświadczeń. Było w naturze rzeczy, że ograniczono się w ogólności do opisania systemu nowej instytucji i ułożenia zasadniczych postanowień. Myślą przewodnią było i jest przy tym, aby do potrzeb szkoły mniejszościowej odnoszono się z życzliwym zrozumieniem. W tym sensie w każdym przypadku, gdzie brak wyraźnego szczególnego przepisu, szukać należy w podstawowych postanowieniach Konwencji kryterium, aby na jego podstawie móc odpowiedzieć na poszczególne w życiu praktycznym wyłaniające się pytania tak, jak to najlepiej wynika z licznych dotychczasowych poglądów Prezydenta Komisji Mieszanej. Gdyby się w każdym przypadku, który nie jest uregulowany wyraźnym przepisem, chciało odrzucić słuszne żądania szkoły mniejszościowej, szkoła ta stałaby się karykaturą sprzeczności i nieznośnej niesprawiedliwości.

3. Że żądanie, aby świadectwa szkolne wystawiano także w języku niemieckim, jest uzasadnione, wynika z zasadniczego znaczenia, jakie Konwencja Genewska przypisuje językowi mniejszości. System szkoły mniejszościowej, ujęty w rozdziale IV (część III, tytuł II) Konwencji Genewskiej, polega na zasadzie, że cała działalność wychowawcza szkoły mniejszościowej odbywać się powinna w języku mniejszości. Zasada ta wyrażona jest kilkakrotnie, i to w art. 105 § 2 a i b; art. 117 § 2 a i b; art. 113; art. 123; art. 131; art. 132.

Świadectwa szkolne zaś, wydawane półrocznie, związane są najściślej z całym wychowaniem dzieci szkolnych. Są one łącznikiem pomiędzy wychowaniem szkolnym a wychowaniem domowym i informują rodziców o pilności, postępach i zachowaniu się dzieci. Rodzice są wielce zainteresowani w tym, aby ich periodycznie o powyższym informowano. Utrudniałoby to nadzwyczaj zadanie wychowawcze rodziców, gdyby im odmówiono wystawiania świadectw w języku niemieckim. Nie można bowiem od nich wymagać, aby za każdym rader Minderheitsschule, so wurden auch die Fragen betreffend die Erteilung, die Form und die Sprache der Schulzeugnisse in der Konvention nicht besonders behandelt. Es war von vornherein ausgeschlossen, in einem internationalen Vertrag, der überdies mit größter Eile ausgearbeitet werden mußte, jedes einzelne der vielgestaltigen Verhältnisse des Schulwesens zu erwähnen und zum Gegenstand einer besonderen Vorschrift zu machen. Das wäre an sich unmöglich gewesen. Dazu kam, daß die Konvention die Minderheitsschule als eine ganz neue Institution ins Leben rief, in bezug auf welche die praktischen Erfahrungen fehlten. So lag es in der Natur der Sache, daß man sich im allgemeinen darauf beschränkte, das System der neuen Institution zu umschreiben und die grundsätzlichen Bestimmungen zu vereinbaren. Dabei war und bleibt das wohlwollende Verständnis für die Bedürfnisse der Minderheitsschule der leitende Gedanke. In diesem Sinne muß, wo immer eine ausdrückliche, spezielle Vorschrift fehlt, in den grundsätzlichen Bestimmungen der Konvention das Kriterium für die Beantwortung der im praktischen Leben auftretenden einzelnen Fragen gesucht werden, wie dies am besten aus den zahlreichen bisherigen Stellungnahmen des Präsidenten der Gemischten Kommission hervorgeht. Wollte man die gerechten Ansprüche der Minderheitsschule überall da ablehnen, wo keine besondere ausdrückliche Bestimmung für den einzelnen Fall vorliegt, so würde die Minderheitsschule zu einem Zerrbild von Widersprüchen und unerträglichen Unbilligkeiten werden.

3. Die Begründetheit der Forderung, daß die Schulzeugnisse auch in deutscher Sprache ausgestellt werden sollen, folgt aus der grundsätzlichen Bedeutung, die der Minderheitssprache gemäß der Genfer Konvention zukommt. Das System der Minderheitsschule, wie es im Kapitel IV (Teil III, Titel II) der Genfer Konvention aufgebaut ist, beruht auf dem Grundsatz, daß die gesamte erzieherische Tätigkeit der Minderheitsschule sich in der Minderheitssprache vollziehen soll. Dieser Grundsatz wird wiederholt ausgesprochen:

Art. 105 § 2 a und b; Art. 117 § 2 a und b; Art. 113; Art. 123; Art. 131; Art. 132.

Nun stehen die Schulzeugnisse, die halbjährlich erteilt werden, in engster Verbindung mit der ganzen Erziehung der Schulkinder. Sie vermitteln die Fühlung zwischen der Erziehung in der Schule und der Erziehung in der Familie und erteilen den Eltern Aufschluß über Fleiß, Leistungen und Betragen ihrer Kinder. Die Eltern haben ein großes Interesse daran, darüber periodisch unterrichtet zu werden. Es wäre eine große Erschwerung der Erziehungsaufgabe der Eltern, wollte man ihnen eine deutsche Ausfertigung der Schulzeugnisse verweigern. Man kann zem przywołali tłumacza, który by ich zapoznał z treścią świadectw szkolnych.

Lecz także stanowisko i działalność nauczyciela ucierpiałyby, gdyby się cenzur szkolnych nie wystawiało również w języku szkoły. Utrudniony mianowicie byłby przez to w sposób niewłaściwy kontakt pomiędzy nauczycielem a rodzicami.

4. Pominąwszy całkiem te rozważenia, które pozostają w bezpośrednim związku z wychowaniem dzieci, należy podkreślić, że według zapatrywania Konwencji język mniejszości uwzględnić należy we wszystkich sprawach, które dotyczą szkół mniejszościowych. Na poparcie tego stanowiska przytacza się tutaj jedynie dwa przykłady praktycznego stosowania Konwencji Genewskiej.

Konwencja Genewska nigdzie wyraźnie nie powiada, że podania i wnioski na zasadzie artykułów 106 i 118 sporządzone być winny w języku mniejszości. Również nie ma nigdzie mowy o tym, że obwieszczenie co do otwarcia szkoły mniejszościowej (publiczne ogłoszenia itd.) winno również nastąpić w języku mniejszości. A przecież zarówno Województwo Śląskie w Katowicach jak i Rejencja w Opolu uznały zgodnie oba żądania, ponieważ od uprawnionych do wychowania nie można wymagać, aby w sprawach szkoły mniejszościowej przywoływali za każdym razem tłumacza. Także powyższe ogólne stanowisko uzasadnia żądanie, aby przy wystawianiu świadectw szkolnych uwzględniono język mniejszości.

5. Co do powołanej przez Województwo ustawy Województwa Śląskiego z dnia 16 stycznia 1923 o języku urzędowym należy przypuścić, że Sejm Śląski nie miał wcale zamiaru zmienić lub ograniczyć zasad Konwencji Genewskiej, dotyczących szkół mniejszościowych. Jeżeli artykuł 2 tej ustawy dla sporządzania dokumentów publicznych żąda wyłącznego używania języka urzędowego, to chodzi tu zapewne o dokumenty w obrocie prawnym, jak np. o wyroki, akta urzędu stanu cywilnego, wyciągi z ksiąg wieczystych itd. Świadectwa szkolne tej kwalifikacji prawnej nie posiadają.

Nie ma zatem chyba powodu do skonstruowania sprzeczności pomiędzy Konwencją a ustawą o używaniu języka urzędowego na obszarze Województwa Śląskiego. Celem usunięcia wszelkiej wątpliwości można by ewentualnie niemieckie wygotowanie świadectwa określić jako tłumaczenie. To tłumaczenie niemieckie świadectwa musiaihnen nicht zumuten, jeweils einen Übersetzer zuzuziehen, um den Inhalt der Schulzeugnisse ihrer Kinder zu erfahren.

Auch die Stellung und Tätigkeit des Lehrers muß darunter leiden, wenn seine Zeugnisnoten nicht auch in der Schulsprache mitgeteilt werden. Namentlich wird dadurch der Kontakt zwischen dem Lehrer und den Eltern ungebührlich erschwert.

4. Ganz abgesehen von diesen Erwägungen, die unmittelbar mit den Interessen der Erziehung der Kinder zusammenhängen, muß betont werden, daß gemäß der Auffassung der Konvention in allen Angelegenheiten betreffend die Minderheitsschulen die Minderheitssprache zu berücksichtigen ist. Zur Bekräftigung dieses Standpunktes sei hier nur auf zwei Beispiele der praktischen Anwendung der Genfer Konvention hingewiesen:

Es ist nirgends in der Genfer Konvention ausdrücklich gesagt, daß das Gesuch und die Anträge gemäß Art. 106 und 118 in der Minderheitssprache verfaßt sein dürfen. Desgleichen ist nirgends gesagt, daß die Bekanntmachung der Eröffnung einer Minderheitsschule (Öffentlicher Anschlag usw.), auch in der Minderheitssprache erfolgen solle. Und doch werden beide Forderungen übereinstimmend sowohl von der Wojewodschaft Schlesien in Katowice als von der Regierung der Provinz Oberschlesien in Oppeln anerkannt, weil man den Erziehungsberechtigten nicht zumutet, in Angelegenheiten betreffend die Minderheitsschule jeweils einen Dolmetscher zuzuziehen. Auch aus diesem allgemeinen Gesichtspunkt heraus rechtfertigt sich die Berücksichtigung der Minderheitssprache bei der Ausstellung der Schulzeugnisse.

5. Was das von der Wojewodschaft angerufene Gesetz der Schlesischen Wojewodschaft vom 16. Januar 1923 betreffend die Amtssprache anbelangt, so ist anzunehmen, daß der Schlesische Sejm keineswegs beabsichtigt hat, die Grundsätze der Genfer Konvention betreffend die Minderheitsschulen abzuändern oder einzuschränken. Wenn Art. 2 dieses Gesetzes für die Errichtung öffentlicher Dokumente den ausschließlichen Gebrauch der Amtssprache fordert, so sind dabei wohl Urkunden gemeint, die für den Rechtsverkehr bestimmt sind, wie z. B. Urteile, Zivilstandsakten, Grundbuchauszüge usw. Den Schulzeugnissen kommt diese rechtliche Qualifikation nicht zu.

Es dürfte also kaum ein Grund vorliegen, einen Widerspruch zwischen der Konvention und dem Gesetze für den Gebrauch der Amtssprache auf dem Gebiete der Wojewodschaft Schlesien zu konstruieren. Eventuell könnte, um jedes Bedenken nach dieser Richtung zu beseitigen, die deutsche Ausfertigung des Zeugnisses als Übersetzung bezeichnet werden. Diese łoby zawierać tę samą treść co wygotowanie polskie, być zaopatrzone w te same podpisy i w tę samą pieczątkę.

Powyższe wywody na temat cytowanej ustawy językowej są jedynie propozycjami, przedstawionymi w tym celu, aby właściwym władzom ułatwić rozwiązanie niniejszej kwestii. Zresztą nie jest ani zadaniem Prezydenta Komisji Mieszanej, ani też nie wchodzi w zakres jego kompetencji, interpretować ustawy układających się Państw celem zbadania, czy zgodne są z Konwencją. Prezydent Komisji Mieszanej winien się raczej stosować tylko do Konwencji, której oczywiście żadne ustawy układających się Państw jednostronnie nie mogą zmienić.

6. Można jeszcze nadmienić, że na Górnym Śląsku Niemieckim, gdzie językiem urzędowym jest język niemiecki, kwestia niniejsza uregulowana została w ten sposób, że uczniom szkół mniejszościowych wystawia się świadectwa szkolne w wygotowaniu polskim i niemieckim, z tym, że wygotowanie niemieckie uważa się za tłumaczony odpis wygotowania polskiego.

Z wszystkich powyższych rozważań wynika prawo rodziców do żądania świadectw szkolnych w języku mniejszości. Nie można przy tym robić różnicy pomiędzy szkołami elementarnymi a szkołami średnimi i wyższymi, lub między szkołami państwowymi a komunalnymi.

IV

Po naradach w łonie Komisji Mieszanej Prezydent Komisji Mieszanej na mocy powyższych rozważań dochodzi do

poglądu:

Uczniom miejskiego matematyczno-przyrodniczego gimnazjum mniejszościowego w Katowicach należy w przyszłości wystawiać świadectwo polskie i niemieckie.

32

Pogląd

z dnia 16 grudnia 1925 w sprawie nr 147 Niemiecko-Górnośląskiego Związku Ludowego na Górny Śląsk Polski dla strzeżenia praw mniejdeutsche Übersetzung müßte den gleichen Inhalt haben wie die polnische Ausfertigung und wäre mit den gleichen Unterschriften und dem gleichen Stempel zu versehen.

Die vorstehenden Ausführungen über das erwähnte Gesetz sind lediglich Anregungen zum Zwecke, den zuständigen Behörden die Lösung der vorliegenden Frage zu erleichtern. Im übrigen liegt es weder in der Aufgabe noch in der Kompetenz des Präsidenten der Gemischten Kommission, die Gesetze der Vertragsstaaten auszulegen, um sie hinsichtlich ihrer Übereinstimmung mit der Konvention zu prüfen. Der Präsident der Gemischten Kommission hat sich vielmehr nur an die Konvention zu halten, die selbstverständlich durch irgendwelche Gesetze der Vertragsstaaten nicht einseitig abgeändert werden kann.

6. Es mag noch bemerkt werden, daß in Deutsch-Oberschlesien, wo die deutsche Sprache Amtssprache ist, die vorliegende Frage in der Weise geregelt worden ist, daß den Schülern der Minderheitsschulen die Schulzeugnisse in einer deutschen Ausfertigung verabfolgt werden, wobei die deutsche Ausfertigung als eine übersetzte Abschrift der polnischen betrachtet wird.

Aus all den vorstehenden Erwägungen ergibt sich das Recht der Eltern, Schulzeugnisse zu verlangen, die in der Minderheitssprache abgefaßt sind. Dabei kann kein Unterschied gemacht werden zwischen Primarschulen und mittleren und höheren Schulen oder zwischen staatlichen und kommunalen Schulen.

IV

Nach stattgehabter Beratung im Schoße der Gemischten Kommission gelangt der Präsident der Gemischten Kommission, gestützt auf die vorstehenden Erwägungen zur

Stellungnahme:

Es ist den Schülern des städtischen mathematisch-naturwissenschaftlichen Minderheitsgymnasiums in Katowice zukünftig ein polnisch und deutsch abgefaßtes Zeugnis auszuhändigen.

32

Stellungnahme

vom 16. Dezember 1925 in der Sache Nr. 147 des Deutsch-Oberschlesischen Volksbundes für Polnisch-Schlesien zur Wahrung der Minderheitsrechte, szości, związku zapisanego, żalącego się, w Katowicach, ul. Młyńska 23, dotyczącej zwinięcia powszechnej szkoły mniejszościowej w Bytkowie (Górny Śląsk Polski).

I

1. Dnia 21 lutego 1925 Niemiecko-Górnośląski Związek Ludowy w Katowicach (Górny Śląsk Polski) wniósł do Województwa Śląskiego w Katowicach zażalenie z powodu nieotwarcia szkoły dla mniejszości językowej niemieckiej w Bytkowie (Górny Śląsk Polski) (akt 3). W toku wymiany pism pomiędzy żalącym się a władzami polskimi wykazało się, że wywody zażalenia były nieścisłe. Żalący się cofnął bowiem pismem z dnia 29 kwietnia 1925 swe pierwotne twierdzenie, że w Bytkowie szkoły mniejszościowej w ogóle nigdy nie otwarto i wyszedł z założenia, że od początku września 1923 do 30 czerwca 1924 udzielano — wszelako z kilkakrotną przerwą — nauki mniejszościowej. Żalący się wywodzi, że zwinięcie szkoły mniejszościowej w Bytkowie z końcem czerwca 1924 oraz postępowanie tamtejszego kierownika szkoły narusza artykuł 108 wzgl. 131 Konwencji Genewskiej (akt 8). Liczba uczniów w ciągu roku szkolnego 1923-24 zmniejszyła się o 50 (z 70 na 20) z tego powodu, że kierownik szkoły Zajchowski przeniósł do szkoły polskiej wszystkie te dzieci, które na jego zapytanie oświadczyły, że w domu mówią po polsku. Zamknięcie szkoły mniejszościowej w Bytkowie sprzeciwia się mianowicie art. 108 polsko-niemieckiej Konwencji z dnia 15 maja 1922, ponieważ szkoła nie była czynna przez cały rok, jeśli się zważy, że naukę w niej kilkakrotnie przerywano. Żalący się żąda zatem natychmiastowego ponownego otwarcia szkoły mniejszościowej w Bytkowie i ukarania jej kierownika za nielojalne postępowanie.

2. Dnia 20 maja 1925 Polski Urząd Spraw Mniejszości przekazał powyższe zażalenie w myśl art. 152 Konwencji Genewskiej Prezydentowi Komisji Mieszanej (akt 1). Następnie odbyła się przewidziana w regulaminie postępowania wymiana pism (akt 1—41). Celem przygotowania rozprawy ustnej Prezydent Komisji Mieszanej zarządził przesłuchanie rektora i naczelnika gminy w Bytkowie. Przesłuchy odbyły się przed Komisją Mieszaną w obecności przedstawiciela Polskiego Urzędu Spraw Mniejszości i zastępcy żalącego się dnia 12 listopada 1925 (akt 61 i 63). Rozprawa ustna odbyła się w so-

Eingetragener Verein, Beschwerdeführer, in Katowice, ulica Młyńska 23, betreffend Aufhebung der Minderheitsvolksschule in Bytków (Polnisch-Oberschlesien).

I

1. Am 21. Februar 1925 wandte sich der Deutsch-Oberschlesische Volksbund in Katowice (Polnisch-Oberschlesien) mit einer Beschwerde wegen Nichteröffnung der deutschen Minderheitsschule in Bytków (Polnisch-Oberschlesien) an die Schlesische Wojewodschaft in Katowice (act. 3). Im Laufe der Korrespondenz zwischen dem Beschwerdeführer und den polnischen Behörden erwiesen sich die Ausführungen der Beschwerde als ungenau, denn in seinem Schreiben vom 29. April 1925 nahm der Beschwerdeführer seine ursprüngliche Behauptung, daß in Bytków überhaupt nie eine Minderheitsschule eröffnet worden sei, zurück und ging von der Annahme aus, daß von Anfang September 1923 bis 30. Juni 1924 — allerdings mit mehrfachen Unterbrechungen — Minderheitsschulunterricht erteilt worden sei. Der Beschwerdeführer macht geltend, daß die Aufhebung der Minderheitsschule in Bytków auf Ende Juni 1924 sowie das Verhalten des dortigen Schulleiters gegen die Art. 108 bzw. 131 der Genfer Konvention verstoße (act. 8). Die Zahl der Schüler sei im Laufe des Schuljahres 1923-24 deshalb von 70 auf unter 20 gesunken, weil der Schulleiter Zajchowski alle Kinder in die polnische Schule versetzte, welche — auf seine Anfrage hin — angaben, zu Hause polnisch zu sprechen. Namentlich widerspreche die Schließung der Minderheitsschule in Bytków dem Art. 108 des deutsch-polnischen Abkommens vom 15. Mai 1922, da die Minderheitsschule mit Rücksicht auf die wiederholten Unterbrechungen des Unterrichts nicht ein volles Jahr im Betrieb gewesen sei. Der Beschwerdeführer verlangt daher die sofortige Wiedereröffnung der Minderheitsschule Bytków sowie die Maßregelung des Schulleiters wegen seines gegen die Minderheitsschule gerichteten Verhaltens.

2. Diese Beschwerde wurde am 20. Mai 1925 vom Polnischen Minderheitsamt gemäß Art. 152 der Genfer Konvention dem Präsidenten der Gemischten Kommission übermittelt (act. 1). Es fand hierauf der in der Verfahrensordnung vorgesehene Schriftenwechsel statt (act. 1—41). Zur Vorbereitung der mündlichen Verhandlungen ordnete der Präsident der Gemischten Kommission die Zeugeneinvernahme des Rektors und des Gemeindevorstehers in Bytków an, welche am 12. November 1925 vor der Gemischten Kommission und in Gegenwart der Vertreter des Polnischen Minderheitsamtes und des Beschwerdeführers stattfand (act. 61 und

botę, dnia 5 grudnia 1925. Żalącemu się i zastępcy Urzędu Spraw Mniejszości dano przy tym sposobność do ustnego przedstawienia twierdzeń faktycznych i prawnych (akt 77).

II

1. Przeprowadzone przez Prezydenta Komisji Mieszanej dnia 12 listopada 1925 przesłuchanie rektora Zygmunta Zajchowskiego z Bytkowa (akt 61) wykazało, że szkołę mniejszościową w Bytkowie uruchomiono dopiero dnia 16 czerwca 1924. Zajchowski podaje, że już dnia 26 września 1923 otrzymał od Województwa zlecenie, aby otworzył szkołę mniejszościową. Wezwał on w ciągu roku szkolnego 1923-24 kilkakrotnie rodziców za pośrednictwem dzieci, aby u niego zgłosili dzieci do szkoły mniejszościowej. Ponieważ na wezwanie to zgłoszono tylko 3 do 4 dzieci, przeto szkoły nie otworzył. Uczynił to dopiero wówczas, gdy w maju 1924 otrzymał zlecenie Województwa, że ma szkołę mniejszościową otworzyć bez względu na ilość zgłoszeń. Zaprosił tedy ponownie rodziców za pośrednictwem dzieci do kancelarii, aby zgłosili dzieci do szkoły mniejszościowej. Gdy jednak znów tylko zgłoszono 5 do 6 dzieci, zwrócił się do naczelnika gminy z prośbą, aby w sprawie szkoły mniejszościowej wydał publiczne obwieszczenie. Na skutek tego obwieszczenia zgłoszono 8 dzieci i, jak już powiedziano, otwarto dnia 16 czerwca 1924 szkołę z ośmiorgiem dzieci. Do dnia 23 czerwca wzrosła powyższa liczba o dalszych 7 dzieci, tak, że do zamknięcia szkoły z końcem roku szkolnego uczęszczało do niej razem 15 dzieci.

2. Kierownik szkoły Zajchowski zaprzecza jak najenergiczniej zarzutowi, jakoby samowolnie przenosił był uczniów mniejszościowych, którzy podali, że w domu rozmawiają po polsku, ze szkoły mniejszościowej do szkoły polskiej. Tę część zażalenia, która się odnosi do postępowania rektora Zajchowskiego, można uważać za załatwioną, ponieważ żalący się oświadczył na rozprawie ustnej, że z tego punktu zażalenia rezygnuje.

III

1. Województwo uznało od samego początku, że winno otworzyć szkołę mniejszościową w Bytkowie i dało już we wrześniu 1923 kierownikowi szkoły zlecenie, aby szkołę uruchomił. Doniosło rów-

63). Die mündliche Verhandlung fand am Samstag, dem 5. Dezember 1925, statt, wobei dem Beschwerdeführer und dem Vertreter des Minderheitsamtes Gelegenheit gegeben wurde, ihre Behauptungen und Rechtserörterungen der Gemischten Kommission vorzutragen (act. 77).

II

1. Die vom Präsidenten der Gemischten Kommission am 12. November 1925 vorgenommene Zeugeneinvernahme des Rektors Zygmunt Zajchowski aus Bytków ergab (act. 61), daß die Minderheitsschule Bytków erst am 16. Juni 1924 in Betrieb gesetzt wurde. Zajchowski gibt an, schon am 26. September 1923 von der Wojewodschaft den Auftrag erhalten zu haben, die Minderheitsschule zu eröffnen. Er habe im Laufe des Schuljahres 1923-24 die Eltern durch Vermittlung ihrer Kinder wiederholt auffordern lassen, ihre Kinder bei ihm für die Minderheitsschule anzumelden. Da aber auf diese Aufforderung nur 3—4 Kinder angemeldet wurden, habe er die Eröffnung der Minderheitsschule unterlassen. Er habe die Minderheitsschule erst in Betrieb gesetzt, als im Mai 1924 von der Wojewodschaft die Anweisung eintraf, die Minderheitsschule ohne Rücksicht auf die Zahl der Anmeldungen zu eröffnen. Da auf seine durch die Schulkinder ergangene Einladung, bei seiner Kanzlei vorzusprechen, wiederum nur 5—6 Kinder angemeldet wurden, habe er sich an den Gemeindevorsteher gewandt, um eine öffentliche Bekanntmachung betreffend die Minderheitsschule durch ihn ergehen zu lassen. Auf diese Publikation hin wurden 8 Kinder angemeldet und die Schule wie erwähnt, am 16. Juni 1924 mit einer Besucherzahl von 8 Schülern eröffnet. Bis 23. Juni kamen noch weitere 7 Kinder zu, so daß die Schule bis zu ihrer Schließung am Ende des Schuljahres von insgesamt 15 Kindern besucht wurde.

2. Den Vorwurf, daß er Minderheitsschüler, welche die polnische Sprache als häusliche Umgangssprache angaben, eigenmächtig aus der Minderheitsschule in die polnische Schule versetzt habe, bestreitet der Schulleiter Zajchowski auf das entschiedenste. Im übrigen kann dieser Teil der Beschwerde bezüglich des Verhaltens von Rektor Zajchowski als erledigt angesehen werden, denn der Beschwerdeführer hat anläßlich der mündlichen Verhandlungen erklärt, daß er diesen Teil der Beschwerde fallen lasse.

III

1. Die Wojewodschaft hat die Verpflichtung zur Eröffnung der Minderheitsschule in Bytków von Anfang an anerkannt, und sie erteilte schon im September 1923 dem Schulleiter den Auftrag, diese Schule zu eröffnen.

nież Marszałkowi Sejmu Śląskiego pismem z dnia 9 października 1923 L. dz. Prez. 1828, że na podstawie uznanych za ważne wniosków zarządziło otwarcie szkoły mniejszościowej w Bytkowie (akt 76). Wbrew temu zarządzeniu szkołę otwarto dopiero dnia 16 czerwca 1924. Szkoła była czynna do końca roku szkolnego, tzn. do dnia 30 czerwca 1924. Uczęszczało do niej 15 uczniów (akt 62 i akt 31). Z końcem roku szkolnego Województwo zarządziło jej zwinięcie, ponieważ maksymalna liczba dzieci, które do niej uczęszczały w roku szkolnym 1923-24, z doliczeniem dzieci, dla których zgłoszono ważne wnioski na rok szkolny 1924-25, nie wynosiła 20 (akt 5).

2. Otwarta i wkrótce potem znów zwinięta szkoła mniejszościowa w Bytkowie była instytucją szkolną dla mniejszości językowej niemieckiej na Górnym Śląsku Polskim w myśl art. 105 § 2 lit. a polsko-niemieckiej Konwencji z dnia 15 maja 1922. W myśl postanowień Konwencji Genewskiej zwinięcie tego rodzaju instytucji szkolnej może nastąpić tylko wówczas, gdy po upłynięciu udzielonego jej czasu próbnego okazała się nieżywotną. W myśl art. 108 ustęp 2 zwinięcie szkoły może najwcześniej nastąpić po upływie rocznego terminu próbnego, jeżeli w tym czasie liczba uczniów wynosiła stale mniej aniżeli 20. Na powyższe postanowienie nie można się w niniejszym przypadku powołać, bo szkoła nie była czynna przez cały rok szkolny, lecz tylko przez 14 dni. Czternastodniowego zaś okresu, przez który szkoła istniała, nie można w ogóle uważać za poważnie pojmowany okres próbny. Odsyłając do rozważań II-2 poglądu z dnia 10 października 1925 w sprawie nr 146, dotyczącej szkoły mniejszościowej w Łaziskach Górnych, o zasadniczym znaczeniu czasu próbnego ustanowionego w artykule 108 nadmienia się tutaj jeszcze co następuje: Gdy układające się strony umawiały się o brzmienie art. 108, a w szczególności art. 108/2, przypuszczały słusznie, że szkoła mniejszościowa jako instytucja nowa może napotkać na różne przeszkody i że w niektórych przypadkach umocni się dopiero z biegiem czasu tak dalece, aby osiągnąć potrzebną ilość uczniów. Dlatego też w ciągu jednorocznego okresu próbnego nowi uczniowie powinni mieć stale dostęp do szkoły i decydująca jest ilość uczniów, którą maksymalnie w jakimś okresie tego czasu próbnego osiągnięto. Doświadczenie wykazało słuszność tej ratio legis artykułu 108/2. Szkoła mniejszości musiała przezwyciężać najróżniejsze przeszkody. Zniechęcić musiał już sam fakt, że licznych szkół, które należało otworzyć

Ebenso hat die Wojewodschaft mit ihrem Schreiben J. Nr. Prez. 1828 vom 9. Oktober 1923 dem Marschall des Schlesischen Sejms die Mitteilung gemacht, daß sie auf Grund der für gültig anerkannten Anträge die Eröffnung einer Minderheitsschule in Bytków angeordnet habe (act. 76). Die Eröffnung dieser Minderheitsschule ist aber entgegen dieser Anordnung erst am 16. Juni 1924 erfolgt. Sie blieb in Betrieb bis zum Ende des Schuljahres, d. h. bis 30. Juni 1924. Die Schule wurde von 15 Schülern besucht (act. 62 und act. 31). Mit Ende des Schuljahres 1923-24 verfügte die Wojewodschaft ihre Aufhebung, »da die höchste Anzahl der die Schule im Jahre 1923-24 besuchenden Kinder nach Hinzurechnung der Anzahl der Kinder, für welche für das Schuljahr 1924-25 gültige Anträge gestellt wurden, die Zahl 20 nicht erreicht hatte« (act. 5).

2. Die in Bytków eröffnete und kurz darauf wieder geschlossene Minderheitsschule war eine Schuleinrichtung für die deutsch-sprachige Minderheit Polnisch-Oberschlesiens im Sinne von Art. 105 § 2 lit. a des deutsch-polnischen Abkommens vom 15. Mai 1922. Die Schließung einer derartigen Schuleinrichtung kann nach den Bestimmungen der Genfer Konvention nur erfolgen, nachdem sie sich in der ihr gewährten Probezeit als lebensunfähig erwiesen hat. Gemäß Art. 108 Abs. 2 kann diese Aufhebung frühestens nach Ablauf einer einjährigen Bewährungsfrist erfolgen, falls die Schülerzahl während dieser Zeit andauernd geringer als 20 war. Eine Berufung auf diese Bestimmung kommt in vorliegendem Falle nicht in Frage, denn die Schule hat eben nicht während eines ganzen Schuljahres bestanden, sondern nur während 14 Tagen. Die Schuldauer von 14 Tagen kann überhaupt nicht als eine ernst gemeinte Probezeit betrachtet werden. Unter Hinweis auf die Erwägung II/2 der Stellungnahme vom 10. Oktober 1925 in der Sache Nr. 146 betreffend die Minderheitsschule Łaziska-Górne mag hier über die grundsätzliche Bedeutung der in Art. 108 statuierten Probezeit noch folgendes bemerkt werden: Die Vertragsparteien nahmen, als sie den Art. 108 und speziell den Art. 108/2 vereinbarten, mit Recht an, daß die Minderheitsschule als eine neue Institution manchen Hindernissen begegnen könnte und sich in manchen Fällen nur allmählich derart festigen würde, um die erforderliche Schülerzahl zu erreichen. Daher sollen während der Probezeit eines Jahres immer wieder neue Schüler Zutritt haben und maßgebend ist die höchste Zahl der Schüler, die in irgendeinem Zeitpunkt der Probezeit vorkommt. Die ratio legis des Art. 108/2 hat sich auf Grund der gemachten Erfahrungen als zutreffend erwiesen: Mannigfache Hindernisse hatte die Minderheitsschule zu überwinden. Schon die Tatsache, daß viele der auf September 1923 fälligen Schulen nicht sofort und noch lange nachher nicht eröffnet wurden,

z początkiem września 1923, nie tylko nie otwarto natychmiast, lecz nie uczyniono tego i znacznie później. Wbrew przepisom art. 74 i 131 Konwencji Genewskiej wywierano z wielu stron nacisk na uprawnionych do wychowania, aby ich nakłonić do nieposyłania dzieci do szkół mniejszościowych. Niech pod tym względem wolno będzie wskazać na akcję zastraszania i wrogą działalność ze strony związków oraz mniej lub więcej zorganizowanych grup. Wobec tego łatwo zrozumieć, że liczni wychowawcy, którzy stracili nadzieję uzyskania szkoły mniejszościowej, posyłali dzieci do tej szkoły dopiero wtedy, gdy już przez pewien czas istniała i dawała dobre rezultaty. Ze wszystkich tych powodów, wynikających zarówno z ratio legis jak też z faktycznych stosunków, należy utrzymać zasadę, że pewien poważnie pojmowany okres próbny winien być absolutnie przestrzegany i to także w przypadku, gdzie wobec ustalonego w artykule 108/2 okresu próbnego przyznano wyjątkowo pewne koncesje.

3. Poza artykułem 108/2 Konwencji Genewskiej Województwo powołuje się w szczególności także na postanowienie IV konferencji Prezydenta Komisji Mieszanej z Województwem Śląskim z dnia 18 kwietnia 1924:

„Stosowanie postanowienia artykułu 108 ustęp 2 Konwencji Genewskiej do przypadków, gdzie liczba uczniów danej powszechnej szkoły mniejszościowej w roku szkolnym 1923-24 wynosi mniej aniżeli 20.

W przypadku, gdzie liczba uczniów uczęszczających do szkoły mniejszościowej w roku szkolnym 1923-24, z doliczeniem uczniów, dla których zgłoszono wnioski na rok szkolny 1924-25, nie osiągnie liczby 20, Województwo jest uprawnione szkołę mniejszościową zwinąć. Pozwoli ono jednak danym uczniom na uczęszczanie do jednej z pobliskich szkół mniejszościowych.

Tam, gdzie w ten sposób szkoła mniejszościowa będzie zwinięta, urządzać należy kurs języka, jeżeli liczba dzieci uczęszczających do szkoły w roku szkolnym 1923-24, z doliczeniem dzieci, które zgłoszono na rok szkolny 1924-25, wynosi razem przynajmniej 9."

Stanowisko Województwa jest również nieuzasadnione, o ile się ono powołuje na wspomnianą konferencję, aby uzasadnić zwinięcie szkoły.

Jeśli chodzi o motywy i sens postanowienia IV konferencji z dnia 18 kwietnia 1924, odsyła się w ogólności do rozważań poglądu z dnia 10 października 1925 w sprawie nr 146 dotyczącej szkoły mniejmußte entmutigend wirken. Gegen die Erziehungsberechtigten wurde trotz des Art. 74 und des Art. 131 der Genfer Konvention vielfacher Druck ausgeübt, um sie zu veranlassen, ihre Kinder nicht in die Minderheitsschule zu schicken. Namentlich darf in dieser Hinsicht auf die Einschüchterungen und Feindseligkeiten hingewiesen werden, die von Verbänden und von mehr oder weniger organisierten Gruppen ausgingen. Es ist daher sehr gut zu verstehen, daß zahlreiche entmutigte Erziehungsberechtigte, die die Hoffnung auf die Minderheitsschule verloren hatten, ihre Kinder erst in die Minderheitsschule schicken, nachdem diese schon während einer gewissen Zeit bestanden und ihre Tätigkeit mit Erfolg ausgeübt hatte. Aus all diesen ebensosehr aus der ratio legis wie aus den tatsächlichen Verhältnissen fließenden Gründen muß der Grundsatz aufrechterhalten werden, daß eine gewisse, ernst gemeinte Probezeit unter allen Umständen einzuhalten ist, und zwar auch da, wo ausnahmsweise gewisse Konzessionen gegenüber der in Art. 108/2 festgesetzten Dauer der Probezeit eingeräumt worden sind.

3. Die Wojewodschaft beruft sich neben Art. 108/2 der Genfer Konvention auch insbesondere auf die Bestimmung IV der Konferenz des Präsidenten der Gemischten Kommission mit der Schlesischen Wojewodschaft vom 18. April 1924:

»Anwendung der Bestimmung des Art. 108 Abs. 2 der Genfer Konvention auf diejenigen Fälle, wo im Schuljahr 1923-24 die Zahl der Schüler einer Minderheitsvolksschule weniger beträgt als 20.

Wo die Schüler, die im Schuljahre 1923-24 eine Minderheitsschule besuchen, zuzüglich der für das Schuljahr 1924-25 beantragten Schüler die Zahl von 20 nicht erreichen, ist die Wojewodschaft berechtigt, die Minderheitsschule eingehen zu lassen. Sie wird aber den betreffenden Schülern gestatten, eine der nächstliegenden Minderheitsschulen zu besuchen.

Wo in dieser Weise eine Minderheitsschule aufgehoben wird, ist ein Sprachkurs einzurichten, wenn die Kinder, welche im Schuljahr 1923-24 die Schule besuchen, zuzüglich der Kinder, welche für das Schuljahr 1924-25 angemeldet sind, zusammen wenigstens die Zahl 9 erreichen.«

Auch insofern die Wojewodschaft sich auf die erwähnte Konferenz beruft, um die Aufhebung der Schule zu rechtfertigen, ist ihr Standpunkt unbegründet.

In bezug auf die Veranlassung und den Sinn der Bestimmung IV der Konferenz vom 18. April 1924 kann im allgemeinen auf die Erwägungen der Stellungnahme vom 10. Oktober 1925 in der Sache Nr. 146

szościowej w Łaziskach Górnych. Powtarzając częściowo te rozważania, podkreśla się tu jeszcze co następuje:

Wyjątkowa koncesja, którą Prezydent Komisji Mieszanej zrobił Województwu dla ułatwienia mu zadania, miała Województwu umożliwić zwinięcie z końcem roku szkolnego 1923-24, a więc z końcem czerwca 1924, tych szkół, które należało otworzyć już we wrześniu 1923, które jednak otwarto dopiero później, a szczególnie zwinięcie także tych szkół, które w dniu 18 kwietnia 1924 nie były jeszcze uruchomione, pod warunkiem, że maksymalna liczba uczniów w roku szkolnym 1923-24, łącznie z liczbą wniosków zgłoszonych na rok szkolny 1924-25, będzie wynosiła mniej aniżeli 20. Prezydent wychodził przy tym oczywiście z założenia, że te szkoły, które w dniu 18 kwietnia 1924 nie były jeszcze otwarte, będą obecnie bezzwłocznie i w należytej formie uruchomione. Prezydent Komisji Mieszanej nie mógłby nigdy pomyśleć o tym, aby się zgodzić na ograniczenie okresu próbnego, który według art. 108 Konwencji wynosi cały rok szkolny, do kilku dni lub tygodni. Termin próbny utraciłby wtenczas wszelką wartość. Gdyby stanowisko Województwa było słuszne, mogłoby ono wszystkie szkoły, które dnia 18 kwietnia 1924 nie były jeszcze otwarte, otworzyć w jakimś dowolnym późniejszym terminie, np. w dniu 29 lub 30 czerwca, aby je w razie niedostatecznej frekwencji (mniej aniżeli 20 uczniów razem z ewentualnymi wnioskami na rok 1924-25) zwinąć tego samego lub następnego dnia. To nie byłoby już nie tylko wielkim ustępstwem Prezydenta w kierunku skrócenia przewidzianego w artykule 108/2 okresu próbnego, lecz zupełnym zniesieniem tego okresu i uchyleniem zasady artykułu 108/2. Rzecz jasna, że tego rodzaju wykładnia postanowienia IV konferencji z dnia 18 kwietnia 1924 nie jest właściwa.

Niniejsza sprawa szkoły mniejszościowej w Bytkowie jest wymownym przykładem, w jak nieuzasadniony sposób Województwo interpretuje postanowienie IV konferencji z dnia 18 kwietnia 1924. Stosownie do zarządzenia danego kierownikowi szkoły we wrześniu 1923 i w myśl listu do Marszałka Sejmu z dnia 9 października 1923 Województwo uznało wyraźnie i definitywnie, że winno szkołę mniejszościową w Bytkowie otworzyć. Mimo to szkoły ani we wrześniu ani w październiku 1923, ani też bezzwłocznie po 18 kwietnia 1924 nie otwarto. Z uwagi na wszystkie powyższe okoliczności byłoby w najwyższym stopniu niesłuszne, gdyby się szkołę tę po jej zaledwie 14-dniowym istnieniu chciało na szkodę mniejszości zamknąć.

betreffend die Minderheitsschule in Łaziska-Górne verwiesen werden. Hier sei, in teilweiser Wiederholung, noch folgendes hervorgehoben:

Die ausnahmsweise Konzession, die der Präsident der Gemischten Kommission gewährte, um die Aufgabe der Wojewodschaft zu erleichtern, sollte dieser gestatten, auch diejenigen Schulen, die schon auf September 1923 fällig gewesen waren, aber später eröffnet wurden und speziell auch diejenigen Schulen, die am 18. April 1924 noch nicht in Betrieb gesetzt waren, auf Ende des Schuljahres 1923-24, also auf Ende Juni 1924, aufzuheben, wenn die höchste Schülerzahl im Schuljahr 1923-24, zusammen mit den für das Schuljahr 1924-25 gestellten Anträgen, weniger als 20 betragen würde. Selbstverständlich ging der Präsident dabei von der Voraussetzung aus, daß diejenigen Schulen, die am 18. April 1924 noch nicht eröffnet worden waren, nun unverzüglich in gehöriger Form eröffnet und in Betrieb gesetzt würden. Niemals hätte es dem Präsidenten der Gemischten Kommission einfallen können, zuzugestehen, daß die Probezeit, die gemäß Art. 108 der Konvention ein volles Schuljahr beträgt, auf wenige Tage oder Wochen reduziert und so völlig wertlos gestaltet würde. Nach dem Standpunkt der Wojewodschaft hätte es diese in der Hand gehabt, sämtliche am 18. April 1924 noch nicht eröffnete Schulen in einem beliebigen späteren Zeitpunkt, z. B. am 29. oder 30. Juni, zu eröffnen, um sie bei ungenügender Schülerzahl (weniger als 20, inklusive die eventuell gestellten Anträge für das Schuljahr 1924-25) am gleichen Tage oder am darauffolgenden Tage aufzuheben. Das wäre aber nicht nur ein großes Entgegenkommen im Sinne der Abkürzung der im Art. 108/2 vorgesehenen Probezeit, wie es der Präsident zugestanden hat, sondern das wäre die völlige Beseitigung der Probezeit, die Unterdrückung des Grundsatzes des Art. 108/2. Daß eine solche Auslegung der Bestimmung IV der Konferenz vom 18. April 1924 nicht sinngemäß ist, liegt auf der Hand.

Der vorliegende Fall der Minderheitsschule Bytków ist ein sprechendes Beispiel für die Unbegründetheit der Auslegung, welche die Wojewodschaft der Bestimmung IV der Konferenz vom 18. April 1924 gegeben hat. Die Wojewodschaft hat die Pflicht zur Eröffnung der Minderheitsschule in Bytków gemäß ihrer im September 1923 an den Schulleiter ergangenen Anordnung und gemäß ihrem Brief an den Sejmmarschall vom 9. Oktober 1923 ausdrücklich und definitiv anerkannt. Trotzdem wurde die Schule weder im September noch im Oktober 1923, noch unmittelbar nach dem 18. April 1924 eröffnet. Es wäre in Anbetracht all dieser Umstände im höchsten Grade unbillig, diese Schule zum Schaden der Minderheit aufzuheben, nachdem sie nur 14 Tage gedauert hat.

Przykład szkoły mniejszościowej w Bytkowie poucza właśnie, że każdej szkole mniejszościowej należy koniecznie udzielić okresu próbnego, aby mogła wypróbować swą żywotność, zanim z powodu niedostatecznej frekwencji będzie zamknięta. W pierwszych dniach po otworzeniu szkoły (16 czerwca 1924) przyszło do niej tylko 8 uczniów, już po 7 dniach liczba ta wzrosła do 15, jakkolwiek zbliżał się już koniec roku szkolnego i myśli uprawnionych do wychowania zwrócone były raczej w kierunku zakończenia dotychczasowej nauki szkolnej, niż w kierunku rozpoczęcia nauki w nowej instytucji szkolnej. Gdyby szkołę w należyty sposób otwarto choćby tylko na kilka tygodni wcześniej, można przypuścić z całą pewnością, że owych pięciu uczniów, których jeszcze brakowało, byłoby się do niej zgłosiło.

IV

Po naradzie w łonie Komisji Mieszanej Prezydent Komisji Mieszanej na mocy powyższych rozważań dochodzi do

poglądu:

Szkołę mniejszościową dla mniejszości językowej niemieckiej w Bytkowie (Górny Śląsk Polski), która dnia 16 czerwca 1924 została otwarta i potem rozporządzeniem Wydziału Szkolnego Województwa Śląskiego dnia 30 czerwca zamknięta, należy bezpośrednio po zakomunikowaniu tego poglądu znów otworzyć.

33

Pogląd

z dnia 20 grudnia 1925 w sprawie nr 155 Niemiecko-Górnośląskiego Związku Ludowego na Górny Śląsk Polski dla strzeżenia praw mniejszości, związku zapisanego, żalącego się, w Katowicach, ulica Młyńska 23, dotyczącej zawieszenia nauki w szkole mniejszościowej w Wilczy Górnej (Górny Śląsk Polski).

I

Z powodu zawieszenia nauki w szkole mniejszościowej w Wilczy Górnej (Górny Śląsk Polski) oraz postępowania nauczyciela polskiego Andraszka Niemiecko-Górnośląski Związek Ludowy w Katowicach wniósł dnia 24 marca 1925 zażalenie do Polskiego Urzędu Spraw Mniejszości. W zażaleniu przedstawia się wniosek o natychmiastowe

Gerade am Beispiel der Schule in Bytków zeigt sich auch, wie notwendig es ist, jeder Minderheitsschule eine Probezeit zu gewähren, damit sie ihre Lebensfähigkeit erproben könne, bevor man sie wegen ungenügender Schülerzahl aufhebt. In den ersten Tagen nach dem Eröffnungstage (16. Juni 1924) kamen nur 8 Schüler in die Schule, nach 7 Tagen war deren Zahl schon auf 15 angewachsen, trotzdem es dem Schlusse des Schuljahres zuging und die Gedanken der Erziehungsberechtigten viel eher auf den Abschluß des bisherigen Schulunterrichts als auf den Beginn einer neuen Schulinstitution gerichtet waren. Wäre diese Schule auch nur einige Wochen früher in gehöriger Form eröffnet worden, so kann mit Sicherheit angenommen werden, daß die fehlenden 5 Schüler sich eingestellt hätten.

IV

Nach stattgehabter Beratung im Schoße der Gemischten Kommission gelangt der Präsident der Gemischten Kommission, gestützt auf die vorstehenden Erwägungen zur

Stellungnahme:

Die am 16. Juni 1924 eröffnete und durch Verfügung der Schulabteilung der Schlesischen Wojewodschaft auf 30. Juni 1924 aufgehobene Minderheitsschule für die deutschsprachige Minderheit in Bytków (Polnisch-Oberschlesien) sei unmittelbar nach Mitteilung dieser Stellungnahme wieder zu eröffnen.

33

Stellungnahme

vom 20. Dezember 1925 in der Sache Nr. 155 des Deutsch-Oberschlesischen Volksbundes für Polnisch-Schlesien zur Wahrung der Minderheitsrechte, Eingetragener Verein, Beschwerdeführer, in Katowice, ulica Młyńska 23, betreffend Einstellung des Unterrichts in der Minderheitsschule in Wilcza-Górna (Polnisch-Oberschlesien).

I

Am 24. März 1925 reichte der Deutsch-Oberschlesische Volksbund in Katowice wegen der Einstellung des Unterrichts in der Minderheitsschule in Wilcza-Górna (Polnisch-Oberschlesien) und wegen des Verhaltens des polnischen Lehrers Andraszek eine Beschwerde beim Polnischen Minderheitsamt in Katowice ein, in welcher er beantragte, die Minderheitsponowne otwarcie szkoły mniejszościowej, powierzenie jej kierownictwa nauczycielowi mniejszościowemu, utworzenie Komisji Szkolnej i pociągnięcie do odpowiedzialności nauczyciela Andraszka za wywieranie wpływu na uczniów szkoły mniejszościowej (akt 2). Zażalenie przedstawia stan faktyczny jak następuje:

W szkole mniejszościowej w Wilczy Górnej, którą otwarto w połowie września 1924 z liczbą około 60 dzieci, zawieszono naukę zaledwie 14 dni po otwarciu szkoły, ponieważ dzieci pod wpływem rozmaitych przyrzeczeń szkołę tę opuściły i przeszły do szkoły polskiej. Nauczyciel Andraszek udzielający nauki w szkole polskiej w Wilczy Górnej miał mianowicie kilkakrotnie oświadczyć uczniom szkoły mniejszościowej, że uczniowie polscy urządzą wkrótce przedstawienie i zrobią wycieczkę, w czym jednak nie będą mogli uczestniczyć uczniowie szkoły mniejszościowej. Te rozmowy były powodem, że znaczna liczba dzieci przeszła bez wiedzy i woli rodziców do szkoły polskiej, tak że w krótkim czasie tylko mała reszta pozostała w szkole mniejszościowej. Pewnego dnia nauczyciel szkoły mniejszościowej, Kugler, oświadczył tym dzieciom, że szkołę się zamknie, ponieważ uczęszcza do niej już tylko znikoma liczba dzieci. Na skutek tego także ci ostatni uczniowie szkoły mniejszościowej przeszli do szkoły polskiej (akt 2 i 3).

Polski Urząd Spraw Mniejszości w Katowicach przekazał dnia 18 czerwca 1925 powyższe zażalenie w myśl art. 152 polsko-niemieckiej Konwencji z dnia 15 maja 1922 Prezydentowi Komisji Mieszanej (akt 1), po czym odbyła się przewidziana regulaminem postępowania wymiana pism (akt 1 do 29 włącznie). Celem stwierdzenia stanu faktycznego Prezydent Komisji Mieszanej zarządził przesłuchanie jako świadków byłego nauczyciela szkoły mniejszościowej w Wilczy Górnej, Bernarda Kuglera, oraz 13 uprawnionych do wychowania z Wilczy Górnej. Przesłuchy odbyły się dnia 16 września przed Komisją Mieszaną w obecności przedstawiciela Urzędu Spraw Mniejszości i zastępcy żalącego się. Rozprawa główna odbyła się dnia 5 grudnia 1925, na której przedstawiciel Urzędu Spraw Mniejszości i żalący się mieli sposobność przedstawić Komisji Mieszanej wywody faktyczne i prawne.

II

1. Celem wyjaśnienia twierdzenia, że nauczyciel Andraszek wywierał rzekomo wpływ na uczniów szkoły mniejszościowej, Prezydent Komisji Mieszanej przesłuchał jako świadków nauczyciela szkoły

schule sofort wieder zu eröffnen, ihre Leitung einem minderheitsangehörigen Lehrer zu übertragen, die Schulkommission einzurichten und den Lehrer Andraszek wegen Beeinflussung der Schüler der Minderheitsschule zur Verantwortung zu ziehen (act. 2). Die Beschwerde gibt folgende Darstellung des Tatbestandes:

In der Mitte September 1924 mit zirka 60 Kindern eröffneten Minderheitsschule in Wilcza-Górna sei der Unterricht kaum 14 Tage nach Eröffnung der Schule eingestellt worden, da die Schulkinder durch allerlei Versprechungen beeinflußt, die Minderheitsschule verließen und in die polnische Schule übertraten. Der in der polnischen Schule in Wilcza-Górna unterrichtende Lehrer Andraszek habe nämlich wiederholt den Schülern der Minderheitsschule erklärt, daß die polnischen Schüler nächstens Theater spielen sowie einen Ausflug machen würden, woran aber die Schüler, welche die Minderheitsschule besuchen, nicht teilnehmen dürften. Diese Redensarten hätten viele Kinder veranlaßt, ohne Wissen und Willen ihrer Eltern in die polnische Schule überzutreten, so daß nach kurzer Zeit nur noch ein kleiner Rest in der Minderheitsschule zurückblieb. Eines Tages hätte dann der Minderheitsschullehrer Kugler diesen Kindern erklärt, daß die Minderheitsschule geschlossen würde, da sie nur noch von so wenig Kindern besucht werde, worauf auch dieser letzte Rest der Minderheitsschüler in die polnische Schule übergetreten sei (act. 2 und 3).

Diese Beschwerde wurde am 18. Juni 1925 vom Polnischen Minderheitsamt in Katowice gemäß Art. 152 des deutsch-polnischen Abkommens vom 15. Mai 1922 dem Präsidenten der Gemischten Kommission übermittelt (act. 1). Es fand hierauf der in der Verfahrensordnung vorgesehene Schriftenwechsel statt (act. 1—29 einschließlich). Zur Feststellung des Tatbestandes ordnete der Präsident der Gemischten Kommission die Zeugeneinvernahme des gewesenen Lehrers der Minderheitsschule in Wilcza-Górna, Bernhard Kugler, sowie von 13 Erziehungsberechtigten aus Wilcza-Górna an, welche am 16. September vor der Gemischten Kommission und in Gegenwart der Vertreter des Polnischen Minderheitsamtes in Katowice und des Beschwerdeführers stattfand. — Die mündliche Hauptverhandlung fand am 5. Dezember 1925 statt, wobei dem Vertreter des Minderheitsamtes und dem Beschwerdeführer Gelegenheit gegeben wurde, ihre tatsächlichen Anbringen sowie ihre Rechtsauffassung der Gemischten Kommission vorzutragen.

II

1. Zur Aufklärung der vom Lehrer Andraszek angeblich begangenen Beeinflussung der Minderheitsschüler wurden vom Präsidenten der Gemischten Kommission der Minderheitsschullehrer Bernhard Kugler

mniejszościowej Bernarda Kuglera (akt 66) i 8 uprawnionych do wychowania (akt 67, 68, 73, 74, 75, 77, 78, 79). Nie potrzeba tu jednak bliżej rozpatrywać wyniku dochodzeń na okoliczność rzekomego wpływania nauczyciela Andraszka na uczniów szkoły mniejszościowej. Nie ulega wątpliwości, że nauczyciel Andraszek wywierał pewnego rodzaju wpływ na dzieci. Zważywszy jednak, że żalący się na rozprawie ustnej zrezygnował z wniosku o ukaranie Andraszka, tego punktu zażalenia rozpatrywać nie potrzeba.

III

1. Szkoła mniejszości w Wilczy Górnej otworzona w połowie września 1924 i wkrótce potem znów zamknięta była instytucją szkolną dla mniejszości językowej niemieckiej na Górnym Śląsku Polskim w myśl art. 105 § 2 lit. a polsko-niemieckiej Konwencji z dnia 15 maja 1922. Według niezaprzeczonego twierdzenia żalącego się zgłoszono w związku szkolnym Wilczy Górnej do listopada 1922 67 wniosków w myśl art. 106 Konwencji Genewskiej, a do 1 marca 1923 82 wnioski (akt 2 wzgl. 14). Roszczenie o otwarcie szkoły nie jest zatem wcale sporne. Wynika to również z pisma Województwa Śląskiego do Marszałka Sejmu Śląskiego z dnia 9 października 1923 L. Prez. 828 (akt 91). Szkołę należało otworzyć dnia 1 września 1923. Rozpoczęto jednak naukę dopiero dnia 15 września 1924. Według zeznania nauczyciela szkoły mniejszościowej (akt 66) początkowo uczęszczało do szkoły 52 uczniów. W ciągu 3 tygodni wszyscy uczniowie opuścili jednak szkołę mniejszościową, aby przejść do szkoły polskiej. Dnia 7 X 1924 naukę zawieszono (akt 66) i nie podjęto jej do dnia dzisiejszego.

Jak już wspomniano, żalący się twierdzi, że przejście uczniów do szkoły polskiej należy przypisać wywieraniu wpływu przez nauczyciela Andraszka. O ile chodzi o roszczenie skargi o ponowne otwarcie szkoły, twierdzenie to można również pominąć, bo w niniejszym przypadku decydująca jest kwestia, czy samowolne opuszczenie szkoły przez uczniów może być uważane za wystąpienie ważne.

2. Nie ulega wątpliwości, że w myśl postanowień Konwencji Genewskiej wystąpienie uczniów ze szkoły mniejszości może nastąpić w zasadzie zawsze. Nieograniczone prawo pozwalające występować ze szkoły podczas całego roku szkolnego, wynika jasno z brzmienia art. 108. Ustęp 2 tego artykułu liczy się nie tylko z prawem wystąpienia w ogóle, lecz także z bardzo poważnym zmniejszeniem się licz-

(act. 66) und acht Erziehungsberechtigte abgehört (act. 67, 68, 73, 74, 75, 77, 78, 79). Auf eine nähere Würdigung des Beweisergebnisses bezüglich der von Lehrer Andraszek angeblich ausgeübten Beeinflussung der Kinder der Minderheitsschule braucht aber hier nicht eingetreten zu werden. Eine gewisse Beeinflussung der Kinder durch den Lehrer Andraszek hat zweifellos stattgefunden, da aber der Beschwerdeführer anläßlich der münlichen Verhandlung seinen Antrag auf Maßregelung Andraszeks fallen gelassen hat, braucht auf diesen Beschwerdepunkt nicht eingetreten zu werden.

III

1. Die in Wilcza-Górna Mitte September 1924 eröffnete und kurz darauf wieder geschlossene Minderheitsschule war eine Schuleinrichtung für die deutschsprachige Minderheit Polnisch-Oberschlesiens im Sinne von Art. 105 § 2 lit. a des deutsch-polnischen Abkommens vom 15. Mai 1922. Laut einer unwidersprochen gebliebenen Angabe des Beschwerdeführers waren im Schulverbande Wilcza-Górna bis November 1922 67 Anträge und bis 1. März 1923 82 Anträge im Sinne von Artikel 106 der Genfer Konvention eingereicht worden (act. 2 bzw. act. 14). Der Anspruch auf Eröffnung der Schule ist daher gar nicht streitig, wie das auch aus dem Schreiben der Schlesischen Wojewodschaft Nr. Pres. 828 vom 9. Oktober 1923 (act. 91) an den Marschall des Schlesischen Sejms hervorgeht. Die Schule hätte am 1. September 1923 eröffnet werden sollen. Die Aufnahme des Unterrichts erfolgte aber erst am 15. September 1924. Laut Aussage des Lehrers der Minderheitsschule (act. 66) wurde die Schule anfänglich von 52 Schülern besucht, die aber innert drei Wochen sämtlich die Minderheitsschule verließen, um in die polnische Schule überzutreten. Der Unterricht wurde am 7. Oktober 1924 eingestellt (act. 66) und ist bis auf den heutigen Tag nicht wieder aufgenommen.

Wie erwähnt, behauptet der Beschwerdeführer, daß der Übertritt der Schüler auf den Einfluß des Lehrers Andraszek zurückzuführen sei. Diese Behauptung der Beschwerde kann auch in bezug auf den Anspruch auf Wiedereröffnung der Schule dahingestellt bleiben, denn entscheidend ist im vorliegenden Falle die Frage, ob in dem eigenmächtigen Wegbleiben der Schüler ein gültiger Austritt zu erblicken ist.

2. Es unterliegt keinem Zweifel, daß nach den Bestimmungen der Genfer Konvention ein Austritt der Schüler aus der Minderheitsschule prinzipiell jederzeit möglich ist. Das uneingeschränkte Austrittsrecht während des ganzen Schuljahres geht deutlich aus dem Text des Art. 108 hervor, indem der Absatz 2 dieses Artikels nicht nur mit dem Austrittsrecht überhaupt, sondern mit sehr bedeutenden Rückgängen der Schüler-

by uczniów w ciągu poszczególnego roku szkolnego. Wolność wystąpienia ze szkoły mniejszościowej każdego czasu odpowiada zasadzie wolnego wstąpienia do niej każdego czasu. Zasadę tę zawiera bezsprzecznie także artykuł 108. Wolne wstąpienie i wystąpienie odpowiada także zasadniczemu postanowieniu art. 131, według którego uprawniony do wychowania ma nieograniczone prawo stanowienia o języku szkolnym dziecka, tj. prawo rozstrzygania, czy dziecko ma uczęszczać do szkoły mniejszościowej lub większościowej. Z tego powodu Prezydent Komisji Mieszanej nie zgadzał się też nigdy na wywieranie jakiegokolwiek przymusu i obstawał zawsze przy stanowisku, że rodzice mogą każdego czasu stanowić swobodnie o wstąpieniu ich dzieci do szkoły mniejszościowej lub większościowej lub o ich wystąpieniu z tych szkół. Tak może np. uprawniony do wychowania, który zgłosił wniosek w myśl art. 106, posyłać później dziecko pomimo zgłoszonego wniosku do szkoły większościowej. Uprawniony do wychowania może oczywiście odstąpić od swej decyzji także wówczas, gdy dany uczeń faktycznie już uczęszczał do szkoły mniejszościowej. Względy pedagogiczne przemawiają rzecz jasna przeciwko temu, aby dzieci każdego czasu w ciągu roku szkolnego mogły przechodzić ze szkoły polskiej do niemieckiej i na odwrót. Jeżeli się jednak zważy ustawiczną walkę o szkołę mniejszościową na Górnym Śląsku, nie znajdzie się innej podstawy do lojalnego wykonywania Konwencji Genewskiej, jak tylko wolne prawo samostanowienia rodziców w myśl art. 131. Ściśle obstawać zatem należy przy wyżej przedstawionym pojmowaniu art. 108/2. Zresztą niedomagania pedagogiczne, wynikające ze zmiany szkoły w ciągu roku szkolnego, zapewne wchodzą faktycznie w rachubę tylko w kilku latach okresu przejściowego. Wobec trudności i przeszkód, z którymi muszą walczyć szkoły mniejszościowe, trzeba przejść przez tego rodzaju okres przejściowy, aż stosunki ułożą się w myśl Konwencji. Po upływie okresu przejściowego, tzn. gdy szkoły mniejszościowe będą już skonsolidowane, będą one wykazywać normalnie zaraz z początkiem roku szkolnego mniej więcej pełną liczbę uczniów, tak, że prawdopodobnie tylko rzadko się zdarzy, aby uczniowie w ciągu roku szkolnego przechodzili z jednej szkoły do drugiej. Głównym powodem tego, że uczniowie w pierwszych latach okresu przejściowego tak często zmieniali szkołę w ciągu roku szkolnego, był fakt, że liczne szkoły mniejszościowe otwarto z bardzo znacznym opóźnieniem, a nie zaraz z początkiem roku szkolnego, jak to Konwencja przepisuje, tak że dane dzieci zmuszone były uczęszczać chwilowo do szkół polskich.

zahl im Laufe des einzelnen Schuljahres rechnet. Die Freiheit des Austritts bildet das Gegenstück des Prinzips des jederzeitigen freien Eintritts in die Minderheitsschule, das ebenfalls in unzweifelhafter Weise in Art. 108 enthalten ist. Der freie Ein- und Austritt entspricht auch der grundlegenden Bestimmung des Art. 131, wonach das unbeschränkte Recht der Erziehungsberechtigten besteht, die Schulsprache des Kindes zu bestimmen, d. h. zu entscheiden, ob es eine Minderheits- oder Mehrheitsschule besuchen soll. Der Präsident der Gemischten Kommission hat denn auch immer wieder die Anwendung jeglichen Zwanges abgelehnt und stets die Ansicht vertreten, daß die Eltern jederzeit frei über Ein- und Austritt ihrer Kinder in die Minderheits- und Mehrheitsschule entscheiden können. So kann z. B. der Erziehungsberechtigte, welcher einen Antrag im Sinne von Art. 106 gestellt hat, trotz dieses Antrags nachträglich das betreffende Kind in die Mehrheitsschule schicken. Selbstverständlich kann der Erziehungsberechtigte auch dann auf seine Entschließung zurückkommen, wenn der betreffende Schüler die Minderheitsschule effektiv schon besucht hat. Pädagogische Erwägungen sprechen freilich gegen den jederzeitigen Übertritt von einer polnischen in eine deutsche Schule, und umgekehrt, im Laufe eines Schuljahres. Allein angesichts des fortwährenden Kampfes, der sich für und gegen die Minderheitsschule in Oberschlesien abspielt, gibt es für die loyale Ausführung der Konvention keine andere Grundlage als das freie Selbstbestimmungsrecht der Eltern im Sinne des Art. 131, und es ist notwendig, strikte an der oben dargelegten Auffassung des Art. 108/2 festzuhalten. Übrigens kommen die pädagogischen Unzukömmlichkeiten des Schulwechsels im Laufe des Schuljahres tatsächlich wohl nur für einige wenige Jahre der Übergangsperiode in Betracht. Bei den Schwierigkeiten und Hindernissen, mit denen die Minderheitsschulen zu kämpfen haben, muß eine solche Übergangsperiode durchgemacht werden, bis diese Verhältnisse im Sinne der Konvention konsolidiert sein werden. Nach Ablauf der Übergangsperiode, d. h. wenn sich einmal die Minderheitsschulen konsolidiert haben, werden die Minderheitsschulen in der Regel gleich von Anfang des Schuljahres an ungefähr die volle Zahl der Schüler aufweisen, so daß dann sehr selten Übertritte während des Schuljahres vorkommen dürften. Während der ersten Jahre der Übergangsperiode sind die Übertritte der Schüler während des Schuljahres hauptsächlich deshalb so häufig in die Erscheinung getreten, weil viele Minderheitsschulen mit sehr starker Verspätung und nicht schon am Anfang des Schuljahres, wie es die Konvention vorschreibt, eröffnet wurden, so daß die betreffenden Kinder gezwungen waren, vorläufig die polnischen Schulen zu besuchen.

3. Prawo rodziców do decydowania o języku szkolnym dzieci należy do tych mniejszość chroniących postanowień Konwencji Genewskiej, którym Konwencja poświęciła jak najbaczniejszą uwagę i staranność. Konwencja Genewska stoi przy tym na gruncie prawa swobodnego samostanowienia uprawnionych do wychowania, ponieważ według art. 131 wyłącznie uprawniony do wychowania decyduje o języku szkolnym swych dzieci. Nie potrzeba zatem bliżej uzasadniać, że władzy szkolnej samowolnie, tzn. bez poprzedniego dotycznego oświadczenia uprawnionego do wychowania nie wolno usunąć ze szkoły mniejszościowej dziecka, które uprawniony do wychowania szkole tej powierzył. Powiedzieć to można z tym większą pewnością, że w myśl dalszego przepisu tegoż artykułu władzy szkolnej nie wolno decyzji uprawnionego do wychowania ani sprawdzać ani kwestionować. Oświadczenie rodziców, że dzieci ich mają wystąpić ze szkoły mniejszościowej, musi być zatem wyraźne. Na szczegół ten kładzie się tu szczególny nacisk z tego powodu, że Urząd Spraw Mniejszości wskazał w toku postępowania zażaleniowego na to, że uprawnieni do wychowania w Wilczy Górnej początkowo milczeli, a tym samym milcząco zgodzili się na przejście dzieci ze szkoły mniejszościowej do większościowej. Trafne jest, że uprawnieni do wychowania nie podnieśli początkowo sprzeciwu przeciwko przejściu ich dzieci do szkoły większościowej. Nie uczynili zaś tego, bo albo nie mieli na to odwagi, albo też chcieli czekać, aż władze nadzorcze zajmą stanowisko. Tego początkowo biernego zachowania się uprawnionych do wychowania Prezydent Komisji Mieszanej nie może jednak uważać za oświadczenie w tym sensie, że uprawnieni do wychowania zgadzają się na wystąpienie dzieci ze szkoły mniejszościowej, bo przypuszczeniu takiemu sprzeciwiałoby się nie tylko wniesione zażalenie, lecz przede wszystkim ta okoliczność, że z 13 świadków przesłuchanych w dniu 11 listopada 10 uprawnionych do wychowania oświadczyło stanowczo, że żądają nadal, aby dzieci ich chodziły do szkoły mniejszościowej (akt 67, 68, 69, 70, 71, 72, 74, 75, 76). Tylko jeden uprawniony do wychowania nie życzył sobie tego więcej (Jan Goretzki, akt 77), zaś uprawniona do wychowania Anna Bonk nie była zdecydowana (akt 70), a jeden uprawniony do wychowania nie był obywatelem polskim, tak, że życzenie jego nie wchodzi tutaj w rachubę (akt 78).

Przy rozstrzyganiu kwestii, czy wystąpienie ucznia ze szkoły mniejszościowej winno być wyraźnie zgłoszone, uwzględnić należy formę wstąpienia. Do szkoły można wstępować w następujący sposób:

3. Das Recht der Eltern, die Schulsprache ihrer Kinder zu bestimmen, gehört zu den Minderheitsschutzbestimmungen der Genfer Konvention, denen sie die größte Sorgfalt und Aufmerksamkeit zugewendet hat. Die Genfer Konvention steht dabei auf dem Boden des freien Selbstbestimmungsrechts der Erziehungsberechtigten, denn gemäß Art. 131 der Genfer Konvention bestimmt ausschließlich der Erziehungsberechtigte die Schulsprache seiner Kinder. Es scheint daher keiner weiteren Begründung zu bedürfen, daß ein von Erziehungsberechtigten der Minderheitsschule zugeführtes Kind von der Schulbehörde nicht eigenmächtig, d. h. nicht ohne die vorherige bezügliche Erklärung des Erziehungsberechtigten aus ihr entfernt werden darf. Das kann mit um so größerer Sicherheit gesagt werden, als nach der weiteren Vorschrift dieses Artikels die vom Erziehungsberechtigten getroffene Entscheidung von der Schulbehörde weder nachgeprüft noch bestritten werden darf. Und zwar muß die Erklärung der Eltern, daß ihre Kinder aus der Minderheitsschule austreten sollen, ausdrücklich erfolgen. Dies ist hier deshalb besonders hervorzuheben, weil das Polnische Minderheitsamt im Laufe des Beschwerdeverfahrens darauf hingewiesen hat, daß die Erziehungsberechtigten von Wilcza-Górna zum Austritt ihrer Kinder zunächst geschwiegen und damit stillschweigend ihre Zustimmung zum erfolgten Übertritt gegeben hätten. Es trifft in der Tat zu, daß die Erziehungsberechtigten gegen den Übertritt ihrer Kinder in die Mehrheitsschule zunächst keinen Einspruch erhoben haben, sei es, daß sie den Mut hierzu nicht hatten, sei es, daß sie die Stellungnahme der Aufsichtsbehörden abwarten wollten. Der Präsident der Gemischten Kommission kann aber in dieser anfänglichen Untätigkeit der Erziehungsberechtigten nicht eine Erklärung im Sinne des Austritts ihrer Kinder aus der Minderheitsschule erblicken, denn dieser Annahme steht nicht nur die eingereichte Beschwerde entgegen, sondern namentlich auch der Umstand, daß von den 13 am 11. November einvernommenen Zeugen 10 Erziehungsberechtigte die bestimmte Erklärung abgaben, daß sie nach wie vor verlangen, ihre 21 Kinder in die Minderheitsschule zu schicken (act. 67, 68, 69, 70, 71, 72, 74, 75, 76). Nur ein Erziehungsberechtigter wünschte dies nicht mehr (Jan Goretzki, act. 77), die Erziehungsberechtigte Anna Bonk war unschlüssig (act. 70), ein Erziehungsberechtigter hatte nicht die polnische Staatsangehörigkeit, so daß sein Wunsch hier außer Betracht fällt (act. 78).

Bei der Entscheidung der Frage, ob der Austritt eines Schülers aus der Minderheitsschule ausdrücklich erklärt werden muß, ist von den Formen des Eintritts auszugehen. Dieser erfolgt in folgender Weise:

Jeżeli w jakiejś gminie na podstawie wniosków zgłoszonych w myśl art. 106 istnieje szkoła mniejszościowa, to każdy uprawniony do wychowania może posyłać do niej swe dzieci. W tym celu w myśl art. 131 Konwencji Genewskiej uprawniony do wychowania winien złożyć jedynie wyraźne ustne lub pisemne oświadczenie woli, które ma zresztą zupełnie nieformalny charakter i które według obecnie stosowanej praktyki złożyć należy u kierownika właściwej szkoły mniejszościowej.

Podstawą wstąpienia do szkoły mniejszościowej jest zatem jasne i wyraźne oświadczenie woli uprawnionego do wychowania. Z tego zaś według ogólnie przyjętej normy prawnej wynika, że osoba, wobec której złożono oświadczenie woli, oświadczenie to winna respektować tak długo, dopóki składający oświadczenie oświadczenia tego nie cofnie. Cofnięcie to winno nastąpić w sposób wyraźny, ponieważ wszędzie, gdzie dla ustanowienia jakiegoś stosunku prawnego przepisane jest stosowanie jakiejś formy — w niniejszym przypadku wyraźne oświadczenie uprawnionego do wychowania — dopełnić należy te same przepisy formalne dla zakończenia tego stosunku prawnego. Ponieważ w niniejszym przypadku wymaga się od uprawnionego do wychowania, aby zgłosił dziecko wyraźnie do szkoły mniejszościowej, przeto przy wystąpieniu tego dziecka z tej szkoły należy stosować ze względów słuszności to samo postępowanie, tzn. że ucznia można zwolnić ze szkoły mniejszościowej dopiero wówczas, gdy uprawniony do wychowania złoży u kierownika szkoły wyraźne pisemne lub ustne oświadczenie, że dziecko swe ze szkoły mniejszościowej wycofuje, lub — co ma to samo znaczenie — że zgłasza je do szkoły większościowej. Ponieważ oświadczenie to wolne jest od wszelkich utrudnień i złożone być może każdego dnia, przeto nie tylko nie ogranicza ono w żaden sposób prawa swobodnego stanowienia uprawnionego do wychowania, lecz przeciwnie przyczynia się do jego ochrony i swobody powzięcia decyzji, usuwając skutecznie możność wywierania nań wpływu. Gdyby się chciało odstąpić od jasnej zasady, że ucznia zgłoszonego wyraźnie do szkoły mniejszościowej wycofać można z tej szkoły tylko w ten sam sposób, otworzyłoby się podwoje samowoli i wywieraniu wpływu na niekorzyść szkoły mniejszościowej. Stale powtarzałyby się wówczas przypadki lub twierdzonoby, że uczniów szkoły mniejszościowej skłoniono wbrew woli rodziców do przejścia do szkoły mniejszościowej. Niepewność i zamieszanie wkradłyby się do tych stosunków.

W niniejszym przypadku nie nastąpiło ani wyraźne oświadczenie co do wystąpienia, ani też wyraźne zrezygnowanie ze szkoły mniej-

Besteht in einer Gemeinde auf Grund der im Sinne des Art. 106 eingereichten Anträge eine Minderheitsschule, so kann jeder Erziehungsberechtigte seine Kinder ohne weiteres derselben zuführen. Er muß zu diesem Zwecke lediglich eine ausdrückliche Willenserklärung im Sinne von Art. 131 der Genfer Konvention abgeben in Form einer schriftlichen oder mündlichen Erklärung, die aber im übrigen durchaus formlosen Charakter hat und nach der derzeitigen Praxis beim Leiter der zuständigen Minderheitsschule abzugeben ist.

Jedem Eintritt in die Minderheitsschule liegt somit eine ausdrückliche und sehr deutliche Willenskundgebung des Erziehungsberechtigten zugrunde. Daraus folgt aber nach einer allgemeinen Rechtsnorm, daß die Willensäußerung so lange vom Empfänger der Erklärung respektiert werden muß, bis sie vom Urheber der Erklärung widerrufen wird. Dieser Widerruf muß ausdrücklich erfolgen, denn überall, wo für die Begründung eines Rechtsverhältnisses die Anwendung einer Form — hier der ausdrücklichen Erklärung des Erziehungsberechtigten — vorgeschrieben ist, sind für die Beendigung dieses Rechtsverhältnisses die gleichen Formvorschriften zu erfüllen. Da im vorliegenden Fall für den Eintritt in die Minderheitsschule eine ausdrückliche vom Erziehungsberechtigten ausgehende Anmeldung gefordert wird, muß beim Austritt billigerweise das gleiche Verfahren in Anwendung gelangen, d. h. ein Schüler darf erst dann aus der Minderheitsschule entlassen werden, wenn der Erziehungsberechtigte beim Schulleiter die ausdrückliche schriftliche oder mündliche Erklärung abgegeben hat, daß er sein Kind vom Besuch der Minderheitsschule abmelde oder -- was dasselbe ist -- daß er es für die Mehrheitsschule anmelde. Da diese Erklärung frei von allen formellen Erschwerungen ist und an jedem Tage des Jahres abgegeben werden kann, beschränkt sie das freie Bestimmungsrecht des Erziehungsberechtigten in keiner Weise, im Gegenteil, sie trägt zu seinem Schutz und zu der Freiheit seiner Entschließungen bei, indem sie ihn wirksam der Beeinflussung entzieht. Denn ließe man den klaren Grundsatz fallen, daß ein ausdrücklich angemeldeter Schüler in gleicher Weise abgemeldet werden muß, so wäre der Willkür und der Beeinflussung zum Schaden der Minderheitsschule Tür und Tor geöffnet. Es würde dann auch immer wieder vorkommen oder behauptet werden, daß Schüler der Minderheitsschule gegen den Willen der Eltern zum Übertritt in die Mehrheitsschule veranlaßt wurden. Unsicherheit und Verwirrung käme in alle diese Verhältnisse.

Im vorliegenden Falle ist weder eine ausdrückliche Austrittserklärung noch ein ausdrücklicher Verzicht auf die Minderheitsschule erfolgt. Es szościowej. Przeciwnie wszystkich 8 uprawnionych do wychowania, których Prezydent Komisji Mieszanej w tej sprawie jako świadków przesłuchał, zaprzeczyło jak najenergiczniej twierdzeniu, że zrezygnowali wobec jakiejkolwiek władzy z posyłania dzieci do szkoły mniejszościowej (akt 67, 68, 73, 74, 75, 77, 78, 79).

5. Władze polskie podniosły zarzut, że uczniów szkoły mniejszościowej w Wilczy Górnej nie przenoszono przymusowo do szkoły polskiej, lecz że dzieci dobrowolnie nie przychodziły na naukę w tej szkole i wstąpiły faktycznie do szkoły polskiej. Jest to zupełnie bez znaczenia. Okoliczności bowiem, że uczniowie, czy to pod jakimś wpływem czy też bez wywierania wpływu, opuścili faktycznie szkołę mniejszościową, przechodząc do szkoły większościowej, nie można przypisać żadnego znaczenia prawnego, ponieważ dziecko, będąc pod władzą rodzicielską, nie ma wcale prawa do samowolnej zmiany szkoły. Nie uchodzi, aby w tej ważnej kwestii wychowawczej, której Konwencja Genewska przypisuje tak wielkie znaczenie, pozwolono dzieciom rozstrzygać samodzielnie. Podobnie jak władze polskie nie tolerują, aby uczeń na własną rękę przechodził ze szkoły większościowej do szkoły mniejszościowej, tak samo nie można zezwolić na to, aby uczniowie szkoły mniejszościowej przechodzili samowolnie do szkoły polskiej, ponieważ w kwestii zmiany szkoły te same zasady winny obowiązywać w szkołach mniejszościowych, co większościowych. O językowym wychowaniu dzieci rozstrzyga w myśl art. 131 i 106 wyłącznie osoba z ustawy powołana do wychowania. Prawo to jest absolutne i wyłączne. Jeżeli ojciec żyje i jest w posiadaniu władzy rodzicielskiej, prawo to wyłącznie jemu przysługuje, jego, a nie wola matki, rozstrzyga. Gdy więc według Konwencji nawet matce nie wolno rozstrzygać, czy w takim razie wolno by było rozstrzygać nieletniemu dziecku? Wobec tych okoliczności życzenie i wola dziecka mają tak minimalne znaczenie, że nauczycielowi nie wolno absolutnie tolerować, aby dzieci opuszczały samowolnie szkołę mniejszościową, której je powierzono. Było więc obowiązkiem władz szkolnych w Wilczy Górnej nie tylko wyjaśnić uczniom tę sprawę, lecz zmusić ich, gdy samowolnie występowali ze szkoły mniejszościowej, do pozostania w tej szkole, tym więcej, że szkoła mniejszościowa jest tak samo państwową szkołą powszechną jak szkoła większościowa, ma te same prawa i nauczyciele jej są tak samo odpowiedzialni za regularną naukę dzieci, jak nauczyciele szkół większościowych.

Nauczyciel szkoły mniejszościowej w Wilczy Górnej zachowywał się jednak biernie, gdy uczniowie opuszczali jego szkołę. Zeznał ist vielmehr von allen 8 Erziehungsberechtigten, die der Präsident der Gemischten Kommission darüber als Zeugen einvernommen hat, aufs entschiedenste verneint worden, daß sie irgendeiner Behörde gegenüber auf die Beschulung ihrer Kinder in der Minderheitsschule verzichtet hätten (act. 67, 68, 73, 74, 75, 77, 78, 79).

5. Es ist von den polnischen Behörden eingewendet worden, daß die Schüler der Minderheitsschule in Wilcza-Górna nicht zwangsweise in die polnische Schule versetzt wurden, sondern daß die Kinder freiwillig vom Unterricht der Minderheitsschule wegblieben und de facto in die polnische Schule übertraten. Dies ist aber völlig irrelevant. Dem Umstand, daß die Schüler tatsächlich, mögen sie beeinflußt worden sein oder nicht, die Minderheitsschule verließen und in die Mehrheitsschule übertraten, kann keine rechtliche Bedeutung beigemessen werden, da das unter elterlicher Gewalt stehende Kind gar nicht befugt ist, eigenmächtig die Schule zu wechseln. Es geht nicht an, in dieser wichtigen Erziehungsfrage, der die Genfer Konvention so große Bedeutung beimißt, die Kinder selbst entscheiden zu lassen. Ebensowenig wie es von den polnischen Behörden geduldet wird, daß ein Schüler auf eigene Faust aus der Mehrheitsschule in die Minderheitsschule übertritt, ebensowenig kann zugegeben werden, daß Minderheitsschüler eigenmächtig in die polnische Schule übertreten, denn in der Frage des Übertritts der Schüler müssen für die Minderheitsschule natürlich die gleichen Grundsätze gelten wie für die Mehrheitsschule. Nach Art. 131 und 106 der Genfer Konvention entscheidet über die sprachliche Erziehung der Kinder ausschließlich der nach dem Gesetz Erziehungsberechtigte. Sein Recht ist ein absolutes und ausschließliches. Wo der Vater lebt und im Besitze der elterlichen Gewalt ist, hat er allein dieses Recht. Sein Wille gilt und nicht etwa der Wille der Mutter. Wenn die Konvention aber sogar die Mutter von der Entscheidung ausschließt, wieviel mehr das unmündige Kind? Angesichts dieser Umstände erscheint der Wunsch und der Wille der Kinder derart bedeutungslos, daß der Lehrer unter keinen Umständen dulden darf, daß die Kinder eigenmächtig die Minderheitsschule verlassen, der sie anvertraut wurden. Die Schulbehörden in Wilcza-Górna hätten die Schüler nicht nur darüber aufklären sollen, sondern sie hätten die Verpflichtung gehabt, die eigenmächtig austretenden Minderheitsschüler zum Besuch des Unterrichts anzuhalten, um so mehr, als die Minderheitsschule eine staatliche, der Mehrheitsschule vollständig gleichstehende Volksschule ist, deren Lehrer für den regelmäßigen Schulbesuch der ihnen überwiesenen Kinder verantwortlich sind.

Der Lehrer der Minderheitsschule in Wilcza-Górna hat aber dem Wegbleiben seiner Schüler untätig zugesehen. Er hat sie — nach seiner bowiem sam (akt 66), że nie zmuszał dzieci ani do uczęszczania na naukę, na którą je zgłoszono, ani też nie doniósł rodzicom, gdy wystąpiły ze szkoły, choć to było jego obowiązkiem. Podobnie niepoprawnie postąpił widocznie także nauczyciel szkoły większościowej, gdy bez porozumienia się z rodzicami przyjmował dzieci ze szkoły mniejszościowej do szkoły polskiej. Nie uważał on przy tym nawet za potrzebne postarać się przynajmniej dodatkowo o aprobatę uprawnionych do wychowania. Postępowanie tych nauczycieli i kierownika szkoły nie da się zatem absolutnie usprawiedliwić i jest niezgodne z Konwencją Genewską.

Z powyższego wynika, że naukę w szkole mniejszościowej w Wilczy Górnej zawieszono niesłusznie.

IV

Co do wniosku o utworzenie Komisji Szkolnej należy stwierdzić, że wniosek ten z uwagi na obowiązek wznowienia nauki oraz z uwagi na przepisy artykułu 111 jest uzasadniony.

V

Punktu zażalenia co do kierownictwa szkoły w niniejszym postępowaniu nie rozpatruje się, ponieważ stanowi on przedmiot kilku postępowań, gdzie zarządzono specjalne dochodzenia, które nie są jeszcze ukończone.

VI

Po naradzie w łonie Komisji Mieszanej Prezydent Komisji Mieszanej na mocy powyższych rozważań dochodzi do

poglądu:

W szkole mniejszościowej w Wilczy Górnej należy bez wyznaczenia nowych wpisów, po należytym i w odpowiednim terminie uskutecznionym publicznym obwieszczeniu, wznowić naukę i utworzyć Komisję Szkolną.

34

Pogląd

z dnia 1 lutego 1926 w sprawie nr 134 1) Anastazji Czerner, 2) Małgorzaty Ziaja, obie w Krappitz (Górny Śląsk Niemiecki), dotyczącej wynagrodzenia szkód rozruchowych.

eigenen Aussage (act. 66) — weder, wie es seine Pflicht gewesen wäre, zum Besuch des Unterrichts, für welchen sie angemeldet waren, angehalten, noch hat er die Eltern von ihrem Austritt verständigt. Ähnlich inkorrekt scheint auch der Lehrer der Mehrheitsschule vorgegangen zu sein, indem er die aus der Minderheitsschule austretenden Kinder ohne Befragen der Eltern in die polnische Schule aufnahm und es nicht einmal für nötig erachtete, die Zustimmung ihrer Erziehungsberechtigten wenigstens nachträglich einzuholen. Das Verhalten dieser Lehrer und des Schulleiters ist also in keiner Weise zu rechtfertigen und steht im Widerspruch mit der Genfer Konvention.

Aus Vorstehendem ergibt sich, daß die Einstellung des Unterrichts in der Minderheitsschule in Wilcza-Górna zu Unrecht erfolgt ist.

IV

Was den Antrag auf Errichtung der Schulkommission anbetrifft, so ist er mit Rücksicht auf die Pflicht der Wiederaufnahme des Unterrichts und gestützt auf Art. 111 als ohne weiteres begründet anzusehen.

V

Auf den Beschwerdepunkt betreffend Übertragung der Leitung der Schule wird im vorliegenden Verfahren nicht eingetreten, da dieses Begehren Gegenstand mehrerer Verfahren ist, in welchen spezielle Erhebungen über diese Frage angeordnet wurden, die noch nicht zum Abschluß gelangt sind.

VI

Nach stattgehabter Beratung im Schoße der Gemischten Kommission gelangt der Präsident der Gemischten Kommission, gestützt auf die vorstehenden Erwägungen zur

Stellungnahme:

Der Unterricht in der Minderheitsschule in Wilcza-Górna ist ohne Ansetzung neuer Einschreibungen nach gehöriger und rechtzeitiger öffentlicher Bekanntmachung des Tages der Eröffnung wieder aufzunehmen und die Schulkommission einzurichten.

34

Stellungnahme

vom 1. Februar 1926 in der Sache Nr. 134 1. der Anastasia Czerner, 2. der Margarete Ziaja, beide in Krappitz (Deutsch-Oberschlesien), betreffend Ersatz von Aufruhrschäden.

I

1. Żalące się są obywatelkami niemieckimi i zamieszkują w Krappitz (Górny Śląsk Niemiecki). Jak wynika z akt Urzędu Rzeszy dla wynagrodzenia szkód wojennych (akt 46), została Anastazja Czerner dnia 21 maja 1921 przez rekwizycje niemieckiego „Selbstschutzu" znacznie poszkodowaną. Zaś Małgorzacie Ziaja tłum zrabował dnia 6 maja 1922 liczne kosztowności i przedmioty codziennego użytku, co na podstawie akt jest również ustalone (akt 44).

Na skutek tego żalące się wniosły powództwo o odszkodowanie. Powództwo Anastazji Czerner oddaliło w pierwszej instancji decyzją z dnia 11 stycznia 1924 (akt 46) Izba Orzekająca Urzędu Rzeszy dla wynagrodzenia szkód wojennych w Opolu. Ten sam los spotkał powództwo Małgorzaty Ziaja, której roszczenie o odszkodowanie oddalił Wydział dla ustalenia wynagrodzenia szkód rozruchowych w Opolu decyzją tej samej daty. Odwołania żalących się zostały odrzucone przez Sąd Gospodarczy Rzeszy decyzjami z dnia 20 i 22 maja 1924 (akt .44 i 46) z umotywowaniem, że żalące się ponoszą współwinę za powstałe szkody, mianowicie Ziaja z powodu swych stosunków z francuskim wojskiem okupacyjnym, zaś Czerner z powodu aktywnego działania na rzecz Polski.

2. Dnia 28 listopada 1924 (akt 3, 4) i 10 stycznia 1925 (akt 2) wniosły żalące się do Urzędu Spraw Mniejszości w Opolu petycję, w której prosiły o pomoc w uzyskaniu odszkodowania za szkody rozruchowe i powstańcze. W petycjach żalące się powołały się przede wszystkim na to, że powyższe rozstrzygnięcia wypadły na ich niekorzyść jedynie z powodu ich przekonania politycznego, co stanowi naruszenie traktatu wersalskiego (żalące się miały zapewne na myśli Konwencję Genewską), który każdemu obywatelowi Rzeszy gwarantuje wolność przekonania.

3. Dnia 7 lutego 1925 (akt 1) Urząd Spraw Mniejszości przesłał zażalenie Prezydentowi Komisji Mieszanej oświadczając, że Komisja Mieszana nie jest właściwa do rozpatrywania tej sprawy, ponieważ o roszczeniach żalących się rozstrzygnął już lub winien rozstrzygnąć sędzia.

Po wymianie pism procesowych odbyła się dnia 17 września 1925 rozprawa ustna. Przedstawiciel Urzędu Spraw Mniejszości podtrzymał oświadczenie z dnia 7 lutego 1925. Żalące się zaś, które rów-

I

1. Die Beschwerdeführerinnen sind deutsche Staatsangehörige und wohnhaft in Krappitz (Deutsch-Oberschlesien). Anastasia Czerner ist, wie aus den Akten des Reichsentschädigungsamtes für Kriegsschäden (act. 46) hervorgeht, durch Requisitionen seitens des deutschen Selbstschutzes am 21. Mai 1921 bedeutender Schaden entstanden. Der Margarete Ziaja wurde, wie ebenfalls aktenmäßig feststeht (act. 44), durch eine zusammengerottete Menschenmenge am 6. Mai 1922 zahlreiche Kostbarkeiten und Gebrauchsgegenstände geraubt.

Die Beschwerdeführerinnen machten in der Folge ihre Schadenersatzansprüche rechtlich geltend. Die Klage der Anastasia Czerner wurde in erster Instanz mit Entscheid vom 11. Januar 1924 von der Spruchkammer des Reichsentschädigungsamtes für Kriegsschäden in Oppeln (act. 46) abgewiesen. Dasselbe Schicksal erlitt der Anspruch der Margarete Ziaja durch Entscheid des Ausschusses zur Feststellung von Entschädigungen für Unruhschaden in Oppeln, ebenfalls unterm 11. Januar 1924. Die von den Beschwerdeführerinnen eingereichten Berufungen wurden vom Reichswirtschaftsgericht mit Entscheiden vom 20. und 22. Mai 1924 (act. 44 und 46) zurückgewiesen, mit der Begründung, daß der den Beschwerdeführerinnen entstandene Schaden von diesen mitverschuldet worden sei, und zwar von der Ziaja infolge Beziehungen zu den französischen Besatzungstruppen und von der Czerner infolge Bestätigung ihrer polnischen Gesinnung.

2. Mit Eingaben vom 28. November 1924 (act. 3, 4) und 10. Januar 1925 (act. 2) erhoben die Beschwerdeführerinnen beim Minderheitsamt Oppeln Beschwerde und beantragten, ihnen zum Ersatz der Aufruhr- und Aufstandsschäden zu verhelfen. Sie machten vor allem geltend, daß die ergangenen Entscheide nur infolge ihrer politischen Gesinnung zu ihren Ungunsten ausgefallen seien; hierin liege eine Verletzung des Versailler Vertrages (gemeint ist wohl die Genfer Konvention!), der die Gesinnung eines jeden einzelnen deutschen Reichsangehörigen gewährleistete.

3. Das Minderheitsamt überwies am 7. Februar 1925 (act. 1) die Beschwerde an den Präsidenten der Gemischten Kommission und erklärte sich dahin, daß die Gemischte Kommission zur Behandlung der Sache unzuständig sei, da über die Ansprüche der Beschwerdeführerinnen durch richterlichen Entscheid befunden worden bzw. zu befinden sei.

Nach durchgeführtem Schriftenwechsel fand am 17. September 1925 die mündliche Verhandlung statt. Der Vertreter des Minderheitsamtes hielt seine Erklärungen vom 7. Februar 1925 aufrecht. Die Beschwerdenież obstawały przy swych roszczeniach, oświadczyły na zapytanie Prezydenta Komisji Mieszanej, że zaliczają się do większości niemieckiej.

4. Ponieważ akta w sprawie roszczeń o odszkodowanie, których żalące się dochodziły u władz sądowych, nie były w komplecie, polecono zarówno żalącym się jak i Urzędowi Spraw Mniejszości, aby akta uzupełnili.

II

1. Według protokolarnego oświadczenia żalących się z dnia 17 września 1925 zaliczają się one do większości niemieckiej. Tego wyraźnego oświadczenia nie można ignorować, jakkolwiek było ono niespodzianką dla Komisji Mieszanej. Ponieważ w myśl art. 66 i n. Konwencji Genewskiej do Prezydenta Komisji Mieszanej odwołać się można tylko w sprawach ochrony mniejszości, Prezydent nie byłby właściwy do wydania poglądu już z tego powodu, że petentki zaliczają się do większości niemieckiej.

2. Lecz nawet gdyby się wbrew postanowieniu art. 74 Konwencji Genewskiej nie chciało uwzględnić wspomnianego oświadczenia żalących się, przypisując je pomieszaniu pojęć (za faktem, że żalące się zaliczają się do mniejszości, przemawiają ich zażalenia i podania), zażalenie petentek należałoby oddalić bez rozpatrzenia z innych powodów. Władze, które rozstrzygały o niniejszych roszczeniach żalących się (porównaj wywody sub I 1), należy według ich składu, właściwości i postępowania określić jako władze sądowe. Jakkolwiek zatem jest wątpliwe, czy decyzje wspomnianych sądów dadzą się prawnie utrzymać i czy zgodne są z postanowieniami Konwencji Genewskiej, Prezydent Komisji Mieszanej, którego właściwość w sprawach mniejszości artykuł 149 Konwencji Genewskiej ogranicza do rozpatrywania czynności urzędowych władz administracyjnych, nie jest właściwy do wyrażenia poglądu w myśl art. 153 Konwencji Genewskiej, czy roszczenia o odszkodowanie żalących się są uzasadnione lub nie.

III

Po naradzie w łonie Komisji Mieszanej Prezydent Komisji Mieszanej na mocy powyższych rozważań dochodzi do führerinnen, die ebenfalls auf ihren Ansprüchen bestanden, gaben auf Befragen des Präsidenten der Gemischten Kommission die Erklärung ab, daß sie sich zur deutschen Mehrheit rechneten.

4. Da die Akten betreffs der von den Beschwerdeführerinnen bei den richterlichen Behörden geltend gemachten Ersatzansprüche unvollständig waren, wurde den Beschwerdeführerinnen und dem Minderheitsamt aufgegeben, die fehlenden Akten beizubringen.

II

1. Nach der am 17. September 1925 zu Protokoll gegebenen Erklärung rechnen sich die Beschwerdeführerinnen zur deutschen Mehrheit. Man kann diese bestimmte Erklärung nicht übersehen, obwohl sie die Gemischte Kommision überrascht hat. Da der Präsident der Gemischten Kommission im Sinne der Art. 66 ff. der Genfer Konvention nur zum Schutze der Minderheiten angerufen werden kann, wäre er schon aus dem Grunde, weil die Beschwerdeführerinnen sich zur deutschen Mehrheit rechnen, zur Stellungnahme nicht zuständig.

2. Allein auch wenn man, entgegen dem in Art. 74 der Genfer Konvention statuierten Grundsatz, auf die genannte Erklärung der Beschwerdeführerinnen nicht abstellen und die Aussage einer Begriffsverwirrung zuschreiben wollte (dafür, d. h. daß sie sich zur Minderheit rechnen, sprechen ihre Beschwerdeschriften und Eingaben), so ist doch die Beschwerde aus anderen Gründen ohne weiteres abzuweisen. Die Behörden, die über die Gegenstand des heutigen Verfahrens bildenden Ansprüche der Beschwerdeführerinnen entschieden haben (vgl. sub I, 1), müssen nach ihrer Zusammensetzung, ihren Kompetenzen und ihrem Verfahren als richterliche Behörden bezeichnet werden. Daher, auch wenn es fraglich erscheint, ob die Entscheide der genannten Gerichte juristisch haltbar und mit den Bestimmungen der Genfer Konvention vereinbar sind, ist doch der Präsident der Gemischten Kommission, dessen Kompetenz in Minderheitssachen in Art. 149 des Genfer Abkommens auf die Überprüfung der Amtshandlungen von Verwaltungsbehörden beschränkt wird, nicht zuständig, über die Berechtigung oder Nichtberechtigung der Entschädigungsansprüche der Beschwerdeführerinnen eine Stellungnahme im Sinne von Art. 153 des Genfer Abkommens auszusprechen.

III

Nach stattgehabter Beratung im Schoße der Gemischten Kommission gelangt der Präsident der Gemischten Kommission, gestützt auf die vorstehenden Erwägungen zur

poglądu:

Zażalenie oddala się dla braku właściwości.

35

Pogląd

z dnia 27 lipca 1926 w sprawie nr 180 Niemiecko-Górnośląskiego Związku Ludowego na Górny Śląsk Polski dla strzeżenia praw mniejszości, związku zapisanego, żalącego się, w Katowicach, ul. Młyńska 23, dotyczącej nieutworzenia katolickiej powszechnej szkoły mniejszościowej w Roździeniu (Górny Śląsk Polski).

I

1. W myśl art. 149 i n. Konwencji Genewskiej żalący się wniósł dnia 9 października 1924 (akt 2) zażalenie do Polskiego Urzędu Spraw Mniejszości w Katowicach z powodu nieutworzenia katolickiej szkoły mniejszościowej w Roździeniu. Dnia 1 października 1925 Urząd Spraw Mniejszości przekazał zażalenie Prezydentowi Komisji Mieszanej, wywodząc, że dana szkoła została utworzona, że jednak nie jest czynna, bo nie zgłosiło się do niej żadne dziecko (akt 3).

Następnie odbyła się przewidziana w regulaminie postępowania Komisji Mieszanej wymiana pism. Na rozprawie ustnej, która odbyła się dnia 17 czerwca 1926, zastępcy Urzędu Spraw Mniejszości i żalącemu się dano sposobność do przedstawienia dalszych wywodów faktycznych i prawnych.

2. Nie jest zaprzeczone, że w związku szkolnym Roździeń zgłoszono na rok szkolny 1922-23 dla 593 dzieci wnioski w myśl art. 106 Konwencji Genewskiej. Prawo mniejszości do utworzenia szkoły nie było zatem i nie jest sporne. Szkołę należało otworzyć z dniem 1 września 1923, jak to wynika z pisma Województwa do Sejmu Śląskiego z dnia 9 października. Gdy także w ciągu roku szkolnego 1923-24 szkoły nie utworzono i gdy następnie we wrześniu 1924 nowe starania o jej uruchomienie w myśl wydanego zarządzenia były bezskuteczne (akt 2, 3) zarządziło Województwo dnia 14 II 1925 (akt 7), że zgłoszenia do tej szkoły mniejszościowej winny nastąpić w czasie od 19 do 26 lutego 1925. Publiczne obwieszczenie w sprawie tych zgłoszeń szkolnych (akt 8) było wywieszone od 18 II do 27 II 1925

Stellungnahme:

Die Beschwerdeführerinnen werden mit ihren Beschwerden wegen Unzuständigkeit abgewiesen.

35

Stellungnahme

vom 27. Juli 1926 in der Sache Nr. 180 des Deutsch-Oberschlesischen Volksbundes für Polnisch-Schlesien zur Wahrung der Minderheitsrechte, Eingetragener Verein, Beschwerdeführer, in Katowice, ulica Młyńska 23, betreffend Nichterrichtung der katholischen Minderheitsvolksschule in Rożdzień (Polnisch-Oberschlesien).

I

1. Am 9. Oktober 1924 (act. 2) erhob der Beschwerdeführer im Sinne von Art. 149 ff. der Genfer Konvention Beschwerde beim Polnischen Minderheitsamt in Katowice wegen Nichterrichtung einer katholischen Minderheitsschule in Rożdzień. Das Minderheitsamt überwies am 1. Oktober 1925 die Beschwerde an den Präsidenten der Gemischten Kommission und machte geltend, daß die Schule errichtet worden sei, daß sie sich aber außer Betrieb befinde, da kein einziges Kind zum Unterricht erschienen sei (act. 3).

Es fand hierauf der in der Verfahrensordnung der Gemischten Kommission vorgesehene Schriftenwechsel statt, und in der mündlichen Verhandlung vom 17. Juni 1926 wurde dem Vertreter des Minderheitsamtes und dem Beschwerdeführer Gelegenheit gegeben, weitere Ausführungen in tatsächlicher und rechtlicher Beziehung vorzutragen.

2. Unbestrittenermaßen waren im Schulverband Rożdzień für das Schuljahr 1922-23 für 593 Kinder Anträge im Sinne von Art. 106 der Genfer Konvention gestellt worden. Der Anspruch der Minderheit auf die Errichtung der Schule war und ist daher nicht streitig. Die Schule hätte am 1. September 1923 eröffnet werden sollen, wie dies aus dem Schreiben der Wojewodschaft an den Schlesischen Sejm vom 9. Oktober hervorgeht. Nachdem auch im Verlaufe des Schuljahres 1923-24 die Schule nicht eröffnet wurde, nachdem ferner im September 1924 ein neuer Versuch, die angeordnete Errichtung der Schule in die Tat umzusetzen, gescheitert war (act. 2, 3), verordnete die Wojewodschaft mit Verfügung vom 14. Februar 1925 (act. 7), daß die Anmeldungen zu dieser Minderheitsschule während der Zeit vom 19. bis 26. Februar 1925 erfolgen soll-

i na jego podstawie zapisano bezsprzecznie 37 dzieci do katolickiej szkoły mniejszościowej. Dnia 27 marca 1925 obwieścił kierownik szkoły przez wywieszenie ogłoszenia na budynku gminnym, że nauka rozpocznie się dnia 1 kwietnia 1925 o godzinie 8. W ogłoszeniu nie podano sali szkolnej, w której się miała odbywać nauka, wymieniono natomiast nauczyciela. Władza szkolna stwierdza, że w dniu 1 kwietnia 1925 nie przyszło żadne dziecko na naukę mniejszościową. Według wyraźnego oświadczenia zastępcy Urzędu Spraw Mniejszości na rozprawie ustnej szkoła formalnie dotychczas nie jest zamknięta, nauki jednak nie można udzielać, bo nie zgłasza się żadne dziecko.

3. Skoro na skutek dotycznego obwieszczenia (akt 8) uprawnieni do wychowania zgłosili w czasie od 18 do 27 II 1925 wyraźnie 37 dzieci do szkoły mniejszościowej, władze szkolne winny były uczynić zadość woli rodziców i szkołę bez dalszych formalności uruchomić. Szkołę można było uruchomić bez trudności w ten sposób, że w jednym z następnych dni po zapisaniu dzieci do szkoły nauczyciel lub kierownik szkoły odczytałby nazwiska zgłoszonych 37 dzieci, które wszystkie znajdowały się w klasach szkoły polskiej. Dzieci te mógł nauczyciel przesłać potem do klasy, która była przeznaczona dla szkoły mniejszościowej.

Zamiast zgłoszone dzieci przenieść natychmiast bez dalszych formalności do szkoły mniejszościowej, kierownik szkoły zwlekał cały miesiąc i dopiero dnia 27 marca 1925 wydał dalsze obwieszczenie (akt 33). Obwieszczenie to, w którym była mowa jedynie o tym, że szkołę otworzy się z dniem 1 kwietnia i że nauki będzie udzielał nauczyciel Höflich, było zupełnie zbyteczne i mogło wywołać tylko zamieszanie. Prawdopodobnie rodzice wcale nie czytali tego drugiego obwieszczenia lub nie przypisywali mu żadnego znaczenia, będąc przekonani, że uczynili wszystko, aby dzieci ich przyjęto do szkoły mniejszościowej. W myśl obwieszczenia z lutego (akt 8) zgłosili bowiem wyraźnie dzieci do szkoły mniejszościowej i ze swej strony nie potrzebowali poczynić żadnych dalszych kroków, tzn. nie potrzebowali składać żadnych dalszych oświadczeń lub starać się o to, aby kierownik szkoły spełnił swój obowiązek i dane dzieci przekazał do szkoły. W żadnym razie nie można było np. od uprawnionych do wychowania wymagać, aby dnia 1 kwietnia osobiście przyprowadzili dzieci do kierownika szkoły lub nauczyciela Höflicha, który był przeten. Die öffentliche Bekanntmachung bezüglich dieser Anmeldungen (act. 8) war vom 18. bis 27. Februar 1925 ausgehängt, und es wurden auf Grund dieser Bekanntmachung unbestrittenermaßen 37 Kinder für die katholische Minderheitsschule eingetragen. Am 27. März 1925 machte der Schulleiter durch einen Anschlag im Gemeindehaus bekannt, daß der Unterricht am 1. April 1925 um 8 Uhr beginne. Das Zimmer, in welchem dieser Unterricht stattfinden sollte, wurde nicht angegeben, wohl aber der betreffende Lehrer. Die Schulbehörde stellt fest, daß am 1. April 1925 kein Kind zum Minderheitsunterricht erschien. Nach der vom Vertreter des Minderheitsamtes in der mündlichen Verhandlung ausdrücklich gegebenen Erklärung ist die Schule bis heute formell nicht geschlossen; der Unterricht könne nur nicht erteilt werden, weil keine Kinder dazu erscheinen.

3. Nachdem infolge der bezüglichen Bekanntmachung (act. 8) in der Zeit vom 18. bis 27. Februar 1925 37 Kinder von den Erziehungsberechtigten ausdrücklich für die Minderheitsschule angemeldet worden waren, waren die Schulbehörden verpflichtet, diesem Willen der Eltern Folge zu geben und die Schule ohne weitere Formalitäten in Betrieb zu setzen. Die Inbetriebssetzung hätte sich ohne irgendwelche Schwierigkeiten bewerkstelligt, wenn an einem der den Eintragungen folgenden Tagen der Lehrer oder Schulleiter die Namen der angemeldeten 37 Kinder, die sich alle in den Klassen der polnischen Mehrheitsschule befanden, abgelesen und sie veranlaßt hätte, sich in das für die Minderheitsschule bestimmte Schulzimmer zu begeben.

Statt die angemeldeten Kinder ohne weiteres und sofort in die Minderheitsschule zu versetzen, wartete der Schulleiter einen Monat zu und erließ am 27. März 1925 eine weitere Bekanntmachung (act. 33). Diese Bekanntmachung, welche bloß besagte, daß die Schule am 1. April eröffnet und daß der Unterricht durch Lehrer Höflich erteilt werde, war durchaus unnötig und konnte nur Verwirrung stiften. Die Eltern haben diese zweite Bekanntmachung wahrscheinlich gar nicht gelesen oder ihr jedenfalls keinerlei Bedeutung beigemessen, denn sie waren sich bewußt, alles getan zu haben, damit ihre Kinder in die Minderheitsschule aufgenommen würden. Sie hatten ihre Kinder gemäß der Bekanntmachung vom Februar (act. 8) ausdrücklich angemeldet und hatten ihrerseits nichts mehr dazu zu tun, weder weitere Erklärungen abzugeben, noch dafür zu sorgen, daß der Leiter der Schule seine Pflicht erfülle, die darin bestand, die angemeldeten Kinder der Minderheitsschule zuzuweisen. Keineswegs konnte von den Erziehungsberechtigten etwa verlangt werden, daß sie am 1. April ihre Kinder dem Schulleiter oder dem für die Minderheitsschule bezeichneten Lehrer Höflich persönlich vorführten. Übrigens war eine znaczony dla szkoły mniejszościowej. Zresztą zbyteczne zupełnie obwieszczenie z dnia 27 marca 1925 (akt 33) wcale nie zawierało takiego wezwania.

Ponieważ kierownik szkoły nie wezwał dnia 1 kwietnia zgłoszonych dzieci, aby przeszły do niemieckiej szkoły mniejszościowej, pozostały one nadal w szkole polskiej. Łatwo zrozumieć, że uczniowie bez zarządzenia kierownika szkoły lub nauczycieli nie opuścili dotychczasowych klas. Z tego faktu Województwo widocznie wnioskowało, że szkoły mniejszościowej nie potrzebowało uruchomić. Stanowisko to nie da się utrzymać. Należy przede wszystkim podkreślić, że wola dzieci nie wchodziłaby tu wcale w rachubę, gdyby one wbrew woli rodziców chciały pozostać w szkole polskiej, co jednak nie jest udowodnione. Decyduje oczywiście tylko wola uprawnionych do wychowania. Na skutek urzędowego obwieszczenia uprawnieni do wychowania zgłosili w czasie od 19 do 26 lutego 1925 wyraźnie 37 dzieci do szkoły mniejszościowej. W myśl art. 131 oświadczenie to jest wiążące i nie wolno go kwestionować. Musi się je uważać tak długo za obowiązujące, aż nie zostanie uchylone wyraźnym cofnięciem lub zrzeczeniem się. Żaden z danych uprawnionych do wychowania nie odwołał jednak swego oświadczenia ani pisemnie ani ustnie. Wynika zresztą z niniejszego zażalenia, że uprawnieni do wychowania nie chcą zrezygnować ze szkoły mniejszościowej.

Z powyższych powodów szkołę mniejszościową w Roździeniu należy uruchomić i kierownik szkoły winien zapisanych 37 dzieci przenieść ze szkoły większościowej do mniejszościowej. Gdyby któryś z danych uprawnionych do wychowania później swą wolę zmienił i wolał posyłać dzieci do polskiej szkoły większościowej, wystarczy, że złoży w tym celu u kierownika szkoły wyraźne ustne lub pisemne oświadczenie. Danych uczniów należałoby wówczas z listy zgłoszeń do szkoły mniejszościowej skreślić, ponieważ w myśl art. 131 Konwencji Genewskiej i stałej praktyki Komisji Mieszanej decyduje zawsze wolna wola uprawnionego do wychowania.

4. Należy jeszcze podkreślić, że w myśl stałej praktyki władz szkolnych i Komisji Mieszanej (p. okólnik Województwa z dnia 1 września 1923 i liczne poglądy Prezydenta) do raz uchwalonej szkoły mniejszościowej mogą uczęszczać także takie dzieci, dla których wniosków w myśl art. 106 Konwencji Genewskiej nie zgłoszono. Pod tym względem obwieszczenie z dnia 18 lutego (akt 8) jest na

solche Aufforderung in der durchaus unnötigen Bekanntmachung vom 27. März 1925 (act. 33) gar nicht enthalten.

Da der Schulleiter die angemeldeten Kinder am 1. April nicht aufforderte, in die deutsche Minderheitsschule überzutreten, blieben sie nach wie vor in der polnischen Mehrheitsschule. Es ist sehr begreiflich, daß die Schüler ohne Anordnung des Schulleiters oder der Lehrer ihre bisherigen Klassen nicht verließen. Daraus scheint die Wojewodschaft zu schließen, daß sie die Minderheitsschule nicht in Betrieb zu setzen brauchte. Ein solcher Standpunkt ist unhaltbar. Vor allem ist zu betonen, daß es auf den Willen der Kinder, falls diese, im Gegensatz zu ihren Eltern, in der polnischen Mehrheitsschule zu bleiben gewünscht hätten — was gar nicht nachgewiesen ist — nicht ankäme. Maßgebend ist selbstverständlich einzig der Wille des Erziehungsberechtigten. Die betreffenden Erziehungsberechtigten hatten auf eine amtliche Bekanntmachung hin in der Zeit vom 19. bis 26. Februar 1925 ausdrücklich 37 Kinder für die Minderheitsschule angemeldet. Diese Erklärung ist gemäß Art. 131 verbindlich und darf nicht überprüft werden. Sie muß so lange als verbindlich behandelt werden, als sie nicht durch eine ausdrückliche Widerrufs- oder Verzichterklärung aufgehoben ist. Keiner der betreffenden Erziehungsberechtigten hat seine Erklärung schriftlich oder mündlich widerrufen. Übrigens geht ja gerade aus der vorliegenden Beschwerde hervor, daß sie nicht willens sind, auf die Minderheitsschule zu verzichten.

Aus diesen Gründen ist die Minderheitsschule in Rożdzień in Betrieb zu setzen, und der Schulleiter ist gehalten, die eingeschriebenen 37 Kinder aus der Mehrheitsschule in die Minderheitsschule zu versetzen. Sollten einzelne der fraglichen Erziehungsberechtigten nachträglich ihren Willen ändern und vorziehen, ihre Kinder in die polnische Mehrheitsschule zu schicken, so brauchen sie zu diesem Zwecke nur eine bezügliche ausdrückliche mündliche oder schriftliche Erklärung an den Schulleiter zu richten. Die betreffenden Schüler wären dann auf dem Register der Anmeldungen für die Minderheitsschule zu streichen. Denn im Sinne Art. 131 und gemäß ständiger Praxis der Gemischten Kommission ist der freie Wille des Erziehungsberechtigten jederzeit maßgebend.

4. Es bleibt noch hervorzuheben, daß gemäß ständiger Praxis der Schulbehörden und der Gemischten Kommission (s. Rundschreiben der Wojewodschaft vom 1. September 1923 und zahlreiche Stellungnahmen) auch solche Kinder die einmal beschlossene Minderheitsschule besuchen dürfen, für die keine Anträge im Sinne des Art. 106 der Genfer Konvention gestellt waren. In dieser Hinsicht ist die Bekanntmachung vom 18. Febru-

wskroś wadliwe, ponieważ zawiera wręcz coś przeciwnego. Przed otwarciem szkoły mniejszościowej należy zatem wydać obwieszczenie poprawne, aby ewentualnie prócz zgłoszonych już 37 uczniów móc do niej zgłosić jeszcze dalszych uczniów.

II

Co do wniosku o utworzenie Komisji Szkolnej należy stwierdzić, że wniosek ten z uwagi na obowiązek uruchomienia szkoły i na mocy art. 111 Konwencji Genewskiej jest uzasadniony.

III

Co do sił nauczycielskich tej szkoły wystarczy wskazać na art. 113 Konwencji Genewskiej.

IV

Po naradach w łonie Komisji Mieszanej Prezydent Komisji Mieszanej dochodzi do

poglądu:

1. Naukę w katolickiej szkole mniejszościowej w Roździeniu należy podjąć z początkiem nowego roku szkolnego, tj. z dniem 1 września 1926.

2. Należy wyznaczyć nowy termin zgłoszeń przez wydanie publicznego obwieszczenia w obu językach. 37 dzieci, które do szkoły tej zapisano w czasie od 19 do 28 lutego, ponownie zgłaszać nie potrzeba.

3. Wszystkie dzieci, które do szkoły tej zapisano, należy przenieść do niej z urzędu.

36

Pogląd

z dnia 15 września 1926 w sprawie nr 211 Niemiecko-Górnośląskiego Związku Ludowego na Górny Śląsk Polski dla strzeżenia praw mniejszości, związku zapisanego, żalącego się, w Katowicach, ul. Młyńska 23, dotyczącej nieotwarcia szkoły mniejszościowej w Kaletach (Górny Śląsk Polski).

I

1. Z powodu nieotwarcia szkoły mniejszościowej w Kaletach żalący się wniósł dnia 14 stycznia 1926 (akt 4) w myśl art. 149 i n.

ar (act. 8) durchaus mangelhaft, indem dort gerade das Gegenteil gesagt ist. Vor der Eröffnung der Minderheitsschule ist daher eine richtige Bekanntmachung zu erlassen, damit außer den schon angemeldeten 37 Schülern eventuell weitere Kinder für die Minderheitsschule angemeldet werden können.

II

Was den Antrag auf Errichtung der Schulkommission anbetrifft, so ist er mit Rücksicht auf die Pflicht zur Inbetriebsetzung der Schule und gestützt auf Art. 111 der Genfer Konvention als ohne weiteres begründet anzusehen.

III

Was die Lehrkräfte dieser Minderheitsschule anbelangt, so genügt es, auf Art. 113 der Genfer Konvention zu verweisen.

IV

Nach stattgefundener Beratung im Schoße der Gemischten Kommission gelangt der Präsident der Gemischten Kommission zur

Stellungnahme:

1. Der Unterricht in der katholischen Minderheitsschule in Rożdzień ist mit Beginn des neuen Schuljahres, 1. September 1926, aufzunehmen.

2. Es ist ein neuer Anmeldungstermin durch öffentliche Bekanntmachung in beiden Sprachen anzusetzen; die in der Zeit vom 19. bis 26. Februar 1925 eingetragenen 37 Kinder bedürfen keiner neuerlichen Anmeldung.

3. Sämtliche für die Minderheitsschule eingetragenen Kinder sind von Amts wegen in die Minderheitsschule zu überführen.

36

Stellungnahme

vom 15. September 1926 in der Sache Nr. 211 des Deutsch-Oberschlesischen Volksbundes für Polnisch-Schlesien zur Wahrung der Minderheitsrechte, Eingetragener Verein, Beschwerdeführer, in Katowice, ulica Młyńska 23, betreffend Nichteröffnung der Minderheitsschule in Kalety (Polnisch-Oberschlesien).

I

1. Am 14. Januar 1926 (act. 4) erhob der Beschwerdeführer im Sinne von Art. 149 ff. der Genfer Konvention Beschwerde beim Polni-

Konwencji Genewskiej zażalenie do Polskiego Urzędu Spraw Mniejszości w Katowicach. Dnia 30 marca 1926 (akt 1) Urząd Spraw Mniejszości przekazał zażalenie Prezydentowi Komisji Mieszanej, załączając oświadczenie Województwa z dnia 9 lutego 1926 (akt 2, 3) tej treści, że szkoła jest nieczynna, ponieważ po jej uruchomieniu nie zgłosiło się do niej żadne dziecko.

Następnie odbyła się wymiana pism procesowych, przewidziana w regulaminie postępowania Komisji Mieszanej. Na rozprawie ustnej z dnia 15 lipca 1926 zastępca Urzędu Spraw Mniejszości i żalący się mieli sposobność przedstawić dalsze wywody faktyczne i prawne.

2. Szkoła mniejszościowa w Kaletach była już przedmiotem poglądów Prezydenta Komisji Mieszanej z dnia 3 stycznia 1924 (August Jung i tow. w Lublińcu, dot. szkół mniejszościowych w powiecie lublinieckim) i z dnia 30 czerwca 1924 (którym zmieniono pogląd z dnia 3 stycznia 1924). W pierwszym poglądzie Prezydent Komisji Mieszanej stwierdził, że na rok szkolny 1922-23 zgłoszono w myśl art. 106 Konwencji Genewskiej wnioski dla przynajmniej 66 dzieci, wobec czego mniejszość może żądać utworzenia szkoły mniejszościowej. Na konferencji z Prezydentem Komisji Mieszanej z dnia 18 kwietnia 1924 Województwo powołało się na to, że dodatkowo, tzn. już po wydaniu poglądu z dnia 3 stycznia 1924, wykazało się, że — m. in. także w Kaletach — podpisy na pewnej ilości wniosków nie pochodziły od osób uprawnionych do wychowania. Z tego powodu zarządził Prezydent Komisji Mieszanej wznowienie postępowania i stwierdził w poglądzie z dnia 30 czerwca 1924 m. in., że na mocy przeprowadzonego przez Województwo dochodzenia w Kaletach uznano za ważne wnioski dla 58 dzieci i że Województwo wobec tego uznało, że w miejscowości tej winno utworzyć powszechną szkołę mniejszościową w myśl art. 106 Konwencji Genewskiej. Szkoły tej jednak i później w sposób skuteczny nie utworzono. Prezydent Komisji Mieszanej porozumiał się zatem ponownie z Województwem. Dnia 7 marca 1925 ugodzono się, że ustali się termin zgłoszenia i że szkoła zostanie otwarta dnia 1 września 1925. Dnia 27 sierpnia 1925, który to dzień Województwo wyznaczyło jako termin wpisów, zgłoszono do szkoły mniejszościowej 31 dzieci, co nie jest zaprzeczone. Rozporządzeniem z dnia 31 sierpnia 1925 Wydział Szkolny Województwa zarządził bezzwłoczne otwarcie szkoły. Na mocy tego zarządzenia inspektor szkolny zawiadomił uprawnionych do wychowania obwieszczeniem polskim i niemieckim z dnia 4 września 1925, że nauka w szkole mniejszościowej rozpocznie się dnia 7 września 1925 o godzinie 1 po południu, i to tymczasowo w sali... szkoły powszechnej. W obwie-

schen Minderheitsamt in Katowice wegen Nichteröffnung der Minderheitsschule in Kalety. Das Minderheitsamt überwies am 30. März 1926 (act. 1) die Beschwerde an den Präsidenten der Gemischten Kommission mit einer Erklärung der Wojewodschaft vom 9. Februar 1926 (act. 2, 3), wonach »die Schule außer Betrieb ist, da die Kinder nach der Inbetriebsetzung in die Schule nicht gekommen sind«.

Es fand hierauf der in der Verfahrensordnung der Gemischten Kommission vorgesehene Schriftwechsel statt, und in der mündlichen Verhandlung vom 15. Juli 1926 wurde dem Vertreter des Minderheitsamtes und dem Beschwerdeführer Gelegenheit gegeben, weitere Ausführungen in tatsächlicher und rechtlicher Beziehung vorzutragen.

2. Die Minderheitsschule Kalety bildete schon Gegenstand der Stellungnahmen des Präsidenten der Gemischten Kommission vom 3. Januar 1924 (August Jung und Gen. in Lubliniec betr. Minderheitsschulen im Kreise Lubliniec) und 30. Juni 1924 (Abänderung der Stellungnahme vom 3. Januar 1924). In der erstgenannten Stellungnahme stellte der Präsident der Gemischten Kommission fest, daß für das Schuljahr 1922-23 mindestens für 66 Kinder Anträge im Sinne von Art. 106 der Genfer Konvention gestellt worden seien und daß daher die Minderheit Anspruch auf die Errichtung einer Minderheitsschule habe. Anläßlich einer Konferenz mit dem Präsidenten der Gemischten Kommission vom 18. April 1924 machte die Wojewodschaft geltend, es habe sich nachträglich, d. h. nach Erlaß der Stellungnahme vom 3. Januar 1924, herausgestellt, daß — u. a. auch in Kalety — die Unterschriften auf einer Anzahl von Anträgen nicht von den erziehungsberechtigten Personen geschrieben worden seien. Deshalb verfügte der Präsident der Gemischten Kommission die Wiederaufnahme des Verfahrens und stellte in der Stellungnahme vom 30. Juni 1924 u. a. fest, daß bezüglich Kalety auf Grund der von der Wojewodschaft durchgeführten Untersuchung die Anträge für 58 Kinder für gültig erklärt worden seien und daß die Wojewodschaft anerkannt habe, daß in Kalety eine Minderheitsvolksschule im Sinne von Art. 106 der Genfer Konvention einzurichten sei. — Aber auch in der Folgezeit wurde die Errichtung der Minderheitsschule nicht mit Erfolg in die Tat umgesetzt. Der Präsident der Gemischten Kommission trat neuerdings mit der Wojewodschaft in Verbindung. Am 7. März 1925 wurde die Vereinbarung getroffen, daß ein Anmeldungstermin festgesetzt werde und die Schule am 1. September 1925 zur Eröffnung gelangen solle. Am 27. August 1925, dem von der Wojewodschaft anberaumten Einschreibetag, wurden unbestrittenermaßen 31 Kinder für die Minderheitsschule angemeldet. Mit Verordnung vom 31. August 1925 verfügte die Schulabteilung der Wojewodschaft die unverzügliche Eröff-

szczeniu tym, które na tablicy gminnej było wywieszone od dnia 5 do 9 września, jest dalej powiedziane, że od 9 września począwszy nie będzie się przyjmowało żadnych dalszych zgłoszeń. Władza szkolna stwierdza, że po uruchomieniu szkoły nie zgłosiło się do niej żadne dziecko, wobec czego szkoła jest nieczynna. Na skutek doniesienia żalącego się, że nauki w szkole mniejszościowej wciąż jeszcze nie podjęto, Prezydent Komisji Mieszanej zajął na konferencjach z Przedstawicielem Państwa Polskiego (p. protokoły z dnia 13 listopada, 9 grudnia 1925, 23 lutego 1926) stanowisko, że dzieci, które uprawnieni do wychowania zgłosili do szkoły mniejszościowej, należy przenieść do tej szkoły z urzędu.

3. W niniejszym przypadku można częściowo dosłownie powtórzyć rozważania prawne poglądu Prezydenta Komisji Mieszanej z dnia 27 lipca 1926 w sprawie nieutworzenia szkoły mniejszościowej w Roździeniu.

Skoro w terminie zgłoszenia, tj. dnia 27 sierpnia 1925, uprawnieni do wychowania zgłosili wyraźnie 31 dzieci do szkoły mniejszościowej, władze szkolne winny były zadośćuczynić tej woli rodziców i szkołę bez dalszych formalności uruchomić. Uruchomienie szkoły mogło nastąpić bez trudności. Nauczyciel lub kierownik szkoły mogli bowiem dnia 1 września odczytać nazwiska 31 zgłoszonych dzieci, które w tym dniu musiały się przecież stawić w budynku szkolnym, — i skierować je następnie do sali szkolnej, która przeznaczona była dla szkoły mniejszościowej.

Zamiast zgłoszone dzieci przenieść bez dalszych formalności dnia 1 września do szkoły mniejszościowej, inspektor szkolny wydał dnia 4 września dalsze obwieszczenie. Obwieszczenie to, w którym jedynie powiedziano, że nauka w szkole mniejszościowej rozpocznie się dnia 7 września w bliżej nie określonej sali szkoły powszechnej w Kaletach, było zupełnie zbyteczne. Rodzice, których dzieci zgłoszone zostały do szkoły mniejszościowej dnia 27 sierpnia, prawdopodobnie ogłoszenia tego wcale nie czytali lub nie przypisywali mu znaczenia, będąc słusznie przekonani, że uczynili wszystko, aby dzieci ich przyjęto do szkoły mniejszościowej. Zgłosili je bowiem do szkoły nung der Schule. Auf Grund dieser Anordnung benachrichtigte der Schulinspektor durch eine in polnischer und in deutscher Sprache verfaßte Bekanntmachung, datiert vom 4. September 1925, die Erziehungsberechtigten, daß der Unterricht in der Minderheitsschule am 7. September 1925, nachmittags 1 Uhr, beginnen werde, und zwar vorläufig im Zimmer... der Volksschule. Die Bekanntmachung, die vom 5. bis 9. September an der Gemeindetafel angeschlagen war, sagt weiter, daß vom 9. September ab keine Anmeldungen mehr entgegengenommen würden. — Die Schulbehörde stellt fest, daß nach Inbetriebsetzung der Schule kein Kind zum Minderheitsunterricht erschienen sei, weshalb sich die Schule außer Betrieb befinde. Auf die Mitteilung des Beschwerdeführers hin, daß der Unterricht in der Minderheitsschule immer noch nicht aufgenommen sei, vertrat der Präsident der Gemischten Kommission in den Unterredungen mit dem polnischen Staatsvertreter (vide Protokolle vom 13. November, 9. Dezember 1925, 23. Februar 1926) den Standpunkt, daß die von den Erziehungsberechtigten angemeldeten Kinder ex officio in die Minderheitsschule überführt werden müßten.

3. Im vorliegenden Fall können die rechtlichen Erwägungen der Stellungnahme des Präsidenten der Gemischten Kommission vom 27. Juli 1926 betr. Nichterrichtung der Minderheitsschule in Rożdzień zum Teil wörtlich wiederholt werden.

Nachdem anläßlich des Anmeldungstermins vom 27. August 1925 31 Kinder von den Erziehungsberechtigten ausdrücklich für die Minderheitsschule angemeldet worden waren, waren die Schulbehörden verpflichtet, diesem Willen der Eltern Folge zu geben und die Schule ohne weitere Formalitäten in Betrieb zu setzen. Die Inbetriebssetzung hätte sich ohne irgendwelche Schwierigkeiten bewerkstelligt, wenn am 1. September der Lehrer oder Schulleiter die Namen der 31 angemeldeten Kinder, die ja zu diesem Zeitpunkt sich im Schulgebäude einfinden mußten, abgelesen und sie veranlaßt hätte, sich in das für die Minderheitsschule bestimmte Schulzimmer zu begeben.

Statt die angemeldeten Kinder am 1. September ohne weiteres in die Minderheitsschule zu versetzen, erließ der Schulinspektor am 4. September eine weitere Bekanntmachung. Diese Bekanntmachung, welche nur besagte, daß der Unterricht in der Minderheitsschule am 7. September beginnen werde, und zwar in einem nicht näher bezeichneten Zimmer der Volksschule in Kalety, war durchaus unnötig. Die Eltern, deren Kinder am 27. August für die Minderheitsschule angemeldet worden waren, haben diese Bekanntmachung wahrscheinlich gar nicht gelesen oder ihr jedenfalls keinerlei Bedeutung zugemessen, da sie sich mit Recht bewußt sein konnten, alles getan zu haben, damit ihre Kinder in die Minderheitsmniejszościowej dnia 27 sierpnia i nie mieli ze swej strony w sprawie tej nic więcej do czynienia, nie potrzebowali zatem składać dalszych oświadczeń lub starać się o to, aby kierownik szkoły spełnił swój obowiązek i przekazał zgłoszone dzieci do danej szkoły. W żadnym razie nie można było np. od uprawnionych do wychowania wymagać, aby dnia 7 września osobiście przyprowadzili dzieci do kierownika szkoły lub nauczyciela. Zresztą obwieszczenie z dnia 4 września takiego wezwania wcale nie zawierało.

Ponieważ kierownik szkoły zgłoszonych dzieci nie wezwał do przejścia do niemieckiej szkoły mniejszościowej, pozostały one nadal w polskiej szkole większościowej. Jest łatwo zrozumiałe, że uczniowie bez zarządzenia kierownika szkoły lub nauczyciela nie opuścili dotychczasowych klas. Z tego Województwo widocznie wnioskowało, że szkoły mniejszościowej uruchomić nie potrzeba. Stanowisko to nie da się utrzymać. Należy przede wszystkim podkreślić, że wola dzieci nie wchodziłaby tu wcale w rachubę, gdyby one wbrew woli rodziców pozostać chciały w polskiej szkole większościowej, czego zresztą przypuścić nie można. Decydującą jest oczywiście jedynie wola uprawnionych do wychowania. Dani uprawnieni do wychowania zgłosili wyraźnie dnia 27 sierpnia, tj. w oficjalnym dniu zgłoszenia, 31 dzieci do szkoły mniejszościowej. W myśl art. 131 Konwencji Genewskiej oświadczenie to obowiązuje i nie wolno go kwestionować. Musi się je uważać za obowiązujące tak długo, dopóki nie zostanie uchylone wyraźnym cofnięciem lub zrzeczeniem się. Żaden z uprawnionych do wychowania oświadczenia swego ani pisemnie ani ustnie nie cofnął. Wynika zresztą z ponownie wniesionego zażalenia, że uprawnieni do wychowania ze szkoły mniejszościowej zrezygnować nie zamierzają.

Z tych powodów należy szkołę mniejszościową w Kaletach uruchomić i kierownik szkoły winien wpisanych 31 dzieci przenieść ze szkoły większościowej do mniejszościowej. Gdyby któryś z danych uprawnionych do wychowania później wolę swą zmienił i wolał posyłać dzieci do polskiej szkoły większościowej, wystarczy, że złoży w tym celu u kierownika szkoły wyraźne ustne lub pisemne oświadczenie. Danych uczniów należałoby potem z listy zgłoszeń do szkoły mniejszościowej skreślić, ponieważ w myśl art. 131 i stałej praktyki Komisji Mieszanej decyduje zawsze wolna wola uprawnionych do wychowania.

schule aufgenommen würden. Sie hatten ihre Kinder am 27. August ausdrücklich angemeldet und hatten ihrerseits nichts mehr dazu zu tun, weder weitere Erklärungen abzugeben, noch dafür zu sorgen, daß der Leiter der Schule seine Pflicht erfülle, die darin bestand, die angemeldeten Kinder der Minderheitsschule zuzuweisen. Keineswegs konnte von den Erziehungsberechtigten etwa verlangt werden, daß sie am 7. September ihre Kinder dem Schulleiter oder dem Lehrer persönlich zuführten; eine solche Aufforderung war übrigens in der Bekanntmachung vom 4. September gar nicht enthalten.

Da der Schulleiter die angemeldeten Kinder nicht aufforderte, in die deutsche Minderheitsschule überzutreten, blieben sie nach wie vor in der polnischen Mehrheitsschule. Es ist sehr begreiflich, daß die Schüler ohne Anordnung des Schulleiters oder der Lehrer ihre bisherigen Klassen nicht verließen. Daraus schien die Wojewodschaft zu schließen, daß sie die Minderheitsschule nicht in Betrieb zu setzen brauchte. Ein solcher Standpunkt ist unhaltbar. Vor allem ist zu betonen, daß es auf den Willen der Kinder, falls diese, im Gegensatz zum Willen ihrer Eltern, in der polnischen Mehrheitsschule zu bleiben gewünscht hätten — was übrigens nicht anzunehmen ist — nicht ankäme. Maßgebend ist selbstverständlich einzig der Wille der Erziehungsberechtigten. Die betreffenden Erziehungsberechtigten hatten am 27. August, dem offiziellen Anmeldungstermin, ausdrücklich 31 Kinder für die Minderheitsschule angemeldet. Diese Erklärung ist gemäß Art. 131 der Genfer Konvention verbindlich und darf nicht überprüft werden. Sie muß so lange als verbindlich behandelt werden, als sie nicht durch einen ausdrücklichen Widerruf oder Verzichterklärung aufgehoben ist. Keiner der Erziehungsberechtigten hat seine Erklärung schriftlich oder mündlich widerrufen. Übrigens geht ja aus der neuerlichen Beschwerde hervor, daß die Erziehungsberechtigten nicht willens sind, auf die Minderheitsschule zu verzichten.

Aus diesen Gründen ist die Minderheitsschule in Kalety in Betrieb zu setzen und der Schulleiter ist gehalten, die eingeschriebenen 31 Kinder aus der Mehrheitsschule in die Minderheitsschule zu versetzen. Sollten einzelne der fraglichen Erziehungsberechtigten nachträglich ihren Willen ändern und vorziehen, ihre Kinder in die polnische Mehrheitsschule zu schicken, so brauchen sie zu diesem Zweck nur eine bezügliche ausdrückliche mündliche oder schriftliche Erklärung an den Schulleiter zu richten. Die betreffenden Schüler wären dann auf dem Register der Anmeldungen für die Minderheitsschule zu streichen. Denn im Sinne des Art. 131 und gemäß ständiger Praxis der Gemischten Kommission ist der freie Wille des Erziehungsberechtigten jederzeit maßgebend.

Zważywszy, że uruchomienie danej szkoły opóźniło się znacznie, zaleca się, aby przed jej otwarciem wyznaczono nowy termin zgłoszeń przez publiczne obwieszczenie, aby ewentualnie oprócz wpisanych już dzieci wpisać było można jeszcze dalsze dzieci. I tutaj należy podkreślić, że w myśl stałej praktyki władz szkolnych i Komisji Mieszanej także ci uprawnieni do wychowania mogą posyłać dzieci do raz uchwalonej szkoły mniejszościowej, którzy w danym czasie wniosków w myśl art. 106 nie zgłosili (p. okólnik Województwa z dnia 1 września 1923).

II

Co do wniosku o utworzenie Komisji Szkolnej należy stwierdzić, że wniosek ten z uwagi na obowiązek uruchomienia szkoły i na mocy art. 111 Konwencji Genewskiej jest uzasadniony.

III

Co do sił nauczycielskich szkoły mniejszościowej wystarczy wskazać na art. 113 Konwencji Genewskiej.

IV

Po naradzie w łonie Komisji Mieszanej Prezydent Komisji Mieszanej dochodzi do

poglądu:

1. Naukę w powszechnej szkole mniejszościowej w Kaletach należy podjąć bezzwłocznie.

2. Należy wyznaczyć nowy termin zgłoszeń przez publiczne obwieszczenie w obu językach. Owych 31 dzieci, które zapisano do tej szkoły dnia 27 sierpnia 1925, ponownie zgłaszać nie potrzeba.

3. Wszystkie dzieci, które zapisano do szkoły mniejszościowej, należy do tej szkoły przenieść z urzędu.

37

Pogląd

z dnia 20 września 1926 w sprawie nr 200 Józefa Pelki z Mikulczyc (Górny Śląsk Niemiecki), żalącego się, zastąpionego przez Związek Polaków w Opolu, dotyczącej nierównego traktowania przez żądanie przedłożenia spisu członków.

Nachdem die Inbetriebsetzung dieser Schule sich so lange verzögert hat, empfiehlt es sich, vor deren Eröffnung durch öffentliche Bekanntmachung einen neuen Anmeldungstermin festzusetzen, damit außer den schon eingeschriebenen Kindern eventuell weitere Kinder für die Minderheitsschule eingeschrieben werden können. Auch hier ist zu betonen, daß gemäß ständiger Praxis der Schulbehörden und der Gemischten Kommission auch solche Erziehungsberechtigte ihre Kinder in eine einmal beschlossene Minderheitsschule schicken können, die seinerzeit keine Anträge im Sinne des Art. 106 gestellt hatten. (Siehe Rundschreiben der Wojewodschaft vom 1. September 1923.)

II

Was den Antrag auf Errichtung einer Schulkommission anbetrifft, so ist er mit Rücksicht auf die Pflicht zur Inbetriebsetzung der Schule und gestützt auf Art. 111 der Genfer Konvention als ohne weiteres begründet anzusehen.

III

Was die Lehrkräfte dieser Minderheitsschule anbelangt, so genügt es, auf Art. 113 der Genfer Konvention zu verweisen.

IV

Nach stattgefundener Beratung im Schoße der Gemischten Kommission gelangt der Präsident der Gemischten Kommission zur

Stellungnahme:

1. Der Unterricht in der Minderheitsvolksschule in Kalety ist unverzüglich aufzunehmen.

2. Es ist ein neuer Anmeldungstermin durch öffentliche Bekanntmachung in beiden Sprachen anzusetzten. Die am 27. August 1925 eingetragenen 31 Kinder bedürfen keiner neuerlichen Anmeldung.

3. Sämtliche für die Minderheitsschule eingetragenen Kinder sind von Amts wegen in die Minderheitsschule überzuführen.

37

Stellungnahme

vom 20. September 1926 in der Sache Nr. 200 des Josef Pelka aus Mikultschütz (Deutsch-Oberschlesien), Beschwerdeführer, vertreten durch den Związek Polaków in Oppeln, betreffend unterschiedliche Behandlung durch Einverlangen eines Mitgliederverzeichnisses.

I

1. Dnia 5 stycznia 1926 żałący się wniósł w myśl art. 149 i n. Konwencji Genewskiej petycję do Niemieckiego Urzędu Spraw Mniejszości w Opolu, żaląc się na nierówne traktowanie, którego dopatrywał się w tym, że policja w Zabrzu zażądała od niego imiennego spisu wszystkich członków polskiego towarzystwa śpiewaczego „Gwiazda" w Mikulczycach (akt 3). Dnia 8 lutego 1926 Urząd Spraw Mniejszości przekazał zażalenie wraz z uwagami (akt 1) Prezydentowi Komisji Mieszanej. Następnie odbyła się wymiana pism procesowych, przewidziana w regulaminie postępowania Komisji Mieszanej. Na rozprawie ustnej z dnia 19 czerwca zastępcom Urzędu Spraw Mniejszości i żałącego się dano sposobność do przedstawienia dalszych wywodów faktycznych i prawnych.

2. Nadprezydent prowincji górnośląskiej umotywował swe zarządzenia i zarządzenia podległych mu organów zasadniczo jak następuje: dowiedział się, że do towarzystwa śpiewaczego „Gwiazda" należą w charakterze członków także obywatele polscy. Prezydent Policji w Gliwicach, którego wezwał do poczynienia odpowiednich stwierdzeń, zażądał, wykonując to zlecenie, aby żałący się przedłożył mu spis członków. Postępowanie Prezydenta Policji w Gliwicach nie pozostaje w związku z postanowieniami ustawy o stowarzyszeniach, lecz opiera się na ogólnych uprawnieniach policyjnych. Faktu, ilu cudzoziemców należy do danego towarzystwa śpiewaczego, nie dało się stwierdzić w inny sposób, jak tylko przez wgląd do spisu członków. Zarządzenie nie było zatem skierowane przeciwko towarzystwu śpiewaczemu „Gwiazda" jako takiemu (akt 2, 5, 19).

3. Żałący się przyznaje, że ustawa Rzeszy o stowarzyszeniach z dnia 19 kwietnia 1908 nie zapewnia cudzoziemcom prawa zgromadzania i stowarzyszania się. Obstaje on jednak przy twierdzeniu, że wszelkie zarządzenia wobec cudzoziemców mogą się zwracać jedynie przeciwko nim, a nie przeciwko towarzystwom, których oni są członkami. W konkretnym przypadku wystarczyłoby zupełnie wyjaśnienie, czy i którzy członkowie towarzystwa są obcokrajowcami (akt 24).

II

1. Jak z akt wynika, przyszło przed zażądaniem spisu członków do nieporozumienia pomiędzy żałącym się a władzami policyjnymi w Mikulczycach i Zabrzu. Żałącemu się odmówiono poświadcze-

I

1. Am 5. Januar 1926 erhob der Beschwerdeführer im Sinne von Art. 149 ff. der Genfer Konvention Beschwerde beim Deutschen Minderheitsamt in Oppeln wegen unterschiedlicher Behandlung; diese erblickte der Beschwerdeführer darin, daß die Polizei in Hindenburg von ihm ein namentliches Verzeichnis sämtlicher Mitglieder des polnischen Gesangvereins »Gwiazda« in Mikultschütz verlangt hatte (act. 3). Das Minderheitsamt überwies am 8. Februar 1926 (act. 1) die Beschwerde mit seinen Bemerkungen dem Präsidenten der Gemischten Kommission. Es fand hierauf der in der Verfahrensordnung der Gemischten Kommission vorgesehene Schriftenwechsel statt. In der mündlichen Verhandlung vom 19. Juni wurde dem Vertreter des Minderheitsamtes und dem Vertreter des Beschwerdeführers Gelegenheit gegeben, weitere Ausführungen in tatsächlicher und rechtlicher Beziehung vorzutragen.

2. Der Oberpräsident der Provinz Oberschlesien rechtfertigte die von ihm und seinen Organen getroffenen Anordnungen im wesentlichen wie folgt: er habe in Erfahrung gebracht, daß dem Gesangverein »Gwiazda« als Mitglieder auch polnische Staatsbürger angehörten. Der Polizeipräsident in Gleiwitz, den er um diesbezügliche Feststellungen ersucht habe, habe in Ausführung des Auftrages vom Beschwerdeführer die Vorlegung des Mitgliederverzeichnisses verlangt. Das Vorgehen des Polizeipräsidenten in Gleiwitz sei nicht mit den Bestimmungen des Vereinsgesetzes in Verbindung zu bringen, sondern es stütze sich auf die allgemeinen Befugnisse der Polizei. Eine einwandfreie Feststellung der Tatsache, wie viele Ausländer dem Gesangverein angehörten, sei in anderer Weise als durch Einsichtnahme in das Mitgliederverzeichnis nicht möglich gewesen. Die Maßnahme sei somit keineswegs gegen den Gesangverein »Gwiazda« als solchen gerichtet gewesen (act. 2, 5, 19).

3. Der Beschwerdeführer gibt zu, daß durch das Reichsvereinsgesetz vom 19. April 1908 den Ausländern das Recht, Vereine zu bilden und sich zu versammeln, nicht gewährleistet wird. Er besteht aber darauf, daß irgendwelche Maßnahmen gegenüber Ausländern sich nur gegen diese, nicht aber gegen die Vereine, deren Mitglieder sie sind, richten dürfen. Im konkreten Falle hätte eine Auskunfterteilung, ob und welche Mitglieder des Vereins Ausländer seien, vollauf genügt (act. 24).

II

1. Wie aus den Akten hervorgeht, gingen dem Einverlangen des Mitgliederverzeichnisses Differenzen zwischen dem Beschwerdeführer und den Polizeibehörden in Mikultschütz und Hindenburg voraus; dem

nia, że towarzystwo śpiewacze „Gwiazda" istnieje legalnie, poza tym któryś z urzędników policyjnych miał się wyrazić ujemnie o żalącym się lub o towarzystwie śpiewaczym „Gwiazda". Według pisma zażaleniowego (akt 3) nie jest to jednak przedmiotem niniejszego zażalenia, tak, że sprawy tej tu nie potrzeba rozpatrywać.

Już na rozprawie ustnej dał kierownik Urzędu Spraw Mniejszości wyraz swemu osobistemu zapatrywaniu, że zarządzenie Prezydenta Policji w Gliwicach co do żądania spisu członków zasługuje na naganę. Poglądowi temu sprzeciwiało się stanowisko, które w różnych oświadczeniach zajął Nadprezydent.

Już po zakończeniu postępowania złożył Urząd Spraw Mniejszości wobec Prezydenta Komisji Mieszanej pismem z dnia 13 sierpnia 1926 (akt 38) oświadczenie, że Nadprezydent po zbadaniu sprawy zwrócił uwagę Prezydenta Policji w Gliwicach, że nie było dostatecznego powodu do zażądania spisu członków towarzystwa śpiewaczego „Gwiazda". Żądanie przedłożenia spisu członków było zatem w niniejszym przypadku nieuzasadnione i nie można go aprobować.

Wobec tego, że obecnie właściwa władza niemiecka wypowiedziała się jasno za stanowiskiem żalącego się, zbyteczne jest przystąpić do rozważań prawnych. Wskazuje się jedynie na to, że Prezydent Komisji Mieszanej zajmował od samego początku stanowisko, że zarządzenie Prezydenta Policji było w konkretnym przypadku niedopuszczalne, i przyłączył się zasadniczo do wywodów, którymi żalący się w pismach procesowych z dnia 24 marca 1926 (akt 10) i 18 maja 1926 (akt 24) uzasadniał swe zdanie.

2. Odpowiedzialność za nieuzasadnione zażądanie spisu członków ponosi Prezydent Policji w Gliwicach. Co do ukarania nadużycia nagana, wyrażona przez Nadprezydenta Prezydentowi Policji w Gliwicach, jest stosownie do okoliczności odpowiednia.

III

Po naradzie w łonie Komisji Mieszanej Prezydent Komisji Mieszanej dla Górnego Śląska dochodzi do

p o g l ą d u:

1. Przyjmuje się do wiadomości, że Rząd Niemiecki uznaje niedopuszczalność żądania spisu członków towarzystwa śpiewaczego

Beschwerdeführer wurde eine Bescheinigung über das gesetzmäßige Bestehen des Gesangvereins »Gwiazda« verweigert, und es soll sich auch ein Polizeibeamter abfällig über den Beschwerdeführer bzw. den Gesangverein »Gwiazda« ausgesprochen haben. Nach der Beschwerdeschrift (act. 3) bildet indes dieser Tatbestand nicht Gegenstand der Beschwerde, so daß darauf nicht einzutreten ist.

Schon anläßlich der mündlichen Verhandlung gab der Leiter des Minderheitsamtes seiner persönlichen Meinung dahin Ausdruck, daß die Anordnung des Polizeipräsidenten von Gleiwitz, bestehend im Einverlangen des Mitgliederverzeichnisses, zu mißbilligen sei. Dieser Stellungnahme stand der in verschiedenen Erklärungen zum Ausdruck gebrachte Standpunkt des Oberpräsidenten gegenüber.

Mit Eingabe vom 13. August 1926 (act. 38), nach Abschluß des Verfahrens, gab das Minderheitsamt dem Präsidenten der Gemischten Kommission die Erklärung ab, daß der Oberpräsident nach Prüfung des Vorganges den Polizeipräsidenten in Gleiwitz darauf hingewiesen habe, daß für die Einforderung des Mitgliederverzeichnisses des Gesangvereins »Gwiazda« keine genügende Unterlage gegeben war. Das Verlangen der Vorlage des Mitgliederverzeichnisses sei also in diesem Falle unbegründet gewesen und nicht zu billigen.

Nachdem heute die zuständige deutsche Behörde sich klar zugunsten des Standpunktes des Beschwerdeführers ausgesprochen hat, erübrigt es sich, auf rechtliche Erwägungen einzugehen. Es sei lediglich darauf hingewiesen, daß der Präsident der Gemischten Kommission von Anfang an den Standpunkt vertrat, daß die Maßnahme des Polizeipräsidenten in concreto unzulässig war, und er pflichtete im wesentlichen der Begründung des Beschwerdeführers in seinen Schriftsätzen vom 24. März 1926 (act. 10) und 18. Mai 1926 (act. 24) bei.

2. Verantwortlich für das unbegründete Einverlangen des Mitgliederverzeichnisses ist der Polizeipräsident von Gleiwitz. Was die Ahndung des Übergriffes anbetrifft, so erscheint die dem Polizeipräsidenten vom Oberpräsidenten ausgesprochene Mißbilligung den Umständen nach als angemessen.

III

Nach stattgehabter Beratung im Schoße der Gemischten Kommission gelangt der Präsident der Gemischten Kommission für Oberschlesien zur

Stellungnahme:

1. Es wird davon Vormerk genommen, daß die Deutsche Regierung die Unzulässigkeit des Einverlangens eines Mitgliederverzeichnisses des

„Gwiazda" i że gani postępowanie Prezydenta Policji w Gliwicach.

2. Uchybienie, którego dopuścił się Prezydent Policji w Gliwicach, jest dostatecznie ukarane wyrażoną naganą.

38

Pogląd

z dnia 10 października 1926 w sprawie nr 158 Niemiecko-Górnośląskiego Związku Ludowego na Górny Śląsk Polski dla strzeżenia praw mniejszości, związku zapisanego, żalącego się, w Katowicach, ul. Młyńska 23, dotyczącej nieotwarcia szkoły mniejszościowej w Biertułtowach (Górny Śląsk Polski).

I

1. Dnia 10 marca 1925 (akt 3) żalący się wniósł w myśl art. 149 i n. Konwencji Genewskiej do Polskiego Urzędu Spraw Mniejszości w Katowicach zażalenie z powodu nieotwarcia szkoły mniejszościowej w Biertułtowach. Dnia 18 czerwca 1925 (akt 1) Urząd Spraw Mniejszości przesłał Prezydentowi Komisji Mieszanej zażalenie wraz z uwagami i oświadczeniem Województwa z dnia 24 marca 1925 (akt 7, 8), według którego pomimo prawidłowego obwieszczenia, które wywieszone było na tablicy gminnej od 18 do 25 lipca 1924, uprawnieni do wychowania nie zgłosili do szkoły mniejszościowej żadnego dziecka.

Następnie odbyła się wymiana pism, przewidziana w regulaminie postępowania Komisji Mieszanej. Dnia 21 kwietnia 1926 Prezydent Komisji Mieszanej przesłuchał w charakterze świadka kierownika szkoły w Biertułtowach. Na rozprawie ustnej, która odbyła się w związku z tymi przesłuchami, zastępcy Urzędu Spraw Mniejszości i żalącemu się dano sposobność do przedstawienia dalszych wywodów faktycznych i prawnych.

2. Według wywodów żalącego się i zeznań kierownika szkoły (akt 59) zgłoszono w Biertułtowach wnioski w myśl art. 106 Konwencji Genewskiej dla 98 dzieci. Województwo pewnej części tych wniosków nie uznało za ważne. Z pisma Urzędu Spraw Mniejszości z dnia 13 października 1925 (akt 27) należy wnioskować, że wniosków ważnych było 80, podczas gdy według zeznań świadków za ważne uznano tylko 49 wniosków. Prawo mniejszości do utworzenia

Gesangvereins »Gwiazda« anerkennt und das Vorgehen des Polizeipräsidenten in Gleiwitz mißbilligt.

2. Der vom Polizeipräsidenten in Gleiwitz begangene Verstoß ist durch die ihm gegenüber ausgesprochene Mißbilligung genügend geahndet.

38

Stellungnahme

vom 10. Oktober 1926 in der Sache Nr. 158 des Deutsch-Oberschlesischen Volksbundes für Polnisch-Schlesien zur Wahrung der Minderheitsrechte, Eingetragener Verein, Beschwerdeführer, in Katowice, ulica Młyńska 23, betreffend Nichteröffnung der Minderheitsschule in Biertułtowy (Polnisch-Oberschlesien).

I

1. Am 10. März 1925 (act. 3) erhob der Beschwerdeführer im Sinne von Art. 149 ff. der Genfer Konvention Beschwerde beim Polnischen Minderheitsamt in Katowice wegen Nichteröffnung der Minderheitsschule in Biertułtowy. Das Minderheitsamt überwies am 18. Juni 1925 (act. 1) die Beschwerde an den Präsidenten der Gemischten Kommission mit seinen Bemerkungen und mit einer Erklärung der Wojewodschaft vom 24. März 1925 (act. 7, 8), wonach seitens der Erziehungsberechtigten kein einziges Kind für die Minderheitsschule angemeldet worden sei, trotz einer ordnungsmäßigen Bekanntmachung, die vom 18. bis 25. Juli 1924 an der Gemeindetafel angeschlagen gewesen sei.

Es fand hierauf der in der Verfahrensordnung der Gemischten Kommission vorgesehene Schriftwechsel statt. Am 21. April 1926 wurde der Schulleiter von Biertułtowy vom Präsidenten der Gemischten Kommission als Zeuge einvernommen, und in der daran anschließenden mündlichen Verhandlung wurde dem Vertreter des Minderheitsamtes und dem Beschwerdeführer Gelegenheit gegeben, weitere Ausführungen in tatsächlicher und rechtlicher Beziehung vorzutragen.

2. Nach den Ausführungen des Beschwerdeführers und den Depositionen des Schulleiters (act. 59) wurden in Biertułtowy für 98 Kinder Anträge im Sinne von Art. 106 der Genfer Konvention gestellt. Die Wojewodschaft versagte einem Teil dieser Anträge ihre Rechtsgültigkeit. Nach dem Schreiben des Minderheitsamtes vom 13. Oktober 1925 (act. 27) ist auf 80 gültige Anträge zu schließen, während nach den Aussagen der Zeugen nur 49 Anträge gültig erklärt worden sind. Jedenfalls aber

szkoły mniejszościowej nie było w żadnym razie sporne. Szkołę należało otworzyć dnia 1 września 1923, jak to wynika z pisma Województwa do Sejmu Śląskiego z dnia 9 października 1923.

Władza szkolna czyniła dwukrotnie przygotowania, aby szkołę mniejszościową otworzyć. Według twierdzenia żalącego się (akt 3) „Powiatowy Urząd Szkolny w Rybniku otworzył rzekomo w jakiejś formie szkołę przed 16 kwietnia 1924, lecz wkrótce potem ją zamknął, ponieważ się rzekomo nie zgłosiło dosyć dzieci". Wezwany w charakterze świadka kierownik szkoły Wroński zeznał (akt 58), że Powiatowy Urząd Szkolny w Rybniku wręczył mu w grudniu 1923 listę dzieci, dla których zgłoszono wnioski o szkołę mniejszościową, zlecając mu zarazem, aby szkołę mniejszościową otworzył. Z okazji wpisów szkolnych część uprawnionych do wychowania miała oświadczyć, że pomimo zgłoszonych wniosków nie chcą posyłać dzieci do szkoły mniejszościowej, inni zaś mieli się wyrazić, że wniosków o utworzenie szkoły mniejszości w ogóle nie zgłosili. Ponieważ zgłoszenia podtrzymano tylko dla około 12 dzieci, przeto wówczas, w grudniu 1923, szkoły mniejszościowej nie uruchomiono.

Drugie zarządzenie władzy szkolnej co do uruchomienia szkoły mniejszościowej polegało na tym, że władza ta opublikowała dnia 18 lipca 1924 obwieszczenie, według którego wszyscy, którzy zgłosili wnioski o utworzenie szkoły mniejszościowej i chcą do niej posyłać dzieci, winni się zgłosić najpóźniej do dnia 25 lipca 1924 w Urzędzie Gminnym. Dnia 27 lipca 1924 (akt 61) Zarząd Gminny doniósł kierownikowi szkoły, że na dane obwieszczenie nie zgłoszono do szkoły mniejszościowej ani jednego dziecka, wobec czego szkoły tej nie potrzeba urządzać. Jak wynika z pisma Powiatowego Urzędu Szkolnego Rybnik II do kierownictwa szkoły w Biertułtowach z dnia 23 sierpnia 1924 (akt 62), zarządziło Województwo reskryptem z dnia 12 sierpnia 1924 zwinięcie szkoły mniejszościowej w Biertułtowach z końcem roku szkolnego 1923-24, uzasadniając to tym, że maksymalna liczba dzieci, które na podstawie ważnych wniosków uczęszczały do szkoły mniejszościowej w roku szkolnym 1923-24, wynosiła 9 dzieci, a zatem mniej, niż połowę liczby przewidzianej dla utworzenia szkoły mniejszościowej w artykule 106 § 1 Konwencji Genewskiej.

3. Twierdzenie władzy szkolnej, że w roku szkolnym 1923-24 uczęszczało do szkoły mniejszościowej w Biertułtowach 9 dzieci, nie

war der Anspruch der Minderheit auf die Errichtung einer Minderheitsschule nicht streitig. Die Schule hätte am 1. September 1923 eröffnet werden sollen, wie dies aus dem Schreiben der Wojewodschaft an den Schlesischen Sejm vom 9. Oktober 1923 hervorgeht.

Die Schulbehörde traf zweimal Anstalten, die Eröffnung der Minderheitsschule in die Tat umzusetzen. Nach den Angaben des Beschwerdeführers (act. 3) »hat angeblich das Kreisschulamt Rybnik die Schule vor dem 16. April 1924 in irgendeiner Form eröffnet, alsbald aber wieder geschlossen, weil sich angeblich nicht genügend Kinder gemeldet haben«. Der als Zeuge geladene Schulleiter Wroński deponierte (act. 58), daß das Kreisschulamt Rybnik ihm im Dezember 1923 die Liste der Kinder, für die Anträge für die Minderheitsschule gestellt worden waren, überreicht habe, mit dem Auftrage, die Minderheitsschule zu eröffnen. Anläßlich der Einschreibungen habe ein Teil der Erziehungsberechtigten erklärt, daß sie trotz der gestellten Anträge ihre Kinder nicht in die Minderheitsschule schicken wollten, andere hätten sich dahin geäußert, daß sie überhaupt keine Anträge auf Errichtung einer Minderheitsschule gestellt hätten. Da die Anmeldungen nur für ungefähr 12 Kinder aufrechterhalten worden seien, habe man damals, im Dezember 1923, die Minderheitsschule nicht in Betrieb gesetzt.

Die zweite Maßnahme der Schulbehörde, die Minderheitsschule in Betrieb zu setzen, bestand darin, daß sie am 18. Juli 1924 eine Bekanntmachung veröffentlichte, wonach alle diejenigen, welche Anträge auf Errichtung einer Minderheitsschule gestellt hatten und ihre Kinder in dieselbe schicken wollten, sich spätestens bis zum 25. Juli 1924 im Gemeindeamt melden mußten. Am 27. Juli 1924 (act. 61) teilte die Gemeindeverwaltung dem Schulleiter mit, daß auf die bezügliche Bekanntmachung hin kein Kind für die Minderheitsschule angemeldet worden sei; diese brauche daher nicht errichtet zu werden. Wie aus dem Schreiben des Kreisschulamts Rybnik II vom 23. August 1924, gerichtet an die Schulleitung in Biertułtowy (act. 62), hervorgeht, hat die Wojewodschaft mit Reskript vom 12. August 1924 die Aufhebung der Minderheitsschule in Biertułtowy mit Ende des Schuljahres 1923-24 verfügt, mit der Begründung, daß die höchste Zahl der auf Grund gültiger Anträge die Minderheitsschule besuchenden Kinder während des Schuljahres 1923-24 9 Kinder betragen habe, daher weniger als die Hälfte der in Art. 106 § 1 der Genfer Konvention für die Errichtung einer Minderheitsschule vorgesehenen Anzahl.

3. Die Behauptung der Schulbehörden, daß die Minderheitsschule Biertułtowy während des Schuljahres 1923-24 von 9 Kindern besucht

jest trafne. Szkoły tej bowiem wcale nie uruchomiono. Kierownik szkoły Wroński (akt 58) zeznaje, że w związku z wpisami w grudniu 1923 „zarządzono" wprawdzie naukę religii w języku niemieckim, szkoły mniejszości jednak nie uruchomiono, „ponieważ przypuszczano, że liczba dzieci nie jest wystarczająca". Że szkoła nigdy nie była otwarta, wynika zresztą również z pisma Zarządu Gminnego z dnia 27 lipca (akt 61); w przeciwnym razie w piśmie tym nie stwierdzono by, że szkoły dla braku zgłoszeń nie potrzeba otwierać. Wreszcie także w piśmie Województwa z dnia 24 marca 1925 (akt 8) nie ma wzmianki o rzekomym otwarciu szkoły. Ponieważ reskrypt co do zamknięcia szkoły wychodził widocznie mylnie z założenia, że szkoła została w sposób prawidłowy otwarta z początkiem roku szkolnego 1923-24, przeto powołanie się na art. 108 § 1 ust. 2 jest bez znaczenia.

4. Z akt poza tym wynika, że powodem nieuruchomienia szkoły były niedostateczne i niedopuszczalne zarządzenia władz szkolnych. Zamknięcia szkoły nie można też zatem usprawiedliwić tym, że z uwagi na terminy wpisów w grudniu 1923 i w lipcu 1924 uczyniono wszystko, aby szkołę mniejszościową uruchomić.

Skoro według zeznań świadków w grudniu 1923 wyraźnie zgłoszono około 12 dzieci do szkoły mniejszościowej, władza szkolna winna była szkołę uruchomić. Opierając się na jasnym brzmieniu i sensie art. 108 § 1 Konwencji Genewskiej, Prezydent Komisji Mieszanej zajmował od samego początku stanowisko, że uruchomienia szkoły nie można uzależniać od minimalnej liczby uczniów, która decyduje o utworzeniu szkoły (art. 106). Gdyby szkołę z 12 dziećmi uruchomiono, to jest bardzo prawdopodobne, że w ciągu roku szkolnego zgłosiłyby się do niej dalsze dzieci. Według stałego i artykułowi 108 odpowiadającego orzecznictwa Komisji Mieszanej mogą bowiem w ciągu roku szkolnego wstępować do szkoły mniejszościowej dalsze dzieci. W końcu roku szkolnego byłoby się potem okazało, czy w myśl art. 108 szkołę należy prowadzić dalej lub nie.

Właściwe władze należy tym bardziej nakłonić do otwarcia danej szkoły, że obwieszczenia w sprawie zgłoszeń uczniów nastąpiły w sposób wadliwy. Dostateczne i poprawne obwieszczenie publiczne jest bardzo ważne dla frekwencji szkół mniejszościowych, a zatem nieodzowne.

worden sei, ist nicht zutreffend. Die Schule wurde gar nicht in Betrieb gesetzt. Der Schulleiter Wroński (act. 58) bezeugt, daß im Anschluß an die Einschreibungen im Dezember 1923 wohl deutscher Religionsunterricht »angeordnet« wurde, daß aber die Minderheitsschule nicht in Betrieb gesetzt worden sei, »weil man angenommen habe, daß die Zahl der angemeldeten Kinder nicht genügend sei«. Daß die Schule nie eröffnet war, ergibt sich übrigens auch aus dem Schreiben der Gemeindeverwaltung vom 27. Juli (act. 61); denn sonst würde dort nicht festgestellt, daß mangels Anmeldungen die Schule nicht errichtet werden müsse. Schließlich ist auch in der Stellungnahme der Wojewodschaft vom 24. März 1925 (act. 8) von der angeblichen Eröffnung nichts gesagt. Da im Reskript betr. Schließung der Schule offenbar irrtümlicherweise von einer zu Beginn des Schuljahres 1923-24 erfolgten ordnungsmäßigen Eröffnung der Schule ausgegangen wurde, fällt ohne weiteres die Berufung auf Art. 108 § 1 Abs. 2 in sich zusammen.

4. Die Akten ergeben ferner, daß die Nichtinbetriebsetzung der Schule auf ungenügende und unzulässige Maßnahmen der Schulbehörden zurückzuführen ist. Die Schließung der Schule läßt sich daher auch nicht dadurch rechtfertigen, daß im Hinblick auf die Einschreibetermine im Dezember 1923 wie im Juli 1924 alles getan wurde, um die Minderheitsschule in Betrieb zu setzen.

Nachdem laut Zeugenaussage im Dezember 1923 ungefähr 12 Kinder ausdrücklich für die Minderheitsschule angemeldet worden waren, wäre die Schulbehörde verpflichtet gewesen, ohne weiteres die Schule zu eröffnen. Der Präsident der Gemischten Kommission hat immer den Standpunkt vertreten, gestützt auf den klaren Wortlaut und Sinn des Art. 108 § 1 der Genfer Konvention, daß die Inbetriebsetzung einer Schule nicht von der Mindestzahl der Schüler abhängig gemacht werden kann, die für die Errichtung der Schule (Art. 106) maßgebend ist. Wäre die Schule mit 12 Kindern eröffnet worden, so wären sehr wahrscheinlich im Laufe des Schuljahres weitere Kinder in die Schule eingetreten. Denn nach ständiger Rechtsprechung der Gemischten Kommission, die dem Art. 108 entspricht, können im Laufe des Schuljahres weitere Schüler der Minderheitsschule beitreten. Es hätte sich dann am Ende des Schuljahres gezeigt, ob die Schule gemäß Art. 108 fortzuführen oder zu schließen sei.

Die zuständigen Behörden sind um so mehr zur Eröffnung dieser Schule anzuhalten, als die Bekanntmachungen betr. die Anmeldung der Schüler in mangelhafter Weise erfolgt sind. Die genügende und korrekte öffentliche Bekanntmachung ist sehr wichtig für den Besuch der Minderheitsschulen und daher unerläßlich.

Wskazać należy na to, że nie może być mowy o tym, aby w grudnia 1923 wydano prawidłowe obwieszczenie, które by mogło dojść do wiadomości tych uprawnionych do wychowania, którzy mieli prawo zgłosić dzieci do szkoły mniejszościowej. Z zeznania kierownika szkoły Wrońskiego należy wnioskować, że o mającym nastąpić otwarciu szkoły powiadomiono — bez publicznego wywieszenia — jedynie tych rodziców, którzy zgłosili wnioski w myśl art. 106. Nie jest nawet ustalone, czy wszyscy wnioskodawcy zostali powiadomieni. W każdym razie nie powiadomiono tych uprawnionych do wychowania, zaliczających się do mniejszości, którzy nie zgłosili wniosków w myśl art. 106 Konwencji Genewskiej i którzy mimo to mogą również posyłać dzieci do szkoły mniejszościowej (zob. okólnik Województwa z dnia 1 września 1923 i liczne poglądy Prezydenta Komisji Mieszanej).

Powodem tego, że na publiczne obwieszczenie z dnia 18 lipca 1924 nie zgłoszono żadnych dzieci do szkoły mniejszościowej, jest bez wątpienia najpierw wadliwość samego obwieszczenia, a następnie sposób jego publikacji. Pominąwszy okoliczność, że obwieszczenie niesłusznie jest skierowane tylko do wnioskodawców w myśl art. 106, to widocznie wielka część tych osób nie dowiedziała się o jego treści, zważywszy, że do zredagowanego w języku polskim obwieszczenia nie dołączono tłumaczenia niemieckiego, które by było zrozumiałe dla osób należących do mniejszości i nie władających językiem polskim. Różni uprawnieni do wychowania istotnie oświadczyli do protokołu (akt 4, 5, 6), że o wpisach do szkoły mniejszościowej nic nie wiedzieli, wobec czego nie mogli dzieci do niej zgłosić. Do tego, że obwieszczenie nie doszło do ogólnej wiadomości, mógł przyczynić się również fakt, że opublikowano je dopiero z rozpoczęciem wpisów, przy czym zagrożono, że już po upływie tygodnia traci się prawo do dokonania zgłoszeń. Pominąwszy okoliczność, że terminy wpisów nie były odpowiednie, tym bardziej, że przypadały na czas wakacji szkolnych, władza szkolna nie miała prawa przypisywać terminowi wpisów od 18 do 24 lipca 1924 skutku prekluzyjnego. Także po tym terminie należało przyjmować zgłoszenia.

Z powyższych powodów należy uchylić zarządzenie, którym szkołę zwinięto, a uprawnionym do wychowania należy dać sposobność do ponownego zgłoszenia dzieci.

Es ist darauf hinzuweisen, daß im Dezember 1923 von einer ordnungsmäßigen Bekanntmachung, von welcher diejenigen Erziehungsberechtigten Kenntnis bekommen konnten, die berechtigt waren, die Kinder für die Minderheitsschule anzumelden, keine Rede sein kann. Es ist aus der Aussage des Schulleiters Wroński zu schließen, daß man lediglich diejenigen Eltern, die Anträge im Sinne von Art. 106 gestellt hatten, von der bevorstehenden Eröffnung der Minderheitsschule, ohne öffentlichen Anschlag, benachrichtigt hatte. Es steht nicht einmal fest, ob alle Antragsteller davon Nachricht erhalten haben. Jedenfalls aber wurden die sich zur Minderheit rechnenden Erziehungsberechtigten nicht benachrichtigt, welche keine Anträge im Sinne von Art. 106 der Genfer Konvention gestellt hatten, die aber dennoch ihre Kinder ebenfalls in die Minderheitsschule schicken dürfen (siehe Rundschreiben der Wojewodschaft vom 1. Dezember 1923 und zahlreiche Stellungnahmen des Präsidenten der Gemischten Kommission).

Daß auf die öffentliche Bekanntmachung vom 18. Juli 1924 hin keine Kinder für die Minderheitsschule angemeldet worden sind, liegt zweifellos einmal in der Mangelhaftigkeit der Bekanntmachung selber, sodann in der Art und Weise der Veröffentlichung. Abgesehen davon, daß sich die Bekanntmachung zu Unrecht nur an die Antragsteller im Sinne des Art. 106 wendet, hat offenbar auch ein großer Teil der letzteren vom Inhalt des öffentlichen Anschlages keine Kenntnis bekommen, da der in Polnisch verfaßten Bekanntmachung keine deutsche Übersetzung beigefügt war, welche die der polnischen Sprache nicht mächtigen Minderheitsangehörigen verstanden hätten. Verschiedene Erziehungsberechtigte haben denn auch protokollarisch erklärt (act. 4, 5, 6), daß ihnen von den Einschreibungen für die Minderheitsschule nichts bekannt war und daß sie aus diesem Grunde ihre Kinder nicht anmelden konnten. Für das Nichtpublikwerden der Bekanntmachung mag auch noch mitgespielt haben, daß sie erst mit Beginn der Einschreibungen veröffentlicht wurde und das Recht zur Anmeldung schon als nach einer Woche verwirkt bezeichnet wurde. Abgesehen davon, daß die Fristen bezüglich dieser Einschreibungen nicht angemessen waren, um so mehr als sie in die Schulferien fielen, war die Schulbehörde auch nicht berechtigt, dem Einschreibtermin vom 18. bis 24. Juli 1924 Präklusivwirkung beizumessen. Es hätten auch nach diesem Zeitpunkt Anmeldungen noch entgegengenommen werden müssen.

Aus diesen Gründen ist die Aufhebung der Schule rückgängig zu machen und es ist den Erziehungsberechtigten Gelegenheit zu geben, neuerdings ihre Kinder für die Minderheitsschule anzumelden.

II

Co do wniosku o utworzenie Komisji Szkolnej wniosek ten w razie zgłoszenia dzieci do szkoły mniejszościowej należy na mocy artykułu 111 Konwencji Genewskiej uważać za uzasadniony.

III

Co do sił nauczycielskich mającej być uruchomionej szkoły mniejszościowej wystarczy wskazać na artykuł 113 Konwencji Genewskiej.

IV

Po naradzie w łonie Komisji Mieszanej Prezydent Komisji Mieszanej dochodzi do

poglądu:

1. Zwinięcie szkoły mniejszościowej w Biertułtowach, zarządzone reskryptem z dnia 12 VIII 1924, jest nieważne. Daną szkołę należy bezzwłocznie otworzyć.

2. Należy wyznaczyć nowy stosowny termin zgłoszeń przez publiczne obwieszczenie w obu językach. O tym terminie należy zawiadomić Prezydenta Komisji Mieszanej.

Dzieci, które zostaną zgłoszone do tej szkoły, należy przenieść do niej z urzędu.

39

Pogląd

z dnia 11 października 1926 w sprawie nr 169 sekretarza powiatowego Bolesława Drozdowskiego w Wielkich Strzelcach (Górny Śląsk Niemiecki), żalącego się, zastąpionego przez Związek Polaków w Opolu, dotyczącej aresztowania Bolesława Drozdowskiego przez policję niemiecką.

I

1. Dnia 19 kwietnia 1925 niemieccy urzędnicy policyjni aresztowali w Gąsiorowicach (Górny Śląsk Niemiecki) żalącego się Bolesława Drozdowskiego bez nakazu aresztowania i bez podania powodów. Z powodu tego zajścia Drozdowski wniósł na mocy art. 149 i n.

II

Was den Antrag auf Errichtung der Schulkommission anbetrifft, so ist er, sofern Kinder für die Minderheitsschule angemeldet werden, gestützt auf Art. 111 der Genfer Konvention, als ohne weiteres begründet anzusehen.

III

Was die Lehrkräfte der zu eröffnenden Minderheitsschule anbetrifft, so genügt es, auf Art. 113 der Genfer Konvention zu verweisen.

IV

Nach stattgefundener Beratung im Schoße der Gemischten Kommission gelangt der Präsident der Gemischten Kommission für Oberschlesien zur

Stellungnahme:

1. Die Aufhebung der Minderheitsschule in Biertułtowy mit Reskript vom 12. August 1924 ist ungültig. Diese Schule ist unverzüglich zu eröffnen.

2. Es ist ein neuer Anmeldungstermin von angemessener Dauer durch öffentliche Bekanntmachung in beiden Sprachen anzusetzen. Dieser Anmeldungstermin ist dem Präsidenten der Gemischten Kommission mitzuteilen.

Diejenigen Kinder, die für diese Minderheitsschule angemeldet werden, sind von Amts wegen in diese Schule überzuführen.

39

Stellungnahme

vom 11. Oktober 1926 in der Sache Nr. 169 des Kreissekretärs Boleslaus Drozdowski in Groß-Strehlitz (Deutsch-Oberschlesien), Beschwerdeführer, vertreten durch den Związek Polaków w Niemczech T. z. in Oppeln, betreffend Verhaftung des Boleslaus Drozdowski durch die deutsche Polizei.

I

1. Am 19. April 1925 wurde in Gonschiorowitz (Deutsch-Oberschlesien) der Beschwerdeführer Boleslaus Drozdowski von deutschen Polizeibeamten ohne Haftbefehl und ohne Angabe von Gründen verhaftet. Wegen dieses Vorfalles erhob Drozdowski auf Grund von Art. 149 ff.

polsko-niemieckiej Konwencji z dnia 15 maja 1922 zażalenie do Niemieckiego Urzędu Spraw Mniejszości w Opolu (akt 2), ponieważ w postępowaniu niemieckich urzędników policyjnych dopatrywał się naruszenia art. 75 Konwencji Genewskiej (zakaz nierównego traktowania). W podaniu wnosi o pociągnięcie do odpowiedzialności urzędników, którzy spowodowali jego aresztowanie.

W myśl art. 152 Konwencji Genewskiej Niemiecki Urząd Spraw Mniejszości przekazał dnia 10 sierpnia 1925 powyższe zażalenie wraz z uwagami Prezydentowi Komisji Mieszanej (akt 1, 2, 3, 4, 5). Podczas wymiany pism i na rozprawie ustnej z dnia 15 XII 1925 Urząd Spraw Mniejszości i żałący się mieli sposobność wypowiedzieć się pisemnie i ustnie do zażalenia (akt 1—48).

2. Stan faktyczny, który, pominąwszy nieznaczne odchylenia, obie strony przedstawiły zgodnie, jest następujący:

Żałący się Bolesław Drozdowski pracował zimą 1924-25 w Związku Polaków w Niemczech jako kierownik biura powiatowego (akt 70). Do jego powinności należało werbowanie nowych członków, inkaso składek członkowskich i udzielanie porad członkom mniejszości polskiej, ilekroć zwrócą się doń w mniemaniu, że ich prawa z Konwencji Genewskiej zostały naruszone. Oprócz tego było jego zadaniem wygłaszać dla uprawnionych do wychowania wykłady na temat utworzenia polskich szkół mniejszościowych (akt 70). W czasie swej działalności na Górnym Śląsku miał jednak tylko jeden wykład, mianowicie w połowie marca 1925 w Gąsiorowicach (akt 71). Na około 8 dni przed tym wykładem spotkał się Drozdowski w Himmelwitz z niejakim Wincentym Kołodziejem, który w jakiejś sprawie kościelnej zamierzał udać się właśnie do tamtejszego ks. proboszcza Baci. Na żądanie Kołodzieja Drozdowski poszedł z nim do ks. proboszcza, któremu przedstawił daną kwestię, nie przedstawiwszy się jednak. Podczas rozmowy ks. proboszcz Bacia zwrócił się do Drozdowskiego z następującym pytaniem: „Pan jest pewnie Kuppa, brat pani Gratzowej w Gąsiorowicach". Z nieznanych bliżej powodów Drozdowski potwierdził to pytanie, jakkolwiek mijało się to z prawdą (akt 22).

Około 4—5 tygodni później Drozdowski miał wygłosić wykład o utworzeniu polskich szkół mniejszościowych. Wykład miał się odbyć w Gąsiorowicach w niedzielę, dnia 19 kwietnia 1925, o godzinie des deutsch-polnischen Abkommens vom 15. Mai 1922 Beschwerde beim deutschen Minderheitsamt in Oppeln (act. 2), da er in dem Vorgehen der deutschen Polizeibeamten eine Zuwiderhandlung gegen Art. 75 (Verbot unterschiedlicher Behandlung) der Genfer Konvention erblickte. In seiner Eingabe beantragt er, die Beamten, die seine Verhaftung veranlaßt haben, zur Rechenschaft zu ziehen.

Diese Beschwerde wurde dem Präsidenten der Gemischten Kommission, begleitet von den Bemerkungen des deutschen Minderheitsamtes, am 10. August 1925 gemäß Art. 152 der Genfer Konvention übermittelt (act. 1, 2, 3, 4, 5). In dem darauffolgenden Schriftenwechsel, sowie in den mündlichen Verhandlungen vom 15. Dezember 1925 fanden das Minderheitsamt und der Beschwerdeführer Gelegenheit, sich schriftlich und mündlich zur Beschwerdesache zu äußern (act. 1—48).

2. Der Tatbestand, der — von unwesentlichen Abweichungen abgesehen — von beiden Parteien übereinstimmend dargestellt wird, ist folgender:

Der Beschwerdeführer Boleslaus Drozdowski war im Winter 1924-25 beim Związek Polaków w Niemczech T. z. (Bund der Polen in Deutschland, eingetragener Verein) angestellt, wo er als Leiter eines Kreisbüros tätig war (act. 70). Zu seinen Obliegenheiten gehörte die Anwerbung neuer Mitglieder, die Einkassierung von Mitgliedsbeiträgen und die Beratung der polnischen Minderheitsangehörigen, so oft diese sich in ihren Rechten aus der Genfer Konvention für verletzt hielten. Außerdem war Drozdowski dafür bestimmt, vor den polnischen Erziehungsberechtigten Vorträge über die Errichtung von polnischen Minderheitsschulen zu halten (act. 70). Während seiner Wirksamkeit in Oberschlesien kam es jedoch nur zu einem einzigen Vortrage, der Mitte März 1925 in Gonschiorowitz stattfand (act. 71). Zirka 8 Tage vor diesem seinem Vortrag traf Drozdowski in Himmelwitz mit einem gewissen Vinzenz Kolodziej zusammen, der eben im Begriff war, sich in einer kirchlichen Angelegenheit zum dortigen Pfarrer Bacia zu begeben. Auf Verlangen des Kolodziej begleitete ihn Drozdowski zum Pfarrer, dem er die fragliche Angelegenheit vortrug, ohne sich vorzustellen. Im Laufe der Unterhaltung wandte sich Pfarrer Bacia mit der Frage an Drozdowski: »Sie sind wohl der Kuppa, der Bruder der Frau Gratza in Gonschiorowitz«. Aus nicht näher ersichtlichen Motiven bejahte Drozdowski diese Frage, obwohl sie den Tatsachen nicht entsprach (act. 22).

Zirka 4 bis 5 Wochen später sollte Drozdowski einen Vortrag über die Errichtung von polnischen Minderheitsschulen halten, der am Sonntag, den 19. April 1925, nachmittags 5 Uhr, in Gonschiorowitz (Deutsch-

5 po południu. Po przybyciu do Gąsiorowic Drozdowski z wykładu jednak zrezygnował, ponieważ nie stawił się przewidziany przewodniczący zebrania i ponieważ odniósł wrażenie, że wśród uczestników znajdują się członkowie niemieckich organizacyj szowinistycznych, którzy by zebranie mogli zakłócić.

Gdy Drozdowski zamierzał właśnie opuścić Gąsiorowice, otoczyło go kilka osób, a wachmistrz żandarmerii Ludwig zażądał od niego wylegitymowania się (akt 71). Drozdowski oświadczył, że nazywa się Bolesław Drozdowski i że mieszka w Wielkich Strzelcach. Równocześnie przedstawił urzędnikowi jako legitymację kartę zameldowania na pobyt w Wielkich Strzelcach. Z karty tej wynikało, że Drozdowski od dnia 10 października 1924 zameldowany był policyjnie w Wielkich Strzelcach (Górny Śląsk Niemiecki) (akt 71). Wachmistrz żandarmerii Ludwig wezwał teraz Drozdowskiego, aby się z nim udał do Himmelwitz. W Himmelwitz odstawiono go do naczelnika Urzędu Okręgowego, gdzie został przesłuchany i skonfrontowany z tamtejszym ks. proboszczem Bacią. Z Himmelwitz zaś odstawiono go na odwach policyjny do Wielkich Strzelec. Ponieważ to była niedziela, nie było ani urzędnika, który miał Drozdowskiego przesłuchać, ani nie miano do dyspozycji listy mieszkańców miasta. Drozdowskiego zmuszono więc do spędzenia nocy z 19 na 20 kwietnia w areszcie policyjnym w Wielkich Strzelcach (akt 48, 48 a). Na wolność wypuszczono go dopiero następnego dnia, tj. 20 kwietnia 1925, o godzinie 3, po kilkakrotnym przesłuchaniu. Gdy go wypuszczono z aresztu, powiedziano mu, że aresztowanie nastąpiło z powodu podania nieprawdziwego nazwiska.

II

W toku wymiany pism Niemiecki Urząd Spraw Mniejszości dowodził, uzasadniając to w rozmaity sposób, że żalący się Bolesław Drozdowski nie należy do mniejszości polskiej Górnego Śląska Niemieckiego. Nasamprzód powołano się na to, że Drozdowski nie należy do mniejszości polskiej, ponieważ nie posiada obywatelstwa niemieckiego. Niemiecki Urząd Spraw Mniejszości słusznie odstąpił od tego zarzutu (akt 48, 48 a), ponieważ żalący udowodnił swe obywatelstwo niemieckie przez przedłożenie oświadczenia Magistratu miasta Dortmundu (akt 34). W drugim zarzucie Niemiecki Urząd Spraw Mniejszości przytoczył, że Drozdowskiego nie można zaliczać do

Oberschlesien) stattfinden sollte. In Gonschiorowitz eingetroffen verzichtete aber Drozdowski auf die Abhaltung seines Vortrages, da der in Aussicht genommene Versammlungsleiter nicht eingetroffen war und da er unter den Versammlungsteilnehmern Angehörige von deutschen chauvinistischen Organisationen zu erkennen glaubte, von denen er eine Störung der Versammlung befürchtete.

Als sich Drozdowski anschickte, Gonschiorowitz zu verlassen, wurde er von mehreren Personen umringt, und vom Landjäger Wachtmeister Ludwig aufgefordert, sich auszuweisen (act. 71). Drozdowski erklärte, Boleslaus Drozdowski zu heißen und in Groß-Strehlitz wohnhaft zu sein. Gleichzeitig legte er dem Beamten als Legitimation eine Zuzugsmeldung bei der Gemeinde Groß-Strehlitz vor, aus welcher hervorging, daß er seit 10. Oktober 1924 in Groß-Strehlitz (Deutsch-Oberschlesien) polizeilich angemeldet war (act. 71). Landjäger Wachtmeister Ludwig forderte nun Drozdowski auf, mit ihm nach Himmelwitz zu kommen. In Himmelwitz wurde er zum Amtsvorsteher gebracht, wo er einvernommen und mit dem dortigen Pfarrer Bacia konfrontiert wurde. Von Himmelwitz wurde Drozdowski zur Polizeiwache nach Groß-Strehlitz gebracht. Da es Sonntag war, stand weder der Beamte, der Drozdowski einvernehmen sollte, noch die Einwohnerkontrolle zur Verfügung. Infolgedessen wurde Drozdowski gezwungen, die Nacht vom 19./20. April im Polizeigefängnis von Groß-Strehlitz zuzubringen (act. 48, 48 a). Drozdowski wurde, nachdem er wiederholt einvernommen worden war, am folgenden Tage, dem 20. April 1925, um 3 Uhr auf freien Fuß gesetzt. Bei der Haftentlassung wurde ihm gesagt, er sei wegen Angabe eines falschen Namens verhaftet worden.

II

Vom deutschen Minderheitsamt ist im Laufe des Schriftenwechsels mit verschiedenen Begründungen geltend gemacht worden, daß der Beschwerdeführer Boleslaus Drozdowski nicht der polnischen Minderheit Deutsch-Oberschlesiens angehört. Zunächst wurde geltend gemacht, Drozdowski gehöre nicht der polnischen Minderheit an, da er nicht im Besitz der deutschen Reichsangehörigkeit sei. Dieser Einwand wurde vom deutschen Minderheitsamt mit Recht fallen gelassen (act. 48—48 a), da der Beschwerdeführer den Nachweis seiner Reichsangehörigkeit durch eine Erklärung des Magistrats der Stadt Dortmund erbracht hat (act. 34). Mit seiner zweiten Einrede machte das deutsche Minderheitsamt geltend, osób mniejszościowych Górnego Śląska Niemieckiego, ponieważ się tu nie urodził i na obszarze plebiscytowym przebywał tylko przejściowo. Zalący się istotnie nie urodził się na obszarze plebiscytowym i zamieszkiwał tu tylko od dnia 10 października 1924 do dnia 10 czerwca 1925 (akt 48, 48 a). Okoliczność ta nie pozbawia go jednak prawa petycji w myśl art. 149 i n. Konwencji Genewskiej, ponieważ Konwencja Genewska przynależności jakiejś osoby do uprawnionej do ochrony mniejszości nie uzależnia od jakiegoś czasu trwania zamieszkania na obszarze plebiscytowym, ani też od tego, czy dana osoba urodziła się na obszarze plebiscytowym.

III

1. Żalący się wywodzi w swych pismach procesowych, że aresztowanie nastąpiło samowolnie, gdyż nie tylko nie dał policji powodu do podejrzenia, lecz z okazji aresztowania wylegitymował się także dostatecznie. Aresztowanie nastąpiło z pobudek politycznych i należy je uważać za nierówne traktowanie.

2. Rząd Niemiecki zaprzecza nierównemu traktowaniu Drozdowskiego i oświadcza, że żalący się sam zawinił aresztowanie, ściągnąwszy na siebie podejrzenie o uprawianie szpiegostwa (akt 1). Policja postąpiła zupełnie legalnie i w granicach swoich uprawnień (akt 6), ponieważ aresztowanie Drozdowskiego nastąpiło na mocy § 6 ustawy o ochronie wolności osobistej (zbiór ustaw dla państw król. pruskich, rocznik 1850, nr 3220) (akt 94).

3. Przytoczony przez Rząd Niemiecki § 6 lit. c nadaje urzędnikom policyjnym „prawo do osadzenia osób w areszcie policyjnym, jeżeli ochrona osobista tych osób, obyczajność publiczna lub bezpieczeństwo i porządek publiczny zarządzenia tego pilnie wymagają". Przy aresztowaniach opartych na tych postanowieniach chodzi o zarządzenia policji prewencyjnej, które muszą mieć uzasadnienie w szczególnych okolicznościach, poprzedzających bezpośrednio aresztowanie. Jeżeli bezpieczeństwo publiczne jest zagrożone mającą bezpośrednio nastąpić czynnością jakiejś osoby, policja może daną osobę osadzić w areszcie policyjnym, nie czekając na popełnienie grożącego przestępstwa. W niniejszym przypadku należałoby udowodnić lub przynajmniej uwiarogodnić, że w momencie aresztowania Drozdowskiego należało się obawiać z jego strony czynności, które

Drozdowski könne nicht als Minderheitsangehöriger Deutsch-Oberschlesiens angesehen werden, da er nicht in Deutsch-Oberschlesien geboren sei und sich nur vorübergehend im Abstimmungsgebiet aufgehalten habe. Der Beschwerdeführer ist in der Tat nicht im Abstimmungsgebiet geboren und hat in diesem nur vom 10. Oktober 1924 bis 10. Juni 1925 Domizil gehabt (act. 48—48 a). Dies schließt ihn aber von der Geltendmachung seiner Beschwerden im Wege des Art. 149 ff. der Genfer Konvention nicht aus, denn die Genfer Konvention macht die Zugehörigkeit einer Person zur schutzberechtigten Minderheit weder von einer gewissen Dauer des Domizils im Abstimmungsgebiet noch davon abhängig, daß diese im Abstimmungsgebiet geboren sei.

III

1. Der Beschwerdeführer macht in seinen Schriftsätzen geltend, seine Verhaftung sei in willkürlicher Weise erfolgt, denn er hatte nicht nur der Polizei keinen Anlaß zu Verdacht gegeben, sondern er hätte sich bei seiner Verhaftung auch genügend ausgewiesen. Die Festnahme sei aus politischen Gründen erfolgt und müsse als unterschiedliche Behandlung angesehen werden.

2. Die Deutsche Regierung bestreitet die unterschiedliche Behandlung Drozdowskis; sie erklärt, der Beschwerdeführer habe seine Festnahme selbst verschuldet, indem er den Verdacht der Spionage erregt habe (act. 1). Die Polizei habe vollkommen gesetzlich und innerhalb der Schranken ihrer Befugnisse gehandelt (act. 6), da die Verhaftung Drozdowskis gestützt auf § 6 des Gesetzes zum Schutze der persönlichen Freiheit erfolgt sei (Ges.-Sammlung für die Königlich preußischen Staaten, Jahrgang 1850 Nr. 3220) (act. 94).

3. Der von der Deutschen Regierung herangezogene § 6 l. c erklärt die Polizeibeamten für »befugt, Personen in polizeiliche Verwahrung zu nehmen, wenn der eigene Schutz dieser Personen oder die Aufrechterhaltung der öffentlichen Sittlichkeit, Sicherheit und Ruhe diese Maßregel dringend erfordern«. Bei Verhaftungen, die auf diese Bestimmung gestützt werden, handelt es sich um Akte der Präventivpolizei, die ihre Rechtfertigung in den besonderen Umständen finden müssen, die der Festnahme unmittelbar vorausgehen. Ist die öffentliche Sicherheit durch unmittelbar bevorstehende Handlungen einer Person bedroht, so darf die Polizei eine Person in polizeiliche Verwahrung nehmen, ohne die Begehung der drohenden strafbaren Handlung abzuwarten. Im vorliegenden Falle müßte nachgewiesen oder zum mindesten glaubhaft gemacht werden, daß im Augenblicke der Verhaftung von seiten Drozdowskis Handlungen

by mogły poważnie zagrażać bezpieczeństwu publicznemu. W rzeczywistości aresztowanie Drozdowskiego nastąpiło w momencie, gdy ten zupełnie spokojnie zamierzał opuścić Gąsiorowice, aby pojechać do Wielkich Strzelec. Jeżeli uwzględni się dalej, że również poprzednie jego zachowanie się nie zawierało w sobie groźby lub niebezpieczeństwa, to o zagrożeniu bezpieczeństwa publicznego w myśl § 6 lit. c nie może być mowy.

4. Od rozpatrywanej właśnie kwestii, czy aresztowanie Drozdowskiego było wskazane w interesie bezpieczeństwa publicznego, ściśle odróżnić należy drugą kwestię, czy było dosyć powodów do aresztowania Drozdowskiego z powodu szpiegostwa. W tym przypadku nie chodzi o prewencyjne wkroczenie policji celem zapobieżenia przestępstwom, lecz o akt władz sprawiedliwości karnej celem wyśledzenia rzekomo popełnionego przestępstwa. Tego rodzaju aresztowanie z powodów podejrzewania pewnej osoby o popełnienie przestępstwa winno nastąpić zgodnie z przepisami procedury karnej. W następujących rozważaniach należy zatem zbadać, czy aresztowanie Drozdowskiego było zgodne z przepisami procedury karnej, lub nie.

Według odnośnych przepisów procedury karnej (§§ 112, 125) tego rodzaju aresztowanie zasadniczo może być dokonane tylko na zarządzenie sędziego. Jedynie w szczególnie pilnych przypadkach władze policyjne są uprawnione do tzw. „tymczasowego przytrzymania" jakiejś osoby (§ 127 procedury karnej). Wkroczenie to ma charakter prowizoryczny i wolno je stosować pod warunkiem, że: a) istnieją uzasadnione powody podejrzenia i b) że zwłoka grozi niebezpieczeństwem (§§ 112, 125, 127 procedury karnej).

Przed rozpatrzeniem poszczególnych powodów podejrzenia należy z góry stwierdzić, że aresztowanie Drozdowskiego „z powodu użycia nieprawdziwego nazwiska" (§ 360 kodeksu karnego liczba 8 zdanie 2) nie może wchodzić w rachubę. Według tego postanowienia ustawowego użycie nieprawdziwego nazwiska karalne jest tylko wówczas, gdy się je użyje wobec właściwego urzędnika, tj. wobec urzędnika, któremu przysługuje prawo do stwierdzenia nazwiska (komentarz do niemieckiego kodeksu karnego Ebermayera, Loewego, Rosenberga, III wydanie, uwaga 13 ad § 360). W przypadku ks. proboszcza Baci nie zachodziło to już dlatego, że z okazji swego spotkania z Drozdowskim ks. Bacia nie działał z urzędu. To też Rząd Niemiecki wyraźnie oświadcza (akt. 17), że żalącego się nie aresztowano z powodu wykroczenia przeciwko § 360 kodeksu karnego, lecz zu befürchten waren, die die öffentliche Sicherheit ernstlich hätten gefährden können. In Wirklichkeit ist die Verhaftung Drozdowskis in dem Moment erfolgt, als er im Begriff war, in aller Ruhe Gonschiorowitz zu verlassen, um nach Groß-Strehlitz zu fahren. Zieht man weiter in Betracht, daß auch sein vorheriges Verhalten in keiner Weise eine Drohung oder Gefährdung in sich schloß, so kann von einer Bedrohung der öffentlichen Sicherheit im Sinne des § 6 l. c nicht die Rede sein.

4. Von der oben erörterten Frage, ob eine Verhaftung Drozdowskis im Interesse der öffentlichen Sicherheit geboten war, ist die andere Frage streng zu unterscheiden, ob genügend Gründe gegen Drozdowski vorlagen, um ihn wegen Spionage in Haft zu nehmen. Hier handelt es sich nicht um ein präventives Eingreifen der Polizei zur Verhütung von Straftaten, sondern um einen Akt der Strafjustizbehörden zur Erforschung einer angeblich begangenen Straftat. Eine solche Verhaftung, die erfolgt, weil man eine bestimmte Person einer strafbaren Handlung für verdächtig hält, muß entsprechend den Vorschriften der Strafprozeßordnung vorgenommen werden. Es ist somit in den nachfolgenden Erwägungen zu prüfen, ob die Festnahme Drozdowskis mit den Bestimmungen der Strafprozeßordnung in Einklang stand oder nicht.

Nach den einschlägigen Bestimmungen der Strafprozeßordnung (§§ 112, 125) darf eine Verhaftung grundsätzlich nur auf Grund richterlicher Anordnung vorgenommen werden. Nur in besonders dringenden Fällen sind die Polizeibehörden zur sogenannten »vorläufigen Festnahme« einer Person berechtigt (§ 127 Strafprozeßordnung). Dieses Eingreifen hat provisorischen Charakter und darf nur vorgenommen werden, falls a) dringende Verdachtsgründe vorliegen, und b) falls Gefahr im Verzuge ist (§§ 112, 125, 127 Strafprozeßordnung).

Vor Prüfung der einzelnen Verdachtsgründe ist die Feststellung vorweg zu nehmen, daß eine Verhaftung Drozdowskis »wegen des Gebrauchs eines falschen Namens« (§ 360 Strafgesetzbuch Ziffer 8 Satz 2) nicht in Betracht fallen kann. Nach dieser Gesetzbestimmung ist der Gebrauch eines falschen Namens nur strafbar, falls man sich seiner einem zuständigen Beamten gegenüber bedient, d. h. einem Beamten gegenüber, dem ein Recht auf die Erforschung des Namens zukommt. (Kommentar zum deutschen Strafgesetzbuch von Ebermayer, Löwe, Rosenberg, III. Auflage, Anmerkung 13 ad § 360.) Dies war gegenüber Pfarrer Bacia schon deshalb nicht der Fall, weil er bei seiner Begegnung mit Drozdowski nicht im Amte gehandelt hat. Die Deutsche Regierung erklärt dann auch ausdrücklich (act. 17), daß der Beschwerdeführer nicht wegen Widerhandlung gegen § 360 Strafgesetzbuch verhaftet wurde, sondern weil er durch dlatego, że przez podanie nieprawdziwego nazwiska, nieodbycie zapowiedzianego zebrania i przez swą agitację polską wzbudził podejrzenie szpiegostwa (akt 1, 6, 7, 50).

Powód podejrzenia, który władze niemieckie wysnuwają w tym przypadku z podania nieprawdziwego nazwiska, nie wytrzymuje krytyki. Drozdowski tylko w jednym przypadku i tylko wobec jednej osoby nie wymienił swego prawdziwego nazwiska. Ks. proboszcz Bacia, wobec którego to uczynił, jest duszpasterzem małej gminy wiejskiej i nie można przypuszczać, aby przez swoje stanowisko mógł posiąść jakiekolwiek choćby nawet zupełnie nieznaczne tajemnice państwowe. Ponadto rozmowa, podczas której przytoczony fakt zaszedł, nie pozostawała ani pośrednio ani bezpośrednio w żadnym związku z kwestiami bezpieczeństwa państwa. Trudno zatem zrozumieć, w jaki sposób z podania nieprawdziwego nazwiska można było wnioskować, że Drozdowski miał zamiar wyszpiegować i zdradzić tajemnice państwowe. Sprawa przedstawiałaby się inaczej, gdyby Drozdowski, podszywając się pod jakieś znane, dostęp mu ułatwiające nazwisko, zwrócił się był do jakiegoś urzędnika, o którym mógł przypuszczać, że posiada tajemnice państwowe.

Omówionej właśnie okoliczności, że Drozdowski podał nieprawdziwe nazwisko, władze niemieckie usiłują przypisać charakter szczególnie ważnego momentu podejrzenia przez wskazanie na to, że chodzi tu o zajście na obszarze granicznym. Do argumentacji tej nie można się przyłączyć. Pominąwszy to, że akta nie zawierają żadnej wzmianki o szczególnych stosunkach lokalnych, które by uzasadniały wzmożone niebezpieczeństwo szpiegostwa, tego rodzaju zapatrywanie doprowadziłoby do tego, że z faktu pogranicznego położenia Górnego Śląska stworzyłoby się ogólny powód do podejrzewania o szpiegostwo. Jeżeli się jednak na to zezwoli, aby policja posługiwała się tego rodzaju powodami podejrzenia, wówczas nie będzie można uniknąć nadużyć, które w praktyce według wszelkiego prawdopodobieństwa dotknęłyby przede wszystkim mniejszość.

Według zapatrywania władz niemieckich Drozdowski miał wzbudzić podejrzenie także przez to, że nie wygłosił wykładu zapowiedzianego na 19 kwietnia 1925, gdy zauważył, że na sali obecni byli także słuchacze przekonania niemieckiego. Fakt ten nie ma żadnego związku z istotą szpiegostwa. Poza tym postępowanie Drozdowskiego jest zupełnie zrozumiałe, bo zupełnie słusznie mógł przypuszczać, że publiczność niemniejszościowa nie przybyła na zebranie dla rzeczowego interesu, lecz w zamiarze zakłócenia wykładu. W da-

Angabe eines falschen Namens, Nichtabhaltung einer angekündigten Versammlung und durch seine polnische Agitation den Verdacht der Spionage erregt habe (act. 1, 6, 7, 50).

Der Verdachtsgrund, den die deutschen Behörden in diesem Falle aus der Angabe eines falschen Namens schöpfen, hält einer näheren Prüfung nicht stand. Drozdowski hat in einem einzigen Fall und gegenüber einer einzigen Person nicht seinen wirklichen Namen genannt.

Pfarrer Bacia, dem gegenüber er dies getan hat, ist der Seelsorger einer kleinen Landgemeinde, der nicht in Betracht fallen kann, durch seine Stellung in den Besitz irgendwelcher und wenn auch noch so unwichtiger staatlicher Geheimnisse zu gelangen. Überdies hatte die Unterredung, in der dies geschehen ist, weder mittelbar noch unmittelbar mit Fragen der Sicherheit des Staates irgendwelchen Zusammenhang. Es ist daher schwer einzusehen, wieso aus der falschen Namensangabe auf Drozdowskis Absicht geschlossen werden konnte, staatliche Geheimnisse auszukundschaften und zu verraten. Die Dinge lägen anders, wenn Drozdowski — unter Beilegung eines vorteilhaft einführenden Namens — an einen Beamten herangetreten wäre, von dem er annehmen konnte, daß er im Besitze staatlicher Geheimnisse sei.

Deutscherseits wird versucht, den oben erörterten Umstand der falschen Namensangabe dadurch zu einem besonders wichtigen Verdachtsgrund zu erheben, daß darauf hingewiesen wird, der Vorfall habe sich in einem Grenzgebiet abgespielt. Dieser Argumentation kann nicht beigestimmt werden: Abgesehen davon, daß die Akten keinen Hinweis auf besondere örtliche Verhältnisse enthalten, die eine Erhöhung der Spionagegefahr begründen würden, würde diese Auffassung dazu führen, aus der Grenzlage Oberschlesiens einen allgemeinen Verdachtsgrund für Spionage zu bilden. Läßt man es aber zu, daß die Polizei sich solcher Verdachtsgründe bedient, so gelangt man unvermeidlich zu Übergriffen, die in der Praxis aller Wahrscheinlichkeit nach in erster Linie die Minderheit treffen würden.

Nach Ansicht der Deutschen Behörden soll sich Drozdowski auch dadurch verdächtig gemacht haben, daß er seinen für 19. April 1925 angekündigten Vortrag nicht gehalten hat, als er bemerkte, daß auch deutschgesinnte Zuhörer anwesend waren. Diese Tatsache steht vollständig außer Beziehung zum Tatbestand der Spionage. Überdies ist das Verhalten Drozdowskis durchaus verständlich, denn von dem Publikum, das nicht zur Minderheit gehört, konnte er mit gutem Grund annehmen, daß es nicht aus sachlichem Interesse, sondern in der Absicht, seinen Vortrag nych warunkach mogło przyjść do zaburzeń i Drozdowskiemu należy przyznać zupełną rację, że zrezygnował z odbycia zebrania.

Jako ostatni moment podejrzenia podano „polską agitację" żalącego się. Władze niemieckie nie przytoczyły żadnych bliższych danych co do tego, na czym ta agitacja polegała, czy miała charakter niedozwolony i w czym się tego charakteru można dopatrywać. Należy zatem ograniczyć się do własnych zeznań żalącego się, których ze strony niemieckiej absolutnie nie odparto (akt 70). Według nich Drozdowski czynny był z ramienia Związku Polaków wśród mniejszości polskiej, udzielając jej porad, urządzając wykłady, werbując członków do Związku Polaków itd.

Faktu, że policja tego rodzaju działalność uznała za powód do podejrzenia, aprobować nie można. Członkowi mniejszości, podobnie jak każdemu innemu obywatelowi państwa, wolno werbować ludzi tak samo myślących dla przekonań kulturalnych i politycznych. Policji nie wolno przeszkadzać mu w tej czynności w żadnej formie. Oczywiście nie wolno też policji próbować tego drogą okrężną przez to, że każdą propagandę wśród mniejszości określi jako podejrzane zabiegi, aby na ich podstawie móc przeciwko danej osobie wkroczyć. Nie uchodzi, aby policja odnosiła się z ogólną nieufnością do całego odłamu ludności i wysnuwała stąd wniosek o grożącym państwu niebezpieczeństwie i usprawiedliwiała tym aresztowanie. Właśnie dlatego, że przywódcy i pełnomocnicy mniejszości spotykają się wielokrotnie z nieuzasadnioną nieufnością, policja powinna w tego rodzaju przypadkach być podwójnie ostrożna w swoich dochodzeniach co do powodów podejrzenia i wkraczać tylko na podstawie faktów, które przedstawiają niewątpliwe i poważne obciążenie.

W niniejszym przypadku tego rodzaju faktów jednak nie przytoczono. Szpiegostwo uprawia, kto zawładnie wojskowymi lub dyplomatycznymi tajemnicami państwa i komunikuje je obcemu rządowi. Akta nie wymieniają żadnego faktu, który by stanowił jakąś czynność przygotowawczą tej istoty przestępstwa. Drozdowski nic nie wyszpiegował, nie dał zlecenia żadnemu pomocnikowi, nie był w porozumieniu z żadnym obcym rządem, słowem, nic nie uprawnia do przypuszczenia, że przy aresztowaniu Drozdowskiego zachodziły wymagane przez ustawę uzasadnione powody podejrzenia.

5. Dalszym warunkiem tymczasowego przytrzymania jest, że zwłoka grozi niebezpieczeństwem (§ 127 procedury karnej). W ni-

zu stören, erschienen war. Unter diesen Umständen waren Tumultszenen im Bereiche der Möglichkeit und es ist Drozdowski durchaus beizupflichten, wenn er von der Abhaltung der Versammlung abgesehen hat.

Als letztes Verdachtsmoment ist die »polnische Agitation« des Beschwerdeführers angeführt worden. Die Deutschen Behörden haben keine näheren Angaben gemacht, worin diese Agitation bestanden habe, ob sie unerlaubten Charakter gehabt habe und worin dieser zu erblicken sei. Es muß daher auf die eigenen Aussagen des Beschwerdeführers — die von deutscher Seite keineswegs entkräftet wurden — abgestellt werden (act. 70). Nach dieser Darstellung war Drozdowski im Auftrage des Związek Polaków unter der polnischen Minderheit tätig, um sie zu beraten, ihr Vorträge zu halten, Mitglieder für den Polenbund zu werben usw.

Daß eine solche Tätigkeit von der Polizei als Verdachtsgrund bewertet wurde, kann nicht gebilligt werden. Es steht einem Minderheitsangehörigen, gleichwie jedem anderen Staatsbürger, frei, Gesinnungsgenossen für kulturelle und politische Ansichten zu werben. Die Polizei darf ihn in dieser Tätigkeit in keiner Weise behindern, selbstverständlich darf sie dies auch nicht auf Umwegen versuchen, indem sie jede Propaganda unter der Minderheit als verdächtige Umtriebe bezeichnet, um gestützt darauf gegen die betreffende Person einzuschreiten. Es geht nicht an, daß die Polizei einem ganzen Volksteil mit generellem Mißtrauen begegnet und daraus eine Gefahr für den Staat und die Rechtfertigung einer Verhaftung ableitet. Gerade weil die Führer und Beauftragten der Minderheit vielfachem unbegründeten Mißtrauen begegnen, sollte die Polizei in solchen Fällen bei ihren Erhebungen über die Verdachtsgründe doppelt vorsichtig sein und nur auf Grund von Tatsachen vorgehen, die eine unzweifelhafte und ernste Belastung darstellen.

Solche Tatsachen sind aber im vorliegenden Falle nicht namhaft gemacht worden. Spionage betreibt, wer sich in den Besitz militärischer und diplomatischer Staatsgeheimnisse setzt und diese einer fremden Regierung übermittelt. Die Akten erwähnen keine einzige Tatsache, die irgendeine Vorbereitungshandlung dieses Delikttatbestandes wäre. Drozdowski hat nichts ausgekundschaftet, er hat keinen Helfershelfer beauftragt, er ist mit keiner fremden Regierung in Verbindung gestanden, mit einem Wort, nichts berechtigt zur Annahme, daß bei der Verhaftung Drozdowskis die vom Gesetz geforderten dringenden Verdachtsgründe vorhanden gewesen wären.

5. Eine vorläufige Festnahme hat zur weiteren Voraussetzung, daß Gefahr im Verzuge vorliegt (§ 127 Strafprozeßordnung). Auch diese

niejszym przypadku i ten warunek nie był dopełniony. Wykazuje to najlepiej postępowanie policji, która, znając od połowy marca 1925 prawie wszystkie rzekome powody podejrzenia, nie uczyniła do 19 kwietnia 1925 nic, aby stan rzeczy wyjaśnić. Drozdowski podał nieprawdziwe nazwisko wobec ks. proboszcza Baci na początku marca. Osiem dni później Drozdowski miał wykład w Gąsiorowicach, przy czym ks. proboszcz Bacia spostrzegł, że się omylił. Ponieważ zawiadomił natychmiast policję i naczelnika Urzędu Okręgowego o swych spostrzeżeniach (akt 48 i 48 a), przeto nie można sobie wytłumaczyć, gdyby rzeczywiście zwłoka groziła niebezpieczeństwem, dlaczego policja nie przedsięwzięła żadnych kroków, aby stwierdzić personalia Drozdowskiego. Od połowy marca miała ona na to sporo czasu i okazji. Nic nie stałoby jej na przeszkodzie, gdyby u licznych ludzi w Himmelwitz i okolicy zasięgnęła informacyj o Drozdowskim i wezwała go już wówczas na przesłuchy, zamiast go aresztować. Tym trudniej zrozumieć, że po kilkutygodniowej bezczynności przystąpiono dnia 19 kwietnia 1925 zaraz do aresztowania Drozdowskiego, nie zważając na to, że przedłożył legitymację (kartę zameldowania na pobyt w Wielkich Strzelcach), z której jasno wynikało, że od dnia 10 X 1924 był policyjnie zameldowany w Wielkich Strzelcach. Ta okoliczność powinna była bezwarunkowo skłonić wachmistrza Ludwiga do zaniechania aresztowania, gdyż stwierdzeniu podań Drozdowskiego nie stało już teraz nic na przeszkodzie.

6. Zarówno konstytucja Rzeszy (artykuł 114) jak i konstytucja Państwa Pruskiego (artykuł 5) gwarantują nienaruszalność wolności osobistej. Ograniczenie tej wolności dopuszczalne jest tylko w ramach ustaw. W niniejszym przypadku zlekceważono w daleko idącym stopniu ustanowione dla ochrony wolności osobistej i zupełnie jasne przepisy niemieckiej procedury karnej. Aresztowanie Drozdowskiego nastąpiło na podstawie tak słabych i dalekich poszlak, że o uzasadnionych powodach podejrzenia w myśl art. 112 procedury karnej nie może być mowy. Również dalszy warunek nie był dopełniony, że zwłoka grozi niebezpieczeństwem (§ 127 procedury karnej). Policja zastosowała lekkomyślnie najostrzejszy środek procedury karnej. Stosowanie prawa, odbiegające tak dalece od normy, wybiega daleko poza granice tego, co nazywamy jedynie mylnym stosowaniem prawa i stanowi samowolne i nierówne traktowanie prawne. Władze niemieckie twierdziły wprawdzie w toku postępowania zażaleniowego (akt 77), że w danych warunkach mógł zostać aresztowany również obywatel, który nie należy do mniejszości. Twierdzenie to nie jest przekonujące. Wysoka powaga niemieckiego Zarządu Sprawiedliwo-

Voraussetzung war im vorliegenden Falle nicht erfüllt. Das zeigt am besten das Verhalten der Polizei, die, obwohl ihr seit Mitte März 1925 nahezu alle angeblichen Verdachtsgründe bekannt waren, bis 19. April 1925 nichts zur Aufklärung des Sachverhalts unternommen hat. Die falsche Namensangabe gegenüber Pfarrer Bacia war Anfang März erfolgt. Acht Tage später hielt Drozdowski seinen Vortrag in Gonschiorowitz, wobei Pfarrer Bacia seiner Täuschung gewahr wurde. Da er sofort die Polizei und den Amtsvorsteher von seinen Beobachtungen in Kenntnis setzte (act. 48 und 48 a), ist es unerklärlich — falls wirklich Gefahr im Verzuge gewesen wäre, — daß die Polizei nichts zur Feststellung von Drozdowskis Personalien unternommen hat. Sie hatte dazu seit Mitte März reichlich Zeit und Gelegenheit gehabt. Nichts hätte sie daran gehindert, in Himmelwitz und den umliegenden Ortschaften bei zahlreichen Leuten über Drozdowski Auskunft einzuholen und ihn — anstatt zu seiner Verhaftung zu schreiten — schon damals zur Einvernahme vorzuladen. Um so unverständlicher ist es, daß nach wochenlanger Untätigkeit am 19. April 1925 gleich zur Verhaftung Drozdowskis geschritten wurde, und zwar ungeachtet dessen, daß er ein Legitimationspapier (Zuzugsanmeldung von Groß-Strehlitz) vorlegte, aus dem klar hervorging, daß er seit 10. Oktober 1924 polizeilich in Groß-Strehlitz gemeldet war. Dies hätte aber Polizeiwachtmeister Ludwig unbedingt veranlassen sollen, von einer Verhaftung abzusehen, da der Nachprüfung von Drozdowskis Angaben nunmehr gar keine Schwierigkeiten mehr entgegenstanden.

6. Sowohl die Reichsverfassung (Art. 114) als die preußische Staatsverfassung (Art. 5) gewährleisten die Unverletzlichkeit der persönlichen Freiheit. Eine Beschränkung ist nur nach Maßgabe der Gesetze zulässig. Im vorliegenden Falle sind die zum Schutz der persönlichen Freiheit aufgestellten und durchaus klaren Vorschriften der deutschen Strafprozeßordnung in weitgehendem Maße mißachtet worden. Die Verhaftung Drozdowskis ist auf Grund so schwacher und entfernter Indizien erfolgt, daß man vom Vorliegen dringender Verdachtsgründe im Sinne des Art. 112 der Strafprozeßordnung nicht sprechen kann. Auch die weitere Bedingung der Gefahr im Verzuge (§ 127 Strafprozeßordnung) war nicht erfüllt. Die Polizei hat leichtfertig zum rigorosesten der strafprozessualen Mittel gegriffen. Eine Rechtsanwendung, die so weit von der Norm abweicht, geht über die bloß unrichtige Rechtsanwendung weit hinaus und stellt sich als willkürliche und rechtsungleiche Behandlung dar. Es wurde zwar von den deutschen Behörden im Laufe des Beschwerdeverfahrens behauptet (act. 77), daß ein nicht der Minderheit angehöriger Staatsbürger unter den obwaltenden Umständen ebenfalls seine Festnahme hätte gewärtigen müssen. Diese Behauptung wirkt nicht überzeugend. Das

ści nie pozwala przypuszczać, aby tego rodzaju nierozważne i ustawowo nieuzasadnione zarządzenia aresztowań były regułą. Przypuścić raczej należy, że policja, postępując w powyższy sposób, sprzeniewierzyła się także swej własnej praktyce. Tym samym naruszono też zakaz nierównego traktowania wyrażony w Konwencji Genewskiej, ponieważ w myśl art. 75 ust. 3 nierówne traktowanie zachodzi wówczas, jeżeli osobę mniejszościową traktowało się w sposób, który odbiega samowolnie od sposobu ogólnie praktykowanego.

IV

W petycji z dnia 4 czerwca 1925 (akt 2) żalący się wskazał na pismo Rejencji Opolskiej, którym mu zagrożono, że na przyszłość w przypadkach źle umotywowanych zażaleń pobierać się będzie opłaty administracyjne (akt 6). Przypadku tego nie potrzeba tutaj rozpatrywać, ponieważ nie zgłoszono dotycznego wniosku. Poza tym sprawę tę należy uważać za załatwioną, ponieważ władze niemieckie na skutek interwencji Prezydenta Komisji Mieszanej złożyły oświadczenie, że nie będą pobierać opłat administracyjnych od zażaleń opartych na Konwencji Genewskiej.

V

Po naradzie w łonie Komisji Mieszanej Prezydent Komisji Mieszanej na mocy powyższych rozważań dochodzi do

poglądu:

Wbrew postanowieniu art. 75 al. 3 polsko-niemieckiej Konwencji z dnia 15 maja 1922 niemieckie władze policyjne traktowały nierówno żalącego się Bolesława Drozdowskiego z okazji aresztowania go w Gąsiorowicach dnia 19 kwietnia 1925. Rząd Niemiecki wzywa się, aby w drodze dyscyplinarnej odpowiednio ukarał urzędników, którzy są odpowiedzialni za powyższe aresztowanie.

40

Pogląd

z dnia 15 grudnia 1926 w sprawie nr 257 Niemiecko-Górnośląskiego Związku Ludowego na Górny Śląsk Polski dla strzeżenia praw mniejszości, związku zapisanego, żalącego się, Katowice, ul. Młyńska 23, hohe Ansehen der deutschen Justizverwaltung verbietet die Annahme, daß derartig voreilige und gesetzlich unbegründete Verhaftungsmaßnahmen die Regel bilden. Es muß vielmehr angenommen werden, daß die Polizei mit diesem Vorgehen auch einen Verstoß gegen ihre eigene Praxis begangen hat. Damit ist aber auch eine Verletzung des in der Genfer Konvention ausgesprochenen Verbots der unterschiedlichen Behandlung gegeben, denn gemäß Art. 75 Abs. 3 liegt eine solche vor, wenn ein Angehöriger der Minderheit eine Behandlung erfahren hat, die von der allgemein üblichen willkürlich abweicht.

IV

Der Beschwerdeführer hat in seiner Eingabe vom 4. Juni 1925 (act. 2) auf ein Schreiben der Oppelner Regierung hingewiesen, worin ihm angedroht wurde, daß zukünftig in schlecht begründeten Beschwerdefällen Verwaltungsgebühren erhoben würden (act. 6). Auf diesen Vorfall ist hier nicht einzutreten, da diesbezüglich kein Antrag gestellt wurde. Außerdem ist diese Angelegenheit als erledigt anzusehen, da auf Intervention des Präsidenten der Gemischten Kommission die deutschen Behörden die Erklärung abgegeben haben, in Beschwerden, die sich auf die Genfer Konvention stützen, von der Erhebung von Verwaltungsgebühren abzusehen.

V

Nach stattgehabter Beratung im Schoße der Gemischten Kommission gelangt der Präsident der Gemischten Kommission, gestützt auf die vorstehenden Erwägungen zur

Stellungnahme:

Der Beschwerdeführer Boleslaus Drozdowski ist anläßlich seiner am 19. April 1925 in Gonschiorowitz erfolgten Verhaftung durch die deutschen Polizeibehörden entgegen der Bestimmung des Art. 75 al. 3 des deutsch-polnischen Abkommens vom 15. Mai 1922 unterschiedlich behandelt worden. Die deutsche Regierung wird ersucht, die für die Verhaftung verantwortlichen Beamten in angemessener Weise disziplinarisch zu bestrafen.

40

Stellungnahme

vom 15. Dezember 1926 in der Sache Nr. 257 des Deutsch-Oberschlesischen Volksbundes für Polnisch-Oberschlesien zur Wahrung der Minderheitsrechte, Eingetragener Verein, Beschwerdeführer, in Katowice, ulica dotyczącej nieprzyjęcia uczniów zgłoszonych na rok szkolny 1926-27 do szkół mniejszościowych na Górnym Śląsku Polskim.

I

Ogólny stan rzeczy i treść zażalenia

Dnia 25 września 1926 Niemiecki Związek Ludowy jako żalący się wniósł w myśl art. 149 do 157 Konwencji Genewskiej do Polskiego Urzędu Spraw Mniejszości w Katowicach petycję, której treść i ogólny stan faktyczny przedstawia się poniżej.

1. W czasie od 25 do 31 maja 1926 odbyły się we wszystkich gminach Górnego Śląska Polskiego, w których w myśl art. 105 § 2 istniały publiczne szkoły powszechne dla mniejszości niemieckiej, wpisy uczniów przeznaczonych do tych instytucyj szkolnych. Wpisy do trzech szkół (Łaziska Górne, Bytków i Wilcza Górna), które miały być ponownie otwarte z dniem 1 września 1926, odbyły się w czasie pomiędzy 20 a 26 czerwca 1926. Wpisy obejmowały dwie grupy uczniów: a) początkujących, b) takich uczniów, którzy dotychczas uczęszczali do szkoły polskiej i mieli przejść do szkoły mniejszościowej niemieckiej. Stosownie do obwieszczeń Województwa (akt 45, 46, 47, 48) uprawnieni do wychowania mieli zgłaszać dzieci ustnie lub pisemnie u właściwych kierowników szkół. Dla zgłoszeń pisemnych Województwo przepisywało pewne określone brzmienie (akt 45, 46, 47, 48), które zawierało m. i. następujące oświadczenie co do przynależności dzieci do mniejszości: „Oświadczam, że wymienione powyżej dziecko należy do mniejszości językowej niemieckiej". Ze zgłoszeń ustnych spisywano protokół (akt 49), który przedkładano uprawnionym do wychowania do podpisu; protokół ten zawierał to samo oświadczenie w sprawie przynależności zgłoszonych uczniów do mniejszości. Łączna liczba uczniów, zgłoszonych w ten sposób do szkół mniejszościowych, wynosiła według zapodań Urzędu Spraw Mniejszości 8829 (akt 31), według zapodań żalącego się 8560 (akt 9).

2. W jakiś czas po zakończeniu tych wpisów najwyższa właściwa władza szkolna, Wydział Oświecenia Publicznego Województwa, którego odpowiedzialnym kierownikiem jest Wojewoda, zarządziła dochodzenie administracyjne celem przesłuchania wszystkich uprawnionych do wychowania (akt 31), którzy zgłosili uczniów do szkół mniejszościowych. Dochodzenia te przeprowadzono z polecenia władzy szkolnej w 67 gminach. Na przesłuchy stawiło się 5784 osób, któ-

Młyńska 23, betreffend Zurückweisung der für das Schuljahr 1926-27 zu den Minderheitsschulen Polnisch-Oberschlesiens angemeldeten Schüler.

I

Allgemeiner Sachverhalt und Inhalt der Beschwerde.

Am 25. September 1926 reichte der Deutsche Volksbund als Beschwerdeführer eine Eingabe im Sinne der Art. 149—157 der Genfer Konvention beim Polnischen Minderheitsamt in Katowice ein, deren allgemeiner Tatbestand und Inhalt nachfolgend dargelegt werden:

1. In der Zeit vom 25. bis 31. Mai 1926 fanden in allen Gemeinden Polnisch-Oberschlesiens, wo öffentliche Volksschulen für die deutsche Minderheit im Sinne von Art. 105 § 2 bestanden, die Anmeldungen der für diese Schuleinrichtungen bestimmten Schüler statt. Die Anmeldungen für die drei am 1. September 1926 neu zu eröffnenden Schulen (Łaziska-Górne, Bytków und Wilcza-Górna) erfolgten zwischen dem 20. und 26. Juni 1926. Es gelangten zwei Gruppen von Schülern zur Anmeldung: a) Schulanfänger, b) solche Schüler, die bisher die polnische Schule besucht hatten und in die deutsche Minderheitsschule übertreten sollten. Entsprechend den von der Wojewodschaft erlassenen Bekanntmachungen (act. 45, 46, 47, 48) hatten die Erziehungsberechtigten ihre Kinder mündlich oder schriftlich bei den zuständigen Schulleitern anzumelden. Für die schriftlichen Anmeldungen schrieb die Wojewodschaft einen bestimmten Wortlaut vor (act. 45, 46, 47, 48), in welchem u. a. folgende Erklärung über die Minderheitszugehörigkeit der Kinder aufgenommen war: »Ich erkläre, daß das oben angeführte Kind zur deutschen Sprachminderheit gehört«. Über die mündlich gemachten Anmeldungen wurde ein Protokoll (act. 49) aufgenommen, das den Erziehungsberechtigten zur Unterschrift vorgelegt wurde und welches eine gleichlautende Erklärung über die Minderheitszugehörigkeit der angemeldeten Schüler enthielt. Die Gesamtzahl der in dieser Weise für die Minderheitsschulen angemeldeten Schüler betrug laut Angabe des Minderheitsamtes 8829 (act. 31), laut Angabe des Beschwerdeführers 8560 (act. 9).

2. Einige Zeit nach Beendigung dieser Einschreibungen ordnete die oberste zuständige Schulbehörde, die Schulabteilung der Wojewodschaft, deren verantwortlicher Leiter der Wojewode ist, eine administrative Untersuchung behufs Einvernahme sämtlicher Erziehungsberechtigten an (act. 31), welche Schüler zu den Minderheitsschulen angemeldet hatten. Diese Untersuchung wurde im Auftrage der Schulbehörde in 67 Gemeinden durchgeführt. Zur Einvernahme erschienen 5784 Personen — die im

re zeznawały w imieniu 6592 dzieci. Protokoły z przesłuchów są podpisane przez „Urzędnika Wydziału Oświecenia Publicznego" lub przez „Delegata Rządu" lub przez „Urzędnika Urzędu Wojewódzkiego" lub przez Naczelnika Gminy względnie jego zastępcę. Z okazji przesłuchów uprawnieni do wychowania musieli podać, który język jest językiem ojczystym ich dzieci, a oprócz tego ponownie musieli oświadczyć, czy chcieli dzieci zgłosić do szkoły mniejszościowej niemieckiej czy do szkoły większościowej polskiej. W końcu zapytywano ich, czy podpis na wnioskach uznają za własny oraz w jaki sposób doręczyli kierownictwu szkoły wnioski pisemne. Na mocy wyników powyższych przesłuchów właściwe władze uznały za nieważne 7114 zgłoszeń do szkoły mniejszościowej, motywując to w różny sposób. Umotywowania te przytacza się w następującym ustępie.

3. Według urzędowej tabeli statystycznej z dnia 21 października 1926 (akt 15—16) zgłoszenia do szkół mniejszościowych uznano za nieważne z następujących siedmiu powodów:

a) zgłoszenia co do 145 uczniów uznano za nieważne, ponieważ uczeń zgłoszony do szkoły mniejszościowej nie posiadał obywatelstwa polskiego (p. tabela statystyczna akt 15—16, rubryka a),

b) zgłoszenia co do 391 uczniów uznano za nieważne, ponieważ ucznia zgłoszonego do szkoły mniejszościowej zgłosiła osoba nieuprawniona do wychowania (p. tabela statystyczna akt 15—16, rubryka b),

c) zgłoszenia co do 47 uczniów uznano za nieważne, ponieważ uczeń zgłoszony do szkoły mniejszościowej nie należał do związku szkolnego, w którym go zgłoszono (p. tabela statystyczna akt 15—16, rubryka e),

d) zgłoszenia co do 12 uczniów uznano za nieważne, ponieważ uczeń zgłoszony do szkoły mniejszościowej przeznaczony był do innej szkoły (p. tabela statystyczna akt 15—16, rubryka f),

e) zgłoszenia co do 7 uczniów uznano za nieważne, ponieważ uczeń zgłoszony do szkoły mniejszościowej nie podlegał już obowiązkowi szkolnemu (p. tabela statystyczna akt 15—16, rubryka g),

f) zgłoszenia co do 1307 uczniów uznano za nieważne, ponieważ uprawnieni do wychowania mimo wezwania nie stawili się na przesłuchy, wobec czego nie można było sprawdzić własnoręczności podpisu

Namen von 6592 Kindern sprachen. Die Untersuchungsprotokolle sind unterschrieben vom »Beamten der Schulabteilung« oder »vom Delegierten der Regierung« oder »Beamten der Wojewodschaft« oder vom Gemeindevorsteher bzw. dessen Stellvertreter. Bei ihrer Vernehmung mußten die Erziehungsberechtigten angeben, welche die Muttersprache ihrer Kinder sei und außerdem mußten sie sich neuerdings darüber erklären, ob sie ihre Kinder für die deutsche Minderheitsschule oder für die polnische Mehrheitsschule anmelden wollten. Zum Schlusse wurden die Erziehungsberechtigten gefragt, ob sie die Unterschrift auf den Anmeldungen als die ihrige anerkennen und wie sie ihre schriftlichen Anmeldungen der Schulleitung zugestellt hätten. Auf Grund der Ergebnisse dieser Einvernahmen erklärten die zuständigen Behörden 7114 Anmeldungen für die Minderheitsschule als ungültig und zwar mit verschiedenen Begründungen, die wir im nachfolgenden Abschnitt anführen.

3. Laut der amtlichen statistischen Tabelle vom 21. Oktober 1926 (act. 15 bis 16) sind die Anmeldungen für die Minderheitsschulen aus folgenden sieben Gründen für ungültig erklärt worden:

a) die Anmeldungen von 145 Schülern sind für ungültig erklärt worden, weil der für die Minderheitsschule angemeldete Schüler nicht die polnische Staatsangehörigkeit besaß (siehe statistische Tabelle act. 15—16, Rubrik a);

b) die Anmeldungen von 391 Schülern sind für ungültig erklärt worden, weil der für die Minderheitsschule angemeldete Schüler von einer nicht erziehungsberechtigten Person angemeldet wurde (siehe statistische Tabelle act. 15—16, Rubrik b);

c) die Anmeldungen von 47 Schülern sind für ungültig erklärt worden, weil der für die Minderheitsschule angemeldete Schüler nicht dem Schulverband angehörte, in dem er angemeldet wurde (siehe statistische Tabelle act. 15—16, Rubrik e);

d) die Anmeldungen von 12 Schülern sind für ungültig erklärt worden, weil der für die Minderheitsschule angemeldete Schüler für eine andere Schule bestimmt war (siehe statistische Tabelle act. 15—16, Rubrik f);

e) die Anmeldungen von 7 Schülern sind für ungültig erklärt worden, weil der für die Minderheitsschule angemeldete Schüler nicht mehr schulpflichtig war (siehe statistische Tabelle act. 15—16, Rubrik g);

f) die Anmeldungen von 1307 Schülern wurden für ungültig erklärt, weil die Erziehungsberechtigten der Vorladung zur Einvernahme nicht Folge geleistet hatten und infolgedessen die Echtheit ihrer Unterschrift i prawdziwości ich zapodań w zgłoszeniach (p. tabela statystyczna akt 15—16, rubryka d),

g) zgłoszenia co do 5205 uczniów uznano za nieważne, ponieważ zgłoszone dzieci nie należą do mniejszości niemieckiej (p. tabela statystyczna akt 15—16, rubryka c).

4. Na początku roku szkolnego 1926-27 nie przyjęto do szkół mniejszościowych żadnego ucznia, którego zgłoszenie uznano za nieważne. Znaczna część tych uczniów nie uczęszcza obecnie do żadnej szkoły, ponieważ uprawnieni do wychowania zajmują stanowisko, że w myśl przepisu art. 131 i dotychczasowej przez właściwe władze uznanej praktyki Komisji Mieszanej nie mają obowiązku posyłać dzieci, które zgłosili do szkoły mniejszościowej, do szkoły polskiej. Licznym spośród tych rodziców doręczono policyjne mandaty karne z powodu zaniedbania nauki szkolnej przez ich dzieci. W pewnej ilości przypadków sądy już rozpatrywały sprzeciwy wniesione przez rodziców przeciwko tym mandatom karnym. Sąd Powiatowy w Królewskiej Hucie odrzucił sprzeciw uprawnionych do wychowania i zasądził ich na grzywny z powodu zaniedbania nauki szkolnej. Czy inne sądy postąpiły w ten sam sposób, Prezydentowi Komisji Mieszanej nie wiadomo. Część zgłoszonych dzieci uczęszcza obecnie z powodu nieprzyjęcia ich do szkół mniejszościowych niemieckich do szkół większościowych polskich.

5. Żalący się wnosi o stwierdzenie (akt 9), że:

a) „zarządzenia Województwa Śląskiego w sprawie nieważności zgłoszeń szkolnych z umotywowaniem, że zgłoszone dzieci nie należą do mniejszości językowej, są niedopuszczalne";

b) „Województwo Śląskie jest zobowiązane przyjąć bezzwłocznie do powszechnych szkół mniejszościowych wszystkie dzieci, które zgłoszono w sposób przepisany";

c) „Województwu Śląskiemu nie wolno przed ostatecznym rozstrzygnięciem tej petycji nakładać kar lub stosować środków przymusowych wobec uprawnionych do wychowania lub dzieci".

Powyższe zażalenie (akt 9) wraz z uwagami Polskiego Urzędu Spraw Mniejszości (akt 7, 8) przekazano dnia 21 października 1926 w myśl art. 152 Konwencji Genewskiej Prezydentowi Komisji Mieszanej. Podczas późniejszej wymiany pism (zob. akta 7 do 30 b) oraz na rozprawach ustnych z dnia 4 i 13 listopada 1926 (akt 31 i 43) Urząd Spraw Mniejszości i żalący się mieli sposobność wypowiedzieć się ustnie i pisemnie do skargi. Podkreślić jeszcze można, że w myśl sowie die Richtigkeit ihrer Angaben auf den Anmeldungen nicht geprüft werden konnten (siehe statistische Tabelle act. 15—16, Rubrik b);

g) die Anmeldungen von 5205 Schülern wurden für ungültig erklärt, weil die angemeldeten Schüler nicht der deutschen Minderheit angehörten (siehe statistische Tabelle act. 15—16, Rubrik c).

4. Zu Beginn des Schuljahres 1926-27 wurden alle Schüler, deren Anmeldungen für ungültig erklärt wurden, vom Unterricht in der Minderheitsschule zurückgewiesen. Ein großer Teil dieser Schüler besucht derzeit überhaupt keine Schule, da sich die Erziehungsberechtigten auf den Standpunkt stellen, daß sie gemäß der Vorschrift des Art. 131 und der bisherigen von den zuständigen Behörden anerkannten Praxis der Gemischten Kommission nicht verpflichtet seien, ihre für die Minderheitsschule angemeldeten Kinder der polnischen Schule zuzuführen. Viele von diesen Eltern erhielten wegen der Schulversäumnis ihrer Kinder polizeiliche Strafmandate. In einer Anzahl von Fällen ist der Einspruch, den die Eltern gegen diese Strafmandate erhoben haben, bereits von den Gerichten behandelt worden. Das Amtsgericht von Królewska-Huta hat den Einspruch der Erziehungsberechtigten nicht geschützt und sie wegen Schulversäumnis zu Geldstrafen verurteilt. Ob andere Gerichte in gleicher Weise entschieden haben, ist dem Präsidenten der Gemischten Kommission nicht bekannt. Ein Teil der angemeldeten Kinder besucht derzeit infolge ihrer Zurückweisung von den deutschen Minderheitsschulen die polnischen Mehrheitsschulen.

5. Der Beschwerdeführer beantragt festzustellen (act. 9):

a) »Die Anordnungen der Schlesischen Wojewodschaft über die Ungültigkeit der Schulanmeldungen mit der Begründung, daß die angemeldeten Kinder nicht zur Sprachminderheit gehören, sind unzulässig.«

b) »Die Schlesische Wojewodschaft ist verpflichtet, sämtliche Kinder, für die die vorgeschriebene Anmeldung erfolgt ist, ohne Verzug in die Minderheitsvolksschulen einzuschulen.«

c) »Die Schlesische Wojewodschaft darf vor der endgültigen Entscheidung über diese Eingabe weder gegen Erziehungsberechtigte noch gegen Kinder Strafen oder Zwangsmittel anordnen.«

Diese Beschwerde (act. 9) wurde, begleitet von den Bemerkungen des Polnischen Minderheitsamts (act. 7—8), am 21. Oktober 1926 dem Präsidenten der Gemischten Kommission gemäß Art. 152 der Genfer Konvention übermittelt. In dem darauffolgenden Schriftenwechsel (siehe acta 7—30 b) sowie in den mündlichen Verhandlungen vom 4. und 13. November 1926 (act. 31 und 43) fanden das Minderheitsamt und der Beschwerdeführer Gelegenheit, sich schriftlich und mündlich zur Beschwerart. 152-2 Konwencji Genewskiej Urzędowi Spraw Mniejszości przysługuje z urzędu zastępstwo właściwej władzy przed Komisją Mieszaną.

Na rozprawach ustnych strony powtórzyły w zasadzie swe umotywowania przedstawione w pismach procesowych.

6. Będzie celowym stwierdzić już teraz, że w niniejszym postępowaniu zażaleniowym nie można rozpatrywać pięciu wymienionych sub I liczba 3 lit. a—e włącznie grup oddalonych zgłoszeń. W odniesieniu do powyższych grup zgłoszeń należy, jeżeli wyłonią się kwestie sporne co do obywatelstwa, przynależności do związku szkolnego, prawa do wychowania etc., przeprowadzić w każdym poszczególnym przypadku dochodzenia dowodowe pod względem faktycznym, co w obecnym postępowaniu nie jest możliwe. W odniesieniu do szczególnych kwestyj prawnych, które dotyczą tych pięciu grup oddaleń, chyba nie będzie kontrowersyj, tak, że i pod tym względem nie ma potrzeby rozpatrywać ich w niniejszym postępowaniu. Tylko jedną ogólną kwestię prawną poruszy się już w tym miejscu: o ile by właściwa władza za uprawnionych do wychowania w myśl art. 131 Konwencji Genewskiej uważała jedynie ojców i sądownie ustanowionego opiekuna z wyłączeniem wdów, jakby to można wnosić z instrukcyj danych naczelnikom gmin w sprawie dochodzeń (akt 44—44 a), to zapatrywanie takie byłoby mylne. W myśl orzecznictwa Komisji Mieszanej i § 1684 kodeksu cywilnego — matka, jako uprawniona do wychowania, wstępuje w miejsce zmarłego ojca.

W myśl powyższych wywodów odsyła się zatem wszystkie zgłoszenia grup a do e na drogę późniejszego postępowania. W niniejszym postępowaniu zażaleniowym należy rozpatrywać jedynie oddalone zgłoszenia dwóch grup pod I liczba 3 lit. f i g.

7. Celem lepszego zrozumienia kwestyj faktycznych i prawnych, które związane są z niniejszym zażaleniem, nie będzie od rzeczy rozróżnić i objaśnić znaczenie ustalonych w orzecznictwie Komisji Mieszanej pojęć wniosku szkolnego (wniosek) i zgłoszenia szkolnego (zgłoszenie) (wpisy).

a) Przez zgłoszenia (wpisy) do szkoły mniejszościowej, o których jest mowa w niniejszym zażaleniu, rozumieć należy nieformalne doniesienia uprawnionych do wychowania do kierownika szkoły, że chcą, aby dzieci ich uczęszczały do szkoły mniejszościowej. Konwencja Genewska zgłoszeń tych wyraźnie nie przewidziała. Nie było to też potrzebne, ponieważ przy zgłaszaniu dzieci szkolnych nie powinno desache zu äußern. Es mag noch hervorgehoben werden, daß gemäß Art. 152/2 der Genfer Konvention dem Minderheitsamt von Amts wegen die Vertretung der zuständigen Behörde vor der Gemischten Kommission zukommt.

In den mündlichen Verhandlungen wiederholten die Parteien im wesentlichen ihre in den schriftlichen Eingaben vorgebrachte Begründung.

6. Es ist zweckmäßig schon jetzt festzustellen, daß die sub I Ziffer 3 lit. a bis e inklusive aufgeführten 5 Gruppen von abgelehnten Anmeldungen im gegenwärtigen Beschwerdeverfahren nicht beurteilt werden können. In bezug auf diese Gruppen von Anmeldungen müssen, wenn Streitfragen über die Staatsangehörigkeit, über die Zugehörigkeit zum Schulverband, über das Erziehungsrecht usw. sich erheben, in tatsächlicher Hinsicht Beweiserhebungen in jedem einzelnen Falle stattfinden, was in diesem Verfahren nicht möglich ist. Was die besonderen Rechtsfragen anbelangt, die diese 5 Gruppen von Ablehnungen betreffen, so dürften sich hierüber kaum Kontroversen erheben, so daß auch in dieser Hinsicht kein Grund vorliegt, im gegenwärtigen Verfahren darauf einzutreten. Nur eine generelle Rechtsfrage mag schon hier berührt werden: Sofern die zuständige Behörde nur die Väter und den gerichtlich bestellten Vormund, unter Ausschluß der Witwen, als erziehungsberechtigt im Sinne des Art. 131 der Genfer Konvention betrachten sollte — wie dies aus den Untersuchungsinstruktionen an die Gemeindevorsteher (act. 44/44 a) geschlossen werden könnte, — so wäre diese Auffassung irrig. Gemäß der Rechtsprechung der Gemischten Kommission und § 1684 des Bürgerlichen Gesetzbuches tritt die Mutter als erziehungsberechtigt an die Stelle des verstorbenen Vaters.

Im Sinne obiger Ausführungen werden somit alle Anmeldungen der Gruppen a—e auf den Weg eines späteren Verfahrens verwiesen. Im gegenwärtigen Beschwerdeverfahren sind nur die abgelehnten Anmeldungen der 2 Gruppen unter I Ziffer 3 lit. f und g zu beurteilen.

7. Zum besseren Verständnis der mit dieser Beschwerde verbundenen Tat- und Rechtsfragen ist es zweckmäßig, die Bedeutung der in der Rechtsprechung der Gemischten Kommission festgelegten Begriffe des Schulantrages (Antrag) und der Schulanmeldung (Anmeldung) zu unterscheiden und zu erläutern.

a) Unter den Anmeldungen zur Minderheitsschule, von welchen in der vorliegenden Beschwerde die Rede ist, sind zu verstehen die formlosen Anzeigen der Erziehungsberechtigten an den Schulleiter, daß sie die Beschulung ihrer Kinder in der Minderheitsschule wünschen. Die Genfer Konvention hat diese Anmeldungen nicht ausdrücklich vorgesehen. Es war dies auch nicht nötig, da bei der Anmeldung der Schulkinder się robić różnicy pomiędzy uczniami większościowymi a uczniami mniejszościowymi. Z natury zgłoszeń wynika, że wchodzą one w rachubę jedynie w tych miejscowościach, gdzie szkoły mniejszościowe już istnieją lub gdzie właściwa władza urządzenie tychże szkół już zarządziła. Tegoroczne zgłoszenia przeprowadzono w czasie pomiędzy 25 a 31 maja lub pomiędzy 20 a 26 czerwca 1926.

b) Od tych zgłoszeń należy ściśle odróżnić „wnioski" przewidziane w artykule 106 Konwencji Genewskiej. Wnioski te służą jedynie do wyjaśnienia kwestii organizacyjnej, czy w jakimś związku szkolnym należy szkołę mniejszościową urządzić lub nie. W tym celu winien jakiś obywatel Państwa wnieść prośbę o utworzenie szkoły mniejszościowej, popartą przez uprawnionych do wychowania przynajmniej 40 dzieci. Stosownie do przepisów Województwa poparcie to wyraża się w praktyce w ten sposób, że każdy z uprawnionych do wychowania wypełnia i podpisuje formularz zatwierdzony przez Województwo. Przy niniejszym załącza się tego rodzaju formularz (akt 50). To oświadczenie poszczególnego uprawnionego do wychowania nazywa się w praktyce Komisji Mieszanej „wniosek".

Należy jeszcze podkreślić, że artykuł 106 Konwencji Genewskiej pojmuje wszystkie klasy związku szkolnego jako całość: 40 wniosków wystarcza zatem, aby wszystkim uczniom mniejszościowym danego związku szkolnego zapewnić naukę w powszechnej szkole mniejszościowej, bez względu na liczbę ludności mniejszościowej oraz uczniów mniejszościowych. Wynika z tego, że do istniejącej szkoły mniejszościowej dopuścić należy wszystkich uczniów, których przyjęcia do tej szkoły życzą sobie dani uprawnieni do wychowania. (W tej sprawie zob. okólnik Wojewody z dnia 1 września 1923, ogłoszony w nrze 35 Gazety Urzędowej Województwa Śląskiego, oraz okólnik Prezesa Rejencji w Opolu z dnia 4 sierpnia 1923, ogłoszony w nrze 30 Gazety Urzędowej Rejencji Opolskiej (Amtsblatt der Regierung zu Oppeln). Nie uchodzi zatem, aby dla uczniów wstępujących corocznie do szkół mniejszościowych, żądano wniosków w myśl artykułu 106 Konwencji Genewskiej, ponieważ z chwilą utworzenia instytucji szkolnej dla mniejszości, o którą zgłoszono wnioski, zgłaszanie dalszych wniosków jest pozbawione wszelkiego sensu i bezcelowe. Z tego powodu obydwa umawiające się Państwa odstąpiły na skutek interwencji Prezydenta Komisji Mieszanej od stosowanej początkowo praktyki, według której dla wstąpienia uczniów do istniejących już szkół mniejszościowych żądano zgłoszenia wniosków w myśl artykułu 106 Konwencji Genewkein Unterschied gemacht werden sollte zwischen Mehrheitsschülern und Minderheitsschülern. Aus der Natur der Anmeldungen folgt, daß sie nur in solchen Ortschaften in Frage kommen, wo Minderheitsschulen bereits bestehen oder deren Errichtung von den zuständigen Behörden bereits angeordnet ist. Die diesjährigen Anmeldungen sind zwischen dem 25. bis 31. Mai bzw. 20. bis 26. Juni 1926 durchgeführt worden.

b) Von diesen Anmeldungen sind streng zu unterscheiden die in Art. 106 der Genfer Konvention vorgesehenen »Anträge«. Diese Anträge dienen lediglich zur Beantwortung der organisatorischen Frage, ob in einem Schulverband eine Minderheitsschule zu errichten ist oder nicht. Zu diesem Zwecke ist von irgendeinem Staatsangehörigen ein Gesuch um Errichtung einer Minderheitsschule zu stellen, das von den Erziehungsberechtigten von mindestens 40 Kindern unterstützt werden muß. In der Praxis wird, entsprechend den Vorschriften der Wojewodschaft, diese Unterstützung in der Weise bekundet, daß jeder der Erziehungsberechtigten ein von der Wojewodschaft genehmigtes Formular ausfüllt und unterzeichnet. Es wird hier ein solches Formular beigelegt (act. 50). Diese Erklärung des einzelnen Erziehungsberechtigten wird nach der Praxis der Gemischten Kommission als »Antrag« bezeichnet.

Es ist noch hervorzuheben, daß Art. 106 der Genfer Konvention alle Klassen eines Schulverbandes als Einheit auffaßt: 40 Anträge genügen also, um allen Minderheitsschülern eines Schulverbandes den Unterricht in der Minderheitsvolksschule zu sichern, wie groß auch die Minderheitsbevölkerung und die Zahl der Minderheitsschüler sein mag. Daraus ergibt sich, daß zu einer bestehenden Minderheitsschule alle Schüler zuzulassen sind, deren Erziehungsberechtigte die Aufnahme in die Minderheitsschule wünschen. Siehe darüber die Rundschreiben des Wojewoden vom 1. September 1923, publiziert in Nr. 35 der Gazeta Urzędowa Województwa Śląskiego und des Regierungspräsidenten von Oppeln vom 4. August 1923, publiziert in Nr. 30 des Amtsblattes der Regierung zu Oppeln. Es geht daher nicht an, für die alljährlich neu in die Minderheitsschulen eintretenden Schüler Anträge im Sinne von Art. 106 der Genfer Konvention zu verlangen, denn mit der Errichtung der beantragten Minderheitsschuleinrichtung entbehrt die Stellung weiterer Anträge jeglichen Sinnes und Zweckes. Aus diesem Grunde ist von beiden Vertragsstaaten auf Veranlassung des Präsidenten der Gemischten Kommission die anfänglich geübte Praxis aufgegeben worden, wonach für den Eintritt der Schüler in die bestehenden Minderheitsschulen die Stellung von Anträgen im Sinne von Art. 106 der Genfer Konvention verlangt wurde. Beide Regierungen haben vielmehr anerkannt, daß für die skiej. Obydwa Rządy uznały raczej, że dla zgłoszenia ucznia do istniejącej szkoły mniejszościowej lub do szkoły mniejszościowej, której utworzenie zostało zarządzone, wystarcza nieformalne, ustne lub pisemne doniesienie uprawnionego do wychowania do kierownika szkoły, że chce, aby dziecko jego uczęszczało do szkoły mniejszościowej. Te doniesienia lub oświadczenia określa się w praktyce Komisji Mieszanej w przeciwieństwie do wniosku o utworzenie szkoły mniejszościowej jako „zgłoszenia" (wpisy). W następujących wywodach nie chodzi o wnioski o utworzenie szkoły mniejszościowej w myśl artykułu 106 Konwencji Genewskiej, lecz jedynie o zgłoszenie (wpis) dzieci do istniejących szkół mniejszościowych lub szkół mniejszościowych, których utworzenie już zostało postanowione.

c) Różnica praktyczna pomiędzy zgłoszeniami (wpisami) a wnioskami polega na tym, że wnioski należy uwzględnić dopiero po upływie 9 miesięcy po ich zgłoszeniu (art. 106 § 2 Konwencji Genewskiej), natomiast zgłoszeniu do szkoły mniejszościowej należy uczynić zadość bezzwłocznie. Następnie podpisy na wnioskach winny być uwierzytelnione, ponieważ ze względu na ważność tych dokumentów Prezydent Komisji Mieszanej na życzenie obu umawiających się Państw zgodził się na to, że wolno żądać uwierzytelnienia podpisów na wnioskach. Natomiast co do zgłoszeń Rządy obu Państw uznały, że uwierzytelnienia podpisów nie potrzeba.

II

Prawo petycji związków mniejszościowych

Urząd Spraw Mniejszości jako zastępca właściwych władz nie wniósł wprawdzie formalnego sprzeciwu przeciwko dopuszczeniu zażalenia Niemieckiego Związku Ludowego, w każdym razie zrobił jednak zastrzeżenie, które pozwala wnioskować, że właściwe władze chcą w danym razie kwestionować prawo petycji Niemieckiego Związku Ludowego.

Ponieważ chodzi o jedną z najważniejszych kwestii całego prawa mniejszościowego, należy do przytoczonego zastrzeżenia zająć stanowisko. Kwestia, czy Niemiecki Związek Ludowy ma tzw. legitymację aktywną do wnoszenia zażaleń, została już rozpatrzona i potwierdzona w poglądzie z dnia 26 listopada 1923 w sprawie nr 41 Niemiecko-Górnośląskiego Związku Ludowego w Katowicach, dotyczącej średnich i wyższych publicznych szkół mniejszościowych. Z okazji skierowania powyższej sprawy w drodze odwołania do Rady Ligi

Anmeldung eines Schülers zu einer bestehenden oder angeordneten Minderheitsschule eine formlose, mündliche oder schriftliche Anzeige des Erziehungsberechtigten an den Schulleiter genügt, daß er die Beschulung seines Kindes in der Minderheitsschule wünscht. Diese Anzeigen bzw. Erklärungen werden im Gegensatz zum Antrag auf Errichtung einer Minderheitsschule gemäß der Praxis der Gemischten Kommission als »Anmeldungen« bezeichnet. In den nachfolgenden Ausführungen handelt es sich nicht um Anträge auf Errichtung einer Minderheitsschule im Sinne von Art. 106 der Genfer Konvention, sondern um die bloße Anmeldung von Kindern zu bestehenden oder bereits beschlossenen Minderheitsschulen.

c) Der praktische Unterschied zwischen Anmeldungen und Anträgen besteht darin, daß den Anträgen erst 9 Monate nach ihrer Einreichung Folge gegeben werden muß (Art. 106 § 2 der Genfer Konvention), während der Anmeldung für die Minderheitsschule ohne Verzug zu entsprechen ist. Des weiteren müssen die Unterschriften auf den Anträgen beglaubigt werden, denn mit Rücksicht auf die Wichtigkeit dieser Dokumente hat der Präsident der Gemischten Kommission auf Wunsch der beiden Vertragsstaaten zugegeben, daß die Beglaubigung der Unterschriften auf den Anträgen verlangt werden darf. Dagegen ist in bezug auf die Anmeldungen von den Regierungen beider Staaten anerkannt worden, daß eine Legalisierung der Unterschriften nicht erforderlich ist.

II

Das Beschwerderecht der Minderheitsverbände.

Das Minderheitsamt als Vertreter der zuständigen Behörden hat zwar keine förmliche Einrede gegen die Zulassung der Beschwerde des Deutschen Volksbundes erhoben, aber immerhin einen Vorbehalt gemacht, der darauf schließen läßt, daß die zuständigen Behörden das Beschwerderecht des Volksbundes gegebenenfalls bestreiten wollen.

Da es sich um eine der wichtigsten Fragen des ganzen Minderheitsrechts handelt, muß zu dem erwähnten Vorbehalt Stellung genommen werden. Die Frage, ob der Deutsche Volksbund die sogenannte Aktivlegitimation zur Einreichung von Beschwerden besitzt, ist schon in der Stellungnahme vom 26. November 1923 über die Beschwerde Nr. 41 des Deutsch-Oberschlesischen Volksbundes in Katowice betreffend mittlere und höhere öffentliche Minderheitsschulen untersucht und bejaht worden. Die polnische Regierung hat anläßlich des Weiterzuges dieser Beschwerde an

Narodów Rząd Polski przyjął pogląd Prezydenta Komisji Mieszanej, tak, że rozstrzygnięcie przez Radę Ligi Narodów stało się zbyteczne. Trudno zatem pojąć, że prawo petycji związków mniejszościowych znów się kwestionuje. Jeżeli się wciąż na nowo będzie kwestionowało zasadnicze rozstrzygnięcia, zadanie Komisji Mieszanej i Rady Ligi Narodów będzie nadzwyczaj utrudnione, o ile nie stanie się w ogóle niemożliwe. Powołanie się kierownika Urzędu Spraw Mniejszości na oświadczenie Przedstawiciela Państwa Polskiego z dnia 22 marca 1924 nie jest trafne, ponieważ pismo to zawiera niedwuznaczne uznanie prawa petycji Niemieckiego Związku Ludowego:

„Quant à la question très importante du droit de pétition du Volksbund, le Gouvernement Polonais ne se voit pas persuadé par l'argumentation de M. le Président, et persiste dans la conviction que l'article 147 de la Convention parle de „pétitions" et non de „personnes" collectives. Il en résulte que ces pétitions, quoique „collectives", ne peuvent émaner que des personnes physiques qui seules peuvent appartenir à une minorité ainsi qu'être responsables de l'éducation des enfants. Nonobstant toutefois ce point de vue formel, et pour prouver encore une fois sa bonne volonté en ce qui concerne la protection et l'exécution des droits des minorités dans son pays, le Gouvernement Polonais veut désormais reconnaître les pétitions du Volksbund et les traiter de la même façon que les pétitions individuelles. Dans le cas où le Volksbund agira par autorisation des personnes physiques, la légalisation des signatures de ces personnes ne sera plus demandée."

Skoro Rząd Polski wyraził w ten sposób zgodę na stanowisko prawne Prezydenta Komisji Mieszanej, należy przypuścić, że się od przytoczonego zastrzeżenia odstępuje. W przeciwnym razie byłoby w ogólnym interesie, aby w niniejszym postępowaniu Rada Ligi Narodów rozstrzygnęła zupełnie formalnie tę tak ważną kwestię. Ze względu na szczegółowe uzasadnienie poglądu w sprawie nr 41 Niemiecko-Górnośląskiego Związku Ludowego w Katowicach, dotyczącej średnich i wyższych publicznych szkół mniejszościowych, ograniczam się do tego, aby jeszcze raz podkreślić co następuje:

Prawo związków mniejszościowych, tj. Niemieckiego Związku Ludowego na Górnym Śląsku Polskim i Związku Polaków na Górnym Śląsku Niemieckim, do wnoszenia zażaleń — celem strzeżenia ogólnych interesów mniejszości — z własnej mocy i bez specjalnego zleden Völkerbundsrat die Stellungnahme des Präsidenten der Gemischten Kommission angenommen, so daß ein Entscheid des Völkerbundsrates überflüssig war. Es ist daher nicht recht zu begreifen, daß das Beschwerderecht der Minderheitsverbände abermals angefochten wird. Wenn grundsätzliche Entscheidungen immer wieder von neuem angefochten werden, wird die Aufgabe der Gemischten Kommission und des Völkerbundsrates in außerordentlicher Weise erschwert, wenn nicht unmöglich gemacht. Die Berufung des Leiters des Minderheitsamtes auf die Erklärung des polnischen Staatsvertreters vom 22. März 1924 trifft nicht zu, denn dieses Schreiben enthält die unumwundene Anerkennung des Beschwerderechts des Deutschen Volksbundes:

„Quant à la question très importante du droit de pétition du Volksbund, le Gouvernement Polonais ne se voit pas persuadé par l'argumentation de M. le Président, et persiste dans la conviction que l'article 147 de la Convention parle de „pétitions" et non de „personnes" collectives. Il en résulte que ces pétitions, quoique „collectives", ne peuvent émaner que des personnes physiques qui seules peuvent appartenir à une minorité ainsi qu'être responsables de l'éducation des enfants. Nonobstant toutefois ce point de vue formel, et pour prouver encore une fois sa bonne volonté en ce qui concerne la protection et l'exécution des droits des minorités dans son pays, le Gouvernement Polonais veut désormais reconnaître les pétitions du Volksbund et les traiter de la même façon que les pétitions individuelles. Dans le cas où le Volksbund agira par autorisation des personnes physiques, la légalisation des signatures de ces personnes ne sera plus demandée."

Nachdem die polnische Regierung sich in der Weise mit dem Rechtsstandpunkt des Präsidenten der Gemischten Kommission einverstanden erklärt hat, ist anzunehmen, daß der erwähnte Vorbehalt fallen gelassen wird. Sollte dies nicht der Fall sein, so liegt es jedenfalls im allseitigen Interesse, diese wichtige Frage im gegenwärtigen Verfahren in aller Form durch den Völkerbundsrat entscheiden zu lassen. Mit Rücksicht auf die eingehende Begründung der Stellungnahme Nr. 41 in der Beschwerdesache des Deutsch-Oberschlesischen Volksbundes in Katowice betreffend mittlere und höhere öffentliche Minderheitsschulen beschränke ich mich darauf, nochmals folgendes zu betonen:

Das Recht der Minderheitsverbände, des Deutschen Volksbundes in Polnisch-Oberschlesien und des Związek Polaków in Deutsch-Oberschlesien, von sich aus und ohne speziellen Auftrag von Privatpersonen zur Wahrung allgemeiner Interessen der Minderheiten Beschwerde zu führen, cenia ze strony osób prywatnych jest niezbędne. Bez tego prawa zażaleniowego związków mniejszościowych postanowienia ochronne Konwencji Genewskiej byłyby po większej części faktycznie bezwartościowe. Według słusznego zapatrywania nie tylko obie mniejszości, lecz także oba Państwa mają wielki interes w tym, aby zawarte w umowie postanowienia mniejszościowe rozpatrywano z współudziałem tychże związków i wyświetlano w razie sporu wszechstronnie. Ochrona mniejszości ma bowiem na celu pojednanie i wyrównanie pomiędzy mniejszością a Państwem na zasadzie sprawiedliwości i wzajemnego zaufania. Dalekie od tego, aby Państwom szkodzić, oddają powyższe związki przy wykonywaniu Konwencji Genewskiej cenne usługi, które zasługują na pełne uznanie.

III

Ogólne dochodzenie administracyjne najwyższej władzy szkolnej.

Przede wszystkim wyłania się kwestia prawna, czy wspomniane ogólne dochodzenie administracyjne, zarządzone w odniesieniu do wszystkich 8829 zgłoszeń do szkół mniejszościowych na rok szkolny 1926-27, da się pogodzić z artykułami 75 i 131 Konwencji.

Wzór protokołu przepisany przez Województwo Śląskie dla przesłuchów brzmi jak następuje (akt 30 a, b):

Protokół

Stawia się .... wiek ..... zamieszkały .... obywatelstwo .... wyznanie religijne .... Językiem ojczystym dziecka jest język ....

Chcę, aby dziecko uczęszczało do szkoły mniejszościowej niemieckiej .... do szkoły polskiej .... uczyło się w szkole polskiej po niemiecku. Okazany mi podpis na wniosku jest moim podpisem własnoręcznym. Wniosek oddałem osobiście kierownikowi szkoły, posłałem przez pocztę, ... przez ....

Na przesłuchy wezwano nie tylko tych uprawnionych do wychowania, którzy dzieci zgłosili pisemnie, lecz także tych, którzy dzieci zgłosili ustnie u kierownika szkoły i z którymi kierownik szkoły spisał protokół podpisany przez uprawnionego do wychowania.

Właściwa władza stara się uzasadnić to ogólne dochodzenie różnymi powodami, które rozpatrywać się będzie kolejno.

W piśmie z dnia 19 października 1926 Urząd Spraw Mniejszości wywodzi:

ist unerläßlich. Ohne dieses Beschwerderecht der Minderheitsverbände wären die Schutzbestimmungen der Genfer Konvention zum großen Teil tatsächlich wertlos. Nach richtiger Auffassung haben nicht nur die beiden Minderheiten, sondern auch die beiden Staaten ein großes Interesse daran, daß die vertraglichen Minderheitsbestimmungen unter Mitwirkung dieser Verbände erörtert und im Streitfalle nach allen Richtungen abgeklärt werden. Denn der Minderheitsschutz bezweckt, die Versöhnung und den Ausgleich zwischen der Minderheit und dem Staate auf der Grundlage der Gerechtigkeit und des gegenseitigen Vertrauens. Weit davon entfernt, den beiden Staaten zu schaden, leisten diese Verbände für die Durchführung der Genfer Konvention wertvolle Dienste, welche volle Anerkennung verdienen.

III

Die allgemeine Administrativ-Untersuchung der obersten Schulbehörde.

Es erhebt sich in erster Linie die Rechtsfrage, ob die erwähnte allgemeine Administrativ-Untersuchung, welche in bezug auf sämtliche 8829 für das Schuljahr 1926-27 eingereichten Minderheitsschulanmeldungen angeordnet wurde, mit den Art. 75 und 131 der Konvention vereinbar ist.

Das von der Schlesischen Wojewodschaft für die Einvernahmen angeordnete Protokollschema lautet folgendermaßen (act. 30 a, b):

Protokoll.

Es erscheint ..... Alter ..... wohnhaft in ..... Staatsbürgerschaft ..... Religion ..... Die Muttersprache des Kindes ..... ist die ..... Sprache.

Ich wünsche, daß das Kind die deutsche Minderheitsschule ..... die polnische Schule ..... besucht ..... in der polnischen Schule die deutsche Sprache lernt. Die mir vorgewiesene Unterschrift auf meinem Antrag ist meine eigenhändige Unterschrift. Den Antrag habe ich persönlich der Schulleitung ..... übergeben, durch die Post ..... durch ..... gesandt.

Zur Einvernahme wurden nicht nur diejenigen Erziehungsberechtigten vorgeladen, die eine schriftliche Anmeldung eingereicht hatten, sondern auch diejenigen, die ihre Anmeldung vor dem Schulleiter mündlich erklärt hatten, und worüber der Schulleiter ein vom Erziehungsberechtigten unterschriebenes Protokoll aufgenommen hatte.

Die zuständige Behörde sucht diese allgemeine Untersuchung mit verschiedenen Gründen zu rechtfertigen, die nacheinander geprüft werden sollen:

In seiner Eingabe vom 19. Oktober 1926 führt das Minderheitsamt aus:

„Pewien czas po ukończeniu wpisów zarządziło Województwo przesłuchanie uprawnionych do wychowania dzieci przez delegowanych urzędników, celem stwierdzenia, czy dzieci, zgłoszone do szkół mniejszościowych, mają w myśl art. 106 Konwencji Genewskiej prawo uczęszczać do tych szkół, to znaczy, czy odpowiadają warunkom w tym artykule określonym, a więc, czy posiadają obywatelstwo polskie, czy są w wieku podlegającym nauce obowiązkowej itd. Równocześnie zażądano powtórnego oświadczenia się co do przynależności językowej dzieci."

Celem uzasadnienia tego dochodzenia kierownik Urzędu Spraw Mniejszości przytoczył ponadto na rozprawach ustnych, że dzieci zgłoszono w lokalnie niewłaściwym związku szkolnym lub nie u kierownika szkoły.

Dla uniknięcia nieporozumień należy najpierw zaznaczyć, że artykuł 106 Konwencji Genewskiej nie wchodzi tutaj bezpośrednio w rachubę. Nie chodzi tu o wnioski o utworzenie nowych szkół w myśl art. 106, lecz jedynie o zgłoszenie dzieci do szkół już istniejących. Poza tym uderza, że pytania wzoru protokółu nie są zupełnie zgodne z celem dochodzenia przytoczonym przez Urząd Spraw Mniejszości (akt 30 a i b), ponieważ pytania, które stawiano uprawnionym do wychowania, nie dotyczą — jakby się należało spodziewać — stosunków osobistych zgłoszonych uczniów, lecz stosunków osobistych uprawnionych do wychowania. Podanie dat osobistych uprawnionych do wychowania nie może jednak wcale służyć we wszystkich przypadkach do wyjaśnienia przynależności dzieci do związku szkolnego oraz ich obywatelstwa. Na podstawie stawianych pytań w ogóle nic stwierdzić nie można co do obowiązkowego wieku szkolnego. Poza tym jest wątpliwe, przez które pytanie protokołu chciano wyjaśnić prawo do wychowania.

W ten sposób wzór protokołu przesłuchów niezgodny jest z wywodami Urzędu Spraw Mniejszości, w myśl których dochodzenie miało właśnie na celu wyjaśnić kwestię prawa do wychowania, obowiązku szkolnego, obywatelstwa. Niektóre z powyżej przytoczonych powodów dochodzenia nie miały faktycznie — jak to przedstawiono — żadnego znaczenia. Lecz pominąwszy całkiem to, wszystkie przez Urząd Spraw Mniejszości przytoczone powody dochodzenia są nietrafne, jak to wynika z następujących wywodów.

W odniesieniu do artykułu 106 właściwe władze mianowicie uznały, że obywatelstwo, przynależność do związku szkolnego i obo-

»Einige Zeit nach Beendigung dieser Einschreibungen ordnete die Wojewodschaft an, daß die Erziehungsberechtigten durch hierzu delegierte Beamte verhört werden, und zwar behufs Feststellung, ob die für die Minderheitsschulen angemeldeten Kinder im Sinne des Art. 106 des Genfer Abkommens berechtigt sind, diese Schulen zu besuchen, das heißt, ob sie den in diesem Artikel festgelegten Bedingungen entsprechen: ob sie die polnische Staatsangehörigkeit besitzen, ob sie im schulpflichtigen Alter stehen usw. Gleichzeitig wurde eine nochmalige Erklärung über die sprachliche Zugehörigkeit der Kinder abverlangt.«

In den mündlichen Verhandlungen wurde vom Leiter des Minderheitsamtes zur Begründung der Untersuchung noch angeführt, daß Kinder im örtlich unzuständigen Schulverband bzw. nicht beim Schulleiter angemeldet worden seien.

Zunächst ist zur Vermeidung von Mißverständnissen zu bemerken, daß Art. 106 der Genfer Konvention hier nicht unmittelbar in Betracht kommt: Es handelt sich nicht um Anträge zur Errichtung neuer Schulen im Sinne des Art. 106, sondern um bloße Anmeldungen von Kindern für schon bestehende Schulen. Sodann fällt auf, daß mit diesen vom Minderheitsamt angeführten Untersuchungszwecken die Fragen des Protokollschemas nicht vollständig übereinstimmen (act. 30 a und b), denn die an die Erziehungsberechtigten gerichteten Fragen betreffen nicht — wie zu erwarten wäre — die persönlichen Verhältnisse der angemeldeten Schüler, sondern diejenigen der Erziehungsberechtigten. Die Angaben der Erziehungsberechtigten über ihre Personalien sind aber keineswegs in allen Fällen dazu angetan, die Zugehörigkeit der Kinder zum Schulverband und ihre Staatsangehörigkeit abzuklären. Überhaupt keine Feststellungen können an Hand der gestellten Fragen bezüglich des schulpflichtigen Alters getroffen werden. Zweifelhaft ist ferner, durch welche Fragen des Protokolls das Vorhandensein der Erziehungsberechtigung hätte aufgeklärt werden sollen.

So steht das Schema des Einvernahmeprotokolls im Widerspruch zu den Ausführungen des Minderheitsamtes, denen zufolge die Untersuchung gerade zum Zwecke angeordnet wurde, die Fragen der Erziehungsberechtigung, Schulpflicht, Staatsangehörigkeit aufzuklären. Einige der oben angeführten Untersuchungsgründe haben — wie dargetan — tatsächlich gar keine Rolle gespielt. Aber ganz abgesehen davon, sind sämtliche vom Minderheitsamt angeführten Untersuchungsgründe unzutreffend, wie sich aus folgenden Ausführungen ergibt.

Die zuständigen Behörden haben nämlich in bezug auf Art. 106 anerkannt, daß die Staatszugehörigkeit, die Zugehörigkeit zum Schulwiązkowy wiek szkolny zbadać należy z urzędu. Również i to, czy zgłoszone dziecko przeznaczone jest do uczęszczania do danej szkoły mniejszościowej. Zobacz rozporządzenie Wojewody Śląskiego z dnia 29 grudnia 1922 (Dziennik Ustaw Śląskich nr 3 z dnia 19 stycznia 1923) i rozporządzenie z dnia 26 czerwca 1924 (Dziennik Ustaw Śląskich nr 17 z dnia 9 lipca 1924). Pierwotnie Województwo chciało wprawdzię przepisać uprawnionym do wychowania przez artykuł 5 rozporządzenia Wojewody Śląskiego z dnia 21 sierpnia 1922 (Dziennik Ustaw Śląskich z dnia 29 sierpnia 1922), że wraz z wnioskiem w myśl art. 106 winni również przedłożyć m. i.: urzędowe zaświadczenie starostwa, że dziecko jest obywatelem polskim, dalej urzędowe zaświadczenie policji, że dziecko należy do danego związku szkolnego. Po zwróceniu uwagi na niedopuszczalność tych przepisów zniesiono je rozporządzeniem z dnia 29 grudnia 1922 (Dziennik Ustaw Śląskich nr 3 z dnia 19 stycznia 1923). Stosownie do tego władze od tego czasu same wyjaśniają te kwestie na podstawie rejestrów publicznych, jeżeli powstają wątpliwości co do podanych we wnioskach dat. Jeśli jednak od uprawnionych do wychowania nie wolno żądać dowodów z dokumentów, to tym bardziej nie wolno wzywać ich na przesłuchy celem sprawdzenia ich zapodań.

To, co obowiązuje w sprawie wniosków w myśl art. 106 Konwencji Genewskiej, obowiązuje w jeszcze większej mierze w sprawie zwykłych zgłoszeń do szkół już istniejących. Także przy zgłoszeniach mogą zajść nietrafne i niedokładne zapodania uprawnionych do wychowania co do obowiązku szkolnego, obywatelstwa i związku szkolnego, lecz tego rodzaju omyłki należy wyjaśnić w ten sam sposób, jak w szkołach większościowych, mianowicie z urzędu na podstawie rejestrów publicznych i bez współudziału uprawnionych do wychowania. Przesłuchanie uprawnionych do wychowania w tym celu jest niedopuszczalne, gdyż jest ono niedopuszczalnym utrudnieniem szkół mniejszościowych, które narusza zasadę równego traktowania wyrażoną w artykule 75 Konwencji Genewskiej. W każdym razie było niedopuszczalne i narusza artykuł 75, że przesłuchano wszystkich uprawnionych do wychowania w odniesieniu do wszystkich 8829 zgłoszeń. Przesłuchy te należałoby określić jako niedopuszczalne nawet wtenczas, gdyby władze miały były prawo zbadać nieprawidłowości w drodze przesłuchów. W tym bowiem razie przesłuchy powinno się było ograniczyć co najmniej do tych poszczególnych przypadków, gdzie istniały pewne podstawy do przypuszczenia, że zapodania w zgłoszeniach były niedokładne lub nietrafne.

verband und das schulpflichtige Alter von Amts wegen zu prüfen sind. Desgleichen, ob das angemeldete Kind zum Besuch der betreffenden Minderheitsschule bestimmt ist. Siehe Verordnung des Schlesischen Wojewoden vom 29. Dezember 1922 (Dziennik Ustaw Śląskich Nr. 3 vom 19. Januar 1923) und Verordnung vom 26. Juni 1924 (Dziennik Ustaw Śląskich Nr. 17 vom 9. Juli 1924). Anfänglich wollte zwar die Wojewodschaft den Erziehungsberechtigten mit Art. 5 der Verordnung des Schlesischen Wojewoden vom 21. August 1922 (Dziennik Ustaw Śląskich vom 29. August 1922) vorschreiben, daß diese mit dem Antrag im Sinne des Art. 106 unter anderem auch beizubringen hätten: eine amtliche Bescheinigung der Kreisverwaltung, daß das Kind polnischer Staatsbürger sei, ferner eine amtliche Bescheinigung der Polizei, daß das Kind zum betreffenden Schulverbande gehöre. Auf das Unzulässige dieser Vorschriften aufmerksam gemacht, wurden sie durch die Verordnung vom 29. Dezember 1922 (Dziennik Ustaw Śląskich Nr. 3 vom 19. Januar 1923) wieder aufgehoben. Dementsprechend werden seither, wenn sich über die in den Anträgen gemachten Angaben Zweifel erheben, diese Fragen durch die zuständigen Behörden selbst an Hand der öffentlichen Register aufgeklärt. Wenn es aber nicht zulässig ist, von den Erziehungsberechtigten dokumentarische Beweise zu fordern, so ist es noch weniger statthaft, sie zwecks Kontrolle ihrer Angaben zu Einvernahmen vorzuladen.

Was für die Anträge im Sinne von Art. 106 der Genfer Konvention gilt, trifft in noch stärkerem Maße auf die bloßen Anmeldungen für bereits bestehende Schulen zu. Auch bei den Anmeldungen können unrichtige oder ungenaue Angaben der Erziehungsberechtigten über Schulpflicht, Staatsangehörigkeit und Schulverband vorkommen, aber solche Irrtümer sind in gleicher Weise abzuklären wie bei den Mehrheitsschulen, nämlich von Amts wegen an Hand der öffentlichen Register und ohne Mitwirkung der Erziehungsberechtigten. Die Einvernahme der Erziehungsberechtigten ist zu diesem Zwecke nicht zulässig, weil darin eine unzulässige Erschwerung der Minderheitsschulen liegt, welche den in Art. 75 der Genfer Konvention ausgesprochenen Grundsatz der gleichen Behandlung verletzt. Unter allen Umständen war es nicht zulässig und verstößt gegen Art. 75, daß alle Erziehungsberechtigten in bezug auf sämtliche 8829 Anmeldungen einvernommen wurden. Diese Einvernahmen müßten selbst dann als unstatthaft bezeichnet werden, wenn die Behörden das Recht gehabt hätten, im Wege von Einvernahmen die Unregelmäßigkeiten zu prüfen. Denn in diesem Falle hätten die Einvernahmen zum mindesten auf die einzelnen Fälle beschränkt werden sollen, wo bestimmte Anhaltspunkte dafür vorlagen, daß die Angaben auf den Anmeldungen ungenau oder unrichtig waren.

Dla uzasadnienia przeprowadzonego przez Województwo dochodzenia administracyjnego na rozprawie ustnej również przytoczono, że w niektórych przypadkach zgłoszeń nie uskuteczniono u właściwego kierownika szkoły. Co do tego należy zauważyć, że także tę kwestię mógł wyjaśnić w najprostszy sposób kierownik szkoły sam. Zupełnie bez znaczenia było dalsze pytanie, czy zgłoszenie oddano osobiście kierownikowi szkoły, lub przesłano pocztą albo doręczono przez osobę trzecią. Rzecz oczywista, że dopuszczalna jest każda z tych form doręczenia.

Celem uzasadnienia dochodzenia Urząd Spraw Mniejszości w piśmie swym (akt 7—8) szczególnie podkreślił, że przy zgłoszeniach stwierdzono szereg nadużyć. Nadużycia te miały polegać na tym, że sfałszowano podpisy uprawnionych do wychowania, że dzieci zgłoszone zostały przez osoby, które nie mają prawa do wychowania. Także i to uzasadnienie ogólnego dochodzenia nie da się utrzymać. Jeżeli właściwe władze miały w poszczególnych przypadkach uzasadnione wątpliwości co do autentyczności podpisów oraz prawdziwości zapodań co do uprawnienia do wychowania, to nic im nie przeszkadzało, aby w tych poszczególnych przypadkach przeprowadziły dochodzenia. Wolno to jednak uczynić tylko wtenczas, gdy istnieją uzasadnione poszlaki lub dowody na domniemane nieprawidłowości. W niniejszym przypadku Województwo poddało śledztwu wszystkie zgłoszenia bez różnicy. Także tutaj winien być stosowany artykuł 75 Konwencji Genewskiej, i jest nierównym traktowaniem uprawnionych do wychowania, jeżeli się ich zgłoszenia co do autentyczności podpisu i prawa do wychowania traktuje ryczałtowo jako podejrzane i wzywa te osoby na przesłuchy. To zarządzenie było tym mniej uzasadnione, że z góry można było przypuścić, że przy rzekomych nadużyciach mogło chodzić tylko w nieznacznej części o podstępne fałszerstwa i podstępne uzurpacje prawa do wychowania. Zbadanie protokołów z przesłuchów wykazało też, że w rachubę wchodzi zaledwie pół tuzina przypadków, które można określić jako rzeczywiste fałszerstwo, tj. przypadków, gdzie osobnik, którego nazwisko było podpisane, nie wiedział, kto podpis uskutecznił. W przeważającej ilości przypadków „fałszerstwa" polegały na tym, że zamiast uprawnionego do wychowania ojca zgłoszenie uskuteczniła matka lub inny członek rodziny — bądź to na wyraźne zlecenie ojca, bądź to w mniemaniu, że tenże na to się zgadza — przy czym osoba zgłaszająca na zgłoszeniu nie podpisała swego nazwiska, lecz nazwisko ojca (94 przypadki). Podobnie przedstawiają się

Zur Rechtfertigung der von der Wojewodschaft durchgeführten administrativen Untersuchung ist in den mündlichen Verhandlungen auch angeführt worden, die Anmeldungen seien in gewissen Fällen nicht beim zuständigen Schulleiter erfolgt. Diesbezüglich ist zu bemerken, daß auch diese Frage am einfachsten durch den Schulleiter selbst hätte aufgeklärt werden können. Ganz belanglos war die weitere Frage, ob die Anmeldung dem Schulleiter persönlich oder durch die Post, oder durch eine dritte Person zugesandt worden sei: es ist selbstverständlich jede dieser Zustellungen zulässig.

Das Minderheitsamt hat in seiner schriftlichen Eingabe (act. 7—8) zur Rechtfertigung der Untersuchung noch besonders hervorgehoben, daß bei den Anmeldungen eine Reihe von Mißbräuchen festgestellt wurden. Diese Mißbräuche hätten in folgendem bestanden: Unterschriften von Erziehungsberechtigten seien gefälscht worden, Kinder seien von Personen angemeldet worden, die nicht erziehungsberechtigt waren. Auch diese Begründung der allgemeinen Untersuchung ist nicht stichhaltig. Wenn die zuständigen Behörden in einzelnen Fällen begründete Zweifel an der Echtheit der Unterschriften und der Richtigkeit der Angaben über die Erziehungsberechtigung gehabt haben, so stand nichts im Wege, diese einzelnen Fälle zu untersuchen. Voraussetzung für dieses Vorgehen ist aber das Vorliegen stichhaltiger Indizien oder Beweise für die vermuteten Unregelmäßigkeiten. Im vorliegenden Falle hat die Wojewodschaft ohne Unterschied sämtliche Anmeldungen einer Untersuchung unterworfen. Auch hier muß Art. 75 der Genfer Konvention zur Anwendung kommen, und es bedeutet eine ungleiche Behandlung der Erziehungsberechtigten, wenn ihre Anmeldungen hinsichtlich der Echtheit der Unterschrift und des Erziehungsrechts in Bausch und Bogen als suspekt behandelt und sie zur Einvernahme vorgeladen werden. Diese Maßnahme war um so weniger gerechtfertigt, als man sich von vornherein sagen konnte, daß es sich bei den angeblichen Mißbräuchen nur in ganz wenigen Fällen um dolose Fälschungen und dolose Anmaßungen der Erziehungsberechtigung handeln konnte. Die Prüfung der Einvernahmeprotokolle hat denn auch ergeben, daß kaum ein halbes Dutzend Fälle in Betracht kommt, die man als wirkliche Fälschungen bezeichnen kann, d. h. wo der Träger des unterschriebenen Namens nicht wußte, von wem die Unterschrift herrührt. In der weit überwiegenden Mehrzahl der Fälle bestanden die »Fälschungen« darin, daß an Stelle des erziehungsberechtigten Vaters die Mutter oder ein anderes Familienmitglied — sei es im ausdrücklichen Auftrage des Vaters oder in der Annahme, daß dieser damit einverstanden sei, — die Anmeldung vornahm, wobei sie die Anmeldung nicht mit ihrem przypadki „bezprawnego przywłaszczenia sobie prawa do wychowania", gdzie matka lub inny członek rodziny, mimo że ojciec żył, podpisywali zgłoszenia szkolne własnym nazwiskiem (199 przypadków). Nie trzeba zapominać, że zgłoszenia te pochodzą przeważnie od osób nieobznajomionych z prawem, osób, które kierują się niesłusznym co prawda pod względem prawnym zapatrywaniem, że rodzina jako taka rozstrzyga o wychowaniu dzieci. Praktycznie te „fałszerstwa i uzurpacje prawa do wychowania" są nieszkodliwe i o tyle bezskuteczne, że uprawniony do wychowania, skoro się dowie, że jego dziecko uczęszcza lub ma uczęszczać do szkoły mniejszościowej, wkroczy i postara się o to, aby jego woli stało się zadość.

Całe dochodzenie charakteryzuje okoliczność, że uprawnionych do wychowania nie tylko wezwano przed władze, aby — co, jak już powiedziano, było zupełnie niedopuszczalne — osobiście udzielili wyjaśnień co do obywatelstwa, obowiązku szkolnego i przynależności do związku szkolnego, lecz żądano od nich także wyjaśnień co do języka ojczystego dzieci i spowodowano ich do złożenia nowego oświadczenia co do tego, do której szkoły dzieci ich miały uczęszczać. Innymi słowy badano dodatkowo, czy podany przez uprawnionych do wychowania w zgłoszeniach w myśl art. 131 Konwencji Genewskiej język lub przynależność językowa dzieci zgodna jest z prawdą i zapytywano ich, czy zgłoszenia chcą cofnąć lub potwierdzić. Pytania te nie mają żadnego związku z nieprawidłowościami („fałszerstwami i uzurpacjami prawa do wychowania"), którymi usiłuje się uzasadnić przesłuchanie wszystkich uprawnionych do wychowania. Miały one widocznie na celu dodatkowe badanie zgłoszeń i uprawnieni do wychowania musieli je tym bardziej odczuć jako usiłowanie wywierania nacisku, że mniejszość od szeregu lat ustawicznie walczy z władzami na polu szkoły mniejszościowej. Wobec tego postępowanie to narusza zarówno pierwszy jak i drugi ustęp artykułu 131 Konwencji Genewskiej, który brzmi:

„1. Pour établir quelle est la langue d'un elève ou enfant, il sera uniquement tenu compte de la déclaration verbale ou écrite de la personne légalement responsable de son éducation. Cette déclaration ne pourra faire l'objet d'aucune vérification ou contestation de la part des autorités scolaires.

2. Les autorités scolaires devront de même s'abstenir d'exercer toute pression, si minime qu'elle soit, ayant pour but le retrait de demandes de création d'institutions scolaires de minorités."

Namen, sondern mit dem Namen des Vaters unterschrieb (94 Fälle). Ähnlich liegen die Fälle der »Anmaßung der Erziehungsberechtigung«, wo die Mutter oder ein anderes Familienmitglied zu Lebzeiten des Vaters die Schulanmeldung mit ihrem eigenen Namen unterzeichnete (199 Fälle). Es ist nicht zu vergessen, daß diese Anmeldungen meistens von Personen ausgehen, die nicht rechtskundig sind und sich von der allerdings juristisch unrichtigen Auffassung leiten lassen, daß die Familie als solche über die Erziehung der Kinder entscheidet. Praktisch sind diese »Fälschungen und Anmaßungen des Erziehungsrechts« harmlos und insofern wirkungslos, als ja der Erziehungsberechtigte, sobald er erfährt, daß sein Kind die Minderheitsschule besucht oder besuchen soll, eingreifen und seinem Willen Nachachtung verschaffen wird.

Die ganze Untersuchung wird dadurch charakterisiert, daß die Erziehungsberechtigten nicht nur — was, wie ausgeführt, völlig unzulässig war — zwecks Feststellung der Staatsangehörigkeit, Schulpflicht und Zugehörigkeit zum Schulverband zu persönlicher Auskunfterteilung vor die Behörden zitiert wurden, sondern daß sie auch Auskunft über die Muttersprache der Kinder geben mußten und daß man sie zu einer neuen Erklärung veranlaßte darüber, welche Schule ihre Kinder besuchen sollten. Mit anderen Worten, es wurde nachgeprüft, ob die von den Erziehungsberechtigten gemäß Art. 131 der Genfer Konvention in ihren Anmeldungen angegebene Sprache bzw. Sprachzugehörigkeit ihrer Kinder zutreffe, und sie wurden befragt, ob sie ihre Anmeldung zurückziehen oder bestätigen wollen. Diese Fragen stehen mit den Unregelmäßigkeiten (»Fälschungen und Anmaßung des Erziehungsrechts«), gestützt auf welche man die Einvernahme aller Erziehungsberechtigten begründen will, in keinem Zusammenhang. Sie verfolgen den offenbaren Zweck der Nachprüfung der Anmeldungen und mußten von den Erziehungsberechtigten um so mehr als der Versuch eines Druckes empfunden werden, als die Minderheit seit Jahren einen fortwährenden Kampf mit den Behörden auf dem Gebiete der Minderheitsschule führt. Demgemäß liegt in diesem Vorgehen eine Verletzung sowohl des ersten als des zweiten Absatzes von Art. 131 der Genfer Konvention, welcher lautet:

„1. Pour établir quelle est la langue d'un elève ou enfant, il sera uniquement tenu compte de la déclaration verbale ou écrite de la personne légalement responsable de son éducation. Cette déclaration ne pourra faire l'objet d'aucune vérification ou contestation de la part des autorités scolaires.

2. Les autorités scolaires devront de même s'abstenir d'exercer toute pression, si minime qu'elle soit, ayant pour but le retrait de demandes de création d'institutions scolaires de minorités."

Że rozciągnięte na wszystkich uprawnionych do wychowania ogólne dochodzenie narusza również zasadę równego traktowania (art. 75 Konwencji Genewskiej), wykazano już powyżej.

Interes w stwierdzeniu niedopuszczalności tego ogólnego dochodzenia polega m. i. na tym, aby wiedzieć, czy w przyszłości takie zarządzenia, którymi wyklucza się liczne dzieci na dłuższy czas ze szkoły mniejszościowej, wywołuje zaniepokojenie u uprawnionych do wychowania i szkodzi szkole mniejszościowej, są dopuszczalne lub nie.

IV

1. Zgłoszenia tych uprawnionych do wychowania, którzy mimo wezwania nie stawili się na przesłuchy i których zgłoszenia z tego powodu oddalono (zob. tabela statystyczna akt 15—16, rubryka d).

Według tabeli statystycznej Województwa (z dnia 21 października 1926, akt 15—16) nie stawiło się na przesłuchy mimo wezwania 1307 uprawnionych do wychowania. Zgłoszenia ich zostały z tego powodu unieważnione, ponieważ właściwe władze rzekomo nie mogły wskutek tej okoliczności sprawdzić autentyczności podpisu i prawdziwości zawartych w zgłoszeniach dat. Już sub III wykazano, że dochodzenia, na które ci uprawnieni do wychowania się nie stawili, sprzeciwiały się art. 75 i 131 Konwencji Genewskiej. Ze względu na to nie wolno było zatem karać uprawnionych do wychowania z powodu niestawienia się na przesłuchy, a już wcale nie wolno było stosować względem nich sankcyj, które polegały na nieprzyjęciu ich dzieci do szkoły mniejszościowej. Ze stanowiska Konwencji Genewskiej sankcja taka jest w zupełności niedopuszczalna. Poza tym uprawnieni do wychowania uczynili zadość wszystkim przepisom władz wojewódzkich w sprawie zgłoszeń. Wszystkich z tego powodu nieprzyjętych uczniów należy zatem przekazać do szkoły mniejszościowej. Gdyby władze w poszczególnych przypadkach miały poszlaki, że zgłoszone dzieci nie mają obywatelstwa polskiego, że nie należą do związku szkolnego, że nie są w obowiązkowym wieku szkolnym lub nie są przeznaczone do uczęszczania do szkoły mniejszościowej, to mogą wyjaśnić te nieprawidłowości na podstawie rejestrów publicznych. W razie uzasadnionego podejrzenia, że podpisy sfałszowano albo że bezprawnie przywłaszczono sobie prawo do wychowania, władze mają prawo wdrożyć w konkretnym przypadku dochodzenie i jeżeli się przy tym wykaże, że podpisy zostały sfałszowane albo że

Daß die auf alle Erziehungsberechtigten ausgedehnte allgemeine Untersuchung auch den Grundsatz der gleichen Behandlung verletzt (Art. 75 der Genfer Konvention), wurde schon weiter oben dargetan.

Das Interesse an der Feststellung der Unzulässigkeit dieser allgemeinen Untersuchung liegt u. a. darin, zu wissen, ob für die Zukunft solche Maßnahmen, die zahlreiche Kinder für lange Zeit von der Minderheitsschule ausschließen, die Erziehungsberechtigten beunruhigen und die Minderheitsschule schädigen, zulässig sind oder nicht.

IV

1. Die Anmeldung derjenigen Erziehungsberechtigten, die der Vorladung zur Einvernahme nicht Folge geleistet haben und die aus diesem Grunde abgelehnt wurden. (Siehe statistische Tabelle act. 15—16, Rubrik d.)

Laut der von der Wojewodschaft aufgestellten statistischen Tabelle (vom 21. Oktober 1926 act. 15—16) haben 1307 Erziehungsberechtigte den Vorladungen zur Einvernahme nicht Folge geleistet. Ihre Anmeldungen sind deshalb annulliert worden, da die zuständigen Behörden sich infolge dieses Umstandes angeblich nicht in der Lage sahen, die Echtheit der Unterschriften und die Richtigkeit der Angaben auf den Anmeldungen zu kontrollieren. Es ist bereits sub III ausgeführt worden, daß die Untersuchungen, zu welchen die Erziehungsberechtigten nicht erschienen sind, im Widerspruch zu Art. 75 und 131 der Genfer Konvention standen. Mit Rücksicht darauf durften daher die Erziehungsberechtigten wegen ihres Ausbleibens nicht bestraft werden, am wenigsten aber Sanktionen verhängt werden, die in der Zurückweisung ihrer Kinder von der Minderheitsschule bestanden. Eine solche Sanktion ist vom Standpunkt der Genfer Konvention vollständig unzulässig. Außerdem haben die Erziehungsberechtigten alle Vorschriften befolgt, die von den Wojewodschaftsbehörden für die Anmeldungen vorgeschrieben waren. Sämtliche aus diesem Grunde zurückgewiesenen Schüler sind daher der Minderheitsschule zu überweisen. Sollten die Behörden in bezug auf einzelne Fälle Indizien dafür haben, daß die angemeldeten Kinder nicht die polnische Staatsangehörigkeit haben, nicht zum Schulverbande gehören und nicht im schulpflichtigen Alter stehen oder nicht zum Besuch der Minderheitsschule bestimmt sind, so steht es ihnen frei, diese Unregelmäßigkeiten an Hand der öffentlichen Register abzuklären. Sollte begründeter Verdacht der Fälschung oder der Anmaßung des Erziehungsrechts vorliegen, so sind die Behörden berechtigt, im konkreten Falle eine Untersuchung einzuleiten und, wenn es sich jakaś osoba przywłaszczyła sobie bezprawnie prawo do wychowania, mogą dane zgłoszenia oddalić.

2. Zgłoszenia tych rodziców, ktorzy stawili się na przesłuchy, których zgłoszenia jednak oddalono z ogólnym umotywowaniem, że dane dzieci nie należą do mniejszości językowej.

Co do uprawnionych do wychowania, którzy stawili się na przesłuchy i zostali przesłuchani, to 5205 zgłoszeń uznano za nieważne, ponieważ uprawnieni do wychowania oświadczyli z okazji przesłuchów, że językiem ojczystym ich dzieci jest język polski (2100 przypadków) lub język niemiecki i polski (3105 przypadków). (Zob. tabela statystyczna akt 15—16, rubryka c, oraz wywody kierownika Polskiego Urzędu Spraw Mniejszości na rozprawie ustnej z dnia 4 listopada 1926, akt 31). Powyższe zgłoszenia oddalono, jakkolwiek przeważająca większość uprawnionych do wychowania z okazji przesłuchów powtórzyła wyraźnie swe żądanie, aby dzieci ich uczęszczały do szkoły mniejszościowej.

Rozwiązania wysuniętej tutaj kwestii należy szukać w artykułach 74 i 131 Konwencji Genewskiej.

Artykuł 74 brzmi:

„La question de savoir si une personne appartient ou non à une minorité de race, de langue, de religion, ne peut faire l'objet d'aucune vérification ni d'aucune contestation par les autorités".

Artykuł 74 reguluje kwestię, w jaki sposób należy wytyczyć granicę pomiędzy ludnością mniejszościową a większościową i ustanowił w tym celu zasadę, że o kwestii, czy jakąś osobę uważać należy za mniejszościową lub większościową, decyduje jedynie subiektywna wola danego osobnika. Artykuł 74 polega na zasadniczym zapatrywaniu, że w kulturalnym współzawodnictwie pomiędzy większością a mniejszością i przejściu z mniejszości do większości i na odwrót powinna być dozwolona zupełna swoboda.

Ze stanowiska czysto teoretycznego byłyby do pomyślenia także inne metody rozgraniczenia ludności mniejszościowej od ludności większościowej. Można było np. zawrzeć umowę co do utworzenia katastru mniejszościowego, do którego by się zapisało wszystkie rodziny mniejszościowe, albo można było powierzyć jakiejś władzy krajowej lub międzynarodowej zadanie, aby na zasadzie pewnych obiektywnych kryteriów w każdym poszczególnym przypadku rozstrzygnęła, czy jakaś osoba ma być zaliczona do większości lub do herausstellt, daß Unterschriften gefälscht wurden, oder daß eine Person sich unrechtmäßigerweise das Erziehungsrecht angemaßt hat, die betreffenden Anmeldungen zurückzuweisen.

2. Die Anmeldungen derjenigen Eltern, die der Vorladung zur Einvernahme Folge geleistet haben und welche mit der allgemeinen Begründung abgewiesen wurden, daß die betreffenden Kinder nicht zur Sprachminderheit gehören.

Was die Erziehungsberechtigten anbetrifft, die den Vorladungen Folge geleistet haben und einvernommen worden sind, so sind 5205 Anmeldungen für ungültig erklärt worden, weil die Erziehungsberechtigten anläßlich ihrer Einvernahme angegeben hatten, daß die Muttersprache ihrer Kinder die polnische (2100 Fälle) bzw. die deutsche und polnische (3105 Fälle) sei. (Siehe statistische Tabelle act. 15—16, Rubrik c, und Ausführungen des Leiters des Polnischen Minderheitsamtes in den mündlichen Verhandlungen vom 4. November 1926, act. 31.) Die Zurückweisung erfolgte ungeachtet dessen, daß die weit überwiegende Mehrzahl der Erziehungsberechtigten ihr Begehren um Beschulung in der Minderheitsschule anläßlich ihrer Einvernahme ausdrücklich wiederholt hatte.

Die Lösung der hier aufgeworfenen Frage ist in den Art. 74 und 131 der Genfer Konvention zu suchen.

Art. 74 lautet:

„La question de savoir si une personne appartient ou non à une minorité de race, de langue, de religion, ne peut faire l'objet d'aucune vérification ni d'aucune contestation par les autorités".

Der Art. 74 regelt die Frage, wie die Scheidelinie zu ziehen sei zwischen der Minderheits- und Mehrheitsbevölkerung und hat dafür den Grundsatz aufgestellt, daß für die Frage, ob eine Person als Minderheits- oder Mehrheitsangehöriger zu betrachten ist, einzig der subjektive Wille des betreffenden Individuums maßgebend ist. Der Art. 74 beruht auf der grundlegenden Auffassung, daß der kulturelle Wettbewerb zwischen der Minderheit zur Mehrheit und der Übertritt von der Minderheit zur Mehrheit und umgekehrt in aller Freiheit gestattet sein soll.

Rein theoretisch waren auch andere Methoden zur Abgrenzung der Minderheitsbevölkerung von der Mehrheitsbevölkerung denkbar. Es hätte zum Beispiel die Errichtung eines Minderheitskatasters vereinbart werden können, in welchem alle minderheitsangehörigen Familien eingetragen worden wären, oder man hätte irgendeine — nationale oder internationale — Behörde mit der Aufgabe betrauen können, in jedem einzelnen Falle auf Grund bestimmter objektiver Kriterien zu entscheiden, ob eine Person zur Mehrheit oder zur Minderheit gezählt wermniejszości. Gdyby Konwencja Genewska przynależność do mniejszości chciała była określić na podstawie obiektywnych znamion, potrzebne byłyby w tej kwestii szczegółowe postanowienia. Konwencja Genewska nie zawiera żadnych przepisów tego rodzaju, lecz dała pierwszeństwo zasadzie, według której każda osoba rozstrzyga każdorazowo według swej wolnej woli kwestię, czy chce należeć do mniejszości lub do większości. Dla Górnego Śląska, gdzie stosunki językowe i kulturalne są tak bardzo powikłane, powyższe rozwiązanie w myśl swobodnego współzawodnictwa kulturalnego było po prostu absolutną koniecznością. Rozwiązanie to, jako oparte na swobodnym samostanowieniu indywiduum, powinno być prawdopodobnie najbardziej polecenia godne także dla innych, pod względem kulturalnym i językowym mniej mieszanych obszarów mniejszościowych. Nawiasem wspomina się, że Rzeczpospolita Polska przyjęła zasadę wyrażoną w artykule 74 Konwencji Genewskiej także w innych umowach państwowych ku ochronie mniejszości polskiej za granicą, tak m. i. w umowie z Wolnym Miastem Gdańskiem i w umowie z Republiką Czechosłowacką.

W ścisłym związku z artykułem 74 pozostaje artykuł 131, ust. 1 Konwencji Genewskiej:

Artykuł 131 brzmi:

„1. Pour établir quelle est la langue d'un élève ou enfant, il sera uniquement tenu compte de la déclaration verbale ou écrite de la personne légalement responsable de son éducation. Cette déclaration ne pourra faire l'objet d'aucune vérification ou contestation de la part des autorités scolaires.

2. Les autorités scolaires devront de même s'abstenir d'exercer toute pression, si minime qu'elle soit, ayant pour but le retrait de demandes de création d'institutions scolaires de minorité."

Z uwagi na wielkie trudności, jakie wynikają z nadzwyczaj wielkiego kulturalnego i językowego pomieszania ludności górnośląskiej, Konwencja Genewska ustanowiła zasadę swobodnego samostanowienia także w dziedzinie szkolnictwa. Wszędzie, gdzie uprawnieni do wychowania mają rozstrzygać kwestie szkolne — a są to przede wszystkim te dwa pytania, czy w jakiejś gminie należy utworzyć szkołę mniejszościową (wnioski w myśl art. 106 Konwencji Genewskiej) i czy jakieś dziecko ma uczęszczać do szkoły mniejszościowej („zgłoszenia") — rozstrzyga subiektywne oświadczenie woli uprawnionego do wychowania. Podobnie jak każdy obywatel Państwa może swobodnie postanowić, czy chce należeć do większości lub do den soll. Hätte die Genfer Konvention die Minderheitszugehörigkeit auf Grund objektiver Merkmale bestimmen wollen, so wären eingehende Bestimmungen darüber nötig gewesen. Das Genfer Abkommen enthält keine Vorschriften dieser Art, sondern hat dem Prinzip den Vorzug gegeben, wonach jede Person nach ihrem jeweiligen freien Willen die Frage entscheidet, ob sie der Minderheit oder Mehrheit angehören wolle. Für Oberschlesien, wo die sprachlichen und kulturellen Verhältnisse so sehr durcheinander gehen, war diese Lösung des freien kulturellen Wettbewerbs geradezu eine absolute Notwendigkeit. Sie dürfte aber auch für andere, kulturell und sprachlich weniger gemischte Minderheitsgebiete als die empfehlenswerteste erscheinen, weil sie auf der Freiheit und Selbstbestimmung des Individuums beruht. Beiläufig sei bemerkt, daß der in Art. 74 der Genfer Konvention ausgesprochene Grundsatz von der Republik Polen noch in andere Staatsverträge zum Schutze der polnischen Minderheiten im Ausland aufgenommen worden ist, so u. a. in den Vertrag mit der Freien Stadt Danzig und in den Vertrag mit der tschechoslowakischen Republik.

In enger Beziehung mit dem Art. 74 steht der Art. 131 Abs. 1 der Genfer Konvention.

Art. 131 Abs. 1 lautet:

„1. Pour établir quelle est la langue d'un élève ou enfant, il sera uniquement tenu compte de la déclaration verbale ou écrite de la personne légalement responsable de son éducation. Cette déclaration ne pourra faire l'objet d'aucune vérification ou contestation de la part des autorités scolaires.

2. Les autorités scolaires devront de même s'abstenir d'exercer toute pression, si minime qu'elle soit, ayant pour but le retrait de demandes de création d'institutions scolaires de minorité."

In Ansehung der großen Schwierigkeiten, welche sich aus der außerordentlich starken kulturellen und sprachlichen Mischung der oberschlesischen Bevölkerung ergeben, hat die Genfer Konvention auch auf dem Gebiete des Schulwesens das Prinzip der freien Selbstbestimmung aufgestellt. Überall wo die Erziehungsberechtigten Schulfragen zu entscheiden haben — und das sind vornehmlich die beiden Fragen, ob in einer Gemeinde eine Minderheitsschule zu errichten ist (Anträge gemäß Art. 106 der Genfer Konvention) und ob ein Kind die Minderheitsschule besuchen soll (»Anmeldungen«), — entscheidet die subjektive Willenserklärung des Erziehungsberechtigten. So wie jeder Staatsbürger frei bestimmen kann, ob er der Mehrheit oder Minderheit angehören wolle, mniejszości, tak samo każdemu uprawnionemu do wychowania przysługuje na zasadzie artykułu 131 prawo swobodnego wyboru pomiędzy posyłaniem dzieci do szkoły większościowej lub mniejszościowej. Podkreślić należy, że ani u uprawnionego do wychowania ani u dziecka nie chodzi o pewne obiektywne stosunki, jak pochodzenie lub język ojczysty, lecz że decyzja zapada wyłącznie w miarę subiektywnego rozstrzygnięcia uprawnionego do wychowania. Jest to zresztą konieczne logiczne następstwo artykułu 74, gdyż jeżeli się każdemu obywatelowi przyznaje prawo decydowania o swojej własnej przynależności do mniejszości, to prawo to przyznać mu się musi także co do jego dzieci. Prawo uprawnionego do wychowania, rozstrzygać suwerennie, czy językiem szkolnym dziecka, za którego wychowanie on odpowiada, ma być język niemiecki lub polski, sięga bezsprzecznie tak daleko, że wolno mu jedno z swych dzieci posyłać do szkoły mniejszościowej, a drugie do szkoły większościowej.

Podkreślić przy tym należy, że artykuł 131 przez „język" nie rozumie czasem języka ojczystego, lecz język szkolny, tj. język, w którym dziecko ma pobierać naukę szkolną. Z obrad delegacji niemieckiej i polskiej w Genewie wynika, że przez język nie należy w żadnym razie rozumieć języka ojczystego. Wyrażenie to zawarte było w pierwszym polskim projekcie tekstu, zostało jednak przez delegację niemiecką wyraźnie odrzucone. Delegacja polska zaproponowała potem brzmienie obecne (zob. protokół z 7 posiedzenia Komisji IX w Genewie z dnia 22 lutego 1922).

Komisja Mieszana artykuł 131 interpretowała dotychczas zawsze po myśli języka szkolnego i praktykę tę władze wojewódzkie dotychczas też wyraźnie uznawały. Pierwotnie identyfikowały one wprawdzie również język szkolny z artykułu 131 z językiem ojczystym i żądały od uprawnionych do wychowania, którzy zgłosili wnioski o utworzenie szkół mniejszościowych lub chcieli zgłaszać dzieci do tych szkół, aby złożyli oświadczenie co do języka ojczystego. Gdy jednak Prezydent Komisji Mieszanej zwrócił uwagę władz na ten błąd, władze w uznaniu tego błędu zarządziły potem wyraźnie rozporządzeniem Wojewody Śląskiego z dnia 29 grudnia 1922 (Dz. U. Śl. nr 3 z dnia 19 stycznia 1923) i rozporządzeniem z dnia 26 czerwca 1924 (Dz. U. Śl. nr 17 z dnia 9 lipca 1924), że w przyszłości we wnioskach, które wówczas służyły zarówno do zgłaszania uczniów mniejszościowych jak i do wnoszenia o utworzenie szkół mniejszościowych, odpaść ma zdanie zawierające oświadczenie co do języka ojczystego ebenso hat auf Grund des Art. 131 jeder Erziehungsberechtigte das Recht, für seine Kinder zwischen der Beschulung in der Mehrheits- und Minderheitsschule frei zu wählen. Hervorzuheben ist, daß es weder beim Erziehungsberechtigten noch beim Kinde auf bestimmte objektive Verhältnisse wie Abstammung oder Muttersprache ankommt, sondern daß die Entscheidung ausschließlich nach Maßgabe der subjektiven Entschließung des Erziehungsberechtigten gefällt wird. Dies ist übrigens die notwendige logische Folgerung aus Art. 74, denn, wenn man jedem Staatsbürger das Recht zugesteht, über seine eigene Minderheitszugehörigkeit zu entscheiden, so muß man es ihm auch für seine Kinder geben. Das Recht des Erziehungsberechtigten, souverän zu entscheiden, ob die Schulsprache des Kindes, für dessen Erziehung er verantwortlich ist, die deutsche oder die polnische sein soll, geht zweifellos so weit, daß es ihm freisteht, eines seiner Kinder in die Minderheitsschule und die anderen in die Mehrheitsschule zu schicken.

Es ist dabei hervorzuheben, daß der Art. 131 unter »Sprache« nicht etwa die Muttersprache, sondern die Schulsprache, d. h. die Sprache, in welcher das Kind seinen Schulunterricht bekommen soll, versteht. Aus den Beratungen der deutschen und polnischen Delegation in Genf geht hervor, daß unter Sprache keinesfalls die Muttersprache zu verstehen ist, dieser Ausdruck ist im ersten polnischen Textentwurf enthalten gewesen, wurde aber von der deutschen Delegation ausdrücklich abgelehnt. Daraufhin wurde der jetzige Wortlaut durch die polnischen Delegierten vorgeschlagen. (S. Protokoll über die 7. Sitzung der IX. Kommission in Genf vom 22. Februar 1922.)

Die Gemischte Kommission hat den Art. 131 bisher stets im Sinne von Schulsprache ausgelegt und ihre Praxis ist bisher auch von den Wojewodschaftsbehörden ausdrücklich anerkannt worden. Diese hatten zwar anfänglich ebenfalls die Schulsprache des Art. 131 mit der Muttersprache identifiziert und von den Erziehungsberechtigten, die Minderheitsschulen beantragten oder Kinder für Minderheitsschulen anmelden wollten, eine Erklärung über die Muttersprache verlangt. Aufmerksam gemacht durch den Präsidenten der Gemischten Kommission wurde dann in Anerkennung dieses Irrtums durch die Verordnung des Schlesischen Wojewoden vom 29. Dezember 1922 (Dz. U. Sl. Nr. 3 vom 19. Januar 1923) und die Verordnung vom 26. Juni 1924 (Dz. U. Sl. Nr. 17 vom 9. Juli 1924) ausdrücklich angeordnet, daß in den Anträgen — welche damals sowohl zur Anmeldung von Minderheitsschülern als auch zur Beantragung von Minderheitsschulen dienten — zukünftig der Passus mit der Erklärung über die Muttersprache der Kinder wegfallen solle. Dieser Standpunkt, dzieci. Stanowisko to, według którego nie chodzi o język ojczysty, lecz tylko o język szkolny, którego domaga się uprawniony do wychowania, właściwe władze uznały wyraźnie także w związku z poglądem nr 11 z dnia 3 stycznia 1924 w sprawie Junga i towarzyszy. Powiedziano tam:

„Według art. 74 Konwencji Genewskiej władzom nie wolno badać przynależności do mniejszości językowej ani przynależności tej kwestionować. Według art. 131 Konwencji Genewskiej decyduje wyłącznie pisemne lub ustne oświadczenie uprawnionego do wychowania, który język jest językiem dziecka, i władzy szkolnej oświadczenia tego nie wolno sprawdzać ani kwestionować. Oddalenie wniosku z uzasadnieniem, że dziecko nie należy do mniejszości językowej, oparte jest na niedozwolonym sprawdzaniu, jest zatem niedopuszczalne."

Stanowisko to zostało ustalone w tenorze poglądu pod liczbą 1 b i wyraźnie uznane przez Województwo w myśl protokołu z konferencji z dnia 18 kwietnia 1924.

3. Z 5784 protokołów z przesłuchów, przedłożonych Prezydentowi Komisji Mieszanej, wynika, że uprawnionych do wychowania przesłuchiwano z jednej strony na okoliczność, który język jest językiem ojczystym ich dzieci, z drugiej zaś strony spowodowano ich do nowego oświadczenia, do której szkoły chcą dzieci posyłać. Przegląd odpowiedzi dał następujący wynik:

Grupa A

Dla 5730 dzieci żądano nauki w szkole mniejszościowej niemieckiej, przy czym jako język ojczysty podano:

a) w 1792 przypadkach język polski,
b) w 2340 przypadkach język niemiecki i polski,
c) w 1427 przypadkach język niemiecki,
d) 34 protokoły nie zawierają żadnych danych co do języka ojczystego,
e) 146 zgłoszeń pochodzi od obywateli obcych.

Grupa B

Dla 145 dzieci żądano obecnie — wbrew oświadczeniu w zgłoszeniu — szkoły polskiej, przy czym jako język ojczysty podano:

a) w 98 przypadkach język polski,
b) w 43 przypadkach język niemiecki i polski,
c) w 4 przypadkach język niemiecki.

wonach es nicht auf die Muttersprache ankommt, sondern einzig auf die Schulsprache, die der Erziehungsberechtigte verlangt, wurde von der zuständigen Behörde auch in Verbindung mit der Stellungnahme Nr. 11 vom 3. Januar 1924 in der Sache Jung und Genossen ausdrücklich anerkannt. Dort wurde ausgeführt:

»Nach Art. 74 der Genfer Konvention darf die Zugehörigkeit zur sprachlichen Minderheit von den Behörden weder nachgeprüft noch bestritten werden. Nach Art. 131 des Genfer Abkommens bestimmt ausschließlich die schriftliche oder mündliche Erklärung des Erziehungsberechtigten, was die Sprache seines Kindes ist, und diese Erklärung darf von der Schulbehörde weder nachgeprüft noch bestritten werden. Die Ablehnung eines Antrages mit der Begründung, daß das Kind nicht zur sprachlichen Minderheit gehöre, beruht auf einer unerlaubten Nachprüfung und ist somit unzulässig.«

Dieser Standpunkt wurde im Dispositiv sub Ziffer 1 b festgelegt und von der Wojewodschaft gemäß Konferenzprotokoll vom 18. April 1924 ausdrücklich gutgeheißen.

3. Aus den 5784 Einvernahmeprotokollen, die dem Präsidenten der Gemischten Kommission vorgelegt wurden, geht hervor, daß die Erziehungsberechtigten einerseits darüber einvernommen wurden, welches die Muttersprache ihrer Kinder sei und daß sie andererseits zu einer neuen Erklärung veranlaßt wurden, in welche Schule sie ihre Kinder schicken wollen. Die Sichtung der Antworten hat folgendes Resultat ergeben:

Gruppe A.

Für 5730 Kinder wurde Unterricht in der deutschen Minderheitsschule verlangt, wobei als Muttersprache a) in 1792 Fällen die polnische Sprache, b) in 2340 Fällen die deutsche und polnische Sprache und c) in 1427 Fällen die deutsche Sprache angegeben wurde. d) 34 Protokolle enthalten keine Angaben über die Muttersprache, e) 146 Anmeldungen rühren von fremden Staatsangehörigen her.

Gruppe B.

Für 145 Kinder wurde entgegen der Erklärung in der Anmeldung nunmehr die polnische Schule verlangt, wobei als Muttersprache a) in 98 Fällen die polnische, b) in 43 Fällen die deutsche und polnische und c) in 4 Fällen die deutsche angegeben wurde.

Dla 272 dzieci zrezygnowano wyraźnie, również wbrew oświadczeniom w zgłoszeniach, z nauki w szkole mniejszościowej. Zapodania co do języka ojczystego brzmiały również różnie.

Grupa C

Dla 417 dzieci żądano nauki w języku niemieckim i polskim, nie podawszy jednak przy tym, czy ma to nastąpić w szkole mniejszościowej czy większościowej. Jako język ojczysty podano:

a) w 103 przypadkach język polski,
b) w 273 przypadkach język niemiecki i polski, a
c) w 41 przypadkach język niemiecki.

Grupa D

19 osób nie wypowiedziało się w ogóle co do szkoły, do której dzieci mają uczęszczać; przy tym podano jako język ojczysty:

a) w 3 przypadkach język polski,
b) w 6 przypadkach język niemiecki i polski,
c) w 10 przypadkach język niemiecki.

Do grupy A/a.

Według protokołów z przesłuchów uprawnieni do wychowania 1792 dzieci żądali, aby dzieci te uczęszczały do szkoły mniejszościowej niemieckiej, przy czym jako ich język ojczysty podano język polski. Właściwe władze zajmują stanowisko, że uczniów tych nie należy dopuścić do szkoły mniejszościowej. Przy ocenie tej kwestii należy wychodzić z wywodów sub IV/2, według których decydującym zeznaniem uprawnionego do wychowania jest jego oświadczenie co do szkoły, do której dziecko ma uczęszczać. Obok tego oświadczenia zeznania w sprawie pewnych stosunków obiektywnych są bez znaczenia. Zapodań co do języka ojczystego nie można np. uważać za subiektywne oświadczenie woli co do szkoły w myśl art. 131 Konwencji Genewskiej. Mogą one służyć jedynie do obiektywnego stwierdzenia, jak się przedstawia sprawa co do języka ojczystego. W myśl art. 131 nie chodzi jednak o to, czy u zgłoszonego dziecka zachodzą pewne obiektywne stosunki (jak np. jakiś określony język ojczysty), lecz decyduje jedynie i wyłącznie to, czy dziecko w myśl woli uprawnionego do wychowania ma uczęszczać do szkoły mniejszościowej niemieckiej lub nie. Stanowisko Województwa, że żadnego dziecka z językiem ojczystym polskim nie należy dopuścić do szkoły mniejszościowej, nie da się utrzymać, tym mniej, że z protokołów z przesłuchów wynika, że ta grupa uprawnionych do wychowania żądała

Für 272 Kinder wurde ebenfalls entgegen den Erklärungen in den Anmeldungen ausdrücklich auf den Unterricht in der Minderheitsschule verzichtet. Die Angaben über die Muttersprache lauteten ebenfalls verschieden.

Gruppe C.

Für 417 Kinder wurde Beschulung in deutscher und polnischer Sprache verlangt, ohne daß angegeben worden wäre, ob dies in der Minderheits- oder Mehrheitsschule geschehen sollte. Als Muttersprache wurde angegeben: a) in 103 Fällen die polnische, b) in 273 Fällen die deutsche und polnische und c) in 41 Fällen die deutsche Sprache.

Gruppe D.

19 Personen haben sich über die zu besuchende Schule überhaupt nicht geäußert; es ist dabei a) in 3 Fällen die polnische, b) in 6 Fällen die deutsche und polnische und c) in 10 Fällen die deutsche Sprache als Muttersprache angegeben worden.

Ad Gruppe A a.

Laut den Einvernahmeprotokollen haben die Erziehungsberechtigten von 1792 Kindern Beschulung in der deutschen Minderheitsschule verlangt, wobei als Muttersprache dieser Kinder die polnische Sprache angegeben wurde. Die zuständigen Behörden vertreten die Auffassung, daß diese Schüler nicht zur Minderheitsschule zuzulassen seien. Bei der Beurteilung dieser Frage ist von den sub IV/2 gemachten Ausführungen auszugehen, wonach die entscheidende Aussage des Erziehungsberechtigten seine Erklärung betreffend die zu besuchende Schule ist, neben welcher die Aussagen über bestimmte objektive Verhältnisse belanglos erscheinen. Angaben über die Muttersprache z. B. können nicht als subjektive Willenserklärung über die Beschulung im Sinne von Art. 131 der Genfer Konvention angesehen werden. Sie können nur dazu dienen, objektiv festzustellen, wie es mit der Muttersprache steht. Im Sinne des Art. 131 kommt es aber nicht darauf an, ob beim angemeldeten Kinde bestimmte objektive Verhältnisse (wie z. B. eine bestimmte Muttersprache) vorliegen, sondern entscheidend ist einzig und allein, ob das Kind gemäß dem Willen des Erziehungsberechtigten die deutsche Minderheitsschule besuchen soll oder nicht. Der von der Wojewodschaft eingenommene Standpunkt, daß alle Kinder mit polnischer Muttersprache vom Besuch der Minderheitsschule zurückzuweisen seien, ist um so unhaltbarer, als aus den Einvernahmeprotokollen hervorgeht, daß diese Gruppe von Erziehungsberechnie tylko przy wpisach szkolnych w maju 1926, aby dzieci ich uczęszczały do szkoły mniejszościowej, lecz powtórzyła te zgłoszenia także z okazji przesłuchów. Właściwe władze postąpiły zatem niesłusznie, nie przyjmując tych uczniów do szkoły mniejszościowej, ponieważ nie mają prawa ignorować tych jasnych oświadczeń woli, które spowodowały same. Jak długo uprawnieni do wychowania nie cofną wyraźnie zgłoszenia, należy bezwzględnie respektować ich żądanie, aby dzieci ich pobierały naukę w szkole mniejszościowej. (Zob. także pogląd z dnia 20 grudnia 1925 w sprawie zawieszenia nauki w szkole mniejszościowej w Wilczy Górnej sub III.3.) Ponieważ w niniejszych przypadkach nie ma takiego oświadczenia cofnięcia, uczniów tych należy uważać za ważnie zgłoszonych.

Do grupy A/b.

Według protokołow z przesłuchów uprawnieni do wychowania 2340 dzieci żądali, aby dzieci ich uczęszczały do szkoły mniejszościowej niemieckiej, przy czym jako język ojczysty dzieci podali język niemiecki i polski. Województwo zajmuje stanowisko, że nawet i tych uczniów nie należy dopuścić do szkoły mniejszościowej. Stanowisko to nie da się utrzymać, gdyż, jak co dopiero powiedziano, decyduje bezwzględnie oświadczenie woli rodziców w sprawie szkoły, do której dzieci mają uczęszczać. Zresztą oddalenie tych zgłoszeń nawet wtenczas określić należałoby jako niedopuszczalne, gdyby chciano uważać za decydujące oświadczenie co do języka ojczystego, ponieważ tam, gdzie jako język ojczysty podano obydwa języki, bez naruszenia uzasadnionych interesów nie można w ogóle wydać żadnego rozstrzygnięcia ani na rzecz szkoły większościowej, ani na rzecz szkoły mniejszościowej. Także tutaj okazuje się, że jedynie słusznym kryterium jest swobodne subiektywne oświadczenie uprawnionego do wychowania w myśl art. 131 Konwencji Genewskiej.

Do grupy A/c.

Według protokołów z przesłuchów dla 1427 uczniów żądano, aby uczęszczali do szkoły mniejszościowej, przy czym jako język ojczysty podano język niemiecki. Przypadki te nie mogą stanowić przedmiotu sporu nawet według zapatrywania Województwa, ponieważ oświadczenie co do szkoły zgadza się z oświadczeniem co do języka ojczystego. Przypuścić zatem należy, że uczniów tych przyjęto już do szkoły mniejszościowej. O ile by to jeszcze nie nastąpiło, winno nastąpić niezwłocznie bez dalszych formalności.

tigten nicht nur bei den Schuleinschreibungen im Mai 1926 das Begehren um Beschulung in der Minderheitsschule gestellt haben, sondern daß sie diese Anmeldung anläßlich ihrer Einvernahme ausdrücklich wiederholt haben. Die zuständigen Behörden haben daher diese Schüler zu Unrecht vom Besuch der Minderheitsschule zurückgewiesen, denn sie haben kein Recht, diese klaren Willenserklärungen, die sie selbst veranlaßt haben, zu ignorieren. Solange die Anmeldung nicht ausdrücklich durch die Erziehungsberechtigten zurückgezogen ist, muß ihr Begehren um Beschulung ihrer Kinder in der Minderheitsschule unter allen Umständen respektiert werden. (Siehe auch Stellungnahme vom 20. Dezember 1925 betr. Einstellung des Unterrichts an der Minderheitsschule in Wilcza-Górna sub III, 3.) Da in den vorliegenden Fällen ein solcher Widerruf nicht vorliegt, sind diese Schüler für gültig angemeldet anzusehen.

Ad Gruppe A b.

Laut den Einvernahmeprotokollen haben die Erziehungsberechtigten von 2340 Kindern Beschulung in der deutschen Minderheitsschule verlangt, wobei sie als Muttersprache der Kinder die deutsche und polnische bezeichnet haben. Die Wojewodschaft steht auf dem Standpunkt, daß sogar diese Schüler von der Beschulung in der Minderheitsschule zurückzuweisen seien. Diese Auffassung ist unhaltbar, denn, wie eben ausgeführt wurde, ist die Willenserklärung der Eltern betreffend die zu besuchende Schule absolut maßgebend. Übrigens müßte die Abweisung dieser Anmeldungen selbst dann als unzulässig bezeichnet werden, wenn man auf die Erklärung bezüglich der Muttersprache abstellen wollte, denn wo die beiden Sprachen als Muttersprache angegeben worden sind, kann ohne Verletzung berechtigter Interessen überhaupt keine Entscheidung getroffen werden, weder zugunsten der Mehrheits- noch der Minderheitsschule. Auch hier zeigt sich, daß das einzig richtige Kriterium die freie subjektive Erklärung des Erziehungsberechtigten im Sinne des Art. 131 der Genfer Konvention ist.

Ad Gruppe A c.

Laut Einvernahmeprotokollen wurde für 1427 Schüler die Beschulung in der Minderheitsschule verlangt und als Muttersprache die deutsche angegeben. Diese Fälle können selbst nach der von der Wojewodschaft vertretenen Auffassung nicht den Gegenstand einer Kontroverse bilden, da sich Erklärung, betreffend Schule und Muttersprache, decken. Es ist daher anzunehmen, daß diese Schüler bereits in die Minderheitsschule aufgenommen sind. Soweit dies noch nicht geschehen sein sollte, hat dies ohne weiteres zu erfolgen.

Do grupy A/d.

Według protokołów z przesłuchów dla 34 dzieci żądano, aby uczęszczały do szkoły mniejszościowej, przy czym nie podano ich języka ojczystego. O ile to jeszcze nie nastąpiło, dzieci te należy przekazać do szkoły mniejszościowej, ponieważ zgłoszenie, które nastąpiło z okazji wpisów w maju-czerwcu 1926, zostało przy przesłuchaniu potwierdzone i nie złożono oświadczenia, którym by je cofnięto.

Do grupy A/e.

Stosownie do wywodów sub I/6 przypadków tych nie rozpatruje się.

Do grupy B/a, b, c.

Z okazji przesłuchów uprawnieni do wychowania 417 dzieci cofnęli zgłoszenia do szkoły mniejszościowej lub żądali, aby dzieci te uczęszczały do szkoły polskiej, przy czym jako język ojczysty podano częściowo język polski, częściowo język polski i niemiecki, a częściowo język niemiecki. Stosownie do wywodów sub A/a i tutaj zapodaniom co do języka ojczystego nie można przypisywać żadnego znaczenia. Należy wychodzić wyłącznie z oświadczenia woli rodziców co do szkoły, do której dzieci mają uczęszczać. Wyłania się jedynie kwestia, czy te oświadczenia woli należy uwzględnić, ponieważ złożono je w toku dochodzenia, które, jak powiedziano sub III, naruszało artykuły 75 i 131 Konwencji Genewskiej. Stosownie do praktyki Komisji Mieszanej chronić należy każdorazowo wyrażoną wolę uprawnionego do wychowania. Uwzględnić zatem należy także te dodatkowe oświadczenia woli i przekazać dane dzieci do szkoły polskiej, jeżeli powyższe oświadczenia złożyli uprawnieni do wychowania i jeżeli się ich z powodu przymusu, omyłki itd. nie zaczepia.

Do C/a, b, c.

Co do 417 dzieci, dla których uprawnieni do wychowania żądali nauki w języku niemieckim i polskim, nie podając jednak, czy ma to nastąpić w szkole większościowej lub mniejszościowej, w przypadkach tych nie zachodzi odmienne oświadczenie woli po myśli cofnięcia zgłoszenia. Uczniów tych należy uważać za ważnie zgłoszonych do szkoły mniejszościowej.

Do grupy D/a, b, c.

Zupełnie te same rozważania odnoszą się do tych 19 uczniów, których uprawnieni do wychowania z okazji przesłuchów nie złożyli żadnego oświadczenia co do szkoły, do której uczniowie ci mają

Ad Gruppe A d.

Laut Einvernahmeprotokollen wurde für 34 Kinder Beschulung in der Minderheitsschule verlangt, ohne daß Angaben über ihre Muttersprache gemacht worden wären. Diese Kinder sind, sofern dies nicht schon geschehen ist, der Minderheitsschule zuzuführen, da die anläßlich der Einschreibungen vom Mai-Juni 1926 erfolgte Anmeldung bei der Einvernahme bestätigt wurde, und keine Erklärung vorliegt, die sie entkräftet.

Ad Gruppe A e.

Auf diese Fälle wird entsprechend den sub I/6 gemachten Ausführungen nicht eingetreten.

Ad Gruppe B a, b, c.

Anläßlich der Einvernahmen haben die Erziehungsberechtigten von 417 Kindern ihre Anmeldungen zur Minderheitsschule zurückgezogen bzw. Beschulung in der polnischen Schule verlangt, wobei als Muttersprache zum Teil die polnische, zum Teil die deutsche und die polnische, und zum Teil die deutsche Sprache angegeben wurde. Entsprechend der Ausführungen sub A a kann auch hier den Angaben über die Muttersprache keine Bedeutung beigemessen werden; es ist allein abzustellen auf die Willenserklärung der Eltern bezüglich der zu besuchenden Schule. Es erhebt sich bloß die Frage, ob diese Willenserklärungen zu berücksichtigen sind, da sie im Laufe einer Untersuchung abgegeben wurden, die, wie sub III ausgeführt, gegen Artikel 75 und 131 der Genfer Konvention verstieß. Entsprechend der Praxis der Gemischten Kommission ist der jeweilige Wille des Erziehungsberechtigten zu schützen. Es sind daher auch diese nachträglich erfolgten Willenserklärungen zu berücksichtigen, und die betreffenden Kinder der polnischen Schule zuzuführen, sofern die Erklärungen von den Erziehungsberechtigten ausgehen und sie nicht wegen Zwanges, Irrtum usw. angefochten werden.

Ad C a, b, c.

Was die 417 Kinder anbetrifft, für welche die Erziehungsberechtigten Unterricht in deutscher und polnischer Sprache verlangt haben, ohne aber anzugeben, ob dies in der Mehrheits- oder Minderheitsschule geschehen solle, so liegt in diesen Fällen eine Willensänderung im Sinne des Rückzuges der Anmeldung nicht vor. Diese Schüler sind also gültig für die Minderheitsschule angemeldet anzusehen.

Ad D a, b, c.

Vollständig die gleichen Erwägungen treffen hinsichtlich der 19 Schüler zu, deren Erziehungsberechtigte anläßlich ihrer Einvernahme über die zu besuchende Schule keine Erklärung abgegeben haben. Aus den Angaben uczęszczać. Z zapodań co do języka ojczystego nie można i tutaj wysnuwać żadnych wniosków co do szkoły, tak, że zgłoszenia należy uważać za ważne.

V

Czy ze szkół mniejszościowych wolno wykluczyć uczniów, którzy nie rozumieją języka niemieckiego.

W myśl artykułów 74 i 131 Konwencji Genewskiej nie może być wątpliwości co do tego, że, o ile uprawnieni do wychowania tego żądają, dopuścić należy do szkoły mniejszościowej niemieckiej także takie dzieci, u których w rodzinie mówi się tylko po polsku. Tę kwestię prawną rozpatrywano wyczerpująco powyżej. Przedmiotem roztrząsań może być zatem jedynie kwestia pedagogiczna, czy zgłoszone w myśl art. 131 i przyjęte do szkoły mniejszościowej dzieci należy dodatkowo przenieść do szkoły polskiej dlatego, że nie znają dostatecznie języka niemieckiego. Kwestia ta nie była dotychczas przedmiotem poglądu, ponieważ władze polskie podawały zawsze tylko język ojczysty polski jako powód oddalenia, a nie braki w znajomości języka. W związku z poprzednimi rozprawami Urząd Spraw Mniejszości podkreślał jednak kilkakrotnie, że do szkoły mniejszościowej uczęszczają także takie dzieci, które nie znają języka niemieckiego, co pod względem pedagogicznym jest szkodliwe zarówno dla szkoły mniejszościowej jak i dla danych uczniów.

W niniejszym postępowaniu zażaleniowym właściwa władza kwestii tej wcale nie poruszyła i nie podniosła dotycznego zarzutu, natomiast Prezydent Komisji Mieszanej z własnej inicjatywy wskazał na to na rozprawach ustnych i spowodował oświadczenie żalącego się. Ponieważ nie jest wykluczone, że właściwa władza zarzut niedostatecznej znajomości języka wysunie później i oddali z tego powodu uczniów, przez co powstałyby nowe komplikacje i trudności dla szkoły mniejszościowej, także tę kwestię należy tu rozpatrzeć.

Prezydent Komisji Mieszanej od samego początku zajmował stanowisko, że pod względem wychowawczym jest niewłaściwością udzielać dzieciom, które nie rozumieją języka niemieckiego, nauki w szkole niemieckiej. Według jego zapatrywania sprzeciwia się to też interesom dzieci i szkoły mniejszościowej. Czy twierdzenie, że liczne dzieci nie rozumieją języka niemieckiego, jest trafne, Prezydent Komisji Mieszanej rozstrzygnąć nie może, ponieważ ze względu na artykuł 131 Konwencji Genewskiej unikano dotychczas starannie wszelkiego egzaminu językowego. Gdyby powyższe twierdzenie odpowiadało über die Muttersprache können auch hier keine Folgen betreffend die Beschulung gezogen werden, so daß die Anmeldungen als gültig anzusehen sind.

V

Dürfen die Schüler, welche die deutsche Sprache nicht verstehen, von den deutschen Minderheitsschulen ausgeschlossen werden?

Gemäß Artikel 74 und 131 der Genfer Konvention kann kein Zweifel darüber walten, daß, sofern die Erziehungsberechtigten dies verlangen, auch solche Kinder zur deutschen Minderheitsschule zuzulassen sind, in deren Familie nur die polnische Sprache gesprochen wird. Diese Rechtsfrage ist weiter oben erschöpfend behandelt worden. Es kann also nur die pädagogische Frage Gegenstand der Erörterung bilden, ob die gemäß Artikel 131 angemeldeten und zur Minderheitsschule zugelassenen Kinder nachträglich aus dem Grunde in die polnische Schule zu versetzen sind, weil sie die deutsche Sprache nicht genügend verstehen. Diese Frage hat bisher nie Gegenstand einer Stellungnahme gebildet, weil die polnischen Behörden stets nur auf die polnische Muttersprache als Abweisungsgrund abstellten und nicht auf die mangelnden Kenntnisse der Sprache. Aber im Anschluß an frühere Verhandlungen hat das Minderheitsamt wiederholt betont, daß auch solche Kinder die Minderheitsschule besuchen, die die deutsche Sprache nicht verstehen, was in pädagogischer Hinsicht für die Minderheitsschule und für die betreffenden Schüler schädlich sei.

Im gegenwärtigen Beschwerdeverfahren hat die zuständige Behörde diese Frage gar nicht berührt und keine bezügliche Einrede vorgebracht, wohl aber hat der Präsident von sich aus in den mündlichen Verhandlungen darauf hingewiesen und eine Erklärung des Beschwerdeführers veranlaßt. Da es nicht ausgeschlossen ist, daß die zuständige Behörde später die Einrede der mangelnden Sprachkenntnisse vorbringt und unter dieser Begründung Schüler zurückweist, so daß dann neue Komplikationen und Störungen für die Minderheitsschule entstehen, muß auch diese Frage hier behandelt werden.

Der Präsident der Gemischten Kommission stand von jeher auf dem Standpunkt, daß es in erzieherischer Hinsicht ein Mißgriff sei, Kinder, die die deutsche Sprache nicht verstehen, in der deutschen Schule zu unterrichten. Das widerspricht auch nach seiner Auffassung den Interessen der Kinder und der Minderheitsschule. Ob die Behauptung, daß zahlreiche Kinder die deutsche Sprache nicht verstehen, zutreffend ist, kann der Präsident der Gemischten Kommission nicht entscheiden, da bisher jede sprachliche Prüfung mit Rücksicht auf Artikel 131 der Genfer Konvention streng verpönt wurde. Träfe diese Behauptung zu, so wäre es auf Grund pädagogischer prawdzie, wtenczas na podstawie rozważań pedagogicznych byłoby celowe, aby po odpowiednim okresie próbnym dzieci zgłoszone do szkoły mniejszościowej, które nie rozumieją języka niemieckiego, przeniesiono ze szkoły niemieckiej do szkoły polskiej. Ojczysty język polski nie byłby przy tym wcale decydujący, ponieważ liczne dzieci rodzin polskich rozumieją również po niemiecku. Warunkiem uwzględnienia tego pedagogicznego punktu widzenia oczywiście jest, czy badanie i decyzja co do tego, czy dane dzieci rozumieją dostatecznie po niemiecku, możliwe są bez wywołania szkodliwych dla szkoły mniejszościowej zakłóceń i komplikacyj.

Z okazji wymiany zdań Prezydent Komisji Mieszanej przedstawił swego czasu Przedstawicielowi Państwa Polskiego propozycje dla wyjaśnienia tej kwestii, z zastrzeżeniem, że Niemiecki Związek Ludowy względnie Rada Ligi Narodów wyrażą na to zgodę. Propozycyj tych nie przyjęto i wskutek postępowania właściwych władz upadły.

Prezydent Komisji Mieszanej jest nadal zapatrywania, że uczniom, którzy nie rozumieją po niemiecku, nie powinno by się udzielać nauki w szkole niemieckiej, lecz w szkole polskiej. Zachodzi jednak pytanie, czy mimo artykułu 131 Konwencji Genewskiej wolno w drodze orzecznictwa nadać wspomnianym względom pedagogicznym decydujące znaczenie. Przy ponownym badaniu tej kwestii Prezydent przekonać musiał się o tym, że artykuł 131 stosownie do swej genezy i treści takiej wykładni nie dopuszcza. Istotnie po zbadaniu wszystkich wchodzących w rachubę względów należy uznać, że artykuł 131 zgodnie z artykułem 74 chce wykluczyć absolutnie wszelkie bezpośrednie lub pośrednie mieszanie się władz szkolnych do kwestii języka szkolnego. Przy tym problemie pedagogicznym chodzić może zatem tylko o takie poza obręb Konwencji wychodzące porozumienie pomiędzy właściwymi władzami a Niemieckim Związkiem Ludowym, którym ograniczyłoby się prawne skutki artykułów 74 i 131 co do tych uczniów, którzy nie rozumieją języka niemieckiego. Poszczególnych uprawnionych do wychowania, którzy by obstawali przy swym roszczeniu o udzielanie ich dzieciom nauki w szkole mniejszościowej, nie można by zmusić do zrzeczenia się tego prawa. Należy jednak przypuszczać, że przeważająca większość dobrowolnie zastosowałaby się do takiej umowy.

Należałoby gorąco powitać, gdyby pomiędzy właściwymi władzami a Niemieckim Związkiem Ludowym doszło do umowy, która by miała na celu strzeżenie interesów pedagogicznych szkoły mniejszościowej. Uwzględnić należałoby przy tym zwłaszcza także doświad-

Erwägungen zweckmäßig, die für die Minderheitsschule angemeldeten Kinder, welche die deutsche Sprache nicht verstehen, nach einer entsprechenden Probezeit von der deutschen in die polnische Schule zu versetzen. Die polnische Muttersprache wäre dabei keineswegs maßgebend, da auch viele Kinder polnischer Familien deutsch verstehen. Die Berücksichtigung dieser pädagogischen Gesichtspunkte setzt allerdings voraus, daß die Prüfung und Entscheidung darüber, ob die betreffenden Kinder die deutsche Sprache genügend verstehen, möglich ist, ohne daß daraus schädliche Störungen und Komplikationen für die Minderheitsschule erwachsen.

Der Präsident der Gemischten Kommission hatte seinerzeit anläßlich eines Meinungsaustausches mit dem Polnischen Staatsvertreter diesem unter Vorbehalt der Zustimmung des Deutschen Volksbundes bzw. Völkerbundsrats, Vorschläge zur Abklärung dieser Frage gemacht. Diese Vorschläge wurden nicht angenommen und sind infolge des Vorgehens der zuständigen Behörden dahingefallen.

Nach wie vor ist der Präsident der Gemischten Kommission der Ansicht, daß Schüler, die nicht deutsch verstehen, nicht in der deutschen, sondern in der polnischen Schule unterrichtet werden sollten. Aber es frägt sich, ob es zulässig ist, trotz des Artikels 131 der Genfer Konvention den erwähnten pädagogischen Gesichtspunkten auf dem Wege der Rechtsprechung entscheidende Bedeutung zu verschaffen. Bei erneuter Prüfung dieser Frage hat sich der Präsident davon überzeugen müssen, daß Artikel 131 gemäß seiner Entstehung und seinem Wortlaut eine solche Auslegung nicht verträgt. In der Tat muß nach Prüfung aller in Frage kommenden Gesichtspunkte anerkannt werden, daß der Artikel 131 in Übereinstimmung mit Artikel 74 irgendeine direkte oder indirekte Einmischung der Schulbehörden in die Frage der Schulsprache absolut ausschließen will. Es kann sich also bei diesem pädagogischen Problem nur um eine außerhalb der Konvention liegende Verständigung zwischen den zuständigen Behörden und dem Deutschen Volksbund handeln, durch welche die rechtlichen Auswirkungen der Artikel 74 und 131 hinsichtlich derjenigen Schüler, welche die deutsche Sprache nicht verstehen, eingeschränkt würden. Einzelne Erziehungsberechtigte, die an ihrem Anspruch auf Beschulung in der Minderheitsschule festhalten sollten, könnten nicht gezwungen werden, ihr Recht preiszugeben. Es ist jedoch anzunehmen, daß die überwiegende Mehrzahl einem solchen Abkommen freiwillig nachleben würde.

Eine Vereinbarung zwischen den zuständigen Behörden und dem Deutschen Volksbund zur Wahrung der pädagogischen Interessen der Minderheitsschule wäre sehr zu begrüßen. Dabei sollten namentlich auch die Erfahrungen berücksichtigt werden, welche im gegenwärtigen Beschwerczenia, które zrobiono w toku obecnego postępowania zażaleniowego. Ponieważ wykonanie tego rodzaju umowy bez współpracy Prezydenta Komisji Mieszanej nie jest łatwe do pomyślenia, Prezydent oświadcza swą gotowość do współdziałania zarówno przy zawarciu jak i przy wykonaniu tej umowy, jeżeli właściwe władze i Niemiecki Związek Ludowy będą sobie tego życzyli. Istnieje uzasadniona nadzieja, że przy obopólnej dobrej woli tego rodzaju ugoda dojdzie do skutku, ponieważ według oświadczeń z okazji rozpraw ustnych Niemiecki Związek Ludowy nie przywiązuje wagi do napływu uczniów, którzy nie rozumieją języka mniejszości.

Jeżeli i jak długo w całej tej kwestii pedagogicznej nie dojdzie do ugody pomiędzy właściwymi władzami a Niemieckim Związkiem Ludowym, musi być ściśle stosowany artykuł 131 Konwencji Genewskiej, tak, że żadnego ucznia nie wolno oddalać z powodu nieznajomości języka niemieckiego. Gdyby Rada Ligi Narodów była odmiennego zapatrywania prawnego, to jest nieodzowne, aby to wyrażone zostało w jej rozstrzygnięciu i aby przy tym ustalono dokładnie, w jaki sposób należy wykonywać kontrolę co do znajomości językowych danych uczniów.

Jest w najwyższym interesie tak rodziców jak i Państwa, aby także ta kwestia została osądzona i definitywnie wyjaśniona, w przeciwnym bowiem razie należy się obawiać, że przyjdzie później ponownie i nieodzownie do obszernego postępowania zażaleniowego i że znów liczni rodzice z powodu nieprzyjęcia ich dzieci do szkoły będą przez długie miesiące w jak najprzykrzejszym położeniu.

VI

Mandaty karne

Jak już powiedziano w przedstawieniu stanu rzeczy (p. I), otrzymali liczni rodzice, którzy wzbraniają się zgłoszone do szkół mniejszościowych dzieci posyłać przed rozstrzygnięciem wniesionych przez nich zażaleń do szkoły polskiej, policyjne mandaty karne z powodu zaniedbania nauki szkolnej. Ponieważ te mandaty karne wydane są przez władze, które należy uważać za władze administracyjne w myśl artykułu 149 Konwencji Genewskiej, Prezydent Komisji Mieszanej — przed zatwierdzeniem mandatów karnych przez sąd — wypowiedzieć się może co do ich słuszności. Pod tym względem stwierdza się, że wydane mandaty karne należy uważać za niedopuszczalne, o ile uczniowie, zgłoszeni do szkół mniejszościowych, w myśl wywodów niniejszego poglądu niesłusznie do szkół tych nie zostali przyjęci.

deverfahren gemacht wurden. Da die Ausführung eines solchen Abkommens ohne die Mitwirkung des Präsidenten der Gemischten Kommission nicht wohl denkbar ist, erklärt sich dieser auf Wunsch der zuständigen Behörden und des Deutschen Volksbundes bereit, sowohl beim Abschluß als bei der Ausführung der Vereinbarung mitzuwirken. Man ist zur Hoffnung berechtigt, daß eine solche Vereinbarung bei gegenseitigem guten Willen zustande kommen wird, da der Deutsche Volksbund gemäß seiner anläßlich der mündlichen Verhandlungen abgegebenen Erklärungen kein Gewicht auf Zuzug von Schülern legt, welche die Minderheitssprache nicht verstehen.

Wenn und solange über diese ganze pädagogische Frage eine Vereinbarung zwischen den zuständigen Behörden und dem Deutschen Volksbund nicht zustande kommt, muß es bei der strikten Anwendung des Artikels 131 der Genfer Konvention sein Bewenden haben, so daß kein Schüler wegen Unkenntnis der deutschen Sprache zurückgewiesen werden darf. Sollte der Völkerbundsrat eine andere Rechtsauffassung vertreten, so ist es absolut notwendig, daß dies in seinem Entscheide ausgesprochen und daß dabei genau festgestellt werde, wie die Kontrolle über die Sprachkenntnis der in Frage stehenden Schüler auszuüben ist.

Es liegt im höchsten Interesse der Eltern, ebenso wie des Staates, daß auch diese Frage beurteilt und endgültig abgeklärt werde, sonst ist zu befürchten, daß später abermals ein weitschichtiges Beschwerdeverfahren Platz greifen muß, und daß abermals zahlreiche Eltern während vielen Monaten wegen Zurückweisung ihrer Kinder in der peinlichsten Lage sich befinden.

VI
Strafmandate.

Wie bereits in der Darstellung des Sachverhalts (Siehe I) ausgeführt wurde, haben viele Eltern, welche sich weigern, ihre für die Minderheitschulen angemeldeten Kinder bis zur Entscheidung der von ihnen eingelegten Beschwerden in die polnische Schule zu schicken, wegen Schulversäumnis polizeiliche Strafmandate erhalten. Da diese Strafmandate von Behörden ausgehen, die als Administrativbehörden im Sinne von Artikel 149 der Genfer Konvention anzusehen sind, kann sich der Präsident der Gemischten Kommission — vor der gerichtlichen Bestätigung der Strafmandate — über ihre Rechtmäßigkeit aussprechen. Diesbezüglich wird festgestellt, daß die erlassenen Strafmandate als unzulässig anzusehen sind, soweit die für die Minderheitsschulen angemeldeten Schüler nach den Ausführungen dieser Stellungnahme zu Unrecht zurückgewiesen wurden.

VII

Jak już powyżej powiedziano i wykazano, bardzo nieznaczna część uprawnionych do wychowania cofnęła z okazji dochodzenia administracyjnego pierwotne zgłoszenie do szkoły mniejszościowej. Przeważająca większość uprawnionych do wychowania zgłoszeń nie cofnęła i ma według dotychczasowego orzecznictwa prawo, aby zgłoszonym dzieciom udzielano nauki w szkole mniejszościowej. Z powodu nieprzyjęcia do szkoły mniejszościowej część tych dzieci była zmuszona uczęszczać do szkoły polskiej, aby nie zaniedbać zupełnie nauki szkolnej. Inna część nie pobiera obecnie w ogóle żadnej nauki szkolnej. Z uwagi na ten całokształt rzeczy Prezydent Komisji Mieszanej w przypadku nieprzyjęcia niniejszego poglądu przez właściwe władze prosić musi Radę Ligi Narodów, aby cały spór prawny rozstrzygnęła na swej najbliższej sesji. Odpowiada to nie tylko pilnemu wymogowi sprawiedliwości wobec interesowanych rodziców i dzieci, lecz jest bez wątpienia także w dobrze zrozumianym interesie Państwa.

Po naradzie w łonie Komisji Mieszanej Prezydent Komisji Mieszanej dochodzi do

poglądu:

1. Stwierdza się, że ogólne dochodzenie administracyjne, przeprowadzone w lecie 1926 celem przesłuchania wszystkich uprawnionych do wychowania, którzy zgłosili dzieci do szkoły mniejszościowej, było niedopuszczalne ze względu na artykuły 75 i 131 Konwencji Genewskiej.

2. Stwierdza się, że uznanie za nieważne następujących zgłoszeń do szkoły mniejszościowej nastąpiło niesłusznie:

a) wszystkich tych uczniów, których uprawnieni do wychowania z okazji przesłuchania ich żądali wyraźnie, aby uczniowie ci uczęszczali do szkoły mniejszościowej niemieckiej, bez względu na to, czy jako język ojczysty podali przy tym język polski, czy język niemiecki i polski, czy też język niemiecki;

b) wszystkich tych uczniów, których uprawnieni do wychowania z okazji przesłuchów nie złożyli żadnego oświadczenia co do szkoły, do której uczniowie ci mają uczęszczać, bez względu na to, czy jako język ojczysty podali przy tym język polski, czy język niemiecki i polski, czy też język niemiecki;

c) wszystkich tych uczniów, których uprawnieni do wychowania z okazji przesłuchów żądali nauki w języku niemieckim i polskim, nie podając jednak wyraźnie, czy to ma nastąpić w szkole mniejszościo-

VII

Wie oben ausgeführt und nachgewiesen, hat eine ganz kleine Anzahl von Erziehungsberechtigten anläßlich der Administrativ-Untersuchung ihre frühere Anmeldung für die Minderheitsschule zurückgezogen. Die überwiegende Mehrzahl der Erziehungsberechtigten hat die Anmeldungen nicht zurückgezogen und ist gemäß bisheriger Rechtsprechung berechtigt, die angemeldeten Kinder in der Minderheitsschule unterrichten zu lassen. Infolge ihrer Zurückweisung ist ein Teil dieser Kinder gezwungen, die polnische Schule zu besuchen, um des Schulunterrichts nicht gänzlich verlustig zu gehen. Ein anderer Teil genießt zur Zeit überhaupt keinen Schulunterricht. Mit Rücksicht auf diese gesamte Sachlage muß der Präsident der Gemischten Kommission für den Fall, daß die zuständigen Behörden die gegenwärtige Stellungnahme nicht annehmen, den Völkerbundsrat bitten, den ganzen Rechtsstreit in seiner nächsten Session zu entscheiden. Das entspricht nicht nur einer dringenden Forderung der Gerechtigkeit gegenüber den beteiligten Eltern und Kindern, sondern liegt zweifelohne auch im wohlverstandenen Interesse des Staates.

Nach stattgefundener Beratung im Schoße der Gemischten Kommission gelangt der Präsident der Gemischten Kommission zur

Stellungnahme:

1. Es wird festgestellt, daß die im Sommer 1926 erfolgte allgemeine Administrativ-Untersuchung zwecks Einvernahme aller Erziehungsberechtigten, die Kinder für die Minderheitsschule angemeldet hatten, mit Rücksicht auf Artikel 75 und 131 der Genfer Konvention unzulässig war.

2. Es wird festgestellt, daß die Ungültigerklärung der nachfolgenden Anmeldungen für die Minderheitsschule zu Unrecht erfolgt ist:

a) aller derjenigen Schüler, deren Erziehungsberechtigte anläßlich ihrer Einvernahme ausdrücklich Beschulung in der deutschen Minderheitsschule verlangt haben, gleichgültig, ob sie dabei als Muttersprache die polnische oder die deutsche und polnische oder die deutsche Sprache bezeichnet haben;

b) aller derjenigen Schüler, deren Erziehungsberechtigte anläßlich ihrer Einvernahme keine Erklärung über die zu besuchende Schule abgegeben haben, gleichgültig, ob sie dabei als Muttersprache die polnische Sprache oder die deutsche und polnische oder die deutsche Sprache bezeichnet haben;

c) aller derjenigen Schüler, deren Erziehungsberechtigte anläßlich ihrer Einvernahme Beschulung in deutscher und polnischer Sprache verlangt haben, ohne aber ausdrücklich anzugeben, ob dies in der deutschen wej niemieckiej lub w szkole większościowej polskiej, bez względu na to, czy jako język ojczysty podali przy tym język polski, czy język niemiecki i polski, czy język niemiecki;

d) 1307 uczniów, których uprawnieni do wychowania mimo wezwania nie stawili się na przesłuchy w ciągu lata 1926 i których zgłoszenia zostały z tego powodu oddalone. (Tabela statystyczna z dnia 21 października 1926, akt 15—16, rubryka d).

Wszystkich tych pod a, b, c, d wymienionych uczniów należy przekazać bezzwłocznie i z urzędu do szkół mniejszościowych z wyjątkiem tych, których nie przyjęto:

A) z powodu braku obywatelstwa polskiego (zob. sub I/3 a),

B) z powodu braku prawa do wychowania zgłaszającej osoby (zob. sub I/3 b),

C) z powodu nieprzynależności do związku szkolnego (zob. sub I/3 c),

D) dlatego, że zgłoszony uczeń był przeznaczony do innej szkoły (zob. sub I/3 d),

E) dlatego, że zgłoszony uczeń przekroczył już obowiązkowy wiek szkolny (zob. sub I/3 e).

Żalącego się kieruje się z powodu tych nieprzyjęć na drogę szczególnych zażaleń.

3. Właściwe władze wzywa się, aby przeciwko uprawnionym do wychowania uczniów, których w myśl liczby 2 niniejszego poglądu przekazać należy z urzędu do szkół mniejszościowych, nie wydawały żadnych mandatów karnych z powodu zaniedbania nauki szkolnej i cofnęły już wydane mandaty karne, o ile osądzeniem ich nie zajęły się już sądy.

41

Pogląd

z dnia 16 grudnia 1926 w sprawie nr 224 Niemiecko-Górnośląskiego Związku Ludowego na Górny Śląsk Polski dla strzeżenia praw mniejszości, związku zapisanego, żalącego się, w Katowicach, ul. Młyńska 23, dotyczącej nieotwarcia szkoły mniejszościowej w Bobrownikach-Piekarach Rudnych (Górny Śląsk Polski).

I

1. Z powodu nieotwarcia szkoły mniejszościowej w Bobrownikach-Piekarach Rudnych żalący się wniósł dnia 11 stycznia 1926

Minderheitsschule oder in der polnischen Mehrheitsschule geschehen sollte, gleichgültig, ob sie dabei die polnische oder die deutsche und polnische Sprache oder die deutsche Sprache als Muttersprache bezeichnet haben;

d) der 1307 Schüler, deren Erziehungsberechtigte der Vorladung zur Einvernahme im Laufe des Sommers 1926 nicht Folge geleistet haben, und deren Anmeldungen aus diesem Grunde zurückgewiesen wurden. (Statistische Tabelle vom 21. Oktober 1926, act. 15—16, Rubrik d.)

Alle diese sub a, b, c, d aufgezählten Schüler sind unverzüglich und ex officio den Minderheitsschulen zu überweisen mit Ausnahme derjenigen, die zurückgewiesen wurden:

A) wegen mangelnder polnischer Staatsangehörigkeit (siehe sub I/3 a),

B) wegen mangelnder Erziehungsberechtigung der anmeldenden Person (siehe sub I/3 b),

C) wegen Nichtzugehörigkeit zum Schulverband (siehe sub I/3 c),

D) weil der angemeldete Schüler für eine andere Schule bestimmt war (siehe sub I/3 d),

E) weil der angemeldete Schüler nicht mehr schulpflichtig war (siehe sub I/3 e).

Der Beschwerdeführer wird wegen dieser Zurückweisungen auf den Weg besonderer Beschwerden verwiesen.

3. Die zuständigen Behörden werden ersucht, gegen die Erziehungsberechtigten der Schüler, die laut Ziffer 2 der vorliegenden Stellungnahme ex officio den Minderheitsschulen zu überweisen sind, keine Strafmandate wegen Schulversäumnis zu erlassen und die bereits ergangenen Strafmandate zurückzuziehen, soweit sie nicht schon gerichtlich beurteilt wurden.

41

Stellungnahme

vom 16. Dezember 1926 in der Sache Nr. 224 des Deutsch-Oberschlesischen Volksbundes für Polnisch-Schlesien zur Wahrung der Minderheitsrechte, eingetragener Verein, Beschwerdeführer, in Katowice, ulica Młyńska 23, betreffend Nichteröffnung der Minderheitsschule in Bobrowniki-Piekary Rudne (Polnisch-Oberschlesien).

I

1. Am 11. Januar 1926 (act. 2) erhob der Beschwerdeführer im Sinne von Artikel 149 ff. der Genfer Konvention Beschwerde beim Pol-

(akt 2) w myśl artykułów 149 i n. Konwencji Genewskiej zażalenie do Polskiego Urzędu Spraw Mniejszości w Katowicach. Dnia 1 czerwca 1926 Urząd Spraw Mniejszości zażalenie to (akt 1) wraz z uwagami (akt 5) przekazał Prezydentowi Komisji Mieszanej. Właściwa władza wywodzi, że szkoła mniejszościowa nie jest uruchomiona, ponieważ mimo obwieszczeń, które ogłoszono w sposób w miejscu praktykowany, uprawnieni do wychowania nie zgłosili ani jednego dziecka.

Następnie odbyła się wymiana pism procesowych, przewidziana w regulaminie postępowania Komisji Mieszanej. Dnia 4 grudnia 1926 Prezydent Komisji Mieszanej przesłuchał w charakterze świadka naczelnika gminy Bobrownik. Na rozprawie ustnej, która odbyła się w związku z tymi przesłuchami, zastępca Urzędu Spraw Mniejszości i żałący się mieli sposobność przedstawić dalsze wywody faktyczne i prawne.

2. Roszczenie mniejszości o utworzenie szkoły mniejszościowej w związku szkolnym Bobrowniki-Piekary Rudne nie było sporne. Powyższy związek szkolny obejmuje dwie gminy: Bobrowniki i Piekary Rudne. Do dnia 1 stycznia 1923 zgłoszono w myśl art. 106 Konwencji Genewskiej 98 ważnych wniosków. Rozporządzeniem z dnia 9 października 1923 Województwo zarządziło utworzenie szkoły mniejszościowej. Dopiero w czerwcu lub w lipcu 1924 opublikowano w obu gminach obwieszczenie w sprawie zgłoszeń do szkoły mniejszościowej. Według sprawozdania Urzędu Gminnego w Piekarach zawiadomiono tam uprawnionych do wychowania przez wywieszenie obwieszczenia na tablicy gminnej. Obwieszczenia tego dzisiaj już nie ma, ponieważ według doniesienia Urzędu Spraw Mniejszości zaginęło. Z powodu śmierci ówczesnego naczelnika gminy Piekar nie można się też było dowiedzieć bliższych szczegółów co do treści obwieszczenia przez zapytanie. Co do Bobrownik wezwany w charakterze świadka naczelnik gminy zeznał, że kierownik szkoły, który jest równocześnie przewodniczącym związku szkolnego, wezwał go w roku 1924, prawdopodobnie w miesiącu lipcu, aby zawiadomił rodziców, którzy chcieli posyłać dzieci do szkoły mniejszościowej, by dzieci te zgłosili u kierownika szkoły. On, naczelnik gminy, podał to do wiadomości mieszkańców gminy w drodze publicznego wywołania. W obwieszczeniu, które wywołujący głośno odczytał, podana była godzina i termin zgłoszeń. Obwieszczenie wywołano tylko w języku polskim, ponieważ jego zdaniem w Bobrownikach wszyscy rozumieją po polsku. Według doniesienia kierownika szkoły zostały dzieci do szkoły mniej-

nischen Minderheitsamt in Katowice wegen Nichteröffnung der Minderheitsschule Bobrowniki-Piekary Rudne. Das Minderheitsamt überwies am 1. Juni 1926 (act. 1) die Beschwerde an den Präsidenten der Gemischten Kommission mit seinen Bemerkungen (act. 5). Die zuständige Behörde machte geltend, daß die Minderheitsschule deshalb nicht in Betrieb sei, weil auf die ortsüblichen Bekanntmachungen hin seitens der Erziehungsberechtigten keine Kinder angemeldet worden seien.

Es fand hierauf der in der Verfahrensordnung der Gemischten Kommission vorgesehene Schriftenwechsel statt. Am 4. Dezember 1926 wurde der Gemeindevorsteher von Bobrowniki vom Präsidenten der Gemischten Kommission als Zeuge einvernommen und in der daran anschließenden mündlichen Verhandlung wurde dem Vertreter des Minderheitsamtes und dem Beschwerdeführer Gelegenheit gegeben, weitere Ausführungen in tatsächlicher und rechtlicher Beziehung vorzutragen.

2. Der Anspruch der Minderheit auf die Errichtung einer Minderheitsschule im Schulverband Bobrowniki-Piekary Rudne war nicht streitig. Dieser Schulverband umfaßt die zwei Gemeinden Bobrowniki und Piekary Rudne. Bis zum 1. Januar 1923 wurden 98 gültige Anträge im Sinne von Art. 106 der Genfer Konvention gestellt. Mit Verfügung vom 9. Oktober 1923 ordnete die Wojewodschaft die Errichtung der Minderheitsschule an. Erst im Juni oder Juli 1924 erfolgten in den beiden Gemeinden die Bekanntmachungen bezüglich Anmeldungen für die Minderheitsschule. In Piekary geschah die Verständigung der Erziehungsberechtigten nach einem Bericht des Gemeindeamtes durch Anschlag an der Gemeindetafel. Die Kundmachung selbst liegt heute nicht vor, da sie nach Mitteilung des Minderheitsamtes verlorengegangen ist; infolge Ablebens des damaligen Gemeindevorstehers von Piekary konnte auch nicht durch Befragung Näheres in bezug auf den Text der Bekanntmachung in Erfahrung gebracht werden. Bezüglich Bobrowniki deponierte der als Zeuge geladene Gemeindevorsteher, daß er im Jahre 1924 wahrscheinlich im Monat Juli durch den Schulleiter — der zugleich Vorsitzender des Schulverbandes ist — aufgefordert worden sei, die Eltern, welche ihre Kinder in die Minderheitsschule schicken wollten, zu verständigen, daß sie die Kinder für den Besuch der Schule beim Schulleiter anmelden sollten. Er habe diese Mitteilung durch Ausrufenlassen den Gemeindeangehörigen zur Kenntnis gebracht. Die Bekanntmachung, die der Ausrufer zu verlesen hatte, habe Zeit und Frist für die Anmeldungen angegeben. Es sei nur in polnischer Sprache ausgerufen worden, weil nach seiner Meinung in der Gemeinde Bobrowniki jedermann Pol-

szościowej zgłoszone, szkoły jednak nie otwarto, ponieważ liczba wpisanych dzieci była za mała.

3. Według zeznania naczelnika gminy Gajowskiego jest ustalone, że wbrew twierdzeniu władzy szkolnej dzieci do szkoły mniejszościowej związku szkolnego zgłoszono. Na podstawie tego faktu władza szkolna winna była szkołę otworzyć. Z uwagi na jasny tekst i sens art. 108 Konwencji Genewskiej Prezydent Komisji Mieszanej obstawał zawsze przy stanowisku, że uruchomienia szkoły nie można uzależniać od minimalnej liczby uczniów, która decyduje o utworzeniu szkoły (art. 106). Przypuściwszy, że w konkretnym przypadku liczba zgłoszonych dzieci była bardzo nieznaczna — powodem tego mogły być niedostateczne obwieszczenia lub wyczekująca rezerwa rodziców — to liczba ta mogła w ciągu roku szkolnego w szybkim tempie wzrastać, ponieważ według stałego z artykułem 108 zgodnego orzecznictwa Komisji Mieszanej do szkoły mniejszościowej mogą w ciągu roku szkolnego wstępować dalsi uczniowie. W końcu roku szkolnego byłoby się potem wykazało, czy w myśl art. 108 należy szkołę prowadzić dalej lub nie.

Właściwe władze tym bardziej należy nakłonić do uruchomienia powyższej szkoły, że nie mogły udowodnić, że obwieszczenia w sprawie zgłoszeń dzieci uskuteczniono prawidłowo i w sposób wystarczający. Przeprowadzenie tego dowodu byłoby obowiązkiem właściwych władz. Jeżeli w Bobrownikach obwieszczenie podano do wiadomości tylko ustnie, to mógł to być co prawda sposób w miejscu praktykowany, jakkolwiek należy zaznaczyć, że wywieszenie obwieszczenia na tablicy gminnej daje większą gwarancję prawidłowego zawiadomienia interesantów. Ani co do Bobrownik ani co do Piekar nie jest ustalone, czy terminy zgłoszeń były odpowiednie lub nie. Poza tym nie udowodniono, czy obwieszczenia skierowane były także do tych uprawnionych do wychowania, którzy wprawdzie wniosków w myśl art. 106 Konwencji Genewskiej nie zgłosili, lecz mogą mimo to posyłać dzieci do szkoły mniejszościowej (p. okólnik Województwa z dnia 1 września 1923 i liczne poglądy Prezydenta Komisji Mieszanej). Tego rodzaju wątpliwości są tym bardziej uzasadnione, że znaczna część obwieszczeń, dotyczących zgłoszeń do szkoły mniejszościowej i przedłożonych Prezydentowi Komisji Mieszanej w innych skargach, wspomniane wady wykazywała. Co do Bobrownik można co prawda na podstawie zeznania naczelnika gminy przypuszczać, że do zgłoszenia dzieci wezwano nie tylko wnioskodawców w myśl art. 106.

nisch verstehe. Nach Mitteilung des Schulleiters seien Kinder für die Minderheitsschule angemeldet worden, weil aber die Zahl der eingeschriebenen Kinder nicht ausgereicht habe, sei die Schule nicht eröffnet worden.

3. Nach dem Zeugnis des Gemeindevorstehers Gajowski steht fest, daß, entgegen der Behauptung der Schulbehörde, Kinder für den Besuch der Minderheitsschule des Schulverbandes angemeldet wurden. Gestützt auf diese Tatsache wäre die Schulbehörde verpflichtet gewesen, ohne weiteres die Schule zu eröffnen. Der Präsident der Gemischten Kommission hat immer den Standpunkt vertreten, im Hinblick auf den klaren Wortlaut und Sinn des Art. 108 der Genfer Konvention, daß die Inbetriebsetzung einer Schule nicht von der Mindestzahl der Schüler abhängig gemacht werden kann, die für die Errichtung der Schule (Art. 106) maßgebend ist. Angenommen, daß die Zahl der angemeldeten Kinder im konkreten Falle sehr gering war — sei es infolge ungenügender Bekanntmachungen oder abwartenden Zurückhaltens der Eltern, — so hätte sie doch im Laufe des Schuljahres rasch ansteigen können; denn nach ständiger Rechtsprechung der Gemischten Kommission, die dem Art. 108 entspricht, können im Laufe des Schuljahres weitere Schüler der Minderheitsschule beitreten. Es hätte sich dann am Ende des Schuljahres gezeigt, ob die Schule gemäß Art. 108 fortzuführen oder zu schließen sei.

Die zuständigen Behörden sind um so mehr zur Inbetriebsetzung dieser Schule anzuhalten, als sie den Nachweis nicht erbringen konnten, daß die Bekanntmachungen betr. die Anmeldung der Kinder ordnungsgemäß und in genügender Weise erfolgt sind. Dieser Nachweis liegt den zuständigen Behörden ob. Wenn in Bobrowniki die Bekanntmachung nur mündlich verkündet wurde, so mag dies die ortsübliche Form gewesen sein, wenn auch gesagt werden muß, daß ein Anschlag an der Gemeindetafel mehr Gewähr für eine einwandfreie Kundgabe an die Interessenten bietet. Es steht nicht fest, weder in Bobrowniki noch in Piekary, ob die für die Anmeldungen angesetzten Fristen angemessen waren oder nicht. Ferner ist nicht nachgewiesen, daß sich die Bekanntmachungen auch an diejenigen Erziehungsberechtigten wandten, welche keine Anträge im Sinne von Art. 106 der Genfer Konvention gestellt hatten, die aber dennoch ihre Kinder in die Minderheitsschule schicken dürfen (siehe Rundschreiben der Wojewodschaft vom 1. September 1923 und zahlreiche Stellungnahmen des Präsidenten der Gemischten Kommission). Diesbezügliche Zweifel sind um so mehr berechtigt, als ein großer Teil von Bekanntmachungen betr. Anmeldungen für die Minderheitsschule, die dem Präsidenten der Gemischten Kommission in anderen Beschwerdesachen vorgelegen haben, die erwähnten Mängel aufwiesen. Hinsichtlich Bobrowniki läßt allerdings die Deposition des Gemeindevorstehers die Vermutung zu, daß

Co do języka obwieszczeń domniemanie przemawia za tym, że w Piekarach obwieszczenie nastąpiło tylko w języku polskim, ponieważ przed umową Prezydenta Komisji Mieszanej z Wojewodą z dnia 7 marca 1925 jednojęzyczność była regułą. Co do Bobrownik jest udowodnione, że obwieszczenie ogłoszono tam tylko w języku polskim. Prezydent Komisji Mieszanej obstaje przy stanowisku, które zajmował od samego początku i które w międzyczasie przyjęte zostało przez władze szkolne umową z dnia 7 marca 1925, że obwieszczenia w sprawie szkół mniejszościowych, skierowane do osób mniejszościowych, winny nastąpić także w języku niemieckim.

Z powyższych powodów jest uzasadnione, aby w drodze prawidłowych obwieszczeń wyznaczono bezzwłocznie nowe terminy zgłoszeń. Z okazji tych wpisów i w ciągu roku szkolnego okaże się potem, czy szkoła mniejszościowa związku szkolnego Bobrowniki-Piekary Rudne jest żywotna lub nie.

Doszło do wiadomości Prezydenta Komisji Mieszanej, że właściwe władze stosują od jakiegoś czasu praktykę, że nie przyjmują do szkół mniejszościowych żadnego z tych zgłoszonych uczniów, co do których przypuszczają, że ich językiem ojczystym jest język polski. Nie będzie zatem od rzeczy, jeżeli się i tę kwestię tutaj poruszy.

Ustala się wyraźnie, że żadnego z uczniów, którzy zgłoszeni zostali do szkoły mniejszościowej w Bobrownikach-Piekarach Rudnych, nie wolno oddalić z powodu języka ojczystego. Wynika to już bezwzględnie z okoliczności, że właściwa władza, zgodnie z jej własnym rozporządzeniem z dnia 22 grudnia 1922 i w myśl protokołu z konferencji z dnia 18 kwietnia 1924, uznała wnioski, zgłoszone w myśl art. 106 Konwencji Genewskiej, za ważne bez względu na język ojczysty dzieci. To uznanie, że nie język ojczysty decyduje, obejmuje nieodzownie także zgłoszenia dzieci, które uczęszczają do tej szkoły z woli uprawnionych do wychowania. Kwestii, czy można uczniów oddalać z powodu ich języka ojczystego, w niniejszym postępowaniu nie można zatem w ogóle poruszać.

Lecz nawet gdyby poruszenie tej kwestii w niniejszym postępowaniu było dopuszczalne, to przecież wynika z całego dotychczasonicht nur die Antragsteller im Sinne von Art. 106 zur Anmeldung ihrer Kinder eingeladen wurden.

Was die Sprache der Bekanntmachungen anbetrifft, so spricht bezüglich Piekary die Vermutung dafür, daß die Mitteilung nur polnisch erfolgte, da die Einsprachigkeit der Bekanntmachungen vor der Vereinbarung des Präsidenten der Gemischten Kommission mit dem Wojewoden vom 7. März 1925 die Regel bildete. Hinsichtlich Bobrowniki ist nachgewiesen, daß die Bekanntmachung nur polnisch verkündigt wurde. Der Präsident der Gemischten Kommission hält an seinem von jeher vertretenen Standpunkt, der inzwischen durch die Abmachung vom 7. März 1925 von den Schulbehörden angenommen wurde, fest, daß die sich an die Minderheitsangehörigen richtenden Bekanntmachungen betreffend Minderheitsschulen auch in deutscher Sprache zu erfolgen haben.

Aus diesen Gründen rechtfertigt es sich, unverzüglich neue Anmeldungstermine durch ordnungsmäßige Bekanntmachungen anzuberaumen. Anläßlich dieser Einschreibungen und im Laufe des Schuljahres wird es sich dann zeigen, ob die Minderheitsschule des Schulverbandes Bobrowniki-Piekary Rudne lebensfähig ist oder nicht.

Es ist zur Kenntnis des Präsidenten der Gemischten Kommission gekommen, daß die zuständigen Behörden seit einiger Zeit die Praxis eingeführt haben, in allen Fällen diejenigen der für den Besuch der Minderheitsschulen angemeldeten Kinder zurückzuweisen, von denen sie annehmen, daß ihre Muttersprache die polnische ist. Daher ist es zweckmäßig, auch diese Frage hier zu berühren.

Es sei ausdrücklich festgelegt, daß keine Kinder, die für die Minderheitsschule Bobrowniki-Piekary Rudne angemeldet wurden, mit Rücksicht auf ihre Muttersprache zurückgewiesen werden dürfen. Das ergibt sich schon in zwingender Weise daraus, daß die zuständige Behörde die gemäß Art. 106 der Genfer Konvention gestellten Anträge auf Errichtung dieser Schule im Einklang mit ihrer eigenen Verordnung vom 22. Dezember 1922 und gemäß dem Konferenzprotokoll vom 18. April 1924, ohne Rücksicht auf die Muttersprache der Kinder, als gültig anerkannt hat. Diese Anerkennung, daß es auf die Muttersprache nicht ankommt, umfaßt notwendigerweise auch die Anmeldungen der Kinder, die diese Schule nach dem Willen der Erziehungsberechtigten besuchen. Es kann demnach die Frage, ob die Schüler wegen ihrer Muttersprache zurückgewiesen werden können, in diesem Verfahren überhaupt nicht aufgeworfen werden.

Aber selbst wenn das Aufwerfen dieser Frage im vorliegenden Verfahren zulässig wäre, so ergibt sich doch aus der ganzen bisherigen, von wego przez właściwe władze wyraźnie uznanego orzecznictwa Komisji Mieszanej, że nie można oddalać żadnego ucznia z powodu jego języka ojczystego.

II

Co do wniosku o utworzenie Komisji Szkolnej wniosek ten, jeśli zostaną zgłoszone dzieci do szkoły mniejszościowej, na podstawie art. 111 Konwencji Genewskiej uważać należy za uzasadniony.

III

Co do sił nauczycielskich mającej być utworzonej szkoły mniejszościowej wystarczy wskazać na art. 113 Konwencji Genewskiej.

IV

Po naradzie w łonie Komisji Mieszanej Prezydent Komisji Mieszanej dochodzi do

poglądu:

1. Szkołę mniejszościową w Bobrownikach-Piekarach Rudnych należy bezzwłocznie otworzyć.

2. W gminach Bobrowniki i Piekary Rudne należy wyznaczyć nowe stosowne terminy zgłoszeń przez publiczne obwieszczenie w obu językach. O powyższych terminach zgłoszeń należy zawiadomić Prezydenta Komisji Mieszanej.

Dzieci, które zgłoszone zostaną do tej szkoły mniejszościowej, należy do niej przekazać z urzędu.

42

Pogląd

z dnia 7 stycznia 1927 w sprawie nr 213 Niemiecko-Górnośląskiego Związku Ludowego na Górny Śląsk Polski dla strzeżenia praw mniejszości, związku zapisanego, żalącego się, w Katowicach, ul. Młyńska 23, dotyczącej nieutworzenia szkoły mniejszościowej w Brzozowicach (Górny Śląsk Polski).

den zuständigen Behörden ausdrücklich anerkannten Rechtsprechung der Gemischten Kommission, daß kein Schüler mit Rücksicht auf seine Muttersprache zurückgewiesen werden kann.

II

Was den Antrag auf Errichtung der Schulkommission anbetrifft, so ist er, sofern Kinder für die Minderheitsschule angemeldet werden, gestützt auf Art. 111 der Genfer Konvention, als ohne weiteres begründet anzusehen.

III

Was die Lehrkräfte der zu eröffnenden Minderheitsschule anbetrifft, so genügt es, auf Art. 113 der Genfer Konvention zu verweisen.

IV

Nach stattgefundener Beratung im Schoße der Gemischten Kommission gelangt der Präsident der Gemischten Kommission für Oberschlesien zur

Stellungnahme:

1. Die Minderheitsschule Bobrowniki-Piekary Rudne ist unverzüglich zu eröffnen.

2. Es sind in den Gemeinden Bobrowniki und Piekary Rudne neue Anmeldungstermine von angemessener Dauer durch öffentliche Bekanntmachungen in beiden Sprachen anzusetzen. Diese Anmeldungstermine sind dem Präsidenten der Gemischten Kommission bekanntzugeben.

Diejenigen Kinder, die für diese Minderheitsschule angemeldet werden, sind von Amts wegen in diese Schule zu überführen.

42

Stellungnahme

vom 7. Januar 1927 in der Sache Nr. 213 des Deutsch-Oberschlesischen Volksbundes für Polnisch-Schlesien zur Wahrung der Minderheitsrechte, eingetragener Verein, Beschwerdeführer, in Katowice, ulica Młyńska 23, betreffend Nichterrichtung der Minderheitsschule in Brzozowice (Polnisch-Oberschlesien).

I

1. Z powodu nieotwarcia szkoły mniejszościowej w Brzozowicach żalący się wniósł dnia 29 października 1925 w myśl art. 149 i n. Konwencji Genewskiej zażalenie do Polskiego Urzędu Spraw Mniejszości w Katowicach. Dnia 22 kwietnia 1926 Urząd Spraw Mniejszości przesłał zażalenie wraz z swymi uwagami (akt. 1) i poglądem Województwa (akt 3) Prezydentowi Komisji Mieszanej. Właściwa władza wywodzi, że na mocy umowy Prezydenta Komisji Mieszanej z Województwem z dnia 18 kwietnia 1924 szkołę otwarto dnia 28 czerwca 1924, że się jednak dzieci, które uprawnione były do uczęszczania do tej szkoły, nie stawiły.

Następnie odbyła się wymiana pism, przewidziana w regulaminie postępowania Komisji Mieszanej. Na rozprawie ustnej z dnia 13 grudnia 1926 zastępca Urzędu Spraw Mniejszości oświadczył wyraźnie, że okres od 28 do 30 czerwca 1924, podczas którego szkoła była czynna, był niedostateczny i że sprzeciwia się art. 108 Konwencji Genewskiej oraz zasadom, które Prezydent Komisji Mieszanej interpretując umowę z dnia 18 kwietnia 1924 ustalił w poglądach w sprawie Łazisk Górnych i Bytkowa.

2. Szkołę mniejszościową w Brzozowicach należało otworzyć bezzwłocznie i w należyty sposób po konferencji z dnia 18 kwietnia 1924 (zob. poglądy w sprawie Łazisk Górnych i Bytkowa). Zamiast tego rzekome otwarcie szkoły nastąpiło dopiero dnia 28 czerwca. Jeżeli się ponadto odliczy dzień 29 czerwca, który jest oficjalnym dniem świątecznym, to tym samym szkoła mniejszościowa istniała zaledwie dwa dni. O prawidłowym uruchomieniu szkoły nie może być zatem mowy. Jak szczegółowo przedstawiono w przytoczonych poglądach, Prezydent Komisji Mieszanej zgodził się na wspomnianej konferencji na skrócenie przewidzianego w art. 108/2 okresu próbnego, nie zgodził się jednak na zupełne uchylenie go, bo byłoby to porzuceniem zasady art. 108/2.

Wobec jasnego stanu rzeczy, który przez zastępcę Urzędu Spraw Mniejszości został uznany, zbyteczne jest poddać szczegółowemu roztrząsaniu kwestię obwieszczenia co do otwarcia szkoły i otwarcia samego. Wskazuje się jedynie na to, że władze szkolne nie dostarczyły ciążącego na nich dowodu, że obwieszczenie i otwarcie nastąpiły w sposób prawidłowy.

I

1. Am 29. Oktober 1925 erhob der Beschwerdeführer im Sinne von Art. 149 ff. der Genfer Konvention Beschwerde beim Polnischen Minderheitsamt in Katowice wegen Nichteröffnung der Minderheitsschule in Brzozowice. Das Minderheitsamt überwies am 22. April 1926 die Beschwerde an den Präsidenten der Gemischten Kommission mit seinen Bemerkungen (act. 1) und der Stellungnahme der Wojewodschaft (act. 3). Die zuständige Behörde machte geltend, daß die Schule auf Grund der am 18. April 1924 getroffenen Vereinbarung zwischen dem Präsidenten der Gemischten Kommission und der Wojewodschaft am 28. Juni 1924 eröffnet worden sei, daß aber die zum Besuch der Schule berechtigten Kinder nicht erschienen seien.

Es fand hierauf der in der Verfahrensordnung der Gemischten Kommission vorgesehene Schriftenwechsel statt. In der mündlichen Verhandlung vom 13. Dezember 1926 gab der Vertreter des Minderheitsamtes ausdrücklich die Erklärung ab, daß die Zeit vom 28. bis 30. Juni 1924, während der die Schule in Betrieb war, ungenügend gewesen sei und im Widerspruch stehe zu Art. 108 der Genfer Konvention und zu den Grundsätzen, die der Präsident der Gemischten Kommission in den Stellungnahmen Łaziska-Górne und Bytków in Auslegung der Vereinbarung vom 18. April 1924 festgelegt habe.

2. Die Minderheitsschule in Brzozowice hätte nach der Konferenz vom 18. April 1924 unverzüglich und in gehöriger Form eröffnet werden sollen (siehe Stellungnahmen Łaziska-Górne und Bytków). Statt dessen fand die angebliche Eröffnung der Minderheitsschule erst am 28. Juni statt. Wenn man noch den 29. Juni, der ein staatlicher Feiertag ist, abrechnet, so war somit der Minderheitsschule lediglich eine Lebensdauer von zwei Tagen beschieden. Von einer ordnungsgemäßen Inbetriebsetzung kann somit gar keine Rede sein. Wie in den zitierten Stellungnahmen ausführlich dargelegt wurde, hat der Präsident der Gemischten Kommission in der erwähnten Konferenz seine Zustimmung zu einer Abkürzung der in Art. 108/2 vorgesehenen Probezeit gegeben, nicht dagegen zu ihrer völligen Beseitigung, was eine Unterdrückung des Grundsatzes in Art. 108/2 bedeuten würde.

Bei der klaren Sachlage, die vom Vertreter des Minderheitsamtes anerkannt wurde, erübrigt es sich, auf die Bekanntmachung bezüglich Eröffnung der Schule und die Eröffnung selber näher einzutreten. Es sei lediglich darauf hingewiesen, daß die Schulbehörden den ihnen obliegenden Beweis nicht erbracht haben, daß Bekanntmachung und Eröffnung in ordnungsmäßiger Weise erfolgt sind.

Z powyższych powodów należy szkołę mniejszościową w Brzozowicach otworzyć w należyty sposób ponownie. Terminy zgłoszeń należy w drodze prawidłowego obwieszczenia podać do wiadomości uprawnionych do wychowania. Z okazji tych wpisów i w ciągu roku szkolnego wykaże się potem, czy szkoła mniejszościowa w Brzozowicach jest żywotna lub nie.

Doszło do wiadomości Prezydenta Komisji Mieszanej, że właściwe władze stosują od jakiegoś czasu praktykę, że nie przyjmują do szkół mniejszościowych żadnego z tych zgłoszonych uczniów, co do których przypuszczają, że ich językiem ojczystym jest język polski. Nie będzie zatem od rzeczy, poruszyć tutaj i tę kwestię.

Ustala się wyraźnie, że żadnego z uczniów, którzy zgłoszeni zostali do szkoły mniejszościowej w Brzozowicach, nie wolno oddalić z powodu języka ojczystego. Wynika to już bezwzględnie z okoliczności, że właściwa władza, zgodnie z jej własnym rozporządzeniem z dnia 22 grudnia 1922 i w myśl protokołu z konferencji z dnia 18 kwietnia 1924, uznała wnioski o otwarcie tej szkoły, zgłoszone w myśl art. 106 Konwencji Genewskiej, za ważne bez względu na język ojczysty dzieci. To uznanie, że nie język ojczysty decyduje, obejmuje nieodzownie także zgłoszenia dzieci, które uczęszczają do tej szkoły z woli uprawnionych do wychowania. Kwestii, czy można oddalać uczniów z powodu ich języka ojczystego, w niniejszym postępowaniu zatem w ogóle poruszać nie można.

Lecz nawet gdyby poruszenie tej kwestii w niniejszym postępowaniu było dopuszczalne, to przecież z całego dotychczasowego przez właściwe władze wyraźnie uznanego orzecznictwa Komisji Mieszanej wynika, że nie można oddalać żadnego ucznia z powodu języka ojczystego.

II

Co do wniosku o utworzenie Komisji Szkolnej wniosek ten, jeśli zostaną zgłoszone dzieci do szkoły mniejszościowej, na podstawie art. 111 Konwencji Genewskiej należy uważać za uzasadniony.

III

Co do sił nauczycielskich mającej być utworzonej szkoły mniejszościowej wystarczy wskazać na art. 113 Konwencji Genewskiej.

Aus diesen Gründen ist die Minderheitsschule in Brzozowice neuerdings in gehöriger Form zu eröffnen. Die Anmeldungstermine sind den Erziehungsberechtigten durch ordnungsmäßige Bekanntmachung zur Kenntnis zu bringen. Anläßlich dieser Einschreibungen und im Laufe des Schuljahres wird es sich dann zeigen, ob die Minderheitsschule in Brzozowice lebensfähig ist oder nicht.

Es ist zur Kenntnis des Präsidenten der Gemischten Kommission gekommen, daß die zuständigen Behörden seit einiger Zeit die Praxis eingeführt haben, in allen Fällen diejenigen der für den Besuch der Minderheitsschulen angemeldeten Kinder zurückzuweisen, von denen sie annehmen, daß ihre Muttersprache die polnische ist. Daher ist es zweckmäßig, auch diese Frage hier zu berühren.

Es sei ausdrücklich festgelegt, daß keine Kinder, die für die Minderheitsschule Brzozowice angemeldet wurden, mit Rücksicht auf ihre Muttersprache zurückgewiesen werden dürfen. Das ergibt sich schon in zwingender Weise daraus, daß die zuständige Behörde die gemäß Art. 106 der Genfer Konvention gestellten Anträge auf Errichtung dieser Schule im Einklang mit ihrer eigenen Verordnung vom 22. Dezember 1922 und gemäß dem Konferenzprotokoll vom 18. April 1924, ohne Rücksicht auf die Muttersprache der Kinder, als gültig anerkannt hat. Diese Anerkennung, daß es auf die Muttersprache nicht ankommt, umfaßt notwendigerweise auch die Anmeldungen der Kinder, die diese Schule nach dem Willen der Erziehungsberechtigten besuchen. Es kann demnach die Frage, ob die Schüler wegen ihrer Muttersprache zurückgewiesen werden können, in diesem Verfahren überhaupt nicht aufgeworfen werden.

Aber selbst wenn das Aufwerfen dieser Frage im vorliegenden Verfahren zulässig wäre, so ergibt sich doch aus der ganzen bisherigen, von den zuständigen Behörden ausdrücklich anerkannten Rechtsprechung der Gemischten Kommission, daß kein Schüler mit Rücksicht auf seine Muttersprache zurückgewiesen werden kann.

II

Was den Antrag auf Errichtung der Schulkommission anbetrifft, so ist er, sofern Kinder für die Minderheitsschule angemeldet werden, gestützt auf Art. 111 der Genfer Konvention, als ohne weiteres begründet anzusehen.

III

Was die Lehrkräfte der zu eröffnenden Minderheitsschule anbetrifft, so genügt es, auf Art. 113 der Genfer Konvention zu verweisen.

IV

Po naradzie w łonie Komisji Mieszanej Prezydent Komisji Mieszanej na mocy powyższych rozważań dochodzi do

poglądu:

1. Szkołę mniejszościową w Brzozowicach należy bezzwłocznie otworzyć.

2. W Brzozowicach należy wyznaczyć nowy stosowny termin zgłoszeń przez publiczne obwieszczenie w obu językach. Termin zgłoszeń należy podać do wiadomości Prezydenta Komisji Mieszanej.

Dzieci, które zgłoszone zostaną do tej szkoły mniejszościowej, należy przekazać do niej z urzędu.

Nie wolno oddalić żadnego ucznia z powodu jego polskiego języka ojczystego.

43

Pogląd

z dnia 26 stycznia 1927 w sprawie nr 215 Niemiecko-Górnośląskiego Związku Ludowego na Górny Śląsk Polski dla strzeżenia praw mniejszości, związku zapisanego, żalącego się, w Katowicach, ul. Młyńska 23, dotyczącej nieutworzenia szkoły mniejszościowej w Rydułtowach Dolnych (Górny Śląsk Polski).

I

1. Z powodu nieotwarcia szkoły mniejszościowej w Rydułtowach Dolnych żalący się wniósł dnia 16 października 1925 w myśl art. 149 i n. Konwencji Genewskiej zażalenie do Polskiego Urzędu Spraw Mniejszości w Katowicach. Dnia 22 kwietnia 1926 Urząd Spraw Mniejszości przesłał zażalenie wraz z swymi uwagami (akt 1) i poglądem Województwa (akt 3) Prezydentowi Komisji Mieszanej. Właściwa władza powołała się na to, że na mocy umowy Prezydenta Komisji Mieszanej z Województwem z dnia 18 kwietnia 1924 szkołę otwarto, że ją jednak dla braku zgłoszeń w wyznaczonym w tym celu terminie od 11 do 18 czerwca 1924 reskryptem z dnia 12 sierpnia 1924 znów zamknięto.

Następnie odbyła się wymiana pism, przewidziana w regulaminie postępowania Komisji Mieszanej. Na rozprawie ustnej z dnia 13 grud-

IV

Nach stattgehabter Beratung im Schoße der Gemischten Kommission gelangt der Präsident der Gemischten Kommission, gestützt auf die vorstehenden Erwägungen, zur

Stellungnahme:

1. Die Minderheitsschule in Brzozowice ist unverzüglich zu eröffnen.

2. Es ist in Brzozowice ein neuer Anmeldungstermin von angemessener Dauer durch öffentliche Bekanntmachung in beiden Sprachen anzusetzen. Der Anmeldungstermin ist dem Präsidenten der Gemischten Kommission bekanntzugeben.

Diejenigen Kinder, die für diese Minderheitsschule angemeldet werden, sind von Amts wegen in diese Schule zu überführen.

Es darf kein Schüler mit Rücksicht auf seine polnische Muttersprache zurückgewiesen werden.

43

Stellungnahme

vom 26. Januar 1927 in der Sache Nr. 215 des Deutsch-Oberschlesischen Volksbundes für Polnisch-Schlesien zur Wahrung der Minderheitsrechte, eingetragener Verein, Beschwerdeführer, in Katowice, ulica Młyńska 23, betreffend Nichterrichtung der Minderheitsschule in Rydułtowy-Dolne (Polnisch-Oberschlesien).

I

1. Am 16. Oktober 1925 erhob der Beschwerdeführer im Sinne von Art. 149 ff. der Genfer Konvention Beschwerde beim Polnischen Minderheitsamt in Katowice wegen Nichteröffnung der Minderheitsschule in Rydułtowy-Dolne. Das Minderheitsamt überwies am 22. April 1926 die Beschwerde an den Präsidenten der Gemischten Kommission mit seinen Bemerkungen (act. 1) und der Stellungnahme der Wojewodschaft (act. 3). Die zuständige Behörde machte geltend, daß die Schule auf Grund der am 18. April 1924 getroffenen Vereinbarungen zwischen dem Präsidenten der Gemischten Kommission und der Wojewodschaft eröffnet, daß sie aber mangels Anmeldungen in der hierfür angesetzten Zeit vom 11. bis 18. Juni 1924 mit Reskript vom 12. August 1924 aufgehoben worden sei.

Es fand hierauf der in der Verfahrensordnung der Gemischten Kommission vorgesehene Schriftenwechsel statt. In der mündlichen Verhandlung nia 1926 zastępca Urzędu Spraw Mniejszości oświadczył wyraźnie, że okres, w którym szkoła była uruchomiona, był niewystarczający i sprzeciwia się artykułowi 108 Konwencji Genewskiej oraz zasadom, które Prezydent Komisji Mieszanej interpretując umowę z dnia 18 kwietnia 1924 ustalił w poglądach w sprawie Łazisk Górnych i Bytkowa.

2. Szkołę mniejszościową w Rydułtowach Dolnych należało otworzyć bezzwłocznie i w należytej formie po konferencji z dnia 18 kwietnia 1924 (zob. poglądy w sprawie Łazisk Górnych, Bytkowa i Brzozowic). Zamiast tego rzekome otwarcie szkoły mniejszościowej nastąpiło dopiero pod koniec czerwca, w każdym razie nie przed 19 czerwca, ponieważ poprzedzające otwarcie terminy zgłoszeń wyznaczone były na czas od 11 do 18 czerwca. Mniej więcej 10-dniowe istnienie szkoły mniejszościowej jest niewystarczające; o prawidłowym uruchomieniu szkoły nie może być zatem mowy. Jak przedstawiono wyraźnie w cytowanych poglądach, Prezydent Komisji Mieszanej zgodził się na wspomnianej konferencji na skrócenie przewidzianego w art. 108/2 okresu próbnego, lecz nie na zupełne uchylenie go, bo byłoby to porzuceniem zasady artykułu 108/2.

Co do obwieszczenia w sprawie zgłoszeń do szkoły mniejszościowej (akt 11) należy stwierdzić, że jest ono wadliwe: zwraca się bowiem tylko do wnioskodawców w myśl artykułu 106 Konwencji Genewskiej i zredagowane jest wyłącznie w języku polskim (zob. liczne poglądy Prezydenta Komisji Mieszanej, w których wady te są rozpatrywane).

Z powyższych powodów należy szkołę mniejszościową w Rydułtowach Dolnych w należyty sposób otworzyć ponownie. Terminy zgłoszeń należy w drodze prawidłowego obwieszczenia podać do wiadomości uprawnionych do wychowania.

W petycji z dnia 15 grudnia 1926 żałący się potwierdził oświadczenie, które już złożył na rozprawie ustnej, że rozporządzeniem Wojewody z dnia 4 października 1926 przyłączono do okręgu gminy wiejskiej Rydułtowy Dolne między innymi gminę Rydułtowy Górne, gdzie już istnieje szkoła mniejszościowa. Jest rzeczą władz szkolnych rozważyć i rozstrzygnąć na podstawie stosunków lokalnych, czy dzieci, zgłoszone w części gminy Rydułtowy Dolne, przyjąć należy do istniejącej już szkoły mniejszościowej w Rydułtowach Górnych, lub czy w części gminy Rydułtowy Dolne utworzyć należy osobną szkołę mniejszościową.

vom 13. Dezember 1926 gab der Vertreter des Minderheitsamtes ausdrücklich die Erklärung ab, daß die Zeit, während der die Schule in Betrieb war, ungenügend gewesen sei und im Widerspruch stehe zu Art. 108 der Genfer Konvention und zu den Grundsätzen, die der Präsident der Gemischten Kommission in den Stellungnahmen Łaziska-Górne und Bytków in Auslegung der Vereinbarung vom 18. April 1924 festgelegt habe.

2. Die Minderheitsschule in Rydułtowy-Dolne hätte nach der Konferenz vom 18. April 1924 unverzüglich und in gehöriger Form eröffnet werden sollen. (Siehe Stellungnahme Łaziska-Górne, Bytków und Brzozowice.) Statt dessen fand die angebliche Eröffnung der Minderheitsschule erst gegen Ende Juni — jedenfalls nicht vor dem 19. Juni — statt, da die der Eröffnung vorangehenden Anmeldungstermine für die Zeit vom 11. bis 18. Juni anberaumt waren. Die ungefähr zehntägige Lebensdauer der Minderheitsschule ist ungenügend; von einer ordnungsgemäßen Inbetriebsetzung kann keine Rede sein. Wie in den zitierten Stellungnahmen ausdrücklich dargelegt wurde, hat der Präsident der Gemischten Kommission in der erwähnten Konferenz seine Zustimmung zu einer Abkürzung der in Art. 108/2 vorgesehenen Probezeit gegeben, nicht dagegen zu ihrer völligen Beseitigung, was eine Unterdrückung des Grundsatzes des Artikels 108/2 bedeuten würde.

Was die Bekanntmachung für die Anmeldungen zur Minderheitsschule (act. 11) anbetrifft, so ist sie mangelhaft: sie richtet sich nur an die Antragsteller im Sinne von Art. 106 der Genfer Konvention und ist nur in polnischer Sprache verfaßt. (Siehe zahlreiche Stellungnahmen des Präsidenten der Gemischten Kommission, die diese Mängel behandeln.)

Aus diesen Gründen ist die Minderheitsschule für Rydułtowy-Dolne neuerdings in gehöriger Form zu eröffnen. Die Anmeldungstermine sind den Erziehungsberechtigten durch ordnungsmäßige Bekanntmachung zur Kenntnis zu bringen.

Der Beschwerdeführer bestätigte mit Eingabe vom 15. Dezember 1926 die schon anläßlich der mündlichen Verhandlung abgegebene Erklärung, daß durch Verordnung des Wojewoden vom 4. Oktober 1926 unter anderen die Gemeinde Rydułtowy-Górne, in welcher bereits eine Minderheitsschule besteht, dem Landgemeindebezirk Rydułtowy-Dolne angegliedert worden ist. Es ist Sache der Schulbehörden, auf Grund der örtlichen Verhältnisse zu erwägen und zu entscheiden, ob die aus dem Ortsteil Rydułtowy-Dolne angemeldeten Kinder in die bereits bestehende Minderheitsschule Rydułtowy-Górne aufzunehmen seien, oder ob im Ortsteil Rydułtowy-Dolne eine besondere Minderheitsschule zu errichten sei.

Doszło do wiadomości Prezydenta Komisji Mieszanej, że właściwe władze stosują od jakiegoś czasu praktykę, że nie przyjmują do szkół mniejszościowych żadnego z tych zgłoszonych uczniów, co do których przypuszczają, że ich językiem ojczystym jest język polski. Nie będzie zatem od rzeczy, poruszyć tutaj i tę kwestię.

Ustala się wyraźnie, że żadnego z uczniów, którzy zgłoszeni zostali do szkoły mniejszościowej w Rydułtowach Dolnych, nie wolno oddalić z powodu języka ojczystego. Wynika to już bezwzględnie z okoliczności, że właściwa władza, zgodnie z jej własnym rozporządzeniem z dnia 22 grudnia 1922 i w myśl protokołu z konferencji z dnia 18 kwietnia 1924, uznała wnioski o otwarcie tej szkoły, zgłoszone w myśl art. 106 Konwencji Genewskiej, za ważne bez względu na język ojczysty dzieci. To uznanie, że nie język ojczysty decyduje, obejmuje nieodzownie także zgłoszenia dzieci, które uczęszczają do tej szkoły z woli uprawnionych do wychowania. Kwestii, czy uczniów można odalać z powodu ich języka ojczystego, w niniejszym postępowaniu zatem w ogóle poruszać nie można.

Lecz nawet gdyby poruszenie tej kwestii w niniejszym postępowaniu było dopuszczalne, to przecież z całego dotychczasowego przez właściwe władze wyraźnie uznanego orzecznictwa Prezydenta Komisji Mieszanej wynika, że żadnego ucznia nie można oddalać z powodu jego języka ojczystego.

II

Co do wniosku o utworzenie Komisji Szkolnej wniosek ten, jeżeli zostaną zgłoszone dzieci do szkoły mniejszościowej, na podstawie art. 111 Konwencji Genewskiej uważać należy za uzasadniony.

III

Co do sił nauczycielskich mającej być utworzonej szkoły mniejszościowej wystarczy wskazać na art. 113 Konwencji Genewskiej.

IV

Po naradzie w łonie Komisji Mieszanej Prezydent Komisji Mieszanej na mocy powyższych rozważań dochodzi do

poglądu:

Es ist zur Kenntnis des Präsidenten der Gemischten Kommission gekommen, daß die zuständigen Behörden seit einiger Zeit die Praxis eingeführt haben, in allen Fällen diejenigen der für den Besuch der Minderheitsschulen angemeldeten Kinder zurückzuweisen, von denen sie annehmen, daß ihre Muttersprache die polnische ist. Daher ist es zweckmäßig, auch diese Frage hier zu berühren.

Es sei ausdrücklich festgestellt, daß keine Kinder, die für die Minderheitsschule Rydułtowy-Dolne angemeldet wurden, mit Rücksicht auf ihre Muttersprache zurückgewiesen werden dürfen. Das ergibt sich schon in zwingender Weise daraus, daß die zuständige Behörde die gemäß Art. 106 der Genfer Konvention gestellten Anträge auf Errichtung dieser Schule im Einklang mit ihrer eigenen Verordnung vom 22. Dezember 1922 und gemäß dem Konferenzprotokoll vom 18. April 1924, ohne Rücksicht auf die Muttersprache der Kinder, als gültig anerkannt hat. Diese Anerkennung, daß es auf die Muttersprache nicht ankommt, umfaßt notwendigerweise auch die Anmeldungen der Kinder, die diese Schule nach dem Willen der Erziehungsberechtigten besuchen. Es kann demnach die Frage, ob die Schüler wegen ihrer Muttersprache zurückgewiesen werden können, in diesem Verfahren überhaupt nicht aufgeworfen werden.

Aber selbst wenn das Aufwerfen dieser Frage im vorliegenden Verfahren zulässig wäre, so ergibt sich doch aus der ganzen bisherigen, von den zuständigen Behörden ausdrücklich anerkannten Praxis des Präsidenten der Gemischten Kommission, daß kein Schüler mit Rücksicht auf seine Muttersprache zurückgewiesen werden kann.

II

Was den Antrag auf Errichtung der Schulkommission anbetrifft, so ist er, sofern Kinder für die Minderheitsschule angemeldet werden, gestützt auf Art. 111 der Genfer Konvention als ohne weiteres begründet anzusehen.

III

Was die Lehrkräfte der zu eröffnenden Minderheitsschule anbetrifft, so genügt es, auf Art. 113 der Genfer Konvention zu verweisen.

IV

Nach stattgehabter Beratung im Schoße der Gemischten Kommission gelangt der Präsident der Gemischten Kommission, gestützt auf die vorstehenden Erwägungen, zur

S t e l l u n g n a h m e:

1. Szkołę mniejszościową dla Rydułtów Dolnych należy bezzwłocznie otworzyć.

2. W Rydułtowach Dolnych należy wyznaczyć nowy stosowny termin zgłoszeń przez publiczne obwieszczenie w obu językach. Termin zgłoszeń należy podać do wiadomości Prezydenta Komisji Mieszanej.

Dzieci, które zgłoszone zostaną do tej szkoły mniejszościowej, należy przekazać do niej z urzędu.

Nie wolno oddalić żadnego ucznia z powodu jego polskiego języka ojczystego.

44

Pogląd

z dnia 10 lutego 1927 w sprawie nr 191 Józefa Pełki w Mikulczycach (Górny Śląsk Niemiecki), żalącego się, zastąpionego przez Związek Polaków w Niemczech T. z. w Opolu, dotyczącej postępowania urzędnika policji Siwego i towarzyszy.

I

1. Dnia 5 grudnia 1925 (akt 2) żalący się wniósł w myśl artykułów 149 i n. Konwencji Genewskiej do Niemieckiego Urzędu Spraw Mniejszości w Opolu zażalenie z powodu nierównego traktowania przez urzędnika policji Siwego i dwóch urzędników policji kryminalnej w Mikulczycach. Według przedstawienia sprawy przez żalącego się zatrzymało go dnia 12 października 1925 o godzinie 7 rano w drodze na dworzec w Mikulczycach dwóch urzędników policji kryminalnej, którzy byli w towarzystwie urzędnika policji Siwego. Urzędnicy ci mieli żalącemu się oświadczyć, że mają polecenie zrewidowania go. Ponieważ budynek szkolny przy ulicy Tarnogórskiej w Mikulczycach, w którym urzędnicy chcieli początkowo przeprowadzić rewizję osobistą, był zamknięty, zrewidowano żalącego się pod murem i obłożono aresztem papiery, które miał przy sobie. Podczas rewizji osobistej zgromadziła się publiczność, której urzędnicy nie wezwali do rozejścia się. Urzędnicy wyrażali się też w sposób obraźliwy („że w Polsce Niemców też nagabywają i że żalący się musi znieść tego rodzaju traktowanie"). Przedmiotem zażalenia jest sposób przeprowadzenia rewizji i postępowanie urzędników podczas rewizji (akt 2).

1. Die Minderheitsschule für Rydułtowy-Dolne ist unverzüglich zu eröffnen.

2. Es ist in Rydułtowy-Dolne ein neuer Anmeldungstermin von angemessener Dauer durch öffentliche Bekanntmachung in beiden Sprachen anzusetzen. Der Anmeldungstermin ist dem Präsidenten der Gemischten Kommission bekanntzugeben.

Diejenigen Kinder, die für diese Minderheitsschule angemeldet werden, sind von Amts wegen in diese Schule zu überführen.

Es darf kein Schüler mit Rücksicht auf seine polnische Muttersprache zurückgewiesen werden.

44

Stellungnahme

vom 10. Februar 1927 in der Sache Nr. 191 des Josef Pelka in Mikultschütz (Deutsch-Oberschlesien), Beschwerdeführer, vertreten durch den Związek Polaków w Niemczech T. z. in Oppeln, betreffend Verhalten des Polizeibeamten Siwy und Genossen.

I

1. Am 5. Dezember 1925 (act. 2) erhob der Beschwerdeführer im Sinne von Art. 149 ff. der Genfer Konvention Beschwerde beim Deutschen Minderheitsamt in Oppeln wegen unterschiedlicher Behandlung durch den Polizeibeamten Siwe und zwei Kriminalbeamte in Mikultschütz. Gemäß seiner Darstellung ist der Beschwerdeführer am 12. Oktober 1925 morgens 7 Uhr auf dem Wege nach dem Bahnhof Mikultschütz von zwei Kriminalbeamten, die in Begleitung des Polizeibeamten Siwe waren, angehalten worden; die Beamten hätten ihm erklärt, daß sie beauftragt seien, eine Leibesvisitation vorzunehmen. Da das Schulgebäude an der Tarnowitzerstraße in Mikultschütz, in welchem die Beamten anfänglich die Durchsuchung vorzunehmen beabsichtigten, verschlossen war, sei der Beschwerdeführer an einer Mauerecke durchsucht, und die auf ihm befindlichen Schriftstücke beschlagnahmt worden. Bei der Leibesvisitation hätten sich Leute angesammelt, die von den Beamten nicht zum Weitergehen aufgefordert worden seien. Die Beamten hätten auch beleidigende Äußerungen getan (»daß in Polen die Deutschen auch belästigt werden und der Beschwerdeführer so eine Behandlung sich gefallen lassen müsse«). Gegenstand der Beschwerde ist die Art der Durchsuchung und das Verhalten der Beamten bei der Durchsuchung (act. 2).

Dnia 4 stycznia 1926 Urząd Spraw Mniejszości przekazał zażalenie Prezydentowi Komisji Mieszanej, załączając pogląd Nadprezydenta z dnia 4 grudnia 1925 (akt 3). Dnia 25 stycznia 1926 Urząd Spraw Mniejszości przesłał Prezydentowi Komisji Mieszanej uwagi w myśl artykułu 152 Konwencji Genewskiej (akt 8) i dalszy pogląd Nadprezydenta (akt 9).

Właściwa władza utrzymuje, że twierdzenia żalącego się są częściowo nietrafne, częściowo zaś mocno przesadzone. W każdym razie przyznaje się, że rewizji osobistej nie przeprowadzono w zamkniętym miejscu, lecz w dziedzińcu budynku szkolnego przy ulicy Tarnogórskiej. Kierownik Urzędu Spraw Mniejszości dopatruje się w powyższej okoliczności nagabywania żalącego się (akt 8). Co do zarządzenia rewizji, to nakazał ją Prezydent Policji w Gliwicach, ponieważ pochodzące z wiarogodnego źródła informacje uzasadniały podejrzenie, że żalący się jest na usługach polskiego wywiadu.

Podczas wymiany pism, przewidzianej w regulaminie postępowania Komisji Mieszanej, właściwa władza przyznała, że dani urzędnicy policji kryminalnej postąpili niepoprawnie, za co udzielono im nagany.

Żalący się uważał tę naganę za niewystarczającą i podtrzymał zażalenie. Petycją z dnia 26 lipca 1926 (akt 49) żądał nasamprzód, aby urzędników, którzy dopuścili się uchybienia, przeniesiono z obszaru dwujęzycznego. Następnie domagał się — podobnie jak to już uczynił w poprzednich pismach — aby właściwe władze wymieniły nazwiska denuncjantów, którzy wskutek fałszywego obwinienia spowodowali rewizję osobistą. W dalszej petycji z dnia 11 listopada 1926 (akt 61) poprosił ponadto o podanie nazwisk obu winnych urzędników policji kryminalnej.

Na rozprawie ustnej z dnia 24 stycznia 1927 zastępcy Urzędu Spraw Mniejszości i żalącemu się dano sposobność do przedstawienia dalszych wywodów faktycznych i prawnych.

2. W konkretnym postępowaniu Prezydent Komisji Mieszanej nie rozpatruje kwestii, czy właściwe władze należy nakłonić do podania nazwisk denuncjantów. Kwestia ta nie pozostaje w związku z przedmiotem zażalenia, które (akt 2) zwraca się jedynie przeciwko sposobowi przeprowadzenia rewizji osobistej, a nie przeciwko zarządzeniu rewizji jako takiej.

Das Minderheitsamt überwies am 4. Januar 1926 die Beschwerde an den Präsidenten der Gemischten Kommission mit einer Stellungnahme des Oberpräsidenten, datiert 4. Dezember 1925 (act. 3). Am 25. Januar 1926 ließ das Minderheitsamt seine Bemerkungen im Sinne von Artikel 152 der Genfer Konvention (act. 8) und eine weitere Stellungnahme des Oberpräsidenten (act. 9) dem Präsidenten der Gemischten Kommission zukommen.

Die zuständige Behörde behauptet, die Behauptungen des Beschwerdeführers seien zum Teil unrichtig und zum Teil stark übertrieben. Jedenfalls aber wird zugegeben, daß die Leibesvisitation nicht in einem geschlossenen Raum, sondern im Schulhof des Schulgebäudes an der Tarnowitzerstraße vorgenommen wurde. Der Leiter des Minderheitsamtes erblickt in diesem Umstande eine Belästigung des Beschwerdeführers (act. 8). Was die Anordnung der Durchsuchung anbetreffe, so sei sie durch den Polizeipräsidenten in Gleiwitz befohlen worden, da von zuverlässiger Seite kommende Nachrichten den Verdacht begründet hätten, daß der Beschwerdeführer im polnischen Nachrichtendienst stehe.

Im Laufe des in der Verfahrensordnung der Gemischten Kommission vorgesehenen Schriftenwechsels gab die zuständige Behörde die Verfehlung der in Betracht kommenden Kriminalbeamten zu und erteilte diesen eine Zurechtweisung.

Der Beschwerdeführer erachtete diese Rüge nicht als genügend und hielt daher die Beschwerde aufrecht. Mit Eingabe vom 26. Juli 1926 (act. 49) verlangte er einmal die Versetzung der fehlbaren Beamten aus dem gemischtsprachigen Gebiet; sodann forderte er, wie er es schon in früheren Eingaben getan hatte, von der zuständigen Behörde die Angabe der Denunzianten, die infolge ihrer falschen Anschuldigungen die Leibesvisitation verursacht hätten. In einer weiteren Eingabe vom 11. November 1926 (act. 61) ersuchte der Beschwerdeführer noch um Bekanntgabe der Namen der beiden fehlbaren Kriminalbeamten.

In der mündlichen Verhandlung vom 24. Januar 1927 wurde dem Vertreter des Minderheitsamtes und dem Beschwerdeführer Gelegenheit gegeben, weitere Ausführungen in tatsächlicher und rechtlicher Beziehung vorzutragen.

2. Der Präsident der Gemischten Kommission tritt im konkreten Verfahren nicht auf die Frage ein, ob die zuständigen Behörden zur Angabe der Denunzianten anzuhalten seien. Diese Frage steht mit dem Gegenstand der Beschwerde nicht im Zusammenhang, da letztere (act. 2) sich nur gegen die Art und Weise der Leibesvisitation wendet, nicht aber gegen die Anordnung zur Durchsuchung als solche.

Zważywszy jednak, że stale powtarzają się przypadki, że właściwe władze odmawiają podania nazwisk denuncjantów, wskutek czego dotknięci nie mogą wobec nich dochodzić swych praw, Prezydent Komisji Mieszanej uważa za konieczne poruszyć tę kwestię przy najbliższej okazji na posiedzeniu Komisji Mieszanej i zająć wobec niej zasadnicze stanowisko.

3. Można pominąć kwestię, czy przechodnie obserwowali z ulicy rewizję osobistą żalącego się, jak również okoliczność, czy urzędnicy użyli przypisanych im słów. W każdym razie w fakcie, że żalącego się, który zalicza się do mniejszości, zrewidowano w miejscu niezamkniętym, należy dopatrywać się nierównego traktowania w myśl artykułu 75 Konwencji Genewskiej, ponieważ nie można wychodzić z założenia, że organa policyjne stosują ogólnie tego rodzaju niedopuszczalną praktykę. Z jednej strony można było bardzo łatwo przeprowadzić rewizję w miejscu zamkniętym, z drugiej zaś strony wskazuje się na to, że przy rewizji osobistej, która już sama przez się jest poważnym naruszeniem wolności osobistej indywiduum, stosować należy wobec dotkniętego wszelkie możliwe względy. Należy bowiem rozważyć, że rewizja, którą przeprowadzono na dziedzińcu szkolnym we wsi Mikulczycach, doszła z natury rzeczy do wiadomości publicznej i że żalący się ucierpiał z tego powodu co najmniej moralnie. Ci mieszkańcy Mikulczyc, którzy są wrogo nastawieni wobec mniejszości, widzieli w tym niegodnym traktowaniu pożądane zdyskryminowanie żalącego się.

Za powyższe uchybienie odpowiedzialność ponoszą tylko urzędnicy policji kryminalnej, którzy od właściwych władz otrzymali zlecenie przeprowadzenia rewizji. Nie jest natomiast za to odpowiedzialny urzędnik policyjny Siwy, który urzędnikom policji kryminalnej wskazać miał tylko znanego mu osobiście żalącego się.

Co do dyscyplinarnego ukarania winnych urzędników, to właściwa władza ich napomniała. W przypuszczeniu, że napomnienie to oznacza naganę w myśl § 15 ustawy o występkach służbowych z dnia 21 lipca 1852, Prezydent Komisji Mieszanej uważa powyższą karę dyscyplinarną za odpowiednią, jeżeli się poza tym winnym urzędnikom zagrozi, że w razie ponownego uchybienia przeniesieni zostaną z obszaru dwujęzycznego.

Prezydent Komisji Mieszanej podziela wreszcie stanowisko żalącego się, że właściwą władzę należy nakłonić do podania nazwisk

Angesichts der immer wiederkehrenden Fälle, in denen die zuständigen Behörden die Angabe der Denunzianten verweigern und hiermit den Betroffenen die Möglichkeit nehmen, ihre Rechte gegenüber den Denunzianten zu wahren, erachtet es der Präsident der Gemischten Kommission indes für notwendig, diese Frage bei dem nächsten Anlaß in der Gemischten Kommission zur Sprache zu bringen und zu ihr grundsätzlich Stellung zu nehmen.

3. Es mag dahingestellt bleiben, ob Passanten von der Straße aus die Leibesvisitation des Beschwerdeführers beobachtet haben, es mag auch dahingestellt bleiben, ob die Beamten die ihnen zur Last gelegten Äußerungen getan haben, jedenfalls aber muß in der nicht im geschlossenen Raume vorgenommenen Leibesvisitation des sich zur Minderheit bekennenden Beschwerdeführers eine unterschiedliche Behandlung im Sinne des Art. 75 der Genfer Konvention erblickt werden, da man nicht von der Annahme ausgehen darf, daß die Polizeiorgane allgemein eine solche unzulässige Praxis befolgen. Einerseits hätte die Durchsuchung ohne jede Schwierigkeit in einen geschlossenen Raum verlegt werden können, andererseits ist darauf hinzuweisen, daß bei Vornahme einer Leibesvisitation, die schon an und für sich einen ernsten Eingriff in die persönliche Freiheit eines Individuums bedeutet, jede nur mögliche Rücksicht gegenüber dem Betroffenen Pflicht ist. Es ist zu bedenken, daß in dem Dorf Mikultschütz die im Schulhof vorgenommene Untersuchung naturgemäß publik wurde, und der Beschwerdeführer zum mindesten moralischen Schaden erlitt. Die der Minderheit feindlich gegenüberstehenden Personen der Gemeinde Mikultschütz haben in der unwürdigen Behandlung eine willkommene Diskreditierung des Beschwerdeführers erblickt.

Verantwortlich für die Verfehlung sind nur die von den zuständigen Behörden mit der Durchsuchung beauftragten Kriminalbeamten, nicht aber der Polizeibeamte Siwe, der lediglich den Kriminalbeamten den ihm persönlich bekannten Beschwerdeführer zu zeigen hatte.

Was die disziplinarische Ahndung der fehlbaren Beamten anbetrifft, so hat die zuständige Behörde eine Zurechtweisung ausgesprochen. In der Annahme, daß mit der Zurechtweisung ein Verweis im Sinne des § 15 des Gesetzes betr. Dienstvergehen vom 21. Juli 1852 gemeint ist, erachtet der Präsident der Gemischten Kommission diese Disziplinarstrafe als angemessen, wenn überdies den fehlbaren Beamten für den Fall der Wiederholung ihre Versetzung aus dem gemischtsprachigen Gebiet angedroht wird.

Schließlich teilt der Präsident der Gemischten Kommission den Standpunkt des Beschwerdeführers, daß die zuständige Behörde zur dotycznych urzędników policji kryminalnej. Tylko w ten sposób będzie można mieć w przyszłości kontrolę co do tego, czy winni w tym przypadku urzędnicy nie naruszą ponownie postanowień Konwencji Genewskiej.

II

Po naradzie w łonie Komisji Mieszanej Prezydent Komisji Mieszanej na mocy powyższych rozważań dochodzi do

poglądu:

1. Przyznane przez właściwe władze uchybienie obu urzędników policji kryminalnej jest nierównym traktowaniem w myśl art. 75 Konwencji Genewskiej.

2. Oprócz nagany, wyrażonej danym urzędnikom policji kryminalnej, należy im zagrozić, że w razie powtórzenia się takiego przypadku, przeniesieni zostaną z obszaru dwujęzycznego.

3. Właściwe władze wzywa się, aby zakomunikowały Prezydentowi Komisji Mieszanej, także na ręce żalącego się, nazwiska winnych urzędników.

45

Pogląd

z dnia 12 lutego 1927 w sprawie nr 196 Jana Sobotty w Wellendorf (Górny Śląsk Niemiecki), żalącego się, zastąpionego przez Związek Polaków w Niemczech T. z. w Opolu, dotyczącej nierównego traktowania przez starszego żandarma Parzyka.

I

1. Dnia 30 grudnia 1925 (akt 3) żalący się Jan Sobotta wniósł w myśl art. 149 i n. Konwencji Genewskiej do Niemieckiego Urzędu Spraw Mniejszości w Opolu zażalenie z powodu nierównego traktowania przez starszego żandarma Parzyka. Zażalenie nawiązuje do anonimowego listu z pogróżkami, który posłano żalącemu się. List ten (akt 58, zał. 2) zawiera m. i. groźbę, że petenta wysiedli się do Polski, jeżeli będzie nadal uprawiał propagandę polską i posyłał dzieci do szkoły mniejszościowej. Właściwa władza zleciła starszemu żandarmowi Parzykowi wdrożenie dochodzeń celem wykrycia autora powyższego listu. W zażaleniu zarzuca się starszemu żandarmowi

Angabe der Namen der betreffenden Kriminalbeamten anzuhalten ist. Nur auf diese Weise kann in Zukunft eine Kontrolle darüber ausgeübt werden, ob die in diesem Falle fehlbaren Beamten nicht neuerdings mit den Bestimmungen der Genfer Konvention in Konflikt kommen.

II

Nach stattgehabter Beratung im Schoße der Gemischten Kommission gelangt der Präsident der Gemischten Kommission, gestützt auf die vorstehenden Erwägungen, zur

Stellungnahme:

1. Die von der zuständigen Behörde zugegebene Verfehlung der beiden Kriminalbeamten stellt eine unterschiedliche Behandlung im Sinne von Art. 75 der Genfer Konvention dar.

2. Dem gegenüber den Kriminalbeamten ausgesprochenen Verweis ist die Androhung beizufügen, daß sie im Wiederholungsfalle aus dem gemischtsprachigen Gebiet versetzt würden.

3. Die zuständigen Behörden werden ersucht, dem Präsidenten der Gemischten Kommission, auch zu Händen des Beschwerdeführers, die Namen der fehlbaren Beamten bekanntzugeben.

45

Stellungnahme

vom 12. Februar 1927 in der Sache Nr. 196 des Johann Sobotta in Wellendorf (Deutsch-Oberschlesien), Beschwerdeführer, vertreten durch den Związek Polaków w Niemczech T. z. in Oppeln, betreffend unterschiedliche Behandlung durch den Oberlandjäger Parzyk.

I

1. Am 30. Dezember 1925 (act. 3) erhob der Beschwerdeführer Johann Sobotta im Sinne von Art. 149 ff. der Genfer Konvention Beschwerde beim Deutschen Minderheitsamt in Oppeln wegen unterschiedlicher Behandlung durch den Oberlandjäger Parzyk. Die Beschwerde knüpft an an einen anonymen Drohbrief, den der Beschwerdeführer erhalten hatte. Dieser Brief (act. 58, Anl. 2) enthält unter anderen die Drohung, daß der Beschwerdeführer nach Polen abgeschoben werde, sofern er weiter polnische Propaganda treibe und seine Kinder die Minderheitsschule besuchen lasse. Oberlandjäger Parzyk war von der zuständigen Behörde beauftragt, Nachforschungen bezüglich des Urhebers dieses Drohbriefes

Parzykowi, że przy zasięganiu odnośnych informacji wyraził się wobec żałącego się: „Żeby posyłał swe dzieci na naukę niemiecką, ponieważ na nauce polskiej i tak się niczego nie nauczą". Poza tym miał powiedzieć z najwyższym oburzeniem, przeczytawszy po niemiecku i po polsku nagłówek leżącego przed nim pisma Związku Polaków: „Że to się w ogóle jeszcze toleruje na niemieckiej ziemi". Na uwagi końcowe listu („w tym miesiącu wydali się optantów i Pana także, jeżeli Pańskie przekonanie się nie zmieni") Parzyk miał wyrazić się wobec załącego się: „Tego zdania i ja jestem, jak jest w liście napisane. Czy Pan myśli, że Pana chętnie widzą, Pan należy też do „Korfanciarzy", Pan pracował także dla Korfantego, dlaczego Pan tutaj został, dlaczego Pan nie optował, Pan został tutaj dlatego, aby dalej podjudzać, Pan otrzymuje też za to zapłatę." W końcu Parzyk miał powiedzieć: „Wie Pan, gdybym nie był urzędnikiem i gdyby mi nie chodziło o posadę, toby Pan już nie żył".

Dnia 6 lutego 1926 (akt 1) Urząd Spraw Mniejszości przekazał zażalenie wraz ze swymi uwagami w myśl art. 152 Konwencji Genewskiej i poglądem Nadprezydenta z dnia 22 stycznia 1926 (akt 2) Prezydentowi Komisji Mieszanej. Właściwa władza niemiecka oświadcza, że starszy żandarm Parzyk przyznaje, że powiedział do żalącego się, „że byłoby lepiej, gdyby posyłał dzieci na naukę niemiecką". Poza tym jest słuszne, że starszy żandarm Parzyk z uwagi na początkowe wzburzenie żalącego się powiedział: „Sobotta powinien być rad, że się na ziemi niemieckiej okazuje tak wielką pobłażliwość". Wszystkim innym przeciwko starszemu żandarmowi Parzykowi podniesionym zarzutom tenże wyraźnie zaprzeczył. Właściwa władza pouczyła starszego żandarma Parzyka, że wyrażenia, do których się przyznał, są niedopuszczalne i wezwała go, aby w przyszłości w postępowaniu wobec członków mniejszości polskiej okazywał większą wstrzemięźliwość.

Ponieważ petent nie zadowolił się udzielonym starszemu żandarmowi Parzykowi napomnieniem i w szczególności żądał także ukarania Parzyka za wyrażenia, do których ten się nie przyznał, przeprowadzono wymianę pism, przewidzianą regulaminem postępowania Komisji Mieszanej.

Dnia 2 grudnia 1926 Prezydent Komisji Mieszanej przesłuchał w charakterze świadków starszego żandarma Parzyka i jego żonę. Na rozprawie ustnej z dnia 29 stycznia 1927 kierownik Urzędu Spraw zu machen. Die Beschwerde wirft nun dem Oberlandjäger Parzyk vor, daß er beim Einholen von diesbezüglichen Erkundigungen dem Beschwerdeführer gegenüber folgende Äußerungen getan habe: »Er solle seine Kinder in den deutschen Unterricht schicken, da sie im polnischen sowieso nichts erlernen«. Ferner habe er mit größter Entrüstung gesagt, indem er den Briefkopf eines vor ihm liegenden Schreibens des Związek Polaków deutsch und polnisch durchgelesen habe: »daß das überhaupt noch geduldet werde auf deutschem Boden«. Auf die Schlußbemerkungen des Drohbriefes (»diesen Monat werden die Optanten ausgewiesen und Sie auch, wenn Ihre Gesinnung dieselbe bleibt«) habe Parzyk zum Beschwerdeführer bemerkt: »Der Meinung bin ich auch, wie es in dem Briefe steht. Denken Sie, daß ich Sie gerne sehe, Sie sind auch einer von den Korfantys, Sie haben auch für Korfanty gearbeitet, warum sind Sie hier geblieben, warum haben Sie nicht optiert, Sie sind deswegen hier geblieben, damit Sie weiter hetzen, Sie bekommen auch bezahlt dafür.« Schließlich habe er sich geäußert: »Wissen Sie, wenn ich nicht Beamter wäre und mir um meinen Posten nicht gehen würde, so sind Sie nicht mehr am Leben«.

Das Minderheitsamt überwies am 6. Februar 1926 (act. 1) die Beschwerde mit seinen Bemerkungen im Sinne von Art. 152 der Genfer Konvention und einer Stellungnahme des Oberpräsidenten, datiert 22. Januar 1926 (act. 2), dem Präsidenten der Gemischten Kommission. Die zuständige deutsche Behörde erklärt, daß Oberlandjäger Parzyk zugebe, zum Beschwerdeführer gesagt zu haben, »es wäre besser, er ließe seine Kinder deutsch unterrichten«. Ferner sei es richtig, daß Oberlandjäger Parzyk mit Rücksicht auf die anfängliche Erregtheit des Beschwerdeführers gesagt habe: »Sobotta solle froh sein, daß auf deutschem Boden so viel Nachsicht geübt werde«. Alle weiteren, dem Oberlandjäger Parzyk zur Last gelegten Äußerungen wurden von ihm ausdrücklich bestritten. Oberlandjäger Parzyk wurde von der zuständigen Behörde auf das Unzulässige der von ihm zugegebenen Äußerungen hingewiesen, und er wurde ersucht, in Zukunft in seinem Verhalten Angehörigen der polnischen Minderheit gegenüber zurückhaltender zu sein.

Da sich der Beschwerdeführer mit der Mahnung des Oberlandjägers Parzyk nicht begnügte und insbesondere auch seine Bestrafung wegen der von ihm in Abrede gestellten Äußerungen verlangte, wurde der in der Verfahrensordnung der Gemischten Kommission vorgesehene Schriftenwechsel durchgeführt.

Am 2. Dezember 1926 wurden Oberlandjäger Parzyk und seine Ehefrau vom Präsidenten der Gemischten Kommission als Zeugen einvernommen, und in den mündlichen Verhandlungen vom 29. Januar

Mniejszości i zastępca żalącego się mieli sposobność wypowiedzieć się do wyniku postępowania dowodowego i przedstawić dalsze wywody faktyczne i prawne.

2. Kwestii dowodu co do wyrażeń, do których żandarm Parzyk się nie przyznał, nie potrzeba dalej rozpatrywać, ponieważ żalący się celem szybkiego zakończenia sprawy zgodził się na to, aby Prezydent Komisji Mieszanej w poglądzie jedynie ustalił, jakie zarządzenia dyscyplinarne uważa za odpowiednie za wyrażenia, do których starszy żandarm Parzyk się przyznał.

3. Z okazji swej rozmowy urzędowej z żalącym się starszy żandarm Parzyk wywierał nań nacisk, aby wycofał swe dzieci ze szkoły mniejszościowej. To wywieranie wpływu było, jak i właściwe władze niemieckie przyznają, zupełnie niedopuszczalne. Starszy żandarm Parzyk usprawiedliwia swe powiedzenie tym, że stwierdził rzekomo u mieszkańców Wellendorf oburzenie, że z powodu dwojga dzieci żalącego się muszą utrzymywać nauczyciela szkoły mniejszościowej, przez co m. i. także nędza mieszkaniowa w Wellendorf się zwiększa (akt 2). Z okazji przesłuchania przez Prezydenta Komisji Mieszanej Parzyk zeznał m. i. dosłownie: „Powiedziałem, że byłoby lepiej posyłać dzieci na naukę niemiecką, aby nastał spokój i aby nie spełniono groźby, o której jest mowa w liście z pogróżkami".

Takie tłumaczenie się świadka nie może absolutnie usprawiedliwić jego uchybienia. Przeciwnie dowodzi ono, że mieszał się w sprawy szkolne, które nie miały nic wspólnego z danym mu zleceniem, że ponadto nie zna praw, które Konwencja Genewska zagwarantowała osobom mniejszościowym, skoro żądał od petenta, „aby dla świętego spokoju" ugiął się przed groźbą zawartą w liście z pogróżkami. Konwencja Genewska nie chce okupić pokoju za cenę zrzeczenia się przez mniejszość przysługujących jej praw — mniejszość przestałaby wówczas istnieć — lecz chce pokoju, który mniejszość w wykonywaniu przysługujących jej praw stawia na równi z większością.

Także dalsze wyrażenie, do którego starszy żandarm Parzyk się przyznał, że „Sobotta powinien być rad, że się na ziemi niemieckiej okazuje tak wielką pobłażliwość", jest dowodem przedstawionej mentalności starszego żandarma Parzyka, który uważa, że członkowie mniejszości polskiej na ziemi niemieckiej są jedynie tolerowani, przy czym „tolerancję" tę uznaje za akt łaski władz niemieckich.

1927 hatten der Leiter des Minderheitsamtes sowie der Vertreter des Beschwerdeführers Gelegenheit, sich zum Beweisergebnis zu äußern und weitere Ausführungen in tatsächlicher und rechtlicher Beziehung vorzutragen.

2. Die Beweisfrage hinsichtlich der von Oberlandjäger Parzyk nicht zugestandenen Äußerungen braucht nicht weiter verfolgt zu werden, da der Beschwerdeführer, um die Angelegenheit unverzüglich zum Abschluß zu bringen, sich damit einverstanden erklärt hat, daß der Präsident der Gemischten Kommission in der Stellungnahme lediglich die ihm angemessen erscheinende Disziplinarmaßnahme für die von Oberlandjäger Parzyk zugegebenen Äußerungen festlege.

3. Oberlandjäger Parzyk hat, als er in amtlicher Sache mit dem Beschwerdeführer sprach, auf diesen einen Druck ausgeübt, daß er seine Kinder aus der Minderheitsschule herausnähme. Diese Beeinflussung war, wie es auch die zuständigen deutschen Behörden zugeben, durchaus unzulässig. Oberlandjäger Parzyk begründet seine Bemerkung mit der von ihm angeblich festgestellten Empörung der Bewohner von Wellendorf darüber, daß wegen der zwei Kinder des Beschwerdeführers ein Minderheitsschullehrer gehalten werden müsse, wodurch u. a. auch der Wohnungsmangel in Wellendorf noch erhöht werde (act. 2). In der Zeugeneinvernahme vor dem Präsidenten der Gemischten Kommission deponierte Parzyk u. a. wörtlich: »Ich sagte, es sei besser, die Kinder deutsch unterrichten zu lassen, um den Frieden herbeizuführen, und damit die im Drohbrief enthaltene Drohung nicht etwa in die Tat umgesetzt würde«.

Die vom Zeugen gegebene Rechtfertigung vermag seine Verfehlung in keiner Weise zu entschuldigen, sondern beweist im Gegenteil, daß er sich in Schulfragen einmischte, die mit seinem Auftrage nichts zu tun hatten, und beweist ferner seine Unkenntnis der den Minderheitsangehörigen durch die Genfer Konvention garantierten Rechte, indem er dem Beschwerdeführer zumutete, »dem Frieden zuliebe« der im Drohbrief enthaltenen Drohung nachzugeben. Die Genfer Konvention will keinen Frieden herbeiführen, durch welchen die Minderheit auf ihre Rechte verzichtet und aufhört als Minderheit zu existieren, sondern einen Frieden, der die Minderheit in der Ausübung ihrer Rechte der Mehrheit gleichstellt.

Auch die weitere, von Oberlandjäger Parzyk zugegebene Äußerung, »Sobotta solle froh sein, daß auf deutschem Boden so viel Nachsicht geübt werde«, beweist die geschilderte Mentalität des Oberlandjägers Parzyk; er erachtet die polnischen Minderheitsangehörigen auf deutschem Boden lediglich als geduldet und hält diese »Duldung« für einen Gnadenakt der deutschen Behörden.

Z powyższych powodów Prezydent Komisji Mieszanej dopatruje się w uchybieniu starszego żandarma Parzyka poważnego naruszenia art. 75 Konwencji Genewskiej, wobec czego sądzi, że samo tylko napomnienie jest niewystarczającą karą dyscyplinarną. Za odpowiednią karę Prezydent Komisji Mieszanej uważa udzielenie danemu urzędnikowi nagany w myśl § 15 ustawy o występkach służbowych z dnia 21 lipca 1852 w połączeniu z zagrożeniem, że dany urzędnik przeniesiony zostanie z obszaru dwujęzycznego, gdyby ponownie naruszył Konwencję Genewską.

II

Po naradzie w łonie Komisji Mieszanej Prezydent Komisji Mieszanej na mocy powyższych rozważań dochodzi do

poglądu:

1. Wyrażenia starszego żandarma Parzyka wobec żalącego się stanowią naruszenie art. 75 Konwencji Genewskiej.

2. Właściwe władze wzywa się, aby w drodze dyscyplinarnej ukarały starszego żandarma Parzyka, udzielając mu nagany połączonej z zagrożeniem, że w razie ponownego uchybienia zostanie przeniesiony.

46

Pogląd

z dnia 31 marca 1927 zmieniający pogląd z dnia 7 stycznia 1927 w sprawie nr 213.

W sprawie nr 213, dotyczącej nieutworzenia szkoły mniejszościowej w Brzozowicach, Prezydent Komisji Mieszanej wydał dnia 7 stycznia 1927 następujący pogląd:

„1. Szkołę mniejszościową w Brzozowicach należy bezzwłocznie otworzyć.

2. W Brzozowicach należy wyznaczyć nowy stosowny termin zgłoszeń przez publiczne obwieszczenie w obu językach. Termin zgłoszeń należy podać do wiadomości Prezydenta Komisji Mieszanej.

Dzieci, które zostaną zgłoszone do tej szkoły mniejszościowej, należy przekazać do niej z urzędu.

Nie wolno oddalić żadnego ucznia z powodu jego polskiego języka ojczystego."

Der Präsident der Gemischten Kommission erblickt aus obigen Gründen in der Verfehlung des Oberlandjägers Parzyk eine ernste Verletzung des Art. 75 der Genfer Konvention. Eine bloße Mahnung erscheint dem Präsidenten der Gemischten Kommission als Disziplinarmaßnahme ungenügend, und er erachtet als angemessene Sühne einen Verweis im Sinne von § 15 des Gesetzes betreffend Dienstvergehen vom 21. Juli 1852 verbunden mit der Androhung der Versetzung aus dem gemischtsprachigen Gebiet für den Fall, daß sich der Beamte neuerdings eine Verletzung der Genfer Konvention zuschulden kommen lassen sollte.

II

Nach stattgehabter Beratung im Schoße der Gemischten Kommission gelangt der Präsident der Gemischten Kommission, gestützt auf die vorstehenden Erwägungen, zur

Stellungnahme:

1. Die Äußerungen des Oberlandjägers Parzyk gegenüber dem Beschwerdeführer stellen eine Verletzung des Art. 75 der Genfer Konvention dar.

2. Die zuständigen Behörden werden ersucht, den Oberlandjäger Parzyk mit einem Verweis, verbunden mit der Androhung der Versetzung im Wiederholungsfalle, disziplinarisch zu bestrafen.

46

Stellungnahme

vom 31. März 1927, betreffend Abänderung der in der Sache Nr. 213 ergangenen Stellungnahme vom 7. Januar 1927.

In der Beschwerdesache Nr. 213 betreffend Nichterrichtung der Minderheitsschule in Brzozowice hat der Präsident der Gemischten Kommission am 7. Januar 1927 folgende Stellungnahme ausgesprochen:

»1. Die Minderheitsschule in Brzozowice ist unverzüglich zu eröffnen.

2. Es ist in Brzozowice ein neuer Anmeldungstermin von angemessener Dauer durch öffentliche Bekanntmachung in beiden Sprachen anzusetzen. Der Anmeldungstermin ist dem Präsidenten der Gemischten Kommission bekanntzugeben.

Diejenigen Kinder, die für diese Minderheitsschule angemeldet werden, sind von Amts wegen in diese Schule überzuführen.

Es darf kein Schüler mit Rücksicht auf seine polnische Muttersprache zurückgewiesen werden.«

Ponieważ Rada Ligi Narodów na posiedzeniu z dnia 12 marca 1927 przewidziała szczególne uregulowanie dla uczniów, którzy zgłoszeni zostali na bieżący rok szkolny i ponieważ w myśl liczby II al. 3 powyższej uchwały zasady te mogą być również zastosowane do uczniów, których zgłosi się do szkół mniejszościowych później, w danym poglądzie należy umieścić odpowiednie postanowienie.

Na mocy powyższych rozważań tenor poglądu w sprawie nr 213 zmienia się jak następuje:

„1. Szkołę mniejszościową w Brzozowicach należy bezzwłocznie otworzyć.

2. W Brzozowicach należy wyznaczyć nowy stosowny termin zgłoszeń przez publiczne obwieszczenie w obu językach. Termin zgłoszeń należy podać do wiadomości Prezydenta Komisji Mieszanej.

Dzieci, które zostaną zgłoszone do tej szkoły mniejszościowej, należy przekazać do niej z urzędu.

Jeżeli zgłoszeni zostaną uczniowie, co do których właściwe władze przypuszczają, że z powodu niedostatecznych znajomości języka niemieckiego nie mogliby pobierać nauki mniejszościowej z pożytkiem dla siebie, to w odniesieniu do tych uczniów mają zastosowanie zasady ustanowione przez Radę Ligi Narodów na posiedzeniu z dnia 12 marca 1927."

47

Pogląd

z dnia 31 marca 1927 zmieniający pogląd z dnia 26 stycznia 1927 w sprawie nr 215.

W sprawie nr 215, dotyczącej nieutworzenia szkoły mniejszościowej w Rydułtowach Dolnych, Prezydent Komisji Mieszanej wydał dnia 26 stycznia 1927 następujący pogląd:

„1. Szkołę mniejszościową dla Rydułtów Dolnych należy bezzwłocznie otworzyć.

2. W Rydułtowach Dolnych należy wyznaczyć nowy stosowny termin zgłoszeń przez publiczne obwieszczenie w obu językach. Termin zgłoszeń należy podać do wiadomości Prezydenta Komisji Mieszanej.

Dzieci, które zostaną zgłoszone do tej szkoły mniejszościowej, należy przekazać do niej z urzędu.

Nie wolno oddalić żadnego ucznia z powodu jego polskiego języka ojczystego."

Da der Völkerbundsrat in seiner Sitzung vom 12. März 1927 in bezug auf die für das gegenwärtige Schuljahr angemeldeten Schüler eine besondere Regelung vorgesehen hat, und da diese Grundsätze laut Ziffer II, al. 3 dieses Beschlusses auch auf die Schüler angewendet werden können, die nachher für die Minderheitsschulen angemeldet werden, ist in die vorliegende Stellungnahme eine diesbezügliche Bestimmung aufzunehmen.

Gestützt auf diese Erwägungen erhält das Dispositiv der in der Beschwerdesache Nr. 213 ergangenen Stellungnahme folgende Fassung:

»1. Die Minderheitsschule in Brzozowice ist unverzüglich zu eröffnen.

2. Es ist in Brzozowice ein neuer Anmeldungstermin von angemessener Dauer durch öffentliche Bekanntmachung in beiden Sprachen anzusetzen. Der Anmeldungstermin ist dem Präsidenten der Gemischten Kommission bekanntzugeben.

Diejenigen Kinder, die für diese Minderheitsschule angemeldet werden, sind von Amts wegen in diese Schule zu überführen.

Werden Schüler angemeldet, von denen die zuständigen Behörden annehmen, daß sie wegen mangelhafter Kenntnis der deutschen Sprache nicht mit Nutzen dem Minderheitsschulunterricht folgen könnten, so finden in bezug auf diese Schüler die vom Völkerbundsrat in seiner Sitzung vom 12. März 1927 aufgestellten Grundsätze Anwendung.«

47

Stellungnahme

vom 31. März 1927, betreffend Abänderung der in der Sache Nr. 215 ergangenen Stellungnahme vom 26. Januar 1927.

In der Beschwerdesache Nr. 215 betreffend Nichterrichtung der Minderheitsschule in Rydultowy-Dolne hat der Präsident der Gemischten Kommission am 26. Januar 1927 folgende Stellungnahme ausgesprochen:

»1. Die Minderheitsschule für Rydultowy-Dolne ist unverzüglich zu eröffnen.

2. Es ist in Rydultowy-Dolne ein neuer Anmeldungstermin von angemessener Dauer durch öffentliche Bekanntmachung in beiden Sprachen anzusetzen. Der Anmeldungstermin ist dem Präsidenten der Gemischten Kommission bekanntzugeben.

Diejenigen Kinder, die für diese Minderheitsschule angemeldet werden, sind von Amts wegen in diese Schule zu überführen.

Es darf kein Schüler mit Rücksicht auf seine polnische Muttersprache zurückgewiesen werden.«

Ponieważ Rada Ligi Narodów na posiedzeniu z dnia 12 marca 1927 przewidziała szczególne uregulowanie dla uczniów, którzy zgłoszeni zostali na bieżący rok szkolny i ponieważ w myśl liczby II al. 3 powyższej uchwały zasady te mogą być również zastosowane do uczniów, których do szkół mniejszościowych zgłosi się później, w danym poglądzie należy umieścić odpowiednie postanowienie.

Na mocy powyższych rozważań tenor poglądu w sprawie nr 215 zmienia się jak następuje:

„1. Szkołę mniejszościową dla Rydułtów Dolnych należy bezzwłocznie otworzyć.

2. W Rydułtowach Dolnych należy wyznaczyć nowy stosowny termin zgłoszeń przez publiczne obwieszczenie w obu językach. Termin zgłoszeń należy podać do wiadomości Prezydenta Komisji Mieszanej.

Dzieci, które zostaną zgłoszone do tej szkoły mniejszościowej, należy przekazać do niej z urzędu.

Jeżeli zgłoszeni zostaną uczniowie, co do których właściwe władze przypuszczają, że z powodu niedostatecznych znajomości języka niemieckiego nie mogliby pobierać nauki mniejszościowej z pożytkiem dla siebie, to w odniesieniu do tych uczniów mają zastosowanie zasady ustanowione przez Radę Ligi Narodów na posiedzeniu z dnia 12 marca 1927."

48

Pogląd

z dnia 31 marca 1927 uzupełniający pogląd z dnia 16 grudnia 1926 w sprawie nr 224.

W sprawie nr 224, dotyczącej nieotwarcia szkoły mniejszościowej w Bobrownikach-Piekarach Rudnych, Prezydent Komisji Mieszanej wydał dnia 16 grudnia 1926 następujący pogląd:

„1. Szkołę mniejszościową w Bobrownikach-Piekarach Rudnych należy bezzwłocznie otworzyć.

2. W gminach Bobrowniki i Piekary Rudne należy wyznaczyć nowe stosowne terminy zgłoszeń przez publiczne obwieszczenie w obu językach. O powyższych terminach zgłoszeń należy zawiadomić Prezydenta Komisji Mieszanej.

Dzieci, które zostaną zgłoszone do tej szkoły mniejszościowej, należy przekazać do niej z urzędu."

Da der Völkerbundsrat in seiner Sitzung vom 12. März 1927 in bezug auf die für das gegenwärtige Schuljahr angemeldeten Schüler eine besondere Regelung vorgesehen hat und da diese Grundsätze laut Ziffer II. al. 3 dieses Beschlusses auch auf die Schüler angewendet werden können, die nachher für die Minderheitsschulen angemeldet werden, ist in die vorliegende Stellungnahme eine diesbezügliche Bestimmung aufzunehmen.

Gestützt auf diese Erwägungen erhält das Dispositiv der in der Beschwerdesache Nr. 215 ergangenen Stellungnahme folgende Fassung:

»1. Die Minderheitsschule für Rydułtowy-Dolne ist unverzüglich zu eröffnen.

2. Es ist in Rydułtowy-Dolne ein neuer Anmeldungstermin von angemessener Dauer durch öffentliche Bekanntmachung in beiden Sprachen anzusetzen. Der Anmeldungstermin ist dem Präsidenten der Gemischten Kommission bekanntzugeben.

Diejenigen Kinder, die für diese Minderheitsschule angemeldet werden, sind von Amts wegen in diese Schule zu überführen.

Werden Schüler angemeldet, von denen die zuständigen Behörden annehmen, daß sie wegen mangelhafter Kenntnis der deutschen Sprache nicht mit Nutzen dem Minderheitsschulunterricht folgen könnten, so finden in bezug auf diese Schüler die vom Völkerbundsrat in seiner Sitzung vom 12. März 1927 aufgestellten Grundsätze Anwendung.«

48

Stellungnahme

vom 31. März 1927, betreffend Ergänzung der in der Sache Nr. 224 ergangenen Stellungnahme vom 16. Dezember 1926.

In der Beschwerdesache Nr. 224 betr. Nichteröffnung der Minderheitsschule in Bobrowniki-Piekary Rudne hat der Präsident der Gemischten Kommission am 16. Dezember 1926 folgende Stellungnahme ausgesprochen:

»1. Die Minderheitsschule Bobrowniki-Piekary Rudne ist unverzüglich zu eröffnen.

2. Es sind in den Gemeinden Bobrowniki und Piekary-Rudne neue Anmeldungstermine von angemessener Dauer durch öffentliche Bekanntmachungen in beiden Sprachen anzusetzen. Diese Anmeldungstermine sind dem Präsidenten der Gemischten Kommission bekanntzugeben.

Diejenigen Kinder, die für diese Minderheitsschule angemeldet werden, sind von Amts wegen in diese Schule zu überführen.«

Ponieważ Rada Ligi Narodów na posiedzeniu z dnia 12 marca 1927 przewidziała szczególne uregulowanie dla uczniów, którzy zgłoszeni zostali na bieżący rok szkolny i ponieważ w myśl liczby II al. 3 powyższej uchwały zasady te mogą być również zastosowane do uczniów, których zgłosi się do szkół mniejszościowych później, w danym poglądzie należy umieścić odpowiednie postanowienie.

Na mocy powyższych rozważań należy uzupełnić pogląd wydany w sprawie nr 224, przy czym treść jego otrzymuje następujące brzmienie:

„1. Szkołę mniejszościową w Bobrownikach-Piekarach Rudnych należy bezzwłocznie otworzyć.

2. W gminach Bobrowniki i Piekary Rudne należy wyznaczyć nowe stosowne terminy zgłoszeń przez publiczne obwieszczenie w obu językach. O powyższych terminach zgłoszeń należy zawiadomić Prezydenta Komisji Mieszanej.

Dzieci, które zostaną zgłoszone do tej szkoły mniejszościowej, należy przekazać do niej z urzędu.

Jeżeli zgłoszeni zostaną uczniowie, co do których właściwe władze przypuszczają, że z powodu niedostatecznych znajomości języka niemieckiego nie mogliby pobierać nauki mniejszościowej z pożytkiem dla siebie, to w odniesieniu do tych uczniów mają zastosowanie zasady ustanowione przez Radę Ligi Narodów na posiedzeniu z dnia 12 marca 1927."

49

Pogląd

z dnia 23 kwietnia 1927 w sprawie nr 149 Niemiecko-Górnośląskiego Związku Ludowego na Śląsk Polski dla strzeżenia praw mniejszości, związku zapisanego, żalącego się, w Katowicach, ul. Młyńska 23, dotyczącej nieotwarcia szkoły mniejszościowej w Ligocie Woźnickiej (Górny Śląsk Polski).

I

1. Z powodu nieotwarcia szkoły mniejszościowej w Ligocie Woźnickiej żalący się wniósł dnia 20 października 1924 (akt 2) w myśl art. 149 i n. Konwencji Genewskiej zażalenie do Polskiego Urzędu Spraw Mniejszości w Katowicach. Urząd Spraw Mniejszości zażalenie to wraz z swymi uwagami (akt 1) i poglądem Województwa (akty 3,

Da der Völkerbundsrat in seiner Sitzung vom 12. März 1927 in bezug auf die für das gegenwärtige Schuljahr angemeldeten Schüler eine besondere Regelung vorgesehen hat und da diese Grundsätze laut Ziffer II. al. 3 dieses Beschlusses auch auf die Schüler angewendet werden können, die nachher für die Minderheitsschulen angemeldet werden, ist in die vorliegende Stellungnahme eine diesbezügliche Bestimmung aufzunehmen.

Gestützt auf diese Erwägungen, ist die in der Beschwerde Nr. 224 ergangene Stellungnahme zu ergänzen, wobei ihr Wortlaut folgende Fassung erhält:

»1. Die Minderheitsschule Bobrowniki-Piekary Rudne ist unverzüglich zu eröffnen.

2. Es sind in den Gemeinden Bobrowniki und Piekary Rudne neue Anmeldungstermine von angemessener Dauer durch öffentliche Bekanntmachungen in beiden Sprachen anzusetzen. Diese Anmeldungstermine sind dem Präsidenten der Gemischten Kommission bekanntzugeben.

Diejenigen Kinder, die für diese Minderheitsschule angemeldet werden, sind von Amts wegen in diese Schule zu überführen.

Werden Schüler angemeldet, von denen die zuständigen Behörden annehmen, daß sie wegen mangelhafter Kenntnis der deutschen Sprache nicht mit Nutzen dem Minderheitsunterricht folgen könnten, so finden in bezug auf diese Schüler die vom Vökerbundsrat in seiner Sitzung vom 12. März 1927 aufgestellten Grundsätze Anwendung.«

49

Stellungnahme

vom 23. April 1927 in der Sache Nr. 149 des Deutsch-Oberschlesischen Volksbundes für Polnisch-Schlesien zur Wahrung der Minderheitsrechte, eingetragener Verein, Beschwerdeführer, in Katowice, ulica Młyńska 23, betreffend Nichteröffnung der Minderheitsschule in Ligota-Woźnicka (Polnisch-Oberschlesien).

I

1. Am 20. Oktober 1924 (act. 2) erhob der Beschwerdeführer im Sinne von Art. 149 ff. der Genfer Konvention Beschwerde beim Polnischen Minderheitsamt in Katowice wegen Nichteröffnung der Minderheitsschule in Ligota-Woźnicka. Das Minderheitsamt überwies am 27. Mai 1925 die Beschwerde an den Präsidenten der Gemischten Kom-

4, 8, 9, 11, 12) przekazał Prezydentowi Komisji Mieszanej dnia 27 maja 1925.

Następnie odbyła się wymiana pism, przewidziana w regulaminie postępowania Komisji Mieszanej. Dnia 20 kwietnia 1926 Prezydent Komisji Mieszanej przesłuchał w charakterze świadków kierownika szkoły, naczelnika gminy Ligoty Woźnickiej, nauczycielkę Michalską i szereg osób uprawnionych do wychowania. Na rozprawie ustnej, która odbyła się dnia 18 czerwca 1926, zastępcy Urzędu Spraw Mniejszości i żalącemu się dano sposobność do przedstawienia dalszych wywodów faktycznych i prawnych.

2. Roszczenie mniejszości o utworzenie szkoły mniejszościowej w Ligocie Woźnickiej na podstawie zgłoszonych do dnia 25 listopada 1922 107 wniosków w myśl art. 106 Konwencji Genewskiej jest uznane, jak to wynika z pisma Województwa do Sejmu Śląskiego z dnia 9 października 1923. Wobec tego należało szkołę mniejszościową bezzwłocznie otworzyć po umowie Prezydenta Komisji Mieszanej z Województwem z dnia 18 kwietnia 1924. Zamiast tego otwarcie szkoły nastąpiło dopiero dnia 16 czerwca 1924 (zeznanie kierownika szkoły Dusiela, akt 32, 77). Jest ustalone, że szkoła czynna była do końca roku szkolnego, tj. do dnia 28 czerwca 1924 i że uczęszczało do niej przeszło 20 dzieci. Pominąwszy okoliczność, że 14-dniowy okres próbny byłby za krótki (zob. poglądy Łaziska Górne, Bytków, Brzozowice, Rydułtowy Dolne), zamknięcie szkoły nie wchodziło w rachubę już z tego powodu, że liczba dzieci przekroczyła połowę przewidzianej liczby minimalnej (art. 108, § 1, ust. 2).

Roszczenie o szkołę mniejszościową w nowym roku szkolnym nie było zatem wcale sporne. Tymczasem kierownik szkoły był zdania, że ma prawo uzależnić dalsze prowadzenie szkoły mniejszościowej z początkiem roku szkolnego 1924-25 od nowych zgłoszeń. Obwieszczeniem z dnia 1 września, które było wywieszone od 1 do 8 września, wezwał „zainteresowanych szkołą mniejszościową" uprawnionych do wychowania, aby w czasie od 1 do 7 września zgłosili dzieci do wymienionej szkoły. Jeżeli uprawnieni do wychowania nie zastosowali się do tego wezwania i nie zgłosili dzieci ponownie, to okoliczność ta nie może mieć dla nich ujemnych następstw, ponieważ żądanie kierownika szkoły było zupełnie niedopuszczalne i jest ponadto niezgodne z stałą praktyką Prezydenta Komisji Mieszanej. Było obowiązkiem właściwych władz szkołę mniejszościową, która z końcem roku szkolnego 1923-24 była prawidłowo czynna, prowadzić bez wszelkich formalności dalej, tak mission mit seinen Bemerkungen (act. 1) und der Stellungnahme der Wojewodschaft (act. 3, 4, 8, 9, 11, 12).

Es fand hierauf der in der Verfahrensordnung der Gemischten Kommission vorgesehene Schriftenwechsel statt. Am 20. April 1926 wurden der Schulleiter und der Gemeindevorsteher von Ligota-Woźnicka, die Lehrerin Michalska sowie verschiedene Erziehungsberechtigte vom Präsidenten der Gemischten Kommission als Zeugen einvernommen. In der mündlichen Verhandlung vom 18. Juni 1926 wurde dem Vertreter des Minderheitsamtes und dem Beschwerdeführer Gelegenheit gegeben, weitere Ausführungen in tatsächlicher und rechtlicher Beziehung vorzutragen.

2. Der Anspruch der Minderheit auf Errichtung einer Minderheitschule in Ligota-Woźnicka ist auf Grund der bis zum 25. November 1922 gestellten 107 Anträge im Sinne von Art. 106 der Genfer Konvention, wie sich aus dem Schreiben der Wojewodschaft an den Schlesischen Sejm vom 9. Oktober 1923 ergibt, anerkannt. Die Minderheitsschule hätte in der Folge nach der zwischen dem Präsidenten der Gemischten Kommission und der Wojewodschaft getroffenen Vereinbarung vom 18. April 1924 unverzüglich eröffnet werden sollen. Statt dessen fand die Eröffnung erst am 16. Juni 1924 statt. Zeugnis des Schulleiters Dusiel (act. 32, 77). Es steht fest, daß die Schule bis zum Ende des Schuljahres, d. h. bis zum 28. Juni 1924 in Betrieb war und von über 20 Kindern besucht wurde. Da die Kinderzahl die Hälfte der vorgesehenen Mindestzahl überschritt (Art. 108, § 1 Abs. 2), kam eine Schließung der Schule schon deshalb nicht in Frage — abgesehen davon, daß die kaum 14-tägige Probezeit zu kurz gewesen wäre (siehe Stellungnahme Łaziska-Górne, Bytków, Brzozowice, Rydułtowy-Dolne).

Der Anspruch auf die Minderheitsschule für das neue Schuljahr war daher auch nicht streitig. Der Schulleiter glaubte sich indessen für berechtigt, die Weiterführung der Minderheitsschule mit Beginn des Schuljahres 1924-25 von neuen Anmeldungen abhängig zu machen. Mit Bekanntmachung vom 1. September, ausgehängt vom 1. bis 8. September, forderte er die Erziehungsberechtigten, »die an der Minderheitsschule Interesse haben«, auf, ihre Kinder in der Zeit vom 1. bis 7. September für die erwähnte Schule anzumelden. Wenn die Erziehungsberechtigten der Aufforderung zur nochmaligen Anmeldung nicht Folge gaben, so kann für sie daraus kein Nachteil abgeleitet werden, da das Verlangen des Schulleiters durchaus unzulässig war, und im Widerspruch zur ständigen Praxis des Präsidenten der Gemischten Kommission steht. Die zuständige Behörde war verpflichtet, die am Ende des Schuljahres 1923-24 in ordnungsmäßigem Betrieb gestandene Minderheitsschule mit Beginn des jak szkołę większościową. Od uczęszczania do szkoły mniejszościowej wyłączone były tylko te dzieci, co do których uprawnieni do wychowania zażądali wyraźnie ustnym lub pisemnym oświadczeniem, aby je przeniesiono do szkoły większościowej polskiej. Gdyby władza szkolna postąpiła była w myśl tych zasad, nauka szkolna mogłaby się prawidłowo odbywać nadal, ponieważ według wyraźnego zeznania swiadka kierownika szkoły Dusiela (akt 77) ze zgłoszeń, które uskuteczniono na rok szkolny 1923-24, zgłoszeń dla 12 do 13 dzieci nie cofnięto. Według stałej praktyki Prezydenta Komisji Mieszanej mogłyby w ciągu roku szkolnego na zasadzie wyraźnych oświadczeń uprawnionych do wychowania wstąpić dalsze dzieci do szkoły mniejszościowej lub przejść ze szkoły mniejszościowej do szkoły polskiej. Z końcem roku szkolnego byłoby się potem wykazało, czy w myśl art. 108 szkołę należy prowadzić dalej lub nie.

Z tych powodów właściwa władza winna szkołę mniejszościową w Ligocie Woźnickiej uruchomić. Przed uruchomieniem szkoły należy w drodze prawidłowego obwieszczenia wyznaczyć terminy zgłoszeń.

Z uwagi na to, że się rok szkolny już kończy, należy z praktycznych względów otworzyć szkołę dopiero z początkiem nowego roku szkolnego, tj. dnia 1 września 1927.

3. Nie potrzeba szczegółowo rozpatrywać kwestii agitacji, jaką, jak twierdzi żałący się, uprawiano przeciwko szkole mniejszościowej w Ligocie Woźnickiej, skoro, jak wyżej powiedziano, roszczenie uprawnionych do wychowania o ponowne otwarcie szkoły jest uzasadnione. Stwierdza się jedynie, że postępowanie dowodowe przed Prezydentem Komisji Mieszanej niedwuznacznie wykazało, że w Ligocie Woźnickiej wywierano w roku 1924 na uprawnionych do wychowania nacisk, aby ich nakłonić do zrezygnowania ze szkoły mniejszościowej, co też prawdopodobnie było powodem, że się przejściowo liczba interesantów szkoły mniejszościowej zmniejszyła. Ten ostatni punkt wyjaśnią nowe wpisy szkolne, które należy przeprowadzić bez wywierania jakiegokolwiek wpływu.

II

Co do wniosku o utworzenie Komisji Szkolnej wniosek ten, jeżeli zostaną zgłoszone dzieci do szkoły mniejszościowej, na podstawie art. 111 Konwencji Genewskiej uznać należy za uzasadniony.

neuen Schuljahres ohne jede Formalitäten — wie dies auch bezüglich der Mehrheitsschule geschah — fortzusetzen. Vom Besuch der Minderheitsschule waren nur diejenigen Kinder ausgeschlossen, für welche die Erziehungsberechtigten ausdrücklich durch schriftliche oder mündliche Erklärung die Umschulung in die polnische Mehrheitsschule verlangt haben. Wäre die Schulbehörde nach diesen Grundsätzen verfahren, so hätte der Schulbetrieb seinen ordnungsmäßigen Fortgang nehmen können, indem nach der ausdrücklichen Zeugendeposition des Schulleiters Dusiel (act. 77) von den für das Schuljahr 1923-24 erfolgten Anmeldungen, die Anmeldungen für 12--13 Kinder nicht zurückgezogen worden sind. Nach ständiger Praxis des Präsidenten der Gemischten Kommission hätten im Laufe des Schuljahres auf Grund ausdrücklicher Erklärungen der Erziehungsberechtigten weitere Kinder in die Minderheitsschule eintreten oder aus der Minderheitsschule in die polnische übertreten können. Am Ende des Schuljahres hätte es sich dann gezeigt, ob die Schule gemäß Art. 108 fortzuführen oder zu schließen sei.

Aus diesen Gründen ist die zuständige Behörde zur Inbetriebsetzung der Minderheitsschule in Ligota-Woźnicka zu verpflichten; der Inbetriebsetzung haben durch ordnungmäßige Bekanntmachung anberaumte Anmeldungstermine voranzugehen.

In Anbetracht des zu Ende gehenden Schuljahres ist die Schule aus praktischen Gründen erst mit Beginn des neuen Schuljahres, d. h. 1. September 1927, zu eröffnen.

3. Es erübrigt sich, auf die vom Beschwerdeführer behauptete Agitation gegen die Minderheitsschule Ligota-Woźnicka ausführlich einzutreten, nachdem der Anspruch der Erziehungsberechtigten auf Wiedereröffnung der Schule, wie oben ausgeführt wurde, ohnehin gegeben ist. Jedenfalls aber hat das Beweisverfahren vor dem Präsidenten der Gemischten Kommission unzweideutig ergeben, daß in Ligota-Woźnicka im Jahre 1924 auf die Erziehungsberechtigten ein Druck ausgeübt wurde, der sie zum Verzicht auf die Minderheitsschule bewegen sollte und wahrscheinlich auch den vorübergehenden Rückgang der Interessenten für die Minderheitsschule herbeigeführt hat. Über diesen letzten Punkt werden die neuen, ohne jede Beeinflussung vorzunehmenden Einschreibungen für die Minderheitsschule Aufschluß geben.

II

Was den Antrag auf Errichtung der Schulkommission anbetrifft, so ist er, sofern Kinder für die Minderheitsschule angemeldet werden, gestützt auf Art. 111 der Genfer Konvention als ohne weiteres begründet anzusehen.

III

Co do sił nauczycielskich mającej być uruchomionej szkoły mniejszościowej wystarczy wskazać na art. 113 Konwencji Genewskiej.

IV

Po naradzie w łonie Komisji Mieszanej Prezydent Komisji Mieszanej na mocy powyższych rozważań dochodzi do

poglądu:

1. Szkołę mniejszościową w Ligocie Woźnickiej należy otworzyć z dniem 1 września 1927.

2. Należy wyznaczyć nowe stosowne terminy zgłoszeń przez publiczne obwieszczenie w obu językach. O powyższych terminach zgłoszeń należy zawiadomić Prezydenta Komisji Mieszanej.

Dzieci, które zostaną zgłoszone do tej szkoły mniejszościowej, należy przekazać do niej z urzędu.

50

Pogląd

z dnia 25 kwietnia 1927 w sprawie nr 171 Związku Polaków w Opolu (Górny Śląsk Niemiecki), żalącego się, dotyczącej przeprowadzenia rewizyj u członków Związku Polaków przez urzędników policji kryminalnej.

I

1. Na podstawie protokolarnych oświadczeń Jana Soboty i Leopolda Wilka (akt 3 i 4) żalący się wniósł dnia 9 maja 1925 (akt 2) w myśl art. 149 i n. Konwencji Genewskiej zażalenie do Niemieckiego Urzędu Spraw Mniejszości w Opolu. Z powyższych protokołów wynika, że u przewodniczących Kół miejscowych Związku Polaków w Turzu i Budziskach zjawili się urzędnicy policji kryminalnej, że zasięgali informacji co do składu Kół miejscowych i zanotowali nazwiska członków Zarządu. W zażaleniu prosi się o wyjaśnienie:

1) z jakiego powodu urzędnicy przeprowadzili rewizję,

III

Was die Lehrkräfte der zu eröffnenden Minderheitsschule anbetrifft, so genügt es, auf Artikel 113 der Genfer Konvention zu verweisen.

IV

Nach stattgehabter Beratung im Schoße der Gemischten Kommission gelangt der Präsident der Gemischten Kommission, gestützt auf die vorstehenden Erwägungen, zur

Stellungnahme:

1. Die Minderheitsschule in Ligota-Woźnicka ist auf dem 1. September 1927 zu eröffnen.

2. Es sind neue Anmeldungstermine von angemessener Dauer durch öffentliche Bekanntmachungen in beiden Sprachen anzusetzen. Diese Anmeldungstermine sind dem Präsidenten der Gemischten Kommission bekanntzugeben.

Diejenigen Kinder, die für diese Minderheitsschule angemeldet werden, sind von Amts wegen in diese Schule überzuführen.

50

Stellungnahme

vom 25. April 1927 in der Sache Nr. 171 des Związek Polaków in Oppeln (Deutsch-Oberschlesien), Beschwerdeführer, betreffend Durchsuchungen bei Mitgliedern des Związek Polaków durch Kriminalbeamte.

I

1. Am 9. Mai 1925 (act. 2) erhob der Beschwerdeführer auf Grund von zu Protokoll gegebenen Erklärungen von Johann Sobotta und Leopold Wilk (act. 3 und 4) im Sinne von Art. 149 ff. der Genfer Konvention Beschwerde beim Deutschen Minderheitsamt in Oppeln. Aus den Protokollen geht hervor, daß Kriminalbeamte bei den Vorsitzenden der Ortsgruppen Wellendorf und Budzisk des Związek Polaków vorsprachen, Erkundigungen bezüglich der Zusammensetzung der Ortsgruppen einholten und sich die Namen der Vorstandsmitglieder notierten. Mit der Beschwerde wird um Aufklärung ersucht:

1. aus welchem Grunde die Beamten die Durchsuchung vorgenommen haben,

2) kto im dał do tego polecenie i
3) jak się ci urzędnicy nazywają.

Dnia 14 sierpnia 1925 (akt 1) Urząd Spraw Mniejszości przekazał zażalenie wraz z uwagami w myśl art. 152 Konwencji Genewskiej Prezydentowi Komisji Mieszanej i załączył w odpisie swą odpowiedź do żalącego się z dnia 27 czerwca 1925 (akt 5) oraz odpowiedź ze stanowiskiem Nadprezydenta z dnia 15 lipca 1925 (akt 6). Właściwa władza wywodzi, że dani urzędnicy policyjni otrzymali zlecenie stwierdzenia członków Zarządu Kół miejscowych, ponieważ wbrew przepisom § 3 ust. 2 ustawy Rzeszy o stowarzyszeniach z dnia 19 kwietnia 1908 nie przedłożono właściwej władzy policyjnej ani statutów ani spisu członków Zarządu. Stanowczo zaprzeczono temu, że u Soboty i Wilka przeprowadzono rewizje.

W późniejszych pismach procesowych, które wniesiono w myśl regulaminu postępowania Komisji Mieszanej, spór toczył się o to, czy właściwe władze w myśl § 3 ustawy o stowarzyszeniach mogą żądać od Kół miejscowych Związku Polaków spisu członków Zarządu. Na rozprawie ustnej z dnia 15 grudnia 1925 kierownik Urzędu Spraw Mniejszości i żalący się mieli sposobność przedstawić dalsze wywody pod względem faktycznym i prawnym. Z uwagi na wysunięte nowe kwestie należało przeprowadzić dalszą wymianę pism procesowych.

Pismem z dnia 28 kwietnia 1926 (akt 80) żalący się doniósł, że kwestia przedłożenia statutów i spisu członków Zarządu w przyszłości odpada, ponieważ uchwałą walnego zebrania Związku Polaków w Opolu z dnia 18 kwietnia 1926 (akt 81—82) zwinięto wszystkie Koła miejscowe. Koła miejscowe zespolono w Kołach powiatowych. Orzeczeniem z dnia 6 maja 1926 (akt 83) Prezydent Komisji Mieszanej przesłał odpis uchwały Związku Polaków Urzędowi Spraw Mniejszości z wezwaniem, aby się do niej wypowiedział. Dnia 5 czerwca 1926 (akt 87) Urząd Spraw Mniejszości złożył oświadczenie, że właściwe władze niemieckie co do nowo utworzonych Kół powiatowych nie będą żądały żadnych zapodań w myśl § 3 ustawy o stowarzyszeniach.

W przyszłości kwestia sporna nie będzie zatem aktualna. Żalący się podtrzymał jednak zażalenie co do wyżej wspomnianych zarzą-

2. wer die Beamten mit den Durchsuchungen beauftragt hat,

3. wie die Namen der Beamten lauten.

Das Minderheitsamt überwies am 14. August 1925 (act. 1) die Beschwerde mit seinen Bemerkungen im Sinne von Art. 152 der Genfer Konvention an den Präsidenten der Gemischten Kommission. In Abschrift waren beigefügt die Antwort des Minderheitsamtes an den Beschwerdeführer, dat. 27. Juni 1925 (act. 5) sowie eine Mitteilung des Oberpräsidenten vom 15. Juli 1925, worin er seinen Standpunkt darlegte (act. 6). Die zuständige Behörde macht geltend, daß die in Frage kommenden Polizeibeamten beauftragt waren, die Vorstandsmitglieder der Ortsgruppen festzustellen, da diese es unterlassen hätten, gemäß § 3 Abs. 2 des Reichsvereinsgesetzes vom 19. April 1908 die Satzung und das Verzeichnis der Mitglieder des Vorstandes den zuständigen Polizeibehörden einzureichen. Daß Durchsuchungen bei Sobotta und Wilk stattgefunden hätten, wurde entschieden in Abrede gestellt.

In dem sich anschließenden, durch die Verfahrensordnung der Gemischten Kommission vorgesehenen Schriftenwechsel drehte sich der Streit um die Frage, ob die zuständigen Behörden berechtigt seien, von den Ortsgruppen des Związek Polaków ein Verzeichnis der Vorstandsmitglieder im Sinne von § 3 des Vereinsgesetzes zu verlangen. In den mündlichen Verhandlungen vom 15. Dezember 1925 hatten der Leiter des Minderheitsamtes sowie der Beschwerdeführer Gelegenheit, weitere Ausführungen in tatsächlicher und rechtlicher Beziehung vorzutragen. Infolge der neu aufgeworfenen Fragen erwies sich nachträglich eine Weiterführung des Schriftenwechsels als erforderlich.

Mit Eingabe vom 28. April 1926 (act. 80) teilte der Beschwerdeführer mit, daß die Frage der Einreichung der Statuten und des Verzeichnisses der Vorstandsmitglieder für die Zukunft hinfällig geworden sei, da laut Beschluß der am 18. April 1926 stattgefundenen Generalversammlung des Związek Polaków in Oppeln (act. 81, 82) sämtliche Ortsgruppen aufgehoben worden seien. Die Ortsgruppen seien zu Kreisgruppen zusammengefaßt worden. Durch Verfügung vom 6. Mai 1926 (act. 83) übermittelte der Präsident der Gemischten Kommission Abschrift des Beschlusses des Związek Polaków dem Minderheitsamt mit dem Ersuchen, sich hierzu auszusprechen. Am 5. Juni 1926 (act. 87) gab das Minderheitsamt die Erklärung ab, daß die zuständigen deutschen Behörden bezüglich der neu gebildeten Kreisgruppen keine Angaben im Sinne von § 3 des Vereinsgesetzes verlangen würden.

Für die Zukunft fiel demnach die Streitfrage dahin, aber der Beschwerdeführer hielt die Beschwerde hinsichtlich der stattgehabten obendzeń (akt 92, 93) i wniósł o pociągnięcie do odpowiedzialności urzędników policyjnych, którzy w sposób nielegalny mieli przeprowadzić rewizje domowe.

Dnia 29 stycznia 1927 odbyły się obrady Komisji Mieszanej w myśl art. 29 regulaminu postępowania.

2. Wchodzący w rachubę urzędnicy policyjni otrzymali od przełożonych władz zlecenie, aby stwierdzili nazwiska członków Zarządu Kół miejscowych w Turzu i Budziskach. Nie ma podstawy do przypuszczenia, że urzędnicy ci, wykraczając poza granice otrzymanego zlecenia, aby stwierdzić nazwiska członków Zarządu, przeprowadzili rewizje domowe i dopuścili się w ten sposób uchybienia (zob. oświadczenia dotkniętych członków Zarządu, akt 3, 4, 26). Nie całkiem wyjaśniona jest kwestia, czy urzędnicy w sposób niedopuszczalny kazali sobie przedłożyć listy wszystkich członków. Przemawiają za tym protokoły, które żalący się wniósł do akt (akt 3—4), podczas gdy według protokolarnych oświadczeń, złożonych wobec kierownika Urzędu Spraw Mniejszości (akt 26), owi urzędnicy wykonali otrzymane zlecenie w sposób zupełnie poprawny.

3. Kwestią zasadniczą całej sprawy jest, czy w podciągnięciu Kół miejscowych Turza i Budzisk pod § 3 ustawy o stowarzyszeniach dopatrywać się należy nierównego traktowania w myśl art. 75 Konwencji Genewskiej.

§ 3 ust. 1 i 2 ustawy o stowarzyszeniach brzmi:

„Każde stowarzyszenie, które ma na celu wpływanie na sprawy polityczne (stowarzyszenie polityczne), winno mieć zarząd i statuty.

Zarząd winien w terminie dwutygodniowym po założeniu stowarzyszenia przedłożyć statuty i spis członków zarządu władzy policyjnej, która jest właściwa dla siedziby danego stowarzyszenia."

Petent przede wszystkim powołuje się na to, że § 3 ustawy o stowarzyszeniach już nie obowiązuje i że w każdym razie nie stosuje się go do stowarzyszeń większości niemieckiej. Następnie żalący się podniósł podwójny zarzut, że § 3 ustawy o stowarzyszeniach, gdyby nawet jeszcze obowiązywał, to dla Kół miejscowych Związku Polaków nie wchodziłby w rachubę już z tego powodu, że Koła te nie są „stowarzyszeniami", tzn. nie przedstawiają samodzielnych organizacyj, i że Związek Polaków względnie jego Koła miejscowe nie są stowarzyszeniami „politycznymi".

Zarówno w teorii jak i w praktyce panuje spór co do tego, czy mimo proklamacji posłów ludowych z dnia 12 XI 1918, która z mocą erwähnten Maßnahmen aufrecht (act. 92, 93) und beantragte, daß die Polizeibeamten zur Verantwortung gezogen würden, die in gesetzwidriger Weise die Hausdurchsuchungen vorgenommen hätten.

Am 29. Januar 1927 fanden im Schoße der Gemischten Kommission die Beratungen im Sinne von Art. 29 der Verfahrensordnung der Gemischten Kommission statt.

2. Die in Frage kommenden Polizeibeamten hatten von ihren vorgesetzten Behörden den Auftrag, die Namen der Vorstandsmitglieder der Ortsgruppen Wellendorf und Budzisk festzustellen. Es liegen keinerlei Anhaltspunkte dafür vor, daß die Beamten in Überschreitung ihres Auftrages, die Namen der Vorstandsmitglieder festzustellen, Hausdurchsuchungen vorgenommen und sich auf diese Weise fehlbar gemacht hätten. (Siehe die Erklärungen der betroffenen Vorstandsmitglieder [act. 3, 4, 26]). Nicht gänzlich geklärt ist die Frage, ob die Beamten in unzulässiger Weise sich die gesamten Mitgliederlisten vorlegen ließen. Hierfür sprechen die Protokolle, die der Beschwerdeführer eingereicht hat (act. 3, 4), während nach den dem Leiter des Minderheitsamtes zu Protokoll gegebenen Erklärungen (act. 26) die Beamten sich ihres Auftrages durchaus korrekt erledigt haben.

3. Im Vordergrund der ganzen Angelegenheit steht die Frage, ob in der Subsumierung der Ortsgruppen Wellendorf und Budzisk unter § 3 des Vereins-Gesetzes eine unterschiedliche Behandlung im Sinne von Art. 75 der Genfer Konvention zu erblicken ist.

§ 3 Abs. 1 und 2 des Vereinsgesetzes lautet:

»Jeder Verein, der eine Einwirkung auf politische Angelegenheiten bezweckt (politischer Verein), muß einen Vorstand und eine Satzung haben.

Der Vorstand ist verpflichtet, binnen einer Frist von 2 Wochen nach Gründung des Vereins die Satzung sowie das Verzeichnis der Mitglieder des Vorstandes der für den Sitz des Vereins zuständigen Polizeibehörde einzureichen.«

Der Beschwerdeführer macht in erster Linie geltend, daß § 3 des Vereins-Gesetzes keine Geltung mehr habe und jedenfalls gegenüber Vereinen der deutschen Mehrheit nicht angewendet werde. Ferner erhob er die zweifache Einwendung, daß § 3 des Vereins-Gesetzes, auch wenn er noch Gesetzeskraft hätte, schon deshalb für die Ortsgruppen des Związek Polaków nicht in Frage komme, weil diese keine »Vereine«, d. h. keine selbstständigen Organisationen darstellen, und weil der Związek Polaków bzw. seine Ortsgruppen nicht »politische« Vereine seien.

Ob § 3 des Vereinsgesetzes trotz des Aufrufs der Volksbeauftragten vom 12. November 1918, der mit Gesetzeskraft alle Beschränkungen des ustawy zniosła wszystkie ograniczenia prawa stowarzyszania się, i mimo art. 124 Konstytucji Rzeszy, który nie pozwala stosować środków zapobiegawczych dla ograniczenia wolności stowarzyszania się, § 3 ustawy o stowarzyszeniach uważać należy za obowiązujący. (Za dalszym obowiązywaniem § 3 i i. przemawiają komentatorzy Kiesow-Zweigert, Brauchitsch i praktyka Sądu Kameralnego; podczas gdy komentatorzy Dalke, Retzlaff i i. temu zaprzeczają.) Prezydent Komisji Mieszanej nie musi jednak do tej kwestii spornej zajmować stanowiska, jak to wynika z następującego rozważania.

Właściwe władze na Górnym Śląsku, jak w ogóle w Prusach, wychodzą z założenia, że § 3 ustawy o stowarzyszeniach obowiązuje. Wynika to z ich oświadczeń oraz wskazówek udzielanych podwładnym organom. I tak na zarządzenie Nadprezydenta Prowincji Górnośląskiej z dnia 9 maja 1925 (przed wpłynięciem niniejszego zażalenia do Urzędu Spraw Mniejszości) wezwał Prezydent Rejencji landratów i nadburmistrzów, aby w drodze komunikatów, wydanych w sposób w miejscu praktykowany, przypomnieli, że zarządy stowarzyszeń politycznych winny w myśl art. 3 ust. 2 ustawy o stowarzyszeniach przedłożyć właściwej władzy policyjnej statuty oraz spis członków zarządu (akt 47, 50). Następnie oświadczył także pruski minister sprawiedliwości, że § 3 ust. 2 ustawy o stowarzyszeniach nie doznał zmiany przez art. 124 Konstytucji Rzeszy (akt 64). Tym samym jest ustalone, że zastosowanie § 3 ustawy o stowarzyszeniach do Związku Polaków zgodne jest z ogólnym zasadniczym stanowiskiem prawnym władz pruskich i o tyle nie przedstawia nierównego traktowania.

Z drugiej strony akta nie dają podstawy do przypuszczenia, że § 3 ust. 2 ustawy o stowarzyszeniach nie obowiązuje stowarzyszeń większości niemieckiej lub nie bywa do stowarzyszeń tych stosowany. Żalący się na swe dotyczne twierdzenie dowodu nie przeprowadził. (Zob. orzeczenie Prezydenta Komisji Mieszanej z dnia 13 kwietnia 1926, akt 76, pismo żalącego się z dnia 28 kwietnia 1926, akt 80, orzeczenie Prezydenta Komisji Mieszanej z dnia 6 maja 1926, akt 83.) Natomiast Urząd Spraw Mniejszości powołał się na wyrok Sądu Grodzkiego w Raciborzu z dnia 27 października 1925 (akt 59), według którego przewodniczący „grupy miejscowej niemiecko-narodowej partii ludowej w Raciborzu" skazany został za wykroczenie przeciwko § 3 i § 18 ustawy o stowarzyszeniach na 3 marki grzywny. Wobec tego zarzut nierównego traktowania także w tym kierunku — mniej korzystne traktowanie Związku Polaków w porównaniu z traktowaniem stowarzyszeń większościowych — jest nietrafny.

Vereinsrechtes aufhob, und trotz Art. 124 der Reichsverfassung, der die Beschränkung der Vereinsfreiheit durch Vorbeugungsmaßregeln ausdrücklich verbietet, als in Kraft stehend zu betrachten ist, ist in Theorie und Praxis umstritten. (Für Bejahung der Fortgeltung von § 3 u. a. die Kommentatoren Kiesow-Zweigert, Brauchitsch, und die Praxis des Kammergerichts; für Verneinung der Fortgeltung von § 3 die Kommentatoren Dalke, Retzlaff u. a.) Der Präsident der Gemischten Kommission hat indes zu dieser Streitfrage keine Stellung zu nehmen, wie sich aus nachfolgender Erwägung ergibt.

Die zuständigen Behörden in Oberschlesien, wie überhaupt in Preußen, gehen von der Rechtsgültigkeit des § 3 des Vereinsgesetzes aus, wie dies aus ihren Erklärungen und Weisungen an Unterorgane hervorgeht. So hat auf Anordnung des Oberpräsidenten der Provinz Oberschlesien vom 9. Mai 1925 (vor Eingang der vorliegenden Beschwerde beim Minderheitsamt) der Regierungspräsident die Landräte und Oberbürgermeister ersucht, durch in ortsüblicher Weise zu erfolgende Mitteilungen in Erinnerung zu rufen, daß die Vorstände der politischen Vereine gemäß § 3 Abs. 2 des Vereinsgesetzes verpflichtet sind, die Satzungen sowie das Verzeichnis der Mitglieder des Vorstandes der zuständigen Polizeibehörde einzureichen (act. 47, 50). Auch der preußische Justizminister hat in der Folge § 3 Abs. 2 des Vereinsgesetzes als durch Art. 124 der Reichsverfassung nicht berührt erklärt (act. 64). Damit ist festgestellt, daß die Anwendung des § 3 des Vereinsgesetzes auf den Związek Polaków in Übereinstimmung steht mit dem allgemeinen grundsätzlichen Rechtsstandpunkte der preußischen Behörden und insoweit keine ungleiche Behandlung bedeutet.

Anderseits geben die Akten keinen Anhaltspunkt dafür, daß die Vereine der deutschen Mehrheit der in § 3 statuierten Anzeigepflicht enthoben waren und sind. Der Beschwerdeführer ist für seine diesbezügliche Behauptung den Beweis schuldig geblieben. (Vide Verfügung des Präsidenten der Gemischten Kommission vom 13. April 1926 [act. 76], Eingabe des Beschwerdeführers vom 28. April 1926 [act. 80], Verfügung des Präsidenten der Gemischten Kommission vom 6. Mai 1926 [act. 83]). Dagegen legte das Minderheitsamt ein Urteil des Amtsgerichtes Ratibor vom 27. Oktober 1925 (act. 59) ins Recht, wonach der Vorsitzende der »Ortsgruppe der deutschnationalen Volkspartei Ratibor« wegen Übertretung von § 3 u. § 18 des Vereinsgesetzes zu 3 Mark Geldstrafe verurteilt wurde. Demnach trifft der Einwand ungleicher Behandlung auch nach dieser Richtung — ungünstigere Behandlung des Związek Polaków im Vergleich mit der Behandlung von Vereinen, die der Mehrheit angehören — nicht zu.

Wątpliwe jest, czy Koła miejscowe Związku Polaków należy uważać za „stowarzyszenia", to znaczy za organizacje o pewnej samodzielności. W dobrej wierze można być co do tego różnego zdania. (Zob. dotyczną literaturę, jak Brauchitsch, Delius, Romen i i.) Prezydent Komisji Mieszanej nie widzi powodu do rozstrzygnięcia tej kwestii w tym lub owym sensie, tym bardziej, że z powodu rozwiązania Kół miejscowych Związku Polaków, co nastąpiło w toku niniejszego postępowania, straciła ona na przyszłość wszelkie znaczenie. Na podstawie przedłożonych akt nie można przypuścić, że zaszło nierówne traktowanie w myśl art. 75 Konwencji Genewskiej.

W końcu żalący się twierdzi, że stosowanie § 3 ustawy o stowarzyszeniach do Kół miejscowych Związku Polaków jest niedopuszczalne choćby z tego powodu, że Koła te nie są stowarzyszeniami „politycznymi" w myśl § 3 ustawy o stowarzyszeniach, lecz stowarzyszeniami kulturalnymi, ponieważ cel ich jest wyłącznie kulturalny. Co do tego właściwe władze niemieckie zajmują odmienne stanowisko, powołując się na dowód tego m. i. na statuty Kół miejscowych (akt 87).

Statuty Związku Polaków i jego podorganizacyj dają istotnie podstawy do przypuszczenia, że ma się również na celu wpływanie na sprawy polityczne. Tak postanawia § 8 statutów Związku ogólnego (akt 43), że walne zebranie rozstrzyga o działalności społecznej i politycznej Związku Polaków. Statuty Dzielnicy I Związku Polaków (akt 43 a) (Polacy mający obywatelstwo niemieckie i mieszkający na Śląsku Opolskim) zawierają ustęp (VII), według którego praca dzieli się na 4 komisje, mianowicie na: 1. polityczną, 2. oświatową, 3. dobroczynną, 4. rozjemczą. W końcu powiedziane jest pod III regulaminu Kół miejscowych (akt 43 b), że przewodniczący Koła miejscowego winien na zebraniach, które zwołuje co kwartał, informować członków o sprawach bieżących Związku oraz o sprawach politycznych. Ustęp VI tego regulaminu postanawia, że przy wyborach do parlamentu Rzeszy i sejmu pruskiego, do rad gminnych i ciał samorządowych każdy członek głosuje według uchwał Związku, i że jest jego obowiązkiem należeć do organizacyj i stowarzyszeń polskich.

Na podstawie tych postanowień statutów i z uwagi na orzecznictwo, które pojęcie stowarzyszeń politycznych ujmuje bardzo szeroko (porównaj m. i. Delius: prawo o stowarzyszeniach, objaśnienia do § 3), nie można właściwym władzom niemieckim zarzucać nierównego traktowania, jeżeli w Związku Polaków i jego podorganizacjach dopatrują się organizacyj politycznych.

Ob die Ortsgruppen des Związek Polaków als »Vereine«, d. h. als Organisationen von gewisser Selbständigkeit anzusehen sind, ist zweifelhaft. Man kann darüber in guten Treuen verschiedener Ansicht sein. (Vide die diesbezügliche Literatur, so Brauchitsch, Delius, Romen u. a.) Der Präsident der Gemischten Kommission sieht sich um so weniger veranlaßt, diese Frage in dem oder jenem Sinne zu entscheiden, als sie infolge der im Laufe des Verfahrens erfolgten Auflösung der Ortsgruppen des Związek Polaków ihre Bedeutung für die Zukunft vollständig verloren hat. Ungleiche Behandlung im Sinne des Art. 75 der Genfer Konvention kann nach der Aktenlage nicht angenommen werden.

Schließlich hält der Beschwerdeführer die Anwendung des § 3 des Vereinsgesetzes gegenüber den Ortsgruppen des Związek Polaków schon deshalb für unzulässig, weil sie keine »politischen« Vereine im Sinne von § 3 des Vereinsgesetzes seien, sondern lediglich kulturelle Zwecke verfolgten. Die zuständigen deutschen Behörden vertreten den gegenteiligen Standpunkt und zum Beweis hierfür berufen sie sich im Laufe des Verfahrens u. a. auf die Satzungen der Ortsgruppen (act. 87).

In der Tat bieten die Statuten des Związek Polaków und seiner Unterorganisationen Anhaltspunkte dafür, daß auch die Einwirkung auf politische Angelegenheiten bezweckt wird. So bestimmt § 6 der Statuten des Gesamtverbandes (act. 43), daß die Generalversammlung über die Tätigkeit des Związek Polaków in sozialer und politischer Hinsicht entscheide. Die Statuten des Teilverbandes I (act. 43 a) (Polen deutscher Staatsangehörigkeit, welche im Oppelner Schlesien ihren Wohnsitz haben) enthalten den Passus (VII), daß die Arbeit in 4 Kommissionen zerfalle, nämlich 1. die politische, 2. die kulturelle, 3. die wohltätige, 4. die schiedsamtliche. Schließlich steht unter III des Regulativ der Ortsgruppen (act. 43 b), daß der Vorsitzende der Ortsgruppe anläßlich der jedes Vierteljahr einzuberufenden Versammlung die Mitglieder über die laufenden Angelegenheiten des Bundes sowie über die politischen Angelegenheiten zu unterrichten habe. Abschnitt VI dieses Regulativs bestimmt, daß bei den Wahlen in den Reichstag und Landtag, in den Gemeinderat und in die Selbstverwaltungskörper jedes Mitglied gemäß den Beschlüssen des Bundes stimme, und die Pflicht habe, polnischen Organisationen und Vereinen anzugehören.

Auf Grund dieser Bestimmungen der Statuten und im Hinblick auf die Rechtsprechung, die den Begriff der politischen Vereine sehr weit faßt (vgl. u. a. Delius, Vereinsrecht, Erläuterungen zu § 3), kann den zuständigen deutschen Behörden der Vorwurf der unterschiedlichen Behandlung nicht gemacht werden, wenn sie im Związek Polaków und seinen Unterorganisationen politische Organisationen erblickten.

Nie ma wątpliwości, że głównym zadaniem Związku Polaków jest praca kulturalna. O ile Związek Polaków nawet ubocznie nie dąży do żadnych celów politycznych, jak to żalący się twierdził, to zalecałoby się zbadać, czy, o ile w rachubę wchodzi Górny Śląsk Niemiecki, nie byłoby pożądane, aby skreślono lub odpowiednio zmieniono te postanowienia statutów, z których właściwe władze wnioskują o politycznym charakterze Związku Polaków. Tym samym byłby Związek Polaków zwolniony od wszelkiej kontroli politycznej.

Po naradzie w łonie Komisji Mieszanej Prezydent Komisji Mieszanej na mocy powyższych rozważań dochodzi do

poglądu:

Nierówne traktowanie w myśl art. 75 Konwencji Genewskiej ze strony właściwych władz i ich organów nie zachodzi.

51

Pogląd

z dnia 15 czerwca 1927 w sprawie nr 124 Niemiecko-Górnośląskiego Związku Ludowego na Śląsk Polski dla strzeżenia praw mniejszości, związku zapisanego, żalącego się, w Katowicach, ulica Młyńska 23, dotyczącej zwinięcia niemieckiej powszechnej szkoły mniejszościowej w Kończycach (Górny Śląsk Polski).

I

1. Z powodu zwinięcia niemieckiej szkoły mniejszościowej w Kończycach (Górny Śląsk Polski) żalący się wystosował dnia 15 października 1924 w myśl art. 149 i n. Konwencji Genewskiej zażalenie do Polskiego Urzędu Spraw Mniejszości w Katowicach, wnosząc o natychmiastowe ponowne otwarcie tej szkoły, przydzielenie jej mniejszościowych sił nauczycielskich i utworzenie Komisji Szkolnej (akt 2).

Powyższe zażalenie Polski Urząd Spraw Mniejszości przesłał w myśl art. 152 Konwencji Genewskiej Prezydentowi Komisji Mieszanej dnia 14 stycznia 1925 względnie 14 marca 1925 (akt 1 i 24). Właściwe władze powołały się na to, że szkołę zwinięto, ponieważ na 45 uczniów, którzy do niej uczęszczali, ważne wnioski w myśl art. 106 Konwencji Genewskiej zgłoszono tylko dla 8 uczniów.

Es unterliegt keinem Zweifel, daß die Hauptaufgabe des Związek Polaków auf kultureller Seite liegt. Sofern auch als Nebenzweck faktisch keinerlei politische Ziele verfolgt werden, wie der Beschwerdeführer geltend machte, so wäre es der Prüfung wert, ob es sich, soweit Deutsch-Oberschlesien in Betracht kommt, nicht empfehlen würde, in den Statuten diejenigen Bestimmungen zu streichen oder entsprechend zu ändern, aus welchen die zuständigen Behörden auf die politische Natur des Związek Polaków schließen. Dadurch würde der Związek Polaków jeder politischen Kontrolle entzogen.

Nach stattgehabter Beratung im Schoße der Gemischten Kommission gelangt der Präsident der Gemischten Kommission, gestützt auf die vorstehenden Erwägungen, zur

Stellungnahme:

Eine unterschiedliche Behandlung im Sinne von Art. 75 der Genfer Konvention seitens der zuständigen Behörden und ihren Organen liegt nicht vor.

51

Stellungnahme

vom 15. Juni 1927 in der Sache Nr. 124 des Deutsch-Oberschlesischen Volksbundes für Polnisch-Oberschlesien zur Wahrung der Minderheitsrechte, eingetragener Verein, Beschwerdeführer, in Katowice, ulica Młyńska 23, betreffend Aufhebung der deutschen Minderheitsvolksschule in Kończyce (Polnisch-Oberschlesien).

I

1. Am 15. Oktober 1924 erhob der Beschwerdeführer wegen der Aufhebung der deutschen Minderheitsschule in Kończyce (Polnisch-Oberschlesien) gemäß Artikel 149 ff. der Genfer Konvention Beschwerde beim Polnischen Minderheitsamt in Katowice und stellte den Antrag, die Minderheitschule in Kończyce sofort wieder zu eröffnen, derselben minderheitsangehörige Lehrkräfte zuzuteilen und die Schulkommission einzurichten (act. 2).

Die Weiterleitung dieser Beschwerde an den Präsidenten der Gemischten Kommission gemäß Artikel 152 der Genfer Konvention erfolgte am 14. Januar 1925 bzw. 14. März 1925 (act. 1 und 24), wobei von den zuständigen Behörden geltend gemacht wurde, daß die Minderheitsschule aufgehoben worden sei, weil von den 45 Schülern, die die Minderheitsschule besucht hatten, nur für 8 gültige Anträge im Sinne von Art. 106 der Genfer Konvention gestellt worden seien.

Następnie odbyła się wymiana pism, przewidziana regulaminem postępowania (akt 1—26). Na rozprawie ustnej z dnia 28 marca 1925 (akt 35) zastępcy Urzędu Spraw Mniejszości i żalącemu się dano sposobność do ustnego przedstawienia kwestii prawnych i faktycznych.

Późne załatwienie powyższej sprawy tłumaczy się następującymi okolicznościami:

Celem osiągnięcia ugodowego porozumienia i uniknięcia poglądu Prezydent Komisji Mieszanej starał się załatwić tę sprawę w postępowaniu z art. 585 Konwencji Genewskiej. Z uwagi na to kwestia ponownego otwarcia szkoły mniejszościowej w Kończycach była kilkakrotnie przedmiotem konferencji. W toku tych rokowań Przedstawiciel Państwa Polskiego oświadczył Prezydentowi Komisji Mieszanej dnia 2 czerwca 1925, że Rząd Polski podziela zapatrywanie Prezydenta co do powodów, które przemawiają za ponownym otwarciem szkoły. Ponieważ oświadczenie to złożono kilkakrotnie, wydanie poglądu wciąż odraczano. Z uwagi na to, że władza szkolna szkoły mimo to nie otwierała, wydania poglądu dalej już nie można było odroczyć, jakkolwiek i obecnie przypuszczać można, że kwestie prawne stanowiące podłoże zażalenia, nie są sporne. Przypuścić zaś można to szczególnie z tego powodu, że w analogicznej sprawie, dotyczącej gimnazjum państwowego w Katowicach (sprawa nr 123), ponowne otwarcie tego zakładu w międzyczasie faktycznie nastąpiło.

II

1. Właściwe władze zarządziły utworzenie szkoły mniejszościowej w Kończycach na mocy wniosków, które w myśl art. 106 Konwencji Genewskiej zgłoszono w związku szkolnym Kończyce w czasie od 20 września do 30 października 1922. Szkołę otwarto dnia 3 grudnia 1923 (akt 25—26). Omawiana szkoła mniejszościowa jest mniejszościową instytucją szkolną w myśl art. 105 § 2 lit. a Konwencji Genewskiej. W myśl art. 108 § 1 tej Konwencji tego rodzaju instytucję szkolną z powodu niedostatecznej frekwencji można zwinąć albo po upływie 3 lat szkolnych (al. 1), jeżeli liczba uczniów wynosi stale poniżej 40, albo najwcześniej po upływie jednego roku szkolnego (al. 2), jeżeli liczba uczniów w tym czasie wynosi stale poniżej 20. Jakkolwiek szkoła mniejszościowa w Kończycach czynna była dopiero 7 miesięcy

Es fand hierauf der in der Verfahrensordnung vorgesehene Schriftenwechsel statt (act. 1—26). In den mündlichen Verhandlungen vom 28. März 1925 (act. 35) wurde sowohl dem Vertreter des Minderheitsamtes als auch dem Beschwerdeführer Gelegenheit gegeben, Rechts- und Tatfragen mündlich dem Präsidenten der Gemischten Kommission vorzutragen.

Die große Verzögerung in der Erledigung dieser Angelegenheit erklärt sich aus folgenden Umständen:

Der Präsident der Gemischten Kommission suchte diese Angelegenheit gemäß dem Verfahren des Artikels 585 der Genfer Konvention zu erledigen, um eine gütliche Verständigung zu erzielen und eine Stellungnahme zu vermeiden. Daher wurde die Frage der Wiedereröffnung der Minderheitsschule in Kończyce nachträglich zum Gegenstand wiederholter Besprechungen gemacht. Im Verlaufe dieser Verhandlungen wurde dem Präsidenten der Gemischten Kommission am 2. Juni 1925 vom Polnischen Staatsvertreter die Erklärung abgegeben, daß die Polnische Regierung den vom Präsidenten der Gemischten Kommission für die Wiedereröffnung der Minderheitsschule Kończyce geltend gemachten Gründen beipflichte. Mit Rücksicht auf diese mehrfach wiederholte Erklärung wurde die Mitteilung der Stellungnahme immer wieder verschoben. Da aber die Eröffnung der Schule seitens der Schulbehörde unterblieb, konnte der Erlaß der Stellungnahme nicht mehr verschoben werden, obwohl auch jetzt anzunehmen ist, daß die Rechtsfragen, die dem Beschwerdefalle zugrunde liegen, nicht streitig sind; dies ist insbesondere auch deshalb zu vermuten, weil in dem gleichgelagerten Beschwerdefalle betreffend das staatliche Gymnasium in Katowice (Beschwerdesache Nr. 123) die Wiedereröffnung inzwischen tatsächlich stattfand.

II

1. Die Errichtung der Minderheitsschule Kończyce ist von den zuständigen Behörden auf Grund der im Schulverband Kończyce in der Zeit vom 20. September bis 30. Oktober 1922 eingereichten Anträge im Sinne von Artikel 106 der Genfer Konvention angeordnet worden. Die Eröffnung der Schule erfolgte am 3. Dezember 1923 (act. 25, 26). Die vorliegende Minderheitsschule ist eine Minderheitsschuleinrichtung im Sinne von Artikel 105 § 2 lit. a der Genfer Konvention. Nach Artikel 108 § 1 der Genfer Konvention kann eine solche Schuleinrichtung wegen ungenügenden Schulbesuches aufgehoben werden, und zwar entweder nach Ablauf von 3 Schuljahren (al. 1) — falls die Frequenz dauernd unter 40 Schülern bleibt — oder frühestens nach Ablauf eines Schuljahres (al. 2), falls die Zahl der Schüler während dieser Zeit andauernd niedriger

i jakkolwiek pod koniec roku szkolnego 1923-24 (30 czerwca 1924) uczęszczało do niej bezsprzecznie jeszcze 40 dzieci — frekwencja osiągała w ciągu roku szkolnego czasem nawet 45 uczniów — Województwo zarządziło reskryptem z dnia 11 sierpnia 1924 L. VIII 18611 jej zwinięcie, opierając się przy tym na art. 108 § 1 ust. 2 Konwencji Genewskiej (akt 3—4). Właściwe władze zajęły bowiem stanowisko, że decyduje nie faktyczna frekwencja szkoły, lecz liczba uczniów, którzy na mocy ważnych wniosków w myśl art. 106 Konwencji Genewskiej do szkoły uczęszczali. Stosując tę zasadę, nie wliczono do frekwencji szkoły tych 21 uczniów, dla których tego rodzaju wniosków nie zgłoszono (akt 25—26). Ponadto nie uwzględniono dalszych 12 uczniów, których wnioski uznano za nieważne, ponieważ nie były podpisane przez uprawnionych do wychowania (akt 25—26). Wreszcie właściwe władze nie uwzględniły 5 uczniów, którzy wystąpili ze szkoły mniejszościowej w Kończycach przed końcem roku szkolnego (akt 25—26). Załący się zaś zajmuje stanowisko, że przy stosowaniu artykułu 108 Konwencji Genewskiej należy liczyć wszystkich uczniów, którzy do danej szkoły faktycznie uczęszczali.

2. Przy osądzeniu tej kwestii spornej należy wychodzić z założenia, że dane wnioski szkolne w myśl art. 106 Konwencji Genewskiej mają jedynie na celu udzielić odpowiedzi na kwestię organizacyjną, czy w jakimś związku szkolnym szkołę mniejszościową należy utworzyć lub nie. Jeżeli daną szkołę mniejszościową utworzono, rola wniosku jest skończona i nie można mu zatem przyznać żadnego znaczenia przy stosowaniu art. 108 Konwencji Genewskiej. Że z chwilą otwarcia szkoły wniosek nie wywiera dalszych skutków prawnych, dowodzi okoliczność, że do szkoły mniejszościowej z chwilą jej uruchomienia dostęp mają wszystkie dzieci, których przyjęcia żądają uprawnieni do wychowania bez względu na to, czy wnioski o utworzenie szkoły mniejszościowej dla nich zgłoszono lub nie. (Zob. rozważenie I/7 poglądu z dnia 15 grudnia 1926, dotyczącego sprawy nr 257 i rozważenie III/3 poglądu z dnia 20 grudnia 1925, dotyczącego sprawy nr 155.) Co do tego zarówno władze polskie jak i niemieckie uznały, że dopuszczenia ucznia do szkoły mniejszościowej nie wolno uzależniać od zgłoszenia wniosku. Dany okólnik Wojewody z dnia 1 września 1923 (nr 35 Gazety Urzędowej Województwa Śląskiego) brzmi:

als 20 ist. Obwohl die Minderheitsschule Kończyce erst 7 Monate im Betrieb war, und obwohl sie am Ende des Schuljahres 1923=24 (30. Juni 1924) unbestrittenermaßen noch von 40 Kindern besucht war — der Besuch erreichte im Laufe des Schuljahres zeitweilig sogar 45 Schüler, — ordnete die Wojewodschaft mit Reskript vom 11. August 1924 L. VIII. 18611 und gestützt auf Art. 108 § 1 Abs. 2 der Genfer Konvention die Aufhebung der Schule an (act. 3—4). Die zuständigen Behörden stellten sich dabei auf den Standpunkt, daß es nicht auf den tatsächlichen Besuch der Schule ankomme, sondern auf die Zahl der Schüler, die die Schule auf Grund gültiger Anträge im Sinne von Artikel 106 der Genfer Konvention besucht haben. In Anwendung dieses Grundsatzes wurden nicht zur Frequenz der Schule gezählt diejenigen 21 Schüler, für welche derartige Anträge nicht vorlagen (act. 25—26). Ferner wurden außer Betracht gelassen weitere 12 Schüler, deren Anträge für ungültig erklärt wurden, weil sie nicht von den Erziehungsberechtigten unterzeichnet waren (act. 25—26). Endlich haben die zuständigen Behörden die Berücksichtigung von 5 Schülern abgelehnt, welche vor Ende des Schuljahres aus der Minderheitsschule Kończyce ausgetreten waren (act. 25—26). Dem gegenüber macht der Beschwerdeführer geltend, es seien bei Anwendung des Artikels 108 der Genfer Konvention alle Schüler mitzuzählen, die die betreffende Schule effektiv besucht haben.

2. Bei der Beurteilung dieser Streitfrage ist davon auszugehen, daß die in Frage stehenden Anträge im Sinne von Artikel 106 der Genfer Konvention einzig und allein dazu bestimmt sind, die organisatorische Frage zu beantworten, ob in einem Schulverband eine Minderheitsschule zu errichten sei. Ist es zur Errichtung der betreffenden Minderheitsschule gekommen, so ist die Rolle des Antrages beendet und es kann ihm daher bei der Anwendung des Artikels 108 der Genfer Konvention keine Bedeutung zugestanden werden. Daß der Antrag mit dem Augenblick der Eröffnung der Schule aufhört, Rechtswirkungen auszuüben, beweist der Umstand, daß eine Minderheitsschule, von ihrer Inbetriebsetzung an, allen Kindern offen steht, deren Erziehungsberechtigte ihre Aufnahme verlangen, gleichgültig, ob für sie Anträge auf Errichtung einer Minderheitsschule gestellt wurden oder nicht. (Siehe Erwägung I/7 der Stellungnahme vom 15. Dezember 1926 betreffend Beschwerdesache Nr. 257 und Erwägung III/3 der Stellungnahme vom 20. Dezember 1925 betreffend Beschwerdesache Nr. 155.) Sowohl die polnischen als die deutschen Behörden haben diesbezüglich ausdrücklich anerkannt, daß die Stellung eines Antrages nicht zur Voraussetzung für die Zulassung eines Schülers zur Minderheitsschule gemacht werden darf. Das diesbezügliche Rundschreiben des Woje=

„Fakt przedstawienia, cofnięcia lub nieprzedstawienia wniosku o utworzenie szkolnej instytucji mniejszości nie wpływa na zasadnicze prawo rodziców i wychowawców do zapisywania dzieci, należących do mniejszości językowej (art. 131 Konwencji Genewskiej), do szkoły polskiej albo niemieckiej, tak, że zarówno rodzice i wychowawcy, którzy zgłosili dzieci do szkolnych instytucyj mniejszości, jak i ci, którzy tego nie uczynili lub zgłoszenia swe później cofnęli, z początkiem roku szkolnego 1923-24 zapisać mogą te dzieci do szkół niemieckich albo polskich."

Jeżeli zaś uczniowie, dla których wniosków nie zgłoszono, mają to samo prawo do pobierania nauki w szkole mniejszościowej co uczniowie, dla których w danym czasie wnioski o utworzenie szkoły mniejszościowej zgłoszono, to z natury rzeczy przyznać im również należy to samo stanowisko prawne i to samo traktowanie. Przy ocenie frekwencji szkoły, co ma znaczenie prawne, uczniów tych należy zatem również uwzględnić, bo nie można by pogodzić z zasadą słuszności i byłoby prawnie nierównym traktowaniem, gdyby się uczniów tych mimo dopuszczenia ich do szkoły mniejszościowej nie wliczało do jej frekwencji.

Z uwagi na skutki, jakie wynikają z natury „wniosków", uczniów uczęszczających do szkoły bez wniosku odliczyć można by z frekwencji tylko wówczas, gdyby do tego upoważniało wyraźne postanowienie Konwencji Genewskiej. Takie postanowienie jednak nie istnieje, ponieważ art. 108, który decyduje o zamknięciu mniejszościowej instytucji szkolnej, nie robi wcale różnicy pomiędzy dziećmi, dla których wniosek zgłoszono, a dziećmi, dla których wniosku nie zgłoszono. Treść tego artykułu mówi po prostu — nie robiąc żadnej różnicy — o liczbie uczniów (nombre des élèves) i nie daje tym samym żadnych podstaw do różnego traktowania uczniów „z wnioskiem" i uczniów „bez wniosku". Według stałej praktyki Prezydenta Komisji Mieszanej należy zatem, jeżeli chodzi o kwestię, czy z powodu niedostatecznej frekwencji jakąś szkołę mniejszościową należy zamknąć, liczyć każdego ucznia, który faktycznie do tej szkoły uczęszczał, niezależnie od tego, czy zgłoszono dla niego wniosek w myśl art. 106 lub nie. Nie należy liczyć tylko tych uczniów, którzy uczęszczali do szkoły mniejszościowej de precario, tzn. bez tytułu prawnego, opartego na Konwencji Genewskiej, a zatem uczniów, którzy albo nie mają obywatelstwa polskiego albo nie są w obowiązkowym wieku szkolnym albo nie nalewoden vom 1. September 1923 (Nr. 35 der Gazeta Urzędowa Województwa Śląskiego) lautet:

»Die Tatsache der Stellung, Zurückziehung oder Nichtstellung eines Antrages auf Errichtung einer Minderheitsschulanstalt hat keinen Einfluß auf das Grundrecht der Eltern und Erzieher, ihre der sprachlichen Minderheit zugehörigen Kinder (Art. 131 der Genfer Konvention) in die polnische oder deutsche Schule einzuschreiben, so daß sowohl Eltern und Erzieher, die ihre Kinder in Minderheitsschulanstalten angemeldet hatten, als auch diejenigen, welche dies nicht getan oder die Anmeldungen später zurückgezogen hatten, mit Beginn des Schuljahres 1923-24 diese Kinder in deutsche oder polnische Schulen eintragen können.«

Wenn aber die antragslosen Schüler den gleichen Rechtsanspruch auf Minderheitsschulunterricht haben wie diejenigen, für welche seinerzeit Anträge auf Errichtung einer Minderheitsschule gestellt wurden, so muß ihnen naturgemäß auch die gleiche rechtliche Stellung und Behandlung zugebilligt werden. Sie müssen daher auch zum rechtlich revelanten Besuch der Schule gerechnet werden, denn es wäre mit der Billigkeit unvereinbar und bedeutete eine rechtlich verschiedene Behandlung, wenn sie trotz Zulassung zur Minderheitsschule nicht zu ihrem Besuch gezählt würden.

Angesichts dieser aus der Natur der »Anträge« sich ergebenden Folgerungen dürften die ohne Antrag die Schule besuchenden Schüler nur dann von der Frequenz abgezogen werden, wenn eine ausdrückliche Anweisung der Genfer Konvention dazu ermächtigen würde. Dies ist nicht der Fall, denn dem für die Schließung einer Minderheitsschuleinrichtung maßgebenden Artikel 108 ist die Unterscheidung zwischen Kindern mit und ohne Antrag völlig unbekannt. Der Wortlaut dieses Artikels spricht — ohne zu unterscheiden — einfach von der Schülerzahl (nombre des élèves) und gibt damit für eine verschiedene Behandlung der Schüler »mit Antrag« und der »ohne Antrag« keinerlei Anhaltspunkte. Nach ständiger Praxis des Präsidenten der Gemischten Kommission ist daher, wenn es sich um die Frage handelt, ob eine Minderheitsschule wegen ungenügenden Besuches zu schließen sei, ein jeder Schüler mitzuzählen, der die Minderheitsschule tatsächlich besucht hat, unabhängig davon, ob für ihn ein Antrag im Sinne von Artikel 106 vorlag oder nicht. Nicht zu zählen sind bloß diejenigen Schüler, die de precario, d. h. ohne einen auf die Genfer Konvention gegründeten Rechtsanspruch die Minderheitsschule besucht haben, also Schüler, die entweder nicht die polnische Staatsangehörigkeit besitzen, oder nicht schulpflichtig sind, oder nicht dem fraglichen żą do danego związku szkolnego. Wszystkich innych uczniów przy obliczaniu frekwencji należy liczyć.

W końcu wskazać należy na to, że metoda liczenia, która uwzględnia tylko uczniów z wnioskami, doprowadziłaby do zwinięcia wszystkich szkół mniejszościowych. Wiadomo bowiem, że po utworzeniu szkoły mniejszościowej dla uczniów wstępujących do niej nie potrzeba zgłaszać wniosków w myśl art. 106 Konwencji Genewskiej, ponieważ nie miałoby to ani sensu ani celu. Wskutek tego w szkołach mniejszościowych po upływie kilku lat istnieliby tylko uczniowie bez wniosków, ponieważ uczniowie, dla których w danym czasie wnioski zgłoszono, z powodu przekroczenia obowiązkowego wieku szkolnego ze szkoły stopniowo występują. Następstwem tego zaś byłoby, że zwinąć można by szkoły mniejszościowe nawet o największej frekwencji. Takie uregulowanie sprawy nie może być intencją Konwencji Genewskiej.

3. Jeżeli do niniejszego przypadku zastosuje się zasady przedstawione przez Prezydenta Komisji Mieszanej, to nasamprzód należy liczyć tych 21 uczniów, których właściwe władze nie uwzględniły przy stwierdzeniu frekwencji, ponieważ nie zgłoszono dla nich wniosków w myśl artykułu 106 Konwencji Genewskiej. Jak już powiedziano sub II/2, niezgłoszenie wniosków nie stanowi powodu do pominięcia tych uczniów, ponieważ decyduje fakt, że uczęszczali do szkoły mniejszościowej.

Co do owych 12 uczniów, których nie liczono, ponieważ wnioski ich nie były podpisane przez uprawnionych do wychowania, uczniowie ci są w tym samym położeniu, co uczniowie bez wniosków, o których była mowa powyżej, ponieważ wniosek, który nie jest podpisany przez uprawnionego do wychowania, jest prawnie bez znaczenia. Nieważne zgłoszenie wniosku tak samo jak i niezgłoszenie wniosku nie upoważnia zatem w ogóle do ignorowania faktu, że uczniowie ci uczęszczali do szkoły.

Stwierdzając frekwencję właściwe władze odliczyły tych uczniów, którzy wystąpili ze szkoły przed końcem roku szkolnego 1923-24. Nieuwzględnienie tych uczniów byłoby uzasadnione, gdyby o utrzymaniu szkoły mniejszościowej decydowała liczba uczniów w końcu roku szkolnego. Tak jednak wcale nie jest. Tym mniej jest wymagane, żeby uczniowie, aby ich można było liczyć, uczęszczać musieli do szkoły przez cały rok szkolny. W myśl art. 108 § 1 al. 2 utrzymanie szkoły zapewnione jest na przeciąg dalszego roku szkolnego, jeżeli frekwencja szkoły mniejszościowej w jakimś okresie roku szkolnego osiągnęła

Schulverbande angehören. Alle anderen Schüler sind bei Berechnung der Schülerfrequenz mitzuzählen.

Schließlich ist darauf hinzuweisen, daß eine Zählmethode, die nur diejenigen Schüler berücksichtigt, für welche Anträge gestellt wurden, dazu führen würde, daß sämtliche Minderheitsschulen der Aufhebung anheimfielen. Bekanntlich müssen nach erfolgter Errichtung einer Minderheitsschule für die neu eintretenden Schüler keine Anträge im Sinne von Art. 106 der Genfer Konvention gestellt werden, da dies jeglichen Sinnes und Zweckes entbehren würde. Infolgedessen wären in den Minderheitsschulen nach wenigen Jahren nur noch antraglose Schüler vorhanden, indem die Schüler, für welche seinerzeit Anträge gestellt worden waren, infolge Überschreitung des schulpflichtigen Alters allmählich austreten. Dies würde zur Folge haben, daß auch die bestbesuchten Minderheitsschulen aufgehoben werden könnten. Eine solche Regelung kann nicht im Willen der Genfer Konvention liegen.

3. Wendet man die vom Präsidenten der Gemischten Kommission dargelegten Grundsätze auf den vorliegenden Fall an, so sind zunächst diejenigen 21 Schüler mitzuzählen, die bei der Ermittlung der Frequenz von den zuständigen Behörden außer Betracht gelassen wurden, weil für sie keine Anträge im Sinne von Artikel 106 der Genfer Konvention vorlagen. Wie unter II, 2 ausgeführt wurde, bedeutet die Unterlassung der Antragstellung keinen Grund, diese Schüler unberücksichtigt zu lassen, denn entscheidend ist, daß die betreffenden Kinder die Minderheitsschule besucht haben.

Was die 12 Schüler anbetrifft, die nicht mitgezählt wurden, weil ihre Anträge nicht von den Erziehungsberechtigten unterschrieben waren, so befinden sie sich in der gleichen rechtlichen Lage, wie die oben besprochenen antragslosen Schüler, indem ein nicht vom Erziehungsberechtigten unterzeichneter Antrag rechtlich gänzlich bedeutungslos ist. Die Ungültigkeit der Antragstellung berechtigt daher ebensowenig wie die Unterlassung der Antragstellung, den tatsächlich erfolgten Schulbesuch dieser Schüler zu ignorieren.

Die zuständigen Behörden haben bei der Feststellung der Frequenz diejenigen Schüler in Abzug gebracht, die vor Ende des Schuljahres 1923-24 ausgetreten waren. Die Nichtberücksichtigung dieser Schüler wäre gerechtfertigt, wenn für die Aufrechterhaltung einer Minderheitsschule die am Ende des Schuljahres vorhandenen Schüler maßgebend wären. Dies ist aber keineswegs der Fall. Noch weniger ist es erforderlich, daß die Schüler, um gezählt zu werden, die Schule das ganze Schuljahr hindurch besucht haben müssen. Nach Artikel 108 § 1 al. 2 ist das Fortbestehen einer Schule für ein weiteres Schuljahr gesichert, sofern die Minliczbę 20 uczniów. Późniejsze wystąpienia — nawet gdyby wskutek nich liczba uczniów spadła poniżej 20 — nie mogą już czynić spornym roszczenia o dalsze prowadzenie szkoły, bo decyduje w tym przypadku liczba uczniów, którzy uczęszczali do danej szkoły w czasie jej maksymalnej frekwencji. W tym sensie przy rozstrzygnięciu kwestii, czy w myśl art. 108 Konwencji Genewskiej szkołę w Kończycach wolno zamknąć, uwzględnić należy także uczniów: Ludwikę Bremorównę, Ernesta Nawrotha, Elżbietę Nawrothównę, Dorotę Nawrothównę i Irenę Dudziankę, chociaż wystąpili ze szkoły przed upływem roku szkolnego. Zresztą liczba 20 uczniów także bez uwzględnienia powyżej przytoczonych dzieci została osiągnięta i nawet przekroczona.

4. Co do terminów ustalonych w art. 108 Konwencji Genewskiej należy stwierdzić, że w niniejszym przypadku nie udzielono terminu próbnego, który wynosi pełny rok szkolny. Rok szkolny w Polsce rozpoczyna się 1 września i kończy 30 czerwca. Szkołę mniejszościową w Kończycach otwarto 3 grudnia 1923 i zamknięto z końcem czerwca 1924. W przeciwieństwie do Konwencji Genewskiej okres próbny przewidziany w art. 108 Konwencji Genewskiej władze skróciły zatem z 10 na 7 miesięcy. Jest to dalszym powodem, aby ściśle stosowano postanowienie art. 108 § 1 al. 2 Konwencji Genewskiej, które wobec 3-letniego okresu próbnego § 1 al. 1 jest przepisem wyjątkowym. (Zobacz pogląd z dnia 10 października 1925, dotyczący sprawy nr 146, rozważenie 2.)

Z powyższych wywodów wynika, że szkołę mniejszościową w Kończycach zwinięto wbrew przepisom Konwencji Genewskiej, zważywszy, że zwinięcie szkoły nastąpiło już po upływie 7-miesięcznego okresu próbnego i pomimo to, że frekwencja szkoły w tym czasie próbnym wynosiła ponad 20 uczniów.

III

Co do wniosku o utworzenie Komisji Szkolnej wniosek ten na mocy art. 111 Konwencji Genewskiej uważać należy za uzasadniony.

IV

Co do sił nauczycielskich mającej być utworzonej szkoły mniejszościowej wystarczy wskazać na artykuł 113 Konwencji Genewskiej.

derheitsschule irgend einmal im Schuljahre die Schülerzahl von 20 erreicht hat. Spätere Austritte — selbst wenn dadurch die Schülerzahl unter 20 sinkt — können den Anspruch auf Fortführung der Schule nicht mehr in Frage stellen, denn maßgebend sind in einem solchen Fall diejenigen Schüler, die die Schule zur Zeit ihrer maximalen Frequenz besucht haben. In diesem Sinne sind die Schüler Ludwika Bremora, Ernst Nawroth, Elisabeth Nawroth, Dorothea Nawroth und Irene Duda trotz ihres vor Ablauf des Schuljahres erfolgten Austrittes auch zu berücksichtigen für die Entscheidung der Frage, ob die Schule in Kończyce gemäß Art. 108 der Genfer Konvention geschlossen werden darf. Übrigens ist die Schülerzahl 20 auch ohne Berücksichtigung der letzterwähnten Kinder erreicht und überschritten.

4. Was die in Artikel 108 der Genfer Konvention festgesetzten Fristen anbetrifft, so muß festgestellt werden, daß die Bewährungsfrist von der Dauer eines vollen Schuljahres im vorliegenden Falle nicht gewährt worden ist. Das polnische Schuljahr beginnt am 1. September und endet am 30. Juni. Die Minderheitsschule Kończyce ist am 3. Dezember 1923 eröffnet und Ende Juni 1924 geschlossen worden. Die in Art. 108 der Genfer Konvention vorgesehene Bewährungsfrist ist durch das Vorgehen der Behörden im Widerspruch zur Konvention somit von 10 auf 7 Monate herabgesetzt worden. Diese Verkürzung ist ein Grund mehr, um die Bestimmung des al. 2 des Artikels 108 § 1 der Genfer Konvention, die sich als Ausnahmevorschrift gegenüber der 3-jährigen Bewährungsfrist von § 1 al. 1 darstellt, strikte anzuwenden. (Siehe Stellungnahme vom 10. Oktober 1925 betreffend Beschwerdesache Nr. 146, Erwägung 2.)

Aus den vorstehenden Erwägungen ergibt sich, daß die Minderheitsschule in Kończyce entgegen den Vorschriften der Genfer Konvention aufgehoben worden ist, indem ihre Aufhebung schon nach Ablauf einer 7-monatlichen Probezeit erfolgte, und obwohl die Schule während dieser Zeit einen Besuch von mehr als 20 Schülern erreicht hatte.

III

Was den Antrag auf Errichtung der Schulkommission anbetrifft, so ist er gestützt auf Artikel 111 der Genfer Konvention, als ohne weiteres begründet anzusehen.

IV

Was die Lehrkräfte der zu eröffnenden Minderheitsschule anbetrifft, so genügt es, auf Artikel 113 der Genfer Konvention zu verweisen.

V

Po naradzie w łonie Komisji Mieszanej Prezydent Komisji Mieszanej na mocy powyższych rozważań dochodzi do

poglądu:

1. Szkołę mniejszościową w Kończycach należy bezzwłocznie otworzyć na nowo.

2. W Kończycach należy wyznaczyć nowy stosowny termin zgłoszeń przez publiczne obwieszczenie w językach polskim i niemieckim. Powyższy termin zgłoszeń należy podać do wiadomości Prezydenta Komisji Mieszanej.

Dzieci, które zostaną zgłoszone do szkoły mniejszościowej, należy przekazać do niej z urzędu.

52

Pogląd

z dnia 22 lipca 1927 w sprawie nr 201 Niemiecko-Górnośląskiego Związku Ludowego na Śląsk Polski dla strzeżenia praw mniejszości, związku zapisanego, żalącego się, w Katowicach, ul. Młyńska 23, dotyczącej wadliwych stosunków w szkole mniejszościowej w Załężu (Górny Śląsk Polski).

I

1. Z powodu wadliwych stosunków w szkole mniejszościowej w Załężu żalący się wniósł dnia 30 grudnia 1925 (akt 4) w myśl art. 149 i n. Konwencji Genewskiej zażalenie do Polskiego Urzędu Spraw Mniejszości w Katowicach. Urząd Spraw Mniejszości dnia 1 marca 1926 (akt 1) zażalenie przekazał Prezydentowi Komisji Mieszanej, a dnia 11 marca 1926 (akt 10) przesłał dodatkowo uwagi w myśl art. 152 Konwencji Genewskiej.

Następnie odbyła się wymiana pism, przewidziana w regulaminie postępowania Komisji Mieszanej. Na rozprawie ustnej z dnia 20 czerwca 1927, z którą na wniosek Urzędu Spraw Mniejszości połączono termin lokalny, zastępca Urzędu Spraw Mniejszości i żalący się mieli sposobność przedstawić dalsze wywody faktyczne i prawne.

2. Zażalenie kieruje się przeciwko temu, że 7-klasowa katolicka szkoła mniejszościowa w Załężu pomieszczona jest w 4 różnych budyn-

V

Nach stattgehabter Beratung im Schoße der Gemischten Kommission gelangt der Präsident der Gemischten Kommission, gestützt auf die vorstehenden Erwägungen, zur

Stellungnahme:

1. Die Minderheitsschule für Kończyce ist unverzüglich wieder zu eröffnen.

2. Es ist in Kończyce ein neuer Anmeldungstermin von angemessener Dauer durch öffentliche Bekanntmachung in deutscher und polnischer Sprache anzusetzen. Dieser Anmeldungstermin ist dem Präsidenten der Gemischten Kommission bekanntzugeben.

Diejenigen Kinder, die für die Minderheitsschule angemeldet werden, sind von Amts wegen in diese Schule überzuführen.

52

Stellungnahme

vom 22. Juli 1927 in Sachen Nr. 201 des Deutsch-Oberschlesischen Volksbundes für Polnisch-Schlesien zur Wahrung der Minderheitsrechte, eingetragener Verein, Beschwerdeführer, in Katowice, ulica Młyńska 23, betreffend mangelhafte Verhältnisse an der Minderheitsschule in Załęże (Polnisch-Oberschlesien).

I

1. Am 30. Dezember 1925 (act. 4) erhob der Beschwerdeführer im Sinne von Artikel 149 ff. der Genfer Konvention Beschwerde beim Polnischen Minderheitsamt in Katowice wegen mangelhafter Verhältnisse der Minderheitsschule Załęże. Das Minderheitsamt überwies am 1. März 1926 (act. 1) die Beschwerde an den Präsidenten der Gemischten Kommission und ließ am 11. März 1926 (act. 10) die Bemerkungen im Sinne von Artikel 152 der Genfer Konvention folgen.

Es fand hierauf der in der Verfahrensordnung der Gemischten Kommission vorgesehene Schriftenwechsel statt, und in der mündlichen Verhandlung vom 20. Juni 1927, mit der auf Antrag des Minderheitsamtes ein Augenschein verbunden wurde, hatten der Vertreter des Minderheitsamtes und der Beschwerdeführer Gelegenheit, weitere Ausführungen in tatsächlicher und rechtlicher Beziehung vorzutragen.

2. Die Beschwerde wendet sich dagegen, daß die aus 7 Klassen bestehende katholische Minderheitsschule in Załęże in 4 verschiedenen Schul-

kach szkolnych i podlega 4 różnym polskim kierownikom szkoły. Żalący się w tym rozbiciu systemu szkolnego widzi wielkie pokrzywdzenie szkoły mniejszościowej i wnosi o pomieszczenie szkoły w jednym budynku i powierzenie jej kierownictwa rektorowi mniejszościowemu. Właściwa władza ze względów administracyjnych i pedagogicznych powyższe roszczenie uważa za nieuzasadnione, twierdząc, że dana szkoła rozporządza dostateczną ilością klas i korzysta na równi ze szkołami polskimi z wszystkich urządzeń szkolnych. Zresztą — wywodzi właściwa władza dalej — zmiana w pomieszczeniu szkoły mniejszościowej pociągnęłaby za sobą zmianę w dotychczasowym pomieszczeniu szkoły polskiej (akt 22).

3. Poszczególne roczniki każdej szkoły tworzą jednolity organizm i pozostają z sobą w ścisłym związku. Zachowanie tej jednolitości szkoły, tak, aby kierownictwo jej mogło spoczywać w ręku jednego kierownika (rektora), ma wielkie znaczenie pedagogiczne. Kierownik szkoły jest głównym organem szkoły. Jego zadaniem jest obserwować i poznawać dokładnie nauczycieli i uczniów swej szkoły i wpływać swym nadzorem i kierownictwem możliwie korzystnie na cały ruch szkolny. Spełnienie tego zadania będzie w znacznej mierze niemożliwe, jeżeli poszczególne klasy się rozdziela i — jak w niniejszym przypadku — podporządkowuje czterem rektorom. Ponadto należy podkreślić, że ci czterej rektorowie nie należą do mniejszości niemieckiej, lecz do większości polskiej. Szkoła mniejszościowa ma zaś prawo, aby kierował nią rektor, który pod względem językowo-kulturalnym zalicza się do mniejszości. Zasadnicze roszczenie o jednolite kierownictwo szkoły wynika zatem z organicznego związku wszystkich roczników lub klas oraz z pedagogicznych i kulturalnych interesów szkoły.

Prawo szkoły mniejszościowej do własnego i jednolitego kierownictwa jest przede wszystkim tam uzasadnione i oczywiste, gdzie istnieje możliwość pomieszczenia poszczególnych klas szkoły mniejszościowej w osobnym budynku.

W myśl art. 119 Konwencji Genewskiej w sprawie szkół średnich i wyższych — na analogiczne stosowanie tego artykułu do szkół powszechnych godzą się także właściwe władze — także wtenczas dla szkoły mniejszościowej ustanowić należy samodzielnego i do mniejszości należącego kierownika, gdy szkoła ta co do pomieszczenia połączona jest ze szkołą większościową, tzn. gdy szkoła większościowa i mniejszościowa mieszczą się w jednym i tym samym budynku. Co prawda kierownik szkoły mniejszościowej zapewnioną ma wówczas gebäuden untergebracht ist und 4 verschiedenen polnischen Schulleitern untersteht. Der Beschwerdeführer erblickt in dieser Zersplitterung des Schulsystems eine schwere Benachteiligung der Minderheitsschule und stellt den Antrag, die Schule sei in einem Gebäude unterzubringen und der Leitung eines sich zur Minderheit bekennenden Rektors zu unterstellen. Die zuständige Behörde hält das Begehren aus administrativen und pädagogischen Gründen für unbegründet, da der Schule eine genügende Anzahl von Klassenzimmern zur Verfügung stehe und da sie von allen Schuleinrichtungen gleichmäßig mit den polnischen Schulen Gebrauch mache. Übrigens würde — so führt die zuständige Behörde aus — eine Änderung in der Unterbringung der Minderheitsschule auch eine Änderung in der bisherigen Unterbringung der polnischen Schule nach sich ziehen (act. 22).

3. Die verschiedenen Jahresklassen einer Schule bilden einen einheitlichen Organismus und stehen zueinander in enger Beziehung. Die Wahrung der Einheit einer Schule, so daß sie von einem einzigen Schulleiter (Rektor) geleitet werden kann, ist pädagogisch von großer Bedeutung. Der Schulleiter ist das Hauptorgan der Schule. Er soll die Lehrer und die Schüler seiner Schule gründlich beobachten und kennenlernen und den ganzen Schulbetrieb durch seine Aufsicht und Leitung möglichst vorteilhaft beinflussen. Diese Aufgabe der Schulleitung wird zu einem großen Teil vereitelt, wenn die verschiedenen Klassen der Schule auseinandergerissen und, wie im konkreten Fall, 4 Rektoren unterstellt werden. Überdies ist hervorzuheben, daß diese 4 Rektoren nicht der deutschen Minderheit, sondern der polnischen Mehrheit angehören. Die Minderheitsschule hat Anspruch darauf, von einem Schulmann geleitet zu werden, der in sprachlich-kultureller Hinsicht zur Minderheit gehört. Die grundsätzliche Forderung einer einheitlichen Schulleitung ergibt sich somit aus dem organischen Zusammenhang der sämtlichen Jahresstufen oder Klassen und aus den pädagogischen und kulturellen Interessen der Schule.

Der Anspruch der Minderheitsschule auf eine eigene einheitliche Leitung ist vor allem in dem Falle begründet und selbstverständlich, wo es möglich ist, die verschiedenen Klassen der Minderheitsschule in einem besonderen Gebäude unterzubringen.

Nach Art. 119 der Genfer Konvention betreffend die mittleren und höheren Schulen, dessen analoge Anwendung auf die Primarschulen auch von den zuständigen Behörden gebilligt wird, ist aber auch dann für die Minderheitsschule ein selbstständiger zur Minderheit gehörender Leiter zu bestellen, wenn die Minderheitsschule räumlich mit der Mehrheitsschule verbunden ist, d. h. wenn im selben Gebäude Mehrheits- und Minderheitsschule untergebracht sind. Allerdings ist dann dem Schulleiter der Minderheitsschule nur die gesamte pädagogische Verwaltung zugesichert; die tylko całą administrację pedagogiczną i właściwa władza może w tym przypadku przekazać administrację zewnętrzną kierownikowi szkoły polskiej. Odpowiada to zasadzie słuszności i równego traktowania, aby szkoła mniejszościowa, która co do pomieszczenia połączona jest ze szkołą większościową, w dziedzinie pedagogicznej, tzn. w sprawach życia wewnętrznego szkoły, w szczególności zaś w sprawach nauki szkolnej zachowała samodzielność, choćby nawet władza szkolna skorzystała z swego prawa i przekazała administrację zewnętrzną szkoły rektorowi polskiemu. Ze względów celowości jest najzupełniej uzasadnione, jeśli zewnętrzna administracja szkoły — do niej np. należy staranie o utrzymanie budynku szkolnego — spoczywać będzie w ręku jednej osoby.

Jakkolwiek pomieszczenie wszystkich klas wspomnianej szkoły w jednym budynku jest możliwe i uzasadnione, dla ścisłości można jeszcze zbadać kwestię, czy prawo szkoły mniejszościowej do własnego jednolitego kierownictwa pedagogicznego nie jest także wówczas uzasadnione, gdy z koniecznych powodów poszczególne klasy pomieścić się musi w kilku budynkach. Także to pytanie należy potwierdzić. Art. 119 Konwencji Genewskiej nie zawiera co prawda wyraźnego postanowienia co do tego szczególnego przypadku, widocznie dlatego, że układające się strony nie liczyły się z tym, aby mogła powstać konieczność umieszczenia szkoły mniejszościowej w różnych budynkach. Z ustalonej w wymienionym postanowieniu zasady jedności i samodzielności pedagogicznej szkoły mniejszościowej wynika jednak jeszcze dobitniej, że szkoła taka, która mieści się w kilku budynkach i która już przez tę okoliczność upośledzona jest poważnie w swej organicznej całości, jednego mieć powinna kierownika pedagogicznego. Nie uchodzi bowiem, aby szkole mniejszościowej, która z powodu swego zewnętrznego podziału jest już i tak pokrzywdzona, odmówić ponadto jeszcze korzyści jednolitego kierownictwa pedagogicznego.

Z powyższych rozważań wynika, że tam, gdzie bez koniecznej potrzeby poszczególne roczniki jakiejś szkoły mniejszościowej umieszczone są w kilku budynkach i ponadto pod względem pedagogicznym podlegają kilku rektorom szkoły większościowej, zachodzi naruszenie art. 109 i art. 75 Konwencji Genewskiej.

4. W niniejszej sprawie na podstawie stosunków faktycznych należy zbadać, czy bez naruszenia słusznych interesów szkoły większościowej można pomieścić wszystkie roczniki katolickiej niemieckiej szkoły mniejszościowej w Załężu w jednym budynku zamiast w czterech różnych budynkach.

zuständige Behörde hat in diesem Fall das Recht, die äußere Verwaltung dem Schulleiter der polnischen Schule zu übertragen. Es entspricht dem Grundsatz der Billigkeit und gleichen Behandlung, daß die räumlich mit der Mehrheitsschule verbundene Minderheitsschule jedenfalls auf pädagogischem Gebiete, d. h. bezüglich derjenigen Angelegenheiten, welche sich auf das innere Leben der Schule, insbesondere auf den Unterricht erstrecken, ihre Selbständigkeit bewahrt, auch wenn die Schulbehörde vom Recht der Übertragung der äußeren Verwaltung an den polnischen Rektor Gebrauch macht. Aus Zweckmäßigkeitsgründen ist es durchaus gerechtfertigt, daß die Verwaltung der äußeren Angelegenheiten — darunter fällt beispielsweise die Instandhaltung des Schulgebäudes — von einer Person besorgt wird.

Obwohl die Unterbringung aller Klassen dieser Schule in einem Gebäude möglich und gerechtfertigt ist, mag der Vollständigkeit halber auch noch die Frage geprüft werden, ob der Anspruch der Minderheitsschule auf eine eigene einheitliche pädagogische Leitung nicht auch dann begründet ist, wenn die verschiedenen Klassen aus zwingenden Gründen auf mehrere Gebäude verteilt werden müssen. Auch diese Frage ist zu bejahen. Artikel 119 der Genfer Konvention enthält zwar keine ausdrückliche Bestimmung für diesen besonderen Fall, offenbar, weil die Vertragsparteien mit der Notwendigkeit der räumlichen Zerreißung der Minderheitsschule nicht rechneten. Aber es ergibt sich aus dem in genannter Bestimmung statuierten Grundsatz der pädagogischen Zusammengehörigkeit und Selbständigkeit einer Minderheitsschule in erhöhtem Maße die Forderung eines pädagogischen Schulleiters für eine solche Schule, die in mehreren Gebäuden untergebracht und dadurch ohnehin in ihrem organischen Zusammenhang schwer benachteiligt ist. Es geht nicht an, einer Minderheitsschule, die infolge ihrer äußeren Trennung ohnehin geschädigt ist, auch noch die Vorteile einer einheitlichen pädagogischen Leitung zu verweigern.

Aus diesen Erwägungen geht hervor, daß da, wo die verschiedenen Jahresklassen einer Minderheitsschule ohne zwingende Gründe in verschiedenen Gebäuden untergebracht und zudem in pädagogischer Hinsicht verschiedenen Rektoren der Mehrheitsschule unterstellt sind, eine Verletzung des Art. 109 und des Art. 75 der Genfer Konvention vorliegt.

4. In der vorliegenden Beschwerde ist auf Grund der tatsächlichen Verhältnisse zu prüfen, ob alle Jahresklassen der katholischen deutschen Minderheitsschule in Załęże in einem Gebäude, statt in 4 verschiedenen Gebäuden untergebracht werden können, ohne andererseits die Interessen der Mehrheitsschule in unbilliger Weise zu beeinträchtigen.

Na pomieszczenie polskich i niemieckich katolickich klas szkolnych w Załężu są do dyspozycji 4 budynki. Sposób ich budowy i położenie klas jest tego rodzaju, że pomieszczenie szkoły mniejszościowej, które by odpowiadało jej słusznym interesom, jest możliwe.

Z zastrzeżeniem lepszego rozwiązania kwestii przez właściwe władze Prezydent Komisji Mieszanej następujące rozwiązanie uważa za celowe, aby zachować jednolitość szkoły:

Szkołę mniejszościową składającą się obecnie z 7 klas można łatwo umieścić w jednym z obu skrzydeł budynku szkoły III. Budynek ten składa się z dwóch zupełnie od siebie niezależnych skrzydeł, które mają po sześć klas. Każde skrzydło ma osobne wejście i służyć może jako samodzielny budynek szkolny. Żałący się oświadczył wyraźnie, że takie rozwiązanie kwestii uważa za celowe i wystarczające, chociaż spowoduje to częściową naukę popołudniową. Zresztą można by ewentualnie umieścić jedną klasę także w wolnej ubikacji szkoły ewangelickiej, która znajduje się całkiem w pobliżu.

Pomieszczenie szkoły mniejszościowej w skrzydle szkoły III spowoduje co prawda częściowe przegrupowanie szkoły większościowej, lecz nie będzie to istotnym pokrzywdzeniem tej szkoły. Pomieszczenia szkoły większościowej nie będą przez to mniejsze, jak również nie będzie rozbita całość tej szkoły, ponieważ okoliczność, że w budynku szkoły III umieści się sześć klas polskich oddzielnie od reszty szkoły polskiej, oznacza jedynie rozdział co do miejsca, co absolutnie nie zagraża jednolitości szkoły. Jest rzeczą właściwych władz, czy skrzydło budynku szkoły III, które ma być zajęte przez szkołę większościową, zechcą podporządkować samodzielnemu rektorowi polskiemu lub rektorowi budynku szkoły II, która znajduje się w bezpośrednim sąsiedztwie.

W zażaleniu żądano pierwotnie, aby szkołę mniejszościową w Załężu pomieszczono w budynku szkoły II. Dopiero na terminie lokalnym petent przekonał się, że będzie celowym umieścić szkołę mniejszościową w jednym ze skrzydeł budynku szkoły III. Właściwej władzy pozostawia się oczywiście do woli, zadowolić petenta przez uwzględnienie jego pierwotnego wniosku. W tym przypadku szkoła mniejszościowa budynek szkoły II dzieliłaby ze szkołą polską, ponieważ pierwsza z 12 pokoi budynku żądać może dla siebie co najwyżej 7 do 8 pokoi. Także takie rozwiązanie kwestii zgodne jest z zasadami słuszności i równego traktowania, ponieważ szkoła mniejszościowa w przypadku tym byłaby nie tylko zjednoczona pod względem po-

Zur Unterbringung der polnischen und der deutschen katholischen Schulklassen in Załęże stehen 4 Gebäude zur Verfügung. Diese Bau- und Klassenverhältnisse sind derart, daß eine Unterbringung der Minderheitsschule, die ihren berechtigten Interessen entspricht, möglich ist.

Folgende Lösungen hält der Präsident der Gemischten Kommission, vorbehaltlich einer besseren Lösung durch die zuständigen Behörden, für zweckentsprechend, um die Einheit der Schule zu wahren.

Die zur Zeit aus 7 Klassen bestehende Minderheitsschule kann sehr wohl in einem der beiden Flügel des Schulgebäudes III untergebracht werden. Dieses Gebäude besteht aus zwei von einander vollständig getrennten Flügeln mit je 6 Klassenräumen. Jeder dieser Flügel hat seinen eigenen Zugang und kann als selbständiges Schulgebäude benutzt werden. Der Beschwerdeführer hat ausdrücklich erklärt, daß er diese Lösung, obwohl sie teilweisen Nachmittagsunterricht bedingt, als zweckmäßig und genügend anerkennt. Übrigens könnte eventuell eine Klasse auch in dem ganz in der Nähe sich befindenden freien Raum der evangelischen Schule untergebracht werden.

Die Unterbringung der Minderheitsschule im Flügel des Schulgebäudes III hat allerdings eine teilweise Umgruppierung, aber keine wirkliche Benachteiligung der Mehrheitsschule zur Folge. Der gesamte Raum für die polnische Schule wird dadurch nicht verringert, ebensowenig wird die Einheit der polnischen Schule dadurch zerstört, denn der Umstand, daß im Schulgebäude III 6 polnische Klassen getrennt von der übrigen polnischen Schule untergebracht werden, bedeutet lediglich eine räumliche Trennung, ohne die Mehrheitsschule als Einheit irgendwie zu gefährden. Es ist Sache der zuständigen Behörde, ob sie den von der Mehrheitsschule zu besetzenden Flügel des Schulgebäudes III einem selbständigen polnischen Rektor oder dem Rektor des in unmittelbarer Nähe sich befindenden Schulgebäudes II unterstellen will.

Das Beschwerdebegehren ging ursprünglich auf Unterbringung der Minderheitsschule Załęże im Schulgebäude II. Erst der Augenschein überzeugte den Beschwerdeführer von der Zweckmäßigkeit der Unterbringung der Minderheitsschule in einem Flügel des Schulgebäudes III. Der zuständigen Behörde steht es natürlich frei, den Beschwerdeführer gemäß seinem ursprünglichen Antrag zufrieden zu stellen. In diesem Falle würde die Minderheitsschule das Schulgebäude II mit der polnischen Schule teilen, da erstere höchstens 7 bis 8 Zimmer des aus 12 Zimmern bestehenden Gebäudes für sich in Anspruch nehmen kann. Auch diese Lösung steht mit den Grundsätzen der Billigkeit und gleichen Behandlung im Einklang, da die Minderheitsschule nicht nur räumlich vereinigt, sondern, wie aus den mieszczenia, lecz przedstawiałaby, jak to wynika z powyższych rozważań zasadniczych, jedność przynajmniej pod względem pedagogicznym.

II

Po naradzie w łonie Komisji Mieszanej Prezydent Komisji Mieszanej na mocy powyższych rozważań dochodzi do

poglądu:

1. Pomieszczenie szkoły mniejszościowej w Załężu w czterech różnych budynkach i kierowanie nią przez 4 rektorów szkoły większościowej jest nierównym traktowaniem w myśl art. 109 i art. 75 Konwencji Genewskiej.

2. Zastrzegając właściwym władzom odpowiedniejsze rozwiązanie kwestii, zaleca się umieścić szkołę mniejszościową, która składa się obecnie z 7 klas, w jednym z dwóch skrzydeł budynku szkoły III lub w budynku szkoły II.

3. Kierownictwo szkoły mniejszościowej w Załężu należy urządzić jednolicie i powierzyć rektorowi mniejszościowemu.

53

Pogląd

z dnia 15 lipca 1927 w sprawie nr 184 Związku Polaków w Opolu, T. z., żalącego się, dotyczącej niezatwierdzenia naczelników gmin i ławników na Górnym Śląsku Niemieckim.

I

Przebieg procesu i kwestia właściwości.

1. Z powodu niezatwierdzenia 69 naczelników gmin i ławników, którzy należą do mniejszości polskiej na Górnym Śląsku Niemieckim, Związek Polaków w Niemczech, T. z., wniósł dnia 10 września 1925 w myśl art. 149 i n. Konwencji Genewskiej zażalenie do Niemieckiego Urzędu Spraw Mniejszości w Opolu (akt 3). Żalący się wywodził, że niezatwierdzenie to jest naruszeniem zasady równego traktowania wyrażonej w art. 75 i 77 Konwencji Genewskiej, ponieważ istotnego powodu niezatwierdzenia szukać należy w przynależności wybranych do mniejszości polskiej. Petent wniósł ponadto o dodatkowe zatwierdzenie wybranych naczelników gmin i ławników (akt 3 i 72). Dnia 10 stycz-

obigen prinzipiellen Erwägungen hervorgeht, zum mindesten in pädagogischer Hinsicht eine Einheit darstellen würde.

II

Nach stattgefundener Beratung im Schoße der Gemischten Kommission gelangt der Präsident der Gemischten Kommission, gestützt auf die vorstehenden Erwägungen, zur

Stellungnahme:

1. Die Unterbringung der Minderheitsschule Załęże in vier verschiedenen Gebäuden und deren Leitung durch vier Rektoren der Mehrheitsschule stellt eine unterschiedliche Behandlung im Sinne von Art. 109 und 75 der Genfer Konvention dar.

2. Vorbehaltlich einer zweckmäßigeren Lösung der Frage durch die zuständigen Behörden empfiehlt es sich, die zur Zeit aus 7 Klassen bestehende Minderheitsschule in einem der beiden Flügel des Schulgebäudes III oder im Schulgebäude II unterzubringen.

3. Die Leitung der Minderheitsschule Załęże ist einheitlich zu gestalten und einem der Minderheit angehörigen Schulleiter zu übertragen.

53

Stellungnahme

vom 15. Juli 1927 in der Sache Nr. 184 des Związek Polaków w Niemczech T. z. in Oppeln, Beschwerdeführer, betreffend Nichtbestätigung von Gemeindevorstehern und Schöffen in Deutsch-Oberschlesien.

I

Prozeßgeschichte und Zuständigkeit.

1. Am 10. September 1925 erhob der Związek Polaków w Niemczech T. z. (Bund der Polen in Deutschland E. V.) beim Deutschen Minderheitsamt in Oppeln gemäß Art. 149 ff. der Genfer Konvention eine Beschwerde wegen der Nichtbestätigung von 69 der polnischen Minderheit Deutsch-Oberschlesiens angehörenden Gemeindevorstehern und Schöffen (act. 3). Der Beschwerdeführer machte geltend, daß diese Nichtbestätigung eine Verletzung des in Art. 75 und 77 der Genfer Konvention ausgesprochenen Prinzips der gleichen Behandlung darstelle, da der wahre Grund der Ablehnung die Zugehörigkeit der Gewählten zur polnischen Minderheit sei, und beantragte, auf deren nachträgliche Bestätigung zu erkennen

nia 1927 (akt 127) petent przedstawił dalszy wniosek o przedłużenie okresu urzędowania niezatwierdzonych funkcjonariuszów o czas, przez który czekać musieli na zatwierdzenie. Przy tych funkcjonariuszach gminnych chodzi o członków mniejszości polskiej, którzy wybrani zostali z okazji wyborów gminnych dnia 4 maja 1924, lecz nie mogli rozpocząć urzędowania, ponieważ właściwi landraci wbrew przepisom ustawy (§ 84 ordynacji gmin wiejskich dla siedmiu prowincji wschodnich z dnia 3 lipca 1891) odmówili im zatwierdzenia. Ponieważ właściwe Wydziały Powiatowe niezatwierdzenia te sankcjonowały, a Wydziały Okręgowe oddaliły jako nieuzasadnione przeważną część zażaleń wniesionych na mocy § 121 ustawy o ogólnej administracji krajowej z dnia 30 lipca 1883, wyznaczono ponowne wybory, z okazji których wielką część niezatwierdzonych funkcjonariuszów gminnych wybrano ponownie. Ponieważ jednak i tym razem zatwierdzenia odmówiono, przeto w miejscowościach tych sprawy urzędowe załatwiają od tego czasu komisaryczni naczelnicy gmin lub ławnicy. W gminach, gdzie ponowne wybory dały inny rezultat, urzędują obecnie funkcjonariusze wybrani w drugich wyborach.

2. Przed wniesieniem cytowanego zażalenia w myśl art. 149 i n. Konwencji Genewskiej Związek Polaków w tej samej sprawie wniósł do Prezydenta Komisji Mieszanej petycję w myśl art. 585 Konwencji Genewskiej. Artykuł ten brzmi:

„1. Jeżeli Prezydent Komisji Mieszanej dowie się o faktach, okolicznościach lub stosunkach, które według jego zdania nie odpowiadają postanowieniom niniejszej Konwencji, może on na nie zwrócić uwagę przedstawiciela danego państwa.

2. Przedstawiciel państwa winien o tym bezzwłocznie zawiadomić swój Rząd."

Powyższe postanowienie, które Prezydenta Komisji Mieszanej uprawnia i zobowiązuje do zwracania uwagi Rządów w drodze dyplomatycznej na naruszenia Konwencji Genewskiej, ma przede wszystkim na celu załatwianie sporów co do wykonywania Konwencji Genewskiej możliwie w drodze polubownej i w porozumieniu z danym Rządem i petentami. Jeżeli te rokowania dyplomatyczne nie doprowadzą do usunięcia zatargu, może petent się udać na drogę zażalenia w myśl art. 149 i n. Konwencji Genewskiej.

(act. 3 und 72). Am 10. Januar 1927 (act. 127) stellte er den weiteren Antrag, die Amtsperioden der abgelehnten Beamten um die Zeit zu verlängern, während welcher sie auf ihre Bestätigung warten mußten. Es handelt sich bei diesen Gemeindefunktionären um polnische Minderheitsangehörige, die anläßlich der Gemeindewahlen vom 4. Mai 1924 gewählt wurden, aber ihr Amt nicht antreten konnten, denn, als sie entsprechend den gesetzlichen Vorschriften (§ 84 der Landgemeindeordnung für die sieben östlichen Provinzen vom 3. Juli 1891) bestätigt werden sollten, wurde ihnen diese Bestätigung von den zuständigen Landräten verweigert. Da die zuständigen Kreisausschüsse diesen Nichtbestätigungen zustimmten, und die Mehrzahl der auf Grund des § 121 des Gesetzes über die allgemeine Landesverwaltung vom 30. Juli 1883 eingereichten Beschwerden von den Bezirksausschüssen als unbegründet abgewiesen wurden, kam es zur Ansetzung von Neuwahlen, wobei ein großer Teil der abgelehnten Gemeindebeamten wiedergewählt wurde. Da aber die Bestätigung auch dieses Mal versagt wurde, werden in diesen Ortschaften die Amtsgeschäfte seither von kommissarischen Gemeindevorstehern bzw. Schöffen verwaltet. In denjenigen Gemeinden, wo die Neuwahlen ein anderes Ergebnis hatten, amten derzeit die anläßlich der zweiten Wahl gewählten Funktionäre.

2. Vor Einreichung der erwähnten Beschwerde im Sinne von Artikel 149 ff. der Genfer Konvention hatte der Związek Polaków in der gleichen Angelegenheit dem Präsidenten der Gemischten Kommission eine Eingabe im Sinne des Artikels 585 der Genfer Konvention eingereicht. Dieser Artikel lautet:

»1. Erhält der Präsident der Gemischten Kommission Kenntnis von Tatsachen, Umständen oder Verhältnissen, die nach seiner Überzeugung mit den Bestimmungen dieses Abkommens nicht im Einklang sind, so steht es ihm frei, die Aufmerksamkeit des zuständigen Staatsvertreters darauf zu lenken.

2. Der Staatsvertreter ist verpflichtet, seiner Regierung unverzüglich von dieser Mitteilung Kenntnis zu geben.«

Diese Bestimmung, durch welche dem Präsidenten der Gemischten Kommission das Recht und die Pflicht übertragen ist, auf diplomatischem Wege die Regierungen auf Verstöße gegen die Genfer Konvention aufmerksam zu machen, hat vorzüglich den Zweck, Differenzen betr. die Ausführung der Genfer Konvention wenn möglich auf gütlichem Wege und in Übereinstimmung zwischen der betreffenden Regierung und den Beschwerdeführern zu erledigen. Wo diese diplomatischen Verhandlungen nicht zur Beilegung des Streites führen, steht es dem Beschwerdeführer frei, den Weg der prozessualen Beschwerde im Sinne des Artikels 149 ff. der Genfer Konvention zu beschreiten.

Wobec tego Prezydent Komisji Mieszanej czynił nasamprzód starania, aby sprawę załatwić w postępowaniu w myśl art. 585 Konwencji Genewskiej. Polecił tedy właściwym władzom, aby całą sprawę rozpatrzyły ściśle pod kątem widzenia równego traktowania (art. 75 Konwencji Genewskiej) i zatwierdziły dodatkowo funkcjonariuszów komunalnych, jeżeli istotne powody nie będą się temu sprzeciwiały. Gdy powyższa propozycja pozostała bez skutku, Prezydent Komisji Mieszanej poprosił Przedstawiciela Państwa Niemieckiego, aby co do każdego poszczególnego przypadku zakomunikował mu powody niezatwierdzenia. Ponieważ właściwe władze początkowo zajęły stanowisko, że nie mają obowiązku zakomunikowania tych powodów, gdyż ustawa tego nie przewiduje, przeto rozpatrywanie sprawy przewlekało się. Powody te zakomunikowano Prezydentowi dopiero po kilkakrotnych interwencjach. Dnia 23 sierpnia 1925 właściwa władza wyraziła także zgodę na zakomunikowanie powodów niezatwierdzenia żalącemu się, tak że Związek Polaków mógł się teraz zdecydować na wdrożenie postępowania w myśl art. 149 i n. Konwencji Genewskiej. Nastąpiło to dnia 10 września 1925 przez wniesienie wspomnianej petycji z dnia 8 września 1925 (akt 3). Petycja ta wraz z uwagami Urzędu Spraw Mniejszości (akt 1 i 2) skierowana została do Prezydenta Komisji Mieszanej w myśl art. 152 Konwencji Genewskiej dnia 15 października 1925.

Ponieważ Urząd Spraw Mniejszości podniósł zarzut niewłaściwości Prezydenta Komisji Mieszanej, wymianę pism procesowych ograniczono nasamprzód do kwestii właściwości, przy czym Urząd Spraw Mniejszości stanowisko swe uzasadnił tym, że Wydział Powiatowy i Wydział Okręgowy, które sankcjonowały niezatwierdzenie, są władzami sędziowskimi, które nie są związane wskazówkami przełożonych władz, tak że ich rozstrzygnięcia nie mogą być rozpatrywane przez Prezydenta Komisji Mieszanej w myśl art. 149 Konwencji Genewskiej. Ani wymiana pism procesowych (akt 3—23), zarządzona celem wyjaśnienia kwestii właściwości, ani rozprawa ustna z dnia 15 kwietnia 1926 (akt 58—58 a) stanowiska stron w kwestii właściwości nie uzgodniły. Kwestia ta załatwiona została dopiero dnia 10 grudnia 1926, gdy Nadprezydent prowincji górnośląskiej odstąpił od zarzutu niewłaściwości (akt 115—116). Z uwagi na to kwestię właściwości zbadać wystarczy tu krótko z urzędu.

Demgemäß bemühte sich der Präsident der Gemischten Kommission, vorerst die Angelegenheit gemäß dem Verfahren des Artikels 585 der Genfer Konvention zu erledigen und empfahl den zuständigen Behörden, die ganze Angelegenheit unter dem Gesichtspunkt strikter gleicher Behandlung (Art. 75 der Genfer Konvention) genau zu überprüfen und die abgelehnten Kommunalbeamten nachträglich zu bestätigen, sofern nicht stichhaltige Gründe für die Ablehnung vorliegen sollten. Als dieser Vorschlag keinen Erfolg hatte, ersuchte der Präsident der Gemischten Kommission den Deutschen Staatsvertreter, in jedem einzelnen Falle die Gründe mitzuteilen, auf die sich die Nichtbestätigung stütze. Da sich die zuständigen Behörden zunächst auf den Standpunkt stellten, daß sie nicht verpflichtet seien, die Gründe der Nichtbestätigung mitzuteilen — weil dies vom Gesetz nicht vorgesehen sei, — zog sich die Behandlung der Angelegenheit in die Länge. Erst auf wiederholte Vorstellungen des Präsidenten wurden die Nichtbestätigungsgründe mitgeteilt, und am 23. August 1925 erklärte sich die zuständige Behörde auch damit einverstanden, daß die Ablehnungsgründe dem Beschwerdeführer mitgeteilt würden, so daß der Związek Polaków sich nunmehr schlüssig machen konnte, ob er das Verfahren gemäß Artikel 149 ff. der Genfer Konvention einleiten wolle. Dies geschah dann am 10. September 1925 durch Einreichung der obenerwähnten Eingabe vom 8. September 1925 (act. 3). Die Weiterleitung dieser Eingabe und der zugehörigen Bemerkungen des Minderheitsamtes (act. 1 und 2) an den Präsidenten der Gemischten Kommission gemäß Artikel 152 der Genfer Konvention erfolgte am 15. Oktober 1925.

Da das Minderheitsamt gegen diese Beschwerde die Einrede der Unzuständigkeit des Präsidenten der Gemischten Kommission erhob, wurde der Schriftenwechsel zunächst auf die Frage der Kompetenz beschränkt, wobei das Minderheitsamt seine Auffassung damit begründete, daß Kreisausschuß und Bezirksausschuß, die die Nichtbestätigung sanktioniert hatten, richterliche Behörden seien, die von keiner vorgesetzten Behörde verbindliche Weisungen erhalten können, so daß ihre Entscheidungen nach Art. 149 der Genfer Konvention vom Präsidenten der Gemischten Kommission nicht geprüft werden können. Weder der zur Abklärung der Zuständigkeitsfrage angeordnete Schriftenwechsel (act. 3—23) noch die am 15. April 1926 stattgefundene mündliche Verhandlung (act. 58—58 a) brachten eine Einigung der Parteien in der Kompetenzfrage. Diese fand ihre Erledigung erst am 10. Dezember 1926, als durch eine Erklärung des Oberpräsidenten der Provinz Oberschlesien die Kompetenzeinrede fallen gelassen wurde (act. 115—116). Mit Rücksicht auf diesen Rückzug genügt es, die Kompetenzfrage hier in aller Kürze von Amtes wegen zu prüfen.

Jak już powiedziano, zatwierdzenie wybranych naczelników gmin i ławników jest w kompetencji landrata. Jeżeli jednak landrat zatwierdzenia chce odmówić, potrzebuje na to zgody Wydziału Powiatowego. Jeżeli Wydział Powiatowy niezatwierdzenie sankcjonuje, można przeciwko niezatwierdzeniu wnieść zażalenie do Wydziału Okręgowego. Zdaniem Prezydenta Komisji Mieszanej pominąć można kwestię, czy Wydział Powiatowy i Wydział Okręgowy uważać należy za władze sędziowskie lub administracyjne, ponieważ nie o ich rozstrzygnięcia tu chodzi. Jeżeli się zważy, że prawo do zatwierdzenia ma tylko landrat, który swe veto przeciwko jakiemuś wyborowi może każdej chwili cofnąć i zatwierdzić danego funkcjonariusza gminnego, to wynika z tego, że uchwały Wydziału Powiatowego i Wydziału Okręgowego są bezskuteczne, jeżeli landrat dodatkowo udzieli zatwierdzenia. Wydział Powiatowy i Wydział Okręgowy takiemu dodatkowemu zatwierdzeniu przeszkodzić nie mogą, ponieważ nie mają obok landrata samodzielnego prawa zatwierdzania. Sprzeciwiałoby się to też sensowi i celowi postępowania przed Wydziałem Powiatowym i Wydziałem Okręgowym, gdyby Wydziały te po ustaniu opozycji landrata przeszkodziły przeprowadzeniu woli gminy, bo przecież zadaniem tych władz jest strzec zasady autonomii komunalnej, która przez prawo veta landrata doznaje uszczerbku, przeciwko nieuzasadnionym interwencjom administracji państwowej.

3. Czasu, w którym badano kwestię właściwości, Prezydent użył do ponownych rokowań z Rządem Niemieckim w myśl art. 585 Konwencji Genewskiej, aby w ten sposób załatwić przynajmniej część tego niezwykle obszernego zażalenia i tym samym odciążyć możliwie postępowanie procesowe w myśl art. 149 i n. Konwencji Genewskiej, które wobec licznych spornych stanów faktycznych i bez tego wzróść musiało do nadzwyczajnych rozmiarów. W tym celu odbyły się w Berlinie w czerwcu 1926 pomiędzy władzami centralnymi Rzeszy Niemieckiej i Państwa Pruskiego a Prezydentem Komisji Mieszanej konferencje, na których Prezydent ponownie wystąpił z propozycją, aby ze względu na czas, jaki upłynął od wyborów i z uwagi na konsolidację stosunków zatwierdzono dodatkowo wybranych naczelników gmin i ławników w tych przypadkach, gdzie nie ma uzasadnionych dowodnych powodów niezatwierdzenia. Na podstawie przyrzeczenia danego wówczas Prezydentowi Komisji Mieszanej do jesieni 1926 wprowadzono w urząd 16 naczelników gmin i ławników i uznano jako nadających się do zatwierdzenia dalszych 21 naczelników gmin i ławników. Tych ostatnich co prawda nie wprowadzono w urząd, ponie-

Wie bereits erwähnt, hat der Landrat die Kompetenz, die gewählten Gemeindevorsteher und Schöffen ohne weiteres zu bestätigen. Wenn er hingegen einem Gemeindevorsteher oder Gemeindeschöffen die Bestätigung verweigern will, bedarf er der Zustimmung des Kreisausschusses. Stimmt der Kreisausschuß der Nichtbestätigung zu, so kann gegen die Nichtbestätigung beim Bezirksausschuß Beschwerde eingelegt werden. Nach Auffassung des Präsidenten der Gemischten Kommission kann es dahingestellt bleiben, ob Kreis- und Bezirksausschuß als richterliche oder als administrative Behörden anzusehen seien, denn es sind gar nicht ihre Entscheidungen, die hier zu prüfen sind. Zieht man in Erwägung, daß nur der Landrat ein Bestätigungsrecht hat und daß er sein gegen eine Wahl eingelegtes Veto jederzeit zurückziehen kann, um den abgelehnten Gemeindebeamten zu bestätigen, so folgt daraus, daß die Beschlüsse des Kreis- und Bezirksausschusses wirkungslos sind, wenn der Landrat die Bestätigung nachträglich gewährt. Kreis- und Bezirksausschuß können eine solche nachträgliche Bestätigung nicht hindern, denn sie haben kein selbständiges Bestätigungsrecht neben dem Landrat. Es würde auch dem Sinne und Zwecke des Verfahrens vor Kreis- und Bezirksausschuß widersprechen, wenn nach dem Wegfall der Opposition des Landrats der Kreis- und Bezirksausschuß die Durchsetzung des Gemeindewillens verhindern würden, denn Aufgabe dieser Behörden ist es, das Prinzip der Kommunalautonomie, das durch das Vetorecht des Landrats einen Einbruch erleidet, gegen ungerechtfertige Interventionen der Staatsverwaltung zu schützen.

3. Die Zeit, während welcher die Zuständigkeitsfrage behandelt wurde, benutzte der Präsident der Gemischten Kommission zu nochmaligen Unterhandlungen mit der deutschen Regierung im Sinne von Art. 585 der Genfer Konvention, um auf diese Weise wenigstens einen Teil der außerordentlich weitschichtigen Beschwerde zu erledigen und damit das prozessuale Verfahren gemäß Art. 149 ff. der Genfer Konvention — das bei der Fülle von kontroversen Tatbeständen ohnehin außerordentliche Dimensionen annehmen mußte, — so weit als möglich zu entlasten. Zu diesem Zwecke fanden in Berlin im Juni 1926 zwischen den Zentralbehörden des Reichs und Preußens und dem Präsidenten der Gemischten Kommission Besprechungen statt, anläßlich welcher vom Präsidenten nochmals die Anregung gemacht wurde, die abgelehnten Gemeindevorsteher und Schöffen in Anbetracht der seit der Wahl verflossenen Zeit und der fortschreitenden Konsolidierung nachträglich zu bestätigen, wo nicht nachweisbare stichhaltige Gründe für die Ablehnung gegeben seien. Auf Grund der Zusicherungen, die damals dem Präsidenten der Gemischten Kommission gegeben wurden, wurden bis zum Herbst des Jahres 1926 16 Gemeindevorsteher und Schöffen in ihr Amt eingesetzt und 21 weitere

waż właściwe władze zajęły stanowisko, że przekazanie agend urzędowych jest prawnie niemożliwe z uwagi na przeprowadzone w międzyczasie nowe wybory, na skutek których w urząd wprowadzono innych funkcjonariuszów. Złożono natomiast oświadczenie, że w przypadku ponownego wyboru zatwierdzeniu tych 21 funkcjonariuszów gminnych nie stoi nic na przeszkodzie (akt 88). Jakkolwiek w ten sposób wyjaśniono tych 21 przypadków tak dalece, że nierozstrzygnięta pozostała tylko kwestia prawna, czy pomimo odbytych w międzyczasie ponownych wyborów funkcjonariuszów tych wprowadzić należy w urząd, zawsze jeszcze 32 przypadki były sporne pod względem prawnym i faktycznym, tak że musiano kontynuować postępowanie w myśl art. 149 i n. Konwencji Genewskiej. Dnia 21 października 1926 otwarto dalszą wymianę pism celem uzasadnienia i odparcia poszczególnych powodów niezatwierdzenia. Po podwójnej pisemnej wymianie zdań (akt 94—130) doszło pomiędzy 5 kwietnia 1927 i 24 maja 1927 w 26 przypadkach do rozpraw ustnych, które wymagały 14 posiedzeń i na które oprócz stron, niezatwierdzonych funkcjonariuszów gminnych i właściwych landratów wezwano ogółem 104 świadków.

Gdy już przed rozprawami ustnymi i w toku tychże żalący się cofnął 9 przypadków zażalenia (Ignacy Gatzka, Markowitz (akt 129), Jan Kurpierz, Kossorowitz (akt 259), Teodor Kascha, Tworkau (akt 259), Roch Turek, Wachowitz (akt 389), Piotr Knosalla, Slawitz (akt 464 a), Franciszek Jendrusch, Krempa (akt 625), Jan Kobiolka, Wachowitz (akt 775), Konstanty Polaczek, Suchau (akt 844—45), Ignacy Kolodziejczyk, Łazisk (akt 844—45)), strony pod wrażeniem wyników obszernych rozpraw ustnych przed Komisją Mieszaną zdecydowały się pertraktować pomiędzy sobą w sprawie pozostałych przypadków spornych, aby w ten sposób dojść do porozumienia. Poprosiły tedy Prezydenta Komisji Mieszanej, aby na razie wydanie poglądu odroczył. O wyniku rokowań ugodowych zastępcy Rządu i żalącego się poinformowali Prezydenta dnia 24 czerwca 1927. Na konferencji tej żalący się złożył oświadczenie, że z wyjątkiem przypadków Bożka i Polloka we wszystkich innych przypadkach zażalenia z wydania poglądu rezygnuje (akt 977 i 977 a), ponieważ pomiędzy Rządem Niemieckim a Związkiem Polaków doszło do porozumienia na następującej podstawie (akt 978):

Gemeindevorsteher und Schöffen als bestätigungsfähig anerkannt. Eine Amtseinführung dieser letzteren Beamten fand allerdings nicht statt, da die zuständigen Behörden sich auf den Standpunkt stellten, daß eine Übergabe der Amtsgeschäfte rechtlich unmöglich sei, da die in der Zwischenzeit stattgefundenen Neuwahlen zur Einsetzung anderer Beamten geführt hatten. Dagegen wurde die Erklärung abgegeben, daß im Falle einer Wiederwahl der Bestätigung dieser 21 Gemeindefunktionäre nichts im Wege stehe (act. 88). Obwohl auf diese Weise die obenerwähnten 21 Fälle so weit abgeklärt wurden, daß nur die Rechtsfrage übrigblieb, ob diese Beamten trotz der inzwischen stattgehabten Neuwahlen in ihr Amt einzusetzen seien, blieben immerhin noch weitere 32 Nichtbestätigungsfälle in rechtlicher und tatsächlicher Beziehung streitig, so daß das Verfahren gemäß 149 ff. der Genfer Konvention am 21. Oktober 1926 durch Eröffnung des Schriftenwechsels über die einzelnen Begründungen seinen Fortgang nahm; nach einem doppelten schriftlichen Meinungsaustausch (act. 94 bis 130) kam es zwischen dem 5. April 1927 und dem 24. Mai 1927 in 26 Fällen zu mündlichen Verhandlungen, die 14 Sitzungen beanspruchten und zu welchen außer den Parteien, den nichtbestätigten Gemeindefunktionären und den zuständigen Landräten, insgesamt 104 Zeugen vorgeladen wurden.

Nachdem schon vor und im Laufe der mündlichen Verhandlungen 9 Beschwerdefälle vom Beschwerdeführer zurückgezogen worden waren (Ignatz Gatzka, Markowitz [act. 129], Johann Kurpierz, Kossorowitz [act. 259], Theodor Kascha, Tworkau [act. 259], Rochus Turek, Wachowitz [act. 389], Peter Knosalla, Slawitz [act. 464 a], Franz Jendrusch, Krempa [act. 625], Johann Kobiolka, Wachowitz [act. 775], Konstantin Polaczek, Suchau [act. 844—45], Ignatz Kolodziejczyk, Lazisk [act. 844—45]), entschlossen sich die Parteien unter dem Eindruck der Ergebnisse der weitläufigen mündlichen Verhandlungen vor der Gemischten Kommission, über die noch übriggebliebenen streitigen Fälle zwecks Erzielung einer Verständigung untereinander zu unterhandeln und sie baten den Präsidenten der Gemischten Kommission, seine Stellungnahme bis auf weiteres zu verschieben. Über das Ergebnis dieser Vergleichsunterhandlungen wurde dem Präsidenten am 24. Juni 1927 von den Vertretern der Regierung und des Beschwerdeführers berichtet. In dieser Konferenz gab der Beschwerdeführer die Erklärung ab, daß er mit Ausnahme der Fälle Bożek und Pollok in allen Beschwerdefällen auf den Erlaß einer Stellungnahme verzichte (act. 977 und 977 a), da der Związek Polaków sich mit der deutschen Regierung auf folgender Grundlage geeinigt habe (act. 978):

Wszyscy funkcjonariusze gminni (10), których urzędy jeszcze sprawują urzędnicy komisaryczni, będą bezzwłocznie wprowadzeni w urząd. W przypadkach, gdzie ponowne wybory doprowadziłyby do wyboru innych kandydatów, zapewniono żalącego się, że przy ewentualnym ponownym wyborze niezatwierdzonych funkcjonariuszów nie odmówi im się zatwierdzenia z dotychczas wysuwanych powodów (akt 978).

Ta polubowna ugoda pomiędzy Związkiem Polaków a Rządem Niemieckim była możliwa tylko dzięki temu, że strony mogły się przy tym opierać na wyjaśnieniu kwestii faktycznych i prawnych, które osiągnięto przez przeprowadzenie dowodów i rozprawy kontradyktoryjne przed Komisją Mieszaną.

Na podstawie wspomnianych oświadczeń Prezydent Komisji Mieszanej w poglądzie winien zatem rozpatrywać tylko jeszcze te powody, na których właściwe władze opierały niezatwierdzenie naczelników gmin: Arkadiusza Bożka w Markowicach i Michała Polloka w Tellsruh.

II

Wywody w sprawie tych dwóch przypadków, w których strony nie doszły do porozumienia.

1. Niezatwierdzenie Arkadiusza Bożka wybranego naczelnikiem gminy Markowic.

Powody, które właściwe władze przytoczyły przeciwko zatwierdzeniu naczelnika gminy Arkadiusza Bożka, podzielić można na dwie grupy. Jedna grupa to fakty przytoczone na uzasadnienie niezatwierdzenia, które dotyczą postępowania Bożka w czasie okupacji górnośląskiego terenu plebiscytowego przez wojska międzysojusznicze. W drugiej zaś grupie chodzi o zarzuty natury moralnej i ogólnej.

Powody natury ogólnej już tutaj można krótko omówić. Bożkowi zarzucano, że na posiedzeniach zastępstwa gminnego posługuje się szorstkim tonem; w stosunku do matki używa ordynarnych zwrotów; następnie traktował wyborców alkoholem; wreszcie jest członkiem i przywódcą partii komunistycznej i wyjeżdża często za granicę, tak, że należy się obawiać, że nie będzie w zupełności spełniał swych obowiązków jako naczelnik gminy. Pominąwszy to, że niektóre z tych faktów same przez się mają minimalne znaczenie, zbyteczne jest poddać je ocenie, ponieważ ich absolutnie nie udowodniono.

Alle Gemeindefunktionäre (10), deren Ämter noch durch kommissarische Beamte verwaltet werden, werden unverzüglich in ihr Amt eingeführt. In denjenigen Fällen, wo die Neuwahlen zur Wahl anderer Kandidaten geführt haben, wurde dem Beschwerdeführer zugesichert, daß den abgelehnten Funktionären bei einer eventuellen Wiederwahl aus den bisher geltend gemachten Gründen die Bestätigung nicht mehr versagt würde (act. 978).

Diese gütliche Vereinbarung zwischen dem Związek Polaków und der deutschen Regierung war nur dadurch möglich geworden, daß die Parteien sich dabei auf die Abklärung der Tatsachen und Rechtsfragen stützen konnten, welche durch die Beweiserhebungen und kontradiktorischen Verhandlungen vor der Gemischten Kommission erzielt worden war.

Auf Grund der erwähnten Erklärungen sind somit vom Präsidenten der Gemischten Kommission in seiner Stellungnahme nur noch die Gründe zu prüfen, auf welche die zuständigen Behörden die Nichtbestätigung der Gemeindevorsteher Arkadius Bożek in Markowitz und Michael Pollok in Tellsruh gestützt haben.

II

Zu den zwei Fällen, in welchen eine Einigung der Parteien nicht erzielt werden konnte.

1. Die Nichtbestätigung des zum Gemeindevorsteher von Markowitz gewählten Arkadius Bożek.

Die Gründe, die von den zuständigen Behörden gegen die Bestätigung des Gemeindevorstehers Arkadius Bożek angeführt wurden, lassen sich in zwei Gruppen scheiden, und zwar bezieht sich der eine Teil der für die Ablehnung behaupteten Tatsachen auf das Verhalten Bożeks zur Zeit der interalliierten Besetzung des oberschlesischen Abstimmungsgebietes, während die anderen Einwände moralischer oder sonst allgemeiner Natur sind.

Die Ablehnungsgründe allgemeiner Natur mögen schon hier kurz erörtert werden. Dem Bożek wurde vorgeworfen, er bediene sich in den Diskussionen der Gemeindevertretung eines rauhen Tones; im Umgange mit seiner Mutter gebrauche er grobe Redensarten; ferner habe er Wähler mit Alkohol traktiert; endlich sei er Mitglied und Führer der kommunistischen Partei und mache häufige Reisen ins Ausland, so daß zu befürchten sei, daß er seinen Pflichten als Gemeindevorsteher nicht voll nachkommen werde. Abgesehen davon, daß mehrere dieser Tatsachen an sich von geringfügiger Bedeutung sind, erübrigt es sich, sie einer Würdigung zu unterziehen, da sie vollständig beweislos geblieben sind.

Co do postępowania Bożka podczas międzysojuszniczej okupacji górnośląskiego obszaru plebiscytowego właściwe władze przede wszystkim przytaczają, że uczestniczył w powstaniu insurgentów polskich w roku 1921. Przy ocenie czynów, będących w związku z tymi zdarzeniami, uwzględnić przede wszystkim należy głębokie wzburzenie, które w okresie plebiscytowym ogarnęło prawie całą ludność. Na skutek niebywałej agitacji wzburzenie umysłów było tak wielkie i tak powszechne, a przeciwieństwa pomiędzy przekonaniem niemieckim a przekonaniem polskim tak namiętne, że szerokie koła ludności, które dotychczas z dala stały od wszelkiej polityki, rzuciły się w wir walk rozszalałych o przynależność państwową Górnego Śląska. Tych wydarzeń i czynów nie można mierzyć miarą czasów normalnych, szczególnie jeżeli się uwzględni prawne i psychologiczne rozluźnienie stosunku wierności pomiędzy państwem a obywatelem, które powstało przez to, że każdemu mieszkańcowi obszaru plebiscytowego przyznano prawo wypowiedzenia się za pozostaniem lub przeciwko pozostaniu przy Niemczech i prawo werbowania, że władza wykonawcza w dużej mierze nie spoczywała już w ręku dotychczasowych władz i że autorytetu, porządku i bezpieczeństwa publicznego nie można było strzec w dostateczny sposób. Jeżeli się dalej uwzględni psychiczny i materialny przymus, jaki tak powszechny i gwałtowny prąd prawie zawsze na poszczególnego obywatela wywiera, wówczas zrozumie się, że nie uchodzi, aby obywateli tych, którzy brali udział w powstaniach górnośląskich, jedynie z tego powodu wykluczono na zawsze z życia publicznego, a w szczególności z urzędów publicznych. Byłoby to nie tylko niesłuszne, lecz i politycznie chybione i w rezultacie doprowadziłoby do tego, że namiętności okresu plebiscytowego przetrwałyby całe pokolenia. Zapatrywanie to odpowiada nie tylko dobrze zrozumianym interesom Państwa, lecz i duchowi wszystkich umów międzynarodowych w sprawie górnośląskiego obszaru plebiscytowego. Nie tylko artykuł 88 al. 3 traktatu pokojowego z dnia 28 czerwca 1919, lecz także Konwencja Genewska, którą zawarto pod świeżym wrażeniem wypadków okresu plebiscytowego, wreszcie polsko-niemiecka umowa z dnia 21 czerwca 1922 o amnestii na górnośląskim obszarze plebiscytowym kierują się dążeniem, aby wzburzonemu przez wewnętrzne walki krajowi przywrócić spokój. W trafnym zrozumieniu, że słuszna pobłażliwość i stopniowe zapominanie są jedyną drogą do uspokojenia umysłów, artykuł 1 § 1 wymienionej umowy amnestyjnej udzielił amnestii za wszelkie przestępstwa, które podczas okupacji międzysojuszniczej popełniono na górnośląskim obszarze plebiscytowym wyłącznie lub przeważnie z pobudek politycznych.

Was das Verhalten Bożeks zur Zeit der interalliierten Besetzung des oberschlesischen Abstimmungsgebietes anbetrifft, so wird von den zuständigen Behörden an erster Stelle seine Beteiligung am Aufstande der polnischen Insurgenten vom Jahre 1921 angeführt. Bei der Beurteilung von Handlungen, die mit diesen Ereignissen im Zusammenhang stehen, muß in erster Linie der tiefgehenden Aufregung Rechnung getragen werden, die sich in der Abstimmungszeit nahezu der ganzen Bevölkerung bemächtigt hatte. Infolge unerhörter Agitation war die Erregung der Gemüter so groß und so allgemein und der Gegensatz zwischen deutscher und polnischer Gesinnung so leidenschaftlich, daß weite Kreise der Bevölkerung, die dem politischen Leben bis dahin gänzlich fernstanden, sich in das Getümmel der um die staatliche Zugehörigkeit Oberschlesiens entbrannten Kämpfe stürzten. Man kann an diese Ereignisse und Handlungen nicht den Maßstab normaler Zeiten anlegen, besonders, wenn man die rechtliche und psychologische Lockerung des Treueverhältnisses zwischen Staat und Bürger berücksichtigt, die dadurch entstand, daß jedem Einwohner des Abstimmungsgebietes das Recht eingeräumt wurde, sich für oder gegen den Verbleib bei Deutschland auszusprechen und zu werben, daß die vollziehende Gewalt in großem Umfange nicht mehr in den Händen der bisherigen Behörden lag, und daß öffentliche Autorität, Ordnung und Sicherheit nicht in genügender Weise gewahrt werden konnten. Berücksichtigt man ferner den psychischen und materiellen Zwang, den eine so allgemeine und heftige Bewegung fast immer auf den einzelnen Bürger ausübt, so drängt sich die Einsicht auf, daß es nicht angeht, diejenigen Bürger, die an den Aufständen Oberschlesiens teilgenommen haben, bloß wegen dieser ihrer Beteiligung für immer vom öffentlichen Leben und insbesondere von öffentlichen Ämtern auszuschließen. Das wäre nicht nur unbillig, sondern auch politisch verfehlt und würde dazu führen, die Leidenschaften der Abstimmungszeit ein Menschenalter lang lebendig zu erhalten. Diese Auffassung entspricht nicht nur den wohlverstandenen Interessen des Staates, sondern auch dem Geiste aller internationalen Vereinbarungen über das oberschlesische Abstimmungsgebiet. Nicht nur der Art. 88 al. 3 des Friedensvertrags vom 28. Juni 1919, sondern auch die unter dem frischen Eindruck der Ereignisse der Abstimmungszeit abgeschlossene Genfer Konvention sowie das deutsch-polnische Abkommen über die Gewährung von Straffreiheit im oberschlesischen Abstimmungsgebiet vom 21. Juni 1922 sind von dem Bestreben geleitet, dem von inneren Kämpfen aufgewühlten Land die Ruhe zurückzugeben. In der richtigen Erkenntnis, daß billige Nachsicht und allmähliches Vergessen der einzige Weg zur Pazifizierung der Gemüter sei, gewährte Art. 1 § 1 des zitierten Amnestieabkommens Straffreiheit für alle Delikte, die während der inter-

Jeżeli zatem polityczne i wojskowe uczestnictwo w powstaniach osądzić należy w sposób wielkoduszny, to z drugiej strony w każdym poszczególnym przypadku dokładnie zbadać należy zarzut idący w tym kierunku, że niezatwierdzony funkcjonariusz w czasie ruchu powstańczego ujawniał takie przekonanie moralne, że jest ono dostatecznym uzasadnieniem jego dyskwalifikacji. Tej moralnej, ogólnoludzkiej stronie uczestniczenia w wydarzeniach powstańczych przypisać należy decydujące znaczenie. Uchybień przeciwko nakazom humanitarności i sprawiedliwości ludzkiej nie można usprawiedliwić ani namiętnościami i pobudkami politycznymi ani też tym, że porządek państwowy był wówczas powszechnie zachwiany, gdy chodzi o kwestię, czy ktoś nadaje się do piastowania publicznego stanowiska zaufania lub nie. Z całą surowością osądzić należy moralnie tego, który władzy nadanej mu przez stosunki powstańcze nadużył do aktów niesprawiedliwości lub nawet okrucieństwa względem swych współobywateli. Osoby, które podczas ruchu powstańczego dopuszczały się czynów okrucieństwa i zemsty albo innych potępienia godnych wykroczeń lub czyny takie spowodowały lub tolerowały nie wkraczając przeciwko temu, nie są godne, aby piastowały urząd, którego dobre sprawowanie wymaga bezstronności i integralności charakteru — i landratowi, który z takich powodów odmówił zatwierdzenia, nie można zarzucić samowoli i nierównego traktowania.

Rozpatrując pod powyższym kątem widzenia postępowanie zarzucone naczelnikowi gminy Bożkowi, nie znajduje się żadnej podstawy do przypuszczenia, że odnosił się on do swych współobywateli niesprawiedliwie, niehumanitarnie lub okrutnie. Nic nie wskazuje na to, że nadużył wpływu, jakim rozporządzał przy ówczesnej konstelacji stosunków. Przeciwnie, należy tu zaraz przytoczyć zeznanie świadka obciążającego powołanego przez Urząd Spraw Mniejszości, Hermana Liszki, którego podczas powstania z powodu jego przekonania niemieckiego — brał on udział w wojnie jako oficer niemiecki i był nauczycielem niemieckim w Markowicach — bardzo prześladowano. Gdy Liszkę i 8 innych osób przekonania niemieckiego aresztowano, więźniowie ci uzyskali wolność dzięki staraniom Bożka. Przez swe wpływy Bożek już poprzednio postarał się u powstańców, aby tym aresztowanym, gdy ich miano odstawić do innej miejscowości, dano zaufania godną eskortę zamiast ludzi, co do których Liszka i inni alliierten Besetzung im oberschlesischen Abstimmungsgebiet ausschließlich oder überwiegend aus politischen Beweggründen begangen wurden.

Ist somit die politische und militärische Beteiligung an den Aufständen in weitherziger Weise zu beurteilen, so muß andererseits in jedem einzelnen Falle der Vorwurf genau geprüft werden, der dahin geht, der abgelehnte Beamte habe im Verlaufe der Aufstandsbewegung in moralischer Hinsicht eine solche Gesinnung betätigt, die seine Disqualifikation rechtfertige. Auf diese moralische, allgemein menschliche Seite der Beteiligung an den Ereignissen des Aufstandes ist das entscheidende Gewicht zu legen. Verfehlungen gegen die Gebote der Humanität und menschlichen Gerechtigkeit können weder mit Rücksicht auf politische Leidenschaften und Beweggründe noch in Anbetracht der damaligen allgemeinen Zerrüttung der staatlichen Ordnung entschuldigt werden, wo es sich um die Frage handelt, ob jemand zur Bekleidung einer öffentlichen Vertrauensstellung fähig sei oder nicht. Mit aller Strenge ist derjenige moralisch zu beurteilen, der die Macht, die ihm die Verhältnisse des Aufstandes verliehen haben, zu Ungerechtigkeiten oder gar zu Grausamkeiten gegenüber seinen Mitbürgern mißbraucht hat. Solche Personen, die im Verlaufe der Aufstandsbewegung Akte der Grausamkeit und der Rache oder andere verwerfliche Ausschreitungen begingen oder veranlaßten oder duldeten, ohne dagegen einzuschreiten, sind nicht würdig, einen Posten zu bekleiden, dessen gute Verwaltung Unparteilichkeit und Integrität des Charakters voraussetzt, und es kann dem Landrat, der aus solchen Gründen die Bestätigung verweigert hat, nicht der Vorwurf der Willkür und ungleichen Behandlung gemacht werden.

Betrachtet man das dem Gemeindevorsteher Bożek vorgeworfene Verhalten unter den dargelegten Gesichtspunkten, so findet man keine Anhaltspunkte dafür, daß er sich gegen seine Mitbürger ungerecht, inhuman oder grausam betragen hätte. Nichts deutet darauf hin, daß er den Einfluß, über den er bei der damaligen Konstellation der Verhältnisse verfügte, mißbraucht hätte. Im Gegenteil, es muß hier gleich die Deposition des vom Minderheitsamt als Belastungszeugen angerufenen Herrmann Lischka angeführt werden, der während des Aufstandes wegen seiner deutschen Gesinnung — er hatte als deutscher Offizier den Krieg mitgemacht und war deutscher Lehrer in Markowitz — stark verfolgt wurde. Als dieser Mann und acht andere Deutschgesinnte verhaftet wurden, ist es Bożeks Bemühungen gelungen, ihre Freilassung zu erwirken, nachdem er schon bei ihrer Festnahme durch seinen Einfluß bei den Aufständischen bewirkt hatte, daß den Gefangenen, als sie in eine andere Ortschaft abtransportiert werden sollten, eine zuverlässige Eskorte gestellt wurde, współwięźniowie obawiali się, że ich w drodze zamordują (akt 848—849). Także Kuska, którego Urząd Spraw Mniejszości powołał jako świadka obciążającego, zeznał stanowczo na korzyść Bożka. Poświadcza on, że Bożek kazał go ostrzec podczas powstania, że powstańcy z powodu jego przekonania niemieckiego mają względem niego złe zamiary (akt 860—861). Fakty te mają doniosłe znaczenie, bo dowodzą, że także w tych tak bardzo wzburzonych czasach Bożek okazywał się ludzkim i sprawiedliwym także wobec swych przeciwników politycznych, obywateli przekonania niemieckiego, co szczególnie wielką ma wagę.

Te stwierdzenia co do moralnego sposobu myślenia Bożka są niewzruszalne. Lecz Urząd Spraw Mniejszości wywodzi, że stwierdzenia te nie mogą wchodzić w rachubę, ponieważ Bożek tak wybitny brał udział w akcji wojskowej, że jest absolutnie dyskwalifikowany do piastowania urzędu naczelnika gminy. Zapatrywania tego podzielić nie można, bo, pominąwszy zupełnie to, że Bożek tak samo jak wielu innych był pod naciskiem i pod wpływem ogólnej sytuacji i że zatem, jak wyżej przedstawiono, udział jego w ruchu powstańczym osądzić należy pobłażliwie i wielkodusznie, nie można wcale uważać za udowodnione, że odgrywał on decydującą rolę przy organizowaniu i przeprowadzaniu operacyj wojskowych. Między innymi twierdzono, że Bożek jako komendant odcinka uczestniczył w operacjach powstańców polskich i brał udział w ataku na most w Szychowicach. Twierdzeń tych nie udowodniono. Powołani przez Urząd Spraw Mniejszości swiadkowie obciążający albo w ogóle nic nie wiedzą o rzekomym uczestnictwie Bożka w powstaniu (Lischka — akt 848—849), (Chroboczek — akt 869—870), (Musioł — akt 862—863), (Struzina — akt 856—857), albo opierają swe zeznania nie na własnych spostrzeżeniach, lecz na tym, co od innych słyszeli (Machura — akt 850—851), (Grimm — akt 865—866), (Sollich — akt 854—855) albo w końcu na wzmiankach Bożka w rozmowie z nimi (Wolf — akt 952—953). Świadek Wolf zeznaje np., że Bożek przedstawił mu się jako „komendant" i mówił o tym, co by mógł zdziałać, gdyby miał pod ręką „swoje dwie kompanie". Bożek zaprzecza, że był komendantem kompanii. Nie można się zatem opierać na tych niepewnych zeznaniach, tym bardziej, że właściwe władze nie mogły stawić ani jednego naocznego świadka na to, że Bożek był komendantem kompanii, co jest przecież faktem tak łatwym do udowodnienia, że z pewnością można by było powołać na to wielu świadków. Jeżeli świadkowie Machura (akt 850—851), Sollich (akt 854—855) widzieli go uzbrojonego w rewolwer i jeżeli dalanstatt der Männer, von denen der Zeuge Lischka und die übrigen Mitgefangenen befürchteten, unterwegs ermordet zu werden (act. 848—849). Auch der vom Minderheitsamt als Belastungszeuge angerufene Zeuge Kuska hat eindeutig zugunsten Bożeks deponiert. Er bezeugt, daß Bożek ihm während des Aufstandes die Warnung zukommen ließ, daß die Insurgenten es auf ihn wegen seiner deutschen Gesinnung abgesehen hätten (act. 860—861). Diese Tatsachen sind von großer Bedeutung, denn sie zeugen davon, daß Bożek auch in diesen so sehr aufgeregten Zeiten eine humane und gerechte Gesinnung bekundete und — was besonders ins Gewicht fällt — gerade auch gegenüber seinen politischen Gegnern, den deutschgesinnten Bürgern.

Diese Feststellungen in bezug auf die von Bożek betätigte moralische Gesinnung sind unanfechtbar. Aber das Minderheitsamt macht geltend, daß sie nicht in Betracht fallen, weil Bożek sich in so hervorragender Weise an den militärischen Aktionen beteiligt habe, daß er unter allen Umständen für das Amt eines Vorstehers disqualifiziert sei. Dieser Ansicht kann nicht beigepflichtet werden, denn ganz abgesehen davon, daß Bożek wie viele andere unter dem Druck und dem Einfluß der allgemeinen Lage stand und daß daher — entsprechend der weiter oben entwickelten Auffassung — seine Beteiligung an der Aufstandsbewegung mit Nachsicht und Weitherzigkeit zu beurteilen ist, kann keineswegs als erwiesen betrachtet werden, daß er bei der Organisation und Durchführung der militärischen Operationen eine entscheidende Rolle gespielt hätte. Unter anderem wurde behauptet, Bożek hätte sich als Abschnittskommandant an den Operationen der polnischen Insurgenten beteiligt und beim Angriff auf die Schichowitzer Brücke mitgewirkt. Diese Behauptungen sind unbewiesen geblieben. Die Aussagen der vom Minderheitsamt angerufenen Belastungszeugen wissen entweder überhaupt nichts von Bożeks angeblicher Beteiligung am Aufstand (Lischka [act. 848—849], Chroboczek [act. 869—870], Musiol [act. 862—863], Struzina [act. 856—857] oder stützen ihre Aussagen nicht auf eigene Wahrnehmungen, sondern auf Hörensagen (Machura [act. 850—851], Grimm [act. 865—866], Sollich [act. 854—855]), oder auf gesprächsweise Andeutungen Bożeks (Wolf [act. 952—953]). Der Zeuge Wolf berichtet z. B., Bożek hätte sich ihm gegenüber als »Kommandeur« dargestellt und davon gesprochen, was er erreichen würde, wenn er »seine zwei Kompagnien« zur Hand hätte. Bożek bestreitet, Kompagniekommandant gewesen zu sein. Es kann daher auf diese unbestimmten Aussagen nicht abgestellt werden, um so mehr, als es den zuständigen Behörden nicht gelungen ist, auch nur einen einzigen direkten Zeugen dafür zu stellen, daß Bożek Kompagniekommandant gewesen wäre, was doch eine derart leicht beweisbare Tatsache ist, daß si świadkowie Cieślik (akt 852—853) i Elias (akt 858—859) widzieli go w mundurze powstańczym, to są to tylko naturalne okoliczności towarzyszące uczestnictwu w powstaniu. Nie sprzeciwia się to też temu, co Bożek sam przyznaje, że czynny był mianowicie po stronie powstańców w służbie sanitarnej. Nawiasem można tu jeszcze nadmienić, że żaden z przesłuchanych świadków nie widział, żeby Bożek posługiwał się bronią lub komukolwiek nią groził. Także zeznania świadka Czogalli (akt 954—955) nie dowodzą, że Bożek odgrywał wybitną rolę przy wojskowym lub politycznym kierownictwie powstania. Jeżeli bowiem świadek ten na kartkach, które znaleziono w koszu do papieru w szkole w Markowicach, zauważył raporty podpisane przez Bożka i doniesienia o stanie liczebnym jakiejś formacji powstańczej, to opierać się na tym nie można, ponieważ świadek dokumenty te zniszczył i ani ich treści ani ich charakteru dokładnie sobie przypomnieć nie może. Nie można też wysnuć żadnych wniosków z zajścia, które przedstawili świadkowie Juretzki (akt 950—951) i Kostka (942—943). Byli oni wówczas jeszcze w młodocianym wieku i w jednym z ostatnich dni powstania przedostać się chcieli do Raciborza. Gdy po drodze spostrzegli zbliżającą się furmankę, Juretzki i Kostka — według ich własnych zeznań — ukryli się w zaroślach, podczas gdy Makio uciekł. Gdy świadkowie na wołanie osób, które siedziały na wozie, nie wyszli z ukrycia, padły rzekomo dwa strzały, które poszły w wodę. Gdy teraz Kostka i Juretzki wyszli z zarośli, miał im Bożek poznawszy ich powiedzieć, że mają się jak najprędzej „wynosić" do domu. Byłoby bezcelowym dochodzić, kto strzelał — według zeznania Juretzkiego (akt 950—951) Bożek nie był uzbrojony, uzbrojony w karabin był natomiast jego towarzysz Ćwil — ponieważ z uwagi na ówczesne niebezpieczne stosunki zachowanie się osób jadących wozem nie było dziwne, gdyż nie bez powodów mogli się obawiać napadu z zasadzki.

Wreszcie Urząd Spraw Mniejszości wysunął zarzut, że na wiosnę 1921 krótko przed wybuchem powstania Bożek w lesie Adamowickim złożył przysięgę, że nie spocznie, dopóki cały Górny Śląsk nie będzie wcielony do Polski. Żaden z powołanych przez Urząd Spraw Mniejszości 11 świadków nie mógł potwierdzić tego twierdzenia. Jehierfür sicherlich viele direkte Zeugen hätten angerufen werden können. Wenn die Zeugen Machura (act. 850—851), Sollich (act. 854—855) ihn mit einem Revolver bewaffnet und die weiteren Zeugen Cieślik (act. 852—853) und Elias (act. 858—859) in der Uniform der Aufständischen gesehen haben, so ist dies nichts als eine natürliche Begleiterscheinung der Beteiligung am Aufstande und steht auch nicht dem entgegen, was Bożek selber zugibt, daß er nämlich auf Seiten der Aufständischen beim Sanitätsdienst mitgewirkt habe. Nebenbei sei hier noch bemerkt, daß keiner der einvernommenen Zeugen beobachtet hat, daß Bożek von einer Waffe Gebrauch gemacht oder mit ihr jemanden bedroht hätte. Auch die Depositionen des Zeugen Czogalla (act. 954—955) liefern nicht den Beweis, daß Bożek eine führende Rolle bei der militärischen oder politischen Leitung des Aufstandes gespielt hat, denn, wenn dieser Zeuge auf Zetteln, die im Papierkorb der Markowitzer Schule gefunden wurden, Meldungen fand, die von Bożek unterschrieben waren und Mitteilungen über den Bestand einer Aufständischenformation enthielten, so kann darauf nicht abgestellt werden, denn diese Dokumente sind vom Zeugen vernichtet worden und er kann sich weder an ihren Inhalt noch an ihren Charakter genau erinnern. Nicht schlüssig ist auch der Vorfall, der von den damals noch im Jünglingsalter stehenden Zeugen Juretzki (act. 950—951) und Kostka (act. 942—943) berichtet wird, die an einem der letzten Tage des Aufstandes vom Jahre 1921 den Versuch machten, sich nach Ratibor durchzuschlagen. Als sie unterwegs eines herannahenden Fuhrwerks ansichtig wurden, hätten sich Juretzki und Kostka — nach ihren Aussagen — im Gebüsch versteckt, während Makio davonlief. Als die Zeugen auf den Ruf der Wageninsassen nicht aus ihrem Versteck heraustraten, seien zwei Schüsse gefallen, die ins Wasser einschlugen. Als nun Kostka und Juretzki hervortraten, hätte ihnen Bożek, als er sie erkannte, gesagt, sie sollten machen, daß sie schleunigst nach Hause kämen. Es hat keinen Wert, der Frage weiter nachzugehen, wer die Schüsse abgefeuert hat — laut Zeugnis des Juretzki (act. 950—951) sei Bożek unbewaffnet gewesen, dagegen hätte sein Begleiter Cwil einen Karabiner in der Hand gehabt, — denn angesichts der unsicheren Verhältnisse der damaligen Tage war das Verhalten der Wageninsassen nicht unverständlich, da sie nicht ohne Grund die Befürchtung haben mochten, Opfer eines Hinterhaltes zu werden.

Es ist von Seiten des Minderheitsamtes endlich gegen den Gemeindevorsteher Bożek angeführt worden, er hätte im Frühjahr 1921 kurz vor Ausbruch des Aufstandes im Walde von Adamowitz den Schwur geleistet, nicht zu ruhen, ehe ganz Oberschlesien Polen einverleibt sei. Keiner der elf vom Minderheitsamt angerufenen Zeugen konnte diese Behauptung dynie świadek Bulenda (akt 867—868) opisuje zajście, które ma słabe podobieństwo do wyżej wymienionego: Krótko przed wybuchem powstania Bulenda miał widzieć, jak jakaś gromadka młodych ludzi jechała na rowerach do lasu w okolicy Markowic. Poszedłszy za nimi miał zbliżyć się do nich w chwili, gdy niejaki Cyran przemawiał i zabierał się do tego, aby ludzi tych podzielić na grupy. Ponieważ to jednak dobrze nie szło, miał Bożek się wmieszać, przeprowadzić podział i wygłosić mowę, która kończyła się słowami: „Tym razem zebranie odbywa się jeszcze w lesie, miejmy nadzieję, że następnym razem odbędzie się w jakimś lokalu lepszym". Obszerne przeprowadzenie dowodu bezsprzecznie wykazało jedynie to, że Bożek przy tej okazji zabrał głos. Co mówił, ustalone całkiem nie jest. Powołani przez żalącego się świadkowie Bytomski (akt 932—933), Cyfka (akt 934—935), Wranik (akt 936—937) i Szebel (akt 938—939) nie przypominają sobie, żeby słyszeli wyżej przytoczone słowa. Według zeznań tych świadków Bożek miał powiedzieć: „My nie będziemy zaczynać i nie będziemy atakować, lecz gdyby nas zaatakowano, to będziemy się bronić". Ważnym momentem dla osądzenia tego zajścia jest fakt, że Bożek ani zebrania nie zwoływał, ani go nie zagajał; również nie wezwał nikogo na zebranie. Zebranie zwołano z innej strony, tak np. swiadkowie Wranik (akt 936—937) i Szebel (akt 938—939) zostali zaproszeni przez Bytomskiego. Poza tym wszystkie zeznania świadków (Bulenda — akt 867, 868), (Bytomski — akt 932, 933), (Cyfka — akt 934, 935), (Wranik — akt 936, 937), (Szebel — akt 938, 939) zgodne są co do tego, że zebranie zagaił niejaki Cyran. Widocznie interwencja oratorska Bożka w programie nie była wcale przewidziana i przypisać ją należy najprawdopodobniej jego impulsywnemu temperamentowi i skłonności do zabierania głosu przy każdej okazji. Lecz pominąwszy to, zajściu temu przypisywać nie można większego znaczenia z tego powodu, że nie udowodniono przyczynowego związku pomiędzy zebraniem a późniejszymi zdarzeniami. W danych warunkach związek taki prawdopodobnie też nie istnieje.

Z uwagi na wszystkie powyższe okoliczności Prezydent Komisji Mieszanej dochodzi zatem do przekonania, że nie ma dostatecznych powodów, które by usprawiedliwiały wykluczenie Bożka z urzędu naczelnika gminy, i że niezatwierdzenie go jest naruszeniem artykułów 75 i 77 Konwencji Genewskiej.

bestätigen. Bloß der Zeuge Bulenda (act. 867—868) schildert einen Vorfall, der mit dem erwähnten eine entfernte Ähnlichkeit hat: Kurz vor Ausbruch des Aufstandes hätte Bulenda einen Trupp junger Leute auf Fahrrädern in einen Wald der Markowitzer Umgebung fahren sehen. Als er ihnen folgte, sei er dazugekommen, als ein gewisser Cyran eine Ansprache hielt und sich anschickte, die Leute in Gruppen einzuteilen. Da dies aber nicht recht vonstatten gegangen sei, hätte Bożek eingegriffen, die Einteilung vorgenommen und eine Rede gehalten, die mit den Worten endete: »Diesmal findet die Versammlung noch im Walde statt, das nächste Mal wird sie hoffentlich in einem besseren Lokal stattfinden.« Die umfangreiche Beweisaufnahme hat bloß zur einwandfreien Feststellung geführt, daß Bożek bei dieser Versammlung das Wort ergriffen hat. Was er gesprochen hat, steht nicht ganz fest. Die vom Beschwerdeführer angerufenen Zeugen Bytomski (act. 932—933), Cyfka (act. 934—935), Wranik (act. 936—937), und Szebel (act. 938—939) erinnern sich nicht, die oben zitierten Worte gehört zu haben. Nach den Aussagen dieser Zeugen hätte Bożek vielmehr die Äußerung getan: »Wir werden nicht anfangen und nicht angreifen, sollten wir aber angegriffen werden, so werden wir uns wehren.« Wesentlich für die Beurteilung dieses Vorfalles ist, daß die Versammlung weder von Bożek einberufen noch von ihm eröffnet wurde. Keiner der Zeugen ist von Bożek aufgefordert worden, zur Versammlung zu kommen. Die Einberufung erfolgte von anderer Seite, so wurden z. B. die Zeugen Wranik (act. 936—937) und Szebel (act. 938—939) von Bytomski eingeladen. Ferner stimmen alle Zeugenaussagen (Bulenda [act. 867—868], Bytomski [act. 932—933], Cyfka [act. 934—935], Wranik [act. 936—937], Szebel [act. 938—939]) darin überein, daß die Versammlung von einem gewissen Cyran eröffnet wurde. Bożeks oratorische Intervention war somit offenbar nicht programmäßig und sie ist sehr wahrscheinlich auf sein impulsives Temperament und auf seine Neigung, bei allen Anlässen mitzureden, zurückzuführen. Aber abgesehen davon kann dem Vorfall keine wesentliche Bedeutung beigemessen werden, weil ein ursächlicher Zusammenhang zwischen der Versammlung und den späteren Ereignissen nicht nachgewiesen ist und nach Lage der Umstände auch nicht bestehen dürfte.

In Anbetracht aller dieser Umstände gelangt daher der Präsident der Gemischten Kommission zur Überzeugung, daß keine genügenden Gründe vorliegen, um den Ausschluß Bożeks vom Amte eines Gemeindevorstehers zu rechtfertigen und daß seine Ablehnung eine Verletzung der Art. 75 und 77 der Genfer Konvention bedeutet.

2. Niezatwierdzenie Michała Polloka wybranego naczelnikiem gminy w Tellsruh.

Niemiecki Urząd Spraw Mniejszości podniósł przeciwko naczelnikowi gminy Michałowi Pollokowi zarzut, że w roku 1921 przy wybuchu powstania zabielił wapnem orła pruskiego na tablicy gminnej w Tellsruh. Zapewne głęboko należałoby rozważyć, czy tego rodzaju wyszydzenie godeł państwowych przez urzędującego naczelnika gminy nie należy uważać za wystarczający powód do niezatwierdzenia. Kwestii tej nie potrzeba jednak rozstrzygać, ponieważ przeprowadzenie dowodu nie dało zadowalającego wyjaśnienia stanu faktycznego. Zajście to obserwował tylko jeden świadek naoczny. Zeznania jego nie mogą być jednak uważane za bezstronne, ponieważ, jak sam zeznaje, żyje w nieprzyjaźni z Pollokiem (akt 556—556 a). Dalszemu zarzutowi, jaki wysuwa się przeciwko Pollokowi, że w roku 1920 wyrazić się miał na publicznym zebraniu: „Landrat ma nam gówno do gadania", przypisywać nie można ważnego znaczenia. Na zasadzie zeznań świadków można bowiem przypuścić, że Pollok przez to co prawda zupełnie nieparlamentarne wyrażenie nie chciał podburzać do nieposłuszeństwa względem autorytetu państwowego, lecz jedynie zaznaczyć wobec władzy nadzorczej, że zebranie ma prawo do rozstrzygania. Pominąć można przy tym zupełnie kwestię, czy zapatrywanie Polloka było słuszne lub nie. Nie udowodniono następnie twierdzeń Urzędu Spraw Mniejszości, że w domu Polloka odbywały się zebrania powstańców i że Pollok w czasie powstania polskiego w roku 1921 był zastępcą miejscowego komendanta powstańców w Tellsruh. Twierdzenia te opierają się wyłącznie na przypuszczeniach powołanych przez Urząd Spraw Mniejszości świadków Pluty (akt 551—551 a) i Hadamusa (akt 552—552 a).

Z wszystkich na uzasadnienie niezatwierdzenia przytoczonych powodów bezwzględnie najbardziej obciążającym jest zarzut, że ówczesny naczelnik gminy Pollok przypatrywać się miał bezczynnie, gdy pewnej nocy podczas powstania z roku 1921 kilku wyrostków przywlokło niejaką Prudlównę ubraną tylko w koszulę i halkę na odwach powstańców w Tellsruh, gdzie ją zmusili do całowania podłogi i wołania „Niech żyje Polska". Świadkowie Prudlówna (akt 550—550 a) i Pluta (akt 551—551 a) zeznali zgodnie pod przysięgą, że Pollok obecny był przy tym zajściu i nie wkroczył. Obydwaj świadkowie zeznają też zgodnie, że wkrótce po wejściu komendanta miejscowego Nikla Prudlówna jeszcze raz musiała pocałować podłogę i wołać

2. Die Nichtbestätigung des zum Gemeindevorsteher in Tellsruh gewählten Michael Pollok.

Es ist vom Deutschen Minderheitsamt gegen den Gemeindevorsteher Michael Pollok geltend gemacht worden, er habe im Jahre 1921 bei Ausbruch des Aufstandes den preußischen Adler auf der Gemeindetafel von Tellsruh mit Kalk übertüncht. Es wäre gewiß sehr in Erwägung zu ziehen, ob eine derartige Verhöhnung der staatlichen Embleme durch den amtierenden Gemeindevorsteher nicht als genügender Grund für seine Ablehnung anzusehen sei. Die Entscheidung dieser Frage kann aber dahingestellt bleiben, da die Beweisaufnahme keine befriedigende Abklärung des Tatbestandes ergeben hat. Der Vorfall ist von einem einzigen direkten Zeugen beobachtet worden, dessen Aussagen aber nicht als unbefangen gelten können, da er, laut seiner eigenen Aussage, mit Pollok verfeindet ist (act. 556—556 a). Dem weiteren gegen Pollok erhobenen Vorwurf, er hätte im Jahre 1920 in einer öffentlichen Versammlung die Äußerung getan: »Der Landrat hat uns einen Dreck zu sagen«, kommt keine erhebliche Bedeutung zu, da auf Grund der Zeugendepositionen angenommen werden kann, daß Pollok mit dieser allerdings durchaus unparlamentarischen Äußerung nicht zum Ungehorsam gegen die staatliche Autorität aufhetzen wollte, sondern lediglich die Entscheidungsbefugnis der Versammlung gegenüber der Aufsichtsbehörde betonen wollte, wobei völlig dahingestellt bleiben mag, ob diese Auffassung Polloks richtig war oder nicht. Unbewiesen sind ferner die Behauptungen des Minderheitsamtes geblieben, in Polloks Hause hätten Versammlungen der Insurgenten stattgefunden und Pollok sei während des polnischen Aufstandes vom Jahre 1921 stellvertretender aufständischer Ortskommandant von Tellsruh gewesen. Die diesbezüglichen Behauptungen stützen sich auf bloße Vermutungen der vom Minderheitsamt angerufenen Zeugen Pluta (act. 551—551 a) und Hadamus (act. 552—552 a).

Unter all den für die Nichtbestätigung angeführten Gründen fällt weitaus am schwersten der Vorwurf in Betracht, der damalige Gemeindevorsteher Pollok hätte untätig zugesehen, als in einer Nacht während des Aufstandes von 1921 eine gewisse Prudlo, nur mit Hemd und Unterrock bekleidet, von jungen Burschen ins Tellsruher Wachtlokal der Insurgenten geschleppt und gezwungen wurde, den Fußboden zu küssen und dabei »Hoch lebe Polen« zu rufen. Die Zeugen Prudlo (act. 550 bis 550 a) und Pluta (act. 551—551 a) haben übereinstimmend, unter Eid, ausgesagt, Pollok sei bei dieser Szene zugegen gewesen, ohne dagegen zu intervenieren. Beide Zeugen stimmen auch darin überein, daß die Prudlo kurze Zeit darauf beim Eintritt des Ortskommandanten Nickel nochmals

„Niech żyje Polska". Te obydwa pozytywne zeznania co do obecności Polloka sprzeczne są z zeznaniami świadków, których powołał żalący się, mianowicie Gruski (akt 549—549 a), Mrugalli (akt 548—548 a) i Maleski (akt 946—947). Także ci świadkowie obserwowali zajście, tak jak je powyżej przedstawiono, z tą jedynie różnicą, że według ich zeznań Polloka przy tej scenie nie było. Z uwagi na te sprzeczne zeznania przyjęto ofertę Polloka, że wykaże swe alibi. Pollok twierdzi, że całą krytyczną noc spędził u siebie w domu w towarzystwie Alberta Niesłonego. Między godziną 8 a północą przyszli do niego w odwiedziny Józef Maleska i Mrugalla. To przedstawienie stanu rzeczy przez Polloka wymienieni świadkowie na ogół potwierdzili. Niesłony oświadczył, że danej nocy siedział aż do północy razem z Pollokiem w jego domu i później razem z nim udał się na spoczynek w tym samym pokoju. Około godziny 8 wieczorem przyszedł do Polloka jakiś obcy mężczyzna (Maleska), po którego o godzinie 10 przyszedł jakiś inny nieznajomy (Mrugalla), żeby poszedł pełnić z nim straż (akt 926—927). Z okazji drugiego przesłuchania Niesłony oświadczył, że Maleska pozostał u Polloka aż do północy, podczas gdy Mrugalla około godziny 10 wyszedł sam (akt 958—959). Zarówno obydwa określenia czasu jak i podanie, że Mrugalla oddalił się sam, nie odpowiadają prawdzie, ponieważ Maleska (akt 946—947 i akt 960—961) i Mrugalla (akt 548—549) zeznają zgodnie, że opuścili dom Poloka wspólnie około godziny wpół do dwunastej, co z tego powodu jest bardzo prawdopodobne, że obaj musieli stawić się o północy do zluzowania straży. Zeznania Niesłonego wykazują jeszcze dalszą sprzeczność z zeznaniem świadka Maleski. Niesłony oświadczył np., że Maleska był obecny, gdy on i Pollok wieczerzali (akt 958—959). Maleska natomiast oświadcza, że nie był wówczas obecny (akt 960—961). Gdy Niesłonemu zwrócono uwagę na te sprzeczności, oświadczył, że już sobie dokładnie nie może przypomnieć owej nocy, ponieważ w czasie jego ośmiodniowego pobytu u Polloka owi dwaj obcy mężczyźni wieczorem częściej przychodzili do Polloka (akt 958—959). Wśród tych warunków całkiem słusznie można wątpić, czy noc, którą opisuje świadek Niesłony, identyczna jest z nocą, w której miało miejsce zajście z Prudlówną. Możliwość omyłki jest tym większa, że Niesłony o zajściu dowiedział się nie tej samej nocy, lecz dopiero kilka dni później. W końcu wydaje się bardzo nieprawdopodobnym, aby Niesłony, jak to twierdzi, udawał się każdej nocy dopiero po północy na spoczynek, mimo że następnego dnia wstawać musiał zawsze o godzinie 6 rano do pracy. Z uwagi na wszystkie te wątpliwości i ze względu na to, że nawet nie jest ustalone, czy świadectwo Niesłonego co do alibi odnosi habe den Fußboden küssen und »Hoch lebe Polen« rufen müssen. Diesen beiden positiven Aussagen betreffend Polloks Gegenwart stehen die Aussagen der vom Beschwerdeführer angerufenen Zeugen Gruska (act. 549—549 a), Mrugalla (act. 548—548 a) und Maleska (act. 946—947) gegenüber. Auch diese haben den Vorfall, wie oben geschildert, mitbeobachtet, bloß mit dem Unterschied, daß — nach ihrer Aussage — Pollok bei dieser Szene nicht zugegen gewesen sei. In Anbetracht dieser widersprechenden Aussagen wurde auf das Angebot des Beschwerdeführers, das Alibi Polloks zu beweisen, eingegangen, wobei die Darstellung des Pollok, er hätte die ganze fragliche Nacht in seinem Hause, und zwar in Gesellschaft des Albert Nieslony verbracht und zwischen 8 Uhr und Mitternacht den Besuch des Josef Maleska und des Mrugalla empfangen, von diesen Zeugen im allgemeinen bestätigt wurde. Nieslony erklärte, daß er in der kritischen Nacht bis nach Mitternacht mit Pollok in dessen Hause zusammengesessen hätte und nachher im gleichen Zimmer mit ihm zu Bett gegangen wäre. Gegen 8 Uhr abends sei ein fremder Mann (Maleska) zu Pollok gekommen, der um 10 Uhr von einem anderen Unbekannten (Mrugalla) zum Wachtdienst abgeholt wurde (act. 926—927). Anläßlich seiner zweiten Einvernahme erklärte Nieslony, Maleska sei bis nach Mitternacht bei Pollok geblieben, während Mrugalla sich gegen 10 Uhr allein entfernt hätte (act. 958—959). Sowohl die beiden Zeitangaben als auch die Angabe, Mrugalla hätte sich allein entfernt, sind unrichtig, denn Maleska (act. 946—947 und act. 960—961) und Mrugalla (act. 548—549) geben übereinstimmend an, Polloks Haus gemeinschaftlich gegen ½12 Uhr verlassen zu haben, was deswegen sehr plausibel ist, da sie beide um Mitternacht zur Wachtablösung antreten mußten. Nieslonys Aussagen enthalten noch einen weiteren Widerspruch mit dem Zeugen Maleska. Er erklärte z. B., daß Maleska zugegen gewesen sei, als er und Pollok zu Nacht aßen (act. 958—959). Der Zeuge Maleska erklärt, daß er nicht dabei gewesen sei (act. 960—961). Auf diese Widersprüche aufmerksam gemacht, erklärte der Zeuge Nieslony, daß er sich an die fragliche Nacht nicht mehr genau erinnere, da die beiden fremden Männer während seines achttägigen Aufenthaltes bei Pollok des öfteren am Abend zu Pollok gekommen seien (act. 958—959). Unter diesen Umständen erscheint der Zweifel sehr berechtigt, ob die Nacht, die der Zeuge Nieslony beschreibt, identisch ist mit der Nacht, in der sich der Vorfall Prudlo zutrug. Die Gefahr einer Verwechslung ist um so größer, als der Nieslony den Vorfall nicht in derselben Nacht, sondern erst einige Tage später erfuhr. Endlich erscheint es sehr unwahrscheinlich, daß Nieslony, wie er angibt, Abend für Abend erst nach Mitternacht sich zu Bett begeben habe, obwohl er am nächsten Morgen jeweilen um 6 Uhr früh zur Arbeit aufstehen mußte. Mit Rücksicht auf all się do owej krytycznej nocy, nie można uważać, że Pollok wykazał swe alibi.

Dla oceny zeznania świadka Prudlówny powiedzieć należy co następuje: Za wielkim znaczeniem tego świadka przemawia wzgląd, że ona jako bezpośrednio dotknięta tym smutnym zajściem najlepiej i najbezpośredniej zapamiętać sobie musiała spostrzeżenia i wrażenia owej nocy. Zrobiła ona również wrażenie absolutnej subiektywnej prawdomówności. Z drugiej strony uwzględnić należy stan najwyższego wzburzenia, w jakim znajdować się musiała z okazji tego zajścia. Temu stanowi umysłowemu przypisać może można fakt, że Prudlówna sprzecznie z Plutą oświadcza, że Pollok wezwał ją, aby wobec zebranych na odwachu mężczyzn po raz drugi się upokorzyła. Fakt, że Prudlówna po raz drugi znieść musiała tę hańbiącą scenę, gdy komendant krótko po pierwszym zajściu przyszedł na odwach, jest wprawdzie ustalony, lecz świadek Pluta zeznaje, że nie widział, aby Pollok Prudlównie rozkazał to uczynić. Poza tym zeznania świadków Prudlówny i Pluty nie zostały jednak osłabione. Świadkowie Gruska (akt 549—549 a), Mrugalla (akt 548—548 a) i Maleska (akt 946—947) zeznali co prawda, że Polloka na odwachu nie widzieli. Negatywne zeznanie, że się kogoś nie widziało, należy jednak ocenić z największą ostrożnością. W niniejszym przypadku prawdziwość tych negatywnych zeznań jest szczególnie wątpliwa, jeśli się zważy, że na odwachu znajdowała się cała gromada mężczyzn (około 20 do 30), których liczby i nazwisk nie mógł podać żaden z świadków, ponieważ panowało widocznie wielkie wzburzenie i osoby stale wchodziły i wychodziły.

Na podstawie powyższych wywodów przypuścić zapewne trzeba, że zupełne wyjaśnienie wszystkich szczegółów owego smutnego zajścia nigdy nie będzie możliwe. W niniejszym przypadku chodzi o kwestię, czy właściwy landrat, osądzając samowolnie stan rzeczy, dopuścił się aktu nierównego traktowania na szkodę należącego do mniejszości Polloka i mniejszości jako takiej. Z uwagi na wynik postępowania dowodowego Prezydent Komisji Mieszanej dochodzi do przekonania, że właściwy landrat nie dopuścił się aktu samowoli, gdy przypuszczał, że Pollok obecny był przy zajściu z Prudlówną, ponieważ na podstawie akt bona fide przypuścić to można. Na mocy tego niezatwierdzenie naczelnika gminy Polloka wydaje się być uzasadnione, bo nie potrzeba szczególnego wywodu na to, że bezwzględnym obowiązkiem ówczesnego naczelnika gminy Polloka było wkroczyć przeciwko diese Zweifel und in Anbetracht dessen, daß es nicht einmal feststeht, ob das Alibizeugnis Nieslonys sich auf die kritische Nacht bezieht, kann der Alibibeweis nicht als erbracht gelten.

Zur Wertung der Aussage der Zeugin Prudlo ist folgendes zu sagen. Für die große Bedeutung dieses Zeugen spricht die Erwägnug, daß sich ihr, als der an dem traurigen Vorfall direkt beteiligten Person, die Wahrnehmungen und Eindrücke jener Nacht am schärfsten und unmittelbarsten eingeprägt haben müssen. Auch hat sie den Eindruck absoluter subjektiver Wahrhaftigkeit gemacht. Anderseits ist der Zustand höchster Erregung in Betracht zu ziehen, in dem sie sich anläßlich jenes Vorfalles befunden haben muß. Auf diese Gemütsverfassung ist vielleicht die Tatsache zurückzuführen, daß die Prudlo im Gegensatz zu Pluta erklärt, daß sie von Pollok aufgefordert worden sei, sich vor den versammelten Männern im Wachtlokal ein zweites Mal zu erniedrigen. Die Tatsache, daß die Prudlo ein zweites Mal die schmähliche Szene über sich ergehen lassen mußte, als der Kommandant kurz nach dem ersten Vorgang in das Wachtlokal kam, steht zwar fest, doch sagt der Zeuge Pluta aus, nicht gesehen zu haben, daß Pollok die Prudlo dazu aufgefordert hätte. Im übrigen sind aber die Aussagen der Zeugen Prudlo und Pluta unentkräftet. Allerdings haben die Zeugen Gruska (act. 549—549 a), Mrugalla (act. 548—548 a) und Maleska (act. 946—947) ausgesagt, Pollok im Wachtlokal nicht gesehen zu haben. Aber negative Aussagen, jemand nicht gesehen zu haben, sind mit größter Vorsicht zu bewerten. Im vorliegenden Falle ist die Zuverlässigkeit dieser negativen Aussagen besonders fraglich, da im Wachtlokal eine große Schar Männer war (ca. 20—30), deren genaue Zahl und Namen von keinem Zeugen angegeben werden konnte, da offenbar große Aufregung herrschte und ständig Personen kamen und gingen.

Auf Grund vorstehender Ausführungen muß wohl angenommen werden, daß die restlose Aufklärung aller Einzelheiten jenes traurigen Vorfalls niemals möglich sein wird. Hier handelt es sich um die Frage, ob der zuständige Landrat in willkürlicher Beurteilung des Sachverhalts einen Akt ungleicher Behandlung zum Schaden des Minderheitsangehörigen Pollok und der Minderheit als solcher begangen hat. Der Präsident der Gemischten Kommission gelangt angesichts der Beweisergebnisse zu der Überzeugung, daß der zuständige Landrat keinen Akt der Willkür beging, wenn er annahm, daß Pollok beim Vorfalle Prudlo zugegen gewesen sei, da dies nach der Aktenlage bona fide angenommen werden kann. Gestützt darauf erscheint aber auch die Ablehnung des Gemeindevorstehers Pollok als begründet, denn es bedarf keiner besonderen Ausführung, daß es unbedingte Pflicht des damaligen Gemeindevorstehers temu, aby bezbronną młodą dziewczynę po wywleczeniu jej w nocy z łóżka wystawiono półnagą na spojrzenia gromady obcych mężczyzn i wśród gróźb zmuszono do całowania podłogi szynku.

Na swoje usprawiedliwienie Pollok nie może też przytoczyć, że przez interwencję naraziłby się na niebezpieczeństwo. Miał bowiem u powstańców polskich dobrą opinię, co m. in. wynika także z tego, że powstańcy uznawali przepustki, które wystawiał dla przekraczania ich linii bojowych (świadek Kalemarz — akt 547—547 a).

Z uwagi na powyższe okoliczności Prezydent Komisji Mieszanej dochodzi do przekonania, że wykluczenie Polloka z urzędu naczelnika gminy nie przedstawia aktu nierównego traktowania (art. 75 i 77 Konwencji Genewskiej).

III

Po naradzie w łonie Komisji Mieszanej Prezydent Komisji Mieszanej na mocy powyższych rozważań dochodzi do

poglądu:

1. Zażalenie wniesione przeciwko niezatwierdzeniu naczelnika gminy Arkadiusza Bożka w Markowicach uznaje się za uzasadnione. Wobec tego należy polecić właściwemu landratowi, aby Bożka bezzwłocznie zatwierdził i wprowadził w urząd.
2. Zażalenie przeciwko niezatwierdzeniu Michała Polloka w Tellsruh oddala się jako nieuzasadnione.

3. Przyjmuje się do wiadomości ugodę, która zawarta została pomiędzy Związkiem Polaków w Opolu a Rządem Niemieckim i którą zakomunikowano Prezydentowi Komisji Mieszanej dnia 24 czerwca 1927 (akt 978—980). Na mocy tej ugody stwierdza się, że wszystkie zażalenia, które wniesiono do Prezydenta Komisji Mieszanej w sprawie niezatwierdzenia naczelników gmin i ławników na Górnym Śląsku Niemieckim, są załatwione.

54

Pogląd

z dnia 5 października 1927 w sprawie nr 241 Niemieckiego Związku Ludowego na Górny Śląsk Polski dla strzeżenia praw mniejszości,

Pollok gewesen wäre, dagegen einzuschreiten, daß ein wehrloses junges Mädchen, nachdem es mitten in der Nacht aus dem Bette gerissen wurde, halbnackt den Blicken einer Schar fremder Männer preisgegeben und unter Drohungen gezwungen wurde, den Fußboden der Schenke zu küssen.

Pollok kann zu seiner Entschuldigung auch nicht anführen, daß er sich durch seine Intervention Gefahren ausgesetzt hätte, denn er war bei den polnischen Insurgenten eine gut angeschriebene Persönlichkeit, was u. a. daraus hervorgeht, daß die von ihm ausgestellten Passierscheine von den Insurgenten beim Überschreiten ihrer Linien anerkannt wurden. (Zeuge Kalemarz, act. 547—547 a).

In Anbetracht dieser Umstände gelangt der Präsident der Gemischten Kommission zur Überzeugung, daß der Ausschluß Polloks von dem Amte eines Gemeindevorstehers keinen Akt ungleicher Behandlung darstellt (Art. 75 und 77 der Genfer Konvention).

III

Nach stattgehabter Beratung im Schoße der Gemischten Kommission gelangt der Präsident der Gemischten Kommission, gestützt auf die vorstehenden Erwägungen, zur

Stellungnahme:

1. Die gegen die Nichtbestätigung des Gemeindevorstehers Arkadius Bożek in Markowitz erhobene Beschwerde wird gutgeheißen. Infolgedessen ist der zuständige Landrat anzuweisen, Bożek unverzüglich zu bestätigen und ihn in sein Amt einzuführen.

2. Die gegen die Nichtbestätigung des Gemeindevorstehers Michael Pollok in Tellsruh eingelegte Beschwerde wird als unbegründet zurückgewiesen.

3. Von dem zwischen dem Związek Polaków in Oppeln und der Deutschen Regierung abgeschlossenen und dem Präsidenten der Gemischten Kommission am 24. Juni 1927 mitgeteilten Vergleich (act. 978—980) wird Kenntnis genommen, und es wird gestützt auf diesen festgestellt, daß sämtliche beim Präsidenten der Gemischten Kommission anhängig gemachten Beschwerden betreffend Nichtbestätigung von Gemeindevorstehern und Schöffen in Deutsch-Oberschlesien erledigt sind.

54

Stellungnahme

vom 5. Oktober 1927 in der Sache Nr. 241 des Deutsch-Oberschlesischen Volksbundes für Polnisch-Schlesien zur Wahrung der Minderheitszwiązku zapisanego, żalącego się, w Katowicach, ul. Młyńska 23, dotyczącej agitacji przeciwko szkole mniejszościowej w Godowie (Górny Śląsk Polski).

I

1. Dnia 15 kwietnia 1926 (akt 3) Niemiecki Związek Ludowy wniósł w myśl art. 149 Konwencji Genewskiej zażalenie do Polskiego Urzędu Spraw Mniejszości w Katowicach. Urząd Spraw Mniejszości zażalenie wraz z uwagami w myśl art. 152 Konwencji Genewskiej przekazał Prezydentowi Komisji Mieszanej dnia 20 sierpnia 1926 (akt 2). Następnie odbyła się wymiana pism, przewidziana w regulaminie postępowania Komisji Mieszanej. Dnia 26 lipca 1927 Prezydent Komisji Mieszanej przesłuchał świadków. Na rozprawie ustnej, która odbyła się w związku z tymi przesłuchami, kierownik Urzędu Spraw Mniejszości i żalący się mieli sposobność zająć stanowisko do wyników postępowania dowodowego i przedstawić dalsze wywody faktyczne i prawne.

2. Niemiecki Związek Ludowy żali się na to, że naczelnik gminy Godowa usiłował nakłonić osoby, które zgłosiły wnioski w myśl art. 106, do wycofania wniosków — oraz na to, że także w inny sposób agitowano przeciwko utworzeniu szkoły mniejszościowej.

Podstawą zażalenia jest następujący stan faktyczny:

a) W sierpniu 1925 uprawnieni do wychowania poprosili naczelnika gminy Godowa o legalizację podpisów na wnioskach o utworzenie szkoły mniejszościowej. Naczelnik gminy miał się przy tej okazji wobec uprawnionych do wychowania wyrazić, żeby go powieszono, gdyby dokonał legalizacji (zeznanie Franciszka Potysza akt 70, Klotzka akt 81), że nie może legalizować podpisów na własną rękę, że musi w tym celu zwołać najpierw radę gminną (zeznanie Przybyły akt 77) i że się musi najpierw poinformować, czy ma prawo legalizowania (akt 2). Zaś do świadka Ochmannowej (akt 67) miał powiedzieć, że byłoby lepiej, gdyby odstąpiono od utworzenia szkoły mniejszościowej, „żeby to później nie zaszkodziło".

b) Na skutek zażalenia Niemieckiego Związku Ludowego Województwo poleciło następnie naczelnikowi gminy, aby podpisy legalizował. Dnia 4 grudnia 1925 naczelnik gminy wezwał w tym celu uprawnionych do wychowania do siebie. Według pisma zażaleniowego (akt 3) miał zapytać każdego z osobna: „Czy stawił Pan (stawiła Pani) wniosek o utworzenie szkoły mniejszościowej?"; „czy to jest Pana (Pani) podpis?"; „jak Pan (Pani) sobie tę szkołę wyobraża?"; „czy nie byłoby lepiej, stawić wniosek o szkołę polsko-niemiecką?" —

rechte, eingetragener Verein, Beschwerdeführer, in Katowice, ulica Młyńska 23, betreffend Agitation gegen die Minderheitsschule in Godów (Polnisch-Oberschlesien).

I

1. Am 15. April 1926 (act. 3) erhob der Deutsche Volksbund im Sinne von Artikel 149 der Genfer Konvention Beschwerde beim Polnischen Minderheitsamt in Katowice. Das Minderheitsamt überwies die Beschwerde am 20. August 1926 mit seinen Bemerkungen im Sinne von Artikel 152 der Genfer Konvention an den Präsidenten der Gemischten Kommission (act. 2). Es fand hierauf der in der Verfahrensordnung der Gemischten Kommission vorgesehene Schriftenwechsel statt. Am 26. Juli 1927 wurden vom Präsidenten der Gemischten Kommission Zeugen einvernommen, und in den daran anschließenden mündlichen Verhandlungen hatten der Leiter des Minderheitsamtes und der Beschwerdeführer Gelegenheit, zum Beweisergebnis Stellung zu nehmen und weitere Ausführungen in tatsächlicher und rechtlicher Beziehung vorzutragen.

2. Der Deutsche Volksbund beschwert sich, daß der Gemeindevorsteher von Godów versucht habe, die Antragsteller im Sinne von Artikel 106 zur Zurückziehung der Anträge zu bewegen und daß auch sonst gegen die Errichtung einer Minderheitsschule agitiert worden sei.

Der Beschwerde liegen folgende Tatbestände zugrunde:

a) Im August 1925 haben Erziehungsberechtigte den Gemeindevorsteher von Godów um Beglaubigung ihrer Unterschriften auf den Anträgen, durch welche sie die Errichtung einer Minderheitsschule verlangten, ersucht; den Erziehungsberechtigten gegenüber tat er die Äußerung, daß man ihn hängen würde, wenn er die Beglaubigung vornähme (Deposition Franz Potysz act. 70, Klotzek act. 81), daß er die Unterschriften nicht eigenmächtig legalisieren könne und daher vorerst den Gemeinderat einberufen müsse (Deposition Przybyła act. 77), daß er sich zuerst erkundigen müsse, ob er zur Beglaubigung berechtigt sei (act. 2). Zur Zeugin Ochmann (act. 67) sagte er, daß es besser wäre, von der Errichtung einer Minderheitsschule Abstand zu nehmen, »damit das später nicht schade«.

b) Die Wojewodschaft beauftragte in der Folge den Gemeindevorsteher, auf eine Beschwerde des Deutschen Volksbundes hin, die Beglaubigungen vorzunehmen, und am 4. Dezember 1925 lud der Gemeindevorsteher die Erziehungsberechtigten zu sich. Nach der Beschwerdeschrift (act. 3) soll er jedem Einzelnen die Frage gestellt haben: »Haben Sie einen Antrag auf Errichtung einer Minderheitsschule gestellt?«; »Ist das Ihre Unterschrift?«; »Wie denken Sie sich die Schule?«; »Wäre es nicht besser, eine deutsch-polnische Schule zu beantragen?« — Die Beschwerde wirft

Poza tym zażalenie zarzuca naczelnikowi gminy, że powiedział do uprawnionych do wychowania, gdy ci podtrzymywali wnioski: „Rozważcie sobie to dokładnie; ubodzy ludzie nie otrzymają zapomóg; jeżeli ktoś będzie później chciał pożyczyć pieniędzy państwowych na budowę, to pożyczki nie otrzyma; wasi krewni, którzy mają posady państwowe, będą zwolnieni." Tego przedstawienia sprawy przez żalącego się postępowanie dowodowe przeważnie nie potwierdziło. Brak dowodu na to, że naczelnik gminy pytał uprawnionych do wychowania o coś innego, niż o tożsamość podpisu (zeznanie świadków: naczelnika gminy Potysza akt 63, Kostki akt 72, Klotzka akt 81). Naczelnik gminy zeznaje, że kilku uprawnionych do wychowania prosiło go o wyjaśnienie, co to jest szkoła mniejszościowa; on jednak nie wypowiedział się o istocie szkoły mniejszościowej, ponieważ sam nie zdawał sobie wówczas z tego sprawy. Powiedział im tylko, że w przyszłą niedzielę odbędzie się w tej sprawie zebranie, na którym udzieli się żądanego wyjaśnienia. Również nie udowodniono, żeby naczelnik gminy osobom, które zgłosiły wnioski, gorsze był przedstawił widoki otrzymania pożyczek lub subwencyj państwowych. Natomiast jest stwierdzone, że także tym razem nie legalizował części podpisów, jakkolwiek uprawnieni do wychowania wnioski podtrzymali (zeznania Klotzka akt 81, Franciszka Potysza akt 69, Kostki akt 71).

c) Na 8 grudnia 1925 zaproszono Polaków z Godowa na zebranie w budynku szkolnym. Według przedstawienia sprawy przez żalącego się wygłaszano tam przeciwko szkole mniejszościowej podjudzające mowy. Przede wszystkim miał się nauczyciel Szyrmeisen wyrazić w następujący sposób: „Konwencja Genewska obowiązuje u nas jeszcze 11 lat, po czym przestaje obowiązywać i potem zniknie też wszystko co niemieckie. Jeżeli przyjmę teraz posadę w szkole mniejszościowej, to po upływie 11 lat będę musiał iść z łopatą na kopalnię." „Rodzice, którzy posyłają dzieci do szkoły mniejszościowej, muszą sami ponosić koszty (np. za przybory do pisania); państwo nie daje na to pieniędzy." Po ukończeniu zebrania Szyrmeisen miał wezwać tych, którzy zgłosili wnioski o utworzenie szkoły mniejszościowej, aby nie wychodzili, po czym miał im radzić, aby wnioski wycofali. Oświadczenia uprawnionych do wychowania wpisywał do listy.

Nauczyciel Szyrmeisen przyznaje (akt 65), że na zebraniu tłumaczył swym współobywatelom, że utworzenie szkoły mniejszościowej będzie większym finansowym obciążeniem gminy; powiedział on, że gdyby po 11 latach szkoła mniejszościowa ewentualnie zniknęła, to by ferner dem Gemeindevorsteher vor, daß er zu den Erziehungsberechtigten gesagt habe, als sie ihre Anträge aufrechterhielten: »Überlegt es Euch genau; arme Leute erhalten keine Unterstützungen; will jemand später Staatsgelder zum Bauen geliehen haben, so wird er sie nicht erhalten; Angehörige von Euch, die sich in Staatsstellungen befinden, werden entlassen werden.« Diese vom Beschwerdeführer gegebene Darstellung ist zum größten Teil durch das Beweisverfahren nicht bestätigt worden; es fehlt der Beweis dafür, daß der Gemeindevorsteher die Erziehungsberechtigten nach etwas anderem, als nach der Identität der Unterschrift fragte (Zeugenaussagen Gemeindevorsteher Potysz act. 63, Kostka act. 72, Klotzek act. 81). Der Gemeindevorsteher deponiert, daß einige Erziehungsberechtigte ihn um Aufklärung gebeten hätten, was eine Minderheitsschule sei; er habe sich aber über das Wesen einer Minderheitsschule nicht ausgesprochen, weil er sich damals selbst darüber nicht im Klaren war, und er habe sie auf die für den kommenden Sonntag festgesetzte Versammlung verwiesen, in welcher die gewünschte Aufklärung erteilt werden würde. Daß der Gemeindevorsteher denen, die Anträge gestellt hatten, Schlechterstellung bei Erteilung von staatlichen Darlehen und Zuschüssen in Aussicht gestellt hat, ist ebenfalls nicht bewiesen worden. Dagegen steht fest, daß der Gemeindevorsteher auch dieses Mal einen Teil der Unterschriften nicht beglaubigte, trotzdem die Erziehungsberechtigten ihre Anträge aufrechterhielten (Depositionen Klotzek act. 81, Franz Potysz act. 69, Kostka act. 71).

c) Am 8. Dezember 1925 waren die »Godower Polen« zu einer Versammlung in das Schulgebäude eingeladen. Nach der Darstellung des Beschwerdeführers wurden Hetzreden gegen die Minderheitsschule gehalten. Vor allem soll der Lehrer Szyrmeisen folgende Äußerungen getan haben: »Der Genfer Vertrag hat bei uns noch 11 Jahre Geltung, dann hört er auf und dann wird auch alles Deutsche verschwinden. Lasse ich mich jetzt für die Minderheitsschule anstellen, dann muß ich nach Ablauf der 11 Jahre mit der Schaufel auf die Grube gehen.« »Die Eltern, die ihre Kinder in die Minderheitsschule schicken, müssen die Kosten (z. B. Schreibutensilien) selbst tragen; der Staat gibt darauf kein Geld.« Nach Schluß der Versammlung habe Szyrmeisen diejenigen, die Anträge auf Errichtung einer Minderheitsschule gestellt haben, aufgefordert, zurückzubleiben, und ihnen nahegelegt, die Anträge zurückzuziehen. Die Erklärungen der Erziehungsberechtigten nahm er in einer Liste auf.

Lehrer Szyrmeisen gibt zu (act. 65), daß er anläßlich der Versammlung seinen Mitbürgern auseinandergesetzt habe, daß die Errichtung einer Minderheitsschule eine größere finanzielle Belastung der Gemeinde zur Folge habe; er habe gesagt, daß, wenn nach 11 Jahren die Minderjako nauczyciel szkoły mniejszościowej mógł stracić posadę. Nauczyciel Szyrmeisen zaprzecza, że nakłaniał uprawnionych do wychowania do wycofania wniosków. Natomiast po ukończeniu zebrania przystąpiło do naczelnika gminy i niego 8—10 wnioskodawców, którzy oświadczyli, że chcą wnioski wycofać. Nazwiska tych rodziców zanotował na wezwania naczelnika lub p. Balcara. Postępowanie dowodowe nie wykazało, że nauczyciel Szyrmeisen zajął wobec kwestii szkoły mniejszościowej odmienne stanowisko od tego, do którego się sam przyznał.

Na zebraniu dnia 8 grudnia przemówił także naczelnik gminy, aby, jak zeznaje, wyjaśnić uprawnionym do wychowania, co to jest szkoła mniejszościowa, a co nauka języka niemieckiego. Uważał to za swój obowiązek, ponieważ w gminie nie zdawano sobie z tego dobrze sprawy. Jak wynika z zeznania świadka Borka (akt 73), naczelnik gminy wskazał w swych wywodach także na to, że szkoła niemiecka mogłaby w gminie wywołać niezgodę zarówno pomiędzy dziećmi, jak i pomiędzy dorosłymi.

d) Dnia 11 grudnia wezwał naczelnik gminy wnioskodawców ponownie do siebie. W zażaleniu zarzuca mu się, że i teraz nakłaniał uprawnionych do wychowania do wycofania wniosków, przedkładając im w tym celu do podpisu następujące oświadczenie: „Niniejszym cofam swój wniosek o utworzenie szkoły mniejszościowej i żądam nauki polskiej". Naczelnik gminy zaprzecza temu, że wezwał uprawnionych do wychowania do wycofania wniosków, przeciwnie, ludzie ci mieli sami oświadczyć zaraz przy wejściu do pokoju, że szkoły mniejszościowej nie chcą i wnioski wycofują. Z zeznaniem tym sprzeczne są zeznania uprawnionych do wychowania: Ochmannowej (akt 68) i Kostki (akt 71), i z zeznań tych należy wnioskować, że wymienieni wniosków nie wycofali. Świadkowie zeznają zgodnie, że naczelnik gminy przedłożył im ponownie wnioski z zapytaniem, czy podpisy na wnioskach są ich podpisami. Uprawnionego do wychowania Kostkę zapytał ponadto, czy wie o co chodzi (na myśli miał szkołę mniejszościową). Naczelnik gminy przyznaje, że przygotował oświadczenia cofnięcia, które były wyłożone w biurze gminnym; uprawnieni do wychowania oświadczenia te przeczytali i następnie podpisali. Zeznanie to jest o tyle niezgodne z prawdą, że w każdym razie nie wszyscy uprawnieni do wychowania te oświadczenia cofnięcia podpisali (zeznania Ochmannowej akt 67, Kostki akt 71).

heitsschule eventuell verschwinden sollte, er seine Stellung als Minderheitsschullehrer verlieren könnte. Lehrer Szyrmeisen stellt in Abrede, daß er Erziehungsberechtigten nahegelegt habe, ihre Anträge zurückzuziehen. Vielmehr seien nach Beendigung der Versammlung 8—10 Antragsteller an den Gemeindevorsteher und ihn herangetreten und hätten erklärt, daß sie die Anträge zurückziehen wollten. Er habe die Namen der betreffenden Eltern auf die Aufforderung des Gemeindevorstehers oder des Herrn Balcar hin notiert. Das Beweisverfahren hat nicht ergeben, daß Lehrer Szyrmeisen in anderer Weise als wie von ihm zugegeben, zur Frage der Minderheitsschule Stellung genommen hat.

Auch der Gemeindevorsteher hat in der Versammlung vom 8. Dezember das Wort ergriffen, um, wie er deponiert, den Erziehungsberechtigten zu erläutern, was eine Minderheitsschule und was deutscher Sprachunterricht sei. Er habe sich hierzu verpflichtet gefühlt, da man sich darüber in der Gemeinde nicht klar gewesen sei. Wie aus der Aussage des Zeugen Borek (act. 73) hervorgeht, hat der Gemeindevorsteher in seinen Ausführungen auch darauf hingewiesen, daß die deutsche Schule Uneinigkeit in der Gemeinde sowohl zwischen den Kindern als auch zwischen den Erwachsenen verursachen könne.

d) Am 11. Dezember hat der Gemeindevorsteher neuerdings Antragsteller vorgeladen. Die Beschwerde wirft dem Gemeindevorsteher vor, daß er die Erziehungsberechtigten wiederum aufgefordert habe, ihre Anträge zurückzuziehen, und daß er ihnen eine Erklärung zur Unterschrift vorgelegt habe mit folgendem Wortlaut: »Ich nehme hiermit meinen Antrag auf Errichtung einer Minderheitsschule zurück und fordere polnischen Unterricht«. Der Gemeindevorsteher bestreitet, die Erziehungsberechtigten zum Rückzug der Anträge aufgefordert zu haben, vielmehr hätten diese Leute sogleich beim Betreten des Zimmers erklärt, daß sie keine Minderheitsschule wollten und daß sie ihre Anträge zurückziehen. Diese Deposition steht im Widerspruch mit den Aussagen der Erziehungsberechtigten Ochmann (act. 68) und Kostka (act. 71), aus welchen zu schließen ist, daß sie ihre Anträge nicht zurückgezogen haben; übereinstimmend deponieren die Zeugen, daß der Gemeindevorsteher ihnen neuerdings ihre Anträge vorgelegt und sie gefragt habe, ob dies ihre Unterschrift sei. An den Erziehungsberechtigten Kostka richtete er auch noch die Frage, ob er wisse, worum (gemeint ist die Minderheitsschule) es sich handle. Der Gemeindevorsteher gibt zu, daß er Rückzugserklärungen vorbereitet hatte, die im Gemeindebüro auflagen; diese seien von den Erziehungsberechtigten durchgelesen und nachher unterzeichnet worden. Diese Deposition ist insofern unrichtig, als die Rückzugserklärungen jedenfalls nicht von allen

3. Prezydent Komisji Mieszanej zgodził się na nieprzewidzianą w Konwencji Genewskiej legalizację wniosków zgłoszonych w myśl art. 106, jednak pod wyraźnym warunkiem, że ułatwi się ją pod każdym względem i nie nadużyje jej do wywierania nacisku na wnioskodawców. Artykuł 131 ustęp 2 Konwencji Genewskiej postanawia wyraźnie, że władzom na osoby, które zgłosiły wnioski o utworzenie szkoły mniejszościowej, nie wolno wywierać żadnego nacisku w tym kierunku, aby wnioski wycofali.

W pierwszym okresie obowiązywania Konwencji liczni urzędnicy, którzy właściwi byli do legalizowania dokumentów, czynili wnioskodawcom ustawiczne trudności przy legalizowaniu podpisów. Wynika to z licznych zażaleń, poglądów, interwencyj Prezydenta Komisji Mieszanej i konferencyj z Województwem (zobacz zażalenia z powodu odmówienia legalizacji wniosków szkolnych w Żorach, Mikołowie, Godowie, Wielkich Łagiewnikach i in., pogląd w sprawie Junga z dnia 3 stycznia 1924, pogląd w sprawie legalizacji podpisów na wnioskach szkolnych z dnia 22 kwietnia 1924, protokoły konferencyj z Województwem z dnia 18 kwietnia 1924, 11 grudnia 1924 i 7 marca 1925; poza tym należy wskazać na rozporządzenie Województwa z dnia 22 czerwca 1924, którym pouczono właściwych urzędników, aby przy wykonywaniu czynności urzędowych w związku z legalizowaniem podpisów postępowali wobec wnioskodawców przepisowo i lojalnie.) W ostatnich latach dzięki staraniom Prezydenta Komisji Mieszanej i właściwych władz tego rodzaju uchybienia urzędników zachodziły rzadziej. Rozumie się samo przez się, że tam, gdzie jeszcze dziś zdarzają się takie uchybienia, winnych urzędników pociągnąć należy do tym surowszej odpowiedzialności.

Naczelnik gminy Godowa odmówił w sierpniu 1925 legalizacji przedłożonych mu wniosków o utworzenie szkoły mniejszościowej. Powody, które sub I 2 a przytoczył na swe usprawiedliwienie, dowodzą, że naruszył — pominąć można kwestię, czy uczynił to rozmyślnie lub nieświadomie — rozporządzenia Województwa z dnia 29 grudnia 1922, 14 maja 1924, 26 czerwca 1924, 22 lipca 1924, dotyczące legalizacji wniosków w myśl art. 106. Właściwa władza uznała, że naczelnik gminy dopuścił się tego uchybienia, ponieważ na skutek zażalenia Niemieckiego Związku Ludowego poleciła mu, aby podpisy legalizował.

Erziehungsberechtigten unterschrieben worden sind (Depositionen Ochmann act. 67, Kostka act. 71).

3. Der Präsident der Gemischten Kommission hat die in der Genfer Konvention nicht vorgesehene Beglaubigung der Anträge im Sinne von Artikel 106 zugelassen, unter der ausdrücklichen Bedingung, daß die Beglaubigung in jeder Beziehung erleichtert und nicht zur Ausübung eines Druckes auf die Antragsteller mißbraucht werde. Daß jede Einwirkung der Behörden, welche die Zurücknahme eines Antrages auf Errichtung einer Minderheitsschule bezweckt, unzulässig ist, bestimmt Artikel 131 Abs. 2 der Genfer Konvention ausdrücklich.

In der ersten Zeit nach Inkrafttreten der Konvention wurden den Antragstellern seitens vieler Urkundspersonen fortwährende Schwierigkeiten bei der Beglaubigung der Unterschriften bereitet. Das geht hervor aus zahlreichen Beschwerden, Stellungnahmen, Interventionen des Präsidenten der Gemischten Kommission und Konferenzen mit der Wojewodschaft (vide Beschwerden wegen Verweigerung der Beglaubigung von Schulanträgen in Zory, Mikołów, Godów, Wielkie Łagiewniki u. a., Stellungnahme Jung vom 3. Januar 1924, Stellungnahme betreffend Beglaubigung von Unterschriften auf Schulanträgen vom 22. April 1924, Konferenzprotokoll mit der Wojewodschaft vom 18. April 1924, 11. Dezember 1924 und 7. März 1925; ferner ist auf den Erlaß der Wojewodschaft vom 22. Juni 1924 zu verweisen, durch welchen die zuständigen Beamten belehrt wurden, bei Ausübung der im Zusammenhang mit der Beglaubigung von Unterschriften stehenden Amtstätigkeit formell und loyal gegen die Antragsteller vorzugehen.) In den letzten Jahren sind diesbezügliche Verfehlungen von Beamten dank den Bemühungen des Präsidenten der Gemischten Kommission und der zuständigen Behörden seltener geworden. Es ist selbstverständlich, daß da, wo heute noch solche Verstöße vorkommen, die fehlbaren Beamten um so strenger zu Verantwortung zu ziehen sind.

Der Gemeindevorsteher von Godów hat im August 1925 die Beglaubigung der ihm vorgelegten Anträge auf Errichtung einer Minderheitsschule verweigert; seine sub I 2 a angegebenen Rechtfertigungsgründe beweisen, daß er — ob absichtlich oder in Unkenntnis bleibe dahingestellt! — den Verordnungen der Wojewodschaft vom 29. Dezember 1922, 14. Mai 1924, 26. Juni 1924, 22. Juli 1924 betreffend Beglaubigung von Anträgen im Sinne von Artikel 106 zuwidergehandelt hat. Die Verfehlung des Gemeindevorstehers ist durch die zuständige Behörde dadurch anerkannt, daß sie, auf die Beschwerde des Deutschen Volksbundes hin, ihn beauftragte, die Unterschriften zu beglaubigen.

Naczelnik gminy wezwał wprawdzie dnia 4 grudnia 1925 uprawnionych do wychowania ponownie do siebie, jednak i tym razem nie legalizował podtrzymanych wniosków, jakkolwiek nie mógł się teraz powołać na żadne wątpliwości co do tożsamości podpisu (zeznania Franciszka Potysza akt 69, Klotzka akt 81). Postąpił tak widocznie dlatego, że na 8 grudnia 1925 zwołane zostało zebranie, na którym miano pouczyć uprawnionych do wychowania o istocie szkoły mniejszościowej i nakłonić ich ewentualnie do wycofania wniosków.

Dnia 11 grudnia 1925, gdy ludność była jeszcze pod wrażeniem zebrania, wymagającego późniejszego omówienia, wezwał naczelnik gminy wnioskodawców znów do siebie. Pominąwszy to, że i teraz znów zapytał przybyłych o tożsamość podpisu (zeznania Ochmannowej i Kostki akt 67, 71) i że — co jest ustalone — zapytał świadka Kostki o to, „czy wie o co chodzi", przedłożył uprawnionym do wychowania oświadczenia cofnięcia, które wnioskodawcy mieli podpisać. Jedni z wnioskodawców oświadczenia te podpisali, inni zaś nie (akt 63, 67, 71). Pominąć można kwestię, czy naczelnik gminy wezwał uprawnionych do wychowania expressis verbis do wycofania wniosków, jak mu się to zarzuca. Wezwanie takie wynika w każdym razie z okoliczności, że miał przygotowane listy cofnięć.

Postępowania naczelnika gminy nie można osądzić definitywnie bez omówienia zebrania z dnia 8 grudnia 1925. Zebraniu temu przewodniczyła osoba prywatna i było ono istotnie i bezsprzecznie zebraniem agitacyjnym przeciwko utworzeniu szkoły mniejszościowej (zeznania Borka akt 73, Szyrmeisena akt 65). Prezydent Komisji Mieszanej wyraził już kilkakrotnie zapatrywanie, że propagandzie osób prywatnych, uprawianej choćby najintensywniej, nic nie można zarzucić tak długo, dopóki nie posunie się tak daleko, aby instytucję szkoły mniejszościowej, będącą pod ochroną Konwencji Genewskiej, nazwać zdrożną i niemoralną. Urzędnicy natomiast, którzy dzięki swym stanowiskom odgrywają rolę w życiu publicznym gminy, naruszają art. 131 ust. 2 Konwencji Genewskiej, jeżeli uczestniczą w tego rodzaju zebraniach i agitują przeciwko utworzeniu szkoły mniejszościowej (pogląd nr 90 z dnia 31 grudnia 1924, dotyczący utworzenia szkoły mniejszościowej w Kamieniu i postępowania tamtejszego naczelnika gminy).

Jak naczelnik gminy Godowa zeznał, uważał on za swój obowiązek przemówić na zebraniu, aby swym współobywatelom wyjaśnić istotę szkoły mniejszościowej. Wychodzi jednak poza ramy obiektyw-

Am 4. Dezember 1925 lud zwar der Gemeindevorsteher die Erziehungsberechtigten neuerdings zu sich, nahm aber, trotzdem er keine Bedenken gegen die Identität der Unterschrift geltend machen konnte, wiederum die Beglaubigung von Anträgen, die aufrechterhalten wurden, nicht vor (Depositionen Franz Potysz act. 69, Klotzek act. 81), offenbar im Hinblick auf die bevorstehende Versammlung vom 8. Dezember 1925, welche die Erziehungsberechtigten über das Wesen einer Minderheitsschule aufklären und eventuell zum Rückzug der Anträge veranlassen sollte.

Am 11. Dezember 1925, als die Leute noch unter dem Eindruck der Versammlung, auf die nachher einzutreten ist, standen, zitierte der Gemeindevorsteher neuerdings Antragsteller zu sich. Abgesehen davon, daß er sie wiederum nach der Identität der Unterschrift fragte (Depositionen Ochmann und Kostka act. 67, 71) und jedenfalls dem Zeugen Kostka die Frage stellte, »ob er wisse, um was es sich handle«, legte er den Erziehungsberechtigten Rückzugserklärungen bezüglich der gestellten Anträge vor, die dazu bestimmt waren, von den Antragstellern unterzeichnet zu werden. Ein Teil der Eltern hat unterschrieben, ein anderer nicht (act. 63, 67, 71). Ob der Gemeindevorsteher die Antragsteller im Sinne der Beschwerde auch expressis verbis zum Rückzug der Anträge aufgefordert hat, bleibe dahingestellt, jedenfalls aber liegt eine solche Aufforderung darin, daß er vorbereitete Rückzugslisten bei sich aufliegen hatte.

Das Verhalten des Gemeindevorstehers kann nicht abschließend beurteilt werden, ohne auf die Veranstaltung vom 8. Dezember 1925 einzutreten. Diese stand unter dem Vorsitz eines Privatmannes und war in Tat und Wahrheit eine Propagandaversammlung gegen die Errichtung einer Minderheitsschule (Depositionen Borek act. 73, Szyrmeisen act. 65). Der Präsident der Gemischten Kommission hat schon wiederholt zum Ausdruck gebracht, daß gegen eine noch so intensive Propaganda von Privatpersonen nichts einzuwenden ist, solange sie sich nicht dazu versteigt, die unter dem Schutze der Genfer Konvention stehende Institution der Minderheitsschule als verwerflich und unmoralisch zu bezeichnen. Dagegen handeln Beamte, die ihrer Stellung zufolge im öffentlichen Leben der Gemeinde eine Rolle spielen, dem Art. 131 Abs. 2 der Genfer Konvention zuwider, wenn sie an solchen Veranstaltungen teilnehmen und Stimmung gegen die Errichtung einer Minderheitsschule machen (Stellungnahme Nr. 90 vom 31. Dezember 1924 betreffend Errichtung einer Minderheitsschule in Kamień und Verhalten des dortigen Gemeindevorstehers).

Der Gemeindevorsteher von Godów hielt sich, wie er aussagt, für verpflichtet, das Wort zu ergreifen, um seine Mitbürger über das Wesen einer Minderheitsschule aufzuklären. Über den Rahmen einer objektiven nego wyjaśnienia, jeżeli naczelnik gminy wskazał w swej mowie na to, że szkoła niemiecka może w gminie wywołać niezgodę zarówno pomiędzy dziećmi jak i pomiędzy dorosłymi (zeznanie Borka akt 73). Takie stanowisko sprzeczne jest z duchem i sensem Konwencji Genewskiej, która dąży co prawda do zaprowadzenia spokoju i zgody pomiędzy współobywatelami, lecz nie chce uzyskać tego drogą ucisku mniejszości, natomiast przyznaniem tej mniejszości tych samych praw i obowiązków, jakie posiada większość.

Wywody naczelnika gminy mogły tym bardziej trafić na podatny grunt u uprawnionych do wychowania i spowodować ich do zrzeczenia się szkoły mniejszościowej, że byli bez wątpienia nastraszeni dotychczasowym stanowiskiem naczelnika gminy, które uwydatniło się szczególnie z okazji nieuskutecznienia legalizacji i że musieli się obawiać, że w przyszłości czekają ich nowe trudności przy legalizowaniu wniosków. Że obawa ta była uzasadniona, tego dowiodło opisane już zajście z dnia 11 grudnia 1925.

Z powyższych faktów i rozważań wynika, że naczelnik gminy Godowa przy legalizacji wniosków szkolnych oraz z okazji zebrania z dnia 8 grudnia 1925 naruszył art. 131 ust. 2 Konwencji Genewskiej oraz instrukcje właściwych władz. Przy pouczeniu i upomnieniu winnego urzędnika należy mu zagrozić, że w razie ponownego uchybienia zastosuje się wobec niego środki dyscyplinarne.

W zażaleniu zarzuca się także nauczycielom Szyrmeisenowi, Radeckiemu i Pochlopkowi, że uczestniczyli w zebraniu z dnia 8 grudnia i uprawiali propagandę przeciwko utworzeniu szkoły mniejszościowej. Ponieważ jednak żalący się nie mógł przedstawić dokładnie stanu faktycznego co do nauczycieli Radeckiego i Pochlopka, roszczenia petycji co do tych punktów rozpatrywać nie potrzeba.

Co do nauczyciela Szyrmeisena należy stwierdzić, że postępowanie dowodowe przeważnie nie potwierdziło przypisanych mu słów. Jest jednak ustalone, że w mowie swej przytoczył przeciwko szkole mniejszościowej argumenty, które ogólnie i przede wszystkim co do powołania się na większe finansowe obciążenie gminy wskutek utworzenia szkoły mniejszościowej mogły wywrzeć na uprawnionych do wychowania wpływ i skłonić ich do wycofania wniosków o utworzenie tej instytucji szkolnej. Zachodzi tedy naruszenie art. 131 ust. 2 i nauczycielowi Szyrmeisenowi należy na to zwrócić uwagę.

Aufklärung geht aber hinaus, wenn er in seiner Rede darauf hinwies, daß die deutsche Schule Uneinigkeit in der Gemeinde sowohl zwischen den Kindern als auch zwischen den Erwachsenen verursachen könne (Deposition Borek act. 73). Dieser Standpunkt widerspricht dem Sinn und Geist der Genfer Konvention; letztere erstrebt allerdings den Frieden und die Einigkeit unter den Bürgern, aber nicht dadurch, daß die Minderheit unterdrückt wird, sondern daß sie in ihren Rechten und Pflichten der Mehrheit gleichgestellt ist.

Die Ausführungen des Gemeindevorstehers waren um so mehr geeignet, bei den anwesenden Erziehungsberechtigten auf fruchtbaren Boden zu fallen und sie zum Verzicht auf die Minderheitsschule zu veranlassen, als sie durch die bisherige Einstellung des Gemeindevorstehers, die insbesondere bei der Nichtvornahme der Beglaubigungen hervortrat, zweifellos schon eingeschüchtert waren und für die Zukunft neue Schwierigkeiten bei der Beglaubigung der Anträge befürchten mußten. Daß diese Befürchtung gerechtfertigt war, bewies der schon geschilderte Vorfall vom 11. Dezember 1925.

Gestützt auf diese Tatsachen und Erwägungen ergibt sich, daß der Gemeindevorsteher von Godów bei Beglaubigung der Schulanträge sowie anläßlich der Versammlung vom 8. Dezember 1925 Art. 131 Abs. 2 der Genfer Konvention und den Instruktionen der zuständigen Behörden zuwidergehandelt hat. Der Belehrung und Verwarnung des fehlbaren Beamten ist die Androhung beizufügen, daß im Wiederholungsfalle Disziplinarmaßnahmen gegen ihn ergriffen würden.

Die Beschwerde wirft auch den Lehrern Szyrmeisen, Radecki und Pochlopek Teilnahme an der Versammlung vom 8. Dezember und Stimmungsmache gegen die Errichtung einer Minderheitsschule vor. Da indes der Beschwerdeführer nicht in der Lage war, bezüglich der Lehrer Radecki und Pochlopek einen bestimmten Tatbestand anzugeben, ist insofern auf das Beschwerdebegehren nicht einzutreten.

Was den Lehrer Szyrmeisen anbetrifft, so wurden die ihm zur Last gelegten Äußerungen zum größten Teil durch das Beweisverfahren nicht bestätigt. Wohl aber steht fest, daß er in seiner Rede Argumente gegen die Minderheitsschule angeführt hat, die allgemein und besonders hinsichtlich der Berufung auf die finanzielle Mehrbelastung der Gemeinde durch die Errichtung einer Minderheitsschule geeignet waren, die Erziehungsberechtigten zu beeinflussen und zur Zurücknahme ihrer Anträge auf Errichtung einer Minderheitsschule zu veranlassen. Es liegt somit eine Verletzung des Art. 131 Abs. 2 vor und es ist der Lehrer Szyrmeisen darauf aufmerksam zu machen.

II

Po naradzie w łonie Komisji Mieszanej Prezydent Komisji Mieszanej na mocy powyższych rozważań dochodzi do

poglądu:

1. Naczelnik gminy Godowa przy legalizowaniu wniosków o utworzenie szkoły mniejszościowej oraz z okazji zebrania z dnia 8 grudnia 1925 naruszył art. 131 ust. 2 Konwencji Genewskiej i instrukcje właściwych władz. Winnego urzędnika należy pouczyć i upomnieć z równoczesnym zagrożeniem mu, że w razie ponownego uchybienia będzie pociągnięty do odpowiedzialności dyscyplinarnej.

2. Nauczyciela Szyrmeisena należy pouczyć, że stosownie do art. 131 ust. 2 Konwencji Genewskiej winien się wstrzymywać w kwestiach utworzenia szkoły mniejszościowej od wszelkiego, choćby najmniejszego wywierania wpływu na uprawnionych do wychowania.

55

Pogląd

z dnia 5 października 1927 w sprawie nr 250 Niemieckiego Związku Ludowego na Górny Śląsk Polski dla strzeżenia praw mniejszości, zw. zap., żalącego się, w Katowicach, ul. Młyńska 23, dotyczącej nieprzyjęcia nieostemplowanego pełnomocnictwa zażaleniowego przez władze administracyjne w Lublińcu (Górny Śląsk Polski), oraz innych punktów zażalenia.

1. Dnia 28 czerwca 1926 (akt 4) Niemiecki Związek Ludowy w Katowicach wniósł w myśl art. 149 i n. Konwencji Genewskiej zażalenie do Polskiego Urzędu Spraw Mniejszości. Urząd Spraw Mniejszości zażalenie wraz z swymi uwagami i pismem Województwa (akt 3) przesłał dnia 23 września 1926 Prezydentowi Komisji Mieszanej.

Następnie odbyła się wymiana pism, przewidziana w regulaminie postępowania Komisji Mieszanej. Na rozprawie ustnej z dnia 23 lipca 1927 zastępca Urzędu Spraw Mniejszości i żalący się mieli sposobność przedstawić dalsze wywody faktyczne i prawne.

2. Zażalenie opiera się na następującym stanie faktycznym:

II

Nach stattgefundener Beratung im Schoße der Gemischten Kommission gelangt der Präsident der Gemischten Kommission, gestützt auf die vorstehenden Erwägungen, zur

Stellungnahme:

1. Der Gemeindevorsteher von Godów hat bei Beglaubigung der Anträge auf Errichtung einer Minderheitsschule sowie anläßlich der Versammlung vom 8. Dezember 1925 dem Artikel 131 Absatz 2 der Genfer Konvention und den Instruktionen der zuständigen Behörden zuwidergehandelt. Der fehlbare Beamte ist zu belehren und zu verwarnen, mit der Androhung, daß im Wiederholungsfalle Disziplinarmaßnahmen gegen ihn ergriffen würden.

2. Lehrer Szyrmeisen ist zu belehren, daß er sich in Fragen der Errichtung einer Minderheitsschule in Nachachtung des Artikels 131 Absatz 2 der Genfer Konvention jeder noch so geringen Beeinflussung der Erziehungsberechtigten zu enthalten hat.

55

Stellungnahme

vom 5. Oktober 1927 in Sachen Nr. 250 des Deutsch-Oberschlesischen Volksbundes für Polnisch-Schlesien zur Wahrung der Minderheitsrechte, eingetragener Verein, Beschwerdeführer, in Katowice, ulica Młyńska 23, betreffend Annahmeverweigerung einer ungestempelten Beschwerdevollmacht durch die Verwaltungsbehörden von Lubliniec (Polnisch-Oberschlesien) und andere Beschwerdepunkte.

1. Am 28. Juni 1926 (act. 4) erhob der Deutsche Volksbund in Katowice im Sinne von Art. 149 ff. der Genfer Konvention Beschwerde beim Polnischen Minderheitsamt in Katowice. Das Minderheitsamt überwies am 23. September 1926 die Beschwerde mit seinen Bemerkungen und einem Schreiben der Wojewodschaft (act. 3) an den Präsidenten der Gemischten Kommission.

Es fand hierauf der in der Verfahrensordnung der Gemischten Kommission vorgesehene Schriftenwechsel statt, und in den mündlichen Verhandlungen vom 23. Juli 1927 wurde dem Vertreter des Minderheitsamtes und dem Beschwerdeführer Gelegenheit gegeben, weitere Ausführungen in tatsächlicher und rechtlicher Beziehung vorzutragen.

2. Der Beschwerde liegt folgender Tatbestand zugrunde:

Dnia 9 lutego 1926 Niemiecki Związek Ludowy wniósł imieniem i z pełnomocnictwa rolnika Opielki do Starostwa w Lublińcu następujące podanie:

„Katowice, dnia 9 lutego 1926.

Do Starostwa

w Lublińcu.

Rolnik Opielka II, urodzony dnia 1 VIII 1887, zamieszkały w Lubszy, powiat lubliniecki, wniósł w grudniu 1924 do Starostwa w Lublińcu podanie o wystawienie karty cyrkulacyjnej. Karty tej do dziś dnia mu nie wystawiono. Dotychczas nie otrzymał też żadnego zawiadomienia, z jakiego powodu danego podania nie uwzględniono.

Imieniem i z pełnomocnictwa wnioskodawcy prosimy o odpowiedź w myśl art. 292 Konwencji Genewskiej.

Do odpowiedzi prosimy załączyć tłumaczenie na język niemiecki.

Zarząd

podp. (—) Ulitz. (—) Libera."

Dnia 7 marca 1926 żałący się otrzymał następującą odpowiedź w języku polskim:

„Starostwo Lubliniec, dnia 7 marca 1926.
Lubliniec.

Dot. Niemieckiego Związku Ludowego Katowice.

Zażalenie.

Do Niemieckiego Związku Ludowego

w Katowicach.

Pełnomocnictwo, przesłane mi pismem z dnia 9 lutego, zwracam z powodu braku opłaty stemplowej w wysokości 2 zł w myśl postanowień pozycji taryfowej 73 ustawy pruskiej o opłatach stemplowych oraz w myśl § 19 rozporządzenia Ministra Skarbu z dnia 29 kwietnia 1924.

Równocześnie zaznaczam, że prawidłowa nazwa tutejszego urzędu jest „starostwo" i nazwy tej należy używać w pismach skierowanych do tutejszego urzędu, gdyż w przeciwnym razie byłbym zmuszony nie przyjmować do wiadomości tego rodzaju pism.

Starosta

(—) podpis nieczytelny."

Petent domaga się pociągnięcia do odpowiedzialności starosty lublinieckiego, ponieważ:

a) żądał niesłusznie opłaty stemplowej na pełnomocnictwo załączone do podania z dnia 9 lutego;

Am 9. Februar 1926 hat der Deutsche Volksbund namens und in Vollmacht des Landwirts Opielka folgende Eingabe an die Starostei von Lubliniec gerichtet:

»Katowice, den 9. Februar 1926.

An die Starostei

in Lubliniec.

Der Landwirt Opielka II, geboren am 1. VIII. 1887, wohnhaft in Lubsza, Kreis Lubliniec, hat bei der Starostei Lubliniec im Dezember 1924 die Ausstellung einer Verkehrskarte beantragt. Die Verkehrskarte ist ihm bis heute nicht ausgestellt worden. Er hat bisher keinen Bescheid erhalten, aus welchem Grunde sein Antrag nicht berücksichtigt worden ist.

Namens und in Vollmacht des Antragstellers bitten wir um einen Bescheid gemäß Artikel 292 der Genfer Konvention.

Bei Beantwortung dieser Eingabe bitten wir um Beifügung einer deutschen Übersetzung.

Der Vorstand.

gez. (—) Ulitz. (—) Libera.«

Unterm 7. März 1926 hat der Beschwerdeführer einen Bescheid in polnischer Sprache erhalten, der in deutscher Übersetzung lautet:

»Landratsamt Lubliniec, den 7. März 1926.
Lubliniec.

Betr. Deutscher Volksbund Katowice.
Beschwerde.

An den Deutsch-Oberschlesischen Volksbund

in Katowice.

Die mir mit Schreiben vom 9. Februar übersandte Vollmacht sende ich wegen Fehlens der Stempelgebühr in Höhe von 2 zł. im Sinne der Bestimmungen der Tarifposition 73 des preußischen Gesetzes betreffend Stempelgebühren und § 19 der Verordnung des Finanzministers vom 29. April 1924 zurück.

Gleichzeitig bemerke ich, daß die richtige Bezeichnung für das hiesige Amt »Starostwo« ist, und diese Bezeichnung ist in den an das hiesige Amt gerichteten Schreiben anzuwenden, da ich andernfalls gezwungen wäre, dieser Art Schreiben nicht zur Kenntnis zu nehmen.

Der Landrat.

gez. Unterschrift unleserlich.«

Der Beschwerdeführer verlangt, daß der Starost von Lubliniec zur Rechenschaft gezogen werde:

a) weil er zu Unrecht eine Stempelgebühr für die der Eingabe vom 9. Februar beigelegte Vollmacht eingefordert habe;

b) nie ma prawa odrzucać podań z powodu użycia określenia „Starostei" zamiast starostwo;

c) nie załączył do odpowiedzi z dnia 7 marca tłumaczenia na język niemiecki;

d) nie udzielił odpowiedzi na żadne doń skierowane podanie.

3. W sprawie opłaty stemplowej żalący się zajmuje stanowisko, że także pełnomocnictwo załączone do wniosku o wystawienie karty cyrkulacyjnej korzysta z przywileju art. 290 Konwencji Genewskiej.

Artykuł 290 brzmi:

„Toutes les demandes et requêtes concernant les permis de circulation, toutes les attestations de police requisses, la délivrance et la contresignature des permis, ainsi que les attestations prévues par l'art. 288, lit. b, sont exemptes de toutes taxes et droits de timbre."

Z przytoczonego artykułu wynika, że wszelkie podania i dokumenty, które dotyczą stosunku prawnego wnioskodawcy do władz, wolne są od wszelkiego rodzaju opłat. Powyższy artykuł natomiast nie powiada, aby także dokumenty, które, jak w konkretnym przypadku pełnomocnictwo, dotyczą stosunku mandatowego pomiędzy wnioskodawcą a jego mandatariuszem, korzystały z przywilejów art. 290. W odrzuceniu nieostemplowanego pełnomocnictwa zażaleniowego nie można się zatem z góry dopatrywać naruszenia art. 290 Konwencji Genewskiej. Inne jednak powstaje pytanie, czy postępowanie starosty lublinieckiego nie jest naruszeniem artykułu 75 Konwencji Genewskiej. Że starosta lubliniecki postąpił samowolnie, przypuścić należałoby wówczas, gdyby z zastosowania i wykładni dotycznych ustaw krajowych o opłatach stemplowych w związku z artykułem 290 Konwencji Genewskiej wyciągnąć należało konieczny wniosek, że pełnomocnictwo zażaleniowe wolne jest od opłaty stemplowej. Jak z akt wynika, podzieliły właściwe władze, uzasadniając to szczegółowo, stanowisko starosty, według którego pomimo artykułu 290 Konwencji Genewskiej pełnomocnictwo podlega opłacie stemplowej. Pomiędzy innymi wniesiono do akt postępowania zażaleniowego opinię Urzędu Opłat Stemplowych w Katowicach (akt 29). W opinii tej dochodzi się do konkluzji, że przy pełnomocnictwie chodzi o dokument, którego wartości ustalić nie można, wobec czego w myśl § 4 ustawy pruskiej o podatku stemplowym podatek stemplowy za pełnomocnictwo należy uiścić. Pominąć można kwestię, czy wykładnia ta jest słuszna. W każdym razie staroście lublinieckiemu nie można zarzucić, że stosował

b) weil er nicht berechtigt sei, Eingaben zurückzuweisen wegen der Bezeichnung »Starostei«;

c) weil er der Mitteilung vom 7. März keine deutsche Übersetzung beigefügt habe;

d) weil er die an ihn gerichteten Eingaben stets unbeantwortet gelassen habe.

3. Was die Frage der Stempelgebühr anbetrifft, so vertritt der Beschwerdeführer den Standpunkt, daß auch die Vollmacht, die dem Antrag auf Ausstellung einer Verkehrskarte beigefügt sei, der Privilegierung des Art. 290 der Genfer Konvention teilhaftig sei.

Art. 290 lautet:

„Toutes les demandes et requêtes concernant les permis de circulation, toutes les attestations de police requisses, la délivrance et la contresignature des permis, ainsi que les attestations prévues par l'art. 288, lit. b, sont exemptes de toutes taxes et droits de timbre."

Aus dem zitierten Artikel geht hervor, daß sämtliche Eingaben und Dokumente, die Bezug haben auf das Rechtsverhältnis des Gesuchstellers zu den Behörden, von Abgaben jeder Art befreit sind, dagegen bringt er nicht zum Ausdruck, daß auch Dokumente, die — wie in concreto die Vollmacht — sich auf das Mandatsverhältnis zwischen dem Gesuchsteller und seinem Beauftragten beziehen, die Privilegien des Art. 290 genießen. In der Zurückweisung der ungestempelten Beschwerdevollmacht kann daher nicht ohne weiteres eine Verletzung des Art. 290 der Genfer Konvention erblickt werden. Dagegen stellt sich die andere Frage, ob das Verhalten des Starosten von Lubliniec eine Verletzung des Art. 75 der Genfer Konvention bedeutet; eine willkürliche Behandlung seitens des Starosten müßte angenommen werden, wenn die Anwendung und Interpretation der in Frage kommenden nationalen Gesetze betreffend Stempelgebühren im Zusammenhang mit Art. 290 der Genfer Konvention zwingend die Befreiung der Beschwerdevollmacht von der Stempelsteuer ergeben würde. Wie aus den Akten hervorgeht, haben die zuständigen Behörden dem Standpunkt des Starosten, wonach die Vollmacht trotz Art. 290 der Genfer Konvention der Stempelsteuer unterworfen ist, mit eingehender Begründung beigepflichtet. Unter anderem wurde ein Gutachten des Stempelgebührenamtes in Katowice (act. 29) ins Recht gelegt; die Expertise gelangt zum Schluß, daß es sich bei der Vollmacht um ein Dokument handle, dessen Wert nicht festzustellen sei und daß daher gemäß § 4 des preußischen Gesetzes über die Stempelsteuer für die Vollmacht die Stempelsteuer zu entrichten sei. Es bleibe dahingestellt, ob diese Interpretation richtig ist, jedenfalls aber kann dem Starosten von Lubliniec nicht der ustawę samowolnie, skoro władza, która jest właściwa w kwestiach opłat stemplowych, doszła do tego samego wyniku, uzasadniając to rzeczowo.

Ponieważ petent nie mógł też twierdzić, że starosta lubliniecki w analogicznych przypadkach zwalniał obywateli niemniejszościowych od podatku stemplowego, przeto i pod tym względem nie zachodzi nierówne traktowanie w myśl art. 75 Konwencji Genewskiej.

Zapatrywanie starosty lublinieckiego, że nie jest zobowiązany do przyjmowania podań skierowanych do „Starostei", jest mylne i narusza art. 136 Konwencji Genewskiej. Każdemu wolno w podaniach i zażaleniach skierowanych do władz posługiwać się językiem polskim lub niemieckim. Słowo „Starostei" w języku niemieckim oznacza po polsku „starostwo" i nie może być mylnie zrozumiane. Twierdzenie właściwej władzy w piśmie z dnia 30 sierpnia 1926 (akt 3), że nawet urzędy pocztowe nie mają prawa doręczania przesyłek z napisem „Starostei", jest niezgodne z praktyką Zarządu Poczt. Także tutejsza poczta czyni zadość oczywistej i w ogólnym interesie będącej zasadzie, że przesyłkę doręczyć należy zawsze, gdy się tylko da stwierdzić sens adresu.

Starosta lubliniecki naruszył wyraźne postanowienie art. 136 Konwencji Genewskiej także o tyle, że nie załączył tłumaczenia niemieckiego do doniesienia z dnia 7 marca 1926, jakkolwiek żalący się w piśmie z dnia 9 lutego wyraźnie tego żądał.

Co do twierdzenia żalącego się, że starosta lubliniecki nie odpowiada na skierowane doń podania, właściwa władza nie przeczy, że urzędnik nie udzielił odpowiedzi na podanie Rudolfa Opielki z grudnia 1924. Nie twierdzi się też, że Opielka lub jego zastępca otrzymali merytoryczną odpowiedź na pismo upominawcze Niemieckiego Związku Ludowego z dnia 9 lutego 1926. Właściwa władza tłumaczy to w ten sposób, że w niniejszym przypadku chodzi o zażalenie i że władza administracyjna przy zażaleniach — w przeciwieństwie do rekursów — nie jest zobowiązana do udzielania odpowiedzi; „skorzystawszy z tej możliwości" starostwo odmówiło udzielenia odpowiedzi. Nie można uznać za słuszne, żeby władzy wolno było odłożyć po prostu ad acta prawidłowe i w przyzwoitym tonie utrzymane podanie i nie udzieliło nań odpowiedzi dlatego, że nie jest formalnym rekursem. Takie postępowanie nie da się pogodzić z ogólnie obowiązującymi za-

Vorwurf einer willkürlichen Rechtsanwendung gemacht werden, nachdem die in Stempelgebühr-Angelegenheiten kompetente Behörde in sachlicher Begründung zur selben Folgerung gelangt ist.

Da im ferneren der Beschwerdeführer nicht behaupten konnte, daß der Starost von Lubliniec die nicht der Minderheit angehörenden Staatsbürger in analogen Fällen von der Entrichtung der Stempelsteuer befreite, liegt auch insofern keine unterschiedliche Behandlung im Sinne von Art. 75 der Genfer Konvention vor.

Die Auffassung des Starosten von Lubliniec, daß er nicht verpflichtet sei, Eingaben entgegenzunehmen, die an die »Starostei« adressiert sind, ist irrtümlich und verstößt gegen Art. 136 der Genfer Konvention. Jedermann darf sich in Eingaben und Beschwerden an die Behörden der polnischen oder der deutschen Sprache bedienen. In der deutschen Sprache ist das Wort »Starostei« die nicht mißzuverstehende Bezeichnung für das polnische Wort »Starostwo«. Die Behauptung der zuständigen Behörden in ihrer Eingabe vom 30. August 1926 (act. 3), daß nicht einmal die Postämter das Recht hätten, Sendungen mit der Aufschrift »Starostei« zuzustellen, steht zur Praxis der Postverwaltung im Widerspruch. Auch die hiesige Post wird dem selbstverständlichen, im Allgemeininteresse liegenden Grundsatz gerecht, daß eine Sendung, wo immer nur der Sinn der Adresse eruiert werden kann, zuzustellen ist.

Der Starost von Lubliniec hat der ausdrücklichen Bestimmung von Art. 136 der Genfer Konvention auch insofern zuwidergehandelt, als er es unterließ, der Mitteilung vom 7. März 1926 eine deutsche Übersetzung beizufügen, obschon der Beschwerdeführer im Schreiben vom 9. Februar ein diesbezügliches Begehren ausdrücklich gestellt hat.

Was die vom Beschwerdeführer behauptete Nichtbeantwortung der an den Starosten von Lubliniec gerichteten Eingabe anbetrifft, so stellt die zuständige Behörde nicht in Abrede, daß der Beamte die Eingabe des Rudolf Opielka vom Dezember 1924 unbeantwortet ließ, es wird auch nicht behauptet, daß auf das Mahnschreiben des Deutschen Volksbundes vom 9. Februar 1926 dem Opielka direkt oder seinem Vertreter ein materieller Bescheid zugegangen ist. Die Rechtfertigung der zuständigen Behörde geht dahin, daß es sich in concreto um eine Beschwerde handle und daß die Verwaltungsbehörde im Gegensatz zum Rekurs bei Beschwerden nicht verpflichtet sei, eine Anwort zu erteilen; »diese Möglichkeit ausnutzend«, habe die Starostei die Antwort verweigert. Es kann der Standpunkt nicht gebilligt werden, wonach eine Behörde berechtigt wäre, ordnungsmäßige und in anständigem Ton gehaltene Eingaben, weil sie keine formellen Rekurse sind, lediglich beiseite zu legen, ohne den Gesuchsteller einer Antsadami administracyjnymi, i nie można absolutnie przypuścić, aby władze polskie stosowały praktykę nieudzielenia odpowiedzi na prawidłowo wniesione podanie. Przypuścić raczej należy, że starosta lubliniecki sprzeniewierzył się swej własnej praktyce i traktował nierówno w myśl art. 75 Konwencji Genewskiej żalącego się i jego klienta z tego powodu, że ci zaliczają się do mniejszości. Przypuszczenie to jest tym bardziej uzasadnione, że już naruszenie art. 136 Konwencji Genewskiej i ton pisma z dnia 7 marca 1926 dowodzą, że starosta lubliniecki nie zajmuje obiektywnego stanowiska wobec mniejszości.

Na mocy tych rozważań zażalenie co do punktów 2 b, c, d należy uznać za słuszne. Starostę lublinieckiego należy pouczyć, że jego postępowanie jest niedopuszczalne; poza tym należy mu zagrozić wytoczeniem postępowania dyscyplinarnego, gdyby się dopuścił ponownego uchybienia.

II

Po naradzie w łonie Komisji Mieszanej Prezydent Komisji Mieszanej dochodzi do

poglądu:

Starosta lubliniecki naruszył artykuły 136 i 75 Konwencji Genewskiej i właściwe władze winny go pouczyć, że postępowanie jego było niedopuszczalne. Poza tym należy mu zagrozić wytoczeniem postępowania dyscyplinarnego, gdyby jeszcze raz dopuścił się podobnego uchybienia.

56

Pogląd

z dnia 10 października 1927 w sprawie nr 136 Niemieckiego Związku Ludowego na Górny Śląsk Polski dla strzeżenia praw mniejszości, zw. zap., żalącego się, w Katowicach, ul. Młyńska 23, dotyczącej uznania za ważne wniosków nieślubnych matek (Górny Śląsk Polski).

I

1. Imieniem trzech matek wniósł Niemiecki Związek Ludowy dnia 2 grudnia 1924 w myśl art. 149 Konwencji Genewskiej zażalenie

wort zu würdigen. Ein solches Vorgehen ist mit den allgemeingültigen Verwaltungsgrundsätzen nicht vereinbar, und es ist die Annahme völlig ausgeschlossen, wonach die polnischen Behörden die Praxis befolgen würden, auf eine ordnungsmäßig eingereichte Eingabe keine Antwort zu erteilen. Es muß vielmehr angenommen werden, daß der Starost von Lubliniec einen Verstoß gegen seine eigene Praxis begangen und den Beschwerdeführer und seinen Klienten, wegen ihrer Zugehörigkeit zur Minderheit, im Sinne von Art. 75 der Genfer Konvention ungleich behandelt hat. Diese Annahme ist um so begründeter, als schon die Zuwiderhandlung gegen Art. 136 der Genfer Konvention sowie der Ton des Schreibens vom 7. März 1926 beweisen, daß der Starost von Lubliniec der Minderheit nicht objektiv gegenübersteht.

Aus diesen Erwägungen ist die Beschwerde bezüglich der sub 2 b, c, d angeführten Punkte zu schützen. Der Starost von Lubliniec ist über das Unzulässige seines Verhaltens zu belehren und es sind ihm für den Wiederholungsfall Disziplinarmaßnahmen anzudrohen.

II

Nach stattgefundener Beratung im Schoße der Gemischten Kommission gelangt der Präsident der Gemischten Kommission zur

Stellungnahme:

Der Starost von Lubliniec hat dem Artikel 136 und 75 der Genfer Konvention zuwidergehandelt und er ist von den zuständigen Behörden über das Unzulässige seines Verhaltens zu belehren, mit der Androhung, daß im Wiederholungsfalle Disziplinarmaßnahmen gegen ihn ergriffen werden.

56

Stellungnahme

vom 10. Oktober 1927 in Sachen Nr. 136 des Deutsch-Oberschlesischen Volksbundes für Polnisch-Schlesien zur Wahrung der Minderheitsrechte, eingetragener Verein, Beschwerdeführer, in Katowice, ulica Młyńska 23, betreffend Gültigerklärung der Anträge von unehelichen Müttern (Polnisch-Oberschlesien).

I

1. Am 2. Dezember 1924 erhob der Deutsche Volksbund im Namen von drei Müttern im Sinne von Art. 149 der Genfer Konvention

do Polskiego Urzędu Spraw Mniejszości (akt 2). Dnia 20 lutego 1925 Urząd Spraw Mniejszości przekazał zażalenie wraz z uwagami w myśl art. 152 Konwencji Genewskiej Prezydentowi Komisji Mieszanej (akt 1 i 4). Następnie odbyła się wymiana pism, przewidziana w regulaminie postępowania Komisji Mieszanej. Na rozprawie ustnej z dnia 17 września 1925 kierownik Urzędu Spraw Mniejszości i żalący się mieli sposobność przedstawić dalsze wywody faktyczne i prawne. Ponieważ kierownik Urzędu Spraw Mniejszości zapowiedział, że w kwestii spornej przedłoży rozstrzygnięcie Sądu Opiekuńczego, postępowanie na jego wniosek orzeczeniem z dnia 14 października 1925 (akt 39) tymczasowo zawieszono. Dnia 15 lutego 1926 Urząd Spraw Mniejszości wniósł do akt pismo sekretariatu Sądu Powiatowego z dnia 14 września 1925 (akt 52), pismem zaś z dnia 9 września 1926 (akt 67) przesłał opinię Prezesa Sądu Apelacyjnego (akt 68). Ponieważ Urząd Spraw Mniejszości nie mógł przedłożyć zapowiedzianego rozstrzygnięcia Sądu Opiekuńczego, postępowanie wznowiono.

Orzeczeniem z dnia 25 lipca 1927 (akt 80) połączono z niniejszym zażaleniem 16 dalszych zażaleń, w których chodzi o tę samą kwestię prawną i które Urząd Spraw Mniejszości przekazał Prezydentowi Komisji Mieszanej w poprzednich miesiącach.

Dnia 27 lipca 1927 odbyły się w łonie Komisji Mieszanej obrady w myśl artykułu 43 regulaminu postępowania.

2. Zażalenie wniesiono imieniem 19 nieślubnych matek. Opiekę nad ich nieślubnymi dziećmi powierzono dotycznemu opiekunowi urzędowemu, zaliczającemu się do większości polskiej. We wszystkich tych przypadkach opiekun rozstrzygnął, że nieślubne dzieci wbrew woli matek uczęszczać mają do szkoły większościowej. Właściwa władza szkolna podzieliła to stanowisko, uzasadniając je tym, że rozstrzygnięcie co do szkoły, do której dzieci mają uczęszczać, jest aktem zastępstwa dziecka. do czego nieślubna matka w myśl § 1707 kodeksu cywilnego nie jest uprawniona.

W zażaleniu wspomnianych na wstępie trzech matek z dnia 2 grudnia 1924 jest mowa o „wnioskach w myśl art. 106 Konwencji Genewskiej". Wskazać należy jednak na to, że zarówno w tym przy-

Beschwerde beim Polnischen Minderheitsamt in Katowice (act. 2). Das Minderheitsamt überwies die Beschwerde am 20. Februar 1925 mit seinen Bemerkungen im Sinne von Art. 152 der Genfer Konvention an den Präsidenten der Gemischten Kommission (act. 1 und 4). Es fand hierauf der in der Verfahrensordnung der Gemischten Kommission vorgesehene Schriftenwechsel statt, und in den mündlichen Verhandlungen vom 17. September 1925 hatten der Leiter des Minderheitsamtes und der Beschwerdeführer Gelegenheit, weitere Ausführungen in tatsächlicher und rechtlicher Beziehung vorzutragen. Da der Leiter des Minderheitsamtes bezüglich der streitigen Frage eine Entscheidung des Vormundschaftsgerichts in Aussicht stellte, wurde auf seinen Antrag das Verfahren mit Verfügung vom 14. Oktober 1925 (act. 39) vorläufig eingestellt. Am 15. Februar 1926 übersandte das Minderheitsamt ein Schreiben des Sekretariats des Kreisgerichts, datiert 14. September 1925 (act. 52). Mit Eingabe vom 9. September 1926 (act. 67) reichte das Minderheitsamt ein Gutachten des Präsidenten des Appellationsgerichtes zu den Akten (act. 68). Da das Minderheitsamt nicht in der Lage war, die in Aussicht gestellte Entscheidung des Vormundschaftsgerichts vorzulegen, wurde das Verfahren wieder aufgenommen.

Durch Verfügung vom 25. Juli 1927 (act. 80) wurden mit der vorliegenden Beschwerdesache 16 weitere Beschwerden vereinigt, denen dieselbe Rechtsfrage zugrunde liegt und die in den vorausgegangenen Monaten vom Minderheitsamt an den Präsidenten der Gemischten Kommission überwiesen worden sind.

Am 27. Juli 1927 fanden im Schoße der Gemischten Kommission die Beratungen im Sinne von Art. 43 der Verfahrensordnung der Gemischten Kommission statt.

2. Beschwerdeführer sind 19 Mütter, deren uneheliche Kinder in der Weise bevormundet wurden, daß die Vormundschaft dem betreffenden der polnischen Mehrheit angehörigen Amtsvormund übertragen wurde. In allen diesen Fällen hat der Amtsvormund entschieden, daß die unehelichen Kinder entgegen dem Willen ihrer Mütter die Mehrheitsschule besuchen sollen, und die zuständige Schulbehörde hat sich diesen Standpunkt zu eigen gemacht mit der Begründung, daß der Entscheid über die Beschulung der Kinder einen Akt der Vertretung des Kindes darstelle; die uneheliche Mutter sei aber nach § 1707 des BGB. zur Vertretung ihres Kindes nicht berechtigt.

Die Beschwerde der eingangs erwähnten 3 Mütter vom 2. Dezember 1924 spricht von »Anträgen im Sinne von Art. 106 der Genfer Konvention«. Es ist aber darauf hinzuweisen, daß es sich in diesem wie in allen padku, jak i we wszystkich pozostałych przypadkach, chodzi jedynie o „zgłoszenia" w sensie, jaki pojęciu temu nadała praktyka Komisji Mieszanej, ponieważ dotyczne nieślubne matki nie domagają się utworzenia nowych szkół mniejszościowych, lecz żądają jedynie, aby dzieci ich przyjęto do szkół mniejszościowych już istniejących.

3. Na rozprawie ustnej kierownik Urzędu Spraw Mniejszości wysunął zarzut niewłaściwości. Wywodził on, że niniejszą kwestię prawną, czy nieślubna matka jest uprawniona do zgłaszania wniosków szkolnych, przedstawiono do rozstrzygnięcia Sądowi Opiekuńczemu. Ponieważ zaś Sąd Opiekuńczy jest władzą sądową, która nie jest związana wskazówkami przełożonych władz, Prezydent Komisji Mieszanej nie mógłby rozpatrywać jego rozstrzygnięć w myśl art. 149 i n. Konwencji Genewskiej. O ile z akt wynika, zapowiedziane rozstrzygnięcie Sądu Opiekuńczego jednak wcale nie nastąpiło. Urząd Spraw Mniejszości mógł jedynie przedłożyć wyjaśnienie sekretariatu Sądu Powiatowego (akt 52), w którym bez żadnego uzasadnienia jest powiedziane, że do podpisywania wniosków o szkołę mniejszościową uprawnieni są wyłącznie opiekunowie a nie nieślubne matki. Lecz nawet gdyby istniało rozstrzygnięcie formalne, można by pominąć kwestię, czy Sąd Opiekuńczy należy uważać za władzę sądową czy administracyjną, ponieważ Prezydent Komisji Mieszanej nie musiałby rozpatrywać rozstrzygnięcia Sądu Opiekuńczego, zważywszy, że zażalenie skierowane jest jedynie przeciwko aktowi władzy szkolnej, którym oddala się zgłoszenia nieślubnych matek. Tym samym właściwość Prezydenta Komisji Mieszanej w niniejszej sprawie jest dana.

4. Zgłoszenia, tak samo jak wnioski w myśl art. 106 Konwencji Genewskiej, winna uskuteczniać „la personne responsable de l'éducation" (art. 106). Aby móc udzielić odpowiedzi na pytanie, czy oświadczenie woli nieślubnej matki co do szkoły, do której dzieci jej mają uczęszczać, jest prawnie skuteczne, należy rozpatrzeć stanowisko prawne, jakie nieślubnej matce przyznaje ustawodawstwo krajowe, a w szczególności kwestię, czy w myśl Konwencji Genewskiej nieślubna matka jest „uprawniona do wychowania". Prawem, które w niniejszym przypadku winno być zastosowane, jest prawo Rzeszy Niemieckiej, które obowiązywało w czasie przejścia suwerenności państwowej. (Zob. art. 1 § 1 Konwencji Genewskiej.)

Według § 1707 kodeksu cywilnego nieślubnej matce nie przysługuje władza rodzicielska nad osobą dziecka. Natomiast ma ona weübrigen Fällen lediglich um „Anmeldungen" im Sinne dieses in der Praxis der Gemischten Kommission festgelegten Begriffes handelt, da die in Frage stehenden unehelichen Mütter nicht die Errichtung neuer Minderheitsschulen, sondern lediglich die Aufnahme ihrer Kinder in bereits bestehende Minderheitsschulen verlangen.

3. Der Leiter des Minderheitsamtes erhob in den mündlichen Verhandlungen die Inkompetenzeinrede; er trug vor, daß die vorliegende Rechtsfrage, ob die uneheliche Mutter zur Stellung von Schulanträgen legitimiert sei, dem Vormundschaftsgericht zur Entscheidung unterbreitet worden sei; da das Vormundschaftsgericht eine richterliche Behörde sei, die von keiner vorgesetzten Behörde verbindliche Weisungen erhalten könne, so könnten seine Entscheidungen nach Art. 149 ff. der Genfer Konvention vom Präsidenten der Gemischten Kommission nicht geprüft werden. Der in Aussicht gestellte Entscheid des Vormundschaftsgerichts ist indes, soweit aktenkundig, nie ergangen. Das Minderheitsamt war lediglich in der Lage, eine Auskunft des Sekretariats des Kreisgerichts einzureichen (act. 52), die ohne jede Begründung besagte, daß für die Unterschriftsleistung auf den Minderheitsschulanträgen ausschließlich die Vormünder und nicht die uneheliche Mutter zuständig seien. Aber auch wenn ein formeller Entscheid vorläge, könnte dahingestellt bleiben, ob das Vormundschaftsgericht als richterliche oder als administrative Behörde anzusehen ist, denn eine Überprüfung der Entscheidung des Vormundschaftsgerichts käme für den Präsidenten der Gemischten Kommission nicht in Frage, da sich die Beschwerde lediglich gegen den Akt der Schulbehörde richtet, welcher die Anmeldungen der unehelichen Mütter zurückweist. Die Zuständigkeit des Präsidenten der Gemischten Kommission ist somit in der vorliegenden Beschwerdesache gegeben.

4. Anmeldungen haben, ebenso wie Anträge im Sinne von Art. 106 der Genfer Konvention, von der »personne responsable de l'éducation« (Art. 106) auszugehen. Um die Frage beantworten zu können, ob die Willenserklärung der unehelichen Mutter bezüglich Beschulung ihrer Kinder rechtswirksam ist, ist die Rechtstellung der unehelichen Mutter, die ihr die nationale Gesetzgebung einräumt, zu prüfen und insbesondere zu untersuchen, ob die uneheliche Mutter im Sinne der Genfer Konvention »erziehungsberechtigt« ist. Das anzuwendende Recht ist das Recht des Deutschen Reiches, das bei der Übertragung der Souveränität in Kraft war. (Siehe Art. 1 § 1 der Genfer Konvention.)

Gemäß § 1707 BGB. steht der unehelichen Mutter die elterliche Gewalt über ihr Kind nicht zu. Dagegen hat sie nach derselben Bestimdług tego samego postanowienia prawo i obowiązek pieczy nad osobą dziecka; o tyle opiekun ma tylko prawne stanowisko doradcy. Według § 1631 piecza nad osobą dziecka obejmuje: wychowanie, dozorowanie i określenie miejsca jego pobytu. Z drugiej strony § 1707 kodeksu cywilnego postanawia, że nieślubna matka nie jest uprawniona do zastępstwa swego dziecka. Powstaje zatem pytanie, czy zgłoszenie nieślubnego dziecka do tej lub innej szkoły jest aktem zastępstwa lub sprawą wychowania.

Warunkiem zastępstwa jest, że oświadczenie woli składa się nie na mocy własnego prawa, lecz w imieniu zastąpionego ze skutkiem dla zastąpionego lub przeciwko niemu (§ 164 kodeksu cywilnego). Lecz zapisanie dziecka do szkoły mniejszościowej nie stanowi dla dziecka żadnych praw, bo skutkuje jedynie to, że dziecko pobiera naukę w języku niemieckim. A poza tym składa się oświadczenie woli co do szkoły, tj. zgłasza dziecko do szkoły mniejszościowej na mocy własnego prawa, mianowicie na mocy nieślubnej matce w § 1631 kodeksu cywilnego przyznanego prawa pieczy nad osobą dziecka.

Rozumie się samo przez się, że dziecko wychowuje się lub powinno wychować w jego własnym interesie. Matka zastępuje interesy dziecka o tyle, że posyła je do takiej szkoły, jaka najbardziej odpowiada jej językowemu i kulturalnemu nastawieniu. Nie ma żadnej wątpliwości i jest ustalone, że matka działa na mocy własnego prawa i wykonywa własne prawo do wychowania, a nie prawo dziecka.

Konwencja Genewska bezsprzecznie celowo przekazała prawa art. 106 „personne responsable de l'éducation", a nie posiadaczowi władzy rodzicielskiej, mając na uwadze przypadki, jak niniejszy, gdzie jakaś osoba, nie mając wprawdzie władzy rodzicielskiej, mimo to decyduje o kwestiach wychowania. Decydująca mogła tu być okoliczność, że do rozstrzygania w kwestiach wychowania za kwalifikowaną uchodziła przede wszystkim ta osoba, której ustawa powierzyła pieczę nad dobrem duchowym dziecka.

W powszechnej literaturze prawniczej nie roztrząsano dotychczas niniejszej kwestii, czy przy rozstrzyganiu sprawy uczęszczania dziecka do szkoły większościowej lub mniejszościowej decyduje wola nieślubnej matki, ponieważ prawo mniejszościowe istnieje dopiero od kilku lat. Natomiast pod względem praktycznym wyłoniła się kwestia analogiczna, czy nieślubna matka może decydować o wychowaniu religijnym dziecka. Już powszechne pruskie prawo krajowe (§ 642, część II, tom 3) postanawia, że nieślubne dzieci aż do ukończonego czternamung das Recht und die Pflicht, für die Person des Kindes zu sorgen; insoweit hat der Vormund nur die rechtliche Stellung eines Beistandes. Nach § 1631 umfaßt die Sorge für die Person des Kindes: das Kind zu erziehen, zu beaufsichtigen und seinen Aufenthalt zu bestimmen. Andererseits bestimmt § 1707 BGB, daß die uneheliche Mutter zur Vertretung ihres Kindes nicht berechtigt ist. Es stellt sich somit die Frage, ob die Anmeldung des unehelichen Kindes für die eine oder andere Schule eine Angelegenheit der Vertretung oder ein Akt der Erziehung ist.

Vertretung setzt voraus, daß eine Willenserklärung nicht aus eigener Befugnis, sondern für einen anderen, mit Wirkung für oder gegen den Vertretenen abgegeben wird (§ 164 BGB.). Einmal werden aber durch die Einschulung des Kindes in die Minderheitsschule keine Rechte des Kindes begründet, da sie lediglich die tatsächliche Folge hat, daß das Kind in deutscher Sprache unterrichtet wird, sodann erfolgt die Willenserklärung bezüglich der Beschulung, d. h. die Anmeldung für die Minderheitsschule aus eigenem Rechte, nämlich aus dem Rechte, für das Kind zu sorgen, das der unehelichen Mutter in § 1631 BGB. eingeräumt ist.

Es ist selbstverständlich, daß die Erziehung des Kindes in seinem Interesse erfolgt oder erfolgen soll; die Mutter vertritt insofern die Interessen des Kindes, als sie ihm den Unterricht zuteil werden läßt, der ihrer Sprache und kulturellen Einstellung am nächsten liegt. Aber es steht unter allen Umständen fest, daß die Mutter aus eigenem Recht handelt und ihr eigenes Erziehungsrecht ausübt und nicht etwa ein Recht des Kindes.

Zweifellos hat die Genfer Konvention mit Absicht die Rechte des Art. 106 der »personne responsable de l'éducation« und nicht dem Inhaber der elterlichen Gewalt übertragen, indem sie Fälle wie den konkreten im Auge hatte, in denen einer Person zwar die elterliche Gewalt versagt ist, die aber in Erziehungsfragen das entscheidende Wort spricht. Dafür mochte ausschlaggebend sein, daß zur Entscheidung in Erziehungsfragen in erster Linie diejenige Person qualifiziert erschien, der das Gesetz die Sorge um das geistige Wohl des Kindes übertragen hat.

In der allgemeinen Rechtsliteratur ist die vorliegende Frage, ob die uneheliche Mutter bei der Entscheidung über Beschulung in Mehrheits- oder Minderheitsschule den Ausschlag gibt, bisher nicht behandelt, da es eben ein Minderheitenrecht erst seit wenigen Jahren gibt. Dagegen ist die analoge Frage, ob die uneheliche Mutter die religiöse Erziehung des Kindes bestimmen könne, praktisch in Erscheinung getreten. Schon das preußische Allgemeine Landrecht (§ 642 Teil II, 3. Band) bestimmt, daß uneheliche Kinder bis zum beendigten vierzehnten Jahre in dem Glaustego roku życia wychować należy w wierze matki. Obecnie powyższe postanowienie już nie obowiązuje, ponieważ kwestia wychowania religijnego nieślubnego dziecka uregulowana jest ustawą Rzeszy (15 VII 1921 Dz. U. Rzeszy Niemieckiej str. 939). Ustawa ta postanawia wyraźnie, że o wychowaniu religijnym dziecka ma decydować nieślubna matka. Jeżeli zaś nieślubnej matce przysługuje decyzja w tak ważnej kwestii, jaką jest kwestia wychowania religijnego, to tym bardziej należy jej przyznać prawo rozstrzygania o wychowaniu językowym dziecka.

W końcu można wskazać jeszcze na to, że projekt nowej ustawy szkolnej Rzeszy Niemieckiej przyznaje w § 7 ust. 3 matkom nieślubnych dzieci prawo zgłaszania wniosków o utworzenie szkół symultannych, wyznaniowych lub bezwyznaniowych.

Na mocy powyższych rozważań należy nieślubną matkę uważać za „uprawnioną do wychowania" w myśl artykułów 131 i 106 Konwencji Genewskiej, tak, że właściwe władze winny przyjąć jej oświadczenie, że dzieci jej mają uczęszczać do szkoły mniejszościowej jako prawnie skuteczne.

II

Po naradzie w łonie Komisji Mieszanej Prezydent Komisji Mieszanej na mocy powyższych rozważań dochodzi do

poglądu:

Zażalenie uznaje się za uzasadnione. Nieślubnym matkom przysługuje prawo zgłaszania swych dzieci do szkół mniejszościowych i właściwa władza winna te zgłoszenia uwzględnić.

57

Pogląd

z dnia 10 października 1927 w sprawie nr 175 Niemieckiego Związku Ludowego na Górny Śląsk Polski dla strzeżenia praw mniejszości, związku zapisanego, żałącego się, w Katowicach, ulica Młyńska 23, dotyczącej liceum mniejszościowego w Królewskiej Hucie (Górny Śląsk Polski).

I

1. Dnia 23 października 1924 Niemiecki Związek Ludowy wniósł w myśl art. 149 i n. zażalenie do Polskiego Urzędu Spraw Mniejszości w Katowicach (akt 2). Urząd Spraw Mniejszości przekazał dnia

bensbekenntnis der Mutter zu erziehen sind. Diese Bestimmung ist nicht mehr in Kraft, da die Frage der religiösen Erziehung des unehelichen Kindes heute durch Reichsgesetz (15. VII. 1921 RGBl. S. 939) geregelt ist; das Gesetz statuiert ausdrücklich, daß die uneheliche Mutter den Ausschlag über die religiöse Erziehung des Kindes zu geben hat. Wenn aber der unehelichen Mutter in der so wichtigen Frage der religiösen Erziehung die Entscheidung zusteht, so muß ihr um so mehr auch das Recht zuerkannt werden, über die sprachliche Erziehung des Kindes zu entscheiden.

Schließlich mag noch darauf hingewiesen werden, daß der Entwurf zum neuen deutschen Reichsschulgesetz in § 7 Abs. 3 den Müttern unehelicher Kinder das Recht zuerkennt, Anträge auf Errichtung von Simultanschulen, Bekenntnisschulen oder bekenntnisfreien Schulen zu stellen.

Aus diesen Erwägungen ist die uneheliche Mutter als »erziehungsberechtigt« im Sinne von Art. 131 und 106 der Genfer Konvention anzusehen, so daß ihre Erklärung, wonach ihre Kinder die Minderheitsschule besuchen sollen, von den zuständigen Behörden als rechtsgültig entgegenzunehmen ist.

II

Nach stattgehabter Beratung im Schoße der Gemischten Kommission gelangt der Präsident der Gemischten Kommission, gestützt auf die vorstehenden Erwägungen, zur

Stellungnahme:

Die Beschwerde wird gutgeheißen. Die Mütter unehelicher Kinder haben das Recht, diese für die Minderheitsschule anzumelden, und die zuständige Behörde ist gehalten, diesen Anmeldungen Folge zu geben.

57

Stellungnahme

vom 10. Oktober 1927 in der Sache Nr. 175 des Deutsch-Oberschlesischen Volksbundes für Polnisch-Schlesien zur Wahrung der Minderheitsrechte, eingetragener Verein, Beschwerdeführer, in Katowice, ulica Młyńska 23, betreffend das Minderheits-Lyzeum in Królewska-Huta (Polnisch-Oberschlesien).

I

1. Am 23. Oktober 1924 (act. 2) erhob der Deutsche Volksbund im Sinne von Art. 149 ff. der Genfer Konvention Beschwerde beim Polnischen Minderheitsamt in Katowice. Das Minderheitsamt überwies am

18 września 1925 zażalenie wraz z uwagami (akt 1) Prezydentowi Komisji Mieszanej.

Następnie odbyła się wymiana pism, przewidziana w regulaminie postępowania Komisji Mieszanej. Dnia 11 czerwca 1926 Prezydent Komisji Mieszanej przesłuchał powołanych przez strony świadków, a na rozprawie ustnej z dnia 25 lipca 1927 zastępca Urzędu Spraw Mniejszości i żalący się mieli sposobność zająć stanowisko do wyniku postępowania dowodowego i przedstawić dalsze wywody faktyczne i prawne.

2. Zażalenie skierowane jest przeciwko rzekomym wadliwym stosunkom w liceum mniejszościowym w Królewskiej Hucie. Petent w piśmie zażaleniowym (akt 2) sformułował następujące roszczenia prawne żądając:

a) przyjęcia do liceum wszystkich uczniów, także pozamiejscowych,

b) stwierdzenia nierównego traktowania osób mniejszościowych,

c) wykluczenia z grona nauczycielskiego sił nauczycielskich narodowości polskiej,

d) składu grona nauczycielskiego odpowiadającego przepisom, które obowiązują dla liceów.

W toku postępowania żalący się oświadczył, że punkt a) zażalenia stał się bezprzedmiotowy przez dodatkowe przyjęcie do liceum dzieci pozamiejscowych (akt 17) i że punkt b) zażalenia uważa się za załatwiony przez oświadczenie Województwa (akt 47). Co do tych punktów wciągnięto zatem zażalenie orzeczeniem z dnia 28 stycznia 1926 (akt 50) w rejestr jako załatwione.

3. Żalący się dopatruje się naruszenia artykułu 123 Konwencji Genewskiej w tym, że w danej szkole zatrudnione są siły nauczycielskie, które częściowo nie należą do mniejszości. Przed rozpatrzeniem stosunków konkretnych nasamprzód zająć należy zasadnicze stanowisko do artykułu 123. Artykuł ten brzmi:

„Dans les écoles et classes minoritaires publiques des degrés moyen et supérieur, l'enseignement ne sera confié en principe qu'à des professeurs appartenant à la minorité et connaissant à fond la langue de la minorité.'

Powyższe postanowienie zawiera dwie zasady: Przynależność do mniejszości i poprawne władanie językiem mniejszości. Przytoczona jasna treść dopuszcza tylko taką interpretację, że właściwe władze

18. September 1925 (act. 1) die Beschwerde mit seinen Bemerkungen an den Präsidenten der Gemischten Kommission.

Es fand hierauf der in der Verfahrensordnung der Gemischten Kommission vorgesehene Schriftenwechsel statt. Am 11. Juni 1926 wurden vom Präsidenten der Gemischten Kommission die von den Parteien angerufenen Zeugen einvernommen und in den mündlichen Verhandlungen vom 25. Juli 1927 hatten der Vertreter des Minderheitsamtes und der Beschwerdeführer Gelegenheit, zum Beweisergebnis Stellung zu nehmen und weitere Ausführungen in tatsächlicher und rechtlicher Beziehung vorzutragen.

2. Die Beschwerde richtet sich gegen angebliche Übelstände am Minderheitslyzeum Królewska-Huta; der Beschwerdeführer formulierte in der Beschwerdeschrift (act. 2) folgende Rechtsbegehren:

a) Aufnahme sämtlicher Schüler, auch der auswärtigen,

b) Feststellung der unterschiedlichen Behandlung der Minderheitsangehörigen,

c) Ausschaltung von Lehrkräften polnischer Nationalität aus dem Lehrkörper,

d) Zusammensetzung des Lehrkörpers entsprechend den für Lyzeen geltenden Bestimmungen.

Im Laufe des Verfahrens gab der Beschwerdeführer die Erklärung ab, daß Beschwerdepunkt a) durch nachträgliche Aufnahme der auswärtigen Kinder gegenstandslos geworden sei (act. 17) und daß er Beschwerdepunkt b) durch die Erklärung der Wojewodschaft für erledigt betrachte (act. 47). Insofern wurde die Beschwerde mit Verfügung vom 28. Januar 1926 (act. 50) als erledigt abgeschrieben.

3. Der Beschwerdeführer erblickt eine Verletzung des Art. 123 der Genfer Konvention darin, daß an der in Frage stehenden Schule zum Teil nicht der Minderheit angehörende Lehrkräfte angestellt sind. Bevor auf die konkreten Verhältnisse eingetreten wird, soll vorerst prinzipiell zu Art. 123 Stellung genommen werden. Art. 123 lautet:

„Dans les écoles et classes minoritaires publiques des degrés moyen et supérieur, l'enseignement ne sera confié en principe qu'à des professeurs appartenant à la minorité et connaissant à fond la langue de la minorité."

Diese Bestimmung enthält zwei Grundsätze: Zugehörigkeit zur Minderheit und vollständige Beherrschung der Minderheitssprache. Der angeführte klare Wortlaut läßt nur die Auslesung zu, daß der Grundwinny przestrzegać zasady, w myśl której do szkół mniejszościowych powołać należy siły nauczycielskie mniejszościowe i że wyjątki z tej reguły dopuszczalne są tylko w szczególnych warunkach, które władze winny udowodnić. Tego rodzaju wyjątki mogą być uzasadnione w następujących przypadkach: Zaleca się, aby np. naukę języka polskiego w interesie tego przedmiotu nauki powierzono nauczycielowi większościowemu, jeżeli nauczyciele mniejszościowi nie władają poprawnie językiem polskim. Także wyjątkowe powierzenie nauki języków obcych sile nauczycielskiej niemniejszościowej może być w danych warunkach uzasadnione, jeżeli właściwa władza udowodni szczególną kwalifikację danego nauczyciela do udzielania nauki języków obcych i jeżeli udzielanie tej nauki ograniczy się do tych przedmiotów.

Co do powierzenia nauki przedmiotów czysto technicznych, jak gimnastyki, rysunków, robót kobiecych, sile nauczycielskiej większościowej, to powierzenie tych przedmiotów nauki takiej sile nauczycielskiej jako wyjątek z artykułu 123 Konwencji Genewskiej może być uzasadnione tylko wówczas, gdy ta sama siła nauczycielska może udzielać tej nauki zarówno w szkole mniejszościowej jak i większościowej. Tego rodzaju wyjątki należy osądzać w każdym poszczególnym przypadku według zasad słuszności.

Przestrzeganie ustalonego w Konwencji Genewskiej żądania, aby naukę w szkołach mniejszościowych powierzano nauczycielom mniejszościowym, jest bez wątpienia warunkiem rozwoju i żywotności szkolnictwa mniejszościowego. Szkoła mniejszościowa może spełnić swe żądanie, które polega na utrzymaniu i rozwoju języka i kultury mniejszości, tylko wówczas, jeżeli nauczyciele tej szkoły czują i myślą z mniejszością.

Co do dalszego przepisu artykułu 123 Konwencji Genewskiej, że nauczyciele powinni władać poprawnie językiem mniejszości, to jest oczywiste, że wyjątek z tej reguły dopuszczalny jest jedynie w odniesieniu do nauki języka polskiego. Mimo to także w tym przedmiocie należy wymagać takich znajomości języka niemieckiego, które by nauczyciela kwalifikowały do podniesienia poziomu nauki przez porównania, tłumaczenia i wyjaśnienia.

Wreszcie należy wskazać jeszcze na to, że brak nauczycieli mniejszościowych władających językiem mniejszości nie uprawnia władz do odstąpienia od zasady artykułu 123 Konwencji Genewskiej. Konwencja Genewska w artykule 124 przewiduje w tym przypadku powołanie sił nauczycielskich ze służby szkolnej drugiej układającej się Strony.

satz, Anstellung minderheitsangehöriger Lehrkräfte, von den zuständigen Behörden beachtet werden muß, und daß Ausnahmen von der Regel nur unter besonderen Voraussetzungen, die von den Behörden zu beweisen sind, zulässig sind. Derartige Ausnahmen können z. B. in folgenden Fällen begründet sein: Die Übertragung des polnischen Sprachunterrichts an eine Lehrkraft, die der polnischen Mehrheit angehört, empfiehlt sich im Interesse dieses Lehrfaches, sofern die Lehrer, die der Minderheit angehören, die polnische Sprache nicht vollkommen beherrschen. Auch die ausnahmsweise Verwendung einer Lehrkraft, die nicht zur Minderheit gehört, für die Unterrichtung in Fremdsprachen kann unter Umständen gerechtfertigt sein, sofern die zuständige Behörde besondere Qualifikation des betreffenden Lehrers für Fremdsprachen nachweist und sofern die Unterrichtserteilung auf diese Fächer beschränkt bleibt. Was die Verwendung einer Lehrkraft, die der Mehrheit angehört, für die Unterrichtung in rein technischen Fächern wie Turnen, Zeichnen, Handarbeiten anbelangt, so kann sie als Ausnahme des Art. 123 der Genfer Konvention dann begründet sein, wenn die gleiche Lehrkraft diesen Unterricht in der Minderheits- und Mehrheitsschule zu besorgen imstande ist. Solche Ausnahmen müssen von Fall zu Fall nach Billigkeit beurteilt werden.

Die Beachtung der in der Genfer Konvention aufgestellten Forderung der Anstellung minderheitsangehöriger Lehrer ist zweifellos Voraussetzung für das Gedeihen und die Lebensfähigkeit des Minderheitsschulwesens. Die Minderheitsschule kann ihre Aufgabe, Sprache und Kultur der Minderheit zu erhalten und zu entwickeln, nur erfüllen, wenn die Lehrer mit der Minderheit fühlen und denken.

Was sodann die Vorschrift des Art. 123 der Genfer Konvention anbelangt, daß die Lehrer die Minderheitssprache vollständig beherrschen sollen, so liegt es in der Natur der Sache, daß eine Ausnahme hievon nur hinsichtlich des polnischen Sprachunterrichts zulässig ist. Immerhin müssen auch für dieses Fach solche Kenntnisse der deutschen Sprache verlangt werden, die den Lehrer befähigen, durch Vergleiche, Übersetzungen und Erläuterungen den Unterricht zu fördern.

Es ist noch darauf hinzuweisen, daß der Mangel an minderheitsangehörigen, die Minderheitssprache beherrschenden Lehrern den Behörden kein Recht gibt, vom Prinzip des Art. 123 der Genfer Konvention abzuweichen; die Genfer Konvention sieht in Art. 124 für diesen Fall die Anstellung von Lehrkräften aus dem Schuldienst des andern vertragschließenden Teils vor.

4. W konkretnym przypadku stosunki faktyczne przedstawiają się następująco:

Według akt jako niewątpliwie należących do mniejszości uważać należy nauczycieli wzgl. nauczycielki:

1. Rostalskiego,
2. Slupika,
3. p. Fischerową,
4. p. Matrecką,
5. p. Waclawkównę,
6. p. Hermsteinównę.

Z okazji przesłuchów także nauczyciel Reiske przyznał się wyraźnie do mniejszości niemieckiej (akt 96). Żalący się kwestionuje jego przynależność do mniejszości z tego powodu, że Reiske posyła swe dzieci do szkoły polskiej.

Według artykułu 74 Konwencji Genewskiej nie wolno władzom badać oświadczenia przynależności do jakiejś mniejszości ani też przynależności tej nikomu odmawiać. Jest to prawo indywidualne, zagwarantowane każdemu obywatelowi. Gdzie chodzi o interesy poszczególnej osoby lub jej rodziny, decyduje jedynie jej oświadczenie woli, czy chce należeć do mniejszości lub nie. Wszelkie sprawdzanie tego oświadczenia jest wykluczone.

Gdzie jednak chodzi o kwestię, czy jakaś osoba, jako należąca do mniejszości, kwalifikuje się w myśl artykułu 123 Konwencji Genewskiej do udzielania nauki w szkole mniejszościowej, w rachubę wchodzą interesy tejże szkoły i nie można zadowolić się tym, że dany nauczyciel obowiązuje się udzielać nauki lub też wyraźnie oświadcza, że zalicza się do mniejszości. Należy raczej mniejszości zezwolić na przeprowadzenie dowodu, że dany nauczyciel istotnie i faktycznie żywi i dokumentuje przekonanie, które nie da się pogodzić z interesami szkoły mniejszościowej. Przy tym za podstawę należy wziąć kryteria, które uzasadniają obiektywnie przynależność do mniejszości. Do mniejszości należy zaliczyć tego, kto z mniejszością czuje i myśli i dla jej kulturalnych dążności i potrzeb odczuwa sympatię i zainteresowanie.

O ile chodzi o nauczyciela Reiskego, to okoliczność, że posyła dzieci do polskiej szkoły większościowej, nie dowodzi, że wypiera się języka i kultury mniejszości i że do mniejszości jest wrogo usposobiony. Dla jego rozstrzygnięcia jako uprawnionego do wychowania mogło być decydujące rozważanie, że dzieci, uczęszczając do szkoły większościowej, łatwiej i gruntowniej nauczą się języka polskiego, podczas gdy język niemiecki i kulturę niemiecką można utrzymać

4. In concreto liegen die tatsächlichen Verhältnisse wie folgt:

Nach den Akten sind ohne weiteres zur Minderheit zu rechnen die Lehrkräfte:

1. Rostalski,
2. Slupik,
3. Frau Fischer,
4. Frl. Matrecka,
5. Frl. Waclawkówna,
6. Frl. Hermstein.

Anläßlich der Einvernahme hat sich auch Lehrer Reiske ausdrücklich zur deutschen Minderheit bekannt (act. 96). Der Beschwerdeführer bestreitet die Zugehörigkeit Reiskes zur Minderheit; er schließt dies daraus, daß Reiske seine eigenen Kinder in die polnische Mehrheitsschule schickt.

Nach Art. 74 der Genfer Konvention darf die Erklärung der Zugehörigkeit zu einer Minderheit von den Behörden weder nachgeprüft noch bestritten werden. Das ist ein Individualrecht, gewährleistet der Persönlichkeit jedes Staatsangehörigen. Wo es sich um die Interessen der einzelnen Person oder ihrer Familie handelt, kommt es einzig auf ihre Willenserklärung an, ob sie zur Minderheit gehören will oder nicht. Jede Nachprüfung ist ausgeschlossen.

Wo es sich aber um die Frage handelt, ob eine Person als Angehörige der Minderheit im Sinne des Art. 123 der Genfer Konvention geeignet ist, an einer Minderheitsschule zu unterrichten, kommen die Interessen der Schule in Betracht, und es kann nicht ohne weiteres darauf abgestellt werden, daß der betreffende Lehrer den Unterricht übernimmt oder auch ausdrücklich seine Zugehörigkeit zur Minderheit bekundet. Vielmehr muß der Minderheit der Beweis gestattet werden, daß der betreffende Lehrer in Tat und Wahrheit eine Gesinnung hegt oder betätigt, die sich mit den Interessen der Minderheitsschule nicht in Übereinstimmung befindet. Dabei ist von den Kriterien auszugehen, die die Zugehörigkeit zur Minderheit objektiv begründen; zur Minderheit ist zu rechnen, wer mit ihr fühlt und denkt und für ihre kulturellen Bestrebungen und Bedürfnisse Sympathie und Interesse empfindet.

Was nun den Fall des Lehrers Reiske betrifft, so beweist der Umstand, daß seine Kinder die polnische Mehrheitsschule besuchen, nicht, daß er Sprache und Kultur der Minderheit verleugnet und daß er sich in feindlichem Gegensatz zur Minderheit fühlt. Es mag für seine Entscheidung in seiner Eigenschaft als Erziehungsberechtigter die Erwägung maßgebend gewesen sein, daß der Besuch der Mehrheitsschule den Kindern ermöglicht, die polnische Sprache leichter und gründlicher zu erlernen, wähi pielęgnować w rodzinie. Z tych powodów należy także nauczyciela Reiskego uważać za należącego do mniejszości.

Do większości polskiej zaliczają się następujące siły nauczycielskie:

1. Grzonka,
2. Segel,
3. Bander,
4. p. Żyłowska.

Co do dalszych sił nauczycielskich, które w czasie postępowania dowodowego nie miały jeszcze posad, nie można na podstawie akt stwierdzić, czy należą one do mniejszości lub do większości.

O ile chodzi o podział nauki, to owych siedem sił nauczycielskich, które zaliczają się do mniejszości, udziela na łączną ilość 264 godzin 138 godzin nauki, jeżeli wzięty za podstawę obliczenia plan nauki na rok szkolny 1925-26 (akt 49) nie doznał zmiany.

Z powyższych danych natury faktycznej, które co prawda z powodu zmiany w gronie nauczycielskim i w rozkładzie godzin nie muszą już być dziś całkiem dokładne, lecz mimo to oddają w przybliżeniu stan istotny, wynika, że powierzenie nauki poniżej wymienionym siłom nauczycielskim, jak Grzonce (nauki religii), Seglowi (nauki matematyki, przyrody) i Banderowi (nauki historii, geografii), z powodu ich przynależności do większości polskiej jest naruszeniem artykułu 123 Konwencji Genewskiej.

5. Co do nauczycielki Żyłowskiej, która udziela jedynie nauki języka polskiego, to z powodu jej przynależności do większości polskiej nie można podnosić zarzutów (zob. rozważania pod 3), zważywszy, że obecnie w przeważnej liczbie przypadków nie będą przypuszczalnie do dyspozycji odpowiednie mniejszościowe siły nauczycielskie, któreby mogły uczyć języka polskiego, tak że powierzenie tego przedmiotu nauki nauczycielom większościowym leży w interesie szkoły. Natomiast jest potrzebne, aby ci nauczyciele języka polskiego znali oprócz tego języka także język niemiecki w tym stopniu, aby w języku tym móc udzielać potrzebnych wyjaśnień i na język ten tłumaczyć. Wymóg ten wynika już z zasady ustalonej w artykule 123 Konwencji Genewskiej, w myśl której nauczyciele szkoły mniejszościowej powinni władać językiem niemieckim. Głównym zaś uzasadnieniem tego wymogu jest przede wszystkim konieczność pedagogiczna. Pod tym względem można wskazać na następujące zeznanie rektora Schirmeisena (akt 92): „Według mojego spostrzeżenia nauka języka pol-

rend andererseits die deutsche Sprache und deutsche Kultur in der Familie erhalten und gefördert werden können. Aus diesen Gründen ist auch Lehrer Reiske als zur Minderheit gehörend zu betrachten.

Zur polnischen Mehrheit bekennen sich folgende Lehrkräfte:

1. Grzonka,
2. Segel,
3. Bander,
4. Frl. Żyłowska.

In bezug auf die weiteren Lehrkräfte, die zur Zeit des Beweisverfahrens noch nicht angestellt waren, ist aktenmäßig nicht bekannt, ob sie zur Minderheit oder zur Mehrheit gehören.

Was die Unterrichtsverteilung anbetrifft, so werden, wenn der der Berechnung zugrunde gelegte Unterrichtsplan für das Schuljahr 1925-26 (act. 49) keine Änderungen erfahren hat, von den 7 zur Minderheit zu rechnenden Lehrkräften 138 Stunden erteilt, während die Gesamtzahl der Unterrichtsstunden 264 beträgt.

Aus den vorliegenden Angaben tatsächlicher Natur, die zwar infolge Mutationen im Lehrkörper und im Stundenplan heute nicht mehr genau stimmen mögen, aber jedenfalls ein ungefähres Bild geben, resultiert, daß die Übertragung des Unterrichts an die Lehrkräfte Grzonka (Religion), Segel (Mathematik, Naturkunde) und Bander (Geschichte, Geographie) wegen deren Zugehörigkeit zur polnischen Mehrheit eine Verletzung des Art. 123 der Genfer Konvention darstellt.

5. Was die Lehrerin Żyłowska anbetrifft, die lediglich polnische Sprachstunden erteilt, so ist gegen ihre Zugehörigkeit zur polnischen Mehrheit nichts einzuwenden (siehe Erwägungen sub 3), da man ohne weiteres annehmen kann, daß zur Zeit in den meisten Fällen geeignete, der Minderheit angehörige Lehrkräfte für dieses Fach nicht zur Verfügung stehen, so daß die Verwendung von Mehrheitslehrern im Interesse der Schule liegt. Dagegen ist erforderlich, daß diese Lehrer für den polnischen Sprachunterricht neben der polnischen auch die deutsche Sprache soweit besitzen, daß sie in dieser Sprache die nötigen Erklärungen und Erläuterungen geben und auch das Mittel der Übersetzung anwenden können. Diese Forderung ergibt sich schon aus dem in Art. 123 der Genfer Konvention statuierten Grundsatz, daß die Lehrer an der Minderheitsschule die deutsche Sprache beherrschen sollen. Sie rechtfertigt sich aber vor allem als eine pädagogische Notwendigkeit. In dieser Hinsicht mag auf die folgenden Depositionen des Zeugen Rektor Schirmeisen (act. 92) verwiesen werden: »Nach meiner Wahrnehmung hat der polnische Sprachunterricht am Min-

skiego w liceum mniejszościowym w Królewskiej Hucie ucierpiała z tego powodu, że obie siły nauczycielskie, które udzielały tej nauki, nie władają dostatecznie językiem niemieckim."

Nauczycielka Żyłowska posiada pewne znajomości języka niemieckiego. Jakkolwiek te znajomości językowe w czerwcu 1926 były jeszcze słabe, jak to wynika z zeznania świadka Schirmeisena, to przecież istnieje możliwość, że nauczycielka ta dzisiaj po przeszło rocznym pobycie na obszarze dwujęzycznym włada już w dostatecznym stopniu językiem niemieckim. Prezydent Komisji Mieszanej nie może zatem roszczenia o odwołanie nauczycielki Żyłowskiej uważać obecnie za uzasadnione.

6. Co do kwestii wykształcenia zawodowego sił nauczycielskich właściwa władza przyznała, że skład grona nauczycielskiego w roku szkolnym 1924-25 nie odpowiadał obowiązującym przepisom i że później odpowiadał im niezupełnie (akt 24, 36, 92 zeznanie Schirmeisena).

W piśmie z dnia 25 października 1926 (akt 126) i na rozprawie ustnej żałący się kwestionował jedynie jeszcze kwalifikację nauczycieli dra Bandera i inżyniera Bendera, wskazując przy tym na postanowienia w sprawie reorganizacji wyższego szkolnictwa dla dziewcząt z dnia 18 sierpnia 1908 (zob. dzieło: „Die höheren Lehranstalten für die weibliche Jugend in Preußen", wydane przez dra Guldnera, Halle, nakład Księgarni Domu Sierot 1913). Kierownik Urzędu Spraw Mniejszości powołał się na to, że Minister Wyznań Religijnych i Oświecenia Publicznego udzielił rozporządzeniem, opartym na artykule 3 ustawy z dnia 26 września 1922 w sprawie kwalifikacyj zawodowych do nauczania w szkołach średnich ogólnokształcących i seminariach nauczycielskich państwowych i prywatnych, nauczycielom Banderowi i Benderowi zezwolenia na nauczanie (akt 150, 152) i oświadczył do protokołu, że w konkretnym przypadku nie mają zastosowania postanowienia, na które powołał się petent, lecz wspomniana ustawa z dnia 26 września 1922, znowelizowana ustawą z dnia 16 lipca 1924. Wobec tego jeszcze i tę kwestię należy rozpatrzeć.

Artykuł 117, § 1 Konwencji Genewskiej brzmi:

„Sont considérées comme écoles moyennes et supérieures au sens du présent chapitre les écoles de toutes espèces du degré moyen et supérieur, au sens des dispositions en vigueur dans le territoire plébiscité à la date du transfert de la souveraineté. Seront également considérées comme telles les écoles d'espèces subséquemment créées, mais du même degré."

derheits-Lyzeum Królewska-Huta darunter gelitten, daß die beiden Lehrkräfte, die ihn erteilten, nicht ausreichend die deutsche Sprache beherrschen.«

Die in Frage stehende Lehrerin Żyłowska besitzt Kenntnisse der deutschen Sprache. Auch wenn diese Sprachkenntnisse im Juni 1926, wie aus den Depositionen des Zeugen Schirmeisen hervorgeht, noch mangelhaft waren, so besteht doch die Möglichkeit, daß die Lehrerin heute, nach über einjährigem Aufenthalt im gemischtsprachigen Gebiet, die deutsche Sprache in ausreichendem Maße beherrscht. Der Präsident der Gemischten Kommission kann daher das Begehren um Abberufung der Lehrerin Żyłowska zur Zeit nicht gutheißen.

6. Was die Frage der Vorbildung der Lehrkräfte anbetrifft, so hat die zuständige Behörde anerkannt, daß die Zusammensetzung des Lehrkörpers im Schuljahr 1924-25 den geltenden Vorschriften nicht und in der Folgezeit nicht vollständig entsprochen hat (act. 24, 36, 92 Deposition Schirmeisen).

In seiner Eingabe vom 25. Oktober 1926 (act. 126) und in der mündlichen Verhandlung bestritt der Beschwerdeführer lediglich noch die Qualifikation der Lehrer Dr. Bander und Ing. Bender, unter Hinweis auf die Bestimmungen über die Neuordnung des höhern Mädchenschulwesens vom 18. August 1908. (Siehe das Werk: »Die höheren Lehranstalten für die weibliche Jugend in Preußen«, herausgegeben von Dr. Guldner, Halle, Verlag der Buchhandlung des Waisenhauses 1913.) Der Leiter des Minderheitsamtes berief sich auf die Genehmigung zur Unterrichterteilung, die den Lehrern Bander und Bender durch Verfügung des Ministers für Kultus und öffentlichen Unterricht, gestützt auf Art. 3 des Gesetzes vom 26. September 1922 betr. die Berufsqualifikationen zur Unterrichtserteilung in den allgemeinen bildenden Mittelschulen und den staatlichen und privaten Lehrerseminaren, erteilt worden sind (act. 150, 152), und er erklärte zu Protokoll, daß in concreto nicht die vom Beschwerdeführer angerufenen Bestimmungen, sondern das erwähnte Gesetz vom 26. September 1922, novelliert durch Gesetz vom 16. Juli 1924, Anwendung finde. Es ist daher noch auf diese Frage einzutreten.

Art. 117, § 1 der Genfer Konvention lautet:

„Sont considérées comme écoles moyennes et supérieures au sens du présent chapitre les écoles de toutes espèces du degré moyen et supérieur, au sens des dispositions en vigueur dans le territoire plébiscité à la date du transfert de la souveraineté. Seront également considérées comme telles les écoles d'espèces subséquemment créées, mais du même degré."

Właściwe władze nie zaprzeczają, że w czasie przejścia suwerenności państwowej należało do szkół tego rodzaju, jak omawiana, stosować postanowienia w sprawie reorganizacji wyższego szkolnictwa dla dziewcząt z dnia 18 sierpnia 1908. Sporna jest jedynie kwestia, czy postanowienia te straciły moc obowiązującą na polskiej części obszaru plebiscytowego przez wspomnianą ustawę polską z dnia 26 września 1922, znowelizowaną ustawą z dnia 16 lipca 1924. Na mocy art. 4 liczba 6 polskiej ustawy konstytucyjnej z dnia 15 lipca 1920 w sprawie statutu organicznego Województwa Śląskiego, który ustawodawstwo w sprawie szkolnictwa powszechnego zastrzega ustawodawstwu Sejmu Śląskiego, należy na to pytanie odpowiedzieć przecząco. Dla braku ustawy śląskiej w sprawie kwalifikacji sił nauczycielskich szkół średnich skład grona nauczycielskiego w tego rodzaju instytucjach szkolnych, jak niniejsza, winien odpowiadać postanowieniom w sprawie reorganizacji wyższego szkolnictwa dla dziewcząt z dnia 18 sierpnia 1908.

Co do wykształcenia zawodowego dra Bandera (kwestia kwalifikacji inżyniera Bendera już nie wchodzi w rachubę, ponieważ Bender nie jest już czynny w liceum) należy powiedzieć, że dr Bander bezsprzecznie nie jest nauczycielem z wykształceniem akademickim w myśl definicji ustalonej w prawie niemieckim (zob. str. 219 uwaga 1 cytowanego dzieła), ponieważ zeznał sam, że nie złożył egzaminu, który by go uprawniał do nauczania w szkołach wyższych (akt 95). (Nie posiada on jednak pełnej kwalifikacji także w myśl ustawy polskiej, lecz udzielono mu jedynie prowizorycznego, czasowo ograniczonego zezwolenia na nauczanie w myśl artykułu 3 ustawy z dnia 26 września 1922.) Lecz także w myśl postanowień niemieckich nic nie sprzeciwia się dalszemu zatrudnianiu dra Bandera w liceum mniejszościowym, jeżeli całe grono nauczycielskie jako takie wykazuje wymagane wykształcenie zawodowe. W liceach przynajmniej połowę godzin przedmiotów naukowych w średnich i wyższych klasach winni udzielać nauczyciele i nauczycielki z wykształceniem akademickim (zob. ogólne postanowienia w sprawie liceum, str. 9 cytowanego dzieła). Gdyby grono nauczycielskie i dziś jeszcze po ponownej zmianie składu personelu nauczycielskiego nie odpowiadało w zupełności wspomnianym postanowieniom, właściwa władza byłaby zobowiązana zaradzić temu bezzwłocznie, i to także wówczas, gdyby brakowało kwalifikowanych sił nauczycielskich z obywatelstwem polskim o narodowości niemieckiej. Pod tym względem należy wskazać na wyraźne postanowienie art. 124 Konwencji Genewskiej.

Es ist seitens der zuständigen Behörde nicht bestritten, daß zur Zeit des Übergangs der Staatshoheit für Schulen, wie die in Frage kommende, die Bestimmungen über die Neuordnung des höheren Mädchenschulwesens vom 18. August 1908 Anwendung zu finden hatten; streitig ist lediglich, ob diese Bestimmungen durch das erwähnte polnische Gesetz vom 26. September 1922, novelliert durch Gesetz vom 16. Juli 1924 im polnischen Teil des Abstimmungsgebietes außer Kraft getreten sind. Diese Frage ist gestützt auf Art. 4, Ziffer 6 des Polnischen Verfassungsgesetzes vom 15. Juli 1920 betr. das organ. Statut der Wojewodschaft Schlesien, das die Gesetzgebung über das allgemeine Schulwesen der Gesetzgebung des Schlesischen Sejms vorbehält, zu verneinen. Mangels eines schlesischen Gesetzes bezüglich Qualifikation der Lehrkräfte an Mittelschulen hat die Zusammensetzung des Lehrkörpers an Lehranstalten wie an der in Frage stehenden nach den Bestimmungen über die Neuordnung des höheren Mädchenschulwesens vom 18. August 1908 zu erfolgen.

Bezüglich der Vorbildung des Dr. Bander (die Frage der Qualifikation des Ing. Bender kommt nicht mehr in Frage, da er heute nicht mehr am Lyzeum tätig ist), ist zu sagen, daß er zweifellos kein akademisch gebildeter Lehrer im Sinne der im deutschen Rechte festgelegten Definition (siehe Seite 219 Anm. 1 des zit. Werks) ist, da er nach seiner eigenen Deposition kein Examen für Unterrichtserteilung an höheren Schulen abgelegt hat (act. 95). (Er ist aber auch im Sinne des polnischen Gesetzes nicht vollqualifiziert, sondern es ist ihm lediglich die provisorische, zeitlich begrenzte Genehmigung zur Unterrichtserteilung im Sinne von Art. 3 des Gesetzes vom 26. September 1922 erteilt worden.) Der weiteren Beschäftigung des Dr. Bander am Minderheitslyzeum steht aber auch nach den deutschen Bestimmungen nichts entgegen, sofern der gesamte Lehrkörper als solcher die geforderte Vorbildung aufweist. An Lyzeen müssen wenigstens die Hälfte der Stunden in den wissenschaftlichen Fächern der Mittel- und Oberstufe von akademisch gebildeten Lehrern und Lehrerinnen erteilt werden. (Siehe allgemeine Bestimmungen über das Lyzeum, Seite 9 des zit. Werks.) Sollte der Lehrkörper auch heute noch, nachdem neuerdings Änderungen im Lehrpersonal eingetreten sind, den erwähnten Bestimmungen nicht vollständig genügen, so wäre die zuständige Behörde verpflichtet, sofortige Abhilfe zu schaffen, und zwar auch dann, wenn Mangel an qualifizierten Lehrkräften polnischer Staatsangehörigkeit deutscher Zunge herrschen sollte. Es ist diesbezüglich auf die ausdrückliche Bestimmung des Art. 124 der Genfer Konvention zu verweisen.

II

Po naradzie w łonie Komisji Mieszanej Prezydent Komisji Mieszanej dochodzi do

poglądu:

1. Powołanie do liceum mniejszościowego w Królewskiej Hucie nauczycieli Grzonki, Segla i Bandera narusza z uwagi na ich przynależność do większości polskiej artykuł 123 Konwencji Genewskiej, i nauczycieli tych należy zastąpić siłami nauczycielskimi należącymi do mniejszości niemieckiej. Przy powoływaniu nowych sił nauczycielskich należy postępować w myśl zasad przytoczonych sub I, 3.

2. Grono nauczycielskie liceum mniejszościowego w Królewskiej Hucie należy w odniesieniu do wykształcenia zawodowego zestawić odpowiednio do postanowień w sprawie reorganizacji wyższego szkolnictwa dla dziewcząt z dnia 18 sierpnia 1908, o ile to dotychczas jeszcze nie nastąpiło.

58

Pogląd

z dnia 10 października 1927 w sprawie nr 274 Niemieckiego Związku Ludowego na Śląsk Polski dla strzeżenia praw mniejszości, związku zapisanego, żalącego się, w Katowicach, ul. Młyńska 23, dotyczącej napisów w księgach urzędowych szkół mniejszościowych (Górny Śląsk Polski).

I

1. Dnia 30 sierpnia 1926 (akt 2) żalący się wniósł w myśl art. 149 i n. Konwencji Genewskiej zażalenie do Polskiego Urzędu Spraw Mniejszości w Katowicach. Urząd Spraw Mniejszości zażalenie wraz z uwagami przekazał dnia 6 grudnia 1926 (akt 1) Prezydentowi Komisji Mieszanej.

Następnie odbyła się wymiana pism, przewidziana w regulaminie postępowania Komisji Mieszanej. Na rozprawie ustnej z dnia 23 lipca 1927 zastępca Urzędu Spraw Mniejszości i żalący się mieli sposobność przedstawić dalsze wywody faktyczne i prawne.

2. Na zlecenie władz szkolnych napisy i druki w księgach i aktach szkół mniejszościowych zredagowane są wyłącznie w języku

II

Nach stattgehabter Beratung im Schoße der Gemischten Kommission gelangt der Präsident der Gemischten Kommission zur

Stellungnahme:

1. Die Anstellung der Lehrer Grzonka, Segel und Bander am Minderheits-Lyzeum in Królewska-Huta verstößt wegen ihrer Zugehörigkeit zur polnischen Mehrheit gegen Art. 123 der Genfer Konvention, und sie sind durch Lehrkräfte, die der deutschen Minderheit angehören, zu ersetzen. Bei der Neuanstellung von Lehrkräften ist nach den sub I, 3 gegebenen Grundsätzen zu verfahren.

2. Der Lehrkörper des Minderheits-Lyzeums in Królewska-Huta ist hinsichtlich Vorbildung den Bestimmungen über die Neuordnung des höheren Mädchenschulwesens vom 18. August 1908 entsprechend zusammenzusetzen, sofern dies bis heute nicht geschehen ist.

58

Stellungnahme

vom 10. Oktober 1927 in der Sache Nr. 274 des Deutsch-Oberschlesischen Volksbundes für Polnisch-Schlesien zur Wahrung der Minderheitsrechte, eingetragener Verein, Beschwerdeführer, in Katowice, ulica Młyńska 23, betreffend Aufschriften in den Geschäftsbüchern der Minderheitsschulen (Polnisch-Oberschlesien).

I

1. Am 30. August 1926 (act. 2) erhob der Beschwerdeführer im Sinne von Art. 149 ff. der Genfer Konvention Beschwerde beim Polnischen Minderheitsamt in Katowice. Das Minderheitsamt überwies am 6. Dezember 1926 (act. 1) die Beschwerde mit seinen Bemerkungen an den Präsidenten der Gemischten Kommission.

Es fand hierauf der in der Verfahrensordnung der Gemischten Kommission vorgesehene Schriftenwechsel statt, und in der mündlichen Verhandlung vom 23. Juli 1927 wurde dem Vertreter des Minderheitsamtes und dem Beschwerdeführer Gelegenheit gegeben, weitere Ausführungen in tatsächlicher und rechtlicher Beziehung vorzutragen.

2. Auf Anordnung der Schulbehörden sind Aufschriften und Vordrucke der Bücher und Akten der Minderheitsschulen in ausschließlich

polskim. Od nauczycieli szkół mniejszościowych wymaga się, aby zapiski w dotycznych księgach i aktach szkolnych uskuteczniali w języku polskim. Zażalenie skierowane jest właśnie przeciwko temu zarządzeniu władz.

II

1. Przede wszystkim należy stwierdzić, że petent według złożonego przezeń na rozprawie ustnej oświadczenia nie kwestionuje redagowania druków i napisów w polskim języku państwowym jako takiego. Żąda on jedynie, aby dołączono także tekst w języku niemieckim, jako języku szkoły mniejszościowej. Co do prowadzenia akt szkolnych petent domaga się dla nauczyciela szkoły mniejszościowej prawa uskuteczniania zapisków w księgach itd. w języku niemieckim, zgadza się jednak na to, aby zapiski uskuteczniano także w języku polskim lub na język ten tłumaczono.

Komisja Mieszana winna zatem jedynie zbadać, czy w wymienionych przypadkach dwujęzyczność stosownie do sensu i ducha Konwencji jest uzasadniona.

2. Właściwa władza zajmuje stanowisko (akt 1), że nie jest zobowiązana uwzględnić roszczenia zażalenia, ponieważ Konwencja Genewska nie zawiera żadnych postanowień co do ksiąg i akt szkoły mniejszościowej. Jest słuszne, że Konwencja Genewska, podobnie jak wielu innych szczegółów w dziedzinie szkół mniejszościowych, nie uregulowała dokładnie także kwestii prowadzenia akt szkolnych, ich formy i języka, w jakim winny być prowadzone. Było z góry wykluczone, aby w umowie międzynarodowej, którą ponadto musiano opracować w największym pośpiechu, pamiętano o każdym najmniejszym szczególe szkolnictwa i ujęto go w osobnym przepisie. Byłoby to wprost niemożliwością. Do tego dochodzi, że Konwencja Genewska stworzyła szkołę mniejszościową jako zupełnie nową instytucję, co do której nie było żadnych praktycznych doświadczeń. Było zatem w naturze rzeczy, że ograniczono się w ogólności do opisania systemu nowej instytucji i ułożenia postanowień zasadniczych. Myślą przewodnią było i jest przy tym, aby do potrzeb szkoły mniejszościowej odnoszono się z życzliwym zrozumieniem. W tym sensie, w każdym przypadku, gdzie brak wyraźnego szczególnego przepisu, szukać należy w postanowieniach Konwencji kryterium, aby na jego podstawie móc odpowiedzieć na poszczególne w życiu praktycznym wyłaniające się pytania, tak jak to najlepiej wynika z licznych dotychczasowych poglą-

polnischer Sprache verfaßt, und es wird von den Minderheitsschullehrern verlangt, daß sie die Eintragungen in polnischer Sprache vornehmen. Gegen diese behördliche Anordnung richtet sich die Beschwerde.

II

1. Es ist in erster Linie festzustellen, daß der Beschwerdeführer nach seiner Erklärung in der mündlichen Verhandlung die Abfassung der Vordrucke und Aufschriften in der polnischen Staatssprache an sich nicht beanstandet. Er verlangt nur, daß auch ein Text in deutscher Sprache, als der Sprache der Minderheitsschule, beigefügt werde. Was die Führung der Schulakten anbetrifft, so beansprucht der Beschwerdeführer für den Lehrer der Minderheitsschule das Recht, die Eintragungen in Bücher usw. in deutscher Sprache vorzunehmen, erklärt sich aber damit einverstanden, daß die Eintragungen auch in polnischer Sprache stattfinden bzw. in diese Sprache übersetzt werden.

Die Gemischte Kommission hat also lediglich zu prüfen, ob in den angeführten Fällen die Zweisprachigkeit nach Sinn und Geist der Genfer Konvention am Platze ist.

2. Die zuständige Behörde vertritt den Standpunkt (act. 1), daß sie nicht verpflichtet sei, dem Beschwerdebegehren Folge zu geben mit Rücksicht darauf, daß die Genfer Konvention keinerlei Bestimmungen über Bücher und Akten der Minderheitsschule enthalte. Richtig ist, daß — wie viele andere Einzelheiten auf dem Gebiet der Minderheitsschulen — auch die Frage betr. Führung, Form und Sprache der Schulakten in der Konvention nicht besonders behandelt ist. Es war von vornherein ausgeschlossen, in einem internationalen Vertrag, der überdies mit größter Eile ausgearbeitet werden mußte, jedes einzelne der vielgestaltigen Verhältnisse des Schulwesens zu erwähnen und zum Gegenstand einer besonderen Vorschrift zu machen. Das wäre an sich unmöglich gewesen. Dazu kam, daß die Konvention die Minderheitsschule als eine ganz neue Institution ins Leben rief, bezüglich welcher die praktischen Erfahrungen fehlten. So lag es in der Natur der Sache, daß man sich im allgemeinen darauf beschränkte, das System der neuen Institution zu umschreiben und die grundsätzlichen Bestimmungen zu vereinbaren. Dabei war und bleibt das wohlwollende Verständnis für die Bedürfnisse der Minderheitsschule der leitende Gedanke. In diesem Sinne muß, wo immer eine ausdrückliche, spezielle Vorschrift fehlt, in den Bestimmungen der Konvention das Kriterium für die Beantwortung der im praktischen Leben auftretenden einzelnen Fragen gesucht werden, wie dies am besten aus den zahlreichen

dów Prezydenta Komisji Mieszanej. Gdyby się w każdym przypadku, który nie jest uregulowany wyraźnym przepisem, chciało odrzucić słuszne żądania szkoły mniejszościowej, szkoła ta stałaby się karykaturą pełną sprzeczności i nieznośnej niesprawiedliwości.

3. Należy wychodzić z założenia, że w szkole mniejszościowej nauki udziela się w języku mniejszości. W myśl artykułu 113 Konwencji Genewskiej w szkołach tych zasadniczo uczą nauczyciele, którzy należą do mniejszości i władają poprawnie językiem mniejszości. Nie ma obowiązku, aby nauczyciele ci władać musieli polskim językiem państwowym. Stosunki faktyczne ułożyły się tak, że bardzo często właśnie te siły nauczycielskie, które mają najlepsze kwalifikacje do nauczania w szkole mniejszościowej, t. zn. te, które w zupełności dopełniają warunki artykułu 113 Konwencji Genewskiej, albo wcale nie znają języka polskiego, albo nie znają go dobrze. Już z tego zatem powodu uzasadnione jest żądanie, aby księgi i akta szkoły mniejszościowej miały druki i napisy także w języku niemieckim.

Ten sam wzgląd zachodzi także co do prowadzenia akt szkolnych, zapisywań do ksiąg itd. Jeżeli nauczyciele szkół mniejszościowych niemieckich władają w dostatecznej mierze językiem polskim, to rozumie się samo przez się, że zapiski w sprawie ruchu szkolnego uskuteczniają w księgach w języku polskim i niemieckim i że w języku polskim i niemieckim redagują także inne akta szkolne. Jeżeli jednak jakiś nauczyciel nie włada językiem polskim, to tekst polski, jeżeli władza szkolna tego wymaga, dołączyć musi osoba, która językiem polskim włada.

4. Pominąwszy powyższe rozważania natury praktycznej, podkreślić należy zasadę, która odpowiada sensowi i duchowi Konwencji i która uznana jest zarówno w praktyce Prezydenta Komisji Mieszanej jak i w praktyce właściwych władz, że we wszystkich kwestiach, dotyczących szkół mniejszościowych, obok języka większości uwzględnić należy również język mniejszości. Wskazuje się tu na następujące przykłady praktycznego stosowania Konwencji Genewskiej.

W Konwencji Genewskiej nie jest nigdzie wyraźnie powiedziane, że wnioski w myśl artykułów 106 i 118 wolno redagować w języku niemieckim. Tak samo nie jest nigdzie powiedziane, że obwieszczenia w sprawie zgłoszeń do szkół mniejszościowych powinny być ogłoszone także w języku mniejszościowym. Konwencja Genewska nie ustaliła też, że uprawnieni do wychowania mają prawo do tego, aby świadecbisherigen Stellungnahmen des Präsidenten der Gemischten Kommission hervorgeht. Wollte man die gerechten Ansprüche der Minderheitsschule überall da ablehnen, wo keine besondere ausdrückliche Bestimmung für den einzelnen Fall vorliegt, so würde die Minderheitsschule zu einem Zerrbild von Widersprüchen und unerträglichen Unbilligkeiten werden.

3. Es ist davon auszugehen, daß in der Minderheitsschule der Unterricht in der Sprache der Minderheit erteilt wird. Als Lehrer amten nach Art. 113 der Genfer Konvention grundsätzlich Personen, welche der Minderheit angehören und welche die Sprache der Minderheit vollkommen beherrschen. Eine Verpflichtung zur Beherrschung der polnischen Staatssprache besteht nicht. Die tatsächlichen Verhältnisse sind derart beschaffen, daß sehr oft gerade die für die Minderheitsschule am besten qualifizierten Lehrkräfte, d. h. diejenigen, welche den in Art. 113 der Genfer Konvention festgelegten Anforderungen völlig genügen, keine oder jedenfalls keine perfekten Kenntnisse der polnischen Sprache besitzen. Schon aus diesem Grunde erweist sich die Forderung, daß Vordrucke und Aufschriften der Bücher und anderer Akten der Minderheitsschule auch in deutscher Sprache anzubringen sind, als begründet.

Der gleiche Gesichtspunkt trifft auch für die Führung der Schulakten, Bucheintragungen usw. zu. Sofern die Lehrer der deutschen Minderheitsschulen die polnische Sprache in genügender Weise beherrschen, ist es selbstverständlich, daß sie die Eintragungen in die Bücher betreffend den Schulbetrieb und die Abfassung anderer Schulakten in polnischer und in deutscher Sprache vornehmen. Wenn aber ein Lehrer die polnische Sprache nicht beherrscht, muß der polnische Text, soweit dies von der Schulbehörde verlangt wird, von einer der polnischen Sprache mächtigen Person beigefügt werden.

4. Abgesehen von diesen Erwägungen praktischer Natur muß der dem Sinn und Geist der Konvention entsprechende und sowohl in der Praxis des Präsidenten der Gemischten Kommission als auch der zuständigen Behörden anerkannte Grundsatz betont werden, wonach in allen Angelegenheiten betr. die Minderheitsschulen neben der Mehrheitssprache auch die Minderheitssprache zu berücksichtigen ist. Es sei auf folgende Beispiele der praktischen Anwendung der Genfer Konvention hingewiesen.

Es ist nirgends in der Genfer Konvention ausdrücklich gesagt, daß die Anträge im Sinne von Art. 106 und 118 in deutscher Sprache verfaßt sein dürfen. Desgleichen ist nirgends gesagt, daß die Publikation betr. Anmeldungen zu Minderheitsschulen auch in der Minderheitssprache erfolgen sollen. Die Genfer Konvention hat es auch nicht festgelegt, daß die Erziehungsberechtigten Anrecht auf Ausstellung der Schulzeugnisse in twa szkolne wystawiane były w języku niemieckim. A przecież roszczenia te uznają zarówno właściwe władze na Górnym Śląsku Polskim, jak i właściwe władze na Górnym Śląsku Niemieckim (zob. pogląd nr 138 z dnia 15 listopada 1925 dotyczący wystawiania świadectw wyłącznie w języku polskim).

Petent powołał się na rozprawie ustnej na rozporządzenie Ministra Wyznań Religijnych i Oświecenia Publicznego z dnia 12 kwietnia 1927, którym zarządzona została dwujęzyczność w szkołach mniejszościowych w myśl niniejszego roszczenia zażalenia. Właściwa władza Województwa Śląskiego nie zastosowała do dziś dnia tego rozporządzenia na swym terytorium, jak to wynika ze stanowiska, jakie zajęła wobec niniejszego zażalenia. Kwestia, czy rozporządzenie to obowiązuje na obszarze Województwa Śląskiego, jest jednak bez znaczenia dla poglądu Prezydenta Komisji Mieszanej, który w swych rozstrzygnięciach winien jedynie przestrzegać Konwencji Genewskiej. O rozporządzeniu Ministra Wyznań Religijnych i Oświecenia Publicznego należy jednak wspomnieć o tyle, że zgodnie z sensem i duchem Konwencji Genewskiej oraz z stałą praktyką Prezydenta Komisji Mieszanej sankcjonuje ono zasadę, że w szkołach mniejszościowych należy uwzględnić język mniejszości we wszystkich kwestiach, które szkół tych dotyczą.

Z powyższych rozważań wynika, że roszczenie zażalenia należy uznać za uzasadnione.

III

Po naradzie w łonie Komisji Mieszanej Prezydent Komisji Mieszanej dochodzi do

poglądu:

Do napisów i druków w księgach i innych aktach, dotyczących ruchu szkolnego szkół mniejszościowych, należy dołączyć tekst w języku niemieckim. Nauczycielom niemieckich szkół mniejszościowych należy pozwolić na uskutecznianie dotycznych zapisków i komunikatów w języku niemieckim.

59

Pogląd

z dnia 12 października 1927 w sprawie nr 254 Niemieckiego Związku Ludowego na Śląsk Polski dla strzeżenia praw mniejszości, zw. zap., deutscher Sprache haben. Und doch werden diese Forderungen sowohl von den zuständigen Behörden in Polnisch-Schlesien als auch von den zuständigen Behörden in Deutsch-Oberschlesien anerkannt. (Siehe Stellungnahme Nr. 138 vom 15. November 1925 betr. Ausstellung ausschließlich polnisch abgefaßter Zeugnisse.)

Der Beschwerdeführer hat sich in der mündlichen Verhandlung auf einen Erlaß des Ministers für Kultus und Unterricht vom 12. April 1927 berufen, der die Zweisprachigkeit in Minderheitsschulen im Sinne des vorliegenden Beschwerdebegehrens anordnet. Die zuständige Behörde der Wojewodschaft Schlesien hat, wie aus ihrer Stellungnahme zur Beschwerde hervorgeht, den Erlaß bis heute in ihrem Gebiete nicht angewendet. Ob der Erlaß für die Wojewodschaft Schlesien Geltung hat, ist aber für die Stellungnahme des Präsidenten der Gemischten Kommission ohne Belang, da er sich in seiner Entscheidung lediglich an die Genfer Konvention zu halten hat. Der Erlaß des Ministers für Kultus und Unterricht bedarf indes insofern der Erwähnung, als er in Übereinstimmung mit Sinn und Geist der Genfer Konvention und der ständigen Praxis des Präsidenten der Gemischten Kommission den Grundsatz sanktioniert, daß in Minderheitsschulen die Minderheitssprache in allen die Schule betreffenden Angelegenheiten zu berücksichtigen ist.

Aus den vorstehenden Erörterungen ergibt sich, daß das Beschwerdebegehren gutzuheißen ist.

III

Nach stattgefundener Beratung im Schoße der Gemischten Kommission gelangt der Präsident der Gemischten Kommission zur

Stellungnahme:

Den Aufschriften und Vordrucken in den Büchern und anderen Akten betreffend den Schulbetrieb der Minderheitsschulen ist ein Text in deutscher Sprache beizufügen. Es ist den Lehrern der deutschen Minderheitsschulen zu gestatten, die bezüglichen Eintragungen und Mitteilungen in deutscher Sprache vorzunehmen.

59

Stellungnahme

vom 12. Oktober 1927 in der Sache Nr. 254 des Deutsch-Oberschlesischen Volksbundes für Polnisch-Schlesien zur Wahrung der Minderheitsrechte, żalącego się, w Katowicach, ul. Młyńska 23, dotyczącej nieutworzenia szkoły mniejszościowej w Gierałtowicach (Górny Śląsk Polski).

I

1. Z powodu nieutworzenia szkoły mniejszościowej w Gierałtowicach żalący się wniósł dnia 8 września 1926 (akt 2) w myśl art. 149 i n. Konwencji Genewskiej zażalenie do Polskiego Urzędu Spraw Mniejszości w Katowicach. Urząd Spraw Mniejszości zażalenie wraz z tymczasowymi uwagami, które uzupełnił pismem z dnia 6 grudnia 1926 (akt 13), przekazał Prezydentowi Komisji Mieszanej dnia 30 września 1926 (akt 1).

Następnie odbyła się wymiana pism, przewidziana w regulaminie postępowania Komisji Mieszanej. Na rozprawie ustnej z dnia 25 czerwca 1927 zastępca Urzędu Spraw Mniejszości i żalący się mieli sposobność przedstawić dalsze wywody faktyczne i prawne.

2. Nie jest sporne, że w listopadzie 1925 zgłoszono w myśl artykułu 106 Konwencji Genewskiej dla 44 dzieci wnioski o utworzenie szkoły mniejszościowej w Gierałtowicach. Właściwa władza zarządziła następnie przeprowadzenie dochodzenia administracyjnego celem przesłuchania wszystkich wnioskodawców. Jak wynika z protokołu, wniesionego przez Urząd Spraw Mniejszości (akt 17), przesłuchy odbyły się dnia 23 czerwca 1926 w kancelarii Urzędu Gminnego w Gierałtowicach. Uprawnieni do wychowania musieli podać, jaki jest język ojczysty ich dzieci, i poza tym musieli się ponownie oświadczyć co do tego, czy chcieli posyłać dzieci do szkoły niemieckiej lub polskiej. Na podstawie wyników powyższych przesłuchów właściwe władze uznały za ważne 4 wnioski, za nieważne zaś 38 wniosków, uzasadniając to tym, że dane dzieci nie należą do mniejszości językowej niemieckiej (akt 16). W zestawieniu wniosków ważnych i nieważnych (akt 16) nie uwzględniono zgłoszonych dla dwojga dzieci wniosków, które z okazji przesłuchów cofnięto (akt 17, 1).

Wskutek uznania za nieważne przeważnej części wniosków nie zdołano nawet w przybliżeniu osiągnąć przewidzianej w art. 106 Konwencji Genewskiej minimalnej liczby 40 wniosków i właściwa władza sądziła, że nie jest zobowiązana do utworzenia szkoły mniejszościowej.

3. Powstaje przede wszystkim kwestia prawna, czy wezwanie na przesłuchy i przesłuchanie uprawnionych do wychowania, którzy u

eingetragener Verein, Beschwerdeführer, in Katowice, ulica Młyńska 23, betreffend Nichterrichtung der Minderheitsschule in Gierałtowice (Polnisch-Oberschlesien).

I

1. Am 8. September 1926 (act. 2) erhob der Beschwerdeführer im Sinne von Art. 149 ff. der Genfer Konvention Beschwerde beim Polnischen Minderheitsamt in Katowice wegen Nichterrichtung der Minderheitsschule in Gierałtowice. Das Minderheitsamt überwies die Beschwerde am 30. September 1926 (act. 1) an den Präsidenten der Gemischten Kommission mit seinen vorläufigen Bemerkungen, die es durch Eingabe vom 6. Dezember 1926 (act. 13) vervollständigte.

Es fand hierauf der in der Verfahrensordnung der Gemischten Kommission vorgesehene Schriftenwechsel statt. In der mündlichen Verhandlung vom 25. Juni 1927 hatten der Vertreter des Minderheitsamtes und der Beschwerdeführer Gelegenheit, weitere Ausführungen in tatsächlicher und rechtlicher Beziehung vorzutragen.

2. Im November 1925 wurden unbestrittenermaßen für 44 Kinder Anträge im Sinne von Art. 106 der Genfer Konvention auf Errichtung einer Minderheitsschule in Gierałtowice gestellt. Die zuständige Behörde ordnete in der Folge eine administrative Untersuchung behufs Einvernahme sämtlicher Antragsteller an. Wie aus dem vom Minderheitsamt eingereichten Protokoll (act. 17) hervorgeht, fanden die Einvernahmen am 23. Juni 1926 in der Gemeindekanzlei in Gierałtowice statt. Die Erziehungsberechtigten mußten angeben, welches die Muttersprache ihrer Kinder sei, und außerdem mußten sie sich neuerdings darüber erklären, ob sie ihre Kinder die deutsche oder polnische Schule besuchen lassen wollten. Auf Grund der Ergebnisse dieser Einvernahmen erklärte die zuständige Behörde 4 Anträge für gültig und 38 Anträge für ungültig, und zwar mit der Begründung, daß die Kinder nicht zur deutschen Sprachminderheit gehören (act. 16). Anträge für 2 Kinder, die anläßlich der Einvernahmen zurückgezogen wurden (act. 17, 1), sind in der Zusammenstellung über gültige und ungültige Anträge (act. 16) nicht berücksichtigt.

Infolge der Ungültigkeitserklärung des größten Teils der Anträge war die in Art. 106 der Genfer Konvention vorgesehene Mindestzahl von 40 Anträgen bei weitem nicht erreicht, und die zuständige Behörde glaubte sich zur Errichtung der Minderheitsschule nicht verpflichtet.

3. Es erhebt sich in erster Linie die Rechtsfrage, ob die Vorladung und Einvernahme der Erziehungsberechtigten, die Anträge auf Errichtung

właściwych władz zgłosili wnioski o utworzenie szkoły mniejszościowej, zgodne było z sensem i brzmieniem Konwencji Genewskiej.

W niniejszym przypadku właściwa władza nie uzasadniła przesłuchów tym, że chciała sprawdzić, czy wnioskodawcy mają formalne prawo do zgłoszenia wniosków (obywatelstwo polskie, przynależność do związku szkolnego itd.). Nie potrzeba zatem szczegółowo uzasadnić, że dochodzenie z tego rodzaju powodów byłoby niedopuszczalne i sprzeciwiałoby się artykułowi 75 Konwencji Genewskiej oraz praktyce Prezydenta Komisji Mieszanej i rozporządzeniom Województwa (zobacz pogląd nr 257 z dnia 15 grudnia 1926 sub III).

Przesłuchy znamienne są raczej przez to, że uprawnieni do wychowania musieli oświadczyć do protokołu, jaki jest język ojczysty ich dzieci i że spowodowano ich do ponownego oświadczenia się, jakiej szkoły dla swych dzieci sobie życzyli. Uprawnieni do wychowania musieli te pytania odczuć tym bardziej jako próbę wywarcia na nich nacisku w tym celu, aby odstąpili od wniosku o utworzenie szkoły mniejszościowej, że mniejszość w sprawach szkoły mniejszościowej walczy od szeregu lat z władzami. Według art. 131 ust. 2 władze winny się wstrzymywać od wszelkiego, choćby najmniejszego wywierania wpływu, który by miał na celu wycofanie wniosków w myśl art. 106. Naruszenie tego artykułu przez właściwe władze jest oczywiste (zob. pogląd nr 257 z dnia 15 grudnia 1926 sub III) i nie osłabia go też fakt, że w niniejszym przypadku uprawnieni do wychowania z jednym wyjątkiem wnioski podtrzymali. Zresztą cofnięcie wniosków co do owych dwojga dzieci nie ma również skutku prawnego, ponieważ cofnięcie to nastąpiło w czerwcu 1926. Przy obliczeniu liczby zgłoszonych wniosków wolno było uwzględnić tylko te wnioski, które cofnięto do dnia 30 listopada 1925. (Okólnik Wojewody z dnia 1 września 1923.)

4. Następnie wysuwa się pytanie, czy wnioski zgłoszone w myśl art. 106 Konwencji Genewskiej można było uznać za nieważne dlatego, że uprawnieni do wychowania oświadczyli z okazji przesłuchów, że językiem ojczystym ich dzieci jest język polski. Na podstawie art. 74 i 131 Konwencji Genewskiej i w myśl stałej praktyki Prezydenta Komisji Mieszanej należy na to pytanie odpowiedzieć przecząco.

Przede wszystkim należy wskazać na szczegółowe wywody sub IV/2 w poglądzie nr 257 z dnia 15 grudnia 1926, dotyczącym nieeiner Minderheitsschule bei den zuständigen Behörden eingereicht hatten, mit Sinn und Wortlaut der Genfer Konvention vereinbar waren.

Die zuständige Behörde hat in diesem Falle die Einvernahmen nicht damit begründet, daß sie die formelle Berechtigung zur Antragstellung (polnische Staatsangehörigkeit, Zugehörigkeit zum Schulverband usw.) einer Nachprüfung unterziehen wollte. Es braucht daher nicht näher begründet zu werden, daß eine Untersuchung aus solchen Gründen unzulässig und mit Art. 75 der Genfer Konvention sowie mit der Praxis des Präsidenten der Gemischten Kommission und mit Verordnungen der Wojewodschaft im Widerspruch gewesen wäre (siehe Stellungnahme Nr. 257 vom 15. Dezember 1926 sub III).

Vielmehr sind die Einvernahmen dadurch charakterisiert, daß die Erziehungsberechtigten eine Erklärung über die Muttersprache der Kinder zu Protokoll geben mußten und daß man sie zu einer neuen Erklärung veranlaßte darüber, welche Schule sie für ihre Kinder wünschten. Die Befragungen mußten von den Erziehungsberechtigten um so mehr als Versuch eines Druckes empfunden werden, den Antrag auf Errichtung einer Minderheitsschule fallen zu lassen, als die Minderheit seit Jahren einen fortwährenden Kampf mit den Behörden auf dem Gebiete der Minderheitsschule führt. Nach Art. 131 Abs. 2 ist den Behörden jede auch noch so geringe Einwirkung, welche die Zurücknahme des Antrages im Sinne von Art. 106 bezweckt, untersagt; die Verletzung dieses Artikels durch die zuständigen Behörden ist evident (siehe Stellungnahme Nr. 257 vom 15. Dezember 1926 sub III), und sie erleidet keine Abschwächung dadurch, daß im konkreten Fall die Erziehungsberechtigten mit einer Ausnahme die Anträge aufrechterhielten. Übrigens kommt auch der Zurückziehung der Anträge bezüglich 2 Kinder keine rechtliche Wirkung zu, da sie erst im Juni 1926 erfolgte. Bei Berechnung der Anzahl der eingereichten Anträge durften nur die bis zum 30. November 1925 zurückgezogenen Anträge berücksichtigt werden. (Rundschreiben des Wojewoden vom 1. September 1923.)

4. Sodann stellt sich die Frage, ob die im Sinne von Art. 106 der Genfer Konvention eingereichten Anträge für ungültig erklärt werden konnten, weil die Erziehungsberechtigten anläßlich ihrer Einvernahme erklärt haben, daß die Muttersprache ihrer Kinder die polnische sei; die Frage ist gestützt auf Art. 74 und 131 der Genfer Konvention und in Bestätigung der ständigen Praxis des Präsidenten der Gemischten Kommission zu verneinen.

Vor allem ist auf die ausführlichen Darlegungen sub IV/2 in der Stellungnahme Nr. 257 vom 15. Dezember 1926 betr. Zurückweisung der przyjęcia dzieci, które zgłoszono do szkół mniejszościowych na rok szkolny 1926-27. Powtarzając częściowo tamtejsze wywody, podkreśla się tu jeszcze szczególnie:

Artykuł 74 reguluje kwestię, w jaki sposób należy wytyczyć granicę pomiędzy ludnością mniejszościową a większościową i ustanowił w tym celu zasadę, że o kwestii, czy jakąś osobę uważać należy za mniejszościową lub większościową, decyduje jedynie subiektywna wola danego osobnika.

W ścisłym związku z artykułem 74 pozostaje artykuł 131, ustęp 1 Konwencji Genewskiej. Z uwagi na wielkie trudności, jakie wynikają z nadzwyczaj wielkiego kulturalnego i językowego pomieszania ludności górnośląskiej, Konwencja Genewska przyjęła zasadę swobodnego samostanowienia także w dziedzinie szkolnictwa. Wszędzie, gdzie uprawnieni do wychowania mają rozstrzygać kwestie szkolne — a są to przede wszystkim te dwa pytania, czy w jakiejś gminie utworzyć należy szkołę mniejszościową (wnioski w myśl art. 106 Konwencji Genewskiej) i czy jakieś dziecko uczęszczać ma do szkoły mniejszościowej („zgłoszenia") — rozstrzyga subiektywne oświadczenie woli uprawnionego do wychowania. Podobnie jak każdy obywatel państwa może swobodnie postanowić, czy chce należeć do większości lub mniejszości, tak samo każdemu uprawnionemu do wychowania przysługuje na zasadzie artykułu 131 prawo subiektywnego postanowienia, że w sprawie wychowania szkolnego językiem jego dzieci ma być język mniejszościowy, względnie że dzieci jego należą do mniejszości językowej. Nie ma sprzeczności pomiędzy art. 131 a art. 106. Ogólna zasada subiektywnego oświadczenia i swobodnego samostanowienia, ustalona w art. 131, obowiązuje raczej tak samo dla wniosków w myśl art. 106, jak i dla zwyczajnych zgłoszeń. Ani u uprawnionego do wychowania, ani u dziecka nie chodzi o pewne obiektywne stosunki, jak pochodzenie lub język ojczysty, lecz decyzja winna zapadać wyłącznie w miarę subiektywnego oświadczenia uprawnionego do wychowania.

Zresztą zgodnie z praktyką Prezydenta Komisji Mieszanej władze szkolne interpretowały do roku 1926 artykuł 131 po myśli języka szkolnego. Pierwotnie identyfikowały one wprawdzie również język szkolny artykułu 131 z językiem ojczystym i żądały od uprawnionych do wychowania, którzy zgłaszali wnioski o utworzenie szkół mniejszościowych, aby złożyli oświadczenie co do języka ojczystego. Gdy jednak Prezydent Komisji Mieszanej zwrócił uwagę władz na ten błąd, Wojewoda w uznaniu tego błędu zarządził potem wyraźnie rozfür das Schuljahr 1926-27 zu den Minderheitsschulen angemeldeten Kinder zu verweisen. In teilweiser Wiederholung des dort Ausgeführten sei hier noch besonders betont:

Art. 74 regelt die Frage, wie die Scheidelinie zu ziehen ist zwischen der Minderheits- und der Mehrheitsbevölkerung und hat daher den Grundsatz aufgestellt, daß für die Frage, ob eine Person als Minderheits- oder Mehrheitsangehöriger zu betrachten sei, einzig der subjektive Wille des betr. Individuums maßgebend ist.

In enger Beziehung mit dem Art. 74 steht der Art. 131 Abs. 1 der Genfer Konvention. In Ansehung der großen Schwierigkeiten, welche sich aus der außerordentlich starken kulturellen und sprachlichen Mischung der oberschlesischen Bevölkerung ergeben, hat die Genfer Konvention auch auf dem Gebiete des Schulwesens das Prinzip der freien Selbstbestimmung aufgestellt. Überall, wo die Erziehungsberechtigten Schulfragen zu entscheiden haben, — und das sind vornehmlich die beiden Fragen, ob in einer Gemeinde eine Minderheitsschule zu errichten sei (Anträge gemäß Art. 106 der Genfer Konvention) und ob ein Kind die Minderheitsschule besuchen soll (»Anmeldungen«), — entscheidet die subjektive Willenserklärung des Erziehungsberechtigten. So wie jeder Staatsbürger frei bestimmen kann, ob er der Mehrheit oder der Minderheit angehören wolle, ebenso hat auf Grund des Art. 131 jeder Erziehungsberechtigte das Recht, subjektiv zu bestimmen, daß hinsichtlich der Schulerziehung die Sprache seiner Kinder die Minderheitssprache sein soll bzw. daß seine Kinder der sprachlichen Minderheit angehören. Es besteht kein Gegensatz zwischen dem Art. 131 und dem Art. 106. Vielmehr gilt auch für die Anträge gemäß Art. 106 wie für die bloßen Anmeldungen der allgemeine in Art. 131 statuierte Grundsatz der subjektiven Erklärung und freien Selbstbestimmung. Weder beim Erziehungsberechtigten noch beim Kinde kommt es auf bestimmte objektive Verhältnisse, wie Abstammung oder Muttersprache an, sondern die Entscheidung muß ausschließlich nach Maßgabe der subjektiven Erklärung des Erziehungsberechtigten getroffen werden.

Übrigens haben die Schulbehörden in Übereinstimmung mit der Praxis des Präsidenten der Gemischten Kommission den Art. 131 bis im Jahre 1926 im Sinne von Schulsprache ausgelegt. Die Behörden hatten zwar anfänglich ebenfalls die Schulsprache des Art. 131 mit der Muttersprache identifiziert und von den Erziehungsberechtigten, die die Errichtung von Minderheitsschulen beantragten, eine Erklärung über die Muttersprache verlangt. Aufmerksam gemacht durch den Präsidenten der Gemischten Kommission, hat dann der Wojewode in Anerkennung dieses Irrporządzeniem z dnia 29 grudnia 1922 (Dz. U. Śl. nr 3 z dnia 19 stycznia 1923) i rozporządzeniem z dnia 26 czerwca 1924 (Dz. U. Śl. nr 17 z dnia 9 lipca 1924), że w przyszłości we wnioskach ma odpaść ustęp zawierający oświadczenie co do języka ojczystego dzieci. Stanowisko to, według którego nie chodzi o język ojczysty, lecz jedynie o język szkolny, którego domaga się uprawniony do wychowania, właściwe władze uznały i aprobowały wyraźnie także w związku z poglądem nr 11 z dnia 3 stycznia 1924 w sprawie Junga i towarzyszy oraz stosownie do protokołu konferencji z dnia 18 kwietnia 1924.

W niniejszym przypadku uprawnieni do wychowania wyrazli zatem jasno swą decyzję co do języka szkolnego przez to, że podpisali i zgłosili wnioski o otwarcie szkoły mniejszościowej.

Z powyższych powodów wnioski, które zgłoszono dla 44 dzieci w myśl art. 106 Konwencji Genewskiej, należy uznać za ważne. Szkołę mniejszościową w Gierałtowicach należy zatem bezzwłoczne utworzyć.

II

Co do wniosku o utworzenie Komisji Szkolnej wniosek ten na mocy art. 111 Konwencji Genewskiej należy uważać za uzasadniony, jeżeli zgłoszone zostaną dzieci do szkoły mniejszościowej.

III

Co do sił nauczycielskich mającej być utworzonej szkoły mniejszościowej wystarczy wskazać na artykuł 113 Konwencji Genewskiej.

IV

Po naradzie w łonie Komisji Mieszanej Prezydent Komisji Mieszanej na mocy powyższych rozważań dochodzi do

poglądu:

1. Szkołę mniejszościową w Gierałtowicach należy bezzwłoczne utworzyć.
2. Należy wyznaczyć stosowne terminy zgłoszeń przez publiczne obwieszczenia w obu językach. Te terminy zgłoszeń należy podać do wiadomości Prezydenta Komisji Mieszanej.

Dzieci, które zostaną zgłoszone do wymienionej szkoły mniejszościowej, do szkoły tej należy przekazać z urzędu.

tums durch seine Verordnung vom 29. Dezember 1922 (Dz. U. Sl. Nr. 3 vom 19. Januar 1923) und durch seine Verordnung vom 26. Juni 1924 (Dz. U. Sl. Nr. 17 vom 9. Juli 1924) ausdrücklich angeordnet, daß in den Anträgen zukünftig der Passus mit der Erklärung über die Muttersprache der Kinder wegfallen solle. Dieser Standpunkt, wonach es nicht auf die Muttersprache ankommt, sondern einzig auf die Schulsprache, die der Erziehungsberechtigte verlangt, wurde von der zuständigen Behörde auch in Verbindung mit der Stellungnahme 11 vom 3. Januar 1924 in Sachen Jung und Genossen anerkannt und gemäß Konferenzprotokoll vom 18. April 1924 ausdrücklich gutgeheißen.

In concreto haben somit die Erziehungsberechtigten die Entschließung bezüglich Schulsprache durch die Unterzeichnung und Einreichung der auf Eröffnung einer Minderheitsschule gerichteten Anträge klar zum Ausdruck gebracht.

Aus diesen Gründen sind die für 44 Kinder eingereichten Anträge im Sinne von Art. 106 der Genfer Konvention als gültig anzusehen und es ist die Minderheitsschule in Gierałtowice unverzüglich zu errichten.

II

Was den Antrag auf Errichtung einer Schulkommission anbetrifft, so ist er, sofern Kinder für die Minderheitsschule angemeldet werden, gestützt auf Art. 111 der Genfer Konvention, als ohne weiteres begründet anzusehen.

III

Was die Lehrkräfte der zu eröffnenden Minderheitsschule anbetrifft, so genügt es, auf Art. 113 der Genfer Konvention zu verweisen.

IV

Nach stattgefundener Beratung im Schoße der Gemischten Kommission gelangt der Präsident der Gemischten Kommission, gestützt auf die vorstehenden Erwägungen, zur

Stellungnahme:

1. Die Minderheitsschule in Gierałtowice ist unverzüglich zu errichten.

2. Es sind Anmeldungstermine von angemessener Dauer durch öffentliche Bekanntmachungen in beiden Sprachen anzusetzen. Diese Anmeldungstermine sind dem Präsidenten der Gemischten Kommission bekanntzugeben.

Diejenigen Kinder, die für diese Minderheitsschule angemeldet werden, sind von Amts wegen in diese Schule überzuführen.

60

Pogląd

z dnia 2 grudnia 1927 w sprawie nr 297 Niemieckiego Związku Ludowego na Śląsk Polski dla strzeżenia praw mniejszości, zw. zap., żalącego się, w Katowicach, ul. Młyńska 23, dotyczącej postępowania komendanta Posterunku Policji oraz naczelnika Urzędu Okręgowego i Gminnego w Brzeziu (Górny Śląsk Polski).

I

1. Dnia 12 stycznia 1927 (akt 2 i 6) Niemiecki Związek Ludowy wniósł w myśl art. 149 Konwencji Genewskiej zażalenie do Polskiego Urzędu Spraw Mniejszości w Katowicach. Urząd Spraw Mniejszości zażalenie wraz z uwagami w myśl artykułu 152 Konwencji Genewskiej przekazał Prezydentowi Komisji Mieszanej dnia 27 kwietnia 1927 (akt 1). Następnie odbyła się wymiana pism, przewidziana w regulaminie postępowania Komisji Mieszanej. Dnia 21 lipca i 14 października 1927 Prezydent Komisji Mieszanej przesłuchał świadków, a na rozprawach ustnych, które odbyły się w związku z tymi przesłuchami, kierownik Urzędu Spraw Mniejszości i żalący się mieli sposobność zająć stanowisko do wyniku postępowania dowodowego i przedstawić dalsze wywody faktyczne i prawne.

2. Zażalenie opiera się na następującym stanie faktycznym:

Komisja Szkolna szkoły mniejszościowej w Brzeziu zamierzała dnia 25 grudnia 1926 o godzinie 5 po południu urządzić w oberży Sedlaczka wieczór rodzicielski, na którym dzieci szkoły mniejszosciowej miano obdarzyć drobnymi podarunkami. Oberżysta Sedlaczek obiecał przewodniczącemu Komisji Szkolnej, Augustynowi Neugebauerowi, że odstąpi na powyższą uroczystość salę oberży.

Dnia 21 grudnia, wieczorem pomiędzy godziną 10 a 11, komendant Posterunku Policji Tarnawa, naczelnik Urzędu Okręgowego Blucha i kierownik szkoły Kinsner przybyli do oberży Sedlaczka i zażądali od oberżysty wyjaśnienia, dlaczego odstępuje salę na omawianą uroczystość gwiazdkową. W piśmie zażaleniowym podnosi się przeciwko Tarnawie zarzut, że miał się wyrazić w następujący sposób: „Uroczystość nie śmie się odbyć; gdyby ją pomimo to urządzono, sprowadzę powstańców z innych miejscowości, w szczególności z Rydułtów; uczestników uroczystości, szczególnie Komisję Szkolną i oberżystę pobije się, szyby w oknach się wytłucze; ja nie udzielę żadnej ochrony; urzędników policyjnych poślę na ten czas do innych miejsco-

60

Stellungnahme

vom 2. Dezember 1927 in der Sache Nr. 297 des Deutsch-Oberschlesischen Volksbundes für Polnisch-Schlesien zur Wahrung der Minderheitsrechte, eingetragener Verein, Beschwerdeführer, in Katowice, ulica Młyńska 23, betreffend Verhalten des Ortspolizeikommandanten und des Amts- und Gemeindevorstehers in Brzezie (Polnisch-Oberschlesien).

I

1. Am 12. Januar 1927 (act. 2 und 6) erhob der Deutsche Volksbund im Sinne von Art. 149 der Genfer Konvention Beschwerde beim Polnischen Minderheitsamt in Katowice. Das Minderheitsamt überwies die Beschwerde am 27. April 1927 mit seinen Bemerkungen im Sinne von Art. 152 der Genfer Konvention an den Präsidenten der Gemischten Kommission (act. 1). Es fand hierauf der in der Verfahrensordnung der Gemischten Kommission vorgesehene Schriftenwechsel statt. Am 21. Juli und 14. Oktober 1927 wurden vom Präsidenten der Gemischten Kommission Zeugen einvernommen, und in den daran anschließenden mündlichen Verhandlungen hatten der Leiter des Minderheitsamtes und der Beschwerdeführer Gelegenheit, zum Beweisergebnis Stellung zu nehmen und weitere Ausführungen in tatsächlicher und rechtlicher Beziehung vorzutragen.

2. Der Beschwerde liegt folgender Tatbestand zugrunde:

Die Schulkommission der Minderheitsschule in Brzezie hatte für den 25. Dezember 1926, nachmittags 5 Uhr, im Sedlaczekschen Gasthaus einen Elternabend geplant, wobei an die Kinder der Minderheitsschule kleine Geschenke verteilt werden sollten. Der Gastwirt Sedlaczek hat dem Vorsitzenden der Schulkommission, August Neugebauer, zugesagt, daß er den Saal für die Feierlichkeit zur Verfügung stellen werde.

Am 21. Dezember, abends zwischen 10 und 11 Uhr, kamen der Ortspolizeikommandant Tarnawa, Amtsvorsteher Blucha und Schulleiter Kinsner in das Sedlaczeksche Gasthaus und stellten den Gastwirt zur Rede, wieso er seinen Saal für die Weihnachtsfeier zur Verfügung stelle. Die Beschwerde wirft Tarnawa vor, daß er folgende Äußerungen getan habe: »Die Feier darf nicht stattfinden, sollte sie dennoch veranstaltet werden, so werde ich von auswärts, insbesondere von Rydułtowy, Aufständische herbeiholen; die Festteilnehmer, insbesondere die Schulkommission und der Gastwirt werden verprügelt, die Fensterscheiben werden eingeschlagen; ich werde keinen Schutz gewähren; ich werde die Polizeibeamten für diese Zeit in andere Ortschaften senden; wenn Sie die Sache wości; jeżeli Pan o tej sprawie zrobi doniesienie, to nie będę karany; czy Pan nie słyszał, co się stało w Hucie Laury? a sprawcom nic się nie stało."

Następnego dnia oberżysta Sedlaczek doniósł pisemnie przewodniczącemu Komisji Szkolnej, Neugebauerowi, co następuje: „Donoszę Panu, że z wieczoru rodzicielskiego „Gwiazdki", jakeśmy się umówili, w pierwsze święto Bożego Narodzenia nic nie będzie. Wczoraj wieczorem po godzinie 10 przyszli do mnie p. Tarnawa, kierownik szkoły i naczelnik Urzędu Okręgowego Blucha. P. Tarnawa wyraził się w różny sposób, tak jak gdyby policja w pierwsze święto Bożego Narodzenia zamierzała sama zemścić się na mniejszości i na mnie. Dzisiaj przyszedł p. Mrucki z dziećmi, aby odbyć próbę. Nie pozwoliłem na to, ponieważ przedstawienie polskie w drugie święto się nie odbędzie. Nie pozwolę też żadnej stronie na urządzenie jakiejś imprezy świątecznej w mym lokalu, chyba że obie strony się ugodzą i porozumieją. Zaproszenia może Pan wysłać i ugodzić się z policją i z kierownikiem szkoły, którzy usilnie pracują przeciwko imprezie."

Wieczorem dnia 22 grudnia członkowie Komisji Szkolnej konferowali w oberży Sedlaczka z Tarnawą i Kinsnerem, przy czym ci ostatni zgodzili się wyraźnie na odbycie uroczystości. Wobec tego potwierdził Neugebauer dnia 23 grudnia 1926 naczelnikowi Urzędu Okręgowego Blusze pisemnie, że uroczystość się odbędzie, i prosił równocześnie o ochronę policyjną. Dnia 25 grudnia 1926 o godzinie wpół do czwartej, na jakie 1½ godziny przed rozpoczęciem się uroczystości, otrzymał Neugebauer od naczelnika Urzędu Okręgowego zawiadomienie na piśmie, że pozwolenia na odbycie uroczystości udzielić nie można. Zakaz opierał się na § 12 rozporządzenia policyjnego z dnia 14 lutego 1912 oraz na zarządzeniu Posterunku Policji (akt 4).

Petent domaga się, aby komendanta Posterunku Policji Tarnawę za jego wyrażenie się pociągnięto do surowej odpowiedzialności i aby pouczono naczelnika Urzędu Okręgowego Bluchę, że wydany przez niego zakaz jest niedopuszczalny. Wreszcie na podstawie wyniku postępowania dowodowego petent wniósł na rozprawie ustnej o odebranie kierownictwa szkoły mniejszościowej kierownikowi Kinsnerowi.

3. Komendant Posterunku Policji, Tarnawa, słuchany jako świadek (akt 47, 48), przyznaje, że dnia 21 grudnia ostrzegał Sedlaczka przed urządzeniem uroczystości. Powiedział mu mianowicie, że może przyjść do rozruchów, że wybiją mu ewentualnie szyby, potłuczą szklanki i pobiją uczestników uroczystości, a on nie będzie mu mógł

anzeigen, werde ich nicht bestraft; haben Sie nicht gehört, was in Laurahütte geschehen ist? und den Tätern ist nichts passiert.«

Am darauffolgenden Tag schrieb Gastwirt Sedlaczek dem Vorsitzenden der Schulkommission, Neugebauer, folgenden Brief: »Teile Ihnen mit, daß aus dem Elternabend ‚Einbescherung' wie besprochen, am 1. Weihnachtstag nichts sein wird. Gestern erschienen abends nach 10 Uhr Herr Tarnawa, der Kierownik Szkoły und der Amtsvorsteher Blucha. Herr Tarnawa hat sehr verschiedene Worte fallen lassen, als wie die Polizei am 1. Weihnachtsfeiertag selbst einen Racheakt auf die Minderheit und auf mich ausüben wollte. Heute kam Herr Mrucki zur Probe mit Kindern. Ich habe die Probe nicht ausüben lassen, da das polnische Theater am 2. Feiertag nicht stattfinden wird. Ich werde auch von keiner Partei für die Feiertage in meinem Lokal nichts unternehmen lassen, oder beide Parteien müssen sich mit gutem Einvernehmen einigen. Einladungen können Sie ja herausschicken und sich mit der Polizei sowie dem Kierownik Szkoły einigen, die sehr dagegen arbeiten.«

Nachdem zwischen Mitgliedern der Schulkommission und Tarnawa und Kinsner am Abend des 22. Dezember im Sedlaczekschen Gasthaus noch Aussprachen stattgefunden hatten, wobei sich Tarnawa und Kinsner ausdrücklich mit der Abhaltung der Feier einverstanden erklärten, bestätigte Neugebauer dem Amtsvorsteher Blucha am 23. Dezember 1926 schriftlich, daß die Feier stattfinden werde, und erbat gleichzeitig polizeilichen Schutz. Am 25. Dezember 1926 um 3½ Uhr, ungefähr 1½ Stunden vor Beginn der Feier, hat Neugebauer vom Amtsvorsteher Blucha den schriftlichen Bescheid erhalten, daß die Genehmigung zur Veranstaltung nicht erteilt werden könne. Das Verbot stützte sich auf § 12 der Polizeiverordnung vom 14. Februar 1912 sowie auf eine Verfügung des Polizeipostens (act. 4).

Der Beschwerdeführer stellt das Begehren, daß Ortspolizeikommandant Tarnawa wegen seiner Äußerungen zur strengsten Verantwortung gezogen und daß Amtsvorsteher Blucha über die Unzulässigkeit des erwähnten Verbotes belehrt werde. Schließlich stellte der Beschwerdeführer in den mündlichen Verhandlungen auf Grund der Beweisaufnahme den Antrag, den Schulleiter Kinsner von der Leitung der Minderheitsschule zu entheben.

3. Ortspolizeikommandant Tarnawa, als Zeuge befragt (act. 47, 48), gibt zu, daß er am 21. Dezember den Sedlaczek vor der Abhaltung des Festes gewarnt habe. Er habe ihm gesagt, es könnte zu Unruhen kommen, man könnte ihm eventuell die Scheiben einschlagen, die Gläser zerschlagen und die Festteilnehmer verprügeln, und er werde ihm keine

udzielić dostatecznej ochrony, ponieważ załoga policyjna, którą dysponuje, jest liczebnie za słaba i poza tym musi ją podzielić na cały okręg. Obawę tę wyraził zaś z tego powodu, że z krążących po wsi pogłosek musiał wnioskować, że katolicka ludność miejscowa nie dopuści do urządzenia tej uroczystości, ponieważ nie jest praktykowane, aby tego rodzaju imprezy urządzano w pierwsze święto Bożego Narodzenia.

Tarnawa zaprzecza stanowczo, że wyraził się wobec Sedlaczka, że nie udzieli mu żadnej ochrony, że załogę policyjną wyśle umyślnie na urlop i że sprowadzi powstańców z okolicznych wiosek, aby zakłócili uroczystość i pobili jej uczestników.

Z zeznaniem Tarnawy sprzeczne są zeznania oberżysty Sedlaczka, który zeznał pod przysięgą (akt 42), że Tarnawa wyraził się wobec niego, że on, Sedlaczek, postępuje niesłusznie, odstępując mniejszości salę i pomagając jej w ten sposób. Jego, Sedlaczka, uważano dotychczas zawsze za dobrego Polaka. Tarnawa stawał się potem coraz energiczniejszy i miał dalej powiedzieć, że sam postara się o to, aby zabawa nie doszła do skutku, że sam podjudzi powstańców z okolicznych wniosek, którzy potem pobiją Neugebauera i jego, Sedlaczka, i zdemolują szyby i szklanki. On zaś, Tarnawa, nie ma pod ręką policji, która by mogła udzielić ochrony. Tarnawa miał się też wyrazić w tym sensie, że nie będzie karany, jeżeli Sedlaczek zrobi o tym doniesienie — i dodać, czy on, Sedlaczek, nie słyszał o zajściu w Hucie Laury, gdzie sprawcom nic się nie stało.

Przy rozmowie tej byli ponadto obecni: kierownik szkoły Kinsner i naczelnik Urzędu Okręgowego Blucha oraz córka oberżysty, która obsługiwała gości.

Naczelnik Urzędu Okręgowego Blucha słyszał, jak Tarnawa ostrzegał Sedlaczka przed urządzeniem imprezy, bo mogłoby przyjść do zajść, tzn. do zakłócenia uroczystości i pobicia jej uczestników. Tarnawa miał również powiedzieć, że nie będzie mógł udzielić dostatecznej ochrony policyjnej, ponieważ część załogi jest na urlopie, a resztę musi podzielić na cały okręg. Blucha pozostawia w zeznaniu kwestię otwartą, czy Tarnawa użył ewentualnie słów groźby w jego nieobecności (zeznanie Bluchy akt 70).

Kierownik szkoły Kinsner widział co prawda i słyszał, jak się Sedlaczek i Tarnawa ze sobą sprzeczali, nie wie jednak, o co chodziło, bo stał z Sedlaczkową nieco na uboczu i rozmawiał z nią (zeznanie Kinsnera akt 71).

ausreichende Hilfe gewähren können, weil die ihm zur Verfügung stehende Polizeimannschaft, die er auf den ganzen Bezirk verteilen müsse, an Zahl zu schwach sei. Er habe die Befürchtungen ausgesprochen, da er aus in der Gemeinde zirkulierenden Gerüchten schließen mußte, daß die katholische Ortsbevölkerung die Feier nicht zulassen werde, weil es nicht üblich sei, am 1. Weihnachtsfeiertag derartige Veranstaltungen abzuhalten.

Dagegen bestreitet Tarnawa entschieden, daß er im Sinne der Beschwerde gegenüber Sedlaczek geäußert habe, daß er ihm keinen Schutz gewähren, daß er die Polizeimannschaft absichtlich beurlauben, daß er die Aufständischen aus den Nachbardörfern herrufen werde, welche das Fest stören und die Teilnehmer verprügeln werden.

Der Aussage des Tarnawa steht die eidliche Deposition des Gastwirts Sedlaczek gegenüber (act. 42): Tarnawa habe gesagt, es sei nicht recht, daß er, Sedlaczek, den Saal zur Verfügung der Minderheit stelle und so die Minderheit unterstütze. Man hätte ihn bis jetzt immer für einen guten Polen gehalten. Tarnawa sei dann immer energischer geworden und habe gesagt, er selbst werde sich bekümmern, daß aus dem Fest nichts werde, er werde selbst die Aufständischen aus den umliegenden Dörfern aufhetzen, die dann den Neugebauer und ihn, Sedlaczek, verhauen und Scheiben und Gläser demolieren würden. Er habe keine Polizei zur Verfügung, die ihm Schutz gewähren könnte. Tarnawa habe sich auch in dem Sinne ausgesprochen, daß er nicht bestraft werde, wenn Sedlaczek die Sache zur Anzeige bringe, und er habe beigefügt, ob er, Sedlaczek, nicht gehört habe, was in Laurahütte geschehen sei, und den Tätern sei nichts passiert.

Anläßlich des Vorfalls waren noch zugegen: Schulleiter Kinsner und Amtsvorsteher Blucha, sodann die Tochter des Gastwirtes, welche die Gäste bediente.

Amtsvorsteher Blucha hat gehört, daß Tarnawa Sedlaczek vor der Abhaltung der Feier warnte, da es sonst zu Unruhen, d. h. zur Störung der Feier sowie zu Mißhandlungen der Festteilnehmer kommen könne; Tarnawa habe auch gesagt, daß er keinen genügenden polizeilichen Schutz werde erteilen können, weil ein Teil der Mannschaft beurlaubt sei und ein anderer Teil auf den ganzen Bezirk verteilt werden müsse. Blucha läßt in seiner Aussage dahingestellt, ob Tarnawa die ihm zur Last gelegten Drohungen in seiner Abwesenheit getan hat. (Deposition Blucha, act. 70.)

Schulleiter Kinsner hat wohl gesehen und gehört, daß Sedlaczek und Tarnawa miteinander stritten, was aber gesprochen wurde, weiß er nicht, da er mit Frau Sedlaczek etwas abseits stand und sich mit ihr unterhielt. (Deposition Kinsner, act. 71.)

Elżbieta Sedlaczkówna słyszała, jak Tarnawa, Kinsner i Blucha docinali jej ojcu za to, że chce Niemcom odstąpić salę, na co ojciec miał im odpowiedzieć, że jako oberżyście trudno mu inaczej postąpić, musi bowiem Polaków i Niemców równo traktować. Na to zaś Tarnawa miał odpowiedzieć, że on sam postara się o to, aby uroczystość nie doszła do skutku, że mogliby przyjść powstańcy, którzy pobiją Komisję Szkolną, wypędzą dzieci i potrzaskają szyby i szklanki (zeznanie E. Sedlaczkówny akt 41—41 a).

4. Złożone pod przysięgą zeznania świadka Sedlaczka zasługują na pełną wiarę. Sedlaczek zrobił wrażenie, że mówi prawdę. Nie ma on też żadnego widocznego interesu w tym, aby zeznawać na niekorzyść komendanta policji Tarnawy. Mógł mieć raczej pokusę, aby osłabić swe zeznanie na rzecz Tarnawy, bo będąc oberżystą zdany jest w wysokim stopniu również na przychylność ludności przekonania polskiego, a zwłaszcza urzędników, którzy należą wyłącznie do większości polskiej. Jeżeli mimo to, bez względu na ewentualną szkodę dla swego interesu robi zeznania, które ciężko obciążają komendanta policji Tarnawę, to właśnie w tej okoliczności można się dopatrywać dowodu, że miał poczucie pełnej odpowiedzialności, gdy zeznawał pod przysięgą przed Komisją Mieszaną.

Zeznania Sedlaczkówny (akt 41—41 a), która może również zeznawać na podstawie własnego spostrzeżenia, nie mogą być uważane za ścisłe i dokładne, ponieważ obsługiwała gości i mogła słyszeć tylko urywki rozmowy. W każdym razie zeznanie jej nie jest sprzeczne z zeznaniem jej ojca, zgodne jest raczej z nim w niektórych zasadniczych punktach. Tak słyszała m. i. przede wszystkim groźbę Tarnawy, „że on sam postara się o to, aby uroczystość się nie odbyła". Następnie przypomina sobie wyrażenie Tarnawy, „że mogliby przyjść powstańcy". Zeznanie to nie zgadza się z zeznaniem oberżysty Sedlaczka o tyle, że nie słyszała wyrażenia Tarnawy: „że on sam sprowadzi powstańców". Zeznanie Sedlaczkówny ma jednak znaczenie, ponieważ potwierdza, że Tarnawa zapowiedział ewentualne wmieszanie się powstańców, czemu Tarnawa przy zapytaniu go wyraźnie zaprzeczył.

Nawet ta słabsza forma protokolarnego zeznania Elżbiety Sedlaczkówny, „że mogliby przyjść powstańcy", zawiera w związku z oświadczeniem Tarnawy, „że on postara się o to, aby uroczystość się nie odbyła", groźbę, że on, Tarnawa, mógłby przywołać powstańców.

Elżbieta Sedlaczek hörte, wie Tarnawa, Kinsner und Blucha ihren Vater ärgerten, weil er den Saal zur Verfügung der Deutschen stellen wolle, worauf er geantwortet habe, daß es ihm als Gastwirt schwer falle, anders vorzugehen, denn er müsse Polen und Deutsche gleich behandeln. Tarnawa habe darauf gesagt, er werde sich selbst darum bekümmern, daß das Fest nicht stattfinden werde. Es könnten die Aufständischen kommen, die die Schulkommission schlagen und die Kinder fortjagen würden; ferner würden sie Scheiben und Gläser zerschlagen. (Deposition E. Sedlaczek, act. 41—41 a).

4. Die unter Eid ausgesagte Deposition des Zeugen Sedlaczek verdient vollen Glauben. Sedlaczek machte den Eindruck voller Wahrhaftigkeit. Der Zeuge hat auch kein irgendwie erkennbares Interesse, zuungunsten des Polizeikommandanten Tarnawa auszusagen. Im Gegenteil hätte er versucht sein können, seine Aussagen zugunsten des Tarnawa abzuschwächen, da er als Gastwirt in starkem Maße auch vom Wohlwollen der polnisch gesinnten Bevölkerung und namentlich vom Wohlwollen der ausschließlich der polnischen Mehrheit angehörenden Beamten abhängig ist. Wenn der Zeuge ohne Rücksicht auf allfälligen Schaden für sein Geschäft Aussagen macht, die den Polizeikommandanten Tarnawa schwer belasten, so ist gerade dieser Umstand geeignet, sein Verantwortlichkeitsgefühl bei der eidlichen Einvernahme vor der Gemischten Kommission darzutun.

Die Deposition der Elisabeth Sedlaczek (act. 41—41 a), die ebenfalls aus eigener Wahrnehmung aussagen kann, kann nicht den Anspruch auf volle Genauigkeit und Vollständigkeit erheben, da die Zeugin die Gäste bediente und daher deren Unterhaltung nur zeitweilig folgen konnte. Jedenfalls steht die Aussage nicht im Widerspruche zu derjenigen ihres Vaters, ja sie deckt sich mit ihr in wesentlichen Punkten. So hat die Zeugin vor allem die Drohung des Tarnawa gehört, »daß er sich selbst darum kümmern werde, daß das Fest nicht sein werde«. Im fernern erinnert sich die Zeugin an die Äußerung des Tarnawa, »es könnten die Aufständischen kommen«. Diese Aussage stimmt insofern mit der Aussage des Gastwirts Sedlaczek nicht überein, als sie nicht die Äußerung Tarnawas gehört hat: »er werde selbst die Aufständischen holen«. Die Deposition ist aber von Bedeutung, da sie bestätigt, daß Tarnawa das eventuelle Eingreifen der Aufständischen in Aussicht gestellt hat, was Tarnawa bei seiner Befragung ausdrücklich bestritt.

Selbst in der von Elisabeth Sedlaczek zu Protokoll gegebenen schwächeren Form »es könnten die Aufständischen kommen« liegt, im Zusammenhang mit der Erklärung des Tarnawa »er werde dafür sorgen, daß das Fest nicht sein werde«, die Drohung, daß er die Aufständischen herbeirufen könnte.

Co do zeznań kierownika szkoły Kinsnera i naczelnika Urzędu Okręgowego Bluchy należy stwierdzić, że zeznania ich nie są ani pozytywnym ani negatywnym dowodem na okoliczność zarzuconych Tarnawie słów, ponieważ Kinsner twierdzi, że rozmowy pomiędzy Sedlaczkiem a Tarnawą nie rozumiał, a Blucha kwestię, czy Tarnawa w jego nieobecności tak się wyraził, pozostawia otwartą.

Natomiast potwierdzają różne poszlaki przypuszczenie, że Tarnawa wyraził się istotnie w sposób przytoczony w zażaleniu. Wskazać tu przede wszystkim należy na pismo oberżysty Sedlaczka z dnia 22 grudnia 1926 (akt 3). Sedlaczek nie mógłby wziąć na siebie odpowiedzialności za tak obwiniające wyrażenia: „Tarnawa wyraził się w różny sposób, tak, jak gdyby policja w pierwsze święto Bożego Narodzenia zamierzała sama zemścić się na mniejszości i na mnie", gdyby Tarnawa nie był istotnie groził swym aktywnym wkroczeniem. Poza tym jest udowodnione, że Sedlaczek przedstawił tego samego dnia w obecności Psotty i Fiołki zajście w sposób przedstawiony w zażaleniu, gdy przewodniczący Komisji Szkolnej, Neugebauer, tego od niego zażądał. Na żądanie Neugebauera Sedlaczek powtórzył wyrażenia Tarnawy w tym samym sensie, gdy nadeszli jeszcze dalsi świadkowie, a Neugebauer zanotował sobie zeznania Sedlaczka w jego obecności. (Zobacz zeznania Neugebauera akt 43, Psotty akt 44, Fiolki akt 45, Sollicha akt 46). Sedlaczek musiał zatem wówczas zdawać sobie sprawę z tego, że ewentualne zażalenie mniejszości na komendanta Posterunku Policji Tarnawę opierać się będzie na jego zeznaniach i że za prawdziwość tych zeznań on będzie musiał ponosić odpowiedzialność.

Wobec tych dowodów nie można opierać się na zeznaniach komendanta Posterunku Policji Tarnawy, o ile zeznania te sprzeczne są z zeznaniami Sedlaczka, które ten złożył pod przysięgą. Zresztą co do zeznań Tarnawy i Bluchy należy uwzględnić okoliczność, że obaj ci świadkowie jako urzędnicy, których obwinia się o naruszenie Konwencji Genewskiej, mają prawny interes w tym, aby niniejsze zażalenie oddalono. Przyjąć zatem należy jako udowodnione, że Tarnawa nie tylko ostrzegał Sedlaczka przed urządzeniem Gwiazdki i że wyraził wobec niego bezsilność zapobieżenia ewentualnym napadom na zabawę gwiazdkową, lecz że groził także, że osobiście spowoduje zakłócenie uroczystości szkoły mniejszościowej. Zresztą postępowanie Tarnawy należałoby potępić jak najostrzej także wówczas, gdyby, jak twierdzi, usiłował był tylko wskazując na niebezpieczeństwo napadu nakłonić oberżystę do odmówienia lokalu. Jeżeli bowiem istotnie wie-

Was die Aussagen des Schulleiters Kinsner und des Amtsvorstehers Blucha anbetrifft, so erbringen sie keinerlei Beweis bezüglich der Äußerungen Tarnawas weder in positivem noch in negativem Sinn, da Kinsner die Unterhaltung zwischen Sedlaczek und Tarnawa nicht verstanden haben will und Blucha die Frage offen läßt, ob Tarnawa die Äußerungen in seiner Abwesenheit getan hat.

Dagegen bekräftigen verschiedene Indizien die Annahme, daß sich Tarnawa im Sinne der Beschwerde geäußert hat: Einmal ist auf das Schreiben des Gastwirts Sedlaczek vom 22. Dezember 1926 (act. 3) zu verweisen; Sedlaczek hätte den schwerwiegenden Passus, »Tarnawa hat sehr verschiedene Worte fallen lassen, als wenn die Polizei am 1. Weihnachtsfeiertag selbst einen Racheakt auf die Minderheit und auf mich ausüben wollte«, nicht verantworten können, wenn Tarnawa nicht tatsächlich mit seinem aktiven Eingreifen gedroht hätte. Sodann ist erwiesen, daß Sedlaczek am selben Tag, zur Rede gestellt vom Vorsitzenden der Schulkommission, Neugebauer, in Anwesenheit von Psotta und Fiolka den Vorfall im Sinne der Beschwerde schilderte. Auf Verlangen des Neugebauer wiederholte Sedlaczek die Aussagen Tarnawas im selben Sinne, als noch weitere Zeugen hinzukamen, und Neugebauer notierte sich die Aussagen des Sedlaczek vor dessen Augen. (Siehe Deposition Neugebauer act. 43, Psotta act. 44, Fiolka act. 45, Sollich act. 46.) Sedlaczek mußte sich also damals bewußt sein, daß sich eine allfällige Beschwerde der Minderheit gegen Ortspolizeikommandant Tarnawa auf seine Angaben aufbaue, und daß er für deren Richtigkeit verantwortlich gemacht würde.

Gegenüber diesen Beweisen kann auf die Aussagen des Ortspolizeikommandanten Tarnawa, soweit sie sich im Widerspruch mit den eidlichen Aussagen Sedlaczeks befinden, nicht abgestellt werden. Übrigens ist hinsichtlich der Aussage des Tarnawa und des Blucha der Umstand zu würdigen, daß sie als die der Verletzung der Genfer Konvention beschuldigten Beamten ein rechtliches Interesse haben, daß die gegenwärtige Beschwerde zurückgewiesen werde. Es ist demnach als bewiesen zu betrachten, daß Tarnawa gegenüber Sedlaczek nicht nur vor der Abhaltung des Weihnachtsfestes gewarnt und seine Ohnmacht, allfällige Überfälle auf das Weihnachtsfest zu verhindern, zum Ausdruck gebracht hat, sondern daß er auch damit gedroht hat, persönlich die Störung der Feier der Minderheitsschule zu veranlassen. Übrigens wäre das Verhalten des Tarnawa auch dann aufs schwerste zu mißbilligen, wenn er, wie er behauptet, nur mit dem Hinweis auf die Gefahr eines Überfalles den Gastwirt zur Verweigerung rzył w jakieś niebezpieczeństwo bez podjudzania ze swej strony, to było jego oczywistym obowiązkiem, złożyć natychmiast raport władzy centralnej i postarać się o potrzebne środki zaradcze, o ile rzeczywiście sądził, że jego załoga policyjna mogłaby być za słaba. W 4 i pół roku po wejściu w życie Konwencji Genewskiej nie wolno było przeszkodzić urządzeniu zwyczajnej uroczystości gwiazdkowej w zamkniętym kółku z tym uzasadnieniem, że czynniki wrogo usposobione wobec mniejszości mogłyby zakłócić spokój publiczny. Że Tarnawa sam na serio nie wierzył w niebezpieczeństwo zbiegowiska lub napadu, wynika z tego, że dzień później, na podstawie rozmowy, którą w oberży Sedlaczka miał z Neugebauerem, przewodniczącym Komisji Szkolnej, zgodził się na urządzenie uroczystości i przyjął nawet zaproszenie na ten wieczór rodzicielski (akt 47—48).

Postępowanie komendanta Posterunku Policji Tarnawy jest poważnym naruszeniem artykułów 75 i 83 Konwencji Genewskiej. Urzędnik policyjny, który grozi namówieniem do popełnienia przestępstwa na szkodę mniejszości, nie nadaje się absolutnie do pełnienia służby na obszarze objętym Konwencją Genewską, wobec czego musi się żądać usunięcia komendanta Posterunku Policji Tarnawy z obszaru dwujęzycznego.

5. Co do naczelnika Urzędu Okręgowego Bluchy należy stwierdzić, że na kilka dni przed Bożym Narodzeniem zezwolił ustnie, jak sam przyznał, na mającą się odbyć 25 grudnia uroczystość mniejszości. Powołuje on się na to, że dowiedział się później, że program uroczystości gwiazdkowej zawiera także część muzykalno-wokalną. Gdy potem Tarnawa lub jego zastępca zwrócili mu uwagę na § 12 rozporządzenia policyjnego z dnia 14 lutego 1912 o zewnętrznym święceniu niedziel i świąt, zakazał na mocy tego postanowienia urządzenia uroczystości (zeznanie Bluchy — akt 70).

§ 12 liczba 3 wspomnianego rozporządzenia policyjnego brzmi: „W pozostałych dniach Wielkiego Tygodnia i w każdy pierwszy dzień wielkich świąt (Bożego Narodzenia, Wielkanocy i Zielonych Świątek) zakazane są: publiczne zabawy taneczne i bale, wykłady, przedstawienia i koncerty w café chantants". Uroczystość, o którą chodzi w niniejszej sprawie, przeznaczona była dla rodziców i dzieci szkoły mniejszościowej i miała na celu rozdanie drobnych podarunków gwiazdkowych pomiędzy dzieci; przewidziana była przy tym także część muzykalno-wokalna. Uroczystość zamierzano urządzić w kółku zamkniętym, a nie publicznie. Nie można jej zatem zaliczyć do żadnej des Lokals zu bewegen versucht hätte, denn wenn er wirklich an eine Gefahr, ohne seine Aufreizung, geglaubt hätte, so wäre es seine selbstverständliche Pflicht gewesen, der Zentralbehörde sofort Bericht zu erstatten und die nötigen Schutzmaßnahmen zu veranlassen, sofern er wirklich der Ansicht gewesen wäre, daß die ihm zur Verfügung stehende Polizeimannschaft nicht ausreiche. 4½ Jahre nach Inkrafttreten der Genfer Konvention durfte eine einfache, geschlossene Weihnachtfeier nicht mit der Begründung verhindert werden, daß die öffentliche Ruhe durch Feinde der Minderheit gestört werden könnte. Daß der Polizeibeamte selbst im Ernste nicht an die Gefahr eines Auflaufes oder Überfalles glaubte, geht daraus hervor, daß er am Tage darauf, auf Grund einer Unterredung, die er im Wirtshaus des Sedlaczek mit Neugebauer, dem Präsidenten der Schulkommission, hatte, sich mit der Abhaltung der Feier einverstanden erklärte und sogar die Einladung zu diesem Elternabend annahm (act. 47—48).

Das Verhalten des Ortspolizeikommandanten Tarnawa stellt eine schwere Verletzung der Art. 75 und 83 der Genfer Konvention dar. Ein Polizeibeamter, welcher mit der Anstiftung zu gegen die Minderheit gerichteten strafbaren Handlungen droht, ist keineswegs geeignet, im Bereiche der Genfer Konvention Dienst zu tun, und es muß daher die Entfernung des Ortspolizeikommandanten Tarnawa aus dem gemischtsprachigen Gebiet verlangt werden.

5. Was Amtsvorsteher Blucha anbelangt, so hat er zugegebenermaßen einige Tage vor Weihnachten mündlich sein Einverständnis zu der für den 25. Dezember vorgesehenen Veranstaltung der Minderheit gegeben. Er macht geltend, daß er nachträglich erfahren habe, daß die Weihnachtsfeier mit Musikvorträgen verbunden sein solle; nachdem ihn dann Tarnawa oder dessen Stellvertreter auf § 12 der Polizeiverordnung über die äußere Heilighaltung der Sonn- und Feiertage vom 14. Februar 1912 aufmerksam gemacht habe, habe er, gestützt auf diese Bestimmung, die Abhaltung des Festes untersagt. (Deposition Blucha, act. 70.)

§ 12 Ziffer 3 der genannten Polizeiverordnung lautet: »An den übrigen Tagen der Karwoche und jedem ersten Tage der drei großen Feste (Weihnachten, Ostern und Pfingsten) sind verboten: öffentliche Tanzlustbarkeiten und Bälle, Vorträge, Schaustellungen und Musikaufführungen in Café chantants (Tingel-Tangeln).« Die in Frage stehende Feier war für Eltern und Kinder der Minderheitsschule bestimmt und bezweckte die Verteilung kleiner Weihnachtsgeschenke an die Kinder; dabei waren auch musikalische Darbietungen vorgesehen. Diese Veranstaltung war als eine geschlossene, nicht als eine öffentliche geplant. Es ist unmöglich, sie unter eine der in der Verordnung erschöpfend aufgezählten Veranstaltunz zabaw, wyliczonych wyczerpująco we wspomnianym rozporządzeniu. Zakaz naczelnika Urzędu Okręgowego nie był jednak także uzasadniony w myśl § 12 liczba 6 rozporządzenia policyjnego; liczba 6 zawiera zakaz zabaw prywatnych, które by mogły naruszyć zewnętrzne święcenie niedziel i świąt. W odbywającej się w zamkniętym kółku Gwiazdce dla dzieci, uroczystości, która ma wybitnie religijny i wzniosły charakter, nie można w żaden sposób dopatrywać się niebezpieczeństwa dla zewnętrznego święcenia świąt Bożego Narodzenia. Członkowie Komisji Szkolnej jako organizatorowie uroczystości i rodzice, którzy ponoszą odpowiedzialność za wychowanie swych dzieci, dawali wszelką gwarancję, że uroczystość odbędzie się w sposób wzniosły i godny.

Fakt, że naczelnik Urzędu Okręgowego Blucha zastosował dane rozporządzenie w sposób, który od jasnego brzmienia tego rozporządzenia odbiega tak dalece, że wychodzi poza ramy mylnego zastosowania prawa, jest aktem samowoli i nierównego traktowania. Postępowanie wykazało, że samowolny zakaz z dnia 25 grudnia 1926 (akt 4) przypisać należy okoliczności, że organizatorowie i uczestnicy uroczystości należą do mniejszości, wobec czego zakaz ten narusza art. 75 Konwencji Genewskiej. Co do tego zaznacza się jeszcze co następuje:

Dnia 21 grudnia 1926 naczelnik Urzędu Okręgowego Blucha usiłował wspólnie z Tarnawą i Kinsnerem nakłonić oberżystę Sedlaczka do odmówienia sali mniejszości „z tego powodu, że mogłoby dojść do awantur, ponieważ ludność Brzezia, będąca przekonania polskiego, jest ogromnie tym oburzona i słychać nawet pogróżki" (zeznanie Bluchy akt 9—10). Jakich środków w związku z tym użył komendant Posterunku Policji Tarnawa, aby ostrzeżeniu swemu dać dobitniejszy wyraz, powtarzać nie potrzeba.

Gdy droga przez oberżystę nie doprowadziła do celu, posłużono się innym środkiem celem zakazania uroczystości ludności przekonania niemieckiego. Był to mianowicie polski kierownik szkoły Kinsner, który, pomimo że nie był absolutnie w sprawie tej właściwy, zajął się nią i spowodował zakaz, oparty na samowolnym zastosowaniu § 12 rozporządzenia policyjnego. On to zwrócił uwagę lokalnych władz policyjnych na wspomniane postanowienie, wręczając dnia 25 grudnia komendzie policji egzemplarz gazety „Katolik", w którym przytoczony był § 12 rozporządzenia policyjnego. (Zeznanie Kinsnera akt 71.) Komendant Posterunku Policji Tarnawa osobiście lub jego zastępca zwrócili następnie uwagę naczelnika Urzędu Okręgowego Bluchy na powyższy § 12 (zeznanie Bluchy akt 70), po czym Blucha wydał dopiero zakaz.

gen zu subsumieren. Das Verbot des Amtsvorstehers Blucha war aber auch nicht begründet nach § 12 Ziffer 6 der Polizeiverordnung; Ziffer 6 untersagt private Lustbarkeiten, wenn sie geeignet sind, die äußere Heilighaltung der Sonn- und Feiertage zu beeinträchtigen. Es kann in einer geschlossenen Weihnachtsbescherung für Kinder, der eine ausgesprochen religiöse Weihe innewohnt, unmöglich eine Gefahr für die äußere Heilighaltung des Weihnachtsfestes erblickt werden. Die Mitglieder der Schulkommission als die Veranstalter des Festes sowie die Eltern, die für die Erziehung ihrer Kinder die Verantwortung tragen, boten alle Gewähr, daß sich die Feier in würdigen Rahmen abgespielt hätte.

Die Anwendung der fraglichen Verordnung seitens des Amtsvorstehers Blucha, die so weit vom klaren Wortlaut abweicht, daß sie über die bloß unrichtige Rechtsanwendung hinausgeht, stellt einen Akt der Willkür und Rechtsungleichheit dar; das Verfahren hat den Beweis erbracht, daß das willkürliche Verbot vom 25. Dezember 1926 (act. 4) auf die Zugehörigkeit zur Minderheit der Festveranstalter und Teilnehmer zurückzuführen ist und somit gegen Art. 75 der Genfer Konvention verstößt. Diesbezüglich sei noch folgendes hervorgehoben:

Am 21. Dezember 1926 versuchte Amtsvorsteher Blucha den Gastwirt Sedlaczek im Verein mit Tarnawa und Kinsner zu bewegen, den Saal der Minderheit zu verweigern »mit Rücksicht darauf, daß es nicht zu Krawallen komme, weil die polnisch gesinnte Bevölkerung von Brzezie darüber stark entrüstet sei und man sogar Drohungen höre«. (Deposition Blucha, act. 9—10.) Welche Mittel im Anschluß daran von Ortspolizeikommandant Tarnawa angewandt wurden, um dieser Warnung Nachdruck zu verschaffen, braucht nicht wiederholt zu werden.

Als dieser Weg über den Gastwirt nicht zum Ziele führte, wurde ein anderes Mittel angewandt, um die Feier der deutschgesinnten Bevölkerung zu verbieten. Und zwar war es der polnische Schulleiter Kinsner, der, obwohl in keiner Weise zuständig, sich der Sache annahm und das Verbot in willkürlicher Anwendung des § 12 der zitierten Polizeiverordnung herbeiführte. Er lenkte die Aufmerksamkeit der örtlichen Polizeibehörden auf die erwähnte Bestimmung, indem er am 25. Dezember dem Polizeiposten ein Exemplar der Zeitung »Katolik« überbrachte, in welcher § 12 der Polizeiverordnung wiedergegeben war. (Deposition Kinsner, act. 71.) Ortspolizeikommandant Tarnawa persönlich oder sein Stellvertreter machten hierauf den Amtsvorsteher Blucha auf den § 12 aufmerksam (Deposition Blucha, act. 70), worauf dieser das Verbot erließ.

Należy zwrócić uwagę naczelnika Urzędu Okręgowego Bluchy, że wobec mniejszości niemieckiej zastosował samowolnie § 12 rozporządzenia policyjnego. Bluchę należy odpowiednio pouczyć.

6. Petent domaga się, aby rektorowi Kinsnerowi odebrano kierownictwo szkoły mniejszościowej, ponieważ postępowanie dowodowe wykazało, że postępował w sposób antymniejszościowy. · Prezydent Komisji Mieszanej nie potrzebuje rozpatrywać kwestii, czy Kinsner wskutek swego nastawienia i postępowania kwalifikuje się na kierownika szkoły mniejszościowej, ponieważ mniejszość i tak ma prawo do własnego rektora mniejszościowego, przynajmniej w dziedzinie pedagogicznej. Pod tym względem należy wskazać na pogląd Prezydenta Komisji Mieszanej z dnia 22 lipca 1927, dotyczący wadliwych stosunków w szkole mniejszościowej w Załężu.

II

Po naradzie w łonie Komisji Mieszanej Prezydent Komisji Mieszanej na mocy powyższych rozważań dochodzi do

poglądu:

1. Wyrażenia komendanta Posterunku Policji Tarnawy są poważnym naruszeniem artykułów 75 i 84 Konwencji Genewskiej; właściwe władze wzywa się, aby danego urzędnika przeniosły z obszaru dwujęzycznego.

2. Naczelnik Urzędu Okręgowego Blucha naruszył art. 75 Konwencji Genewskiej; właściwe władze wzywa się, aby zwróciły uwagę danego urzędnika na samowolne zastosowanie § 12 rozporządzenia policyjnego z dnia 14 lutego 1912 i odpowiednio go pouczyły.

Amtsvorsteher Blucha ist auf die willkürliche Anwendung des § 12 der Polizeiverordnung der Minderheit gegenüber aufmerksam zu machen und entsprechend zu belehren.

6. Der Beschwerdeführer verlangt die Enthebung des Rektors Kinsner von der Leitung der Minderheitsschule, weil das Beweisverfahren ergeben habe, daß Schulleiter Kinsner sich in minderheitsfeindlicher Weise betätigt habe. Der Präsident der Gemischten Kommission braucht auf diese Frage, ob Kinsner seiner Einstellung und Handlungsweise zufolge die Qualifikation für die Leitung der Minderheitsschule besitze, nicht einzutreten, da die Minderheit ohnehin Anspruch auf einen eigenen, der Minderheit angehörenden Rektor hat, zum mindesten auf pädagogischem Gebiet. Es ist diesbezüglich auf die Stellungnahme des Präsidenten der Gemischten Kommission vom 22. Juli 1927 betr. mangelhafte Verhältnisse an der Minderheitsschule in Załęże zu verweisen.

II

Nach stattgehabter Beratung im Schoße der Gemischten Kommission gelangt der Präsident der Gemischten Kommission, gestützt auf die vorstehenden Erwägungen, zur

Stellungnahme:

1. Die Äußerungen des Ortspolizeikommandanten Tarnawa stellen eine schwere Verletzung der Art. 75 und 83 der Genfer Konvention dar; die zuständigen Behörden werden ersucht, den Beamten aus dem gemischtsprachigen Gebiet zu versetzen.

2. Amtsvorsteher Blucha hat Art. 75 der Genfer Konvention zuwidergehandelt; die zuständigen Behörden werden ersucht, den Beamten auf die willkürliche Anwendung des § 12 der Polizeiverordnung vom 14. Februar 1912 aufmerksam zu machen und entsprechend zu belehren.

Spis rzeczy

Inhaltsverzeichnis

Kolibri 360 GmbH
Ferdinand-Jühlke-Straße 7
99095 Erfurt, Deutschland
produktsicherheit@kolibri360.de